Grundlagen empirischer Forschung

Martin Eisend · Alfred Kuß

Grundlagen empirischer Forschung

Zur Methodologie in der
Betriebswirtschaftslehre

3., überarbeitete Auflage

Martin Eisend
Europa-Universität Viadrina
Frankfurt (Oder), Deutschland

Alfred Kuß
Freie Universität Berlin
Berlin, Deutschland

ISBN 978-3-658-42689-7   ISBN 978-3-658-42690-3   (eBook)
https://doi.org/10.1007/978-3-658-42690-3

Die Deutsche Nationalbibliothek verzeichnet diese Publikation in der Deutschen Nationalbibliografie;
detaillierte bibliografische Daten sind im Internet über http://dnb.d-nb.de abrufbar.

© Springer Fachmedien Wiesbaden GmbH, ein Teil von Springer Nature 2017, 2021, 2023

Planung/Lektorat: Barbara Roscher
Springer Gabler ist ein Imprint der eingetragenen Gesellschaft Springer Fachmedien Wiesbaden GmbH und ist
ein Teil von Springer Nature.
Die Anschrift der Gesellschaft ist: Abraham-Lincoln-Str. 46, 65189 Wiesbaden, Germany

Das Papier dieses Produkts ist recyclebar.

Vorwort zur 3. Auflage

In Lauf der Zeit haben Umfang und Relevanz empirischer Forschung in der Betriebswirtschaftslehre mit ihren verschiedenen Teilgebieten deutlich zugenommen. Bei aller Heterogenität der Forschungsthemen gibt es dafür ein bestimmtes „Arsenal" empirischer Forschungsmethoden (z. B. Skalenentwicklung, experimentelles Design, statistische Tests), die bei unterschiedlichsten Problemstellungen angewandt werden. Dazu existiert umfassende Literatur in Form von Lehr- und Handbüchern und entsprechende Lehrveranstaltungen gehören zu den betriebswirtschaftlichen Curricula der meisten Hochschulen. Das vorliegende Lehrbuch verfolgt eine andere Zielsetzung. Wie der Titel „Grundlagen empirischer Forschung" schon andeutet, geht es hier nicht um die technischen Details einzelner Methoden und ihrer Anwendungen. Vielmehr stehen die wissenschaftlichen Grundlagen und Schlussweisen bei der Anwendung empirischer Methoden zum Theorie-Entwurf und zur Theorie-Entwicklung im Mittelpunkt. Insofern geht es um entsprechende Aspekte der Methodologie in der Betriebswirtschaftslehre. In empirisch ausgerichteten Dissertationen, Masterarbeiten, Papers etc. bemüht man sich ja meist darum, die Bewährung von Theorien (oder Teilen davon) zu prüfen bzw. zu belegen und/oder Beiträge zur (Weiter-)Entwicklung von Theorien zu leisten. Im Hinblick auf diese Zielsetzung werden im vorliegenden Buch entsprechende wissenschaftstheoretische Grundlagen in Verbindung mit den zentralen Ideen der gängigen Methoden dargestellt und diskutiert. Dieses Buch ist aber kein Lehrbuch der Wissenschaftstheorie. Vielmehr werden hinsichtlich der „Grundlagen empirischer Forschung" nur gezielt dafür relevante Ansätze und Erkenntnisse aus der Wissenschaftstheorie herangezogen.

Mit dieser Zielsetzung ist das Buch auf fortgeschrittene Studierende ausgerichtet, also Studierende in betriebswirtschaftlichen Masterprogrammen und Promovierende, die am Beginn eines empirisch ausgerichteten Dissertationsprojekts stehen. Auch für Forschende, die sich erst in einer späteren Phase ihrer Laufbahn verstärkt der empirischen Forschung in ihrem Fachgebiet zuwenden, soll das Buch nützlich sein.

Für die Beschäftigung mit den Inhalten dieses Buches ist es sicher hilfreich, wenn schon Grundkenntnisse empirischer Methoden vorhanden sind. Es handelt sich hier in diesem Sinne um „Grundlagen für etwas Fortgeschrittene". Angesichts der manchmal etwas abstrakten Materie haben sich die Autoren um eine möglichst einfache und klare

Darstellungsweise bemüht. Ein gewisses Maß an Redundanz der Darstellung wurde deshalb bewusst in Kauf genommen. Außerdem sind zahlreiche Verweise und Bezüge zur umfangreichen und breit gestreuten Spezialliteratur zu finden, damit der Zugang zu vertiefender Information erleichtert wird.

Die beiden Autoren haben dieses Buch in enger, vertrauensvoller Kooperation und im regen Gedankenaustausch geschrieben. Weil es sich in diesem Sinne um ein gemeinsam verfasstes Buch handelt, werden die Autoren in alphabetischer Reihenfolge genannt. In einzelnen Kapiteln wird Material aus früheren Veröffentlichungen der Autoren verwendet, das durchgehend überarbeitet und angepasst wurde.

Für die dritte Auflage wurde das gesamte Manuskript überprüft, aktualisiert und an zahlreichen Stellen erweitert. Ein wesentlicher Unterschied zu großen Teilen der Methoden-Literatur besteht darin, dass nicht die einzelne empirische Untersuchung im Mittelpunkt steht. Die Perspektive wird vielmehr mit der Betrachtung des gesamten Prozesses der Theorie-Entwicklung (vom Theorie-Entwurf über Tests zu Modifikationen und Überlegungen zur Generalisierbarkeit und zu Präzisierungen von Theorien) deutlich ausgeweitet (siehe dazu Abschn. 1.4 und Kap. 9).

Angesichts der Vielfalt der behandelten Gesichtspunkte war die Verwendung von Spezialliteratur aus unterschiedlichen Disziplinen (Betriebswirtschaftslehre, Philosophie, Psychologie, Statistik) bei der Erarbeitung des Manuskripts sehr wesentlich. Ohne den umfassenden und schnellen Zugang zu den entsprechenden Quellen wäre dieses Buch nicht möglich gewesen. Die Autoren danken dafür den kompetenten und engagierten Mitarbeiter:innen der Wirtschaftswissenschaftlichen Bibliothek der Freien Universität Berlin und der Universitätsbibliothek der Europa-Universität Viadrina.

An dieser Stelle sei auch die – wie immer – motivierende und hilfreiche Zusammenarbeit mit Barbara Roscher und Birgit Borstelmann vom Verlag Springer Gabler dankbar gewürdigt. Für verbliebene Mängel des Buchs liegt die Verantwortung natürlich allein bei den Autoren.

Martin Eisend
Europa-Universität Viadrina, Frankfurt (Oder)

Alfred Kuß
Freie Universität Berlin, Berlin

Inhaltsverzeichnis

Einführung

1

Zusammenfassung

Im vorliegenden Kapitel soll zunächst – eher allgemein – eine kurze Kennzeichnung von Wissenschaft vorgenommen werden. Diese Kennzeichnung wird anschließend durch Überlegungen zur Abgrenzung von Wissenschaft und „Nicht-Wissenschaft" weiter verdeutlicht. Damit werden schon einige Maßstäbe für die Anwendung empirischer Forschungsmethoden bei wissenschaftlichen Fragestellungen umrissen. Eine etwas differenziertere Darstellung von Aspekten des wissenschaftlichen Erkenntnisprozesses (mit besonderer Beachtung empirischer Forschung) folgt dann im Abschn. 1.2. Im anschließenden Abschn. 1.3 wird ein kurzer Blick auf die Rolle empirischer Forschung in der Betriebswirtschaftslehre geworfen. Am Ende des Kapitels steht im Abschn. 1.4 eine knappe Übersicht zu den weiteren Inhalten des vorliegenden Buchs. Dabei werden auch Konzeption und Vorgehensweise dieses Lehrbuchs erläutert.

1.1 Kennzeichnung und Abgrenzung von Wissenschaft

1.1.1 Wesentliche Merkmale

Offenkundig ist mit dem Begriff der **Wissenschaft** eine erhebliche Attraktivität und Autorität verbunden. So ist der technische und materielle Fortschritt in vielen westlich geprägten Gesellschaften zum großen Teil auf wissenschaftliche Entwicklungen in den vergangenen Jahrhunderten und Jahrzehnten zurückzuführen, womit nicht gesagt ist, dass *jede* Nutzung wissenschaftlicher Erkenntnisse als Fortschritt betrachtet werden muss. In diesem Sinne ist der Bereich der Wissenschaft über lange Zeit äußerst erfolgreich und hat dadurch hohes Ansehen gewonnen. So gaben laut „Wissenschaftsbaro-

© Springer Fachmedien Wiesbaden GmbH, ein Teil von Springer Nature 2023
M. Eisend und A. Kuß, *Grundlagen empirischer Forschung*,
https://doi.org/10.1007/978-3-658-42690-3_1

meter" in einer repräsentativen Befragung in Deutschland im Jahre 2022 62 % der Befragten an, dass sie der Wissenschaft vertrauen und nur 8 %, dass sie der Wissenschaft nicht vertrauen (restliche 29 % „weiß nicht" oder „unentschieden"; Quelle: www. wissenschaft-im-dialog.de). Bei manchen Weltanschauungen (z. B. beim Marxismus oder aktuell in den USA beim Kreationismus) ist das Bemühen deutlich erkennbar, der jeweiligen Sichtweise dadurch Autorität zu verleihen, dass sie als wissenschaftlich begründet und damit als „wahr" oder „objektiv" etabliert wird. Auch im Bereich der Politik oder des Managements findet man gelegentlich die Praxis, Streitfragen durch wissenschaftliche Untersuchungen zu klären, die eben ein „richtiges" Ergebnis bringen sollen. Nicht ganz selten werden solche Untersuchungen allerdings so angelegt, dass dabei das vorher gewünschte Ergebnis herauskommt.

Was *kennzeichnet* nun Wissenschaft? Das ist eine Frage, die (nicht nur) Philosophen seit langer Zeit beschäftigt.

▶ Hier *eine* Definition für die Begriffe „Wissenschaft" bzw. „wissenschaftlich" von Ernest Nagel (1961, S. 2) zum Einstieg: „Diese Worte sind Bezeichnungen entweder für bestimmte fortlaufende Untersuchungen oder für deren gedankliche Ergebnisse; diese Begriffe werden oft verwendet, um Eigenschaften zu kennzeichnen, die diese Ergebnisse von anderen Aussagen unterscheiden."

Eine weitere Annäherung erlauben die folgenden Gesichtspunkte auf der Basis einer wissenschaftshistorischen Analyse von David Lindberg (1992, S. 1 f.; siehe dazu auch Bishop, 2007, S. 9 ff.). In Anlehnung an Lindberg sind hier einige *Merkmale* zusammengestellt, die vielfach als charakteristisch für „Wissenschaft" angesehen werden:

- *Zur Wissenschaft gehört Theorie-Orientierung:* Wissenschaft basiert auf theoretischem Wissen, also einer geordneten Menge von Konzepten, Fakten und ihren Beziehungen. Lindberg grenzt davon *Technologien* ab, bei denen es um die Anwendung theoretischen Wissens zur Lösung praktischer Probleme geht.
- *Wissenschaft dient der Suche nach allgemeinen Gesetzmäßigkeiten:* Wissenschaft versucht, möglichst allgemeine Gesetzmäßigkeiten zu entdecken. Diese können für die Erklärung realer Phänomene verwendet werden (siehe Abschn. 2.3).
- *Wissenschaft verwendet spezifische Methoden zur Erkenntnisgewinnung:* Wissenschaftliche Aussagen werden auf eine spezifische Weise entwickelt und begründet, die typischerweise durch Logik, kritische Reflexion und empirische Überprüfungen bestimmt ist.
- *Wissenschaft ist auf bestimmte Themen gerichtet:* Wissenschaft bezieht sich auf bestimmte Fachgebiete (→ Objektbereiche, s. u.), z. B. die Betriebswirtschaftslehre – nicht ganz überraschend – auf das „Wirtschaften im Betrieb" (Wöhe et al., 2016, S. 33).
- *Wissenschaft erstrebt stringente Aussagen:* Wissenschaftliche Aussagen sollen ein relativ hohes Maß an Präzision, Strenge und Objektivität haben.

- *Wissenschaft ist eine Tätigkeit:* Wissenschaft wird hier als Aktivität von Menschen angesehen, die dazu geführt hat, dass zunehmend Verständnis und Kontrolle bezüglich der Umwelt (im weiteren Sinne) erlangt wurde.

Einen zentralen Aspekt wissenschaftlicher Arbeit fasst Bertrand Russell (1961, S. 514) prägnant zusammen: „Typisch für Wissenschaftler:innen ist nicht, *was* sie:er glaubt, sondern *wie* und *warum* sie:er das glaubt. Ihre:seine Aussagen sind vorläufig und nicht dogmatisch; sie sind durch Beweise begründet, nicht durch Autorität oder Intuition."

Mit den vorstehenden Gesichtspunkten deutet sich schon an, dass man das komplexe Phänomen „Wissenschaft" wohl kaum mit einem einzigen kurzen Satz charakterisieren bzw. definieren kann. Hans Poser (2001, S. 21 f.) knüpft bei der Formulierung von drei wesentlichen Merkmalen der Wissenschaft an eine Formulierung von Immanuel Kant (1724–1804) an („Eine jede Lehre, wenn sie ein System, d. i. ein nach Prinzipien geordnetes Ganzes der Erkenntnis sein soll, heißt Wissenschaft."):

1. In der Wissenschaft geht es an erster Stelle um Erkenntnis (siehe Abschn. 1.2).
2. Aussagen einer Wissenschaft müssen begründet sein.
3. Aussagen einer Wissenschaft müssen ein System mit einer argumentativen Struktur bilden.

Dem sei hier noch ein weiteres Zitat von Poser (2001, S. 11) hinzugefügt, das ebenfalls ein wesentliches Merkmal der Wissenschaft bzw. eine wichtige Forderung an die Wissenschaft formuliert:

Wissenschaft verwaltet …. das bestgesicherte Wissen einer Zeit.

Diese Formulierung bringt zum Ausdruck, dass wissenschaftliche Erkenntnis auch in gewissem Maße zeitbezogen ist. In der Folge wird noch des Öfteren zur Sprache kommen, dass Wissen mit Fehlern oder Irrtümern behaftet ist (→ „Fallibilismus", siehe Abschn. 1.2) und später durch „besseres" Wissen ersetzt werden kann. So ist beispielsweise der vor Jahrhunderten gegebene Erkenntnisstand, die Erde sei der Mittelpunkt des Universums, inzwischen durch besseres Wissen ersetzt worden.

Beispiel

Alan Chalmers (2013, S. XX) vermittelt einen anschaulichen Eindruck vom Wesen der Wissenschaft durch folgendes Beispiel: Danach besteht verbreitet der Eindruck, dass es „spezifisch für die Wissenschaft ist, dass sie auf Fakten beruht und nicht auf persönlichen Meinungen. Das beinhaltet die Idee, dass die persönlichen Meinungen über die Qualität der Erzählungen von Charles Dickens und D.H. Lawrence unterschiedlich sein können, dass aber kein Spielraum für solche unterschiedlichen Meinungen bezüglich der Bedeutung von Galileos und Einsteins Theorien besteht. Es sind die Fakten, die es erlauben, die Überlegenheit von Einsteins Innovationen

im Vergleich zu älteren Sichtweisen der Relativität zu bestimmen, und jeder, der das
nicht anerkennt, hat einfach Unrecht." ◄

Eine recht pragmatische Charakterisierung von Wissenschaft stammt von Shelby Hunt
(2010, S. 19 f.) und umfasst die folgenden drei Merkmale:

- Eine Wissenschaft muss **auf einen bestimmten Gegenstand bzw. Gegenstands-
  bereich** (auch: Objektbereich) **gerichtet** sein, gewissermaßen ein spezifisches
  gemeinsames (Ober-)Thema haben. In der Betriebswirtschaftslehre kann das also das
  „Wirtschaften im Betrieb" (Wöhe et al., 2016, S. 33) sein.
- Voraussetzung für (sinnvolle) Anwendung von Wissenschaft ist die Annahme von
  Gemeinsamkeiten und Regelmäßigkeiten hinsichtlich der Phänomene, die den
  Gegenstand der betreffenden Wissenschaft ausmachen. Das gilt in der Betriebswirt-
  schaftslehre für Wirkungen von Maßnahmen (z. B. Preis-Absatz-Funktionen) und
  Reaktionen von „Stakeholdern" (z. B. Lieferant:innen, Mitarbeiter:innen). Wenn man
  solche Regelmäßigkeiten nicht voraussetzen würde, wäre ja entsprechende Forschung
  weitgehend sinnlos, weil sich deren Ergebnisse nicht auf vergleichbare Situationen/
  Phänomene anwenden ließen.
- Auf der Basis derartiger Regelmäßigkeiten versucht eine Wissenschaft, entsprechende **Gesetzmäßigkeiten** (siehe Abschn. 2.3.1) zu formulieren und **Theorien**
  (siehe Kap. 2) zu entwickeln, um die interessierenden Phänomene erklären und
  prognostizieren zu können. So will man in der Betriebswirtschaftslehre eben verstehen, wie man effiziente Logistiksysteme aufbauen kann, wie Werbung wirkt oder
  wie sich verschiedene Entlohnungssysteme auf die Motivation von Beschäftigten auswirken. Davon ausgehend kann man dann Maßnahmen planen und realisieren, die zu
  den angestrebten Wirkungen führen.

Im Zusammenhang einer allgemeinen Kennzeichnung von Wissenschaft sind auch
bestimmte Prinzipien relevant, die auf den amerikanischen Soziologen Robert K.
Merton zurückgehen (Merton, 1973, S. 267 ff.). Auch der Titel der bereits früher
(1942) erschienenen Original-Publikation von Merton ist hier beachtenswert: „Science
and Technology in a Democratic Order". Das Prinzip der **Universalität** beinhaltet den
Anspruch, dass alle qualifizierten *Wissenschaftler:innen ohne* ethnische, nationale,
religiöse oder andere *Diskriminierung* zum wissenschaftlichen Fortschritt beitragen
können und sollen. Die – auch für die Wissenschaft – äußerst schmerzlichen Folgen
einer Diskriminierung hat man in Deutschland erfahren, nachdem in den Jahren von
1933 bis 1945 zahlreiche Wissenschaftler:innen wegen ihrer jüdischen Herkunft verjagt
oder ermordet worden waren. Unabhängig von diesem extremen Beispiel sollte sich die
Ablehnung von Diskriminierung auch auf die (hierarchische) Stellung von Forschenden
im Wissenschaftssystem (z. B. wissenschaftliche Mitarbeiter:innen, Professor:innen)
beziehen. Weiterhin gilt der Grundsatz, dass wissenschaftliche **Erkenntnisse der Allgemeinheit zur Verfügung stehen** sollen. Merton (1973, S. 273) verwendet dafür

den heute etwas missverständlichen Begriff „Communism" und meint damit den gemeinsamen Besitz (hier) an Erkenntnissen. „Geheimhaltung" relevanter Forschungsergebnisse würde den wissenschaftlichen Fortschritt und die (praktische) Nutzung der Wissenschaft wesentlich behindern.

Hintergrundinformation

Der folgende Auszug aus einer Meldung der Tagesschau vom 22.12.2022 (www.tagesschau. de) zeigt, dass auch Jahrhunderte nach dem Zeitalter der Aufklärung in Teilen der Welt der freie Zugang zu wissenschaftlichen Erkenntnissen immer noch nicht gegeben ist:

> „Die afghanische Taliban-Regierung hat das Verbot von Hochschulbildung für Frauen gerechtfertigt und sich internationale Kritik daran verbeten. Bildungsminister Nida Mohammed Nadim sagte, das in dieser Woche ergangene Verbot sei notwendig, damit sich die Geschlechter an den Universitäten nicht mischten. Zudem sei er der Auffassung, dass einige Lehrinhalte islamische Grundsätze verletzten."

Im letzten Satz wird auch die Unterordnung wissenschaftlicher Erkenntnis unter bestimmte religiöse Vorstellungen vertreten.

Dritter Gesichtspunkt ist die **Neutralität** von Wissenschaftler:innen. Persönliche Interessen (z. B. finanzieller Art) sollen deren wissenschaftlichen Urteile nicht beeinflussen. Hier kann es auch in der Betriebswirtschaftslehre im Zusammenhang mit Auftrags- bzw. Drittmittelforschung gelegentlich zu Problemen kommen. Letztlich gilt **organisierter Skeptizismus** als wesentliches Prinzip der Wissenschaft. Damit ist gemeint, dass wissenschaftliche Aussagen unabhängig von politischem, religiösem oder sozialem Einfluss nur nach den Maßstäben wissenschaftlicher Methodik und *kritischer Reflexion* beurteilt werden sollen.

Hintergrundinformation

Die Bedeutung des Skeptizismus für die Wissenschaft wird in einem Artikel von Andreas Sentker in der Wochenzeitung DIE ZEIT (Nr. 14 vom 26.3.2020, S. 3), der während der Corona-Krise erschien, anschaulich gekennzeichnet:

> „Weil auch Wissenschaftler gegen den Irrtum nicht gefeit sind, haben sie den Zweifel zum Prinzip erklärt. Erst dieser macht – so paradox das erscheinen mag – Wissenschaft zum *verlässlichsten System der Weltbeschreibung* (Hervorhebung von M.E. und A.K.). Erst er führt die Wissenschaften, die vielgestaltig und manchmal widersprüchlich sind, überhaupt zu einer wahrgenommenen Wissenschaft zusammen.
>
> Versuch und Irrtum, fragen, hinsehen, noch einmal fragen, wieder hinsehen, dieses Prinzip ist besonders dann existenziell, wenn Wissenschaftler wenig wissen. Zum Beispiel, wenn ein neues Virus die Weltbühne betritt. Der aus den Zweifeln entstehende Streit – Ist die Methode angemessen? Sind die Daten verlässlich? Wie sind sie zu interpretieren? – ist dabei nicht Schwäche, sondern Stärke des Systems. Zweifel bedeutet nicht Unwissen. Er ist im Gegenteil das Gütesiegel für Erkenntnisse."

In der Abb. 1.1 werden einige wesentliche Gesichtspunkte der Charakterisierung von Wissenschaft zusammengefasst. Im Mittelpunkt stehen zentrale Merkmale von Wissenschaft. Die obere Zeile der Abb. 1.1 enthält gewissermaßen „Inputfaktoren" von Wissenschaft. Es sind dies einzelne Aussagen, die im wissenschaftlichen Bereich in der Regel begründet sein müssen, meist durch Bezugnahme auf vorhandene Erkenntnisse (wissenschaftliche Literatur), durch logische Ableitung oder durch empirische Belege. Weiterhin wird vorausgesetzt, dass der Prozess des Wissenserwerbs durch das Streben nach Neutralität und Objektivität geprägt ist. Letztlich ist der Anspruch der Universalität genannt, d. h. alle qualifizierten Wissenschaftler:innen können und sollen ohne persönliche, ethnische, religiöse etc. Diskriminierung zum Prozess der Erkenntnisgewinnung beitragen.

Auf der „Output-Seite" (untere Zeile) ist verzeichnet, dass wissenschaftliche Erkenntnisse offen zugänglich sein sollen; hier gibt es allerdings in der Praxis Ausnahmen, z. B. im militärischen Bereich oder in der pharmazeutischen Forschung. Mit dem Stichwort „organisierter Skeptizismus" ist gemeint, dass (fehlbare!) wissenschaftliche Erkenntnisse immer wieder Gegenstand kritischer Überprüfung sein sollen. Das beginnt mit dem Begutachtungsprozess für eine Veröffentlichung und endet mit dem Ersatz durch besseres Wissen auf Grundlage weiterer Forschung.

In der wissenschaftstheoretischen Literatur und in den verschiedenen Disziplinen wurde und wird immer wieder diskutiert, ob Wissenschaft wertneutral sein kann bzw. sein soll. Die Position, die in diesem Buch zur **Wertneutralität** von Wissenschaft vertreten wird, sei anhand einer Darstellung von Schurz (2014, S. 37 ff.) erläutert. Dabei

Abb. 1.1 Ansprüche an Wissenschaft

wird an die Kennzeichnung wissenschaftstheoretischer Untersuchungsbereiche von Hans Reichenbach (1891–1953) angeknüpft, die sich auf die Unterscheidung von Entdeckungs- und Begründungszusammenhang bezieht.

- Der **Entdeckungszusammenhang** umfasst Fragen der Entstehung wissenschaftlicher Aussagen und Theorien. Derartige Fragestellungen sind Gegenstand des Kap. 4 des vorliegenden Buches. Allerdings gab und gibt es gewichtige Stimmen (vor allem Popper, 2005, S. 7 f.), die das Verständnis der Entstehung von Theorien eher als ein psychologisches Problem ansehen und den Aufgabenbereich der Wissenschaftstheorie auf Aspekte der Begründung und Überprüfung wissenschaftlicher Aussagen konzentrieren. Diese Sichtweise fasst Wiltsche (2013, S. 42) in einem Satz zusammen: „Wer sich allein für die objektive Gültigkeit von Hypothesen interessiert, kann die Genese der betreffenden Hypothese getrost außer Acht lassen und muss sich nicht mit den historischen, sozialen, kulturellen oder psychologischen Bedingungen der Wissensproduktion auseinandersetzen." Allerdings ist für die Forschungspraxis die Entstehung von Hypothesen und Theorien sehr wohl interessant, weil diese eben Wege zur Gewinnung neuer Erkenntnisse aufzeigt.
- Der **Begründungszusammenhang** (manchmal auch Rechtfertigungszusammenhang genannt) bezieht sich also – wie bereits angedeutet – auf die Überprüfung von Hypothesen und Theorien (siehe Kap. 5). Dabei werden „Hypothesen (Theorien) einer Prüfung unterzogen, indem durch geeignete Methoden gezeigt werden soll, ob der in der Hypothese behauptete Zusammenhang tatsächlich existiert" (Brühl, 2021, S. 70).

Es sei auch darauf hingewiesen, dass diese Unterteilung – abgesehen von der oben angesprochenen Kritik von Popper – nicht unumstritten ist. Die Kritik bezieht sich u. a. darauf, dass das Instrumentarium zur wissenschaftlichen Entdeckung bisher wenig systematisch entwickelt ist und dass die Abgrenzung beider Bereiche oftmals unscharf ist (siehe z. B. Nickles, 2008; Shapere, 2000).

- Später ist in der Literatur den beiden genannten Kategorien noch der **Verwertungszusammenhang** (auch Verwendungszusammenhang genannt) hinzugefügt worden. Dieser bezieht sich auf die Verwertung hinreichend bewährter bzw. gesicherter wissenschaftlicher Erkenntnisse für technische, medizinische, ökonomische oder gesellschaftliche Anwendungen.

Man kann sich also eine Abfolge von der Entstehung wissenschaftlicher Fragestellungen und Hypothesen (Entdeckungszusammenhang) über die systematische Überprüfung der Hypothesen und Theorien (Begründungszusammenhang) bis zur praktischen Nutzung bewährter Erkenntnisse (Verwertungszusammenhang) vorstellen. Beispielsweise könnte man die Frage nach Faktoren, die die Arbeitsmotivation erhöhen, aufwerfen, entsprechende Hypothesen entwickeln und mit geeigneten Methoden systematisch testen und dann dieses gewonnene Wissen im Rahmen der Personalpolitik eines Unternehmens anwenden bzw. verwerten.

An einer solchen Abfolge macht Schurz (2014, S. 37 ff.) seine Charakterisierung der **Wertneutralität von Wissenschaft** fest. Der erste Schritt (Entdeckung) ist in vielen Fällen sowohl von wissenschaftsinternen Wertungen (z. B. „Wo gibt es noch nicht erklärte Phänomene oder theoretische Lücken?") als auch von externen Wertungen (z. B. „Für welche Forschungsthemen gibt es Drittmittel?") beeinflusst. Auch beim dritten Schritt (Verwertung) spielen beide Arten von Wertungen eine Rolle: Wissenschafts-intern fragt man vielleicht nach der Relevanz von Forschungsergebnissen für die weitere Theorie-Entwicklung oder für andere Fachgebiete; wissenschaftsextern geht es um die Zwecke, für die Ergebnisse genutzt werden (z. B. Gewinnung von Wettbewerbsvorteilen, Steigerung der Konsument:innenwohlfahrt, militärische Nutzungen), was natürlich auch von der Zugänglichkeit (Geheimhaltung vs. Veröffentlichung) und von der Nutzungs-erlaubnis (→Patente) abhängt und ethische Fragen (siehe Kap. 10) aufwerfen kann. Der von Schurz (2014, S. 42) formulierte Anspruch der Wertneutralität bezieht sich *nur* auf den Begründungszusammenhang: „Ein bestimmter Bereich wissenschaftlicher Tätig-keiten, nämlich deren Begründungszusammenhang, soll von grundlegenden wissen-schaftsexternen Wertungen frei sein." Hier liegen eben die zentralen Kompetenzen (und Aufgaben) der Wissenschaft, nämlich die theoretische Begründung von Aussagen und deren methodisch angemessene (empirische) Prüfung. Abb. 1.2 illustriert diesen Ansatz.

1.1.2   Wissenschaft und Pseudo-Wissenschaft

Nun zu der Frage, wie sich Wissenschaft von Nicht-Wissenschaft bzw. von **„Pseudo-Wissenschaft"** *abgrenzen* lässt **(Demarkationsproblem),** eine Frage, die seit Jahr-zehnten in der wissenschaftstheoretischen Diskussion eine Rolle spielt.

Abb. 1.2 Schematische Darstellung der Anforderung der Wertneutralität von Wissenschaft. (Nach Schurz, 2014, S. 43)

▶ James Ladyman (2002, S. 265) definiert das *Demarkationsproblem* als das „Problem, eine generelle Regel oder ein generelles Kriterium zur Verfügung zu stellen, um Wissenschaft von Nicht-Wissenschaft zu unterscheiden, insbesondere um echte Wissenschaft von Aktivitäten oder Theorien zu unterscheiden, die den Anspruch erheben, wissenschaftlich zu sein, es aber nicht sind."

Nun ist natürlich nicht jeder Bereich intellektueller Betätigung (z. B. Religion, Kunst) auch eine Pseudo-Wissenschaft. Ausschlaggebend sind einerseits deutliche Unterschiede bei Zielen und Methoden zu einer realen und seriösen Wissenschaft und andererseits im Gegensatz zu „Pseudo-Wissenschaft", der Verzicht darauf, den Anschein von Wissenschaftlichkeit zu erwecken. Monton (2014, S. 469) bringt das auf den Punkt: „Pseudo-Wissenschaft ist keine Wissenschaft, obwohl sie versucht, sich als Wissenschaft zu maskieren."

▶ **Definition** Hansson (2016, S. 496) definiert *Pseudo-Wissenschaft* im Hinblick auf deren Ähnlichkeit bzw. Unähnlichkeit zu Wissenschaft:

1. „Sie ist nicht wissenschaftlich. (Unähnlichkeits-Bedingung)"
2. „Ihre führenden Vertreter:innen versuchen, den Eindruck zu erwecken, dass sie wissenschaftlich ist. (Ähnlichkeits-Bedingung)"

Eingangs des Abschn. 1.1.1 ist ja schon angedeutet worden, dass die besondere Autorität der Wissenschaft gelegentlich dazu führen kann, dass bestimmte Interessenten sich dieser zu bedienen versuchen. Oben sind auch schon ideologisch geprägte Gruppen genannt worden, die ihre Sichtweisen als „wissenschaftlich" fundiert darstellen wollen. Auch ökonomische Interessen können im Hintergrund stehen. Man denke beispielsweise an die Kosmetik-Industrie, wo man gelegentlich versucht, die Wirksamkeit von Produkten mehr oder weniger wissenschaftlich zu „beweisen". Ein weiteres Beispiel bietet die amerikanische Finanzbranche im Vorfeld der Finanzkrise von 2008. Hier gab es Versuche, die Ergebnisse entsprechender Forschung (und daraus folgender Publikationen) zu Gunsten einer möglichst weitgehenden Deregulierung von Finanzmärkten zu beeinflussen (siehe z. B. Brockhoff, 2014, S. 30).

Beispiel

Eine Vielzahl von Anwendungsbereichen wissenschaftlicher Forschung zeigt, welch zentrale Relevanz die Abgrenzung von Wissenschaft und Pseudo-Wissenschaft haben kann. Dazu einige **Beispiele** (vgl. c 2014):

Medizin: Für Anbieter:innen medizinischer Dienstleistungen und Produkte, Aufsichtsbehörden, Versicherungen und vor allem für Patient:innen ist es wichtig zu wissen, welche Therapien wissenschaftlich fundiert und bewährt sind und welche nicht, z. B. weil sie von irgendwelchen Scharlatanen, Wunderheilern etc. stammen.

Im Bereich der Medizin hat die empirisch-wissenschaftliche Fundierung von Behandlungsmethoden (→ „evidenzbasierte Medizin") aktuell besondere Bedeutung erlangt.

Rechtsprechung: Bei zahlreichen Gerichtsentscheidungen werden wissenschaftliche Gutachten und Expert:innen-Anhörungen herangezogen. Nur wenn hier das am besten gesicherte und aktuelle Wissen (→ Merkmal der Wissenschaft) herangezogen wird, können Entscheidungen dem Anspruch genügen, dass wirklich „Recht gesprochen" wird und auf dieser Basis Akzeptanz entsteht (siehe z. B. Jacoby, 2013).

Politik/Gesellschaft: Die Ergebnisse der PISA-Studien gelten als wichtiger und allgemein akzeptierter Maßstab für den Erfolg pädagogischer Konzepte und bildungspolitischer Maßnahmen. Wie wäre es um die Akzeptanz und Relevanz dieser Ergebnisse und darauf aufbauender Maßnahmen bestellt, wenn die Ergebnisse nicht auf wissenschaftlich wohlbegründete und nachvollziehbare Weise zustande gekommen wären?

Steuerpolitik: Die für wirtschaftliches Wachstum, soziale Gerechtigkeit und die Finanzierung öffentlicher Aufgaben wesentliche Steuerpolitik benötigt Informationen zur tatsächlichen steuerlichen Belastung verschiedener Gruppen bzw. zum Belastungsvergleich, die von der betriebswirtschaftlichen Steuerlehre neutral und fundiert bereitgestellt werden (siehe z. B. Hundsdoerfer et al., 2008). Interessengeleitete mehr oder weniger subjektive Schätzungen können dafür kein Ersatz sein. ◀

Mit den Beispielen ist illustriert worden, welche Relevanz die Kennzeichnung und Abgrenzung von Wissenschaft gegenüber anderen Wegen der Urteilsbildung im Hinblick auf verschiedene Anwendungsbereiche hat. Aber auch innerhalb der Wissenschaft ist es natürlich bedeutsam, einschätzen zu können, ob Aussagen, auf denen man weitere wissenschaftliche Arbeit aufbauen will, den Anforderungen der Wissenschaftlichkeit genügen. Wenn dem nicht so wäre, stünde ja eine darauf aufbauende wissenschaftliche Argumentation auf tönernen Füßen.

Besonders einflussreich waren die Bemühungen von **Karl Popper**(1902–1994), eine Lösung für das Demarkationsproblem zu finden. Den Hintergrund dafür bildete die Auseinandersetzung Poppers mit der marxistischen Geschichtslehre und der Freud'schen Psychoanalyse, bei denen es damals so schien, als würden sich dafür immer empirische Bestätigungen finden, weil praktisch jedes auftretende Phänomen von den Anhängern dieser Lehren (*im Nachhinein*) irgendwie erklärt werden konnte (Popper, 1963, S. 33 ff.). Derartige Erfahrungen führten Popper bei der Suche nach einem Kriterium für die Abgrenzung von Wissenschaft und Nicht-Wissenschaft zu seinem **Falsifikationsansatz** (zu einigen Aspekten dieses Ansatzes siehe Abschn. 3.2). Popper (2005, S. 17) fasst die zentrale Idee kurz zusammen: „Wir fordern zwar nicht, dass das System auf empirisch-methodischem Wege endgültig positiv ausgezeichnet werden kann, aber wir fordern, dass es die logische Form des Systems ermöglicht, dieses auf dem Wege der methodischen Nachprüfung negativ auszuzeichnen: *Ein empirisch-wissenschaftliches System muss an der Erfahrung scheitern können.*" Im Mittelpunkt steht also die *Falsi-*

fizierbarkeit von Aussagen durch empirische Überprüfungen, nicht deren Verifizierung. Wohlgemerkt: Mit „Falsifizierbarkeit" ist die *Möglichkeit* gemeint, dass eine Aussage falsifiziert werden *kann*.

Beispiel

Hier einige einfache Beispiele für *nicht falsifizierbare* Aussagen aus der Betriebswirtschaftslehre:

- „Planung soll sorgfältig erfolgen" (normative Aussage).
- „Markentreue liegt dann vor, wenn mindestens 50 % aller Käufe in einer Produktkategorie auf eine Marke entfallen" (Definition).
- „Auch bei wachsendem Umsatz *kann* die Rentabilität sinken" (immunisierte Aussage). ◄

Nun ist es so, dass auch Voraussagen z. B. auf astrologischer Basis (z. B. „Im kommenden Monat haben Sie Glück in der Liebe."), denen man wohl kaum Wissenschaftlichkeit attestieren wird (siehe z. B. Thagard, 1998), leicht falsifiziert werden können. Insofern wäre Falsifizierbarkeit nur eine notwendige, nicht aber hinreichende Bedingung für Wissenschaftlichkeit. Weiterhin wird von einzelnen Autor:innen argumentiert, dass im Hinblick auf die Abgrenzung von Wissenschaft nicht nur die Falsifizierbarkeit gefordert wird, sondern dass auch *tatsächlich* ernsthafte Falsifizierungs*versuche* unternommen werden und dass negative Ergebnisse dann auch Einfluss auf den jeweiligen Theoriestatus (Akzeptanz oder Ablehnung der Theorie) haben (Hansson, 2021). Ein Verhalten, das die weitere Akzeptanz oder Ablehnung einer Theorie vom Ergebnis damit konformer oder nicht konformer Beobachtungen abhängig macht, würde eine:n Wissenschaftler:in von Ideologen, religiösen Fanatikern, plumpen Lobbyisten etc. unterscheiden, die sich in ihren Auffassungen nicht von Fakten beeinflussen lassen. Abb. 1.3 illustriert diese Kriterien.

Sven Ove Hansson (2021, S. 11) präsentiert in seinem Beitrag „Science and Pseudo-Science" in der „Stanford Encyclopedia of Philosophy" eine Liste von Kriterien, die Pseudo-Wissenschaft erkennen lassen. Diese sei hier auszugsweise wiedergegeben:

1. „Glaube an Autoritäten: Es wird behauptet, dass bestimmte Personen eine besondere Fähigkeit haben zu bestimmen, was wahr oder falsch ist. Andere haben deren Urteile zu akzeptieren.
2. Nicht reproduzierbare Experimente: Es wird experimentellen Ergebnissen vertraut, die nicht von anderen Forschenden reproduziert werden können.
3. Handverlesene Beispiele: Handverlesene Beispiele werden verwendet, obwohl sie für den Bereich, auf den sich die Untersuchung bezieht, nicht repräsentativ sind.
4. Vermeidung von Tests: Eine Theorie wird nicht getestet, obwohl sie getestet werden könnte.

Abb. 1.3 Hinreichende und notwendige Bedingungen zur Abgrenzung von Wissenschaft gegenüber Pseudo-Wissenschaft nach Hansson (2021)

5. Ignorierung widerlegender Informationen: Beobachtungen oder Experimente, die mit der Theorie im Konflikt stehen, werden ignoriert.
6. Eingebaute Täuschung: Der Test einer Theorie wird so angelegt, dass die Theorie durch dessen Ergebnis nur bestätigt und niemals abgelehnt werden kann."

Beispiel

Ein – immer noch – aktuelles Beispiel für Streit um die Wissenschaftlichkeit von Theorien bezieht sich auf den (vor allem in den USA und hauptsächlich von religiösen Fundamentalisten vertretenen) „Kreationismus". Dieser besagt, dass sich die Entstehung der Erde einschließlich der darauf lebenden Menschen, Tiere und Pflanzen genau so zugetragen habe wie in der biblischen Schöpfungsgeschichte beschrieben und stellt sich damit gegen die wissenschaftlich breit akzeptierte Evolutionstheorie, die auf Charles Darwin zurückgeht. Dieser Streit wurde noch dadurch befeuert, dass in den USA die Anerkennung einer Theorie als wissenschaftlich in diversen Bundesstaaten die Voraussetzung dafür ist, dass die entsprechenden Inhalte Gegenstand des schulischen Unterrichts werden können. Einige religiöse Organisationen – z. B. im Bundesstaat Arkansas – versuchten also, vor Gericht die Anerkennung des Kreationismus als Wissenschaft zu erreichen („Rev. Bill McLean vs. Arkansas Board of Education"), damit dieser Bestandteil des Curriculums der

Schulen in Arkansas werde (Bird, 1998, S. 2 ff.). In seinem stark beachteten Urteil fasste Richter William R. Overton (1982, S. 31) die folgenden charakteristischen Merkmale wissenschaftlicher Theorien zusammen:

„Sie orientieren sich an Naturgesetzen.
  Ihre Erklärungen basieren auf Naturgesetzen.

Sie können in der realen Welt empirisch getestet werden.

Ihre Ergebnisse sind vorläufig und nicht unbedingt das letzte Wort.

Sie sind falsifizierbar."

Nach diesen Kriterien erkannte das Gericht die Wissenschaftlichkeit des Kreationismus *nicht* an und lehnte die Klage ab. ◄

Die Abgrenzung von Wissenschaft und Pseudo-Wissenschaft hat erhebliche Relevanz, weil wissenschaftliche Aussagen besondere Glaubwürdigkeit und Akzeptanz genießen. „Der Wissensbestand von Wissenschaften ist erkenntnistheoretisch besser gerechtfertigt als der Wissensbestand von Nicht-Wissenschaften" (Hunt, 2010, S. 260). Vor diesem Hintergrund werden im folgenden Abschnitt einige Aspekte zur Erkenntnistheorie skizziert, also zur Frage nach Entstehung und Wesen wissenschaftlicher Erkenntnis.

1.2 Zur Erkenntnistheorie heutiger Wissenschaft

In den folgenden Kapiteln werden ja wissenschaftstheoretische Fragen und deren Relevanz für empirische Forschung ausführlich dargestellt und diskutiert. Insbesondere im Kap. 3 wird die Position des wissenschaftlichen Realismus, die diesem Buch zugrunde liegt, relativ umfassend dargestellt. Vorab sollen hier schon wesentliche erkenntnistheoretische Annahmen aktueller Realwissenschaft (alle Wissenschaften außer den Formalwissenschaften, Schurz, 2014, S. 29) überblicksartig dargestellt werden, um den Leser:innen einen ersten Eindruck von der Rolle der Empirie in der Wissenschaft zu vermitteln.

▶ Unter **Erkenntnis** wird hier mit Jürgen Mittelstraß (1995a, S. 575) „das *begründete Wissen* eines Sachverhaltes" verstanden.

Bei der Darstellung der fünf zentralen Annahmen wird im Wesentlichen Gerhard Schurz (2014, S. 22 ff.) gefolgt. Dabei werden hier wörtliche Zitate, die sich auf diese Quelle beziehen, nur durch die Angabe der entsprechenden Seitenzahl gekennzeichnet. An zahlreichen Stellen finden sich Hinweise auf andere Teile des vorliegenden Buches, in denen die jeweils angesprochenen Gesichtspunkte ausführlicher bzw. gründlicher behandelt werden. Die Darstellung von Schurz ist mit dem wissenschaftlichen Realismus (siehe Kap. 3) kompatibel, aber nicht identisch.

▶ Die **Erkenntnistheorie** ist eine „philosophische Grunddisziplin, deren Gegenstand die Beantwortung der Frage nach den Bedingungen begründeten Wissens ist. Im klassischen Sinne schloss dies die Fragen nach der *Entstehung,* dem *Wesen* und den *Grenzen* der Erkenntnis ein" (Mittelstraß, 1995b, S. 576).

Schurz (2014) formuliert zunächst ein höchstes Erkenntnisziel und fünf erkenntnistheoretische Annahmen, die (aktuell) für realwissenschaftliche Disziplinen gelten. Zu beachten ist die Beschränkung auf Realwissenschaften, wie z. B. Physik, Chemie, Psychologie, Betriebswirtschaftslehre. In eher formal ausgerichteten Wissenschaften wie der Mathematik und der Logik haben Bezugnahmen auf eine bestimmte Realität und Forderungen nach empirischer Überprüfung natürlich wenig Relevanz.

Hier das allgemeine **Erkenntnisziel** (S. 19):

„Das oberste Erkenntnisziel der Wissenschaft (…) besteht darin, wahre und gehaltvolle Aussagen, Gesetze und Theorien zu finden, die sich auf einen bestimmten Gegenstandsbereich beziehen."

Dieses Ziel knüpft eng an die Überlegungen zur Charakterisierung von Wissenschaft im Abschn. 1.1 an. Gerade die Verbindung von Wahrheit und (Informations-)Gehalt spielt hier eine wesentliche Rolle. Es ist relativ leicht, wahre Aussagen mit äußerst geringem Gehalt (z. B. „Der Umsatz von Unternehmen kann steigen, stagnieren oder sinken.") oder gehaltvolle Aussagen von äußerst zweifelhafter Wahrheit (z. B. „Je größer die Beschäftigtenzahl, desto größer ist der Markterfolg.") zu formulieren. Dagegen erfordert es eine besondere Kompetenz von Wissenschaftler:innen, zu Aussagen zu kommen, die *gleichzeitig wahr und gehaltvoll* sind. Theorien spielen hier eine zentrale Rolle, weil diese die wohl gängigste und bedeutsamste Art der Zusammenfassung und Darstellung wissenschaftlicher Erkenntnis sind (siehe Kap. 2).

Schurz' erste Annahme mag etwas überraschen, wenn man die in den wissenschaftstheoretischen Diskussionen der letzten Jahrzehnte geäußerten Zweifel nicht kennt. Er spricht von einem **„minimalen Realismus** (S. 22) und meint damit, dass es eine Realität gibt, die unabhängig von Wahrnehmungen und Interpretationen von Betrachtenden existiert. Viele Menschen halten das für eine Selbstverständlichkeit. Es wird aber hier besonders hervorgehoben, weil es die Gegenposition zu relativistischen und konstruktivistischen Ansätzen (siehe Abschn. 3.2) ist, die im letzten Drittel des 20. Jahrhunderts vor allem in den Sozialwissenschaften eine gewisse Rolle gespielt haben und davon ausgingen, dass wissenschaftliche Theorien keineswegs eine (davon unabhängige) Realität widerspiegeln, sondern stark kontextabhängig sind. Dem oben genannten obersten Erkenntnisziel entsprechend sollen also im Gegensatz dazu möglichst wahre und gehaltvolle Aussagen gemacht werden, wobei unter „Wahrheit" hier die weitgehende Übereinstimmung dieser Aussagen mit dem betrachteten Teil der Realität verstanden wird („Korrespondenztheorie der Wahrheit", siehe Abschn. 2.2).

Vor dem Hintergrund entsprechender wissenschaftshistorischer Erfahrungen werden als zweite Annahme **„Fallibilismus und kritische Haltung"** (S. 23) genannt. Das bezeichnet die Fehlbarkeit wissenschaftlicher Aussagen, auch wenn diese zu einer bestimmten Zeit als überzeugend und empirisch bewährt *erschienen*. Eine (absolute) Sicherheit hinsichtlich der Wahrheit wissenschaftlicher Aussagen gibt es demzufolge nicht. Mit empirischer Forschung ist es also nicht möglich, Aussagen (über Zusammenhänge o.ä.) *zu beweisen*, im Gegensatz z. B. zur Mathematik (siehe z. B. Barker & Kitcher, 2014). Empirische Forschung ermöglicht es nur, Aussagen zu *bestätigen* oder zu *bezweifeln*, weil eben theoretisch oder methodisch begründete Untersuchungsfehler immer möglich sind. Daraus resultiert die angesprochene „kritische Haltung" der fortdauernden Infragestellung bisherigen Wissens und der Suche nach „besseren" Aussagen und Theorien (siehe dazu Abschn. 3.1).

Dem Bild, das sich der weit überwiegende Teil der (Fach-)Öffentlichkeit von Wissenschaft macht, entspricht die Annahme der **„Objektivität und Intersubjektivität"** (S. 23). Das wird der schon angesprochenen Idee (→ Erkenntnisziel) gerecht, dass eine von der Wahrnehmung von Beobachtenden unabhängige Realität existiert und dass (im Idealfall) *wahre* Aussagen darüber gemacht werden sollen, d. h. wissenschaftliche Aussagen sollen *möglichst* frei von persönlichen und gesellschaftlichen Interessen, Wahrnehmungen oder Zielen sein. Nun gibt es beachtliche Einwände gegen die Möglichkeit, zu (uneingeschränkt) objektiven Aussagen zu kommen. Darauf wird im Kap. 3 noch zurückzukommen sein. Wenn man aber den *Anspruch des Strebens* nach Objektivität und Intersubjektivität aufgäbe, würde man dem Ziel, sich mit wissenschaftlichen Aussagen an Wahrheit *anzunähern*, nicht entsprechen können.

▶ **Definition** Julian Reiss und Jan Sprenger (2020, S. 1) kennzeichnen **wissenschaftliche Objektivität** auf folgende Weise:

> „Wissenschaftliche Objektivität ist ein Merkmal wissenschaftlicher Aussagen, Methoden und Ergebnisse. Damit ist die Idee gemeint, dass die Aussagen, Methoden und Ergebnisse von Wissenschaft nicht von speziellen Sichtweisen, bestimmten Wertungen, gesellschaftlichen Einflüssen oder persönlichen Interessen – um nur einige Einflussfaktoren zu nennen – beeinflusst sind bzw. sein sollen. Objektivität wird oft als ein Ideal für wissenschaftliche Forschung, als Grund für die Wertschätzung wissenschaftlicher Erkenntnisse und als die Grundlage für die Autorität der Wissenschaft in der Gesellschaft angesehen. (…)
> Das Ideal der Objektivität ist in der Wissenschaftstheorie immer wieder kritisiert worden und sowohl sein Sinn als auch seine Realisierbarkeit sind in Frage gestellt worden."

Mit der Annahme des **„minimalen Empirismus** (S. 23) kommt zum Ausdruck, dass empirische Forschung unverzichtbarer Bestandteil so verstandener (Real-)Wissenschaft ist. Der Titel des vorliegenden Buches deutet ja schon an, dass dieser Aspekt zentrale Bedeutung für die folgenden Kapitel hat. Was ist mit dem Begriff **„empirisch"** gemeint? Ganz allgemein versteht man darunter die Bezugnahme wissenschaftlicher Erkenntnis auf Erfahrungen/Beobachtungen in der Realität. In erster Linie – so auch

im vorliegenden Buch – geht es um die Prüfung theoretischer Aussagen im Hinblick
auf das Ausmaß ihrer Übereinstimmung mit der Realität. In der empirischen betriebs-
wirtschaftlichen Forschung vollzieht sich das meist so, dass man theoretisch begründete
Hypothesen bildet, daraus Prognosen für Beobachtungen in der Realität (unter der
Voraussetzung der Geltung der Theorie) ableitet und dann feststellt, ob sich die Theorie
auf diese Weise bewährt oder nicht (siehe dazu auch Abschn. 5.2 und Abschn. 9.3).
Ein anderer zunehmend praktizierter Weg der Theorieprüfung besteht darin, eine
Theorie oder Teile davon in einem Modell abzubilden und anhand von realen Daten/
Beobachtungen festzustellen, inwieweit das jeweilige Modell mit den (realen) Daten
übereinstimmt (siehe dazu Kap. 7). „Auf Dauer werden wissenschaftliche Aussagen
(…) nur in dem Maße akzeptiert, in dem diese Gegenstand strenger und systematischer
empirischer Tests waren und – auch mit Replikationen – gezeigt wurde, dass sie sich
bestätigt haben und ihr Nutzen für das Verständnis von Realität belegt wurde" (Jacoby,
2013, S. 187).

Als fünfte Annahme nennt Schurz **„Logik im weiten Sinn"** (2014, S. 24). Damit ist
in erster Linie gemeint, dass in Theorien Begriffe genau definiert und Aussagen präzise
formuliert sein müssen, damit der entsprechende Bedeutungsinhalt exakt festliegt.
Anderenfalls (bei unscharfen Begriffen und Aussagen) wäre es einerseits nicht möglich, den Wahrheitsgehalt einer (diffusen) Theorie zu bestimmen, andererseits könnte
man keine hinreichend genauen Hypothesen formulieren. Wie sollte man beispielsweise
eine Hypothese zum Zusammenhang zwischen Informationsstand und Entscheidungsqualität begründen und überprüfen, wenn man nicht genau festgelegt hat, was man mit
„Entscheidungsqualität" eigentlich meint (z. B. Akzeptanz oder Schnelligkeit der Entscheidung oder deren finanzielle Auswirkungen)?

Die Abb. 1.4 und die daran anschließenden kurzen Erläuterungen sollen wesentliche Aspekte und Zusammenhänge der fünf von Schurz (2014, S. 22 ff.) formulierten
epistemologischen Annahmen zusammenfassen und illustrieren. Vor dem Hintergrund
des zentralen Themas dieses Buches werden die Beziehungen des „minimalen Empirismus" zu anderen Annahmen etwas intensiver beleuchtet.

Hier also die kurzen Erläuterungen zu den verschiedenen Beziehungen in der
Abb. 1.4. Zunächst zu den Beziehungen des obersten Erkenntnisziels (insbesondere zum
Aspekt der angestrebten Wahrheit von Aussagen, Gesetzen und Theorien) zu den fünf
erkenntnistheoretischen Annahmen:

1. In Realwissenschaften, also in Wissenschaften, die Aussagen über bestimmte Teile
   der Realität (z. B. Menschen, Betriebe, Produkte) machen, können solche Aussagen durch empirische Methoden gewonnen und überprüft werden. „Empirische
   Beobachtungen sind der entscheidende *Schiedsrichter* in der wissenschaftlichen
   Wahrheitssuche" (Schurz, 2014, S. 23 f.). (Hervorhebung von M.E. und A.K.)
2. Es existiert eine Realität, die unabhängig von den Wahrnehmungen und Interpretationen von Beobachtern ist (siehe dazu u. a. auch Psillos, 2006). Die Wahrheit
   wissenschaftlicher Aussagen bestimmt sich durch das Ausmaß der Übereinstimmung

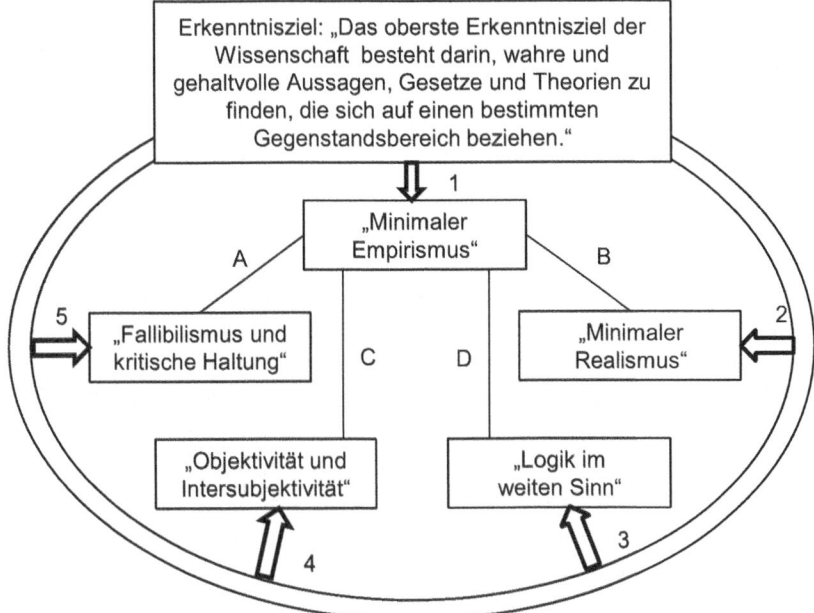

Abb. 1.4 Erkenntnisziel und epistemologische Annahmen. (Nach Schurz, 2014, S. 22 ff.) (Die wörtlichen Zitate sind der genannten Quelle entnommen.)

    zwischen einer (theoretischen) Aussage und dem entsprechenden Ausschnitt der Realität. Ohne Realismus wäre „Wahrheit" *in diesem Sinne* nicht möglich.

3. Nur präzise Definitionen, Aussagen und Argumente ermöglichen exakte Vergleiche zwischen theoretischem Bereich und Realität und damit Einschätzungen zur Wahrheitsnähe von Aussagen, Gesetzen und Theorien.

4. „Die Wahrheit einer Aussage muss objektiv gelten, d. h. unabhängig von den Überzeugungen, Werten und Einstellungen des Erkenntnissubjekts, weil gemäß (obiger) Annahme die Realität unabhängig vom Erkenntnissubjekt existiert und Wahrheit als Übereinstimmung zwischen Aussage und Realität angesehen wird" (Schurz, 2014, S. 23).

5. Logik und wissenschaftshistorische Erfahrungen lehren, dass man sich der Wahrheit von Aussagen nie sicher sein kann. Man kann aber versuchen, zu Aussagen zu kommen, die *approximativ wahr* (siehe Abschn. 3.2) sind. Eine kritische Haltung dient dazu, den Wahrheitsgehalt von Aussagen immer wieder infrage zu stellen und durch entsprechende Forschung weiter zu erhöhen.

Bezogen auf empirische Forschung spielen die folgenden Beziehungen zu anderen Annahmen eine Rolle:

A) Empirische Forschung ist das zentrale Hilfsmittel, um die Wahrheitsnähe bisherigen
    Wissens zu überprüfen und festzustellen, ob alternative/neue Ansätze zu größerer
    Wahrheitsnähe führen.
B) Empirische Forschung stellt die Methoden zur Verfügung, die es in vielen Fällen erst
    ermöglichen, Beobachtungen in der Realität vorzunehmen, diese zu analysieren und
    damit den Grad der Übereinstimmung von Theorie und Realität zu ermitteln.
C) Empirische Ergebnisse zur Wahrheitsnähe von Aussagen können nur überzeugend
    sein, wenn sie nicht wesentlich durch Messfehler und Subjektivität beeinflusst sind.
    Deswegen wird die Validität von Untersuchungsergebnissen (siehe Kap. 6) durch
    sorgfältige Anwendung adäquater Methoden möglichst weitgehend gesichert und in
    Publikationen durch entsprechende Dokumentation nachprüfbar gemacht.
D) „Logik im weiten Sinn" bezieht sich auf die Präzision der Aussagen. Ohne eine
    solche Präzision ist es nicht möglich, adäquate Messverfahren (→ Validität) zu ent-
    wickeln und das Ausmaß der Übereinstimmung von theoretischen Vermutungen und
    realen Beobachtungen zu bestimmen. Wie sollte man beispielsweise die Eignung
    einer Messskala für „Motivation" beurteilen, wenn nicht präzise definiert ist, was
    unter „Motivation" verstanden wird?

Im Mittelpunkt dieses Buches steht ja die empirische Forschung. Welche Beiträge liefert
diese nun in erkenntnistheoretischer Hinsicht? Bisher war der Blick hauptsächlich auf
die Anwendung empirischer Methoden in der Grundlagenforschung zum Test von –
vorhandenen oder neu entwickelten – Theorien mit der Bildung von Hypothesen und
deren empirischer Überprüfung gerichtet. Diese Vorgehensweise sei durch die Abb. 1.5
illustriert. Darüber hinaus werden im Folgenden noch („klassische") Anwendungen der
empirischen Forschung zum *Theorie-Entwurf* (siehe Kap. 4) skizziert. Eine besondere
Rolle spielt die am Ende dieses Abschnitts anzusprechende Forschung zur empirischen
Methodik. Diese Methoden sind in weiten Teilen betriebswirtschaftlicher Forschung
bedeutsam, weil ein großer Teil der interessierenden Phänomene eben nicht durch bloßen
Augenschein oder durch allgemein zugängliche Informationen untersucht werden kann.
So bedarf es zur Messung der Risikowahrnehmung von Anleger:innen oder der Wett-
bewerbsintensität in einer Branche eben besonderer Methoden, die nicht selten speziell
entwickelt werden müssen.

Die Abb. 1.5 gibt wesentliche Schritte bei der empirischen Überprüfung von Theorien
wieder. Am Anfang steht (natürlich) die zu überprüfende Theorie, aus der Hypothesen,

Abb. 1.5 Schematische Darstellung empirischer Untersuchungen zur Theorieprüfung

also Erwartungen hinsichtlich bestimmter Ausprägungen oder Zusammenhänge von Merkmalen in der Realität, abgeleitet werden. Für entsprechende Messungen bedarf es geeigneter Methoden, die in der entsprechenden Fachdisziplin oft schon bekannt und verfügbar sind (z. B. Experimente, Befragungen). Die Anwendung dieser Methoden in der Realität führt zu Ergebnissen, die Schlüsse hinsichtlich der Bewährung der geprüften Theorie erlauben.

In Abb. 1.6 werden zwei weitere große Bereiche der Anwendung empirischer Forschung dargestellt, der Theorie-*Entwurf* (siehe dazu Kap. 4) und die Interpretation anwendungsorientierter Untersuchungen.

Der in Abb. 1.6 dargestellte Ablauf kann also zwei unterschiedliche Anwendungen symbolisieren. Zum einen ist an Schritte beim *Theorie-Entwurf* zu denken. Wenn hinsichtlich eines Problems noch keine (befriedigende) Theorie vorliegt (z. B. Bildung von Glaubwürdigkeitsurteilen hinsichtlich im Internet angebotener Produkt-Informationen), dann ist es verbreitete (aber keineswegs ausschließliche) Praxis, zu dieser Fragestellung mit gängigen Methoden Beobachtungen, explorative Befragungen etc. in der Realität durchzuführen und auf Basis dieser Ergebnisse zu einem Theorie-Entwurf zu gelangen (siehe dazu die Ausführungen zur Grounded Theory in Abschn. 4.3.3). Zum anderen findet man eine entsprechende Vorgehensweise oft bei *anwendungsorientierten Fragestellungen* (z. B. Definition von Marktsegmenten, Messung der Zufriedenheit von Arbeitnehmer:innen). Hier interessiert ja in der Regel keine entsprechende Theorie. Man ist in diesen Fällen oft an deskriptiven Daten (z. B. „Wie zufrieden ist die Belegschaft?") interessiert und interpretiert Zusammenhänge zwischen bestimmten Merkmalen (z. B. „In welchen Unternehmensbereichen ist die Arbeitszufriedenheit am höchsten?") erst *nach* Durchführung der Untersuchung. In vielen Fällen werden daraus dann Handlungsempfehlungen (z. B. „Motivation der Mitarbeiter:innen im Unternehmensbereich XY verstärken!") abgeleitet.

Ein ganz anderer Untersuchungstyp ist in Abb. 1.7 grafisch dargestellt. Hier geht es nicht um substanzielle Fragen (Theorieprüfung oder -entwurf, praktische Anwendung der Ergebnisse), sondern um die Entwicklung neuer Methoden in der Datenerhebung und -analyse.

In der Grundlagenforschung und in der angewandten Forschung stellt sich regelmäßig das Problem, dass man neuartige Phänomene untersuchen ($\rightarrow$ messen) will oder dass man leistungsfähigere (Analyse-)Methoden benötigt. Beispiele sind die Entwicklungen

Abb. 1.6 Schematische Darstellung empirischer Untersuchungen zum Theorie-Entwurf und zu anwendungsorientierten Fragestellungen

Abb. 1.7 Schematische Darstellung empirischer Untersuchungen zur Methodenentwicklung

bei Untersuchungen zur Nutzung digitaler Medien. Im Bereich sozialwissenschaftlicher Untersuchungen kommt das Problem hinzu, dass Messinstrumente (z. B. bestimmte Befragungstechniken) sehr fehlerempfindlich sind und dass deshalb ein spezieller Prozess zur Entwicklung valider Messinstrumente erforderlich ist (siehe z. B. Ebert & Raithel, 2009). Im Hinblick auf ein neues methodisches Problem wird dazu also ein entsprechender Vorschlag entwickelt und in der Realität angewandt. Auf der Grundlage der Ergebnisse kann die Bewährung der neuen Methode dann eingeschätzt werden. Besonders gut etabliert ist ein solches Vorgehen im Bereich der Entwicklung von Messinstrumenten, wo oftmals eine weitgehend standardisierte Vorgehensweise angewandt wird (siehe z. B. Churchill, 1979; Nunnally & Bernstein, 1994 sowie Kap. 6 dieses Buches). So dokumentieren z. B. Loix et al. (2005) den Prozess der Entwicklung und Überprüfung einer Skala zur Messung der Ausrichtung von Individuen auf finanzielle Angelegenheiten und nehmen damit gewissermaßen eine „Eichung" dieses Messinstruments vor.

1.3   Empirische Forschung in der Betriebswirtschaftslehre

Die Betriebswirtschaftslehre wird im *System der Wissenschaften* meist dem Bereich der Sozialwissenschaften zugeordnet und befindet sich damit einerseits in der „Nachbarschaft" von Soziologie, Volkswirtschaftslehre, Sozialpsychologie etc. und ist andererseits abgegrenzt von Naturwissenschaften, Technikwissenschaften, Formalwissenschaften (z. B. Mathematik) etc. (siehe z. B. Schurz, 2014, S. 27 ff.). In der amtlichen Statistik (www.destatis.de) und in der Hochschulpolitik wird die BWL oft mit anderen Disziplinen in einer Fächergruppe „Rechts-, Wirtschafts- und Sozialwissenschaften" zusammengefasst. Insofern verwundert es nicht, dass sich empirische Forschungsmethoden der Betriebswirtschaftslehre mit den in anderen Sozialwissenschaften gängigen Methoden recht weitgehend überschneiden.

Hintergrundinformation
Günther Schanz (1988, S. 15) erläutert die sozialwissenschaftliche Ausrichtung der Betriebswirtschaftslehre:

„... zeichnet sich ab, dass die Betriebswirtschaftslehre zweckmäßigerweise als angewandte Sozialwissenschaft aufzufassen und entsprechend zu konzipieren ist. Das betriebswirtschaftliche Interesse richtet sich dabei primär auf handelnde bzw. sich verhaltende Menschen, die man einerseits als Produzenten (und das heißt auch: Arbeitnehmer), andererseits als Konsumenten bezeichnen wird. Damit gerät gleichzeitig die institutionelle Problematik – also (Wirtschafts-)Organisationen und Märkte – ins Blickfeld. Sie bilden den Rahmen für das Verhalten der erwähnten Personengruppen."

Im Hinblick auf die Unterscheidung von *Arten der Forschung* in der BWL soll hier dem Vorschlag von Homburg (2007) gefolgt werden, bei dem die folgenden Vorgehensweisen unterschieden werden (siehe auch Abb. 1.8):

„Reine Theorie": Logische Ableitung eines Systems von Aussagen auf der Basis von definierten Annahmen. Wichtige Beispiele dafür sind die neoklassische mikroökonomische Theorie sowie die Theorien, die dem institutionenökonomischen Ansatz zugerechnet werden (Transaktionskostentheorie, Principal-Agent-Theorie etc.), und deren Anwendungen in diversen Teilgebieten der Betriebswirtschaftslehre (zum Überblick vgl. z. B. Schwaiger & Meyer, 2009; Schauenberg, 1998).

Abb. 1.8 Betriebswirtschaftliche Forschungsmethoden im Überblick. (Nach Homburg, 2007, S. 29)

„Modeling": Zur Darstellung und Lösung von Problemen bedient man sich hier meist mathematisch formulierter Modelle, die die Anwendung eines entsprechenden Instrumentariums erlauben. Der Fokus liegt bei OR-Anwendungen, häufig mit dem Ziel von Optimierungen.

„Morphologie": Hier steht die Klassifizierung von interessierenden Phänomenen (z. B. Geschäftstypen, Arten von Entscheidungsprozessen) im Zentrum. Auf dieser Basis werden die relevanten Phänomene zu relativ homogenen Gruppen zusammengefasst und darauf bezogene Forschung (z. B. im Hinblick auf so genannte „Normstrategien") wird erleichtert.

„Empirie": Wie im vorliegenden Kapitel bereits angesprochen geht es hier in erster Linie um die Entsprechung von Theorie und Realität, also um die Überprüfung von theoretischen Aussagen am Maßstab realer Beobachtungen bzw. die Entwicklung von Theorien auf der Basis von Erfahrungen.

Die vorstehende Kennzeichnung unterschiedlicher Forschungsrichtungen sollte keinesfalls zu dem Missverständnis führen, dass „Theorie" und „Empirie" gewissermaßen getrennte Welten sind. Im Gegenteil: Eine wesentliche, eher die wesentlichste, Funktion der Empirie ist ja gerade die Prüfung von Theorien (siehe dazu auch Köhler, 2012). Dieser Aspekt wird im vorliegenden Buch immer wieder eine zentrale Rolle spielen.

Für (nicht nur) betriebswirtschaftliche Forschung ist es kennzeichnend, dass Beobachtungen, Befragungen, Experimente etc. durchgeführt werden, um Daten zu sammeln, die es nach Anwendung entsprechender (insbesondere statistischer) Methoden erlauben, theoretische Aussagen zu überprüfen oder zu modifizieren (siehe Kap. 9). Daraus und aus den Überlegungen in den vorstehenden Abschnitten lässt sich schon ableiten, dass in der Wissenschaft Empirie immer in enger Verbindung zur Theorie steht. Gleichzeitig führt empirische Forschung dazu, dass bisheriges Wissen infrage gestellt und gegebenenfalls verworfen oder modifiziert wird (→ Fallibilismus; Empirie als „Schiedsrichter" (Schurz, 2014, S. 24)). Homburg (2007, S. 28) fügt noch den (nicht nur für empirische Forschung) charakteristischen Aspekt hinzu, dass die Entstehung von Forschungsergebnissen transparent, nachvollziehbar und damit überprüfbar sein muss (siehe auch Schreyögg 2007, S. 154). Dementsprechend ist es bei empirischen Arbeiten zum Standard geworden, die methodische Vorgehensweise relativ umfassend und sorgfältig zu dokumentieren. In einem grundlegenden Aufsatz „Betriebswirtschaftslehre als Wissenschaft" kennzeichnet Horst Albach (1993) u. a. die Wiederholbarkeit empirischer Ergebnisse und die Falsifizierbarkeit von Aussagen (siehe Abschn. 3.2) als Kriterien für die Wissenschaftlichkeit einer Disziplin und bekräftigt auf diese Weise die Notwendigkeit empirischer Forschung für die Betriebswirtschaftslehre. Es sei auch daran erinnert, dass der von Karl Popper geprägte „kritische Rationalismus" (siehe Abschn. 3.2) über Jahrzehnte eine dominierende Stellung in der (deutschsprachigen) Betriebswirtschaftslehre hatte (oder noch hat?). Aus dessen Ausrichtung auf Falsifikationsversuche ergab sich als typischer Forschungsansatz die Empirie, mit dem Ziel, die Übereinstimmung von Theorie und Realität zu testen.

Hintergrundinformation

Manfred Schwaiger (2007, S. 340) erläutert die Relevanz empirischer betriebswirtschaftlicher Forschung aus zwei verschiedenen Perspektiven:

„- Verfolgt ein Wissenschaftler primär *Erkenntnisziele*, so ist das Zustandekommen der Erkenntnis intersubjektiv am besten nachvollziehbar, wenn er die Prüfung nach naturwissenschaftlichem Vorbild an Fakten aus der (in diesem Fall betriebswirtschaftlichen) Realität vornimmt. Diese Vorgehensweise bietet zudem den Vorteil, dass jeder zweifelnde Rezipient der Erkenntnis die Möglichkeit hat, die in Frage stehenden Aussagen anhand neu gesammelter Fakten zu überprüfen.

- Steht dagegen ein in der BWL häufig zu beobachtendes Gestaltungsinteresse im Vordergrund und will der Forscher in erster Linie Handlungsanweisungen für die Wirtschaftspraxis generieren, so wird die Akzeptanz seiner Gestaltungsratschläge zunehmen, wenn er sich nicht nur auf theoretische Erwägungen stützt, sondern die Gültigkeit seiner Aussagen in der Realität nachweisen kann (…).“

Hinsichtlich der Entwicklung und Ausbreitung empirischer Forschung innerhalb der deutschsprachigen Betriebswirtschaftslehre unterscheidet Homburg (2007, S. 30) drei Phasen:

1. *„Phase der sporadischen empirischen Forschung"* (bis in die 1960er Jahre). Während dieser Zeit wurde die Relevanz empirischer Forschung vielfach schon anerkannt, entsprechende Publikationen waren aber eher eine Ausnahme. Der methodische Standard der in der BWL angewandten Empirie war zu dieser Zeit noch relativ wenig entwickelt.

2. *„Phase der programmatischen empirischen Forschung und interdisziplinäre Öffnung"* (1960er bis 1980er Jahre). Während dieser Zeit wuchs die Anzahl publizierter empirischer Arbeiten stark an. Beeinflusst wurde dieses Wachstum einerseits durch ein – wohl auch durch die wissenschaftstheoretische Diskussion angeregtes – gewachsenes Interesse an Empirie. Andererseits führte auch die Öffnung der Betriebswirtschaftslehre gegenüber den schon lange empirisch geprägten Verhaltenswissenschaften zu einem entsprechenden Impuls. Seit der Mitte der 1970er Jahre konnte man ein starkes Wachstum empirisch ausgerichteter Publikationen in der deutschsprachigen Betriebswirtschaftslehre beobachten (Martin, 1989, S. 149). Eberhard Witte (Universität München) und seine Forschungsgruppe haben während dieser Phase für die deutschsprachige Betriebswirtschaftslehre sicher Pionierarbeit geleistet (siehe z. B. Witte, 1981; zum Überblick auch Köhler, 1977; zu wesentlichen Ergebnissen Hauschildt und Grün 1993). Die Realisierung empirischer Studien wurde während dieser Phase auch durch die rasante Ausbreitung der Computer-Technologie und (damit verbunden) von Statistik-Software erleichtert.

3. *„Phase der internationalen und methodischen Öffnung"* (seit Ende der 1980er Jahre). Inzwischen ist die Rezeption der internationalen Literatur – konzentriert auf die englischsprachige Literatur – zur Selbstverständlichkeit geworden. Daneben publizieren deutschsprachige Betriebswirt:innen inzwischen verstärkt in inter-

nationalen Journals, nicht zuletzt, weil derartige Publikationserfolge weiter wachsende Bedeutung für eine wissenschaftliche Karriere erlangt haben. Wegen der schon länger stark empirisch ausgerichteten internationalen Forschung in verschiedenen Teilgebieten der Betriebswirtschaftslehre „färbt" das gewissermaßen auf die deutschsprachige Betriebswirtschaftslehre ab.

Nun hat sich die Ausbreitung empirischer Forschung in Teilgebieten der Betriebswirtschaftslehre nicht parallel und auch nicht gleichmäßig vollzogen. Verschiedene Autoren (Hauschildt, 2003; Homburg, 2007; Krafft et al., 2003; Martin, 1989) haben einige Entwicklungslinien – teilweise empirisch – analysiert und interpretiert. Diese Untersuchungen sind schon einige Jahre alt, dürften aber weitgehend noch Bestand haben. Wie ist nun das unterschiedliche Gewicht der Empirie in den verschiedenen betriebswirtschaftlichen Teilgebieten zu erklären? Hauschildt (2003, S. 10 f.) stellt dazu einige Überlegungen an und nennt u. a. die folgenden Gesichtspunkte, die in seiner – auf umfassender Erfahrung und Literaturauswertung gründenden – Sicht eine Ausweitung empirischer Forschung eher befördern:

- Interesse der betriebswirtschaftlichen Praxis an empirisch bewährten und präzisierten Ergebnissen
- Einflüsse empirischer Forschung in den jeweiligen Nachbargebieten (z. B. Psychologie, Soziologie) und Grad verhaltenswissenschaftlicher Ausrichtung des Fachgebiets
- Verfügbarkeit bereits vorhandener Daten, insbesondere aus Datenbanken (z. B. Finanzdatenbanken, amtliche Statistik, Sozioökonomisches Panel SOEP)
- Bedarf an Einschätzungen zur Verhaltenswirkung von Gesetzesänderungen (z. B. im Zusammenhang mit der Rechnungslegung oder Besteuerung)
- Akzeptanz empirischer Forschung und ihrer Ergebnisse als „Schiedsrichter" (Schurz, 2014, S. 24) bei kontroversen theoretischen Standpunkten (z. B. zum Ausmaß der Abhängigkeit des Unternehmenserfolgs von der Branchenzugehörigkeit; siehe dazu Hunt, 2000, S. 153 ff.).

1.4   Inhalt und Struktur dieses Buches

In diesem Abschnitt soll ein kurzer Überblick über die Inhalte der auf diese „Einführung" folgenden Kapitel und deren Strukturierung gegeben werden. Dabei ist auch der Untertitel des vorliegenden Buches „Zur Methodologie in der Betriebswirtschaftslehre" zu beachten. Es geht hier also um *Methodologie*, nicht um *Methoden* mit all ihren Einzelheiten. Worin besteht der Unterschied? Brian Haig (2018, S. 8) charakterisiert beide Begriffe und verdeutlicht damit den Unterschied:

„Im Bereich der Wissenschaft bestimmen *Methoden* das effiziente und systematische Vorgehen bei einer Untersuchung. Wissenschaftliche Methoden legen eine Folge von Aktivitäten fest, die eine Strategie zur Erreichung eines oder mehrerer Forschungsziele bilden. Im Zusammenhang damit bezeichnet wissenschaftliche *Methodologie* das allgemeine Studienobjekt wissenschaftlicher Methoden und bildet die Basis für ein angemessenes Verständnis dieser Methoden" (Haig, 2018, S. 8).

Eine halbwegs angemessene Darstellung empirischer Forschungs*methoden* in der Betriebswirtschaftslehre mit all ihren technischen Details würde den Umfang dieses Buches deutlich sprengen. Thema des Buches ist vielmehr die entsprechende *Methodologie*, d. h. die Grundideen von Methoden, die Einschätzung ihrer Aussagekraft und die Interpretation ihrer Ergebnisse sowie die wissenschaftstheoretische Fundierung bzw. kritische Reflexion empirischer Forschung.

Zentrale Bedeutung für wissenschaftliche Erkenntnisgewinnung hat die Entwicklung und Überprüfung von Theorien, wobei empirische Forschung eine wesentliche Rolle spielt. Schanz (1988, S. VII) kennzeichnet dementsprechend Theorien als „*Hauptinformationsträger der wissenschaftlichen Erkenntnis*".

Hintergrundinformation
Fred Kerlinger und Howard Lee (2000, S. 11) erläutern die Rolle von Theorien für die Wissenschaft auf folgende Weise:

> „Das grundlegende Ziel der Wissenschaft ist die Theorie. Vielleicht weniger geheimnisvoll ausgedrückt heißt das: Das grundlegende Ziel der Wissenschaft besteht darin, natürliche Phänomene zu erklären."

Vor diesem Hintergrund werden „Wesen und Relevanz von Theorien" gleich im 2. Kapitel relativ umfangreich dargestellt und diskutiert. Empirische Forschung, die ja den Hauptgegenstand dieses Buches bildet, spielt eine entscheidende Rolle bei der Überprüfung von Theorien, aber auch schon im Prozess des Theorie-Entwurfs. Im Buch wird so vorgegangen, dass Theorie-Entwurf und -Prüfung erst nach der Kennzeichnung von Theorien behandelt werden, um das Verständnis zu erleichtern. Derartige Fragestellungen werden von unterschiedlichen wissenschaftstheoretischen Positionen wesentlich beeinflusst. Seit der Mitte des 20. Jahrhunderts haben vor allem der durch Karl Popper geprägte kritische Rationalismus, der Relativismus und Konstruktivismus und in etwas neuerer Zeit der wissenschaftliche Realismus starke Beachtung gefunden. Diese Positionen sind in der einschlägigen Literatur umfassend und teilweise heftig diskutiert worden. Solche Diskussionen sollen im vorliegenden Buch nicht in ihren Einzelheiten nachvollzogen werden. Es wird von den Autoren vielmehr die **Position des wissenschaftlichen Realismus** eingenommen und im 3. Kapitel diskutiert und begründet. Hauptsächlich zur Abgrenzung werden dabei auch die anderen genannten wissenschaftstheoretischen Standpunkte kurz angesprochen. Die wissenschaftstheoretischen Überlegungen in den Kap. 2 und Kap. 3 stehen also vor den weiteren Ausführungen zur Theorie-Entwicklung (Kap. 4 bis 9), weil diese eben dadurch wesentlich geprägt wird. Für Leser:innen, deren wissenschaftstheoretische Position vom wissenschaftlichen Realismus stark und grundlegend abweicht (z. B. Relativismus und Konstruktivismus, siehe Abschn. 3.2), werden diese Ausführungen möglicherweise nur begrenzt nützlich sein.

Nach der Darstellung von Ansätzen zum Entwurf von Theorien (Kap. 4) werden im Kap. 5 Überlegungen zur Rolle der empirischen Forschung als „Schiedsrichter" (Schurz, 2014, S. 24) hinsichtlich der Eignung von Theorien zur Beschreibung und zum Verständnis von Realität dargestellt und konkretisiert. In den folgenden Kapiteln (6 bis 8) geht es dann um methodologische Aspekte des empirischen Tests von Theorien. Zunächst (im Kap. 6) werden Grundfragen der Gewinnung von Daten (d. h. Operationalisierung, Messung und Datensammlung) für diesen Zweck diskutiert. Anschließend (Kap. 7) geht es um die Schlussweisen bei statistischen Tests und bei der Modellierung (Datenanalyse). Der für Theorie und Praxis bedeutsame Fall der Prüfung von Kausalhypothesen ist Gegenstand des Kap. 8. In diesem Kapitel wird es nicht um methodische Einzelheiten gehen, wozu ja umfangreiche und vielfältige Literatur vorliegt. Es geht vielmehr um übergeordnete wissenschaftliche Überlegungen zur Anwendung von Methoden der Prüfung von Kausalhypothesen (Experimente). Entsprechend ist auch der Untertitel dieses Buches „Zur Methodologie in der Betriebswirtschaftslehre" zu verstehen (siehe dazu auch Schanz, 1988, S. 2 ff.). Die Kap. 6 bis 8 sind vor allem auf die Anlage und Interpretation *einzelner Untersuchungen* zum Theorie-Test bzw. zur Prüfung einzelner oder weniger Hypothesen ausgerichtet.

Nun ist dieser traditionelle Weg der empirischen Forschung zur Prüfung von Theorien in den letzten Jahren in Zweifel gezogen und deutlich kritisiert worden. Ursächlich dafür waren hauptsächlich methodologische Überlegungen, problematische Forschungspraktiken, systematisch verzerrte Wiedergabe des jeweiligen Erkenntnisstandes durch das Publikationssystem sowie enttäuschende Erfahrungen hinsichtlich der Robustheit empirischer Ergebnisse („Reproduzierbarkeits- bzw. Replikationskrise"):

- Zweifel an der Eignung und Aussagekraft von Signifikanztests, die bisher die statistische Analyse in empirischen Untersuchungen dominieren (siehe Abschn. 7.2).
- Für eine (hochrangige) Publikation ist es oft notwendig, klare Ergebnisse zur Bestätigung der aufgestellten Hypothesen zu erzielen, wobei die Versuchung entstehen kann, dieses durch mancherlei kleinere oder auch größere Manipulationen von Daten zu befördern (siehe Abschn. 10.2).
- Bei der Publikation in wissenschaftlichen Zeitschriften bzw. bei der Präsentation auf wichtigen Tagungen werden in erster Linie innovative, bedeutsame und klare Ergebnisse erwartet; Ergebnisse, die nicht eindeutig sind, oder Replikationsstudien haben deutlich geringere Publikationschancen. Deswegen ist das Bild, das sich aus der publizierten Literatur ergibt, häufig systematisch verzerrt (siehe Abschn. 9.1 und Abschn. 9.2).

- Entsprechende Projekte (Open Science Collaboration 2015) in den letzten Jahren haben gezeigt, dass sich ein erheblicher Teil sozialwissenschaftlicher Forschungsergebnisse nicht replizieren ließ (siehe auch Fidler & Wilcox, 2018).

Vor diesem Hintergrund haben viele Forscher:innen gefordert und auch selbst realisiert, dass eine alternative Forschungsstrategie eher zu stabilen Ergebnissen mit größerem Wahrheitsgehalt führt. Im Kap. 9 geht es um diesen relativ neuen Ansatz. Einen zentralen Aspekt dabei hat Cumming (2014, S. 23) mit folgendem (hier etwas frei übersetzten) Satz gekennzeichnet: „Jede Studie leistet eher einen *Beitrag* zur Erkenntnisgewinnung als dass sie den Erkenntnisstand *allein* bestimmt." Das ist einerseits eine Relativierung der Bedeutung *einzelner* Studien (mit deren Beeinflussung durch situative Faktoren, kulturelle Rahmenbedingungen, Messfehler etc.). Andererseits wird eine Zusammenfassung der (unterschiedlichen!) Ergebnisse einer *Mehrzahl* von Studien, bei denen unterschiedliche Methoden unter verschiedenen Bedingungen angewandt wurden, als wesentlich aussagekräftiger angesehen.

Gegenstand des 9. Kapitels ist also die Analyse einer Menge von Untersuchungsergebnissen im Hinblick auf deren Übereinstimmung mit einer entsprechenden Theorie und deren Gestaltung. Außerdem wird der Blick auf den gesamten **Prozess der Theorie-Entwicklung** ausgeweitet. In den Kapiteln zuvor geht es hauptsächlich um Theorie-Entwurf und -prüfung; im 9. Kapitel werden auch Fragen der *Konsequenzen* von Theorie-Tests für die weitere *Theorie-Entwicklung* erörtert:

- Kann eine Theorie als (vorläufig und approximativ) **wahr** angesehen werden? (Abschn. 9.3.1)
- Wie weit reicht der Geltungsbereich der jeweiligen Theorie? ($\rightarrow$ **Generalisierbarkeit**, Abschn. 9.3.2)
- Lässt sich die jeweilige Theorie „verbessern" durch Hinzufügung, Elimination oder Veränderung (z. B. durch veränderte Definition) von Konzepten (siehe Abschn. 2.1) oder deren Beziehungen? ($\rightarrow$ **Modifikation einer Theorie**, Abschn. 9.3.3)
- Lässt sich die Genauigkeit von Aussagen der Theorie hinsichtlich der Art der Beziehungen zwischen Konzepten (z. B. linear vs. nicht-linear; Effektstärken) steigern? ($\rightarrow$ **Informationsgehalt einer Theorie**, Abschn. 9.3.4)

Diese vier Fragen zeigen auch wesentliche Möglichkeiten auf, mit denen durch eine empirische Studie (z. B. eine Dissertation oder ein Paper) ein Beitrag (zünftig ausgedrückt: „*eine Contribution*") zur weiteren Entwicklung eines Forschungsgebiets erbracht werden kann.

In Abb. 1.9 erkennt man den umfassenderen Prozess der Theorie-Entwicklung. Der Begriff „**Theorie-Entwicklung**" ist hier also nicht so zu verstehen, dass eine Theorie *neu entwickelt* wird. Dieser Begriff bezeichnet vielmehr den *gesamten Prozess* vom

Abb. 1.9 Übersicht zu Inhalt und Struktur des vorliegenden Buches

ersten Entwurf über diverse Tests und Phasen der Veränderung der Theorie. Am Beginn
steht (natürlich) ein Theorie-Entwurf (siehe Kap. 4). Dessen Eignung zeigt sich vor
allem in empirischen Tests (siehe Kap. 5). Dazu bedarf es geeigneter Methoden, deren
grundlegende Ideen in den Kapiteln 6 bis 8 erörtert werden. Diese Tests führen zu Ergebnissen, deren Interpretation sich auf die Einschätzung der *Wahrheit* bzw. Stärkung oder
Schwächung der Theorie, das Ausmaß ihrer *Generalisierbarkeit* und auf Ansatzpunkte
zur *Modifikation* und/oder Veränderung des *Informationsgehalts* der Theorie bezieht
(siehe Kap. 9). Ergebnis dieses Prozesses der Theorie-Entwicklung wäre ein gegebenenfalls veränderter Theorie-Entwurf, der wieder Gegenstand weiterer Überprüfungen sein
kann bzw. soll. In diesem Sinne wäre ein einzelner Theorie-Test im Sinne von Cumming
(2014, s. o.) also (nur) *ein Beitrag* zur Entwicklung einer bewährten und approximativ
wahren (siehe Kap. 3) Theorie.

Am Ende des Buches (aber: „last, but not least!") stehen Überlegungen zu
„Forschungsethik und Forschungspraxis" (Kap. 10), die durch einige Wissenschafts-
skandale in jüngerer Zeit besondere Aktualität erhalten haben. Inzwischen setzt man im
Wissenschaftssystem bessere Regelungen zur Verhinderung unethischen Verhaltens um.
Die Aspekte der Forschungsethik, die im 10. Kapitel behandelt werden, beziehen sich
größtenteils auf die methodologischen Fragen der Kap. 6 bis 8.

Literatur

Albach, H. (1993). Betriebswirtschaftslehre als Wissenschaft. *Zeitschrift für Betriebswirtschaft Ergänzungsheft, 3*, 7–26.

Barker, G., & Kitcher, P. (2014). *Philosophy of science – A new introduction.* Oxford University Press.

Bird, A. ((1998). *Philosophy of science.* McGill University Press.

Bishop, R. (2007). *The philosophy of the social sciences.* Continuum.

Brockhoff, K. (2014). *Betriebswirtschaftslehre in Wissenschaft und Geschichte* (4. Aufl.). Springer Gabler.

Brühl, R. (2021). *Wie Wissenschaft Wissen schafft* (3. Aufl.). UVK.

Chalmers, A. (2013). *What is this thing called science?* (4. Aufl.). Hackett.

Churchill, G. (1979). A paradigm for developing better measures of marketing constructs. *Journal of Marketing Research, 16*, 64–73.

Cumming, G. (2014). The new statistics: Why and how. *Psychological Science, 25*, 7–29.

Ebert, T., & Raithel, S. (2009). Leitfaden zur Messung von Konstrukten. In M. Schwaiger & A. Meyer (Hrsg.), *Theorien und Methoden der Betriebswirtschaft* (S. 511–540). Vahlen.

Fidler, F. & Wilcox, J. (2018). Reproducibility of Scientific Results. In E. Zalta (Hrsg.), *The stanford encyclopedia of philosophy.* http://plato.stanford.edu. Zugegriffen: 29. April 2020.

Haig, B. (2018). *The philosophy of quantitative methods.* Oxford University Press.

Hansson, S. (2016). Science and Non-Science. In P. Humphreys (Hrsg.), *The Oxford Handbook of Philosophy of Science* (S. 485–505). Oxford University Press.

Hansson, S. (2021). Science and pseudo-science. In E. Zalta (Hrsg.), *The stanford encyclopedia of philosophy.* http://plato.stanford.edu. Zugegriffen: 11. Jan. 2023.

Hauschildt, J. (2003). Zum Stellenwert der empirischen betriebswirtschaftlichen Forschung. In M. Schwaiger & D. Harhoff (Hrsg.), *Empirie und Betriebswirtschaft* (S. 3–24). Schäffer-Poeschel.

Homburg, C. (2007). Betriebswirtschaftslehre als empirische Wissenschaft – Bestandsaufnahme und Empfehlungen. In E. Gerum & G. Schreyögg (Hrsg.), *Zukunft der Betriebswirtschaftslehre, ZfbF-Sonderheft 56/07* (S. 27–60).

Hundsdoerfer, J., Kiesewetter, D., & Sureth, C. (2008). Forschungsergebnisse in der betriebswirtschaftlichen Steuerlehre – eine Bestandsaufnahme. *Zeitschrift für Betriebswirtschaft, 78*, 61–139.

Hunt, S. (2000). *A general theory of competition – resources, competences, productivity, economic growth.* Sage.

Hunt, S. (2010). *Marketing theory – Foundations, controversy, strategy, resource-advantage theory.* Sharpe.

Jacoby, J. (2013). *Trademark surveys – Designing, implementing, and evaluating surveys* (Bd. 1). American Bar Association.

Kerlinger, F., & Lee, H. (2000). *Foundations of behavioral research* (4. Aufl.). Wadsworth.

Köhler, R. (Hrsg.). (1977). *Empirische und handlungstheoretische Forschungskonzeptionen in der Betriebswirtschaftslehre.* Poeschel.

Köhler, R. (2012). Grundorientierungen der BWL. In W. Burr & A. Wagenhofer (Hrsg.), *Der Verband der Hochschullehrer für Betriebswirtschaft* (S. 162–178). Gabler.

Krafft, M., Haase, K., & Siegel, A. (2003). Statistisch-ökonometrische BWL-Forschung: Entwicklung, Status Quo und Perspektiven. In M. Schwaiger & D. Harhoff (Hrsg.), *Empirie und Betriebswirtschaft* (S. 83–104). Schäffer-Poeschel.

Ladyman, J. (2002). *Understanding philosophy of science.* Routledge.

Lindberg, D. (1992). *The beginnings of western science.* University of Chicago Press.

Loix, E., Pepermans, R., Mentens, C., Goedee, M., & Jegers, M. (2005). Orientation toward finances: Development of a measurement scale. *Journal of Behavioral Finance, 6*, 192–201.

Martin, A. (1989). *Die empirische Forschung in der Betriebswirtschaftslehre*. Poeschel.

Merton, R. (1973). *The sociology of science – Theoretical and empirical investigations*. Chicago: University of Chicago Press.

Mittelstraß, J. (1995a). Erkenntnis. In J. Mittelstraß (Hrsg.), *Enzyklopädie Philosophie und Wissenschaftstheorie* (Bd. 1, S. 575). Metzler.

Mittelstraß, J. (1995b). Erkenntnistheorie. In J. Mittelstraß (Hrsg.), *Enzyklopädie Philosophie und Wissenschaftstheorie* (Bd. 1, S. 576–578). Metzler.

Monton, B. (2014). Pseudoscience. In M. Curd & S. Psillos (Hrsg.), *The Routledge companion to Philosophy of Science* (2. Aufl., S. 469–478). Routledge.

Nagel, E. (1961). *The structure of science*. Harcourt Brace Jovanovich.

Nickles, T. (2008). Scientific discovery. In S. Psillos & M. Curd (Hrsg.), *The Routledge companion to Philosophy of Science* (S. 442–451). London: Routledge.

Nunnally, J., & Bernstein, I. (1994). *Psychometric theory* (3. Aufl.). McGraw-Hill.

Open Science Collaboration (OSC). (2015). Estimating the reproducibility of psychological science. *Science, 349*(6251), 943–951.

Overton, W. (1982). Rev. Bill McLean vs. Arkansas Board of Education. *Academe, 22*, 27–36.

Popper, K. (1963). *Conjectures and refutations*. Routledge & Kegan Paul.

Popper, K. (2005). *Logik der Forschung* (11. Aufl.). Mohr.

Poser, H. (2001). *Wissenschaftstheorie – Eine philosophische Einführung*. Reclam.

Psillos, S. (2006). Scientific realism. In D. Borchert (Hrsg.), *Encyclopedia of philosophy* (2. Aufl., Bd. 8, S. 688–694). Macmillan.

Reiss, J., & Sprenger, J. (2020). Scientific objectivity. In E. Zalta (Hrsg.), *The Stanford encyclopedia of philosophy*. http://plato.stanford.edu. Zugegriffen: 11. Jan. 2023.

Ruhnke, K., & Schmitz, S. (2013). Prüfungsforschung im deutschen Sprachraum – Bestandsaufnahme, Entwicklungstendenzen und Herausforderungen. *Journal für Betriebswirtschaft, 63*, 243–267.

Russell, B. (1961). *A history of western philosophy* (2. Aufl.). George Allen & Unwin.

Schanz, G. (1988). *Methodologie für Betriebswirte* (2. Aufl.). Poeschel.

Schauenberg, B. (1998). Gegenstand und Methoden der Betriebswirtschaftslehre. In M. Bitz, K. Dellmann, M. Domsch, & F. Wagner (Hrsg.), *Kompendium der Betriebswirtschaftslehre* (Bd. 1, 4. Aufl., S. 1–56). Vahlen.

Schurz, G. (2014). *Philosophy of science – A unified approach*. Routledge.

Schwaiger, M. (2007). Empirische Forschung in der BWL. In R. Köhler, H.-U. Küpper, & A. Pfingsten (Hrsg.), *Handwörterbuch der Betriebswirtschaftslehre*, (6. Aufl., S. 337–345). Schäffer-Poeschel.

Schwaiger, M., & Meyer, A. (Hrsg.). (2009). *Theorien und Methoden der Betriebswirtschaft*. Vahlen.

Shapere, D. (2000). Scientific Change. In W. Newton-Smith (Hrsg.), *A companion to the philosophy of science* (S. 413–422). Blackwell.

Thagard, P. (1998). Why astrology is a pseudoscience. In P. Asquith & I. Hacking (Hrsg.), *Proceedings of the Philosophy of Science Association* (Bd. 1, S. 223–234). Norton.

Witte, E. (1981). Nutzungsanspruch und Nutzungsvielfalt. In E. Witte (Hrsg.), *Der praktische Nutzen empirischer Forschung* (S. 13–40). Mohr Siebeck.

Wöhe, G., Döring, U., & Brösel, G. (2016). *Einführung in die Allgemeine Betriebswirtschaftslehre* (26. Aufl.). Vahlen.

Weiterführende Literatur

Curd, M., Cover, J., & Pincock, C. (Hrsg.). (2013). *Philosophy of science – The central issues*. Norton.

Brühl, R. (2021). *Wie Wissenschaft Wissen schafft* (3. Aufl.). UVK.

Schurz, G. (2014). *Philosophy of science – A unified approach*. Routledge.

Wiltsche, H. (2013). *Einführung in die Wissenschaftstheorie*. Vandenhoeck & Ruprecht.

Wesen und Relevanz von Theorien

2

Zusammenfassung

Wissenschaftliche Erkenntnisse werden hauptsächlich in Theorien systematisiert und zusammengefasst. Theorien sind somit die Basis für unzählige praktische Anwendungen und dienen der Bewahrung und Kommunikation von Wissen sowie der Entwicklung von Verständnis. Vor diesem Hintergrund ist ihre zentrale Bedeutung für alle wissenschaftlichen Disziplinen zu verstehen. Im ersten Abschnitt des 2. Kapitels wird gekennzeichnet, was man unter einer Theorie versteht. Diese Kennzeichnung wird dann durch das Beispiel des in der Konsument:innen- und Kommunikationsforschung sehr bekannten Elaboration-Likelihood-Modells illustriert. Typischerweise dienen Theorien dazu, bestimmte Aspekte bzw. Ausschnitte der Realität zu verstehen. Deswegen wird anschließend (Abschn. 2.2) die Beziehung von Theorie und Realität erörtert. Wesentliche Anwendungen von Theorien (→ Relevanz von Theorien) beziehen sich auf Erklärungen realer Phänomene und die Feststellung entsprechender Gesetzmäßigkeiten (siehe Abschn. 2.3), die Prognose realer Ereignisse und Entwicklungen und die Nutzung solcher Erkenntnisse für (praktische) Anwendungen in der Realität (→ Gestaltung), z. B. bei der Entwicklung von Strategien und bei Entscheidungen (siehe Abschn. 2.4). Am Ende dieses Kapitels (Abschn. 2.5) werden noch einige typische wissenschaftliche Schlussweisen (Induktion, Deduktion und Abduktion) dargestellt. Bei all diesen Überlegungen stehen Theorien, wie sie in unterschiedlichen Bereichen der Betriebswirtschaftslehre verwendet werden, im Fokus.

© Springer Fachmedien Wiesbaden GmbH, ein Teil von Springer Nature 2023   33
M. Eisend und A. Kuß, *Grundlagen empirischer Forschung*,
https://doi.org/10.1007/978-3-658-42690-3_2

2.1   Grundbegriffe

Theorie und Empirie stehen in engster Verbindung. Die Empirie spielt einerseits eine zentrale Rolle im Hinblick auf die Bewährung existierender Theorien: Positive Ergebnisse empirischer Überprüfungen führen zu gesteigerter Akzeptanz von Theorien, negative Ergebnisse tragen eher zur Ablehnung oder Modifikation von Theorien bei. Andererseits dienen bestimmte empirische Methoden auch zum Entwurf von Theorien (siehe Abschn. 4.3). Typischerweise wird durch theoretische Überlegungen bestimmt, welche Aspekte empirisch untersucht werden sollen. Deswegen wird es nicht verwundern, dass die Kennzeichnung und Diskussion von Theorien in einem Lehrbuch zu Grundlagen empirischer Forschung eine wesentliche Rolle spielen müssen. Im vorliegenden Kapitel geht es um wesentliche Merkmale von Theorien und deren Relevanz. In den Kap. 4 und 5 werden dann Aspekte des Theorie-Entwurfs und Maßstäbe für die Überprüfung und Beurteilung von Theorien behandelt.

Was meint man nun mit dem *Begriff* „Theorie"? Dazu gibt Karl Popper (2005, S. 36) eine anschauliche Kennzeichnung, die auch einen ersten Blick auf die Arbeit an und mit Theorien erlaubt: „Die Theorie ist das Netz, das wir auswerfen, um ‚die Welt' einzufangen, – sie zu rationalisieren, zu erklären und zu beherrschen. Wir arbeiten daran, die Maschen des Netzes immer enger zu machen."

Im Wesentlichen sind Theorien sprachliche Gebilde (oft auch – teilweise – in der Sprache der Mathematik formuliert und/oder grafisch illustriert), mit denen Behauptungen formuliert werden, die sich bei einer (späteren) Überprüfung als richtig oder falsch zeigen können. Wie so oft in der Wissenschaft sind die Auffassungen zum Wesen von Theorien nicht ganz einheitlich. Es lassen sich aber zentrale Merkmale identifizieren (was hier versucht wird), über die in der Wissenschaft recht weitgehend Einvernehmen herrscht.

▶ **Definition** Hier zunächst drei *Definitionen* für den Begriff der **„Theorie"**, durch die schon wesentliche Elemente deutlich werden:

- „Eine Theorie ist eine Menge von Aussagen über die Beziehung(en) zwischen zwei oder mehr Konzepten bzw. Konstrukten" (Jaccard & Jacoby, 2020, S. 28).
- „Eine Theorie ist eine Menge miteinander verbundener Konstrukte (Konzepte), Definitionen und Lehrsätze, die einen systematischen Überblick über Phänomene vermitteln, indem sie die Beziehungen zwischen Variablen zu dem Zweck spezifizieren, Phänomene zu erklären und vorherzusagen" (Kerlinger & Lee, 2000, S. 11).
- „Aus realwissenschaftlicher Perspektive ist eine Theorie ein System von allgemeinen Hypothesen über Zustände der Realität. Im Unterschied zu den rein formalen Theorien, die ihren Ursprung in wenigen Axiomen haben und aus ihnen deduziert werden, beziehen sich Realtheorien also direkt auf Zustände der Realität und verdichten und systematisieren empirische Regelmäßigkeiten" (Franke, 2002, S. 179).

Nun zur Interpretation dieser verschiedenen Definitionen (zu den Begriffen „Konzept/ Konstrukt" s. u.): In der zweiten und dritten Formulierung wird schon erkennbar, dass es sich – zumindest im Bereich der Sozialwissenschaften (einschließlich der Betriebswirtschaftslehre) – um gedankliche Gebilde handelt, die geeignet sind, eine Vielzahl entsprechender *Phänomene der Realität* weitgehend zu beschreiben, zu erklären und zu prognostizieren. Es geht hier um die Identifizierung *allgemeinerer* (also über Einzelfälle hinaus gültiger) *Zusammenhänge* (siehe dazu Abschn. 2.3.1). Die zitierten Autoren betonen auch den Aspekt der *Systematik,* also der geordneten Zusammenfassung von einzelnen Konzepten, Aussagen etc. zu einer geschlossenen und angemessen umfassenden Darstellung eines Ausschnitts der Realität. Damit ist schon impliziert, dass es bei einer Theorie um eine *Menge von Aussagen* geht. Eine Einzelaussage (z. B. „Bei zunehmender Risiko-Wahrnehmung steigt die Informationsnachfrage.") würde kaum jemand als Theorie bezeichnen. Vielmehr ist die Darstellung einer größeren Zahl von Beziehungen zwischen relevanten Phänomenen (u. a. Ursache-Wirkungs-Beziehungen) für eine Theorie charakteristisch. Entwurf und (Weiter-) Entwicklung von Theorien bewegen sich dabei typischerweise im Spannungsfeld zwischen einer möglichst genauen (und damit oft komplexen) Wiedergabe realer Phänomene auf der einen Seite und dem Streben nach Einfachheit und Verständlichkeit auf der anderen Seite (Hunt, 2015). Überprüfungen („Tests") von Theorien können sich aber sehr wohl auf einzelne Teil-Aspekte der Theorie und einzelne Hypothesen (siehe Abschn. 5.2) beschränken.

In Anlehnung an einen Vorschlag von David Whetten (1989) kann man die wesentlichen *Elemente einer Theorie* folgendermaßen zusammenfassen:

- *Konzepte* mit den entsprechenden Definitionen (*Was?*)
- *Aussagen über Beziehungen* zwischen den Konzepten (*Wie?*)
- *Argumente,* die die Aussagen begründen (*Warum?*)

Der dritte Gesichtspunkt (Argumente, die Aussagen begründen) spielt natürlich für die Akzeptanz einer Theorie (z. B. bei entsprechenden Publikationen) eine zentrale Rolle. Darauf wird im Zusammenhang mit einem Modell zur gedanklichen Entwicklung von Theorien im Abschn. 4.3.2 noch eingegangen.

Nun zur *Gestalt von Theorien*. Wie kann man sich den Umfang, die Darstellungsweise, den Inhalt etc. von Theorien vorstellen? In welchem Maße kann man dazu überhaupt generelle Aussagen machen? Hier sind wohl große Heterogenität und geringe Möglichkeiten zur Generalisierung die Regel. Immerhin haben in den letzten Jahrzehnten zwei Sichtweisen besondere Beachtung gefunden. Bei der etwas älteren Sichtweise (etwa bis in die 1980er Jahre; siehe z. B. Suppe 1979 oder Schanz, 1988) stand die Entwicklung einer *in sich geschlossenen* Theorie durch Ableitung (Deduktion, siehe Abschn. 2.5) von Aussagen aus **Axiomen**, also aus festgelegten grundlegenden Behauptungen (Blackburn, 2016, S. 42), im Mittelpunkt. Solche Axiome dürfen bei einer Realwissenschaft wie der Betriebswirtschaftslehre natürlich nicht willkürlich festgelegt werden, sondern sollen möglichst gut realen Gegebenheiten entsprechen, z. B. müsste ein Axiom wie „Wachsende Ausbringungsmenge führt zu sinkenden Stückkosten" mithilfe sogenannter *Korrespondenzregeln* (s. u.) auf seinen Wahrheitsgehalt geprüft werden, um daraus theoretisch Schlüsse ziehen zu können. Die Funktion solcher Regeln entspricht der in der empirischen Forschung erforderlichen Operationalisierung (siehe Abschn. 6.1) mit dem Ziel der Validität (siehe Abschn. 6.3.1) von Untersuchungsergebnissen.

▶ **Definition** Günther Schanz (1988, S. 44) definiert Korrespondenzregeln auf folgende Weise:

„Korrespondenzregeln sind (explizite) Definitionen, die es erlauben, den Sinn theoretischer Ausdrücke mit Hilfe von Beobachtungsausdrücken wiederzugeben."

In einer etwas neueren Sichtweise empfehlen einige Autoren (vor allem Giere, 1988 und auch Barker & Kitcher, 2014) ein anderes Vorgehen bei der Gestaltung von Theorien. Man verfährt danach beim Theorie-Entwurf eher so, dass vorliegende relevante Ansätze bzw. Modelle *zusammengefasst* werden. Barker und Kitcher (2014, S. 37) sehen in diesem Sinne Theorien als „Familien von Modellen" an und führen aus: „Vielleicht ist es am besten, Theorien als bunte Mischung anzusehen, zusammengesetzt aus unterschiedlichen Ergebnissen von Forschungsprozessen". Typischerweise können solche Theorien in sich heterogener und umfassender sein als die nur aus Axiomen abgeleiteten Theorien. Ein betriebswirtschaftliches Beispiel für eine solche Vorgehensweise ist der von Parvatiyar und Sheth (2021) publizierte Vorschlag für eine umfassende Marketing-Theorie. Die Autoren entscheiden sich dabei gezielt für ein „Theorie-Gerüst", in das einzelne Theorien über Marketing-Funktionen und exogene Einflussfaktoren sowie deren Zusammenhänge eingeordnet werden können/sollen.

Hintergrundinformation
Ronald Giere (1988, S. 85) fasst diese Sichtweise von Theorien in einem Satz zusammen:

„Meine Empfehlung besteht darin, dass wir Theorien so verstehen, dass diese aus zwei Elementen bestehen:
(1) eine Menge von Modellen und
(2) verschiedene Hypothesen, die diese Modelle mit Systemen der realen Welt verbinden."

In den obigen Definitionen von Theorien von Jaccard und Jacoby (2020) und von Kerlinger und Lee (2000) werden die Begriffe „Konstrukte" und „Konzepte" gebraucht, die dort ebenso wie im vorliegenden Buch synonym verwendet werden. **Konzepte** (und in der hier vertretenen Sichtweise eben auch Konstrukte) sind Abstraktionen (und damit Verallgemeinerungen) einzelner Erscheinungen in der Realität, die für die jeweilige Betrachtungsweise zweckmäßig sind. Kaum ein Mensch befasst sich z. B. mit der ungeheuren Vielfalt im Körper normalerweise ablaufender physiologischer Prozesse, sondern spricht – wenn es keine wesentlichen Probleme dabei gibt – *abstrahierend und zusammenfassend* von „Gesundheit".

Konzepte dienen dazu, eine Vielzahl von Objekten oder Ereignissen im Hinblick auf gemeinsame Charakteristika und unter Zurückstellung sonstiger Unterschiede zusammenzufassen. Sie ermöglichen also eine Vereinfachung des Bildes der Realität und werden auf diese Weise zu unverzichtbaren *„Bausteinen des Denkens"* (Jaccard & Jacoby, 2020, S. 12). Auf den *Prozess* der Entstehung bzw. Bildung von Konzepten, die sogenannte **Konzeptualisierung,** wird im Abschn. 4.1 zurückzukommen sein.

Konzepte im vorstehend umrissenen Sinne haben für wissenschaftliche Arbeit (einschließlich Theoriebildung) so grundlegende Bedeutung, dass ihre Charakteristika von Jaccard und Jacoby (2020, S. 11 ff.) ausführlicher erläutert werden:

- *„Konzepte sind generalisierende Abstraktionen."* Ein Konzept steht für eine allgemeine Idee, unter der eine Vielzahl von (im Detail unterschiedlichen) Ausprägungen in der jeweils relevanten Perspektive gleichartiger Phänomene zusammengefasst wird. So gibt es Millionen unterschiedlicher Autos, aber mit dem Konzept „Auto" werden wesentliche gemeinsame Merkmale von Autos bezeichnet und zusammengefasst. Insofern wird von bestimmten Einzelheiten (z. B. Farbe, Marke, Preis) abstrahiert. Die Abgrenzung solcher Konzepte ist oftmals nicht ganz einfach bzw. eindeutig. So ist es in der Betriebswirtschaftslehre nicht trivial, Konzepte wie „wirtschaftlicher Erfolg" oder „Wachstum" eindeutig zu bestimmen.
- *„Konzepte umfassen eine große Vielzahl unterschiedlicher Ausprägungen."* Anknüpfend an den vorstehenden Gesichtspunkt kann man also sagen, dass unter Konzepten ein Spektrum in manchen Einzelheiten unterschiedlicher Gegenstände und Phänomene subsumiert wird. Wenn man das Konzept „Manager:in" verwendet, dann fasst man darunter unterschiedlichste Menschen in unterschiedlichsten Branchen, Unternehmen und Funktionsbereichen zusammen, die eine bestimmte Art von Aufgaben wahrnehmen.
- *„Konzepte sind gedankliche Gebilde."* Diese Eigenschaft ist ganz offenkundig, wenn man an Konzepte wie „Zufriedenheit" oder „Solidarität" denkt. Aber auch beim Beispiel von Autos zeigt der Abstraktionsprozess der Konzeptualisierung, dass es eben nicht mehr um einzelne konkrete Objekte (z. B. den weißen FIAT 500 des Nachbarn) geht, sondern um eine zusammenfassende und damit abstrahierende Sichtweise.
- *„Konzepte sind erlernt."* Im Sozialisationsprozess erlernt man, welche Konzepte für welche Gegenstände, Situationen etc. existieren. So bedarf es beispielsweise solcher Lernprozesse, um Begriffe wie „kompakt" oder „gemütlich" verstehen zu können. Im Studium der Betriebswirtschaftslehre lernt man Konzepte wie z. B. „Kosten" oder „relativer Marktanteil" kennen.
- *„Konzepte werden in Gruppen und Gesellschaften geteilt."* So versteht man im deutschsprachigen Raum ziemlich einheitlich, was mit dem Konzept (bzw. Begriff, s. u.) Auto gemeint ist. In der Gruppe der jungen Menschen hat man (nach dem Eindruck des außenstehenden Beobachters) ein einigermaßen einheitliches Verständnis vom Konzept „cool".

- *„Konzepte sind auf die Realität bezogen."* Konzepte haben eine Funktion für Interpretation und Verständnis der Realität. Ohne ein entsprechendes Verständnis z. B. des Phänomens „Einstellung" kann man bestimmtes Wissen (z. B. „Einstellungen beeinflussen Verhalten") nicht nutzen.
- *„Konzepte sind selektiv."* Konzepte sind abhängig von der jeweilig interessierenden Perspektive. Beispielsweise kann man denselben Menschen – je nach Untersuchungsperspektive – den Konzepten (Kategorien) Frau, Akademikerin, Joggerin, Opern-Liebhaberin etc. zuordnen. Insofern können Konzepte auch „theoriebeladen" sein, weil vorhandene theoretische Vorstellungen und Interessen die Wahrnehmung der Realität beeinflussen bzw. prägen können (siehe dazu auch Abschn. 3.3).

Beispiel

Kotler und Keller (2012, S. 30) geben mit dem Konzept „Markt" ein Beispiel dafür, dass ein bestimmtes Konzept in verschiedenen Gruppen durchaus unterschiedliche Bedeutungen haben kann bzw. dass derselbe Begriff für unterschiedliche Inhalte stehen kann. Das weist schon darauf hin, dass präzise Definitionen von Konzepten für Theorie und Empirie äußerst wichtig sind.

„Traditionell war ein ‚Markt' ein physischer Ort, an dem sich Käufer:in und Verkäufer:in trafen, um Güter zu kaufen und verkaufen. Volkswirt:innen bezeichnen als *Markt* die Menge aller Käufer:innen und Verkäufer:innen, die mit einem bestimmten Produkt oder einer Produktgruppe (wie beim Immobilienmarkt oder Getreidemarkt) handeln. (....) Marketing-Leute benutzen den Begriff Markt, um verschiedene Gruppen von Kund:innen zu bezeichnen. Sie sehen die Gesamtheit der Verkäufer:innen als Branche an und die Gesamtheit der Käufer:innen als Markt." ◄

Durch die Verwendung von (gedanklichen) Konzepten wird theoretisches Verständnis der ungeheuren Vielfalt realer „Objekte" (z. B. Organisationen, Menschen, Eigenschaften) und ihrer Beziehungen erst möglich. Das sollte in den vorstehenden Ausführungen deutlich geworden sein. Für die Kommunikation wissenschaftlicher Aussagen (vor allem in der Fachliteratur) ist die Bezeichnung der verwendeten Konzepte durch entsprechende **Begriffe** notwendig. Diese Zuordnung ist – auch in der Betriebswirtschaftslehre – nicht immer ganz einfach bzw. eindeutig. Hier spielen präzise Definitionen (siehe Abschn. 4.1) eine zentrale Rolle. Der Unterschied zwischen Begriffen und Konzepten besteht darin, dass Begriffe in der Regel an eine bestimmte Sprache gebunden sind. So wird mit den Begriffen „Marke" und „Brand" dasselbe reale Phänomen bezeichnet; es geht also um ein identisches Konzept, dem in verschiedenen Sprachen verschiedene Begriffe zugeordnet sind.

Hintergrundinformation

Den Zusammenhang von Konzepten, Begriffen und Objekten erläutert Bagozzi (1980, S. 114 f.):

„Ein Konzept kann als elementare Einheit des Denkens definiert werden (…). Es repräsentiert ein gedankliches Konstrukt oder Bild von einem Objekt, einer Sache, einer Idee oder einem Phänomen. Eher formal ausgedrückt erhalten Konzepte ihre Bedeutung durch ihre Beziehungen zu Begriffen und Objekten (wobei Objekte so breit gesehen werden, dass sie physische Gegenstände, Ereignisse, Abläufe etc. umfassen). Wie in der Abbildung gezeigt ist es möglich, diese Beziehungen zwischen den verschiedenen Welten von Bedeutungen darzustellen. Die Verbindung zwischen einem Konzept und einem Begriff ist eine zwischen der Welt des Denkens und der Welt der Sprache."

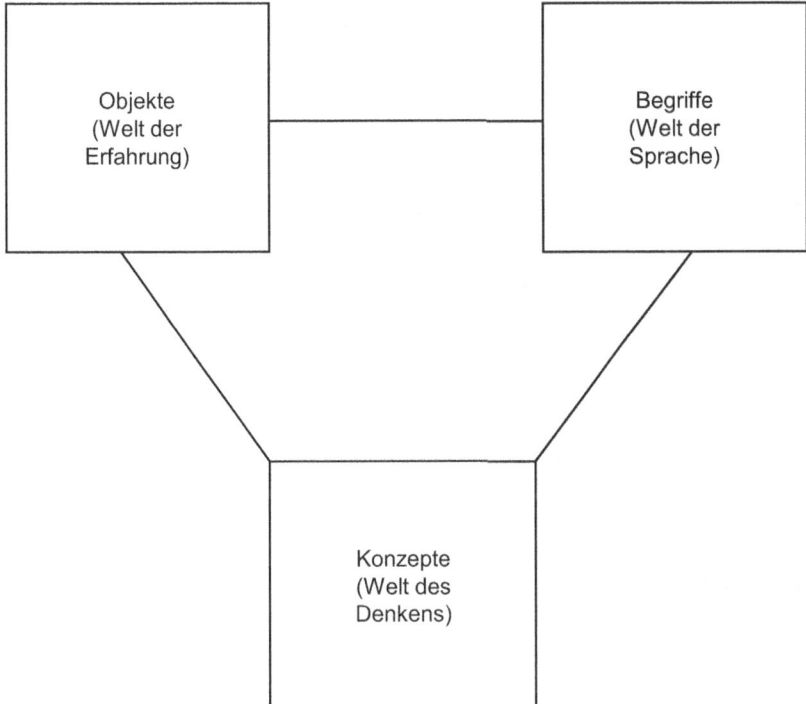

Weiterhin ist in der Theorie-Definition von Franke (2002) von **Hypothesen** die Rede. Was ist damit gemeint? Hypothesen sind begründete Vermutungen über Tatsachen oder Zusammenhänge, die noch nicht empirisch bewährt sind. Vielfach beziehen sich Hypothesen auf relativ konkrete Zusammenhänge, die im Hinblick auf die Prüfung der Gültigkeit einer generelleren Theorie getestet werden sollen (Jaccard & Jacoby, 2020, S. 96 f.). Man bezeichnet dieses Vorgehen, bei dem aus einer Theorie Hypothesen abgeleitet („deduziert") und empirisch getestet werden, als hypothetisch-deduktive Methode (siehe dazu Abschn. 5.2). In der Definition von Franke (2002, S. 179; s. o.) kommt zum Ausdruck, dass die Theoriebildung oft erfolgt, ohne dass die Elemente der Theorie schon getestet und bewährt sind. Die entsprechenden Überprüfungen sind in den Sozialwissenschaften dann Gegenstand der (typischerweise empirischen) Forschung, wie sie in den folgenden Kapiteln noch erörtert wird. In dieser Sichtweise kann man eine Hypothese auch als theoretisch begründete Prognose für ein bestimmtes empirisches Ergebnis (z. B. einen positiven linearen Zusammenhang zwischen den Variablen X und Y) betrachten. Entsprechende Untersuchungen können dann zeigen, ob die Prognose eintrifft und sich das erwartete Ergebnis tatsächlich zeigt bzw. die Hypothese bestätigt wird. Dieser Aspekt wird im Zusammenhang mit dem induktiv-realistischen Modell noch eine wesentliche Rolle spielen (siehe Abschn. 9.3.1). Die Relevanz der empirischen Überprüfung von Theorien ist in der Betriebswirtschaftslehre inzwischen breit akzeptiert.

▶ Richard Rudner (1966, S. 10) bezieht die Forderung nach empirischer Überprüfbarkeit in seine Definition sozialwissenschaftlicher Theorien ein:

> „Eine Theorie ist eine Menge von Aussagen, die systematisch in Beziehung zueinander stehen – einschließlich einiger allgemeiner Gesetzmäßigkeiten – und die empirisch überprüft werden können."

Durch das Erfordernis einer empirischen Überprüfbarkeit wird man dem Anspruch gerecht, (zumindest approximativ) „wahre" Aussagen über die Realität machen zu können (siehe dazu Kap. 3). Rudner (1966, S. 10) verdeutlicht das, indem er seine Sichtweise von Theorien gegenüber in diesem Sinne *falschen* Sichtweisen abgrenzt, die man gelegentlich in den folgenden oder ähnlichen Formulierungen hört bzw. liest:

„Das ist in der Theorie richtig, wird aber in der Praxis nicht funktionieren."

„Das ist bloß eine Theorie und keine Tatsache."

Hunt (2010, S. 175 ff.) schließt sich Rudners Sichtweise an und hebt die folgenden zentralen Merkmale einer Theorie in dieser Perspektive hervor:

- **Systematische Beziehungen** zwischen den in einer Theorie enthaltenen Aussagen. Die Systematik soll mit Widerspruchsfreiheit der Aussagen verbunden sein und ein *Verständnis* ermöglichen, das bei einer unsystematischen Ansammlung von (Einzel-) Aussagen nicht möglich wäre.
- **Gesetzesartige Aussagen,** also Aussagen über zwangsläufige Regelmäßigkeiten (Wenn-Dann-Beziehungen), die orts- und zeitunabhängig gelten. Diese ermöglichen Erklärungen und Prognosen (siehe Abschn. 2.4) von Phänomenen. So *erklären* beispielsweise Gesetze der Statik, warum eine Brücke eine bestimmte Belastung aushält und lassen auch eine *Prognose* ihrer Belastungsfähigkeit zu, wenn bestimmte Konstruktionsmerkmale gegeben sind.
- **Empirische Überprüfbarkeit,** weil Überprüfungen hinsichtlich der Übereinstimmung von Theorie und Realität eben zeigen sollen (zumindest in der Sichtweise des wissenschaftlichen Realismus, siehe Kap. 3), ob eine Theorie mehr oder weniger *wahr* ist, unabhängig von den Sichtweisen, Wünschen oder Ideologien der jeweiligen Betrachtenden.

Hintergrundinformation
Richard Rudner (1966, S. 11) zur *Systematik* von Aussagen einer Theorie:

> „Uns allen ist die Sichtweise vertraut, dass es nicht die Aufgabe der Wissenschaft ist, bloß
> unzusammenhängende, willkürlich ausgewählte und unverbundene Einzelinformationen
> zu sammeln; es ist vielmehr das Ziel der Wissenschaft, einen geordneten Bericht über die
> Realität zu geben – die Aussagen, die das gewonnene Wissen enthalten, zu verbinden und in
> Beziehung zueinander zu setzen. Solch eine Ordnung ist eine notwendige Bedingung für die
> Erreichung von zwei der wichtigsten Aufgaben der Wissenschaft, Erklärung und Prognose."

Curd et al., (2013, S. 813) unterscheiden zwei Aspekte der oben genannten „zwangsläufigen
Regelmäßigkeiten":

> „Der Regelmäßigkeitsansatz besagt, dass Gesetze aussagen, wie die Dinge sich tatsäch-
> lich verhalten, dass sie nichts anderes sind als eine besondere Art einer beschreibenden
> Zusammenfassung dessen, was geschehen ist oder geschehen wird. Der Zwangsläufigkeits-
> ansatz besteht darauf, dass Gesetze mehr sind als nur Zusammenfassungen, dass sie nicht
> nur aussagen, wie sich die Dinge tatsächlich verhalten, sondern auch, – wichtiger noch –
> wie sie sich verhalten *müssen*." (Hervorhebung von M.E. und A.K.)

Für die empirische Überprüfung von Theorien spielen die oben genannten gesetzes-
artigen Aussagen eine wesentliche Rolle, worauf in den folgenden Kapiteln insbesondere
im Zusammenhang mit der hypothetisch-deduktiven Methode noch eingegangen
wird. Dabei werden aus Theorien Aussagen abgeleitet, deren Übereinstimmung mit
realen Beobachtungen das entscheidende Kriterium für die empirische Bewährung
der jeweiligen Theorie ist. Schurz (2014, S. 28) fasst den Zusammenhang zwischen
Theorien, Gesetzen und Beobachtungen in einer Darstellung zusammen, die in Abb. 2.1
wiedergegeben ist.

Beispielsweise könnte man aus einer allgemeineren Theorie der Informationsverarbeitung eine **Hypothese** ableiten, die besagt, dass bei einem gewissen Grad der
Informationsüberlastung die Verarbeitung angebotener Informationen nachlässt und eher
„periphere Reize" zur Einstellungsbildung verwendet werden (siehe dazu das folgende
Beispiel zum Elaboration-Likelihood-Modell). Wenn man den Weg von der Theorie
über die Gesetzmäßigkeit zu Beobachtungen geht, dann kann das einerseits dazu dienen,
eine reale Beobachtung durch eine entsprechende Gesetzmäßigkeit und die dahinter
stehende Theorie zu *erklären*. Auf diesem Wege kann man hinsichtlich noch nicht
erfolgter Beobachtungen auch zu einer *Vorhersage* kommen (unter der Voraussetzung,
dass die Theorie zumindest annähernd wahr ist). Andererseits kann man auch an den
Theorie-Test denken, indem Beobachtungen mit den entsprechenden Erwartungen aufgrund von Theorien bzw. Gesetzen verglichen werden; je nach Ergebnissen kommt es
zur *Bestätigung* oder *Schwächung* der betreffenden Theorie bzw. Gesetzeshypothese
(beim „induktiv-realistischen Modell" im Kap. 9 wird in diesen Fällen von „Erfolgen"
bzw. „Misserfolgen" gesprochen).

Es ist wohl deutlich geworden, dass Gesetzmäßigkeiten wesentlicher Bestandteil
von Theorien sind und auch für deren Anwendungen zur Erklärung und Vorhersage

Abb. 2.1 Zusammenhang von Theorien, Gesetzen und Beobachtungen. (Nach Schurz, 2014, S. 28)

realer Phänomene eine zentrale Funktion haben. Entsprechendes gilt für den Test von Theorien durch empirische Überprüfung. Deswegen findet man zahlreiche empirische Untersuchungen, die sich nicht (relativ breit) auf ganze Theorien beziehen, sondern sich auf die Überprüfung einzelner Zusammenhänge beschränken. Solche Untersuchungen sollen ausdrücklich eingeschlossen sein, wenn in diesem Buch von „Theorie-Test" oder „Theorieprüfung" die Rede ist.

Beispiel

Als illustrierendes Beispiel (siehe auch Kuß, 2013, S. 52 ff.) für eine im Marketing und in der Kommunikationsforschung stark beachtete Theorie sei hier das Elaboration-Likelihood-Modell (ELM) skizziert. Dieses Modell geht auf Richard Petty und John Cacioppo (vgl. z. B. Petty et al., 1983) zurück und wurde von diesen und anderen Autor:innen in zahlreichen Untersuchungen überprüft und bestätigt.

Ein zentrales Merkmal des Modells ist die Unterscheidung in einen „zentralen" und einen „peripheren" Weg der Informationsverarbeitung, die beide zu Einstellungsänderungen führen können. Auf dem zentralen Weg findet eine intensive

Informationsverarbeitung durch Bewertung von Eigenschaften, Vergleich von
Alternativen, Vergleich mit bereits vorhandenen Informationen etc. statt. Ergebnis eines solchen Prozesses kann eine relativ stabile Einstellungsänderung sein, die
maßgeblich durch Inhalt und Relevanz der in der Botschaft enthaltenen Informationen
(Argumente) bestimmt ist. Dieser zentrale Weg, der mit hohem Verarbeitungsauf-
wand verbunden ist, wird aber nur beschritten, wenn die betreffende Person entsprechend motiviert und befähigt ist. Nur sehr wenige Konsument:innen sind bereit,
vor dem Kauf von eher unwichtigen Produkten (Papiertaschentücher, Batterien
etc.) umfassendes Informationsmaterial (Werbebroschüren, Testberichte etc.) zu
studieren. Vielfach fehlen auch die Fähigkeiten zu Verständnis und Verarbeitung der
Informationen, z. B. wegen mangelnder Expertise beim jeweiligen Gegenstand.

Beispiel II: ELM

Der periphere Weg der Verarbeitung einer Botschaft wird beschritten, wenn die
Motivation und/oder die Fähigkeit zur umfassenden Verarbeitung der Botschaft
fehlen. Der erste Schritt dabei führt über das Vorhandensein sogenannter „peripherer

Hinweisreize". Das sind leicht zu verarbeitende Merkmale der Botschaft, die mit deren Inhalt (z. B. dem beworbenen Produkt) wenig zu tun haben, beispielsweise die ästhetische Gestaltung einer Anzeige oder die Attraktivität von Personen, die in der Botschaft auftreten. Wenn solche Reize gegeben sind, dann können sie eine (relativ schwache) und weniger stabile Einstellungsänderung zur Folge haben. Die obige Abbildung gibt einen entsprechenden Überblick.

An diesem Beispiel lassen sich also die Merkmale einer Theorie im oben skizzierten Sinne veranschaulichen:

Die *Systematik der Beziehungen* von Aussagen ist schon aus der Abbildung klar erkennbar. Man sieht deutlich, welche Aspekte miteinander in welcher Weise in Verbindung stehen.

Die (natürlich nicht unbeschränkte) *Allgemeinheit der Gesetzmäßigkeiten* ist schon aus den im ELM verwendeten Formulierungen erkennbar. Es geht eben allgemein um „beeinflussende Kommunikation", nicht nur um Werbung oder um Kommunikation unter ganz spezifischen Bedingungen. Auch die anderen verwendeten Begriffe (z. B. „Motivation bzw. Fähigkeit zur Informationsverarbeitung") haben einen recht großen Allgemeinheitsgrad. Dagegen würde eine ganz spezifische Aussage (z. B. „Die Einstellung von Person XY zur Marke ‚Ford' wird von einer Anzeige stärker beeinflusst, wenn XY die Anzeige beim Frühstück sieht und nicht in der U-Bahn") nicht den Ansprüchen an den Allgemeinheitsgrad einer Theorie entsprechen.

Die *empirische Überprüfbarkeit der Aussagen* ist durchgehend gegeben. Die entsprechenden Hypothesen können direkt aus dem Modell abgeleitet werden und – z. B. experimentell – getestet werden. Das ist in einer Fülle von Untersuchungen auch geschehen. ◄

Schon während der ersten Semester eines Studiums bemerkt man, dass in allen Wissenschaften Theorien eine zentrale Rolle spielen. Die Sammlung von Erkenntnissen und der wissenschaftliche Fortschritt sind weitestgehend auf die Entwicklung und Modifizierung von Theorien gerichtet. In Theorien wird der Erkenntnisstand eines Fachgebiets zusammengefasst und in Form von Theorien wird dieser Erkenntnisstand einer breiteren Öffentlichkeit zur Verfügung gestellt, nicht zuletzt den Anwender:innen dieses Wissens in der Praxis. Diese Übermittlung erfolgt u. a. durch Lehrbücher und andere Publikationen sowie durch Lehrveranstaltungen an Hochschulen. Ein Zitat von Günther Schanz (1988, S. VII) mag die **Relevanz von Theorien** illustrieren: „Theorien sind die Hauptinformationsträger der wissenschaftlichen Erkenntnis, gleichgültig, ob es sich dabei um reines oder angewandtes Wissen handelt. Eine Wissenschaftslehre, die sich in den Dienst der Fortschrittsidee stellt, wird demnach die mit der Theoriebildung zusammenhängenden Fragestellungen vorrangig behandeln."

Hintergrundinformation
Frederick Suppe (1977, S. 223) fasst die Funktion von Theorien knapp und prägnant zusammen:

„Wissenschaftliche Theorien haben eine Menge von Phänomenen zum Gegenstand, die der *angestrebte Aussagebereich* einer Theorie sind. Die Aufgabe einer Theorie besteht darin, eine verallgemeinerte Beschreibung der Phänomene aus diesem Aussagebereich zu geben, die es ermöglicht, eine Vielzahl von Fragen zu diesen Phänomenen und den ihnen zugrundeliegenden Mechanismen zu beantworten. Diese Fragen betreffen typischerweise Prognosen, Erklärungen und Darstellungen dieser Phänomene. Die Theorie versucht nicht, alle Aspekte des angestrebten Aussagebereichs zu beschreiben; es geht eher darum, bestimmte Aspekte der Phänomene zu abstrahieren und die Phänomene mit Hilfe der Begriffe für diese abstrahierten Aspekte zu beschreiben."

Warum haben Theorien für die Wissenschaft einen so hohen Stellenwert? Warum sind auch die Wirtschaftswissenschaften auf Theorien ausgerichtet, obwohl ja bei manchen „Kund:innen" der Wissenschaft – Praktiker:innen und Studierenden – das Interesse an Theorien nicht immer deutlich erkennbar ist? Welche **Relevanz** haben also Theorien? Dazu die folgenden Überlegungen und Erfahrungen.

- Die Bedeutung von **Ordnung und Strukturierung** kann man leicht nachvollziehen, wenn man sich vorstellt, dass z. B. in einem Studium eine Fülle von nicht zusammenhängenden Einzelinformationen vermittelt würde. Schon die bloße Speicherung im Gedächtnis und der Zugriff dazu wären sehr erschwert; ein Verständnis, für das ja Zusammenhänge (z. B. Ursache-Wirkungs-Beziehungen) wesentlich sind, bliebe völlig unmöglich. Auch für die Anwendung einer Theorie zur Erklärung und Prognose von Phänomenen (siehe Abschn. 2.4) ist es natürlich unabdingbar, die entsprechenden *Zusammenhänge* zu kennen.
- Eine „gute" Theorie liefert allgemeine Erkenntnisse, aus denen speziellere Informationen über **konkrete Einzelfälle** abgeleitet werden können. Mit einer „guten" Theorie ist in der hier zugrunde gelegten Sichtweise eine u. a. empirisch weitgehend bewährte Theorie gemeint. Beim wissenschaftlichen Realismus (siehe Kap. 3) geht man davon aus, dass nach häufiger bzw. dauerhafter Bewährung von Theorien vieles dafür spricht, dass deren Aussagen weitgehend richtig sind. Musterbeispiele für Anwendungen theoretischer Erkenntnisse auf praktische Probleme bieten die Ingenieurwissenschaften und die Medizin, bei denen allgemeinere naturwissenschaftliche Erkenntnisse genutzt werden, um konkrete Probleme (z. B. Auswahl eines Werkstoffs mit bestimmten Eigenschaften, Behandlung der Fehlfunktion eines Organs) zu lösen. Entsprechende Anwendungen im wirtschaftswissenschaftlichen Bereich sind ganz naheliegend. Wenn man beispielsweise aus der Theorie den Erfahrungskurveneffekt kennt, dann ist der Schritt zu einer Anwendung auf Fragen der strategischen Planung nicht groß. Hier sei auch schon auf den Zusammenhang zur „Gestaltung" (Abschn. 2.4) hingewiesen.
- Weiterhin lassen sich aus Theorien **Anregungen und Anleitungen für weitere Forschung** ableiten. Zunächst ist dabei an die empirische Prüfung der in einer Theorie enthaltenen Aussagen zu denken. Daneben ist natürlich die Art der in einer Theorie dargestellten Beziehungen Gegenstand theoretischer und empirischer Unter-

suchungen. Wie ist beispielsweise der Zusammenhang zwischen Erhöhung der produzierten Menge und der Entwicklung der Stückkosten zu beschreiben (linear oder nicht linear)? Daneben können auch Messmethoden eine Rolle spielen. Mit welchen Methoden sind z. B. betriebswirtschaftliche Größen wie „relative Produktqualität" oder „Erfolg" zu messen? Hier sei auch auf die im Abschn. 9.3 skizzierten Möglichkeiten der Theorie-Entwicklung verwiesen.

- Letztlich geht es – über die jeweilige fachliche Nützlichkeit hinaus – bei der Entwicklung und Überprüfung von Theorien um das Grundbedürfnis vieler (denkender) Menschen, die sie umgebende **Realität zu verstehen.** So kann man seit Jahrhunderten beobachten, dass Menschen versuchen zu verstehen, wie und warum Sterne am Himmel ihre Bahnen ziehen. Das geschah schon sehr lange bevor an eine Nutzung dieses Wissens, z. B. für Zwecke der Raumfahrt, überhaupt zu denken war. Theorien mit ihrer Eigenschaft, Wissen zu organisieren, entsprechen offenkundig auch einem menschlichen Bedürfnis nach *Verständnis der (Um-)Welt.* Wenn Theoriebildung bzw. wissenschaftliche Arbeit generell mit einer solchen Perspektive betrieben wird, dann spricht man in der deutschsprachigen Literatur von **Realtheorie** (Franke, 2002, S. 11 ff.) bzw. von **Realwissenschaft** (Schanz, 1979, S. 122). „Mit dem Begriff Realwissenschaft werden alle wissenschaftlichen Disziplinen zusammengefasst, die einen Teil der realen Welt als Gegenstandsbereich haben; Realwissenschaften umfassen also alle Wissenschaften außer den Formalwissenschaften (*z. B. Mathematik, Logik; Anm. v. M.E. und A.K.*)" (Schurz, 2014, S. 29).

Im Zusammenhang mit dem oben dargestellten Beispiel des Elaboration-Likelihood-Modells (ELM) ist schon (implizit) angeklungen, dass es offenbar deutliche Überschneidungen von Theorie- und Modell-Begriffen gibt. Gerade in verschiedenen Bereichen der Wirtschaftswissenschaften wird ja häufig mit Modellen gearbeitet. Was versteht man nun unter einem **„Modell"?** Als Modell bezeichnet man ganz allgemein vereinfachte Darstellungen relevanter Teile der Realität. So sind im ELM die für bestimmte Kommunikationswirkungen besonders relevanten Einflussfaktoren und ihr Zusammenwirken dargestellt. Damit ist hier natürlich eine deutliche Vereinfachung verbunden, da ja die entsprechenden realen psychischen Prozesse mit einer Vielzahl weiterer Einflussfaktoren, Rückkopplungen etc. wesentlich komplexer sind. Mithilfe solcher vereinfachter Darstellungen kann man die *wesentlichen* Elemente eines (komplexeren) Problembereichs beschreiben, analysieren und entsprechende Lösungen finden.

In der Wissenschaft und auch im Alltag hat man es mit ganz unterschiedlichen *Arten von Modellen* zu tun:

- Grafische Modelle (z. B. Flussdiagramme, Landkarten)
- Gegenständliche Modelle (z. B. Holzmodell eines Gebäudes für einen Architektur-Wettbewerb)
- Verbale Modelle (z. B. verbale Beschreibungen von Zusammenhängen)

- Mathematische Modelle (z. B. ein Regressionsmodell)

Gegenständliche Modelle dürften im Bereich der Wirtschaftswissenschaften kaum eine Rolle spielen, die anderen Formen sind sehr gängig. So sind für die Darstellung des ELM (s. o.) sowohl grafische als auch verbale Darstellungsformen verwendet worden. Im Kap. 7 wird auf Aspekte der Modellierung in der empirischen betriebswirtschaftlichen Forschung noch vertiefend eingegangen.

Hintergrundinformation
Demetris Portides (2008, S. 385) veranschaulicht einige zentrale Merkmale von Modellen:

> „Trotz der Unterschiedlichkeiten der Bedeutungsinhalte beim Gebrauch des Begriffs ‚Modell' kann man erkennen, dass die meisten – wenn nicht alle – aussagen, dass ‚Modell' für ‚Repräsentation' steht, d. h. ein Modell soll etwas anderes repräsentieren, entweder tatsächliche Gegebenheiten oder einen Idealzustand, entweder ein physisches oder ein gedankliches System. Beispielsweise repräsentiert ein Modell ein tatsächliches (oder realisierbares) Gebäude."

Nun ist durch die Diskussion von Theorien in diesem Kapitel (hoffentlich) schon deutlich geworden, dass es sich dabei – zumindest in der Sichtweise des diesem Buch zugrunde liegenden wissenschaftlichen Realismus (siehe Kap. 3) – auch um Abbildungen realer Phänomene handelt. Insofern sind Theorien eine Teilmenge von Modellen. Gilt das auch umgekehrt, ist also auch jedes Modell eine Theorie? Diese Frage lässt sich schnell verneinen, weil eben viele Modelle den im vorliegenden Abschnitt formulierten Merkmalen von Theorien nicht entsprechen. Sofort deutlich wird das bei den verwendeten einfachen Beispielen einer Landkarte oder eines Holzmodells (s. o.). Auch in der Betriebswirtschaftslehre gibt es z. B. reine „Messmodelle", die nur dazu dienen, bestimmte Konstrukte (z. B. Einstellungen, Motivation) zu messen, die aber niemand als Theorie im hier umrissenen Sinne ansehen würde. Offenbar sind Theorien eine spezielle Form (also eine bestimmte Teilmenge) von Modellen, aber zahlreiche Modelle entsprechen nicht den Merkmalen einer Theorie (siehe auch Hunt, 2010, S. 78).

2.2 Theorie und Realität

Im vorigen Abschnitt ist schon angesprochen worden, dass Theorien in der Betriebswirtschaftslehre (auch) die Funktion haben, das Verständnis von Realität zu ermöglichen bzw. zu erleichtern (obwohl das nicht bei allen Theorien gleichermaßen deutlich wird). Der Begriff **Realität** steht für die Wirklichkeit, also z. B. für die tatsächlichen Wirkungen eines Prämiensystems auf die Motivation von Beschäftigten, die Anzahl neu gebauter Wohnungen in Berlin im Jahr 2023, die tatsächlichen Konsequenzen steuerrechtlicher Regelungen auf das Investitionsverhalten, den Bekanntheitsgrad einer Marke usw., usw. Stathis Psillos (2007, S. 212) kennzeichnet Realität in ziemlich allgemeiner

Weise als „alles, was existiert". Diese Allgemeinheit ist einerseits dadurch begründet, dass der Begriff für einen extrem umfassenden und vielfältigen Inhalt stehen kann. Andererseits sind Inhalt und Wesen von Realität auch Gegenstand (teilweise heftig geführter) philosophischer Debatten. Dabei geht es nach Psillos (2007) vor allem um zwei Aspekte:

a) Wie *umfassend* ist der Begriff „Realität" zu verstehen?
b) Existiert die bzw. eine Realität *unabhängig* von menschlichen Wahrnehmungen und Gedanken?

Was gehört also zur Realität (Frage a)? Sicher gehören physische Gegenstände (z. B. Bäume, Häuser, Sterne) zur Realität. Manche Naturwissenschaftler:innen werden ihr Interesse vielleicht darauf konzentrieren. Für Sozial- und Verhaltenswissenschaftler:innen kommen menschliche Verhaltensweisen und Kognitionen (z. B. Wissen, Einstellungen, Motive) hinzu. Aber gehören beispielsweise das Vergangene ($\rightarrow$ Geschichte), Möglichkeiten (für Entscheidungen) oder Emotionen dazu? Das sind Fragen, die Philosoph:innen sicher besser beantworten können als Betriebswirt:innen. Im Zusammenhang mit der empirischen Forschung spielt (natürlich) die Frage nach der **Beobachtbarkeit** von Phänomenen eine prominente Rolle. So formuliert Brad Wray (2018, S. 1) die zentrale Frage im Hinblick auf eine wissenschaftstheoretische Position des (wissenschaftlichen) Realismus in folgender Weise: „Haben wir gute Gründe für die Annahme, dass unsere Theorien wahr oder approximativ wahr sind hinsichtlich dessen, was sie über *nicht-beobachtbare* Dinge und Prozesse aussagen?" (Hervorhebung von M.E. und A.K.). Beispiele aus der Betriebswirtschaftslehre für nicht direkt beobachtbare Phänomene können (neben unzähligen anderen) Kundenzufriedenheit, Motivation, Einstellungsänderungen oder Kompetenzen sein.

Die Frage, ob Realität unabhängig vom menschlichen Geist existiert (Frage b), ist grundlegend für die Akzeptanz und Begründung des wissenschaftlichen Realismus, der wiederum die wissenschaftstheoretische Basis des vorliegenden Buches darstellt. Deswegen wird im 3. Kapitel darauf ausführlich eingegangen. Dabei wird es auch um die Unterschiede zu wissenschaftstheoretischen Positionen (z. B. Konstruktivismus) gehen, die diese Unabhängigkeit bezweifeln oder verneinen.

Die wissenschaftstheoretische Position des sogenannten „wissenschaftlichen **Realismus**" (siehe Kap. 3) beinhaltet also, dass *Realität* unabhängig von der Perspektive und Wahrnehmung der:des Forscher:in existiert (Godfrey-Smith, 2021, S. 223 ff.). Jaccard und Jacoby (2020, S. 8) knüpfen an diese Position auf folgende Weise an: „Es gibt eine reale Welt, die aus Objekten besteht, die wiederum einer Unzahl von natürlichen Gegebenheiten und Gesetzmäßigkeiten unterworfen sind. Es ist unsere Aufgabe, diese Fakten und Gesetzmäßigkeiten zu *entdecken*. In dieser Perspektive hat sich die Wissenschaft zu einem Ansatz für die Sammlung von Wissen entwickelt, das die vermuteten Tatsachen der realen Welt widerspiegelt." Wenn man also von dieser Position ausgeht, dann lassen sich bestimmte Eigenschaften der Realität feststellen, die für entsprechende – nicht zuletzt empirische – Forschung wichtig sind. Realität ist nach Jaccard und Jacoby (2020, S. 10 f.):

- komplex,
- dynamisch,
- (teilweise) verdeckt und
- einzigartig.

Beispiel

Diese Gesichtspunkte seien anhand eines sehr einfachen Beispiels erläutert. Man stelle sich dazu einen Supermarkt vor:

Komplexität: Der Versuch einer vollständigen Beschreibung dieses Supermarkts muss schnell scheitern. Eine Erfassung aller Details (Anordnung der Regale, Beleuchtung, Lagerbestände, Standorte des Personals, Laufwege der Kund:innen, Art und Platzierung der Produkte etc.) zu einer bestimmten Zeit überfordert jede:n auch extrem geduldige:n Forschenden, vor allem aber die kognitiven Fähigkeiten von Menschen.

Dynamik: Selbst wenn es gelänge, alle Einzelheiten des Supermarkts weitgehend zu beschreiben, wäre damit wenig gewonnen, weil die Realität sich laufend verändert: Neue Kund:innen betreten das Geschäft, Regale werden nachgefüllt, es wird dunkler etc. Eine Beschreibung der Realität zu einem bestimmten Zeitpunkt wäre schon kurze Zeit später obsolet.

Verdecktheit: Zahlreiche – auch ganz wesentliche – Aspekte der Realität sind nicht direkt beobachtbar. Beispielsweise ist es für die Situation in dem Supermarkt ziemlich wichtig, welche Bedürfnisse die verschiedenen Kund:innen haben, wie qualifiziert und motiviert das Verkaufspersonal ist, wie profitabel der Supermarkt ist etc., – alles Aspekte, die nur mit speziellen Messmethoden ermittelt werden können, nicht durch direkte Beobachtung.

Einzigartigkeit: Da eine bestimmte Situation in dem Supermarkt mit identischen Kund:innen mit gleich gebliebenen Wünschen und Absichten, identischem Regalbestand, identischen äußeren Bedingungen etc. sich so nie wiederholt, wäre eine vollständige Beschreibung oder Erklärung auch nutzlos, weil sich eben keine Situation so genau wiederholt, dass man derartig detailliertes Wissen anwenden könnte. ◄

Vor diesem Hintergrund wird sofort klar, dass es aussichtslos ist, durch Forschung und Theoriebildung Realität *vollständig oder annähernd vollständig* wiedergeben zu wollen. Vielmehr betrachtet und analysiert man in der (empirischen) Forschung *nur* – mehr oder weniger – *gezielt ausgewählte* Aspekte einer überwältigend komplexen Realität. Das hat natürlich auch entscheidende Konsequenzen für die Forschungsmethodologie, auf die in den Kapiteln 6 bis 9 noch näher eingegangen wird.

Das entscheidende gedankliche Hilfsmittel für eine die Realität vereinfachende und gleichzeitig abstrahierende Betrachtung sind die im vorigen Abschnitt dargestellten *Konzepte*. Mit deren Verwendung löst man sich ja von der Komplexität einer ganz bestimmten Situation und konzentriert sich auf relativ wenige abstraktere Aspekte, die (weitgehend situations*unabhängig*) für das interessierende Problem relevant sind (siehe auch Abschn. 4.1).

Beispiel

Die vereinfachende und abstrahierende Nutzung von Konzepten und darauf auf- bauenden Theorien sei hier in Fortsetzung des vorstehenden Supermarkt-Beispiels illustriert:

Man stelle sich vor, dass eine (ziemlich schlichte) Theorie gebildet wurde, die folgende Aussagen enthält: „Hohe Attraktivität der Ladengestaltung" führt zu „relativ großer Kund:innenzahl" und diese wiederum zu „relativ großem wirtschaft- lichen Erfolg". Was ist hier (gedanklich) geschehen? Man hat von den vielen Einzel- heiten der Ladengestaltung (Größe, Grundriss, Beleuchtung, verwendete Materialien, Dekoration usw., usw.) abstrahiert und verwendet stattdessen nur ein *einziges Konzept* „Attraktivität" und vereinfacht damit diesen Einflussfaktor des wirtschaftlichen Erfolgs, indem man situationsspezifische Details nicht weiter betrachtet. Allerdings stellt sich das Problem, ein eher abstraktes Konzept wie „Attraktivität" zu definieren und zu messen. Entsprechendes gilt für das Konzept „wirtschaftlicher Erfolg". Einige der folgenden Kapitel werden zu einem nicht geringen Teil diesem Problem gewidmet sein.

Wie wirkt sich der Gebrauch von Konzepten bzw. Theorien hinsichtlich der oben angesprochenen Probleme aus?

Komplexität: Die typischerweise starke Komplexitätsreduktion ist oben schon erläutert worden.

Dynamik: Dadurch, dass man von den sich im Zeitablauf ändernden Einzelheiten abstrahiert, kommt man zu Aussagen, die von Veränderungen im Zeitablauf zum großen Teil unabhängig sind.

Verdecktheit: Da man sich nicht mehr um eine (zu) große Vielzahl von Facetten der Realität kümmern muss, kann man sich auf die Messung einer sehr begrenzten Zahl zentraler Merkmale konzentrieren (z. B. eben „Attraktivität der Ladengestaltung") und dabei entsprechend anspruchsvolle und aufwendige Methoden einsetzen, die man aber bei Standardisierung auch in anderen Situationen anwenden kann.

Einzigartigkeit: Durch die Abstraktion von den Spezifika einer bestimmten Situation kommt man eben zu allgemeineren Erkenntnissen, die in vielen ähnlichen (aber eben nicht identischen) Situationen brauchbar sind. ◄

In Theorien werden Konzepte systematisch miteinander verknüpft, d. h. es werden Beziehungen zwischen Konzepten hergestellt. In diesem Sinne verallgemeinert also eine

Theorie gleich*artige*, aber hinsichtlich diverser Details eben *nicht identische* Zusammenhänge zwischen Phänomenen der Realität (z. B. „Attraktivität" → „Kund:innenzahl"). Dabei stellt sich die Frage, inwieweit die in einer Theorie verwendeten Konzepte und deren Beziehungen untereinander der Realität hinreichend gut entsprechen. Ebenso wie bei einer Zeugenaussage vor Gericht, die einen tatsächlichen Ablauf korrekt wiedergibt, oder bei einer Reportage, in der über ein politisches Ereignis präzise und unvoreingenommen berichtet wird, spricht man auch bei einer Theorie, die die entsprechende Realität gut wiedergibt, davon, dass diese (wenigstens annähernd) *wahr* ist. Shelby Hunt (2010, S. 287) fasst diese plausible Grundidee klar und prägnant zusammen:

„Wenn man mit irgendeiner Theorie konfrontiert wird, dann stelle man die grundlegende Frage: Ist die Theorie wahr? Weniger knapp gesagt: In welchem Maße ist die Theorie übereinstimmend mit der Realität? Ist die reale Welt tatsächlich so aufgebaut, wie es die Theorie unterstellt, oder nicht?"

Im Abschn. 9.3.1 wird dieses Kriterium für die Beurteilung einer Theorie in Form des „induktiv-realistischen Modells der Theorieprüfung" noch detaillierter und differenzierter dargestellt. Besonders beachtenswert ist der Satz „*In welchem Maße* ist die Theorie übereinstimmend mit der Realität?". Damit wird deutlich, dass eine vollständige Übereinstimmung sicher nicht möglich ist, weil ja jede Theorie vereinfachend und abstrahierend ist und auch sein muss. Es wird auch erkennbar, dass es in der Perspektive des wissenschaftlichen Realismus um **„approximative Wahrheit"** geht, auf die im Abschn. 3.2 noch eingegangen wird.

Die Kennzeichnung der Wahrheit einer Theorie nach Hunt (s. o.) entspricht klar der sogenannten **Korrespondenztheorie der Wahrheit.** Diese Bezeichnung ist leicht nachvollziehbar, weil sich ja Hunts Kennzeichnung auf eine angemessene Übereinstimmung (*„Korrespondenz"*) von Theorie und Realität bezieht. So kann man „Wahrheit" klar kennzeichnen, erhält aber noch keine Hinweise „in welchem Maße" Theorie und Realität im jeweiligen Fall übereinstimmen (Schurz, 2014, S. 24). Dies ist eine Aufgabe der empirischen Forschung, um die es im vorliegenden Buch hauptsächlich geht.

2.3 Gesetzmäßigkeiten und Erklärungen

2.3.1 Wissenschaftliche Gesetzmäßigkeiten

Im Abschn. 2.1 ist schon hervorgehoben worden, dass Aussagen über Gesetzmäßigkeiten wesentlicher Bestandteil von Theorien sind. Dieser Aspekt soll im vorliegenden Abschnitt etwas vertieft werden. Dabei wird von der Sichtweise ausgegangen, dass auch in den Sozialwissenschaften zumindest statistische Gesetzmäßigkeiten für menschliches Verhalten gelten können, was durchaus umstritten ist. Bei den im danach folgenden Abschn. 2.3.2 diskutierten wissenschaftlichen Erklärungen werden dann Theorien und die darin enthaltenen Aussagen über Gesetzmäßigkeiten genutzt, um Beobachtungen aus der Realität zu verstehen und zu begründen.

Der Begriff „Gesetz" wird in der Umgangssprache häufig benutzt. Er bezieht sich einerseits auf staatliche Regelungen, die allgemein bindend sind und deren Nicht-Einhaltung in der Regel zu Sanktionen führt. Dieser Aspekt ist im Zusammenhang des vorliegenden Buches natürlich weniger interessant. Andererseits beschreiben **Gesetze** bzw. Gesetzmäßigkeiten (zumindest kurzfristig) unveränderliche Zusammenhänge zwischen bestimmten Erscheinungen in der Realität (einschließlich psychischer und sozialer Phänomene) nach dem Muster „Immer wenn x, dann y" (Schauenberg 1988, S. 49). Gesetzmäßigkeiten sind in der Natur *gegeben* und werden früher oder später (vielleicht auch nie) *entdeckt*. So dürfte den meisten Leser:innen aus der Schulzeit das „Ohm'sche Gesetz" bekannt sein, nach dem die Stromstärke in einem Leiter bei konstanter Temperatur proportional zur Spannung ist, das eben von Georg Simon Ohm (1789–1854) *entdeckt* wurde. „Zu beachten ist, dass ein Gesetz unentdeckt sein kann (obwohl ich Ihnen kein Beispiel dafür angeben kann!) und dass es, nach seiner Entdeckung nicht offiziell als ‚Gesetz' bezeichnet werden muss (wie z. B. die Axiome der Quantenmechanik, das Bernoulli Prinzip oder die Maxwell'schen Gleichungen)" (Lange, 2008, S. 203).

Man spricht von einer Gesetzmäßigkeit, wenn eine bestimmte beobachtete Regelmäßigkeit *beobachtet und begründet* bzw. in einen Theoriezusammenhang eingeordnet werden kann. Diese hebt sich also von anderen Zusammenhängen ab, einerseits von logisch zwingenden Aussagen (z. B.: Dreiecke haben drei Seiten; ein volles Glas kann nicht gleichzeitig leer sein) und andererseits von eher zufälligen Koinzidenzen (z. B. alle Bäume in der Bismarckstraße in Berlin-Charlottenburg sind Kastanien). Gesetzmäßigkeiten beruhen somit auf einer gewissen *Notwendigkeit* von Zusammenhängen (Lange, 2008, S. 204). Vor diesem Hintergrund bestimmen Gesetzmäßigkeiten nicht nur das *jeweilige* Geschehen, sondern auch *entsprechende* Abläufe zu anderen Zeiten oder in anderen Situationen.

Hintergrundinformation

Hans Poser (2001, S. 69 f.) kennzeichnet Gesetze in folgender Weise:

> „… lässt sich im Sprachgebrauch sicher folgende Abgrenzung beobachten: Jahrhunderte, vielleicht Jahrtausende war die Regularität der Planetenbewegungen geläufig, ohne dass mehr als Regeln darüber formuliert worden wären, und schon gar nicht Gesetze. Dies lässt sich inhaltlich darauf beziehen, dass es jeder theoretischen Vorstellung darüber ermangelte, warum diese Regularität in der Natur besteht und wie sie mit anderen Regularitäten zusammenhängt. Erst in dem Augenblick, in dem auch nach Gründen für die Regelmäßigkeit selbst gefragt wird, erfolgt eine solche Einbettung in einen Theoriezusammenhang, und von nun an lässt sich von Gesetzen oder von Gesetzeshypothesen sprechen …"

In der Betriebswirtschaftslehre hat man es kaum mit deterministischen Zusammenhängen zu tun (wie z. B. beim Ohm'schen Gesetz), die immer und uneingeschränkt (ceteris paribus) gelten, sondern eher mit Wahrscheinlichkeitsaussagen, die eine auf den Einzelfall bezogene Aussage nur mit entsprechender Einschränkung zulassen. Ausschlaggebend dafür ist, dass für die betriebswirtschaftliche (empirische) Forschung komplexe Zusammenhänge einer Vielzahl von ökonomischen, verhaltenswissenschaftlichen, rechtlichen etc. Einflussfaktoren und Rahmenbedingungen typisch sind, bei denen es zumindest praktisch unmöglich ist, *alle* relevanten Einflussgrößen und deren Zusammenwirken zu erfassen. Das ist ganz typisch für viele sozialwissenschaftliche Probleme, aber nicht nur dafür. So kann man beispielsweise auch bei einem naturwissenschaftlichen Phänomen wie der Entstehung des Wetters und entsprechenden Prognosen erkennen, dass hier die große Komplexität des Zusammenwirkens verschiedener physikalischer Prozesse eine exakte und sichere Analyse (und insbesondere längerfristige) Prognose erschwert. Deswegen findet man hier auch häufig entsprechende Wahrscheinlichkeitsaussagen (z. B. zur Wahrscheinlichkeit für Regenfälle in einer Region in einem bestimmten Zeitraum). Ähnliches gilt für die Medizin mit ihren häufig auftretenden Problemen einer exakten Diagnose und der Prognose des Therapie-Erfolgs (in der Medizin belegt die große Bedeutungszunahme der „evidenzbasierten Medizin" die Relevanz statistischer Schlussweisen in diesem Bereich). In solchen Fällen spricht man auch von der **„Gesetzesartigkeit statistischer Generalisierungen"** (Schurz, 2014, S. 125) und meint damit, dass sich der gesetzesartige Zusammenhang zwischen Merkmalen (z. B. Bierkonsum und Übergewicht) eben *nicht* (in deterministischer Weise) *in allen* entsprechenden Fällen beobachten lässt, sondern nur bei einem gewissen Anteil von Fällen. Einige Überlegungen zu „statistischen Erklärungen" finden sich im folgenden Abschn. 2.3.2.

Hintergrundinformation
Nancy Cartwright (1980; 1983) hat schon frühzeitig – zunächst für den Bereich der Physik – auf Probleme hingewiesen, die mit dem komplexen Zusammenwirken einer gewissen Zahl von Variablen hinsichtlich der Nutzung von Gesetzmäßigkeiten zur Erklärung und Prognose verbunden sind. Im Mittelpunkt steht Cartwrights (1980, S. 871) Aussage über grundlegende Gesetze der Physik: „Wenn diese zur Beschreibung der Realität herangezogen werden, sind sie falsch; wenn sie so angepasst werden, dass sie wahr sind, dann verlieren sie ihre Erklärungskraft." Was ist damit gemeint?

Zum ersten Teil des Satzes: Wenn man einzelne oder wenige Variable und eine bestimmte Gesetzmäßigkeit zur Grundlage von Aussagen/Prognosen über eine entsprechende Realität nimmt, dann weichen diese Aussagen eben typischerweise von der Realität ab, sind also nicht wahr, weil andere – mehr oder weniger relevante – Einflussgrößen nicht berücksichtigt sind. Beispielsweise dürfte wohl eine Prognose von Marktanteilen *nur* auf Basis von (relativen) Preisen und einer Preis-Absatz-Funktion eher wenig erfolgreich sein.

Nun zum zweiten Teil des obigen Satzes von Cartwright: Wenn man aber versucht, durch Einbeziehung zusätzlicher Variabler und Beziehungen eine bessere Annäherung an die entsprechende Realität zu erreichen, dann schwindet die Erklärungskraft der ursprünglich betrachteten Beziehung (z. B. von Preis und Marktanteil), weil die zusätzlich betrachteten Einflussfaktoren die Zusammenhänge komplizierter machen und die Relevanz der ursprünglich betrachteten Beziehung relativieren. Außerdem ergibt sich das Problem, dass mehrere Einflussgrößen in Kombination ja keineswegs so wirken müssen wie bei ihrem separaten Auftreten und dass die Wirkung einer solchen Kombination nicht einfach die Summe der Einzelwirkungen sein muss. Beispielsweise können sich Wirkungen der verschieden Einflussfaktoren wechselseitig verstärken (Synergieeffekt) oder behindern.

Cartwright (1980, S. 874) illustriert ihre zentrale Aussage mit dem (physikalischen) Beispiel der Wirkung der Gravitationskraft. Das entsprechende Newton'sche Gravitationsgesetz kann diese Wirkung nur für *ideale Bedingungen* ohne weitere Einflussfaktoren prognostizieren. Wenn z. B. zusätzlich elektromagnetische Kräfte wirken, dann reicht dieses Gesetz nicht mehr aus. Es ist also „irrelevant für die komplexeren und interessanteren Situationen". Ein Fazit von Nancy Cartwright (1980, S. 875) zu diesem Problem lautet: „Es gibt einen Zielkonflikt zwischen Wahrheit und Erklärungskraft."

Was bedeutet das für die Betriebswirtschaftslehre? Typischerweise ist wohl die Zahl der Einflussfaktoren für ein Phänomen in der BWL mit ökonomischen, gesellschaftlichen, psychischen und situativen Faktoren noch größer als in der Physik. Also ist das Problem in der BWL eher noch komplexer. Als Beispiel sei an die Versuche in den 1950er/1960er Jahren erinnert, die mikroökonomische Preistheorie auf betriebswirtschaftliche Fragestellungen anzuwenden, was in Theorie und Praxis weitgehend gescheitert sind.

Vor dem Hintergrund solch komplexer Zusammenhänge findet man in den Wirtschaftswissenschaften häufig den Verweis auf eine **Ceteris-paribus-Klausel** („unter sonst gleichen Bedingungen"), die dazu dient, bei der Analyse des Zusammenhanges weniger Variabler deutlich zu machen, dass eine Konstanthaltung aller weiteren möglichen Einflussfaktoren unterstellt wird. Allerdings führt eine solche Klausel letztlich zum Konflikt mit dem Erfordernis der Falsifizierbarkeit wissenschaftlicher Aussagen (siehe Abschn. 1.1.2), weil eine Konstanthaltung *aller* möglicherweise relevanten Bedingungen in der Realität (→ Empirie) kaum möglich sein dürfte und damit die Einhaltung dieser Bedingung kaum realisierbar ist (Kincaid, 2008).

Mit der obigen ersten Kennzeichnung von wissenschaftlichen Gesetzmäßigkeiten ist schon implizit angesprochen, dass es hier um Zusammenhänge geht, die möglichst *allgemein* gelten sollen. Dieses Streben nach Allgemeingültigkeit von Aussagen (in gewissen Grenzen) im Unterschied zur Lösung konkreter und damit speziellerer Probleme in der Praxis gilt als ein Charakteristikum der Wissenschaft. In der Literatur (z. B. Schanz, 1988) wird vor diesem Hintergrund im Zusammenhang mit Gesetzmäßigkeiten auch von *Invarianzaussagen* gesprochen, weil entsprechende Beobachtungen nur in relativ geringem Maße variieren, sondern eher stabile Ergebnisse zeigen. „Damit wird die Überzeugung zum Ausdruck gebracht, dass hinter aller Vielfalt und allem Wandel, der sich in der Natur, der Gesellschaft oder im einzelnen Menschen vollzieht, ein konstantes Muster vermutet wird." (Schanz, 1988, S. 28).

Hintergrundinformation

Ein Zitat von Shelby Hunt (1976, S. 26) mag den Anspruch der Wissenschaft nach (zumindest begrenzter) Allgemeingültigkeit von Aussagen belegen bzw. illustrieren:

„Jede Wissenschaft geht von der Existenz ihrem Gegenstand zu Grunde liegender Gemeinsamkeiten oder Regelmäßigkeiten aus. Die Entdeckung dieser grundlegenden Gemeinsamkeiten führt zu empirischen Zusammenhängen und … zu Gesetzmäßigkeiten. Gemeinsamkeiten und Regelmäßigkeiten sind auch Bausteine für die Theorie-Entwicklung, weil Theorien systematisch zusammenhängende Aussagen sind, die einige Gesetzmäßigkeiten enthalten, die empirisch überprüfbar sind."

Welche *Bedeutung* haben nun Gesetzmäßigkeiten für die Betriebswirtschaftslehre?

- Sie sind notwendig für die **Erklärung** betriebswirtschaftlicher Phänomene. Wenn man beispielsweise allgemein die Zusammenhänge zwischen dem Provisionsanteil bei der Außendienst-Entlohnung und den Verkaufsanstrengungen kennt, dann kann dieses Wissen dazu dienen, aufgetretene Veränderungen des Umsatzes *zu erklären* (zum Wesen von wissenschaftlichen Erklärungen: siehe Abschn. 2.3.2).
- Weiterhin ist die Kenntnis von Gesetzmäßigkeiten eine Voraussetzung für die Abgabe von **Wirkungsprognosen**. Wenn man den Zusammenhang zwischen zwei Variablen kennt, dann kann man eben angeben, wie eine Variable auf die Veränderung der anderen Variablen voraussichtlich reagieren wird. So sind beispielsweise nach einer Zinssenkung steigende Aktienkurse zu erwarten (zum Zusammenhang von Erklärungen und Prognosen: siehe Abschn. 2.4).
- Letztlich ist die Kenntnis entsprechender Gesetzmäßigkeiten oft eine Voraussetzung für die *Beeinflussung betriebswirtschaftlicher Erfolgsgrößen* (**Gestaltung**), was ja die typische Aufgabe des Managements ist. Wenn man z. B. die Einflussfaktoren des Erfolges einer Produktinnovation und ihre Wirkungen kennt, dann kann man diese Faktoren so *gestalten* (siehe Abschn. 2.4), dass das gewünschte Ergebnis erzielt wird. Dazu gehört also die *Kenntnis* der relevanten Gesetzmäßigkeiten in Verbindung mit dem *Willen* und der *Fähigkeit* zur Beeinflussung der Erfolgsfaktoren. Allerdings gibt es auch zahlreiche Beispiele dafür, dass Manager:innen ohne die Kenntnis expliziter Gesetzmäßigkeiten höchst erfolgreich Entscheidungen treffen und sich dabei z. B. auf Erfahrung und Intuition stützen.

Angesichts dieser Relevanz von Gesetzmäßigkeiten wundert es nicht, dass allein deren Entdeckung und Untersuchung einen Teil der empirischen Forschung ausmacht, ohne dass immer umfassendere Theorien im Fokus stehen. Ein verbreitetes Hilfsmittel zur Ermittlung von Gesetzmäßigkeiten in der Betriebswirtschaftslehre (z. B. zum Zusammenhang von Werbeausgaben und Markterfolg) sind empirische Generalisierungen, auf die im Abschn. 4.3.4 eingegangen wird.

Im letzten Teil dieses Abschnitts sollen nun wissenschaftliche Gesetzmäßigkeiten etwas genauer charakterisiert werden. Nach Hunt (1991, 2010) gibt es vier kennzeichnende Merkmale von Gesetzmäßigkeiten (siehe Abb. 2.2), wobei auch hier die Fokussierung auf die Betriebswirtschaftslehre gilt; in anderen Disziplinen mag es andere Sichtweisen geben. Zunächst (1.) muss es sich um *allgemeingültige Konditionalbeziehungen* handeln, also um **Wenn-Dann-Beziehungen** (bzw. „Je-Desto-Beziehungen") im Sinne von: „Wenn A auftritt, dann tritt auch B auf" (bzw. „Je stärker X, desto größer Y"). Wenn man an das Beispiel des Elaboration-Likelihood-Modells zurückdenkt (siehe Abschn. 2.1), dann könnte ein entsprechendes Beispiel lauten: „Wenn das Involvement hoch ist und die Fähigkeit zur Informationsverarbeitung gegeben ist, dann findet eher eine umfassende Informationsverarbeitung (zentraler Weg) statt." Weiterhin (2.) fordert Hunt (2010, S. 134 ff.) *empirischen Gehalt* der Aussagen über Gesetzmäßigkeiten. Das Ausmaß bisheriger empirischer Überprüfungen mit positiven Ergebnissen kann sehr unterschiedlich sein und wird natürlich das Vertrauen in Erklärungen und Prognosen auf der Basis der jeweiligen Gesetzmäßigkeit wesentlich beeinflussen. Dazu sei hier auf das induktiv-realistische Modell (Abschn. 9.3.1) und auf empirische Generalisierungen (Abschn. 4.3.4) verwiesen. Das dritte Kennzeichen einer Gesetzmäßigkeit besteht nach Hunt (2010, S. 136 ff.) darin, dass (3.) ein *begründeter Zusammenhang* bestehen muss. Damit erfolgt die Abgrenzung gegenüber situativ oder zufällig zustande gekommenen Aussagen. In dieser Weise begründete Gesetzmäßigkeiten haben Aussagekraft über einen aktuellen Einzelfall hinaus, was ja zumindest für wissenschaftliche Aussagen zentrale Bedeutung hat.

Beispiel

Hier ein Beispiel in Anlehnung an Psillos (2002, S. 8) für einen Zusammenhang, bei dem die ersten beiden oben genannten Merkmale (Konditionalbeziehung, empirischer Gehalt) erfüllt sind, der aber nicht begründet ist:

Im Augenblick des Schreibens dieser Passage hat einer der Autoren dieses Buches in seine Geldbörse geschaut und festgestellt, dass alle Münzen darin einen Wert von weniger als € 2 haben. Es gilt in diesem Fall eine Konditionalbeziehung: „Wenn eine Münze am 12.9.2023 in der Geldbörse von A. K. ist, dann hat sie einen Wert < € 2,00" Die Aussage ist durch einen Blick in diese Geldbörse auch leicht empirisch überprüfbar. Aber würde man dabei von einer Gesetzmäßigkeit sprechen? Wohl kaum. Es handelt sich offenkundig um ein situativ bestimmtes Zufallsergebnis. ◄

Die 4. Anforderung von Hunt (2010, S. 138 ff.) bezieht sich auf die *systematische Integration* von Aussagen. Aussagen über Gesetzmäßigkeiten sollen also in ein größeres System von Aussagen (→ Theorie) integriert sein, in dem Sinne, dass sie kompatibel mit weiterem einschlägigem Wissen und in diesem Sinne widerspruchsfrei sind. Allerdings führt diese Anforderung zu einer Behinderung der Gewinnung ganz neuer und überraschender Erkenntnisse, die (noch) nicht mit dem bestehenden Wissen vereinbar sind.

2.3.2 Wissenschaftliche Erklärungen

In den vorstehenden Abschritten ist schon mehrfach das Stichwort **„Erklärung"** genannt worden. Dessen Relevanz sei zunächst mithilfe zweier Zitate kurz beleuchtet:

„Ohne Erklärungen gibt es keine Wissenschaft." (Hunt, 2010, S. 77).

„Das typische Ziel der Wissenschaft besteht darin, systematische und seriös begründete Erklärungen zu geben." (Nagel, 1961, S. 15).

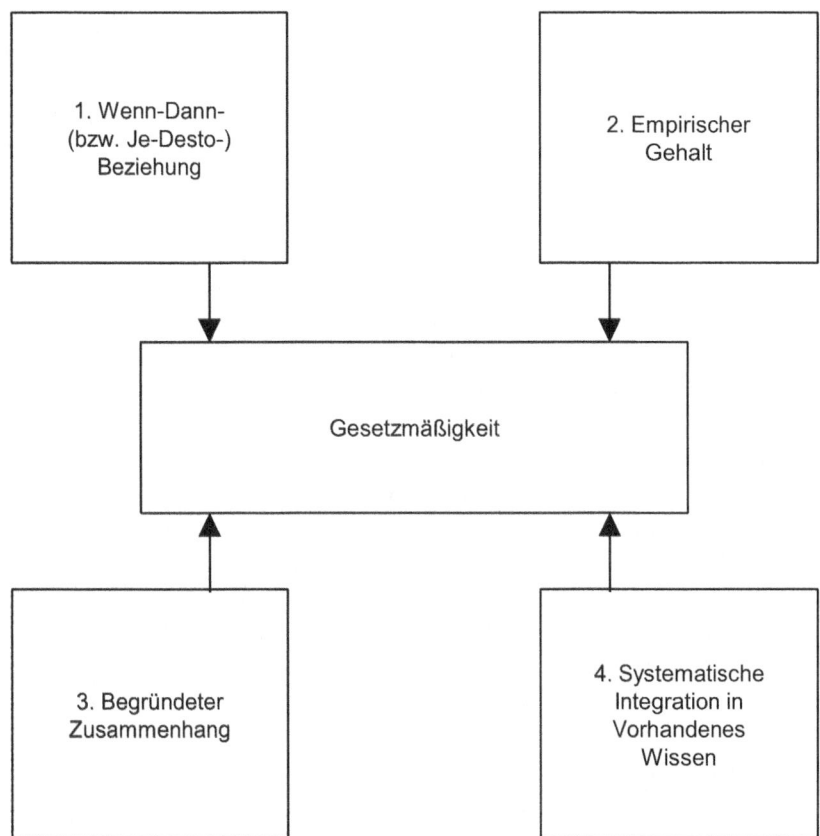

Abb. 2.2 Merkmale von Gesetzmäßigkeiten nach Hunt (2010)

Die von diesen Autoren betonte Bedeutung von Erklärungen ist leicht nachvollziehbar: Was würde man von der Astronomie halten, wenn diese nicht in der Lage wäre, eine Sonnenfinsternis zu *erklären?* Was hielte man von einer:m Botaniker:in, die:der nicht *erklären* kann, warum in Alaska keine Ananas gedeiht? Welche Akzeptanz würde eine Betriebswirtschaftslehre erfahren, die keine *Erklärungen* für den Wert eines Unternehmens anzubieten hätte?

Hintergrundinformation
Ernest Nagel (1961, S. 4) kennzeichnet die Bedeutung von Erklärungen für eine Wissenschaft:

„Es ist der Wunsch nach Erklärungen, die gleichzeitig systematisch sind und von der Übereinstimmung mit realen Beobachtungen bestimmt werden, der die Wissenschaft antreibt und es ist das spezifische Ziel der Wissenschaften, Wissen auf der Basis von Erklärungsprinzipien zu organisieren und zu klassifizieren. Genauer gesagt, die Wissenschaften versuchen, in allgemeiner Form die Bedingungen, unter denen die unterschiedlichsten Erscheinungen auftreten, zu entdecken und zu formulieren; die Darstellungen solcher Bedingungen sind die Erklärungen für die entsprechenden Ereignisse."

Damit ist nicht gemeint, dass eine wissenschaftliche Disziplin *alle* einschlägigen Phänomene erklären kann. Dann wäre ja weitere Forschung überflüssig. Es bedeutet auch nicht, dass alle Erklärungen völlig zweifelsfrei und dauerhaft gültig sind. Vielmehr lehrt die Wissenschaftsgeschichte, dass bestimmte – zu ihrer Zeit dem Stand der Wissenschaft entsprechende – Erkenntnisse (z. B. über die Erde als Mittelpunkt des Universums) durch neue und typischerweise bessere Erkenntnisse ersetzt werden. Nagel (s. o.) spricht ja auch nur von „systematischen und seriös begründeten Erklärungen", nicht von bewiesenen oder mit Sicherheit wahren Erklärungen. Fehlbarkeit wissenschaftlicher Erkenntnis wird also durchaus eingeräumt (→ „Fallibilismus", siehe auch Abschn. 1.2).

Die Fokussierung auf Erklärungen ist nicht unumstritten; in den Geisteswissenschaften ist man häufig stärker auf **Verständnis** ausgerichtet. Schurz (2014, S. 14) formuliert in zugespitzter Weise: „In den Naturwissenschaften *erklären* wir, aber in den Geisteswissenschaften *verstehen* wir." Dahinter steht die Ausrichtung der Naturwissenschaften auf die Entdeckung und Analyse von Gesetzmäßigkeiten, während geistige Phänomene (z. B. der Einfluss des Weltbildes Richard Wagners auf seinen „Ring des Nibelungen") keinen mehr oder weniger exakten Gesetzmäßigkeiten unterliegen. Verstehen entspricht in diesem Sinne eher der Komplexität des menschlichen Geistes. Erklärungen können natürlich ein wesentlicher Bestandteil umfassenderen Verständnisses sein. Hunt (2002, S. 119) fasst diese Sichtweise in einem Satz zusammen: „Zum wissenschaftlichen Verständnis eines Phänomens gehört es zumindest, dass wir das Phänomen wissenschaftlich erklären können." Wenn man die Position des wissenschaftlichen Realismus vertritt (siehe Kap. 3), dann könnte man sich einer solchen Aussage wohl anschließen. Bei ganz anderen wissenschaftstheoretischen Ansätzen (z. B. Konstruktivismus) muss das aber nicht der Fall sein.

Hintergrundinformation

Wesley Salmon (1992, S. 8) gibt eine knappe und anschauliche Charakterisierung wissenschaftlicher Erklärungen:

> „So wie wir das Konzept *wissenschaftliche* Erklärung verstehen, ist solch eine Erklärung ein Versuch, ein bestimmtes Ereignis (z.B. die Atom-Katastrophe in Tschernobyl 1986) oder eine allgemeinere Tatsache (z.B. die Kupfer-Farbe des Mondes während einer totalen Finsternis) durch Bezugnahme auf allgemeinere Fakten aus einer oder mehreren empirischen Wissenschaften verständlich zu machen."

Was ist nun eigentlich eine *Erklärung?* Es ist im wissenschaftlichen Zusammenhang die Beantwortung der Frage „Warum…?" bzw. die „Rückführung des Eintretens eines Ereignisses auf seine *Gründe* oder *Ursachen*" (Schwemmer, 1995, S. 579). Diese Kennzeichnung von Oswald Schwemmer lässt schon erkennen, dass Erklärungen und

Kausalität (siehe auch Kap. 8) viel miteinander zu tun haben. Hier einige Beispiele für solche Warum-Fragen:

- Warum führt eine höhere kumulierte Produktionsmenge zu sinkenden Stückkosten?
- Warum hat die Höhe der Transaktionskosten Auswirkungen auf die „make or buy"-Entscheidung?
- Warum ist der persönliche Verkauf im Business-to-Business-Bereich besonders wichtig?

Wenn man solche Fragen beantworten will, dann sucht man also nach den *Gründen* (→ Kausalität) für sinkende Stückkosten, für eine „make-or-buy"-Entscheidung oder die Wichtigkeit des persönlichen Verkaufs etc. „Erklärungen erfolgen durch die Darlegung von Gründen." (Psillos, 2002, S. 2). Eine etwas umfassendere Diskussion von Kausalität mit einer Ausrichtung auf Methoden zur Feststellung/Überprüfung von Kausalität (insbesondere durch Experimente) erfolgt im 8. Kapitel. An dieser Stelle mag eine kurze Zusammenstellung von Merkmalen von Kausalität auf der Basis Psillos (2002, S. 6) genügen:

- Kausalität führt zu *Unterschieden*, d. h. ein Phänomen oder eine Situation wären anders, wenn die Ursachen für bestimmte Wirkungen nicht vorhanden wären.
- Kausalbeziehungen sind „*Rezepte*", um bestimmte Wirkungen hervorzurufen bzw. zu verhindern.
- Kausalbeziehungen dienen der *Erklärung* der Zusammenhänge zwischen Ursachen und Wirkungen.
- Kausalbeziehungen können *Prognosen* ermöglichen: Wenn ein bestimmter Grund gegeben ist, dann ist die entsprechende Wirkung zu erwarten.

Für die Erklärung realer Phänomene macht man sich das in Theorien, einschließlich enthaltener Gesetzmäßigkeiten, systematisierte Wissen zunutze. Sehr wohl gibt es aber beobachtbare Phänomene, die damit nicht erklärt werden können, weil das vorhandene Wissen eben nicht ausreicht.

Wissenschaftliche Erklärungen bestehen aus *drei Komponenten:* Einer (deterministischen oder statistischen) *Gesetzmäßigkeit,* den in der jeweiligen Situation *gegebenen Randbedingungen* und dem *zu erklärenden Sachverhalt.* Wenn beispielsweise eine Gesetzmäßigkeit existiert, dass Ablenkungen der Zielperson bei der Übermittlung einer Werbebotschaft die Wirkung der Botschaft verstärken, weil die kognitive (und kritische) Verarbeitung der Botschaft eingeschränkt wird, dann kann diese Gesetzmäßigkeit in Verbindung mit einer gegebenen Randbedingung (z. B., dass eine Person beim Lesen einer Botschaft durch Musik abgelenkt war) *erklären,* dass in diesem Fall die Wirkung der Botschaft besonders hoch war. Es geht also bei Erklärungen um Anwendungen (allgemeiner) Gesetzmäßigkeiten auf bestimmte Fälle. Die Randbedingungen geben an, ob die Voraussetzungen für die Wirkung der jeweiligen

Gesetzmäßigkeit gegeben sind, und es ergibt sich dann eine Aussage über den zu erklärenden Sachverhalt. Damit deutet sich auch schon an, dass Erklärungen (natürlich im Gegensatz zu Prognosen) typischerweise auf bereits aufgetretene Phänomene gerichtet sind. Abb. 2.3 illustriert diese gedanklichen Schritte. Hier wird davon ausgegangen, dass die zur Erklärung herangezogene Theorie bzw. Gesetzmäßigkeit Gültigkeit hat. Kriterien dafür werden in Kap. 5 erörtert.

Wissenschaftliche Erklärungen im sozialwissenschaftlichen Bereich sollen nach Hunt (2010, S. 78 f.) u. a. den folgenden Anforderungen entsprechen:

- Das zu erklärende Phänomen soll unter den jeweiligen Bedingungen *zu erwarten* sein. Hier knüpft man an die vorstehend erläuterten Gesetzmäßigkeiten an: Wenn man erklären will, warum Phänomen K3 (siehe Abb. 2.3) unter bestimmten Bedingungen (K1 und K2) aufgetreten ist, dann muss eine Gesetzmäßigkeit existieren, die unter K1 und K2 tatsächlich K3 erwarten lässt. Wenn man beispielsweise erklären will, warum eine Brücke maximal eine Belastung von 50 t aushält, dann müssen Gesetze der Statik existieren, die bei den verwendeten Materialien, dem vorhandenen Untergrund etc. eine solche Tragfähigkeit *erwarten* lassen.
- Die Erklärung muss *intersubjektiv überprüfbar* sein, d. h. sie muss logisch nachvollziehbar und möglichst weitgehend frei von Vorurteilen, Ideologien etc. sein. Meist geht man davon aus, dass in der Wissenschaft *Objektivität* in diesem Sinne zumindest angestrebt wird. Hunt (2010, S. 77) zitiert dazu eine Aussage des Wissenschaftstheoretikers Mario Bunge: „Die Wissenschaft hat nicht das Monopol für Wahrheit, sondern nur das Monopol auf die Hilfsmittel, um zu prüfen, ob etwas wahr ist, und um entsprechende Fortschritte zu erreichen."
- Die Erklärung muss *empirischen Gehalt* haben. Dadurch soll sichergestellt werden, dass Erklärungen realen Phänomenen entsprechen. Gleichzeitig sind scheinbare „Erklärungen", die nur auf Definitionen beruhen, ausgeschlossen (z. B. Definition: „Ein Junggeselle ist unverheiratet." → scheinbare „Erklärung": „Weil jemand unverheiratet ist, ist er Junggeselle.").

Beispiel

Schauenberg (1988, S. 50) schildert ein einfaches Beispiel für wissenschaftliche Erklärungen:

„Wir beobachten, dass die Börsenkurse steigen (Explanandum). Ein Kapitalmarkttheoretiker, den wir befragen, sagt uns, dass die Börsenkurse immer dann steigen, wenn die Ertragserwartungen der Unternehmen steigen (Gesetz). Wir schlagen in der Zeitung nach und stellen fest, dass die Regierung vor einigen Tagen die Ertragssteuern gesenkt hat (Randbedingung). Damit hätten wir auch schon eine Erklärung: Die Börsenkurse sind gestiegen, weil das erwähnte Gesetz gilt und die Ertragserwartungen wegen der Steuersenkung gestiegen sind." ◄

Nun zu einigen typischen Arten von Erklärungen. Diese Darstellung stützt sich hauptsächlich auf die entsprechende Übersicht bei Hempel (1965, S. 249 ff., 1962). Es werden hier folgende Begriffe und Symbole gebraucht:

ES	Explanans (Menge der Bedingungen und Gesetzmäßigkeiten, die zusammen das betreffende Phänomen erklären)
ED	Explanandum (Zu erklärendes Phänomen)
B	Bedingungen (Bedingungen, die die Basis der Erklärung sind)
G	Gesetzmäßigkeiten (Universelle, deterministische Gesetze, die also in jedem Fall gelten)
SG	Statistische Gesetzmäßigkeiten (Wahrscheinlichkeitsaussagen, „Wenn X., dann Y mit $p = \ldots$")

Deduktiv-nomologische Erklärungen („Ableiten aus Gesetzen")
Die Grundstruktur deduktiv-nomologischer Erklärungen (D-N-Erklärungen) ist in der Abb. 2.4 dargestellt. Ein klassisches *Beispiel* für eine solche Erklärung stammt von Archimedes (285–212 v. Chr.): Wenn das spezifische Gewicht eines Körpers geringer ist als das spezifische Gewicht einer Flüssigkeit, dann kann dieser Körper in der Flüssigkeit schwimmen (Gesetzmäßigkeit). Wenn also die Bedingung gegeben ist, dass das spezifische Gewicht des Körpers geringer (bzw. größer) ist, dann kann man erklären, warum ein Körper schwimmt (bzw. nicht schwimmt). Dementsprechend sind also auch die Erwartungen, z. B. wenn man einen Gegenstand ins Wasser wirft. Die verwendete Gesetzmäßigkeit wirkt in jedem Fall und gilt immer, ist also deterministisch. Wenn bei einer DN-Erklärung das Explanans so gegeben ist, dann *muss* das entsprechende Explanandum auftreten, sofern die Erklärung korrekt ist.

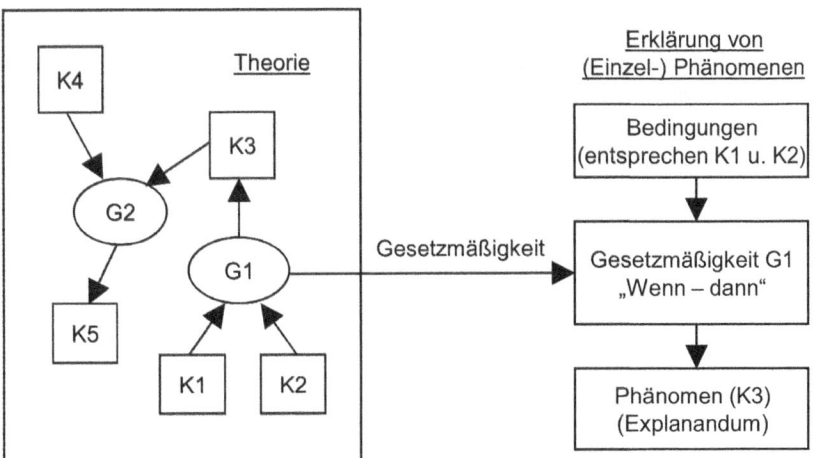

Abb. 2.3 Gesetzmäßigkeiten und Erklärungen. (Quelle: Kuß, 2013, S. 91)

Erklärungen dienen ja dazu, Vorgänge und Zusammenhänge (zumindest teilweise) zu verstehen. Dazu bedarf es dann nicht nur der bloßen Angabe eines Grundes, sondern auch der Bezugnahme auf Gesetzmäßigkeiten, die gewissermaßen die Verbindung zwischen Explanans und Explanandum herstellen (Psillos, 2002, S. 218 f.). Hier wird auch ein Weg erkennbar, um die Geltung einer Gesetzmäßigkeit (bzw. einer Theorie) zu prüfen. Die D-N-Erklärung besteht ja in der Aussage, dass dann, wenn bestimmte Bedingungen (B) gegeben sind und bestimmte Gesetzmäßigkeiten (G) gelten, wenn also das Explanans (ES_i) bestimmte Eigenschaften hat, die daraus folgende Ausprägung des Explanandums (ED_i) auftritt. Wenn aber dieses Explanans ES_i gegeben ist und nicht das entsprechende Explanandum ED_i beobachtet wird, dann ist das offenkundig ein Widerspruch zu dem unterstellten Zusammenhang. Sofern bei einer solchen Untersuchung weder logische noch methodische Fehler gemacht wurden, wäre dann diese Erklärung falsch. Allerdings wird sich noch zeigen, dass gerade der Anspruch, dass eine Untersuchung ganz frei von wesentlichen methodischen Fehlern sein soll, erhebliche theoretische und forschungspraktische Probleme bereitet (siehe dazu Abschn. 3.3, Kap. 6 und Abschn. 8.3).

Deduktiv-nomologische Erklärungen spielen in der Betriebswirtschaftslehre am ehesten eine Rolle, wenn man es mit naturwissenschaftlich-technischen Gesetzmäßigkeiten zu tun hat. So lässt sich vielleicht in der Stahlproduktion der Anteil der Energiekosten pro Tonne in Abhängigkeit von der Kapazitätsauslastung ziemlich eindeutig erklären. Auch im Bereich der Logistik kann man vermutlich recht genau erklären, wie sich technische Eigenschaften (z. B. Geschwindigkeiten oder Kapazitäten) auf Zugriffs- oder Lieferzeiten auswirken. Für solche Aussagen braucht man kaum empirische Forschung, das lässt sich wohl besser analytisch bestimmen. Die Domäne empirischer Forschung liegt eher bei den Wirkungen und beim Zusammenwirken sozialer (einschl. ökonomischer) Einflussfaktoren (z. B. Motivation → Arbeitsleistung; Kompetenz und Information → Entscheidungsqualität). In diesen Bereichen hat man es aber kaum einmal mit deterministischen Beziehungen (z. B. „Hoher Marktanteil führt *immer* zu hoher Profitabilität.") zu tun, weil hier Gesetzmäßigkeiten allenfalls in Ausnahmefällen unabhängig von situativen Faktoren und zahlreichen Nebenbedingungen gelten. Man könnte versuchen, einige dieser Faktoren bei der Festlegung der Bedingungen zu berücksichtigen, müsste aber dann eine große Komplexität des Explanans hinnehmen und es bliebe dennoch in der Regel Unsicherheit hinsichtlich des Eintretens des Explanandums.

Abb. 2.4 Struktur deduktiv-nomologischer Erklärungen

$$\left. \begin{array}{l} B_1, B_2, \ldots, B_k \\ G_1, G_2, \ldots, G_l \end{array} \right\} ES \ (\text{Explanans})$$

$$\overline{}$$

$$ED \ (\text{Explanandum})$$

Vor diesem Hintergrund hat in großen Teilen der Betriebswirtschaftslehre eine andere Art von Erklärungen eine größere Bedeutung, die sogenannten **statistischen Erklärungen.** Diese enthalten zumindest eine Gesetzmäßigkeit der Form

$$P(L|K) = w$$

d. h. die Wahrscheinlichkeit für L unter der Bedingung, dass K gegeben ist, ist gleich dem Wert w. Statistische Erklärungen sind typisch für die Sozialwissenschaften (einschließlich der Betriebswirtschaftslehre). Man hat es hier oft mit einer sehr großen Zahl komplexer Interaktionen zu tun, wenn man z. B. bestimmte Verhaltensweisen von Manager:innen oder Kund:innen erklären will. Deswegen muss man sich auf relativ wenige Einflussvariable beschränken, die dann eben das Explanandum nicht vollständig erklären können, sondern nur Wahrscheinlichkeitsaussagen zulassen. Gängiger ist aber die Interpretation von Wahrscheinlichkeiten im Hinblick auf daraus resultierende relative Häufigkeiten. Damit kann man beispielsweise bezogen auf eine *größere Zahl von Fällen* relativ exakte Aussagen hinsichtlich bestimmter Anteilswerte (z. B. „die Zahlungsausfälle bei Kreditnehmer:innen liegen bei ca. 5 %") machen. „Ein natürlicher Einwand besteht darin, dass statistische Gesetzmäßigkeiten Eigenschaften von großen Stichproben erklären können, aber über einen Einzelfall nichts aussagen" (Psillos, 2002, S. 244). Nicht zuletzt bei praktischen Anwendungen im betriebswirtschaftlichen Bereich sind Aussagen über Anteilswerte bei einer größeren Fallzahl aber oftmals völlig ausreichend.

Hintergrundinformation
May Brodbeck (1958, S. 13 f.) erläutert Aussagemöglichkeiten und Grenzen statistischer Erklärungen:

„… Der:die Sozialwissenschaftler:in … ist auf weniger als Perfektion ausgerichtet. Vollständigkeit der Erklärung ist weit außerhalb ihrer:seiner Möglichkeiten; deshalb gibt sie:er dieses Ziel auf. … Dem entsprechend … richtet die:der Sozialwissenschaftler:in das Interesse nicht auf die Prognose einzelner Ereignisse oder Verhaltensweisen, sondern auf eine Zufallsvariable, d. h. auf die Vorhersage der Häufigkeit, mit der ein bestimmtes Verhalten in einer großen Gruppe von Individuen, die bestimmte Merkmale haben, auftritt. Das ist der zu zahlende Preis. Die Belohnung dafür besteht natürlich darin, dass sie:er nicht hilflos über die unendliche Komplexität von Mensch und Gesellschaft staunt. Vielmehr hat sie:er eher unvollständiges als perfektes Wissen, das aber dennoch nicht zu verachten ist, über eine Wahrscheinlichkeitsverteilung und nicht über einzelne Ereignisse. Wir mögen es zwar bevorzugen, wenn wir die Bedingungen kennen, unter denen sich bei einer bestimmten Person Krebs entwickelt, es ist aber alles andere als wertlos, die Einflussfaktoren zu kennen, die statistisch korreliert sind mit der Häufigkeit des Auftretens von Krebs."

Von den sogenannten statistischen Erklärungen sollen hier die „induktiv-statistische Erklärung" (I-S-Erklärung) und die „Erklärung auf Basis statistischer Relevanz" (S-R-Erklärung) etwas beleuchtet werden.

Induktiv-statistische Erklärungen (I-S-Erklärungen)

I-S-Erklärungen können formal wie in Abb. 2.5 dargestellt werden. Die Grundidee besteht darin, dass bei einer bestimmten Konstellation des Explanans (bestimmte
Bedingungen und entsprechende statistische Gesetzmäßigkeiten) mit großer Wahrscheinlichkeit eine bestimmte Ausprägung des Explanandums zu erwarten ist. Insofern handelt
es sich also um eine induktive Schlussweise. Auch bei I-S-Erklärungen liegt offenkundig eine Erwartung ($\rightarrow$ „induktiv") hinsichtlich des Explanandums ED_i bei einem
bestimmten Explanans ES_i vor. Entsprechende Beispiele findet man in der Betriebswirtschaftslehre wohl eher selten. Man könnte daran denken, dass für ein Unternehmen eine
gewisse Wahrscheinlichkeit existiert, in Konkurrenz mit Wettbewerbern einen Auftrag zu
erhalten. Wenn es eine große Zahl verschiedener Aufträge in einer Periode geht, dann
wäre die Wahrscheinlichkeit, mindestens einen dieser Aufträge zu bekommen, sehr groß.
Allerdings ist eine derartige Erklärung sicher von eher begrenzter betriebswirtschaftlicher Relevanz.

Wie ist es nun um die *Überprüfung* von I-S-Erklärungen bestellt? Hier sind die entsprechenden Schlussweisen ein wenig komplizierter als bei der DN-Erklärung (s. o.).
Wenn beim Explanans ES_i tatsächlich Explanandum ED_i eingetreten ist, sieht man
die Erklärung als bestätigt an. Wenn es aber zu einem Widerspruch zwischen einer
Erklärung („Wenn ES_i, dann ED_i") und einer Beobachtung („ES_i gegeben, aber ED_j
tritt nicht auf, sondern ED_j") kommt, sind weitere Überlegungen erforderlich. Es folgt
zunächst der Schritt der Überprüfung der Messungen im Hinblick auf systematische
Fehler ($\rightarrow$ Validität, siehe Kap. 6). Wenn eine solche Überprüfung keine Hinweise
auf entsprechende Fehler gegeben haben, ist immer noch nicht ganz klar, woran der
Widerspruch zwischen ES_i und ED_j liegt: Daran, dass die Erklärung falsch ist oder
daran, dass die Erklärung zwar richtig ist, aber per Zufall (es handelt sich ja „nur" um
eine statistische Erklärung) ein widersprechendes Ergebnis zustande gekommen ist.
Man spricht in einem solchen Fall lediglich davon, dass die Erklärung nicht bestätigt
wurde. I-S-Erklärungen können im strengen Sinne also nicht falsifiziert werden; die
Abweichung zwischen Explanans und entsprechendem Explanandum kann ja immer
durch Zufall zustande gekommen sein. Wohl aber gibt es dabei „schwache" Falsifizierungen, etwa in folgender Art: „Die Wahrscheinlichkeit, dass die Erklärung falsch
ist, ist sehr groß." Eine entsprechende Schlussweise liegt auch statistischen Tests
zugrunde (siehe Kap. 7), bei denen man sich für die Annahme oder Ablehnung einer
Hypothese entscheidet, wenn die Wahrscheinlichkeit für ein zufälliges – eben nicht
durch einen systematischen Zusammenhang begründetes – Zustandekommen eines entsprechenden Untersuchungsergebnisses klein bzw. groß ist.

Erklärungen auf Basis statistischer Relevanz (S-R-Erklärungen)

Bei S-R-Erklärungen werden im Vergleich zu I-S-Erklärungen geringere Anforderungen
bezüglich der Wahrscheinlichkeit für das Eintreten eines bestimmten Ergebnisses
gestellt. Man geht hier *nicht* mehr davon aus, dass dieses mit großer Wahrscheinlichkeit als Ergebnis einer bestimmten Konstellation beim Explanans auftritt, sondern nur

Abb. 2.5 Struktur induktiv-statistischer Erklärungen (I-S-Erklärungen)

$$\left.\begin{array}{l} B_1, B_2, \ldots\ldots, B_k \\ SG_1, SG_2, \ldots, SG_l \end{array}\right\} \text{ ES (Explanans)}$$

$$\overline{\text{ED (Explanandum)}} \quad \text{(es ist sehr wahrscheinlich)}$$

davon, dass die entsprechenden Bedingungen und Gesetzmäßigkeiten einen erkennbaren bzw. deutlichen Einfluss auf das Explanandum haben. S-R-Erklärungen haben in diesem Sinne geringeren Informationsgehalt als I-S-Erklärungen, spielen aber für die empirische Forschungspraxis eine weitaus größere Rolle. Die formale Darstellung des S-R-Modells findet sich in Abb. 2.6.

In anderer Form kennzeichnet Psillos (2002, S. 253) die zentrale Idee statistischer Relevanz auf folgende Weise: Ein Einflussfaktor C leistet einen Erklärungsbeitrag für das Auftreten eines Ereignisses E, wenn gilt:

$$P\,(E\mid C) \;>\; P\,(E)$$

mit $P\,(E\mid C) = $ Wahrscheinlichkeit für E unter der Bedingung, dass C gegeben ist.

Beispiel

Ein Beispiel für S-R-Erklärungen bezieht sich auf den Kauf von ökologischen Produkten. Hier kann man feststellen, dass die Wahrscheinlichkeit für den Kauf solcher Produkte bei umweltbewussten Konsument:innen größer ist als bei anderen Konsument:innen. Gleichwohl ist es keineswegs so, dass Umweltbewusstsein das Verhalten der genannten Konsument:innengruppe ausschließlich oder entscheidend bestimmt (Balderjahn, 2013), Umweltbewusstsein ist vielmehr nur *ein* Einflussfaktor des Kaufverhaltens unter mehreren (z. B. Verfügbarkeit finanzieller Mittel, geschmackliche Präferenzen). In diesem Sinne ist Umweltbewusstsein eben *relevant,* aber nicht dominierend oder ausschlaggebend. Dessen Wirkung lässt sich am ehesten bei einer größeren Zahl von Fällen (oder in Form entsprechender Wahrscheinlichkeiten) erkennen; deswegen spricht man hier von *statistischer* Relevanz. ◄

Man erkennt, dass S-R-Erklärungen eigentlich keine Erklärungen in dem Sinne sind, dass das Auftreten des Explanandums (mit hoher Wahrscheinlichkeit) *zu erwarten* wäre. Hunt (2010, S. 91) verweist hier – vielleicht etwas makaber – auf das Beispiel des Zusammenhangs des Rauchens mit dem Auftreten von Lungenkrebs. Nun gibt es sehr viele Raucher:innen, die nicht an Lungenkrebs sterben, und auch Nichtraucher:innen, die dennoch an Lungenkrebs sterben. Gleichwohl hat offenbar das Rauchen Einfluss auf die Wahrscheinlichkeit, an Lungenkrebs zu erkranken, ist also in diesem Sinne *relevant,* obwohl (glücklicherweise) nicht bei jedem:r Raucher:in Lungenkrebs eintritt. In diesem Sinne geht es bei S-R-Erklärungen eher um die Identifizierung von mehr oder weniger stark wirkenden *Einflussfaktoren* im Hinblick auf das Explanandum. Nun können solche

Einflussfaktoren unterschiedliche Bedeutung für das jeweilige Explanandum haben bzw. dieses mehr oder weniger gut erklären. Auf diesen Aspekt wird weiter unten unter dem Stichwort „erklärte Varianz" eingegangen.

Bei der empirischen Überprüfung von S-R-Erklärungen geht es hauptsächlich um die Frage, ob die Wirkung (gemessen z. B. in Form einer Korrelation) der unabhängigen Variablen auf das zu erklärende Phänomen hinreichend deutlich (*statistisch signifikant*, siehe Kap. 7) von Null verschieden ist. Auch hier stellt sich die Frage, ob es bei der Untersuchung zu Messfehlern gekommen ist. Eine (erwartungswidrig) geringe Korrelation könnte ja auch auf unzureichende (stark fehlerbehaftete) Messungen zurückzuführen sein. Auch die substanzwissenschaftliche Bedeutung statistischer Signifikanz sollte nicht überschätzt werden. Paul Meehl (1990, S. 108) hat das Problem knapp und klar formuliert: „In den Sozialwissenschaften ist alles mit allem irgendwie korreliert". Bei sehr großen Stichproben sind meist viele – auch eher schwache – Zusammenhänge zwischen zwei Merkmalen „statistisch signifikant", obwohl deren Relevanz gering sein kann (siehe Abschn. 7.2). „Die Aussage, dass sich eine signifikante Korrelation zwischen zwei Merkmalen A und B ergeben hat, ist … eine sehr schwache Aussage, solange wir keine Information über die Stichprobengröße haben" (Schurz, 2014, S. 196).

Beispiel

Ein Beispiel zum Unterschied von *statistischer* Signifikanz und *substanzwissenschaftlicher* Signifikanz erläutern Jaccard und Becker (2002, S. 216):

„Die Armutsgrenze für eine vierköpfige Familie in den USA wurde 1991 mit einem Jahreseinkommen von $ 14120 definiert. Angenommen ein:e Forscher:in interessiert sich dafür, ob sich das Durchschnittseinkommen einer bestimmten ethnischen Gruppe im Jahre 1991 von der offiziellen Armutsgrenze unterschied. Die:der Forscher:in überprüft diese Frage und nutzt dabei Daten einer großen landesweiten Umfrage bei 500.000 Personen aus der interessierenden ethnischen Gruppe. Angenommen der festgestellte Stichproben-Mittelwert für diese ethnische Gruppe liegt bei $ 14300,30. Wenn die Standardabweichung der Grundgesamtheit ebenfalls bekannt ist, kann ein Ein-Stichproben z-Test angewendet werden. Angenommen die Anwendung dieses Tests führt zur Ablehnung der Null-Hypothese. Dann schließt die:der Forscher:in daraus, dass das Durchschnittseinkommen bei dieser ethnischen Gruppe ,statistisch signifikant über der offiziellen Armutsgrenze liegt'. Solch ein Ergebnis sagt nichts darüber aus, um wieviel das Durchschnittseinkommen über der Armutsgrenze liegt, und auch nichts über die praktische Relevanz dieses Unterschiedes." ◄

S-R-Erklärungen sind in der Betriebswirtschaftslehre (und in den Sozialwissenschaften generell) stark verbreitet, weil man es hier typischerweise mit komplexen Wirkungs-

---

Abb. 2.6 Struktur von Erklärungen auf Basis statistischer Relevanz (S-R-Erklärungen)

$$\frac{B_1, B_2, \ldots\ldots, B_k \quad SG_1, SG_2, \ldots, SG_l}{ED \ (Explanandum)} \left.\begin{array}{c} \\ \end{array}\right\} ES \ (Explanans)$$

$$\text{Wahrscheinlichkeit} \gg 0$$

zusammenhängen einer *Vielzahl von Variablen* zu tun hat. In der Regel kann man nur eine kleine Zahl (besonders) relevanter Variabler betrachten und deren komplexe Interaktionen nicht vollständig erfassen. Deswegen beschränkt man sich in der empirischen Forschung hinsichtlich der Erklärung eines Phänomens (z. B. des Wachstums eines Marktanteils oder einer Veränderung des Wahlverhaltens) oft auf Aussagen zur Identifizierung der wichtigsten Einflussfaktoren, zu Gewichtungen der relevanten Einflussfaktoren (z. B. in Form von Regressionskoeffizienten) und zur Art der Zusammenhänge (z. B. positiv/negativ; linear/nicht-linear). Es wird dabei erkennbar, dass hier nicht *Gründe* für einen Zusammenhang zwischen Variablen (wie die Bedingungen und Gesetzmäßigkeiten bei D-N-Erklärungen) explizit analysiert werden, sondern dass entsprechende substanzwissenschaftliche Überlegungen den statistischen Analysen *vorausgehen* sollen/müssen (siehe Salmon 1992 sowie Abschn. 7.4).

Wenn verschiedene Einflussfaktoren ein interessierendes Phänomen *nicht vollständig* erklären, dann stellen sich für Wissenschaft und Praxis zumindest zwei wichtige Fragen:

1. Wenn unterschiedliche Möglichkeiten zur Erklärung vorliegen (mit verschiedenen Einflussfaktoren), welche dieser konkurrierenden Alternativen ist dann am besten geeignet?
2. Wenn ein Phänomen *nur teilweise* erklärt wird, lässt sich dann abschätzen, wie groß dieser Anteil (etwa) ist?

Derartige Fragen zum **Erklärungsvermögen** („explanatory power") sind naheliegend und deshalb nicht ganz neu. Schon Karl Popper hat in seiner „Logik der Forschung" (erstmals erschienen 1935) dieses Problem angesprochen. Eine Vorstufe zur Messung von Erklärungsvermögen ist die Identifizierung entsprechender Dimensionen. Ylikoski und Kuorikoski (2010) schlagen dazu vor:

- *Unempfindlichkeit* gegenüber Veränderungen der Bedingungen für eine Erklärung. Je *robuster* eine Erklärung in dieser Hinsicht ist, desto umfassender ist offenbar ihre Relevanz.
- *Präzision* der Angaben zum Explanandum (z. B. „Umsatzwachstum" vs. „Umsatzwachstum um 2,0 bis 3,0 %")
- *Korrektheit* der in der Erklärung verwendeten Informationen
- Ausmaß der *Integration* einer Erklärung in bestehendes Wissen
- *Gedankliche Nachvollziehbarkeit* einer Erklärung

In der Forschungspraxis sind zwei Arten statistischer Maßzahlen zur Kennzeichnung von Erklärungsvermögen sehr gängig, Anteile erklärter Varianz und Effektstärken.

Anteil erklärter Varianz und Effektstärken

In der empirischen Forschungspraxis betrachtet man häufig wissenschaftliche Erklärungen in einer anderen Perspektive. Dazu bedient man sich statistischer Methoden, die den Anteil der durch eine oder mehrere *unabhängige* Variablen erklärten Varianz einer *abhängigen* Variablen erkennen lassen. Wie kommt es nun, dass man „erklärte Varianz" betrachtet, wenn man eigentlich das Zustandekommen von z. B. Gewinnen, Marktanteilen, Wachstum, Einkommen (usw., usw.) erklären will? Die Grundidee ist recht einfach: Wissenschaftlich interessant ist ja typischerweise die *Unterschiedlichkeit* der interessierenden Größen bei verschiedenen Unternehmen, Personen etc. und man fragt sich, wie es kommt, dass z. B. verschiedene Unternehmen unterschiedlich innovativ sind oder verschiedene Konsument:innen unterschiedliche Anteile ihres Einkommens sparen. Die Varianz ist eine Maßzahl zur Beschreibung solcher Unterschiedlichkeiten. Wenn es nun gelingt, Einflussfaktoren (bzw. unabhängige Variable) zu identifizieren, die die Unterschiedlichkeit der interessierenden (abhängigen) Variablen beeinflussen, dann hat man offenbar damit Gründe bzw. *Erklärungen* für diese Unterschiedlich-keit gefunden. Wenn man beispielsweise nach theoretischen Überlegungen in einer statistischen Analyse feststellt, dass die Einflussfaktoren Ausbildungsniveau, Berufs-erfahrung und Dauer der Zugehörigkeit zum Unternehmen die Einkommensunterschiede bei Beschäftigten zu 50 % bestimmen, dann hat man diese Einkommensunterschiede schon zu einem erheblichen Teil, aber bei weitem nicht vollständig erklärt. Man erkennt an diesem Beispiel auch die Analogien von abhängiger Variabler und Explanandum sowie von unabhängigen Variablen und Explanans. Das Beispiel deutet weiterhin an, dass in den Sozialwissenschaften die Anteile erklärter Varianz typischerweise deutlich unter 100 % liegen, weil angesichts der Komplexität (Anzahl relevanter Einflussfaktoren und Arten von deren Zusammenwirken) von Zusammenhängen in der Regel nicht alle relevanten Faktoren einbezogen werden können und außerdem noch diverse Messfehler eine Rolle spielen können. Vor diesem Hintergrund sind in den Sozialwissenschaften also „**partielle Erklärungen**" (Northcott, 2012, 2013) der Normalfall.

Beispiel

Shelby Hunt (2000, S. 153 ff.) erläutert kurz ein Beispiel, in dem die Anteile erklärter Varianz als Kriterien für die Entscheidung bezüglich unterschiedlicher Theorien im strategischen Management verwendet werden. Es geht dabei um die Frage, ob eher die Branchenzugehörigkeit (mit Wettbewerbssituation, Marktentwicklung etc.) oder Merkmale der Unternehmen und seiner strategischen Geschäftseinheiten selbst den Erfolg von Unternehmen bestimmen. „Ursprünglich haben die Vertreter:innen branchen-bezogener Strategie (…) Schmalensee (1985) zitiert, um ihre Ausrichtung auf die Branchenwahl als die wichtigste strategische Entscheidung zu rechtfertigen. Nachdem Rumelt's (1984) Replikation und Erweiterung der Studie von Schmalen-see zeigte, dass Unternehmensmerkmale sechsmal so viel Varianz erklärten (46 % vs. 8 %) wie Branchenmerkmale, verschob sich die Debatte zu der Frage, ob die Branchenzugehörigkeit überhaupt eine Rolle spielt. Deswegen wurde die Studie von McGahan und Porter (1997), die zeigte, dass Firmeneffekte die Brancheneffekte *nur* im Verhältnis von 36 % zu 19 % dominieren, von ihren Autoren so interpretiert,

dass sie gegen die Position von Rumelt und anderen spricht, dass die Branchenzugehörigkeit nicht nur weniger wichtig sei, sondern keine Bedeutung habe" (Hunt, 2000,
S. 155 f.). ◄

Maßzahlen wie der Anteil erklärter Varianz oder (allgemeiner) **Effektstärken** (siehe
Abschn. 7.2) werden als Indikatoren für die Aussagekraft von Erklärungen interpretiert.
Darüber hinaus werden in Untersuchungen festgestellte Effektstärken auch als Maßstab
für den Erkenntnisstand verschiedener Forschungsgebiete verwendet (siehe z. B.
Aguinis et al., 2010; Eisend, 2015). Wenn man in einem Gebiet bestimmte Phänomene
zu einem großen Teil erklären kann, dann ist dieses Gebiet wohl weiter entwickelt als
andere Forschungsgebiete mit geringeren Anteilen der Varianzaufklärung. Deswegen
sind Zusammenhänge mit großen Effektstärken auch für praktische Anwendungen auf-
schlussreicher als andere.

Hintergrundinformation
James Combs (2010, S. 11) charakterisiert kurz die Relevanz von Effektstärken für Wissenschaft
und Praxis:

> „Eine Theorie kann bestätigt werden, aber ihre Erklärungskraft – d. h. die beobachteten
> Effektstärken – kann so gering sein, dass sich weitere Anstrengungen zur Entwicklung der
> Theorie nicht lohnen. Schwache Effekte werfen auch Fragen bezüglich der praktischen
> Relevanz auf. … Wenn Manager:innen auf der Basis von Theorien handeln, die nur mit
> geringen Effektstärken bestätigt wurden, dann werden sie wohl keine positiven Ergebnisse
> erzielen, selbst wenn diese Effekte auftreten."

2.4 Erklärungen, Prognosen und Gestaltung

Erklärungen, Prognosen und Gestaltung stehen in einem engen Zusammenhang.
Prognosen bestehen ja – nicht ganz überraschend – darin, zukünftige Zustände oder
Entwicklungen vorherzusagen. Hier wird die gedankliche Entsprechung zu den im
vorigen Abschn. 2.3 diskutierten **Erklärungen** sofort deutlich. Bei diesen bestand
die zentrale Idee darin, dass aus einer bestimmten Konstellation von Bedingungen
und Gesetzmäßigkeiten (Explanans) das Auftreten eines bestimmten Phänomens
(Explanandum) folgt, zumindest mit einer gewissen Wahrscheinlichkeit. Also kann man
– bei Gültigkeit der Erklärung – folgern, dass beim Auftreten dieser Konstellation der
entsprechende Zustand *zu erwarten* ist (→ Prognose). Insofern wäre jede Erklärung
eine potenzielle Prognose. Es ist leicht erkennbar, dass Erklärungen gewissermaßen
„rückwärts gerichtet" sind, indem bisher beobachtete Phänomene eben *nachträglich*
erklärt werden, während **Prognosen** (natürlich) in die Zukunft gerichtet sind. In Wissenschaft und Praxis gilt die erfolgreiche – also den zukünftigen tatsächlichen Zustand
relativ exakt beschreibende – Prognose als besonders starke Bewährung einer Erklärung
(Lipton, 2005). Ein berühmtes Beispiel dafür aus der Wissenschaftsgeschichte ist Ein-

steins Vorhersage einer Lichtablenkung, die sich bei einer Sonnenfinsternis im Jahre 1919 bestätigte und zu einem eindrucksvollen Beleg für die Richtigkeit seiner Relativitätstheorie wurde (Neffe, 2006).

Eher auf praktische Anwendungen bezogen ist der Aspekt der **Gestaltung.** „Während bei der Prognose zwar ein praktisches Ziel verfolgt wird, ohne aktiv in soziale Prozesse einzugreifen, setzt das Gestalten explizit an der Veränderung von sozialen Prozessen an" (Brühl, 2021, S. 226). Hier wird das Wissen um Zusammenhänge zwischen Explanans und Explanandum in der Weise genutzt, dass man bei Gültigkeit entsprechender Gesetzmäßigkeiten Bedingungen so gestalten kann, dass eine angestrebte Folge erreicht wird. Wenn man beispielsweise weiß, dass frühe Marktführerschaft oft zu dauerhaft überlegener Profitabilität führt, dann kann man eben daraus folgern, dass man sich um frühe Marktführerschaft bemühen sollte, um dieses Ziel zu erreichen. „Die Unterschiede zwischen einer Erklärung, einer Prognose und einer Gestaltung liegen also darin, dass bei einer Erklärung ein Gesetz gesucht wird, bei einer Prognose ein zukünftiger Tatbestand vorhergesagt wird und bei einer Gestaltung die Wenn-Komponente des Gesetzes manipuliert wird" (Schauenberg, 1998, S. 50).

Hintergrundinformation

Die Zusammenhänge von Erklärung, Prognose und Gestaltung werden von Volker Gadenne (2008, S. 23) prägnant dargestellt:

> „Erklärung, Vorsage und Gestaltung haben eine gemeinsame logische Struktur. Dies liegt daran, dass man in allen drei Fällen ein Wissen über gesetzmäßige Zusammenhänge benötigt, ein Wissen, wie es durch G der Form ‚A führt immer zu B' ausgedrückt wird. Wenn ich G kenne, dann kann ich B durch A erklären. Weiterhin kann ich B aufgrund von A vorhersagen, und schließlich kann ich B durch Herstellung von A herbeiführen. Bei ähnlicher logischer Struktur unterscheiden sich die drei Problemstellungen natürlich in praktischen Aspekten: Das zu erklärende Ereignis ist bereits geschehen, das vorherzusagende oder herbeizuführende liegt in der Zukunft."

Eine in der empirischen Forschung sehr gängige Anwendung von Prognosen ist die *Prüfung von Hypothesen.* Die Grundidee hierzu besteht ja darin, dass man in Form einer Hypothese *prognostiziert,* welches Ergebnis – typischerweise hinsichtlich eines Zusammenhangs von Variablen – sich zeigen *müsste,* wenn die Theorie gilt, aus der die Hypothese abgeleitet ist. Dabei ist daran zu erinnern, dass Prognosen (einschl. der Prüfung von Hypothesen) in den Sozialwissenschaften bei weitem nicht den in den Naturwissenschaften üblichen Genauigkeitsgrad erreichen. Während man z. B. in der Astronomie genau prognostizieren kann, an welchem Tage und zu welcher Uhrzeit in den nächsten 50 Jahren an einem bestimmten Ort eine Sonnenfinsternis sichtbar sein wird, ist man im sozialwissenschaftlichen Disziplinen typischerweise darauf beschränkt, dass man bestimmte Veränderungen einer Variablen (positiv, negativ o.ä.) erwartet. Entspricht also ein empirisches Ergebnis nicht der jeweiligen Hypothese (bzw. Prognose), so gilt die Theorie als nicht bestätigt (vorausgesetzt Messfehler oder Zufallsfehler sind nicht die Gründe für dieses Ergebnis). Auf diese Grundidee wird im Kap. 5.2 („hypothetisch-deduktive Methode") und im Zusammenhang mit dem induktiv-realistischen Modell des Theorietests (Kap. 9.3.1) noch ausführlicher eingegangen.

Gleichwohl gibt es auch *Einwände* hinsichtlich einer Entsprechung von Erklärung und Prognose. So kennt man in der Praxis genügend Beispiele für die Fähigkeit zur Prognose ohne entsprechende Erklärungen und umgekehrt Erklärungen ohne hinreichende prognostische Kraft. Beispielsweise gibt es Personalverantwortliche, die auf Basis ihrer Erfahrungen oder ihrer Intuition ziemlich gut einschätzen können (→ Prognose), ob ein:e Bewerber:in für einen bestimmten Arbeitsplatz geeignet ist, die aber kaum *genau* erklären könnten, welche Konstellation von Merkmalen sie zu dieser Prognose geführt hat. Andererseits zeigt die tägliche Börsen-Berichterstattung in den Medien, dass die (nachträgliche) Erklärung von Kursentwicklungen gut möglich ist, dass aber eine Prognose dieser Entwicklungen deutlich seltener erfolgreich ist. Offenbar gibt es in der (Forschungs-)Praxis schon Unterschiede zwischen den Fähigkeiten zur Erklärung und zur Prognose (siehe z. B. Psillos, 2002, S. 235 f.).

Beispiel

Jaccard und Jacoby (2020, S. 16 f.) skizzieren anschauliche Beispiele aus dem Alltag dafür, dass Erklärung und Prognose in der Praxis nicht immer miteinander verbunden sind:

„Obwohl sie oft Hand in Hand gehen, sind Prognose und Erklärung tatsächlich getrennte Aspekte von Verständnis. Die Frau, die zum Automechaniker sagt ‚Immer wenn ich auf das Gaspedal trete, höre ich ein Klappern im Motor. Lassen Sie mich drauftreten und Sie werden hören, was ich meine‘, ist wohl in der Lage zu prognostizieren, ohne zu erklären. Dem entsprechend – wie ein kurzes Nachdenken über Wetterprognosen zeigt – bedeutet die Fähigkeit, die Entstehung des heutigen Wetters zu erklären, noch nicht, dass man in der Lage ist, genau zu prognostizieren, an welchem Tag und zu welcher Zeit diese Wetterkonstellation wieder auftritt." ◄

Für Wissenschaft und Praxis ist die Unterscheidung beachtenswert, ob sich eine *Prognose* auf Einzelfälle oder auf Anteilswerte in Gruppen bezieht. Im ersten Fall müsste die Basis dafür eine D-N-Erklärung (bzw. eine I-S-Erklärung, siehe Psillos, 2002, S. 244) sein, aus der sich (ziemlich) eindeutig ableiten lässt, welcher Zustand (Explanandum) bei einem bestimmten Explanans zu erwarten ist (siehe dazu das Beispiel eines schwimmenden Körpers von Archimedes, das weiter oben skizziert wurde). Solche Arten von Prognosen kommen in der Betriebswirtschaftslehre nicht häufig vor. Sehr gängig sind dagegen Prognosen von Anteilswerten auf Basis statistischer Erklärungen, z. B. „Unter den Bedingungen x, y und z werden mit großer Wahrscheinlichkeit mindestens 50 % der Aktionäre einer Kapitalerhöhung zustimmen."

May Brodbeck (1968, S. 10) erläutert beide Arten von Prognosen: „Es ergibt keinen Unterschied, ob die Prognosen statistisch oder deterministisch sind, wie nicht-statistische Generalisierungen genannt werden. Wenn sie deterministisch sind, können wir ein einzelnes Ereignis prognostizieren;

wenn sie statistisch sind, können nur Angaben zu Gruppen von Ereignissen erklärt oder prognostiziert werden."

Abschließend noch einige Bemerkungen zur *Gestaltung* und damit verbundenen Aspekten der Beziehungen von Theorie und Praxis. Eingangs dieses Abschnitts ist ja schon verdeutlicht worden, dass es bei der Gestaltung um die Nutzung von Wissen über Theorien und Gesetzmäßigkeiten für praktische Fragestellungen geht. Allerdings sind derartige Nutzungsmöglichkeiten typischerweise durch folgende Faktoren begrenzt (Brühl, 2021, S. 244):

- Praktische Tätigkeiten und Entscheidungen sind auf ganz spezifische Situationen bezogen, die in theoretischen Erkenntnissen typischerweise nicht vollständig abgebildet sein können. Der im Abschn. 2.1 erläuterte Aspekt der Abstraktion bei der Theoriebildung führt ja zu einem gewissen Maß an Generalisierbarkeit der Aussagen, muss aber mit Einschränkungen hinsichtlich konkreter Bezüge zur jeweiligen Situation gewissermaßen „erkauft" werden.
- Alle Prognosen und in die Zukunft gerichteten Maßnahmen sind natürlich mit Unsicherheit hinsichtlich erwarteter Ereignisse bzw. Wirkungen verbunden.
- Dynamik durch menschliche Tätigkeit kann dazu führen, dass die aufgrund bisheriger Erfahrung festgestellten Gesetzmäßigkeiten in Zukunft nicht mehr in diesem Maße gelten. Vor diesem Hintergrund wird auch die nicht nur in der Betriebswirtschaftslehre übliche Unterscheidung in Grundlagenforschung und angewandte Forschung verständlich. **Grundlagenforschung** ist nicht auf die Lösung anstehender (mehr oder weniger) praktischer Fragestellungen gerichtet, sie beschäftigt sich eher mit relativ allgemeinen Konzepten und führt hauptsächlich zu Erkenntnissen, die dem *allgemeinen* Verständnis des jeweils interessierenden Untersuchungsgegenstandes dienen. Dagegen ist **angewandte Forschung** auf ein aktuelles (mehr oder weniger) *konkretes* Problem in einer bestimmten Situation ausgerichtet, verwendet eher eng darauf fokussierte Konzepte und führt zu Ergebnissen, die nicht primär einem allgemeinen Wissenszuwachs zuzurechnen sind (Jaccard & Jacoby, 2020, S. 31 f.).

Theorie und Praxis werden oft als zwei verschiedene Welten angesehen. Praktiker:innen sehen vielfach Theorien als zu abstrakt oder zu „weltfremd" an, um für die Lösung praktischer Probleme hilfreich zu sein. Die unterschiedliche Zielsetzung von Theorie (→ möglichst weitgehend gültige Aussagen) und Praxis (→ Lösung spezieller und konkreter Probleme für eine bestimmte Situation) scheint für diese Auffassung zu sprechen. Weiterhin neigen auch viele Theoretiker:innen (hier: akademische Betriebswirt:innen) dazu, manche Probleme der Praxis weniger zu beachten und sich auf Fragen zu konzentrieren, die im jeweiligen Fachgebiet wissenschaftlich diskutiert werden. Dabei spielt es sicher eine Rolle, dass für Erfolg und Karriere innerhalb des akademischen Bereichs die Akzeptanz der Ergebnisse wissenschaftlicher Arbeit durch Reviewer, Mitglieder von Berufungskommissionen etc. oftmals wichtiger ist als die Relevanz dieser Arbeit hinsichtlich der Lösung praktischer Probleme.

Oft wird ein Konflikt zwischen Theorie-Orientierung mit anspruchsvoller (und damit oft schwierig zu realisierender und zu verstehender) Methodik (→ „Rigor") auf der einen Seite und auf relativ konkrete Praxis-Probleme mit robuster Methodik (→ „Relevance") ausgerichteter Forschung auf der anderen Seite gesehen. Unabhängig von Überlegungen zur Praxisrelevanz wissenschaftlicher Forschung stellt die im Abschn. 1.2 schon angesprochene Forderung der empirischen Bewährung von Theorien (siehe auch Kap. 5) eine wesentliche und enge Verbindung zu realen Vorgängen und Problemen her. Theorien, die nicht hinreichend geeignet sind, reale und damit (häufig, aber nicht immer) für die Praxis relevante betriebswirtschaftliche Phänomene zu erklären und zu prognostizieren, werden den Ansprüchen an eine „gute" Theorie nicht gerecht und sollen nach Möglichkeit durch eine bessere Theorie ersetzt werden.

Hintergrundinformation
Den Zusammenhang zwischen Theorie und Praxis illustriert Hunt (2002, S. 195) in der Sicht des wissenschaftlichen Realismus durch die Gegenüberstellung von zwei Formulierungen, die eine nach seiner Auffassung „richtige" bzw. „falsche" Auffassung zeigen:
Falsche Auffassung: „Es stimmt in der Theorie, aber nicht in der Praxis."
Richtige Auffassung: „Wenn etwas in der Praxis nicht stimmt, dann kann es auch in der Theorie nicht richtig sein."
(Siehe dazu auch die Zitate aus Rudner (1966) im Abschn. 2.1.)

Die vorstehend umrissene Sichtweise schlägt sich auch in dem bekannten Satz „Nichts ist so praktisch wie eine gute Theorie" (Kurt Lewin, 1945, S. 129) nieder. Damit ist ja gemeint, dass eine „gute" Theorie (siehe dazu Abschn. 5.1) zur Lösung einer Vielzahl unterschiedlicher praktischer Probleme beitragen kann. Dafür ist allerdings die Fokussierung auf „gute" Theorien Voraussetzung, also auf Theorien, bei denen u. a. die angemessene Übereinstimmung mit der Realität schon bei empirischen Überprüfungen deutlich geworden ist.

2.5 Wissenschaftliche Schlussweisen: Induktion, Deduktion und Abduktion

Offenkundig gehören der Entwurf und die kritische Prüfung von Theorien zu den wissenschaftlichen Kernaufgaben, nicht zuletzt wegen der bereits umrissenen Relevanz von Theorien. Bevor im 4. Kapitel Aspekte des Theorie-Entwurfs ausführlicher behandelt werden, sollen hier drei in der Wissenschaftstheorie – teilweise heftig – diskutierte Vorgehensweisen bei der Generierung wissenschaftlicher Aussagen näher vorgestellt werden, zunächst die *Induktion* und die *Deduktion*. Dabei sei schon hier angemerkt, dass die Deduktion auch eine zentrale Rolle bei der empirischen Überprüfung von Theorien und entsprechenden Hypothesen spielt (siehe dazu Kap. 5). Am

Ende dieses Abschnitts wird dann die *Abduktion* skizziert, eine Schlussweise, die erst in den letzten Jahrzehnten wieder stärkere Beachtung gefunden hat.

Unter **Induktion** versteht man die Generalisierung von *beobachteten Regelmäßigkeiten* in der Realität. Wenn man beispielsweise bei einer größeren Zahl von Unternehmen beobachtet, dass eine Ausweitung des Weiterbildungsangebots zu höherer Arbeitszufriedenheit führt, dann wird man vielleicht vermuten, dass *generell* ein Zusammenhang zwischen Weiterbildung und Arbeitszufriedenheit besteht und entsprechende theoretische Vorstellungen entwickeln.

▶ Psillos (2007, S. 116) definiert das **Problem der Induktion** (Induktionsproblem) auf folgende Weise: Das Problem der Induktion besteht darin, „Schlüsse vom Beobachteten auf das Unbeobachtete oder von einzelnen Beispielen auf Generalisierungen oder von der Vergangenheit auf die Zukunft zu rechtfertigen".

Wenn eine Theorie vorliegt, dann besteht ein üblicher Weg zu deren Überprüfung darin, entsprechende Aussagen (*Hypothesen,* siehe Abschn. 5.2) *abzuleiten* bzw. zu „*deduzieren*" **(Deduktion),** deren Zutreffen man dadurch überprüft, dass man die auf dieser theoretischen Basis *erwarteten bzw. prognostizierten* Ergebnisse mit *tatsächlich* gewonnenen entsprechenden Beobachtungen konfrontiert. Bei weitgehender Übereinstimmung spricht man von einer Bestätigung der Theorie, anderenfalls kommt man zur Ablehnung (Falsifikation) der jeweiligen Hypothese und stellt die der Hypothese zugrunde liegende Theorie infrage. Auf diese sogenannte „hypothetisch-deduktive" Vorgehensweise wird im Abschn. 5.2 noch ausführlicher eingegangen. Die (andersartige) Anwendung der Deduktion beim Theorie-Entwurf wird dagegen im Abschn. 4.2 angesprochen. In diesem Fall geht es darum, aus einer allgemeineren eine speziellere Theorie abzuleiten.

▶ Simon Blackburn (2016, S. 122) bezeichnet die **Deduktion** als „Prozess der Argumentation, dessen Ergebnis aus einer Menge von Voraussetzungen abgeleitet ist, meist begrenzt auf Fälle, in denen das Ergebnis aus den Voraussetzungen *folgt*, d. h. die Schlussweise ist logisch gültig."

Drei wesentliche Anforderungen, die bei einer *induktiven* Schlussweise erfüllt sein müssen und bei denen auch einige damit verbundene Probleme deutlich werden, formuliert Chalmers (2013, S. 42 f.):

- Die *Anzahl der Beobachtungen,* von denen generalisiert wird, muss *groß* sein. Kaum jemand würde von der Beobachtung oder Befragung von ein oder zwei Manager:innen auf Verhalten von Manager:innen *generell* schließen. Aber was heißt hier „groß"? Wie viele Beobachtungen wären nötig; 10, 100 oder 1000? In der empirischen Forschungspraxis versucht man, dieses Problem durch Anwendung der Stichprobentheorie zu lösen (siehe Abschn. 7.1 und 7.2). Diese erlaubt u. a. Aussagen, inwieweit Beobachtungen repräsentativ sind oder mit welcher Wahrscheinlichkeit Zusammenhänge zwischen Variablen eher systematisch oder zufällig zustande gekommen sind.

- Die Beobachtungen müssen *unter verschiedenen Bedingungen wiederholt* werden und zu gleichartigen Ergebnissen führen. Wenn man einen generellen Zusammenhang, z. B. zwischen Einstellung und Verhalten behauptet, dann muss dieser Zusammenhang unter verschiedensten Bedingungen – also *generell* – gelten, unter Zeitdruck, bei Wahlentscheidungen, bei Kaufentscheidungen, bei großem oder geringem Interesse an der jeweiligen Entscheidung etc. Wie viele und welche Bedingungen wären aber nötig, um zu einer allgemein gültigen Aussage zu kommen? In der empirischen Forschung beschäftigt man sich mit diesem Problem unter den Stichworten „externe Validität" und Generalisierbarkeit (siehe dazu Kap. 9).
- *Keine der Beobachtungen sollte im Widerspruch* zu der vermuteten allgemeinen Gesetzmäßigkeit stehen. Da man es in den Sozialwissenschaften (einschl. der Betriebswirtschaftslehre) kaum einmal mit deterministischen Zusammenhängen zu tun hat, gelten hier etwas schwächere Anforderungen. Zumindest muss aber die Zahl der widersprüchlichen Beobachtungen so gering (wie gering?) sein, dass die Wahrscheinlichkeit für die Geltung der abgeleiteten Aussage groß (wie groß?) ist. In der empirischen Forschung bedient man sich geeigneter statistischer Tests, um zu entscheiden, ob die vorliegenden Daten (Anzahl der Fälle, Effektstärken) eine Aussage mit hinreichender Sicherheit bestätigen (siehe Kap. 7).

Beispiel

Ein anschauliches Beispiel für die verbreitete Nutzung induktiver Schlussweisen, auch im Alltag, findet man bei Okasha (2002, S. 20):

„Wenn Sie das Lenkrad Ihres Autos entgegen dem Uhrzeigersinn drehen, dann gehen Sie davon aus, dass das Auto nach links und nicht nach rechts fährt. Immer wenn Sie im Straßenverkehr fahren, hängt Ihr Leben von dieser Annahme ab. Aber was macht Sie so sicher, dass diese richtig ist? Wenn Sie irgendjemand bittet, Ihre Überzeugung zu begründen, was würden Sie sagen? Sofern Sie nicht selbst Automechaniker:in sind, würden Sie wahrscheinlich antworten: ‚Immer wenn ich in der Vergangenheit das Lenkrad entgegen dem Uhrzeigersinn gedreht habe, ist das Auto nach links gefahren. Deswegen wird das Gleiche passieren, wenn ich diesmal das Lenkrad entgegen dem Uhrzeigersinn drehe.' Das ist eine induktive Schlussweise, keine deduktive." ◄

Eine induktive Schlussweise ist also dadurch gekennzeichnet, dass man von mehreren gleichartigen (bisherigen) Beobachtungen auf zukünftige – noch nicht beobachtete – entsprechende Vorgänge schließt bzw. ausgehend von einer begrenzten Zahl von Beobachtungen zu *Generalisierungen* kommt. Wenn sich beispielsweise in der Vergangenheit über viele Male ein Zusammenhang zwischen zwei Variablen gezeigt hat, dann kann man zwar mit einer gewissen Wahrscheinlichkeit erwarten, dass dieser auch bei einer zukünftigen Beobachtung auftritt; aber wenn dieser Zusammenhang tatsächlich wieder aufgetreten ist, dann liegt eben diese letzte Beobachtung auch schon wieder in der Vergangenheit und eine *sichere* Aussage über weitere (zukünftige) entsprechende Beobachtungen kann man nur machen, wenn *gewährleistet* wäre, dass die Zukunft der Vergangenheit gleichen wird, was natürlich unmöglich ist (Schurz, 2014, S. 50).

Hintergrundinformation
Gerhard Schurz (2014, S. 50) fasst das vorstehend angesprochene Problem kurz zusammen:

> „Induktive Generalisierungen sind grundsätzlich unsicher. … Das liegt daran, dass die Prämissen einer induktiven Generalisierung nur etwas über die *bisher* beobachteten Fälle aussagen, während sich die Generalisierung auf *alle,* insbesondere auf *alle zukünftigen* Fälle bezieht. Aus diesem Grund bezeichnet man induktive Schlüsse als *gehaltserweiternd.* Nur unter Bedingungen, die hinreichend regelhaft sind, bei denen also Zukunft und Vergangenheit hinreichend ähnlich sind, können wir verlässlich die Wahrheit eines induktiven Schlusses aus der Wahrheit der Prämissen folgern. Nichts kann logisch sicherstellen, dass der zukünftige Lauf der Ereignisse dem bisherigen Lauf der Ereignisse hinreichend ähnlich sein wird."

Schon David Hume (1711–1776) hat das logische Problem bei induktiven Schlussweisen mit dem Anspruch auf Sicherheit der Aussagen formuliert (Newton-Smith, 2000). Im 20. Jahrhundert ist die Kritik von Karl Popper an der induktiven Schlussweise besonders prominent geworden. Popper (2005, S. 3 ff.) geht auch davon aus, dass es keinen logisch zwingenden Weg gibt, die Wahrheit von Theorien auf induktivem Weg mit Sicherheit festzustellen. Im Ergebnis laufen seine Überlegungen darauf hinaus, dass wissenschaftliche Theorien immer – auch nach sehr vielen damit übereinstimmenden Beobachtungen – den Charakter von Vermutungen behalten, solange nicht eine Falsifikation der Theorie durch ihr widersprechende empirische Ergebnisse erfolgt. Allerdings ist zu beachten, dass es hier um die Gewinnung von Aussagen geht, die *mit Sicherheit wahr* sind. Beim Ansatz des wissenschaftlichen Realismus (siehe Kap. 3) wird sich zeigen, dass in dessen Sichtweise induktive Schlussweisen akzeptiert werden, allerdings unter Inkaufnahme einer gewissen Unsicherheit und Ungenauigkeit („approximative Wahrheit") der Aussagen. Darauf basiert auch das induktiv-realistische Modell der Theorieprüfung, das im 9. Kapitel eine wesentliche Rolle spielt.

Hintergrundinformation
Karl Popper (2005, S. 3) erläutert seine Ablehnung einer induktiven Schlussweise folgendermaßen:

> „Als induktiven Schluss oder Induktionsschluss pflegt man einen Schluss von *besonderen Sätzen,* die z. B. Beobachtungen, Experimente usw. beschreiben, auf *allgemeine Sätze,* auf Hypothesen oder Theorien zu bezeichnen.
>
> Nun ist es aber alles andere als selbstverständlich, dass wir logisch berechtigt sein sollen, von besonderen Sätzen, und seien es noch so viele, auf allgemeine Sätze zu schließen. Ein solcher Schluss kann sich ja immer als falsch erweisen: Bekanntlich berechtigen uns noch so viele Beobachtungen von weißen Schwänen nicht zu dem Satz, dass *alle* Schwäne weiß sind."

Neben dem umrissenen logischen Problem existieren auch eher forschungspraktische Begrenzungen einer Theoriebildung durch *Induktion*, auf die Sankey (2008, S. 249 f.) hinweist:

a) Zunächst stellt sich die Frage, ob die Beobachtungen, von denen aus generalisiert werden soll, wirklich unabhängig von einer schon existierenden theoretischen Vorstellung entstanden sind. Typisch ist es wohl eher, dass für die Sammlung solcher Beobachtungen bestimmte Vorinformationen notwendig sind, dass also diese Beobachtungen gezielt (im Hinblick auf eine entstehende Theorie?) vorgenommen werden. „Ein Wissenshintergrund, der auch theoretisches Wissen einschließen kann, muss schon existieren, bevor die Datensammlung überhaupt beginnen kann" (Sankey, 2008, S. 250). Auf dieses Problem ist unter dem Stichwort „Theoriebeladenheit" in diesem Buch noch einzugehen (siehe Abschn. 3.3).

b) Ein zweites Problem besteht darin, dass sich Aussagen von Theorien häufig nicht auf (direkt) beobachtbare Phänomene beziehen, in der Betriebswirtschaftslehre beispielsweise auf die Qualifikation oder Motivation von Beschäftigten. Insofern können solche Teile von Theorien wohl nicht nur durch eine Generalisierung von Beobachtungen entstehen.

Andererseits würde eine Ablehnung induktiver Schlussweisen auch zu weitreichenden Begrenzungen der *praktischen Anwendung* wissenschaftlicher Erkenntnisse, z. B. in der Medizin, den Ingenieurwissenschaften und nicht zuletzt in den empirisch ausgerichteten Teilen der Betriebswirtschaftslehre führen. Wenn man von einer begrenzten Zahl bisheriger Beobachtungen (z. B. nach der Erprobung einer neuen medizinischen Therapie) nicht auf die zukünftige Gültigkeit entsprechender Zusammenhänge (induktiv) schließen darf, dann kann man eben auch nichts aussagen über zu erwartende Wirkungen von Medikamenten, die künftigen Leistungen einer Maschine oder die künftige Wirkung einer Zinssenkung. Nun besteht in der Betriebswirtschaftslehre kaum der Anspruch, ganz exakte und sichere Aussagen zu machen. Dort neigt man eher zur „epistemischen Bescheidenheit" (Schurz, 2008, S. 13). Schon die verwendete empirische Methodik (siehe Kap. 6, 7, 8, und 9) setzt hier Grenzen. Typischerweise vorhandene Messfehler und die Wesensmerkmale der Inferenzstatistik führen regelmäßig zu Ungenauigkeiten und Unsicherheiten von Ergebnissen. Unstrittig ist aber, dass die Induktion zumindest bei der Suche nach Gesetzmäßigkeiten (deren Überprüfung dann mit einer anderen Methodik erfolgt, siehe Kap. 5) Anwendung finden kann.

Die **Deduktion** ist in gewisser Weise das Gegenstück zur Induktion. Man schließt dabei *nicht* von einer Vielzahl von Einzelfällen auf allgemeingültige Gesetzmäßigkeiten, sondern leitet mithilfe logischer Regeln aus allgemeingültigen Aussagen eben Aussagen ab, die sich auf speziellere Fälle beziehen. Man kommt von einer allgemeineren Theorie zu einer spezielleren Theorie. Wenn es beispielsweise einen *allgemeinen* Zusammenhang von Motivation und Leistung gibt, dann könnte man daraus ableiten (anspruchsvoller ausgedrückt: „*deduzieren*"), dass dann auch im spezielleren Fall des Außendienstes ein Zusammenhang zwischen der Motivation und der Leistung von Außendienstmitarbeiter:innen existieren müsste. Bei einem deduktiven Schluss kann man also – bei Einhaltung der logischen Regeln – davon ausgehen, dass bei gegebenen Voraussetzungen auch der Schluss wahr ist. Das heißt aber auch, dass durch diese Schlussweise kein ganz neues Wissen entsteht. Das Ergebnis des Schlusses ist bereits implizit in den gegebenen Prämissen enthalten (Psillos, 2007, S. 58).

Beispiel

Rolf Brühl (2021, S. 300) fasst die zentrale Idee der Deduktion prägnant zusammen und nennt ein kleines *Beispiel*:

„Mittels einer Deduktion wird von einer allgemeinen Aussage (1. Prämisse: Alle Menschen sind sterblich) und einer beobachteten Tatsache (2. Prämisse: Sokrates ist ein Mensch) auf das Vorliegen der in der allgemeinen Aussage behaupteten Eigenschaft geschlossen (Konklusion: Sokrates ist sterblich). Deduktive Schlüsse haben die Eigenschaft, wahrheits-erhaltend zu sein, d. h., wenn die Prämissen wahr sind, dann muss die Konklusion wahr sein." ◀

Die deduktive Schlussweise lässt sich – wie schon erwähnt – nicht nur zur Entwicklung, sondern auch zur Überprüfung von Theorien nutzen. Eine solche Überprüfung besteht in der Ableitung von Aussagen aus einer Theorie bzw. in Prognosen von Ergebnissen einer empirischen Untersuchung unter der Bedingung, dass die Theorie wahr ist, also sogenannten **Hypothesen,** die dann anhand der entsprechenden Daten auf ihre Überein-stimmung mit der Realität geprüft werden (siehe dazu Kap. 5).

Nun zum *Vergleich* von Induktion und Deduktion. Bei deren obiger Darstellung hatte sich bereits angedeutet, dass die beiden Schlussweisen bei Theorie-Entwurf und -Prüfung unterschiedliche Rollen spielen. Kennzeichen der Induktion ist ja der (unsichere) Schluss von einer Vielzahl von Einzelfällen auf generalisierende Aussagen (Gesetzmäßigkeiten und Theorien); Schurz (2014, S. 50 f.) verwendet dafür den Begriff vom *„induktiven Aufstieg"*. Bei der Deduktion ist es umgekehrt: Aus allgemeinen werden speziellere Aussagen abgeleitet, was Schurz an gleicher Stelle mit dem Begriff des *„deduktiven* Abstiegs" kennzeichnet. Abb. 2.7 fasst diese beiden Aspekte zusammen. Daneben unterscheiden sich beide Schlussweisen auch im Hinblick auf ihre wissens-erweiternden Möglichkeiten. Bei der Induktion entsteht neues (allerdings nicht sicheres) Wissen; bei der Deduktion wird dagegen bereits existierendes allgemeines Wissen (mit Sicherheit) auf entsprechende speziellere Fälle übertragen. In diesem Sinne ist die Induktion **gehaltserweiternd** und die Deduktion **wahrheitserhaltend.**

Ebenfalls gehaltserweiternd, aber von anderer Art als die Induktion, ist die **Abduktion.** Der im Deutschen kaum bekannte Begriff „Abduktion" ist aus dem lateinischen Wort „abductio" (= „das Wegführen") abgeleitet, was zum Verständ-nis der damit verbundenen Idee aber wenig beiträgt. Hier geht es um den Schluss von Beobachtungen auf deren vermutete Gründe. Beispielsweise schließt man im Alltag aus der Beobachtung einer Bremsspur auf einer Straße und einer demolierten Leitplanke an dieser Stelle, dass hier ein Unfall passiert ist. Obwohl die Beobachtungen auch andere Gründe haben könnten (z. B. wäre es logisch ebenso möglich, dass die Bremsspur von einer Vollbremsung ohne Unfall stammt und ein LKW könnte unabhängig davon die Leitplanke bei einem Wendemanöver beschädigt haben), entscheidet man sich hinsichtlich der vermuteten Ursache für eine *plausible* (vermutlich – aber eben nicht sicher – wahre) Erklärung. Diese Entscheidung für eine bestimmte Erklärung ist natürlich ganz vorläufig und bedarf der Überprüfung.

▶ **Definition** Blackburn (2016, S. 1): Der Begriff **Abduktion** wurde von „Peirce (*) eingeführt, um den Prozess des Gebrauchs von Beobachtungen bei weiterreichenden Schlüssen (…) zu kennzeichnen. Peirce beschrieb die Abduktion als kreativen Prozess, aber betonte, dass die Ergebnisse Gegenstand rationaler Überprüfung sind."

(*) Charles Peirce (1839–1914), US-amerikanischer Wissenschaftsphilosoph

Ein für die Abduktion charakteristisches Schema lässt sich auf folgende Weise kennzeichnen (vgl. Schurz, 2014, S. 56):

1. Ein Faktum F (z. B. ein Ereignis oder ein Zustand) soll erklärt werden.
2. Es ist ein bestimmtes Hintergrundwissen W gegeben, das eine bestimmte Erklärung E für das Faktum F als plausibel erscheinen lässt.
3. „Abduktive *Vermutung*": E ist wahr.

Ein (fast) alltägliches Beispiel dafür bietet der Bereich medizinischer Diagnosen: Dabei wird der Zustand einer:s Patient:in durch die Feststellung der gegebenen Symptome in Verbindung gebracht mit medizinischem Hintergrundwissen (→ Theorien) und aus dem Krankheitsbild auf das Vorliegen einer bestimmten Krankheit geschlossen bzw. das Vorliegen einer bestimmten Krankheit wird vermutet und kann durch weitere Untersuchungen überprüft werden (siehe Douven, 2021).

Bei der abduktiven Vermutung handelt es sich also um eine *plausible* Hypothese, deren Wahrheit noch zu prüfen ist (siehe Abschn. 5.2). Unter **„Plausibilität** wird hier mit Psillos (2007, S. 181) „eine Eigenschaft einer Hypothese, die sich darauf bezieht, dass die Hypothese als intuitiv akzeptabel erscheint bevor irgendwelche empirischen Belege vorliegen" verstanden.

Beispiel

Hier ein einfaches betriebswirtschaftliches Beispiel zur Abduktion:

4. *Faktum:* In einem Unternehmen ist ein kontinuierlicher Rückgang der Verkaufszahlen zu beobachten.

Abb. 2.7 Induktiv-Deduktiv-Schema. (Quelle: Schurz, 2014, S. 51)

5. *Hintergrundwissen:* Es ist bekannt, dass ein großer Teil der bisherigen Kund:innen großen Wert auf hohe Qualität legt. Andererseits hatte man in dem Unternehmen durch häufigen Personalwechsel und Unzuverlässigkeit von Zulieferern in der fraglichen Zeit Probleme bei der Sicherung der Produktqualität.
6. *Abduktive Vermutung:* Die Qualitätsprobleme sind der Grund für den Rückgang der Verkaufszahlen. Diese Vermutung ließe sich durch eine entsprechende empirische Untersuchung überprüfen und gegebenenfalls bestätigen. ◄

Bei der Abduktion geht es also um die Suche nach der besten Erklärung für ein beobachtetes Phänomen. Man spricht dabei auch vom „**Schluss auf die beste Erklärung**" (in der internationalen Literatur: „**Inference to the best explanation**"). Die Suche nach einer „besten Erklärung" ist dadurch begründet, dass man dabei am ehesten ein *wahres* Ergebnis erwartet. Lipton (2008, S. 194) formuliert diesen Gedanken: „Wir schließen, dass das, was die vorliegenden Fakten am besten erklärt, wahrscheinlich wahr ist; d. h. dass die beste potentielle Erklärung wahrscheinlich die tatsächliche Erklärung ist.

Hintergrundinformation
Jaccard und Jacoby (2020, S. 288) illustrieren die Vorgehensweise bei abduktiven Schlüssen auf anschauliche Weise:

> „Im Kern besteht Abduktion darin, sich mit ‚kreativem Brainstorming' zu beschäftigen, um vielversprechende Erklärungen für theoretisch schwierige Daten zu generieren und sich dann auf die Erklärung zu konzentrieren, die die einfachste und beste für die weitere Untersuchung der Daten ist. Deduktion und Induktion können bei der anfänglichen Auswahl einer Erklärung eine Rolle spielen, sie sind aber nicht notwendig. Im Wesentlichen fragt man sich: ‚Was wäre, wenn ………. der Fall wäre? Würde das die Daten erklären?' und wenn die Antwort ‚ja' wäre, wird diese Erklärung weiterverfolgt. Bei der Abduktion verbindet man Einfälle im Untersuchungsprozess mit später folgender logischer Analyse."

Was ist nun die „*beste*" Erklärung für ein beobachtetes Phänomen bzw. die Gesetzmäßigkeit (siehe Abschnitt 2.3), die zur Erklärung herangezogen werden sollte? Welches sind dafür die wesentlichen Gütekriterien? Igor Douven (2021) gibt einen Überblick über entsprechende Gesichtspunkte:

- Sollte die Erklärung, die mit *größter Wahrscheinlichkeit wahr* ist, verwendet werden?
- Sollte die Erklärung, die *am engsten an die wahre Erklärung approximiert* ist, verwendet werden?
- Sollte die Erklärung, die am besten den gängigen *Qualitätskriterien für wissenschaftliche Theorien* (z. B. logische Korrektheit, Präzision; siehe Abschn. 5.1) entspricht, verwendet werden?
- Reicht es aus, wenn eine Erklärung „*zufriedenstellend*" oder „*gut genug*" ist?
- Reicht es aus, wenn eine Erklärung *besser* als andere vorhandene Erklärungen ist?
- Sollen noch „*nicht erdachte alternative Erklärungen*" (siehe Abschn. 3.3) einbezogen werden?

Es ist offenkundig, dass abduktiv gezogene Schlüsse nicht (direkt) zu annähernd sicheren Aussagen führen. Ähnlich wie bei der Induktion *vermutet* man eine gewisse Berechtigung dieser Schlüsse, aber ist natürlich vom Anspruch annähernd gesicherter Wahrheit (noch) entfernt. Dazu bedarf es in der Regel weiterer theoretischer Fundierung und erfolgreicher empirischer Überprüfung. In diesem Sinne wird durch Induktion und Abduktion *neues*, aber eben (noch) nicht hinreichend bewährtes Wissen gewonnen.

Hintergrundinformation
Igor Douven (2021, S. 3) vergleicht die wesentliche *Merkmale von Induktion und Abduktion*: „Beide sind gehaltserweiternd, d. h. dass die gezogenen Schlüsse über das hinausgehen, was in den Prämissen (....) enthalten ist, aber bei der Abduktion gibt es implizit oder explizit die Aufforderung zu Überlegungen hinsichtlich entsprechender Erklärungen, während das bei der Induktion nicht der Fall ist; bei der Induktion gibt es *nur* die Bezugnahme auf beobachtete Häufigkeiten (...)."

Bei der *Deduktion* ist es gewissermaßen umgekehrt: Ergebnisse deduktiver Schlüsse sind zwar gesichert, weil sie aus gegebenen Prämissen logisch abgeleitet werden, führen aber deswegen letztlich kaum über den bisherigen Wissensstand hinaus. In der Literatur (Ladyman, 2002, S. 47 f.) wird auch darauf hingewiesen, dass man induktive Schlussweisen als eine besondere Art der Abduktion ansehen kann, weil die Vermutung, dass eine Vielzahl beobachteter Regelmäßigkeiten *am besten* dadurch *erklärbar* ist, dass diese Regelmäßigkeiten durch eine entsprechende Gesetzmäßigkeit begründet sind.

Abduktive Schlussweisen sind vielen Menschen im Alltag und in der Berufspraxis schon zur Selbstverständlichkeit geworden. In der empirischen sozialwissenschaftlichen Forschung hat dieser Ansatz erst in den 2000er Jahren stärkere Beachtung gefunden (siehe z. B. Haig, 2005; Timmermanns & Tavory, 2012). Schurz (2014, S. 55 f.) verweist zu Anwendungen in der Naturwissenschaft u. a. auf das klassische Beispiel von Newton, der von der Bewegung von Planeten um die Sonne durch Abduktion auf die Existenz der Gravitationskraft geschlossen hat. Dieses Beispiel macht auch deutlich, welche Rolle die Abduktion für den Theorie-*Entwurf* spielt bzw. spielen kann. Die Abduktion führt „neues Wissen in den Forschungsprozess ein. Sie ist daher die eigentliche *kreative* Phase einer Untersuchung" (Brühl, 2021, S. 77). In diesem Sinne liegt der Schwerpunkt der Abduktion bei der Entwicklung neuer Ideen und Hypothesen.

Beispiel zu abduktivem Theorie-Entwurf

Chris Janiszewski und Stijn van Osselar (2022) berichten über eine typische Vorgehensweise in drei Schritten bei einer abduktiven Untersuchung:

1. Am Beginn steht eine bestimmte Forschungsmotivation, vor allem das (bisherige) Fehlen einer Theorie für ein reales Phänomen, die Unklarheit bisheriger Theorien und die Widersprüche zwischen verschiedenen Theorien.
2. Auf dieser Basis erfolgen *gezielte* empirische Untersuchungen vor allem mit der Absicht, zu außergewöhnlichen, anomalen oder überraschenden Ergebnissen zu kommen, die auf abduktivem Wege (→ „Inference to the best explanation") Ansatzpunkte für neue Theorie(-bestandteile) liefern.
3. Ein solcher erster Theorie-Entwurf soll dann so bearbeitet werden, dass er den üblichen Anforderungen im Hinblick auf Klarheit, Geschlossenheit, Plausibilität und Falsifizierbarkeit entspricht.

Einem solchen Theorie-Entwurf können dann die weiteren („üblichen") Schritte der Theorie-Entwicklung (→ Kap. 9) folgen. ◄

Literatur

Aguinis, H., Dalton, D., Bosco, F., Pierce, C., & Dalton, C. (2010). Meta-analytic choices and judgment calls: Implications for theory building and testing, obtained effect sizes, and scholarly impact. *Journal of Management, 37*, 5–38.

Bagozzi, R. (1980). *Causal models in marketing*. Wiley.

Balderjahn, I. (2013). *Nachhaltiges Management und Konsumentenverhalten*. UVK Lucius.

Barker, G., & Kitcher, P. (2014). *Philosophy of science – A new introduction*. Oxford University Press.

Blackburn, S. (2016). *Oxford dictionary of philosophy* (3. Aufl.). Oxford University Press.

Brodbeck, M. (1958). Methodological individualisms: Definition and reduction. *Philosophy of Science, 25*, 1–22.

Brodbeck, M. (1968). General introduction. In M. Brodbeck (Hrsg.), *Readings in the philosophy of the social sciences* (S. 1–11). Macmillan.

Brühl, R. (2021). *Wie Wissenschaft Wissen schafft* (3. Aufl.). UVK.

Cartwright, N. (1980). Do the laws of physics state the facts? In M. Curd, J. Cover, & C. Pencock (Hrsg.), *Philosophy of science: The central issues* (2. Aufl., S. 871–882). Norton.

Cartwright, N. (1983). *How the laws of physics lie*. Oxford University Press.

Chalmers, A. (2013). *What is this thing called science?* (4. Aufl.). Hackett.

Combs, J. (2010). Big samples and small effects: Let's not trade relevance and rigor for power. *Academy of Management Journal, 53*, 9–13.

Curd, M., Cover, J., & Pincock, C. (2013). *Philosophy of science – The central issues* (2. Aufl.). Norton.

Douven, I. (2021). Abduction. In E. Zalta (Hrsg.), *The Stanford encyclopedia of philosophy*. https://plato.stanford.edu.

Eisend, M. (2015). Have we progressed marketing knowledge? A meta-meta-analysis of effect sizes in marketing research. *Journal of Marketing, 79*, 23–40.

Franke, N. (2002). *Realtheorie des Marketing*. Mohr.

Gadenne, V. (2008). *Wissenschaftsphilosophie der Sozialwissenschaften*. Johannes Kepler Universität.

Giere, R. (1988). *Explaining science – A cognitive approach*. University of Chicago Press.

Godfrey-Smith, P. (2021). *Theory and reality – An introduction to the philosophy of science* (2. Aufl.). University of Chicago Press.

Haig, B. (2005). An abductive theory of scientific method. *Psychological Methods, 10*, 371–388.

Hempel, C. (1962). Two models of scientific explanation. In R. Colodny (Hrsg.), *Frontiers of science and philosophy* (S. 9–19). University Press.

Hempel, C. (1965). *Aspects of scientific explanation*. Free Press.

Hunt, S. (1976). The nature and scope of marketing. *Journal of Marketing, 40*, 17–28.

Hunt, S. (1991). *Modern marketing theory – Critical issues in the philosophy of marketing science*. South-Western.

Hunt, S. (2000). *A general theory of competition*. Sage.

Hunt, S. (2002). *Foundations of marketing-theory*. Sharpe.

Hunt, S. (2010). *Marketing theory – Foundations, controversy, strategy, resource-advantage theory*. Sharpe

Hunt, S. (2015). Explicating the inductive realist model of theory generation. *AMS Review, 5*, 20–27.

Jaccard, J., & Becker, M. (2002). *Statistics for the behavioral sciences* (4. Aufl.). Wadsworth.

Jaccard, J., & Jacoby, J. (2020). *Theory construction and model-building skills – A practical guide for social scientists* (2. Aufl.). Guilford.

Janiszewski, C., & Osselaer, S. (2022). Abductive theory construction. *Journal of Consumer Psychology, 32*, 175–193.

Kerlinger, F., & Lee, H. (2000). *Foundations of behavioral research* (4. Aufl.). Wadsworth.

Kincaid, H. (2008). Social Sciences. In S. Psillos & M. Curd (Hrsg.), *The Routledge companion to philosophy of science* (S. 594–604). Routledge.

Kotler, P., & Keller, K. (2012). *Marketing-management* (14. Aufl.). Pearson.

Kuß, A. (2013). *Marketing-Theorie* (3. Aufl.). Springer Gabler.

Ladyman, J. (2002). *Understanding philosophy of science*. Routledge.

Lange, M. (2008). Laws of nature. In S. Psillos & M. Curd (Hrsg.), *The Routledge companion to philosophy of science* (S. 203–212). Routledge.

Lewin, K. (1945). The research center for group dynamics at Massachusetts Institute of Technology. *Sociometry, 8*, 126–135.

Lipton, P. (2005). Testing hypotheses: Prediction and prejudice. *Science, 307*, 219–221.

Lipton, P. (2008). Inference to the best explanation. In S. Psillos & M. Curd (Hrsg.), *The Routledge companion to philosophy of science* (S. 193–202). Routledge.

McGahan, A., & Porter, M. (1997). How much does industry matter, really? *Strategic Management Journal, 18*, 15–30.

Meehl, P. (1990). Appraising and amending theories: The strategy of Lakatosian defense and two principles that warrant it. *Psychological Inquiry, 1*, 108–141.

Nagel, E. (1961). *The structure of science.* Harcourt, Brace & World.

Neffe, J. (2006). *Einstein – Eine Biographie.* Rowohlt.

Newton-Smith, W. (2000). Hume. In W. Newton-Smith (Hrsg.), *A companion to the philosophy of science* (S. 165–168). Blackwell.

Northcott, R. (2012). Partial explanations in social science. In H. Kincaid (Hrsg.), *The Oxford handbook of philosophy of science* (S. 130–153). Oxford University Press.

Northcott, R. (2013). Degree of explanation. *Synthese, 190*, 3087–3105.

Okasha, S. (2002). *Philosophy of science – A very short introduction.* Oxford University Press.

Parvatiyar, A., & Sheth, J. (2021). Toward an integrative theory of marketing. *AMS Review, 21*, 432–445.

Petty, R., Cacioppo, J., & Schumann, D. (1983). Central and peripheral routes to advertising effectiveness: The moderating role of involvement. *Journal of Consumer Research, 10*, 135–146.

Popper, K. (2005). *Logik der Forschung* (11. Aufl.). Mohr.

Portides, D. (2008). Models. In S. Psillos & M. Curd (Hrsg.), *The Routledge companion to philosophy of science* (S. 385–395). Routledge.

Poser, H. (2001). *Wissenschaftstheorie – Eine philosophische Einführung.* Reclam.

Psillos, S. (2002). *Causation & explanation.* Acumen.

Psillos, S. (2007). *Philosophy of science A–Z.* Edinburgh University Press.

Rudner, R. (1966). *Philosophy of social science.* Prentice-Hall.

Rumelt, R. (1984). How much does industry matter? *Strategic Management Journal, 12*, 167–185.

Salmon, W., et al. (1992). Scientific explanation. In M. Salmon (Hrsg.), *Philosophy of science* (S. 7–41). Prentice-Hall.

Sankey, H. (2008). Scientific method. In S. Psillos & M. Curd (Hrsg.), *The Routledge companion to philosophy of science* (S. 248–258). Routledge.

Schanz, G. (1979). Die Betriebswirtschaftslehre und ihre sozialwissenschaftlichen Nachbardisziplinen: Das Integrationsproblem. In H. Raffée & B. Abel (Hrsg.), *Wissenschaftstheoretische Grundfragen der Wirtschaftswissenschaften* (S. 121–137). Vahlen.

Schanz, G. (1988). *Methodologie für Betriebswirte* (2. Aufl.). Poeschel.

Schauenberg, B. (1998). Gegenstand und Methoden der Betriebswirtschaftslehre. In M. Bitz, et al. (Hrsg.), *Vahlens Kompendium der Betriebswirtschaftslehre* (Bd. 1, 4. Aufl., S. 1–56). Vahlen.

Schmalensee, R. (1985). Do markets differ much? *American Economic Review, 75*, 341–350.

Schurz, G. (2008). *Einführung in die Wissenschaftstheorie* (2. Aufl.). Wissenschaftliche Buchgesellschaft.

Schurz, G. (2014). *Philosophy of science – A unified approach.* Routledge.

Schwemmer, O. (1995). Erklärung. In J. Mittelstraß (Hrsg.), *Enzyklopädie Philosophie und Wissenschaftstheorie* (Bd. 1, S. 578–584). Metzler.

Suppe, F. (1977). *The structure of scientific theories.* University of Illinois Press.

Timmermanns, S., & Tavory, I. (2012). Theory construction in qualitative research: From grounded theory to abductive analysis. *Sociological Theory, 30*, 167–186.

Whetten, D. (1989). What constitutes a theoretical contribution? *The Academy of Management Review, 14*, 490–495.

Wray, B. (2018). *Resisting scientific realism.* Cambridge University Press.

Ylikoski, P., & Kuorikoski, J. (2010). Dissecting eplanatory power. *Philosophical Studies, 148*, 201–219.

Weiterführende Literatur

Godfrey-Smith, P. (2021). *Theory and reality – An introduction to the philosophy of science* (2. Aufl.). University of Chicago Press.

Hunt, S. (2010). *Marketing theory – foundations, controversy, strategy, resource-advantage theory.* Sharpe.

Psillos, S. (2002). *Causation & explanation.* Acumen.

Schurz, G. (2014). *Philosophy of science – A unified approach.* Routledge.

Die wissenschaftstheoretische Grundlage: Wissenschaftlicher Realismus

Zusammenfassung

Einschätzungen von Forschungsmethoden und Empfehlungen für wissenschaftliche Arbeit sind entscheidend abhängig von Annahmen über Möglichkeiten und Grenzen wissenschaftlicher Erkenntnis sowie von Zielen und Bedingungen wissenschaftlicher Forschung. Im Lauf der Wissenschaftsgeschichte und auch der Entwicklung der Betriebswirtschaftslehre gab und gibt es dazu unterschiedlichste wissenschaftstheoretische Positionen, die natürlich hier nicht alle vorgestellt und diskutiert werden sollen und können. Die Autoren haben diesem Buch die Sichtweise des wissenschaftlichen Realismus zugrunde gelegt (Abschn. 3.2). In dieser Position sind wesentliche Erfahrungen aus der Wissenschaftsgeschichte berücksichtigt, sie entspricht gut aktueller Forschungspraxis und ist die heute wohl dominierende Position. Einige Bezüge zu früher in der Betriebswirtschaftslehre stärker beachteten Ansätzen (kritischer Rationalismus, Relativismus) werden hergestellt, vor allem um die spezifischen Merkmale des wissenschaftlichen Realismus zu konturieren. Natürlich gehört dazu auch die kritische Reflexion einiger Aspekte (Unterbestimmtheit von Theorien, pessimistische Induktion, nicht erdachte Theorie-Alternativen, Kontext und Erkenntnis) des wissenschaftlichen Realismus im dritten Teil (Abschn. 3.3) dieses Kapitels. Diesen Überlegungen vorangestellt ist eine kurze Darstellung der Relevanz wissenschaftstheoretischer Überlegungen (Abschn. 3.1); am Ende (Abschn. 3.4) steht ein Fazit, in dem wesentliche Argumente – pro und contra – zur Ausrichtung auf den wissenschaftlichen Realismus zusammengefasst werden.

© Springer Fachmedien Wiesbaden GmbH, ein Teil von Springer Nature 2023
M. Eisend und A. Kuß, *Grundlagen empirischer Forschung,*
https://doi.org/10.1007/978-3-658-42690-3_3

3.1   Einleitung: Wozu Wissenschaftstheorie?

In den beiden vorstehenden Kapiteln hat sich schon angedeutet, dass unterschiedliche Sichtweisen und Ansprüche bzgl. wissenschaftlicher Aussagen die wissenschaftliche Arbeit maßgeblich prägen. So hat die in Abschn. 2.3.1 skizzierte Bedeutung wissenschaftlicher *Gesetzmäßigkeiten* eben zur Folge, dass deren Ermittlung und kritische Überprüfung einen erheblichen Teil betriebswirtschaftlicher Forschung ausmacht. Ein anderes Beispiel ist der in Abschn. 1.2 dargestellte Aspekt des *Fallibilismus* wissenschaftlicher Erkenntnisse: Würde man diesen nicht akzeptieren, so wäre einerseits der Anspruch an die Sicherheit von Ergebnissen wissenschaftlicher Forschung viel höher und andererseits die Motivation zur kritischen Haltung gegenüber Forschungsergebnissen deutlich weniger ausgeprägt.

Damit wird erkennbar, dass grundsätzlich verschiedene Konzeptionen von Wissenschaft wesentliche Konsequenzen für Anlage und Ergebnisse wissenschaftlicher Forschung sowie deren Akzeptanz haben. Mit der Analyse derartiger Fragen befasst sich vor allem die **Wissenschaftstheorie**, im anglo-amerikanischen Sprachraum meist „Philosophy of Science" genannt. Die Begriffe „Wissenschaftstheorie" und „Wissenschaftsphilosophie" werden im Folgenden als austauschbar betrachtet. Merrilee Salmon fasst Wesen und Relevanz von Wissenschaftstheorie bzw. Wissenschaftsphilosophie in einer Definition zusammen:

▶ **„Wissenschaftsphilosophie** ist der Name des Teils der Philosophie, der über Wissenschaft nachdenkt und diese kritisch analysiert. In dieser Disziplin versucht man, die Ziele und Methoden der Wissenschaft zu verstehen, gemeinsam mit deren Grundsätzen, Praktiken und Ergebnissen" (M. Salmon 1992a, S. 1).

Einige **Beispiele** für Fragestellungen der Wissenschaftstheorie mögen diese Definition illustrieren (siehe dazu M. Salmon 1992a; Schurz, 2014):

- Wie werden wissenschaftliche Aussagen begründet?
- Was ist wissenschaftlicher Fortschritt?
- Was ist und wie begründet man Kausalität?
- Welche Arten von Erklärungen gibt es?
- Wie werden wissenschaftliche Aussagen von historischen oder kulturellen Rahmenbedingungen beeinflusst?
- Gibt es Methoden für wissenschaftliche Entdeckungen?
- Welche Rolle spielen Beobachtungen und Experimente für die Wissenschaft?
- Gibt es eine unabhängig von Beobachtungen existierende Realität?

Hintergrundinformation
Martin Carrier (2009, S. 15) kennzeichnet Wissenschaftstheorie etwas ausführlicher:

„Wissenschaftsphilosophie oder Wissenschaftstheorie ist auf die Analyse der Vorgehensweise, des Lehrgebäudes oder der Praxis der Wissenschaft gerichtet. Sie befasst sich mit der Untersuchung von wissenschaftlichen Inhalten und deren Erfahrungsgrundlage, ebenso mit den zugehörigen Beobachtungs- und Experimentierverfahren. Im Vordergrund stehen dabei die systematische Reflexion der wissenschaftlichen Methode, der begrifflichen Strukturen wissenschaftlicher Theorien und der breiteren Konsequenzen wissenschaftlicher Lehrinhalte. Insbesondere richtet sich Wissenschaftsphilosophie also etwa auf Theoriestrukturen und Theoriewandel, Erklärungsansprüche und Beurteilungskriterien, (…)."

Die Wissenschaftstheorie ist nicht immer ganz klar von verwandten Fachgebieten abgegrenzt. So nennt Poser (2001) daneben u. a. die Wissenschaftsgeschichte, Wissenschaftssoziologie und die Wissenschaftsethik. Die **Wissenschaftsgeschichte** befasst sich mit der Entwicklung (einschl. Erfolg und Misserfolg) von Theorien und Methoden im Lauf vergangener Zeit. Daraus lassen sich in einigen Fällen Schlüsse ziehen, die für die weitere Entwicklung der Wissenschaft relevant sind. Beispielsweise sei die sogenannte „pessimistische Induktion" erwähnt, auf die im Abschn. 3.3 eingegangen wird. Deren Grundidee besteht darin, dass aus dem längerfristigen Misserfolg diverser Theorien, die zur Zeit ihrer Entstehung als wohlbegründet und breit akzeptiert erschienen, Zweifel im Hinblick auf den dauerhaften Bestand *aktuell* erfolgreicher Theorien erwachsen können. Ein weiteres in der zweiten Hälfte des 20. Jahrhunderts stark beachtetes Beispiel für den Einfluss wissenschaftshistorischer Analysen auf die Entwicklung der Wissenschaftstheorie ist Kuhns (1970) Paradigmen-Ansatz, der im folgenden Abschn. 3.2 kurz angesprochen wird.

„Die **Wissenschaftssoziologie** fasst Wissenschaft als eine soziale Einrichtung auf, als ein gesellschaftliches Subsystem mit besonderen Regeln und spezifischen Ansprüchen, vergleichbar dem Recht oder dem Medizinbetrieb." (Carrier, 2009, S. 16 f.) Man spricht auch von einem Wissenschaftssystem mit spezifischen Erfolgskriterien (z. B. Höhe eingeworbener Drittmittel, Anzahl und Rang von Publikationen), die wiederum das Verhalten von Wissenschaftler:innen beeinflussen. Andererseits ist auch das Wissenschaftssystem selbst gesellschaftlichen Einflüssen ausgesetzt, die z. B. durch Vergabe von finanziellen Mitteln oder durch sozialen Druck realisiert werden. Im Kap. 10 wird auf einzelne derartige Aspekte kurz eingegangen. Im selben Kapitel finden sich auch kurze Darstellungen gängiger Probleme der **Wissenschaftsethik**. „In ihr wird nach der moralischen Rechtfertigung wissenschaftlichen Handelns vom Experiment über die Theoriebildung bis hin zur Anwendung der Theorien gefragt" (Poser, 2001, S. 16). Diese Kennzeichnung umfasst ein breites Spektrum an Problemen, das von der Zulässigkeit bestimmter Forschungsthemen (z. B. Gen-Manipulation oder Entwicklung von Massenvernichtungswaffen) bis zu (scheinbar) technischen Einzelheiten der Datenaufbereitung und der statistischen Analyse reicht.

Im Rahmen des vorliegenden Buches ist eine genaue Abgrenzung der genannten Gebiete nicht erforderlich; wenn von Wissenschaftstheorie bzw. Wissenschaftsphilosophie gesprochen wird, sind relevante Teile dieser Gebiete gedanklich eingeschlossen. Bei vertiefenden Fragestellungen sei auf entsprechende Spezial-Literatur verwiesen.

Im Hinblick auf Aussagen der Wissenschaftstheorie stellt sich auch die Frage, ob diese *einheitlich* für alle Wissenschaften gelten oder ob sie für verschiedene Wissenschaften mehr oder weniger *differenziert* getroffen werden müssen. Nun sind entsprechende Unterschiede bei verschiedenen Wissenschaften leicht erkennbar. Dazu wenige Beispiele für solche Spezifika: In der Astronomie oder in der Geschichtswissenschaft sind experimentelle Untersuchungen kaum denkbar; in der Mathematik spielt die Empirie keine Rolle und in den Sozialwissenschaften sind deterministische Gesetzmäßigkeiten und entsprechende Erklärungen allenfalls im Ausnahmefall gegeben.

▶ Wesley Salmon (1992, 1992a, 1992b, S. 30) kennzeichnet kurz den **Determinismus**:

> „Determinismus ist die Lehrmeinung, die besagt, dass alles, was in unserem Universum geschieht, vollständig durch Vorbedingungen bestimmt ist. Wenn diese These richtig ist, dann ist jedes Ereignis in der Geschichte des Universums – früher, jetzt oder später – grundsätzlich deduktiv erklärbar."

Vor diesem Hintergrund werden in zahlreichen Handbüchern und Lehrtexten der Wissenschaftstheorie (siehe z. B. M. Salmon et al., 1992a, 1992b; Psillos & Curd, 2008; Humphreys 2016) relevante Aspekte nach Disziplinen (z. B. Physik, Biologie, Sozialwissenschaften) getrennt dargestellt. Hinsichtlich der Betriebswirtschaftslehre (zumindest hinsichtlich der Gebiete, in denen empirische Forschung eine starke Rolle spielt) ist die Zuordnung zu den Sozialwissenschaften breit akzeptiert (siehe z. B. Schanz, 1988, S. 15 f.; Schurz, 2014, S. 28). Nun gibt es auch für die Sozialwissenschaften ein größeres Spektrum von Ansichten über deren Spezifika (zum Überblick: M. Salmon, 1992, 1992a, 1992b; Guala, 2016). Dieses reicht von der Betonung *grundlegender* Unterschiede zwischen Sozial- und Naturwissenschaften und entsprechenden Konsequenzen für Schlussweisen und Methoden (siehe z. B. Rosenberg, 2000) bis zur Einschätzung, dass es zwischen Sozial- und Naturwissenschaften keine (grundlegenden) methodologischen Unterschiede gebe (siehe z. B. Papineau, 1978).

Hintergrundinformation
Hans Albert (1972, S. 7), einer der führenden Vertreter des kritischen Rationalismus im deutschsprachigen Raum, vertritt eher die zweite Position und stellt sie in folgender Weise dar:

> „Nach Lage der Dinge besteht kein Grund, in bestimmten Bereichen, etwa dem der Sozialwissenschaften, von dem in den Naturwissenschaften bewährten Erkenntnisideal der Erklärung aller Erscheinungen auf der Basis für diesen Zweck geeigneter Theorien abzuweichen, etwa weil eine Ausnahmesituation dazu zwingen würde. Das Ziel, mit Hilfe erklärungskräftiger Theorien zu Erkenntnissen über die strukturelle Beschaffenheit der Realität, auch zum Beispiel der sozialen Wirklichkeit, zu gelangen, wurde bisher von keiner Seite als unerreichbar nachgewiesen. Auch der in dieser Zielsetzung enthaltene Realismus ist keineswegs obsolet geworden."

Im vorliegenden Buch wird ebenfalls von einer gewissen – aber sicher nicht ausschließlichen – methodologischen Entsprechung von Natur- und Sozialwissenschaften (einschl. der BWL) ausgegangen, allerdings etwas eingeschränkt auf *begrenzt gültige Gesetzmäßigkeiten*. Die Begrenzung besteht darin, dass zwar gewisse (statistische) Gesetzmäßigkeiten beim menschlichen Verhalten feststellbar sind, aber nicht mit der umfassenden Gültigkeit und Genauigkeit wie in den Naturwissenschaften. „Gesetzmäßigkeiten in den Sozialwissenschaften zeigen uns eher, was *meist, typischerweise* oder *selten* passiert, als das, was *immer, ausnahmslos* oder *nie* passiert." (M. Salmon, 1992b, S. 416) Das entspricht der in der Betriebswirtschaftslehre bisher dominierenden Art eher großzahliger („quantitativer") empirischer Forschung (z. B. Umfragen, Experimente) mit nicht vollständig erklärter Varianz (siehe Abschn. 2.3.2) und begrenzter Aussagekraft hinsichtlich *individuellen* Verhaltens. Auch *deterministische* Wenn-Dann-Aussagen sind in der Regel nicht möglich. Die angesprochene Haupt-Ausrichtung dieses Buchs auf großzahlige und standardisierte Untersuchungen bedeutet aber nicht, dass eher qualitative Forschung hier keine Rolle spielt; diese hat wesentliche Bedeutung bei explorativen Studien im Zusammenhang des Theorie-Entwurfs (siehe Abschn. 4.3.3).

Neben den Spezifika einzelner wissenschaftlicher Disziplinen (z. B. Psychologie) und größerer Fachgebiete (z. B. Sozialwissenschaften) steht eine „Allgemeine Wissenschaftstheorie" („General Philosophy of Science"; Psillos, 2016). Diese hat nach Psillos (2016, S. 143) zwei wesentliche Funktionen:

- **Funktion der Erläuterung**. Hier geht es um die möglichst klare und präzise Darstellung von allgemein relevanten Konzepten der Wissenschaftstheorie, z. B. „Theorie", „Erklärung" (siehe Kap. 2); „Experiment" (siehe Kap. 8).
- **Funktion der Kritik**. Diese Funktion bezieht sich auf die kritische Reflexion von grundlegenden Ansätzen der Wissenschaftstheorie (z. B. kritischer Rationalismus, wissenschaftlicher Realismus) sowie von Zielen und Methoden wissenschaftlicher Forschung.

Die erstgenannte Funktion der *Erläuterung* spielt in diesem Buch fast durchgehend eine Rolle, wie die oben genannten Beispiele schon andeuten. Der Aspekt der *Kritik* hat für das vorliegende Kapitel die größere Bedeutung. Einerseits haben Auseinandersetzungen hinsichtlich grundlegend unterschiedlicher Sichtweisen in der Wissenschaftstheorie, die sich beispielsweise mit Namen wie Popper, Carnap, Hempel, Kuhn oder Psillos verbinden, über viele Jahrzehnte die Fachdiskussion wesentlich geprägt (siehe z. B. Godfrey-Smith 2021; Carrier, 2009; Brown, 2012). Andererseits stellen solche Ansätze die *Maßstäbe* für die kritische Beurteilung der Ziele und Methoden empirischer Forschung bereit. So werden Vertreter:innen des Relativismus und des kritischen Rationalismus (siehe Abschn. 3.2) die Relevanz von Forschungshypothesen am Beginn eines Projekts höchst unterschiedlich beurteilen und diese Beurteilungen vor dem Hintergrund der von Ihnen jeweils vertretenen Ansätze begründen.

Im vorliegenden Kapitel geht es in erster Linie um die kritische Reflexion des wissenschaftlichen Realismus, auch im Vergleich zu anderen Ansätzen. Dazu wird der wissenschaftliche Realismus im Abschn. 3.2 zunächst knapp dargestellt und im Abschn. 3.3 werden einige kritische Punkte dazu diskutiert. Im – kurzen und zusammenfassenden – Abschn. 3.4 wird dann verdeutlicht, warum sich die Autoren beim vorliegenden Buch für diese Leitlinie entschieden haben. Damit ist dann auch der Maßstab für die Auswahl und Beurteilung der methodologischen Überlegungen in den später folgenden Kapiteln gegeben.

3.2   Kennzeichnung des wissenschaftlichen Realismus

Zunächst also zu einer relativ kurzen Darstellung des wissenschaftlichen Realismus. Ein Grund, diesen hier darzustellen, besteht darin, dass dessen Sichtweise für die Betriebswirtschaftslehre wohl explizit und implizit eine besonders bedeutsame Rolle spielt. So hebt Homburg (2007) in seinem Überblicks-Aufsatz zur empirischen Forschung in der Betriebswirtschaftslehre hervor, dass darin die Orientierung am **wissenschaftlichen Realismus** dominierend sei. Auch für andere wissenschaftliche Disziplinen scheint das zu gelten.

Hintergrundinformation
Beispielsweise heben die folgenden Autoren hervor, dass dem (wissenschaftlichen) Realismus heute eine starke bis dominierende Stellung in der Wissenschaftstheorie zukommt:

Martin Carrier (2006, S. 148): „Im Verlauf des vergangenen Vierteljahrhunderts hat die … Position des wissenschaftlichen Realismus stark an Boden gewonnen."

Bas van Fraassen (2019, S. 13): „Der wissenschaftliche Realismus entstand in den 1960ern als Konkurrent zum logischen Positivismus und wurde bald zur dominierenden Position in der Wissenschaftstheorie."

Brian Haig (2013, S. 8): „Wissenschaftlicher Realismus ist heute die dominierende Position in der Wissenschaftstheorie, obwohl er noch stark debattiert wird und von vielen anti-realistischen Positionen angegriffen wird. Er stellt auch die stillschweigend akzeptierte Position der meisten aktiven Forschenden dar. Diese Tatsache (…) macht den wissenschaftlichen Realismus zur Philosophie für die Wissenschaft, nicht nur zur Wissenschaftsphilosophie."

Markus Reihlen et al., (2022, S. 56) beginnen ihren Beitrag mit folgender Feststellung: „Die philosophische Position des Realismus ist unter Managementforschern zunehmend verbreitet."

Moti Mizrahi (2020, S. 2) berichtet über eine Umfrage unter professionellen Philosoph:innen, bei der sich 75 % der Teilnehmer:innen zum wissenschaftlichen Realismus bekannten bzw. diesem zuneigten (nur 11 % dem „Antirealismus"). Unter akademischen Philosoph:innen, die Expert:innen für Wissenschaftstheorie sind, vertraten 60 % eher den wissenschaftlichen Realismus und nur 16 % den „Antirealismus".

Der Ansatz des wissenschaftlichen Realismus (künftig **WR** abgekürzt) hat sich seit den 1960er Jahren in der Philosophie entwickelt. Man kann ihn als Alternative zu zwei anderen Positionen ansehen, die in der zweiten Hälfte des 20. Jahrhunderts jeweils eine bedeutsame Rolle spielten, den kritischen Rationalismus und den Relativismus. Diese beiden Positionen können und sollen hier natürlich nicht umfassend dargestellt werden. Dazu muss auf die entsprechende philosophische Literatur (z. B. Brown, 2012; Carrier, 2009; Chalmers, 2013; Godfrey-Smith, 2021; Schurz, 2014; Wiltsche, 2013) verwiesen werden, wo man auch die Bezüge zu den Originalquellen findet. Gleichwohl ist es für das Verständnis des WR nützlich, einige zentrale Ideen des kritischen Rationalismus und des Relativismus zu kennen, weil manche Aspekte des WR im Kontrast zu den anderen Ansätzen besonders deutlich werden. Deswegen sollen hier in Anlehnung an Kuß und Kreis (2013) kurz einige Schlaglichter auf den kritischen Rationalismus und den Relativismus geworfen werden. Stark vereinfacht kann man einige wesentliche Aspekte des WR als Fortführung bzw. Modifikation von Gedanken des kritischen Rationalismus ansehen, während er (der WR) weitgehend im Gegensatz zum Relativismus steht.

Kritischer Rationalismus
Zunächst zum kritischen Rationalismus. Dieser über Jahrzehnte die wissenschaftstheoretischen Überlegungen in der Betriebswirtschaftslehre bestimmende Ansatz ist durch Karl Popper (1902–1994) begründet und entscheidend geprägt worden. Im Zusammenhang des vorliegenden Kapitels sind vor allem die drei folgenden Aspekte bedeutsam:

- Erkenntnisgewinnung durch Falsifikationsversuche und nicht durch induktive Schlussweisen
- Provisorischer Charakter wissenschaftlicher Erkenntnisse
- Position des Realismus

Nun zum ersten dieser drei Aspekte:

- *Erkenntnisgewinnung durch Falsifikationsversuche* und nicht durch induktive Schlussweisen

Über Jahrhunderte hat in unterschiedlichen wissenschaftlichen Disziplinen die sogenannte Induktion (zu Einzelheiten siehe Abschn. 2.5) eine wesentliche Rolle gespielt. Es geht bei der Induktion um die Generalisierung von in der Realität beobachteten Regelmäßigkeiten. Dabei unterscheidet man (Sankey, 2008, S. 249) gedanklich zwei Schritte:

1. Sammlung empirischer Daten über ein interessierendes Phänomen
2. Formulierung von Gesetzmäßigkeiten und im nächsten Schritt auch Theorien durch Generalisierung von beobachteten Regelmäßigkeiten und Zusammenhängen

So könnte man aus einer Vielzahl von Beobachtungen/Untersuchungen, bei denen man feststellte, dass nach einer Verstärkung der Werbung der Umsatz stieg, zu der Vermutung kommen, dass *generell* mehr Werbung zu einer Umsatzsteigerung führt. Ein Beispiel für einen solchen induktiven Ansatz ist die in verschiedenen Teilgebieten der Betriebswirtschaftslehre früher stark beachtete *PIMS-Studie* (Profit Impact of Market Strategies), bei der auf Basis einer Vielzahl analysierter Geschäftsfelder sogenannte *Erfolgsfaktoren* identifiziert wurden (Buzzell & Gale, 1989), die *generell* relevant sein sollen.

Es besteht – unabhängig von verschiedenen wissenschaftstheoretischen Positionen – sehr weitgehendes Einvernehmen, dass man auf induktivem Wege nicht zu *sicheren* Erkenntnissen gelangen kann (siehe Abschn. 2.5). Gleichwohl ist induktives Vorgehen sowohl im Alltagsleben als auch in der Wissenschaft gängig (siehe z. B. Schurz, 2014, S. 54 f.; Okasha, 2002, S. 19 ff.), wenn auch unter Verzicht auf Sicherheit des Wissens. Popper (2005; Erstaufl. 1935) hat die Möglichkeit der Gewinnung wissenschaftlicher Erkenntnisse durch Induktion grundsätzlich abgelehnt und als Weg zur Prüfung wissenschaftlicher Theorien die empirische Forschung mit einer Ausrichtung auf *Falsifikationsversuche* aufgezeigt. Danach werden neue und schon länger existierende Theorien (bzw. daraus deduktiv abgeleitete Hypothesen) immer wieder (möglichst strengen) Falsifikationsversuchen ausgesetzt und – je nach Ergebnis – danach entweder *vorläufig* beibehalten oder verworfen.

Diese scharfe Ablehnung induktiver Schlussweisen und die Ausrichtung auf Falsifikationsversuche bei Hypothesen, die aus der zu testenden Theorie deduktiv abgeleitet sind, ist allerdings mit erheblichen wissenschaftstheoretischen und forschungspraktischen Problemen verbunden. Wenn eine Theorie in der angesprochenen Weise falsifiziert ist, was tritt dann an ihre Stelle? Kann es eine Theorie sein, die keineswegs „besser" (Kriterien?) ist und deren „Überlebensdauer" gering ist? Welche Rolle spielt der Approximationsgrad einer Theorie? Offenbar ist mit dieser „negativen Methodologie" (Wiltsche, 2013, S. 86) die langfristige Entwicklung der Wissenschaft mit ihren Erfolgen nicht recht erklärbar.

Hintergrundinformation
Harald Wiltsche (2013, S. 86) kennzeichnet prägnant die Begrenzung des Falsifikationsansatzes im Hinblick auf die Entwicklung von Theorien im Zeitablauf:

> „Sprechen wir vom Vertrauen, das wir in Theorien setzen, dann scheinen wir doch offensichtlich von Erwartungen zu sprechen, die das *zukünftige* Abschneiden von Theorien betreffen. Wie aber sollen sich Erwartungen, die die Zukunft betreffen, mittels einer Methode rechtfertigen lassen, die lediglich aus Deduktion und Falsifikation besteht? Deduktive Schlüsse sind nicht gehaltserweiternd und Falsifikationen verraten uns nur, dass es sich in der Welt *nicht* so verhält, wie in der falsifizierten Hypothese behauptet wurde. Wie soll es also möglich sein, mit diesem ausschließlich negativen Instrumentarium positive Aussagen über das vermutete zukünftige Abschneiden von Theorien zu gewinnen?"

Und (S. 89): „Treffen die bisherigen Überlegungen zu, dann gelingt es im Rahmen der falsifikationistischen Methodenlehre weder, der Rationalität von Theoriebewertungen noch jener von praktischen Handlungsentscheidungen gerecht zu werden."

Die Forderung nach *Falsifizierbarkeit* wissenschaftlicher Aussagen ist in der Wissenschaftstheorie breit akzeptiert. Dagegen kann es sein, dass eine Ausrichtung auf die

Falsifizierungen in der Forschungspraxis besondere Schwierigkeiten bereitet. Dazu drei gängige Probleme, die nicht zuletzt in den Sozialwissenschaften einschließlich der Betriebswirtschaftslehre erhebliches Gewicht haben:

- Ergebnisse empirischer Untersuchungen zur Prüfung von Theorien sind prinzipiell fehlerbehaftet (siehe dazu das Problem der „Fehler-Unterbestimmtheit" in Abschn. 3.3). Wenn ein empirisches Ergebnis nicht mit den entsprechenden theoretischen Vermutungen übereinstimmt, weiß man eben nicht, ob das durch *fehlerbehaftete Messungen* oder durch eine *falsche Theorie* begründet ist (siehe z. B. Psillos, 2007, S. 71 f.).
- Annahme oder Ablehnung von Hypothesen beruhen oft auf inferenzstatistischen Methoden, d. h. die entsprechenden Aussagen sind mit einer bestimmten Irrtumswahrscheinlichkeit verbunden (Grenze häufig bei $p = 0{,}05$) und eine Entscheidung kann nicht mit Sicherheit getroffen werden.
- Ein besonderes Problem besteht, wenn Aussagen unter **„Ceteris-Paribus-Bedingungen"** getroffen werden, d. h. unter *sonst gleichen* Bedingungen (siehe Abschn. 2.3.1). Derartige Aussagen sind streng genommen nicht falsifizierbar, da man eben für mehrere entsprechende Beobachtungen nie völlig identische Bedingungen vorfindet.

Unklar bleibt auch, welchen Charakter bzw. welches Ausmaß eine Falsifizierung annehmen soll, um eine Theorie abzulehnen (Schwaiger, 2007). Genügt ein einziger Widerspruch zu *einer* Beziehung zwischen Variablen in der Theorie? Wie stark müsste die Abweichung zwischen theoretisch begründeter Vermutung und realen Beobachtungen sein? Genügt ein einziges (nicht selten fehlerbehaftetes) empirisches Ergebnis für die Entscheidung über die Ablehnung einer Theorie?

Hintergrundinformation

Vor dem Hintergrund derartiger Probleme hat Imre Lakatos (1922–1974; ungarischer Wissenschaftstheoretiker, der 1956 nach England emigrierte) seinen Ansatz konkurrierender *Forschungsprogramme* (Lakatos, 1970) entwickelt. Dabei wird nicht gefordert, dass eine (relativ neue) Theorie bei der ersten Falsifikation einer daraus abgeleiteten Hypothese sofort verworfen werden soll. Vielmehr stehen wiederholte Tests sogenannter Forschungsprogramme im Mittelpunkt. Ein solches Programm enthält zwei Arten von Komponenten, einen „harten Kern" und einen „Schutzgürtel" (vgl. Godfrey-Smith, 2021, S. 133 ff.).

- Der *„harte Kern"* ist die Menge grundlegender Ideen und Überzeugungen der beteiligten Forscher:innen, die für das jeweilige Forschungsprogramm zentral und charakteristisch sind. Dieser Kern wird für eine Phase des Forschungsprozesses beibehalten, auch wenn einzelne empirische Ergebnisse ihn nicht bestätigen, damit sich das Programm entwickeln und längerfristig bewähren kann.
- Der *„Schutzgürtel"* von weniger grundlegenden Ideen, mit denen Verbindungen zwischen dem „harten Kern" und beobachtbaren Phänomenen hergestellt werden, die durch Falsifikation scheitern und gegebenenfalls modifiziert werden können.

Der Ansatz von Lakatos ist in der wissenschaftstheoretischen Literatur stark beachtet worden, hat aber zumindest in der betriebswirtschaftlichen Forschung eher wenig Anwendung gefunden. Als Beispiel für die Darstellung einer Anwendung in der BWL sei hier der Artikel von Leong (1985) genannt.

Eine weiteres Problem des *Falsifikationsansatzes* besteht darin, dass er nur wenig tatsächlich praktiziert wird bzw. werden kann: Falsifizierende Untersuchungsergebnisse werden zu wenig beachtet und Forscher sind typischerweise durch ihre persönliche Motivation und die Erfordernisse einer wissenschaftlichen Karriere *nicht* darauf ausgerichtet, Hypothesen und Theorien *zu falsifizieren*, sondern eher darauf, neue theoretische Lösungen zu finden und auch durch entsprechende Untersuchungen zu *bestätigen*. Beispielsweise zeigen die Begründungen für die Vergabe von Nobel-Preisen (www.nobelprize. org), dass dort weitestgehend oder ausschließlich Leistungen bei der Entwicklung und Anwendung neuer Erkenntnisse gewürdigt werden; Falsifizierungen spielen hier kaum eine Rolle.

Hintergrundinformation
Bernd Schauenberg (1998, S. 51) beschreibt kurz eine verbreitete Vorgehensweise beim Umgang mit Falsifizierungen:

> „Im Zentrum der Kritik (am Ansatz von Popper; Anm. d. Verf.) stand die Frage, ob die Theorie von *Popper* das Verhalten von erfolgreichen Wissenschaftlern zutreffend beschreibt. Beispiele dafür, dass eine falsifizierte Theorie von Wissenschaftlern aufgegeben wird, lassen sich nicht viele finden. Üblicherweise besteht die erste Reaktion von Wissenschaftlern auf einen kritischen Befund darin, dass man die relevante Theorie modifiziert, erneut testet, notfalls nochmals modifiziert, usw."

Bei zwei Aspekten zeigt sich eine deutliche Analogie von kritischem Rationalismus und wissenschaftlichem Realismus:

- *Provisorischer Charakter* wissenschaftlicher *Erkenntnisse*
  Die vorstehenden Überlegungen haben schon angedeutet, dass in der Sicht des *kritischen* Rationalismus die fortwährende kritische (!) Infragestellung bisher akzeptierter Theorien und gegebenenfalls die Entwicklung besserer Theorien zentrale Aufgaben wissenschaftlicher Forschung sind. An die Stelle des früher in der Wissenschaft formulierten Ziels der Gewinnung sicherer und gleichzeitig wahrer Erkenntnisse („Fundamentalismus"; Schurz, 2014, S. 3) tritt ein **fallibilistischer** Ansatz, „der einräumt, dass unser Verständnis der Realität grundsätzlich fehlbar ist und dass unsere wissenschaftliche Erkenntnis zwar mehr oder weniger gut bestätigt sein kann, aber niemals mit Sicherheit fehlerfrei ist" (Schurz, 2014, S. 3). Diese fallibilistische Sichtweise ist auch Bestandteil des WR (s. u.).

- *Position des Realismus*

  Unter **„Realismus"** wird in der Wissenschaftstheorie eine Position verstanden, die durch die Annahme gekennzeichnet ist, dass eine Realität existiert, die *unabhängig* von der Wahrnehmung und Interpretation der:des jeweiligen Betrachter:in ist (z. B. Devitt, 2008; Psillos, 2006; Schurz, 2014). Bei Popper (2005) wird diese Sicht teilweise implizit, teilweise ausdrücklich vertreten. Diese Position mag als Selbstverständlichkeit gelten und wird auch vom WR vertreten, die folgenden Ausführungen zum Relativismus und Konstruktivismus lassen aber erkennen, dass in der Literatur auch davon deutlich abweichende Ansichten vertreten wurden und werden.

Hintergrundinformation

Karl Popper hat in seinem Buch „Conjectures and Refutations" (2002, S. 157), dessen Titel (übersetzt: „Vermutungen und Widerlegungen") für seinen Ansatz charakteristisch ist, seine Position des Realismus folgendermaßen formuliert:

> „Theorien sind unsere eigenen Erfindungen, unsere eigenen Ideen; sie werden uns nicht aufgezwungen, sind eher selbst gemachte Hilfsmittel des Denkens (…). Aber einige unserer Theorien können mit der Realität kollidieren. Wenn das geschieht, dann merken wir, dass eine Realität existiert, dass da etwas ist, das uns an die Tatsache erinnert, dass unsere Ideen falsch sein können. Und das ist der Grund dafür, dass der Realist im Recht ist."

Relativismus und Konstruktivismus

Nach diesen Bemerkungen zum kritischen Rationalismus nun zu einer weiteren wissenschaftstheoretischen Grundposition, die in der zweiten Hälfte des 20. Jahrhunderts eine erhebliche Rolle spielte und noch heute vereinzelt vertreten wird, zum **„Relativismus"** und – weiter unten – zum *Konstruktivismus*. Mit diesem Begriff wird ein Spektrum hinsichtlich Begründung und Konsequenzen durchaus unterschiedlicher Positionen zusammengefasst (zu einer Übersicht: Baghramian & Carter, 2020), die aber eine zentrale Idee gemein haben:

▶ **„Relativismus"** ist – grob gesagt – die Sichtweise, dass Wahrheit und Unwahrheit, richtig oder falsch sowie Anforderungen und Vorgehensweisen bei Begründungen Ergebnisse von unterschiedlichen Vereinbarungen und Bezugssystemen von Beurteilungen sind, deren Berechtigung auf dem jeweiligen Kontext beruht" (Baghramian & Carter, 2020, S. 1).

Daraus wird unmittelbar deutlich, dass hier die *Möglichkeit* objektiver Erkenntnisse über die Realität verneint wird. Zwei hier besonders bedeutsame Aspekte seien nachfolgend kurz erläutert:

- *Kontextabhängigkeit von Erkenntnissen*

Das für den Relativismus kennzeichnende Stichwort „Kontextabhängigkeit" bezeichnet den Einfluss von sozialen, politischen, ökonomischen, religiösen etc. Einflussfaktoren auf wissenschaftliche Forschung und Theoriebildung. Dieser Aspekt ist vor allem durch die wissenschaftshistorischen Analysen von Thomas Kuhn (1970; erste Aufl. 1962) stark beachtet worden. Kuhn beschäftigte sich anhand von historischen Beispielen mit dem Einfluss von (sozialen, politischen, geistigen etc.) Rahmenbedingungen auf den Erkenntnisprozess und prägte für die entsprechenden „Konstellationen von Annahmen, Werten, Methoden usw., die von den Mitgliedern einer Gemeinschaft geteilt werden" (Kuhn, 1970, S. 175) den inzwischen berühmt (fast populär) gewordenen Begriff **Paradigma.** Für Einzelheiten zu diesem wichtigen Aspekt muss hier auf die Literatur (z. B. Carrier, 2009, 2012; Hunt, 2003, Psillos & Curd, 2008; Rorty, 2000) und natürlich auf das Werk von Thomas Kuhn selbst (1970 bzw. die Neuausgabe von 2012) verwiesen werden.

Hintergrundinformation
Hunt und Hansen (2010, S. 112 f.) geben ein kritisch zugespitztes Beispiel für die Sichtweise des Relativismus im Hinblick auf eine klassische wissenschaftliche Fragestellung:

> „‚Dreht sich die Sonne um die Erde oder dreht sich die Erde um die Sonne?' (…) Der Relativismus, beispielsweise Kuhn's (1962), impliziert die folgende Antwort: ‚Zuerst muss ich wissen, ob Sie sich dem Paradigma von Kopernikus oder von Ptolemäus anschließen, weil diese Paradigmen – wie alle Paradigmen – inkommensurabel sind und es deswegen keine *Wahrheit* in dieser Frage gibt, die unabhängig von dem Paradigma ist, das Sie vertreten.'"

Ein *Paradigmenwechsel* kann in diesem Sinne zu einer neuen Interpretation von Beobachtungen und somit zu einer neuen Theorie führen. Ein allseits bekanntes Beispiel aus der Wissenschaftsgeschichte für den Übergang von einem Paradigma auf ein anderes ist der Wechsel vom ptolemäischen Weltbild (Erde als Mittelpunkt des Universums) zum kopernikanischen Weltbild (Erde kreist um die Sonne). Die veränderte Weltsicht führte dann zu ganz neuartigen Theorien über Umlaufbahnen von Planeten etc. Bekanntlich war das „alte" Weltbild ganz massiv vom gesellschaftlichen Kontext beeinflusst, in diesem Fall von religiösen Einflüssen. Auch in den Wirtschaftswissenschaften ist erkennbar, dass die Orientierung bzw. Nicht-Orientierung an dem mit dem Begriff des „Homo oeconomicus" verbundenen Paradigma zu grundlegend unterschiedlichen Theorien und Forschungsmethoden führt. Hier deutet sich ebenfalls an, dass unterschiedliche gesellschaftliche Positionen und Interessen den Grad der Akzeptanz bestimmter Theorien beeinflussen können. In diesem Sinne wären also wissenschaftliche Erkenntnisse kontextabhängig und es könnte nicht der Anspruch einer systematischen Annäherung an eine „objektive Wahrheit" erhoben werden. Relativist:innen gehen typischerweise davon aus, dass solche Kontextabhängigkeiten wissenschaftliche Erkenntnisse *maßgeblich bestimmen.* Aber auch wenn man keine relativistische Position vertritt, wird man kaum leugnen können, dass das Umfeld der Wissenschaft (z. B. politische oder ideologische Rahmenbedingungen, Macht von Geldgebenden der Wissenschaft) deren Inhalte und Ergebnisse in *begrenztem Umfang* beeinflussen können. Auf diesen Gesichtspunkt wird im Abschn. 3.3 und im Zusammenhang mit der Darstellung des induktiv-realistischen Modells (siehe Abschn. 9.3.1) noch einmal eingegangen.

- *Bezug zur Realität*

Vielfach – nicht durchgehend – wird von Relativist:innen die Existenz einer vom Betrachtenden unabhängigen Realität (s. o.) infrage gestellt oder verneint (Godfrey-Smith, 2021, S. 233 ff.). Dabei sind zwei Aspekte zu unterscheiden:

- Die Fähigkeit von Forschenden zur Beobachtung und Interpretation realer Phänomene und Prozesse ist häufig durch bestimmte Annahmen, bisher akzeptierte Theorien oder eben durch Paradigmen (s. o.) *beeinflusst.* Man kann sich ja kaum vorstellen, dass jemand ohne jegliche Vorkenntnisse und ohne Einfluss seines geistigen und sozialen Umfelds wissenschaftliche Beobachtungen vornimmt und Daten sammelt. Zumindest ist für jede Studie eine Auswahl der untersuchten Phänomene der Realität erforderlich. Dieses Problem der beeinflussten *Wahrnehmung* und *Interpretation* der Realität, das eben die Aussagekraft von Beobachtungen einschränkt, stellt sich unabhängig von den verschiedenen wissenschaftstheoretischen Positionen und wird im Abschn. 3.3 wieder aufgegriffen.
- Viel weitergehend ist die (**konstruktivistische**) Auffassung, dass nicht nur die *Wahrnehmung* und *Interpretation* von Realität dem Einfluss vorhandener Paradigmen und Theorien unterliegt, sondern dass die geistige und soziale *Realität selbst* dadurch geprägt wird. Diese Sicht war schon bei Kuhn (1970, S. 121) angedeutet: „Obwohl sich die Welt durch einen Paradigmenwechsel nicht verändert, arbeitet die:der Wissenschaftler:in danach in einer anderen Welt." Ihre extreme Ausprägung findet dieser Ansatz im sogenannten *radikalen Konstruktivismus,* (s. u.) der aber heute zumindest in den Wirtschaftswissenschaften kaum noch vertreten wird. Richard Boyd (1984, S. 43) fasst die – von ihm nicht vertretene – Position des Konstruktivismus in einem Satz zusammen: „Forschungsmethoden sind so theorieabhängig, dass sie – bestenfalls – zur Konstruktion, nicht zur Entdeckung dienen". Der Ansatz des Konstruktivismus stammt hauptsächlich aus der Soziologie und wird in der Wissenschaftstheorie überwiegend abgelehnt.

▶ **Definition** Peter Godfrey-Smith (2021, S. 338 f.) gibt folgende **Definition des Konstruktivismus** an:

Der Begriff „Konstruktivismus bezieht sich üblicherweise auf eine Sichtweise, der zufolge Wissen (und teilweise auch die Realität selbst) als aktiv geschaffen und durch sozialen Austausch gestaltet angesehen wird. Diejenigen, die konstruktivistische Standpunkte vertreten, unterscheiden oft nicht sorgfältig zwischen der Ansicht, dass *Theorien* (…) konstruiert sind, und der Sichtweise, dass die *Realität,* die durch solche Theorien beschrieben wird, konstruiert sei."

Der führende Wissenschaftstheoretiker Gerhard Schurz (2014, S. 61 f.) hat die zentrale Aussage des radikalen Konstruktivismus, dass die Realität selbst keine „gegebene denkunabhängige Struktur" (Psillos, 2006, S. 688) habe, sondern dass die Realität konstruiert sei, widerlegt. Es handelt sich dabei um eine Verwechslung von Zweifeln an der Objektivität der *Wahrnehmung* von Realität (epistemologisch) mit der *tatsächlichen Beschaffenheit* von Realität (ontologisch). Schurz (2014, S. 62) nennt das unter Bezugnahme auf Sokal und Bricmont eine ‚zauberhafte Verwandlung'. Immerhin dürfte wohl unstrittig sein, dass es zumindest eine (physische) Realität gibt, die unabhängig vom menschlichen Denken ist. So verweist Thagard (2007, S. 29) darauf, dass die Erde seit mehreren Milliarden Jahren existiert, dass aber menschliches Leben und menschliches Denken weniger als eine Million Jahre vorhanden ist; über mehrere Milliarden Jahre hat also eine Realität völlig unabhängig vom menschlichen Denken bestanden.

Hintergrundinformation

Die Position von Vertreter:innen des Konstruktivismus sei hier noch durch einige Zitate aus Schriften, die von entsprechend orientierten Autor:innen stammen, illustriert:

„Wir entdecken wissenschaftliche Tatsachen nicht, wir erfinden sie." (Scarr, 1985, S. 499)

Blagoev und Costas (2022, S. 91) sprechen von der „Absage des Konstruktivismus an Objektivität".

„Da sich (…) in erkenntnistheoretischer Hinsicht keine Realitätskonstruktion von einer anderen unterscheidet (wohl aber bezüglich ihrer Konsequenzen ….), muss eine konstruktivistische Sozialtheorie ihren ‚Gegenstandsbereich' letztlich als den Prozess zu denken versuchen, in dem Individuen ihrerseits ihre Realitäten konstruieren und sich damit Möglichkeiten erfolgreichen Handelns und Kommunizierens *schaffen.*" (Hejl, 2010, S. 109 f.)

„Was wir als Wissen über die Welt ansehen, ist nicht das Ergebnis von Induktion oder der Entwicklung und des Tests allgemeiner Hypothesen." (Gergen, 1985, S. 266)

„Das Ziel des Forschers ist es (…) nicht, eine gegebene oder vorgefertigte Welt zu erfassen, die man vorzufinden vermutet, sondern den Prozess des symbolischen „worldmaking" zu verstehen, durch den das soziale Geschehen verläuft." (Prasad & Prasad, 2002)

„Es gibt immer mehrere (aber nicht unbegrenzt viele) Wege zur Erkenntnis – oder Konstruktion – der Welt." (Balgoev & Costas, 2022, S. 85)

Auch wenn man eine relativistische oder konstruktivistische Position vertritt, wird man sich dem folgenden Argument von Ronald Giere (1999, S. 20) kaum verschließen können: Wenn man in relativistischer oder konstruktivistischer Weise davon ausgeht, dass wissenschaftliche Erkenntnis durch den Kontext dieser Erkenntnis und/oder die entsprechende Theorie-Tradition *entscheidend* bestimmt ist, dann gilt das sicher ebenfalls für diese Ansätze selbst. Wenn man also Relativismus und Konstruktivismus als *wissenschaftliche* Positionen akzeptiert, dann wären also diese Positionen ebenfalls durch

Kontext oder Theorie-Tradition geprägt, was wiederum das Gewicht der entsprechenden Kritik an Ergebnissen realitätsorientierter Forschung deutlich einschränkt.

Hintergrundinformation
Relativistische und konstruktivistische Positionen beinhalten die Auffassung, dass wissenschaftliche Theorien durch die Kontexte ihrer Entstehung bestimmt sind bzw. nicht einer gegebenen (denk-unabhängigen) Realität entsprechen. Gegenüber einer solchen Sichtweise stellen sich einige grundlegende kritische Fragen:

1. Wenn Theorien (wie von Relativist:innen und Konstruktivist:innen angenommen) wenig über die Realität aussagen, wie wäre dann der über Jahrhunderte während Erfolg der Wissenschaft in unzähligen *realen* Anwendungsbereichen (z. B. Medizin, Technologie, Astronomie) zu erklären?
2. Wenn die Vertreter:innen von Relativismus oder Konstruktivismus den Bezug wissenschaftlicher Aussagen zur Realität infrage stellen, verdeutlichen sie dann auch die entsprechenden Begrenzungen *ihrer eigenen* wissenschaftlichen Aussagen, wenn Sie diese in der Lehre, in Publikationen, in Gutachten etc. an die Öffentlichkeit bringen?
3. Wenn auch das „bestgesicherte Wissen einer Zeit" (Poser, 2001, S. 11) in relativistischer oder konstruktivistischer Sicht *grundlegend* infrage gestellt wird, wie kann man sich dann gegen politische und gesellschaftliche Kräfte schützen, die wissenschaftliche Erkenntnisse als beliebig darstellen und ihre eigene Sicht auf „alternative Fakten" als (zumindest) gleichwertig durchsetzen wollen?

Wissenschaftlicher Realismus (WR)
Nun also zur Kennzeichnung des **wissenschaftlichen Realismus** (WR), der für wesentliche Teile dieses Buches die gedankliche Grundlage bildet. Der WR stimmt im Hinblick auf den Fallibilismus wissenschaftlicher Erkenntnis und den Realismus mit dem *kritischen Rationalismus* Karl Poppers überein, nimmt aber dazu eine *Gegenposition* hinsichtlich der Akzeptanz induktiver Schlussweisen ein. Hierzu geht man beim WR davon aus, dass die vielfache empirische Bewährung einer Theorie sehr wohl für deren (approximative, s. u.) Wahrheit spricht, was besonders deutlich im induktiv-realistischen Modell von Hunt (2010, 2011) formuliert wird (siehe Abschn. 9.3.1).

Wesentliche Bedeutung für die Begründung des WR hat der Aspekt des über Jahrhunderte *dauerhaften Erfolges* der Wissenschaft(en) und der damit verbundenen Implikationen. So kann man seit 400 bis 500 Jahren erkennen, dass zahlreiche wissenschaftliche Erkenntnisse – bei all ihrer Unvollkommenheit und Unbeständigkeit – sich vielfach, auch in der praktischen Anwendung, bewährt haben und somit Belege für ihre Annäherung an die Wahrheit geliefert haben. Als wichtiges Kriterium für den Erfolg von Theorien wird deren Eignung zur präzisen und verlässlichen *Prognose* entsprechender Phänomene angesehen (Psillos, 1999; Wray, 2018a, b, c). Im sozialwissenschaftlichen Bereich (einschl. der Betriebswirtschaftslehre) erreicht man allerdings meist nicht die Präzision und Verlässlichkeit der Naturwissenschaften, weil hierfür das besonders komplexe Zusammenwirken einer Vielzahl von Variablen psychologischer, ökonomischer oder soziologischer Art typisch ist. Man muss sich in sozialwissenschaftlichen

Untersuchungen deshalb bei Prognosen bzw. beim Test von Hypothesen häufig auf relativ grobe Aussagen zur Veränderung abhängiger Variabler (z. B. Zuwachs ja oder nein) oder zu Unterschieden zwischen Versuchs- und Kontrollgruppen beschränken. Als weitere Kriterien dient der Erfolg der Theorien bei *Erklärungen* und bei Aufgaben der *Gestaltung* (siehe dazu auch Abschn. 2.4). Im Sinne des WR soll der Erfolg einer Theorie auch dadurch belegt sein, dass die Art und die Beziehungen der verwendeten Konzepte empirisch bestätigt sind. Ansonsten stünde die Erklärung für ein Phänomen, einen Effekt etc. ja auf wackligen Füßen. Dazu sei auch auf das im Abschn. 9.3.1 näher erläuterte induktiv-realistische Modell verwiesen.

Hintergrundinformation

Aus der gewaltigen Fülle von Beispielen für erfolgreiche Theorien seien nur wenige genannt:

- In der Medizin hat man hinsichtlich zahlreicher unterschiedlicher Infektionsmöglichkeiten gelernt, wie diese entstehen und wie sie zu verhindern sind. Dadurch sind zahlreiche gesundheitliche Gefahren dramatisch vermindert und manche Krankheiten (fast) ausgerottet worden. Die Covid-Krise Anfang der 2020er Jahre hat (wieder einmal) deutlich gemacht, wie bedeutsam die wissenschaftsbasierte Analyse und Impfstoffentwicklung war.
- Bau-Ingenieur:innen und Architekt:innen haben so genaue und solide Kenntnisse über Statik, Eigenschaften von Werkstoffen etc., dass es auch bei (scheinbar) kühn geplanten Bauwerken fast nie zu einem Einsturz kommt.
- In der Astronomie und Physik ist das Verständnis für die Anziehungskräfte von Himmelskörpern so umfassend und genau geworden, dass man im Jahre 2014 in der Lage war, die Raumsonde „Rosetta" nach zehnjährigem (!) Flug und mehreren Umkreisungen der Sonne auf einem nur vier Kilometer großen Kometen landen zu lassen.

Auch in der Betriebswirtschaftslehre hat man – trotz gewisser Defizite im Vergleich zu den (viel älteren) Naturwissenschaften – vielfach einen einigermaßen gesicherten Wissensbestand erreicht. Dazu ebenfalls Beispiele:

- Der begrenzte Einfluss der Entlohnung auf die Motivation von Mitarbeiter:innen zeigt, dass auch deren intrinsische Motivation Wirkungen erwarten lässt und nicht nur ökonomische Anreize (siehe z. B. Schreyögg & Koch, 2020, S. 449 ff.).
- Prozesse der Werbewirkung sind so weit bekannt, dass mit beträchtlicher Erfolgswahrscheinlichkeit Werbekampagnen gestaltet und realisiert werden können.
- Bei angemessener Stichprobenziehung und -realisierung kann in der statistischen Qualitätskontrolle mit recht großer Sicherheit von einer kleinen Zahl geprüfter Produkte auf die Fertigungsqualität insgesamt geschlossen werden.

Wäre der Erfolg der genannten und unzähliger weiterer Anwendungen wissenschaftlicher Erkenntnisse (nicht zuletzt in Medizin und Technik) *erklärbar*, wenn man davon ausgehen müsste, dass Wissenschaft im Wesentlichen subjektiv bzw. durch soziale Rahmenbedingungen geprägt ist und eine systematische Annäherung an die Wahrheit nicht erwartet werden kann? Wohl kaum. Der über Jahrhunderte anhaltende Erfolg moderner Wissenschaft wäre ein *Wunder.* Wie sollte man in relativistischer Sicht erklären, dass Astronaut:innen, die Millionen von Kilometern durch den Weltraum geflogen sind, tatsächlich zur Erde zurückkehren oder dass eine geringe Menge eines Impfstoffs tatsächlich verhindert, dass jemand Malaria bekommt? Das ist alles nur plausibel, wenn man (eben *nicht* relativistisch) unterstellt, dass durch wissenschaftliche Forschung eine Annäherung an ein der (letztlich natürlich *nicht vollständig* bekannten) Wahrheit entsprechendes Verständnis der Realität erfolgt. Man spricht bei dieser Argumentation deswegen vom **„Wunderargument".** Smart (1963, S. 39) argumentiert, dass der Erfolg der Wissenschaft (s. o.) über Jahrhunderte auf einer riesigen Zahl „kosmischer Koinzidenzen" beruhen müsste, wenn wissenschaftliche Aussagen keine Entsprechung in der Realität hätten. Diese Überlegung hat zentrale Bedeutung für die Begründung und Rechtfertigung des Realismus: „Die einzige vernünftige Erklärung für den Erfolg wissenschaftlicher Theorien, die mir bekannt ist, besteht darin, dass gut bestätigte Theorien korrekte Aussagen zusammenfassen und dass die Gegenstände, auf die sie sich beziehen, aller Wahrscheinlichkeit nach tatsächlich existieren" (Maxwell, 1962, S. 18). Vor diesem Hintergrund kann man sagen, dass der Realismus die *beste Erklärung* (siehe Abschn. 2.5) für den Erfolg der Wissenschaft ist (dazu auch Lipton, 2008).

Der WR steht damit in einer deutlichen Gegenposition zum **Relativismus** (Hunt, 1990, 2010). Während wesentliche Aspekte des **kritischen Rationalismus** (z. B. Fallibilismus, Realismus) mit dem WR vereinbar sind, *widersprechen* die für Relativist:innen typischen Positionen einer im Wesentlichen durch den jeweiligen Kontext bestimmten Wissenschaft fundamental den zentralen Ideen des WR.

Hintergrundinformation
Carrier (2006, S. 148 f.) fasst die zentrale Idee des Wunderarguments in sprachlich hübscher Form zusammen:

> „… besondere Prominenz genießt das so genannte Wunderargument. Dieses sieht im Groben vor, dass ohne die Annahme, erfolgreiche Theorien erfassten die Wirklichkeit, der Erfolg der Wissenschaft unerklärlich bliebe, eben ein bloßes Wunder. Aber Wunder gibt es eben doch nicht immer wieder, und deshalb ist nach einer tragfähigen Erklärungsgrundlage für den Erfolg der Wissenschaft zu suchen. Eine solche Grundlage wird durch die Annahme bereitgestellt, erfolgreiche Theorien gäben die tatsächliche Beschaffenheit der einschlägigen Phänomene wieder."

Das „Wunderargument" ist einerseits intuitiv leicht nachvollziehbar und überzeugend; es stellt andererseits gerade in Abgrenzung zum Relativismus eine wesentliche Basis für den WR dar. Gleichwohl gibt es auch einen beachtlichen *Einwand* gegen die Schlussweise von den Erfolgen von Wissenschaften über Jahrhunderte zu der Hypothese, der Realismus sei „die beste, vielleicht sogar die einzige Erklärung des (…) Erfolgs der Naturwissenschaften" (Wiltsche, 2013, S. 197). Der Realismus mag in der Tat die (gegenwärtig) „beste Erklärung" für den Erfolg der Wissenschaft sein, es handelt sich aber nicht um eine logisch zwingende Schlussfolgerung (siehe auch Abschn. 2.5). Andere Erklärungen dafür kann man wohl nicht vollständig ausschließen, obwohl sie gegenwärtig nicht leicht vorstellbar sind. Wenn man den Erfolg der Wissenschaft daran bemisst, dass Theorien zu guten Prognosen und Erklärungen (mit Aussagen über Art und

Zusammenwirken relevanter Einflussfaktoren) der Realität führen und wenn diese Theorien in längeren Forschungsprozessen immer wieder auf ihre Entsprechung zur Realität getestet und weiter angepasst werden, dann verwundert es letztendlich nicht, dass im Ergebnis die Theorien nach diesem Maßstab erfolgreich sind. Im Hintergrund steht dabei die Überlegung, dass bei bisherigen Beobachtungen gefundene Übereinstimmungen von Theorie und Realität auch für mögliche zukünftige Beobachtungen gelten. Wenn man dem Wunderargument folgt, wäre es ja völlig unplausibel, dass die (theoretischen) Gesetzmäßigkeiten, die zu den *bisherigen* Ergebnissen geführt haben, plötzlich nicht mehr gelten sollten (Fahrbach, 2011).

Hintergrundinformation

Vonseiten der Kritiker:innen einer Position des Realismus („Anti-Realist:innen") hat es Versuche gegeben, das (zentrale) Wunderargument infrage zu stellen (siehe dazu auch die Übersichten bei Hunt, 2011 und bei Wray, 2018a). Ein solcher Versuch stammt von Bas van Fraassen (1980, S. 40) und konzentriert sich auf das evolutionstheoretische Argument, dass Theorien, die nicht zu erfolgreichen Vorhersagen führen, im wissenschaftlichen Konkurrenzumfeld schlechte „Überlebenschancen" haben. Das führe dann dazu, dass irgendwann nur noch Theorien existieren, die erfolgreich sind, unabhängig von ihrem Wahrheitsgehalt (siehe auch Wray, 2018a, b, c, S. 143 ff.).

Zwei wesentliche Annahmen des WR („approximative Wahrheit" und Bezugnahme auf „reife Wissenschaften") werden von Richard Boyd (1984, S. 41 f.) formuliert (Hervorhebungen durch die Autoren dieses Buches):

1. „Wissenschaftliche Theorien in realistischer Interpretation können und werden *oft* als *approximativ wahr* bestätigt auf der Basis normaler wissenschaftlicher Belege, die nach den üblichen wissenschaftlichen Standards interpretiert werden."
2. „Der Fortschritt in *reifen Wissenschaften* liegt zum großen Teil an den immer genaueren Approximationen an die Wahrheit über beobachtbare und nicht beobachtbare Phänomene."

Hier ist zunächst erläuterungsbedürftig, was unter **„reifen Wissenschaften"** zu verstehen ist. Umgangssprachlich verwendet man den Begriff der Reife meist, um die Vollendung eines physischen (z. B. bei Pflanzen) und/oder geistigen (z. B. Abitur → „Zeugnis der *Reife*") Wachstumsprozesses mit einem gefestigten Entwicklungsstand zu charakterisieren. Bei der (praktischen) Anwendung von Theorien (z. B. in der Medizin, in technischen Disziplinen oder in der Betriebswirtschaftslehre), bei der falsche Theorien gravierende negative Konsequenzen hätten, gilt eine angemessene Reife als wesentliche Voraussetzung. Das bezieht sich insbesondere auf Wissenschaften, die über einen längeren Zeitraum einen umfassenden Bestand an Wissen, Gesetzmäßigkeiten und Theorien mit einem relativ hohen Stabilitäts- und Bewährungsgrad entwickelt haben.

Auch das von Boyd angesprochene Konzept der **approximativen Wahrheit** spielt für den WR eine zentrale Rolle (siehe dazu auch Boyd, 2002; Chakravartty, 2017). Obwohl man in der Wissenschaftsgeschichte einzelne Ausnahmen identifizieren kann, wird beim WR davon ausgegangen, dass Theorien und Aussagen in reifen Wissenschaften approximativ wahr sind, dass also typischerweise die Abweichungen von einer (wohl nie erreichbaren) vollständig sicheren und präzisen Erkenntnis der Wahrheit gering sind (bzw. mit zunehmender Forschung geringer werden). Psillos (1999, S. 276) betont, dass eine vollständige (eben nicht nur approximative) Übereinstimmung von theoretischen Aussagen und entsprechender Realität kaum möglich sei, weil einerseits Theorien die Realität mehr oder weniger *vereinfacht* abbilden (sollen und müssen) und andererseits Beobachtungen bzw. Messungen realer Phänomene in der Regel *fehlerbehaftet* sind. Daneben entsteht hier das logische Problem, dass man den Grad der Annäherung an eine Wahrheit nur abschätzen kann, wenn man diese Wahrheit kennt, was natürlich in der Regel nicht der Fall ist. Wenn man eine solche Wahrheit kennt, müsste man sich ja nicht mit Approximationen begnügen. Ein ganz einfaches Beispiel (vgl. Psillos, 2007, S. 12 f.) mag den Charakter *approximativer* Aussagen illustrieren: Die Aussage „Alfred ist 1,760 m groß" ist falsch, wenn Alfred tatsächlich 1,761 m groß ist; aber die Aussage ist immerhin approximativ wahr. In den meisten Fällen ist in den Wirtschaftswissenschaften ein solcher Genauigkeitsgrad auch ausreichend. Wer muss schon ganz genau wissen, ob eine Korrelation zwischen zwei Variablen bei $r = 0{,}37$ oder bei $r = 0{,}34$ liegt? Ein bekanntes entsprechendes Beispiel aus den Naturwissenschaften sind die Newton'schen Gravitationsgesetze, die zwar durch Einsteins Relativitätstheorie infrage gestellt wurden, aber dennoch weiter für entsprechende Berechnungen genutzt wurden, weil die Ergebnisunterschiede eben minimal sind. Weston (1992, S. 55) schlägt eine Formulierung vor, die gleichzeitig dem approximativen Charakter von Aussagen und dem für den WR typischen Fallibilismus entspricht: „Die vorliegenden Daten deuten darauf hin, dass die Theorie approximativ wahr ist."

Dem entsprechend stellen sich dann einige Begrenzungen von Aussagemöglichkeiten, wie sie im Zusammenhang mit der Induktion schon angesprochen worden sind, oder das Problem der „pessimistischen Induktion" (siehe Abschn. 3.3) nicht mehr mit voller Schärfe. Der Begriff der approximativen Wahrheit ist immer wieder kritisch diskutiert und im Hinblick auf seine Konkretisierung infrage gestellt worden. Shelby Hunt (2011, S. 169) hat im Zusammenhang mit seinem „induktiv-realistischen" Modell folgende Kennzeichnung entwickelt: „Es ist gerechtfertigt, eine Theorie (…) als approximativ wahr zu akzeptieren, wenn die empirischen Belege für diese Theorie ausreichend begründen, dass so etwas wie die spezifischen Gegenstände, deren Eigenschaften sowie die Beziehungen, Strukturen und Mechanismen, die von der Theorie postuliert werden, sehr wahrscheinlich in der Realität existieren (…)."

Zurück zu den zentralen *Charakteristika des WR:* Nach seiner – teilweise scharfen – Kritik am zeitweilig (im letzten Drittel des 20. Jahrhunderts) einflussreichen Relativismus vertrat Shelby Hunt (z. B. 1990, 2003, S. 170 ff.; 2010, S. 223 ff.; 2014; Hunt & Hansen, 2010) auf der Basis der entsprechenden philosophischen Literatur (siehe z. B. die Übersichten bei Boyd, 2002 und Hunt, 2010) das Konzept des wissenschaftlichen Realismus als – in seiner Sicht – deutlich bessere Alternative und kennzeichnete diese Position durch vier Grundsätze, die hier jeweils kurz erläutert werden:

- **„Klassischer"** Realismus:

Es wird angenommen, dass eine Realität existiert, die unabhängig ist von der Wahrnehmung und Sichtweise des Betrachters. Psillos (2006, S. 688) spricht hier von der „metaphysischen These" (Metaphysik: „Titel für philosophische Untersuchungen, deren Erkenntnis- und Begründungsinteresse über die Natur hinausgeht"; Mittelstraß, 1995, S. 870) des wissenschaftlichen Realismus in dem Sinne, dass die entsprechende Annahme („Die Welt hat eine gegebene, denk-unabhängige Struktur.") jenseits des Erfahrungsbereichs liegt und nicht belegt oder gar bewiesen, sondern eher „geglaubt" werden kann – oder auch nicht.

Hintergrundinformation
Clark Glymour (1992, S. 106 f.) illustriert mit einem – natürlich erfundenen – Beispiel das Problem, warum die „metaphysische These" nicht belegt oder bewiesen werden kann:

> „Hinsichtlich einer modernen Version des metaphysischen Skeptizismus bedenke man die Möglichkeit, dass man nur ein Gehirn in einem Behälter ist und dass alles, was man sieht, hört, schmeckt, riecht und fühlt, nicht real ist, sondern dass alle Gefühle dadurch entstehen, dass alle Stimulierungen der Sinne durch einen hochentwickelten Computer erzeugt werden. Unabhängig davon, was man im Lauf seines Lebens wahrnimmt, alle Wahrnehmungen werden sowohl mit der Hypothese, man sei nur ein Gehirn in einem Behälter, als auch mit der Hypothese, dass das nicht der Fall sei, übereinstimmen."

Im Hinblick auf die „metaphysische These" stimmt der WR mit dem kritischen Rationalismus überein und unterscheidet sich deutlich vom Relativismus und Konstruktivismus. Im Sinne des WR ist wissenschaftliche Forschung auf die Gewinnung von Erkenntnissen über eine denk-unabhängige Realität gerichtet. Damit wird es möglich, sich an das Ziel der Objektivität (siehe Abschn. 1.2) anzunähern und zu Erkenntnissen zu kommen, die im Sinne der Korrespondenztheorie der Wahrheit (siehe Abschn. 2.2) approximativ wahr sind.

Hintergrundinformation
Hier zwei Kennzeichnungen des philosophischen Inhalts des Realismus-Begriffs:
Rolf Brühl (2021, S. 59 f.): „Realistische Positionen entsprechen unserer üblichen Alltagsintuition: Wir gehen davon aus, dass sich die Sachverhalte, die wir wahrnehmen, nicht in unserem Geist befinden, sondern dass sie tatsächlich existieren. Diese Grundannahme wird vom wissenschaftlichen Realisten geteilt, der jedoch darüber hinausgeht, indem er auch Entitäten, die wir nicht direkt wahrnehmen können, wie z. B. Atome, Moleküle oder die Unternehmenskultur, als real existierend annimmt."
Richard Boyd (1984, S. 42): „Die Realität, die von wissenschaftlichen Theorien beschrieben wird, ist weitgehend unabhängig von unserem Denken oder unseren theoretischen Ausrichtungen."

Das Problem der Akzeptanz des Realismus spitzt sich zu, wenn es um *nicht beobachtbare* Phänomene geht. Wray (2018a, 2018b, 2018c, S. 1) fasst das Problem in einem

Satz zusammen: „Haben wir Grund zu der Annahme, dass unsere Theorien wahr oder approximativ wahr sind im Hinblick auf das, was sie über nicht beobachtbare Dinge und Prozesse aussagen?" Wie kann man feststellen, ob Aussagen über Phänomene, die nicht direkt beobachtbar sind (z. B. Motivation, Risiko-Wahrnehmung, Kompetenz), wahr sind? Existieren diese in der Realität und nicht nur in der Theorie? Welche Eigenschaften haben sie? Vertreter:innen des Realismus verteidigen ihre Position vor allem mit drei Argumenten:

Zum *ersten* Argument. Die Abgrenzung zwischen *Beobachtbarkeit und Nicht-Beobachtbarkeit* von Phänomenen ist oft nicht eindeutig und im Zeitablauf veränderlich. Dieses Argument wurde sehr pointiert von Grover Maxwell (1962) vertreten, der einerseits die Abgrenzbarkeit von „beobachtbar" und „nicht-beobachtbar" bezweifelt. Wenn man sich beispielsweise in der betriebswirtschaftlichen Forschung zum Einfluss von Risiko auf Entscheidungen befasst, welche Teilaspekte wie Risikowahrnehmung, Komponenten von Risiko, Risiko-Aversion etc. wären dabei „beobachtbar" bzw. „nicht-beobachtbar"? Andererseits verweist Maxwell auf die technische Entwicklung bei Messverfahren, die eben früher nicht-beobachtbare Phänomene beobachtbar macht. Berühmte Beispiele aus der Wissenschaftsgeschichte sind die Erfindungen des Mikroskops oder des Fernrohrs. In der empirischen betriebswirtschaftlichen Forschung kann man z. B. eine entsprechende Entwicklung bei Messmethoden beobachten, von Ad-hoc-Fragebögen über systematisch entwickelte Multi-Item-Skalen, physiologische Messverfahren (siehe z. B. Kroeber-Riel & Gröppel-Klein, 2019) bis zu neurowissenschaftlichen Methoden (siehe z. B. Kenning, 2020). Dagegen wird von Anti-Realist:innen vereinzelt der Einwand erhoben, dass die Realität dabei gewissermaßen „gefiltert" oder „künstlich erzeugt" wiedergegeben wird. Wenn man diesen Einwand unterstützt, wie wäre die Situation einzuschätzen, wenn ein:e Forscher:in Brillenträger:in ist und/oder künstliche Augenlinsen trägt?

Eine *zweite* „Verteidigungsstellung" des Realismus geht auf Eronen (2015; siehe auch Chakravartty, 2017) zurück. „Wir haben Grund etwas für real zu halten, wenn es *robust* ist, d. h. es ist bestimmbar, herstellbar oder ableitbar auf unterschiedlichen Wegen." (Eronen, 2015, S. 3962). Dieses Argument erinnert an den Ansatz der Konvergenzvalidität (siehe Abschn. 6.3.3), bei dem man davon ausgeht, dass *möglichst unterschiedliche* Messmethoden, die bei der Anwendung auf *ein* Konzept/Konstrukt zu gleichen (zumindest ähnlichen) Ergebnissen führen, dafür sprechen, dass die Ergebnisse offenbar kein Methoden-Artefakt sind, sondern wohl eher den „wahren" Werten entsprechen. Übertragen auf nicht-beobachtbare Phänomene würde man (wieder) *möglichst unterschiedliche* Indikatoren, die für die reale Existenz eines Phänomens sprechen, als „Untermauerung" (Chakravartty, 2017, S. 6) einer These zu deren realer Existenz interpretieren. Beispielsweise könnte man Risikowahrnehmung durch unterschiedliche Arten von Befragungen, physiologische und neuroökonomische Methoden messen und bei kompatiblen Ergebnissen die tatsächliche Existenz von „Risikowahrnehmung" für bestätigt halten.

Beim *dritten* Argument, das auf Hacking (1983/1996) zurückgeht, liegt der Fokus beim Einfluss eines nicht-beobachtbaren Einflussfaktors auf reale Phänomene. Der typische Anwendungsbereich für derartige Beobachtungen und Schlussweisen sind *Experimente* (siehe Kap. 8). Deren Grundidee besteht ja darin, dass man eine unabhängige Variable manipuliert und beobachtet, ob sich die abhängige Variable in der erwarteten Weise verändert. Wenn man also beispielsweise eine nicht-beobachtbare Variable „Motivation von Verkäufer:innen" gezielt beeinflusst (z. B. durch Schulung, materielle Anreize) und sich die erwarteten Wirkungen *in der Realität* (z. B. längere Arbeitszeiten, höhere Verkaufszahlen) ergeben, dann spricht das dafür, dass ein theoretisches Phänomen wie „Motivation" tatsächlich existiert. David Resnik (1994) fasst die entsprechende Schlussweise von Hacking in drei Schritten zusammen:

- Wir sind nur dann zu der Annahme berechtigt, dass ein theoretisches Phänomen tatsächlich existiert, wenn wir dieses anwenden können, um die reale Welt zu beeinflussen.
- Wir können ein theoretisches Phänomen (z. B. Motivation) *tatsächlich* benutzen, um Realität (z. B. Verkaufserfolg) zu verändern.
- Deshalb sind wir befugt, das Phänomen der Motivation für *real* zu halten.

Hintergrundinformation
Ian Hacking (1996, S. 431) beschreibt seine zentrale Idee in wenigen Sätzen:

> „Die überzeugendsten Belege für den wissenschaftlichen Realismus werden von der experimentellen Forschung geliefert. Das liegt nicht daran, dass man Hypothesen über Entitäten prüft, sondern daran, dass man Entitäten, die im Prinzip nicht ‚beobachtet' werden können, in geregelter Weise beeinflusst, um neue Phänomene hervorzubringen und andere Aspekte der Natur zu untersuchen."

- **„Induktiver"** Realismus:
Wenn eine Theorie und die darin enthaltenen Aussagen sich *langfristig* und *oft* bei entsprechenden Tests und in praktischen Anwendungen bewähren, dann spricht offenbar vieles dafür, dass diese Aussagen mit relativ großer Wahrscheinlichkeit approximativ richtig sind, obwohl man natürlich keine Sicherheit erreichen kann. Das heißt also, dass bei bisherigen Beobachtungen gefundene Übereinstimmungen von Theorie und Realität auch für mögliche zukünftige Beobachtungen gelten müssten (Fahrbach, 2011). Wenn man dem Wunderargument folgt, wäre es ja völlig unplausibel, dass die (theoretischen) Gesetzmäßigkeiten, die zu den bisherigen Ergebnissen geführt haben, plötzlich nicht mehr gelten sollten. Hier wird auch erkennbar, dass eine möglichst große Zahl bestätigender empirischer Befunde das Vertrauen in eine wissenschaftliche Aussage stärkt (siehe Abschn. 2.5). Durch die Aufgabe des „fundamentalistischen Anspruchs" an die Sicherheit von Erkenntnissen wird der zentrale Einwand gegen induktive Schluss-

weisen hier unwirksam. Man nimmt also bei induktiven Schlussweisen eine gewisse Unsicherheit der Aussagen in Kauf, was sich auch im folgenden Gesichtspunkt der Fehlbarkeit niederschlägt. Der Grundsatz des induktiven Realismus ist der Ausgangspunkt für die Überlegungen, die zum induktiv-realistischen Modell von Shelby Hunt (siehe Abschn. 9.3.1) geführt haben. Aus diesem Grundsatz lassen sich auch direkt Konsequenzen für die Anlage und Durchführung empirischer Tests ableiten, beispielsweise hinsichtlich der Großzahligkeit von Untersuchungen und der Bedeutung von Replikationsstudien und Metaanalysen (Kuß & Kreis, 2013). Letztlich ergibt sich daraus eine Forschungsstrategie, bei der man sich weniger auf einzelne Studien zur Überprüfung von Hypothesen ausrichtet, sondern eher auf einen *Prozess*, in dem durch eine größere Zahl von Untersuchungen (zu verschiedenen Zeitpunkten, unter verschiedenen Bedingungen, mit unterschiedlichen Methoden), aus deren zusammengefassten Ergebnissen mit einiger Sicherheit induktiv geschlossen werden kann (siehe dazu Cumming, 2014 und auch Kap. 9).

Eine zentrale Idee des „induktiven Realismus" wird von Ernan McMullin (1984, S. 26) in einem Satz zusammengefasst: „Der grundlegende Anspruch, der vom wissenschaftlichen Realismus erhoben wird, besteht darin (…), dass der langfristige Erfolg einer wissenschaftlichen Theorie Grund für die Annahme gibt, dass etwas wie die von der Theorie unterstellten Gegenstände und Zusammenhänge tatsächlich existieren."

- **„Fehlbarer"** Realismus:
Vollständige Sicherheit, dass Wissen über die Realität zutrifft (etwa im Sinne einer logisch zwingenden Schlussweise), kann nicht erreicht werden. Auch hier geht der WR konform mit der Sichtweise des kritischen Rationalismus (s. o.), dass wissenschaftliche Aussagen typischerweise fehlbar sind (**„Fallibilismus"**) und sich in der Wissenschaftsgeschichte immer wieder auch (bei späteren Überprüfungen) als falsch gezeigt haben. Auch mit den Relativist:innen ergibt sich eine punktuelle Übereinstimmung hinsichtlich der Unsicherheit von wissenschaftlichen Aussagen. Vertreter:innen des WR akzeptieren es durchaus, dass die Entstehung wissenschaftlicher Erkenntnisse durch politische, geistige, ökonomische etc. Rahmenbedingungen *beeinflusst* wird (siehe Abschn. 3.3), gehen aber *nicht* (wie Vertreter:innen des Relativismus) davon aus, dass wissenschaftliche Erkenntnis *umfassend* und *maßgeblich* durch den jeweiligen Kontext ihrer Entstehung bestimmt ist.

Hintergrundinformation
Der Kern des Fallibilismus wird von Gerhard Schurz (2014, S. 23) knapp charakterisiert:

> „Der Annahme des Fallibilismus entsprechend ist jede wissenschaftliche Aussage mehr oder weniger fehlbar, so dass wir uns nie absolut sicher sein können, dass diese wahr ist, aber wir können deren Wahrheit als mehr oder weniger wahrscheinlich ansehen."

- **„Kritischer"** Realismus:

Eine der zentralen Aufgaben der Wissenschaft ist es, Aussagen über die Realität im Hinblick auf ihre Korrektheit infrage zu stellen, (empirisch) zu überprüfen und Wissen zu gewinnen, das der Realität möglichst gut entspricht. Aus dem oben (und im Abschn. 1.2) angesprochenen Fallibilismus und aus den Begrenzungen induktiver Schlussweisen (siehe Abschn. 2.5) ergibt sich eben die Aufgabe, „besseres" Wissen gegenüber dem bisherigen Stand durch fortlaufende kritische Infragestellung und neue Forschung zu gewinnen. Hier wird direkt an den kritischen Rationalismus angeknüpft, dessen Name ja schon diese Idee der laufenden *kritischen* Infragestellung beinhaltet. Gerhard Schurz (2014, S. 23) formuliert kurz und klar den entscheidenden Gedanken, dass „hinsichtlich der Wahrscheinlichkeit einer bestimmten Hypothese alles von der Durchführung empirischer Überprüfungen abhängt (…). Fallibilismus geht mit einer kritischen Einstellung Hand in Hand, der zufolge keine Aussage ein- für allemal von der Kritik ausgenommen werden darf."

In Abb. 3.1 sind die erläuterten vier Grundsätze des wissenschaftlichen Realismus und wesentliche Verbindungen zusammenfassend (natürlich vereinfachend) dargestellt. Es sei ausdrücklich betont, dass es bei dieser Darstellung nicht um Abläufe (z. B. einen Forschungsprozess) geht, sondern um gedankliche Verbindungen. Der WR ist also aus-

Abb. 3.1 Merkmale des wissenschaftlichen Realismus in schematischer Darstellung

gerichtet auf die Einschätzung wissenschaftlicher Theorien. Der in der Abbildung dargestellte doppelseitige Pfeil zwischen der *unabhängig* von Wahrnehmung und Theorie existierenden Realität („klassischer Realismus") und entsprechenden Theorien soll andeuten, dass man in reifen Wissenschaften oft von einer approximativen Übereinstimmung ausgehen kann (→ approximative Wahrheit). Bei der Beurteilung einer Theorie stellt sich einerseits die Frage, in welchem Maße sich diese bei empirischen Überprüfungen und Anwendungen bewährt („induktiver Realismus"). Andererseits gilt der Grundsatz des Fallibilismus, dass sich eine bisher akzeptierte Theorie auch als falsch herausstellen kann („fehlbarer Realismus"). Beide Aspekte legen es nahe, eine Theorie – in der Regel auf empirischem Wege – wiederholt kritisch zu prüfen („kritischer Realismus"). Je nach Ergebnis solcher Prüfungen (Bestätigung oder Ablehnung entsprechender Hypothesen) kommt man zu einer Verstärkung der Akzeptanz der Theorie oder zur Infragestellung der Theorie bzw. zu deren Modifikation. Dieser Gesichtspunkt wird im Zusammenhang mit dem induktiv-realistischen Modell im Abschn. 9.3.1 wieder aufgegriffen.

Hintergrundinformation
Richard Boyd (2002, S. 1) fasst zentrale Ideen des WR kurz zusammen:

> „Wissenschaftliche Realist:innen sind der Ansicht, dass Wissen über weitgehend theorieunabhängige Phänomene das typische Ergebnis erfolgreicher wissenschaftlicher Forschung ist und dass solches Wissen auch in den Fällen, in denen die relevanten Phänomene … nicht beobachtbar sind, möglich ist (und tatsächlich entsteht). Beispielsweise würde es der Sichtweise wissenschaftlicher Realisten entsprechen, dass man, wenn man ein gutes und aktuelles Chemie-Lehrbuch bekommt, guten Grund hat (weil die Wissenschaftler:innen, deren Arbeitsergebnisse in dem Buch zusammengefasst sind, gute wissenschaftliche Belege dafür hatten) anzunehmen, dass die darin enthaltenen Aussagen über Atome, Moleküle, Atomteile, Energie, Reaktionen etc. (approximativ) wahr sind. Darüber hinaus hat man guten Grund davon auszugehen, dass solche Phänomene die in dem Lehrbuch angegebenen Eigenschaften unabhängig von unseren theoretischen Ansätzen in der Chemie haben. Wissenschaftlicher Realismus ist deswegen eine Sichtweise des ‚gesunden Menschenverstandes' (…) in dem Sinne, dass unter Berücksichtigung der Tatsache, dass wissenschaftliche Methoden fehlbar sind und dass wissenschaftliche Erkenntnisse größtenteils approximativ sind, es gerechtfertigt ist, die am besten gesicherten Forschungsergebnisse zu akzeptieren."

Für die Betriebswirtschaftslehre hat der WR Konsequenzen, die teilweise fast schon selbstverständlich geworden sind. So hat z. B. das über Jahrzehnte – in sozialwissenschaftlichen Untersuchungen und in der Praxis – erfolgreich angewendete Einstellungskonzept breite Akzeptanz gefunden. Der langfristige Erfolg einer Theorie spricht in diesem und in vielen anderen Beispielen für die Existenz der betreffenden Konzepte (→ „Einstellung") und Strukturen (z. B. Zusammenhang von Einstellung und Verhalten). Weiterhin entspricht die in der empirischen betriebswirtschaftlichen Forschung hauptsächlich angewendete *empirische Methodik* (siehe dazu die Kap. 6 bis 9) weitgehend den zentralen Ideen des WR (Homburg, 2007, S. 34), weil ja Überprüfungen von Theorien auf Basis großer Fallzahlen wesentlich für die Entscheidung über Akzeptanz oder Ablehnung von Theorien sind. Letztlich ist zu beobachten, dass die Orientierung am WR zum *Vertrauen* in entsprechende Forschungsergebnisse beiträgt, weil in diesem Sinne relativ breit geteiltes Wissen entsteht und nicht nur mehr oder weniger subjektive („relativistische") Darstellungen von Wahrnehmungen und Einschätzungen der Realität. Dadurch entsteht Akzeptanz von Aussagen der Betriebswirtschaftslehre bei anderen Wissenschaftler:innen innerhalb und außerhalb der Disziplin, bei Studierenden und Praktiker:innen. Welche Verbindlichkeit und Relevanz sollten beispielsweise die akademische Lehre oder Gutachten in Promotionsverfahren haben, wenn man von einem weitgehend subjektiven Wissenschaftsverständnis ausginge? Zumindest im Begründungszusammenhang (siehe Abschn. 1.2) könnte man damit dem *Ziel* der Objektivität von Aussagen nicht gerecht werden.

3.3   Kritik am wissenschaftlichen Realismus

3.3.1   Überblick

Bisher wurde der WR als Grundlage zahlreicher der in diesem Buch wiedergegebenen Überlegungen durch seine zentralen Merkmale (im Abschn. 3.2) charakterisiert. In den folgenden Kapiteln wird darauf Bezug genommen und einige weiterführende Gedanken und Anwendungen werden folgen. Es ist schon erkennbar geworden, dass sich der WR von anderen wissenschaftstheoretischen Ansätzen mehr oder weniger deutlich unterscheidet. Insofern überrascht es natürlich nicht, dass in der Wissenschaftstheorie eine entsprechend kritische Diskussion stattfand und stattfindet. Einige wichtige Ansatzpunkte für **Kritik** seien in den folgenden Abschnitten kurz umrissen. Dabei werden natürlich Argumente „für" und „wider" den WR abgewogen. Es geht um folgende Aspekte:

- **Unterbestimmtheit von Theorien** (Abschn. 3.3.2)
  Die Unterbestimmtheit von Theorien bezieht sich darauf, dass empirische Untersuchungsergebnisse unterschiedliche theoretische Erklärungen erlauben und oft nicht schlüssig die Wahrheit *einer bestimmten Theorie* belegen können. Das kann der Fall sein, wenn unterschiedliche Theorien zum gleichen Ergebnis führen und damit nicht vom Ergebnis auf eine bestimmte Theorie geschlossen werden kann. Es kann aber auch sein (und ist in der Forschungspraxis auch sicher oft so), dass Untersuchungsergebnisse fehlerbehaftet sind und damit nicht klar ist, ob diese Ergebnisse tragfähig für die Bestätigung oder die Bezweiflung einer Theorie sind.
- **Pessimistische Induktion** (Abschn. 3.3.3)
  Die pessimistische Induktion ist eines der zentralen („anti-realistischen") Argumente zur Begründung von Zweifeln am WR. Es beruht auf der Erfahrung aus der Wissenschaftsgeschichte, dass Theorien, die anfangs als gut bestätigt und damit erfolgreich

erschienen, sich später als falsch erwiesen haben. Wenn so etwas historisch häufig geschehen ist, dann müsste man auch bei aktuell als erfolgreich erscheinenden Theorien damit rechnen, dass ein erheblicher Teil davon später scheitert. Das wäre sicher keine stabile Grundlage für den epistemologischen Optimismus des WR.

- **Problem der (noch) „nicht erdachten Alternativen"** (Abschn. 3.3.4)
  In der jüngeren Vergangenheit hat Kyle Stanford (2006) durch eine neuartige Sichtweise beide bisher diskutierten Aspekte – Unterbestimmtheit und pessimistische Induktion – mit dem Problem der „nicht erdachten Alternativen" (Wiltsche, 2013) in Verbindung gebracht. Damit ist gemeint, dass im Forschungsprozess zu einem Thema weitere (im Wortsinne) *denkbare* Theorie-Alternativen oft nicht mehr „erdacht" wurden, wenn schon vielversprechende Ansätze vorlagen, die dann weiter verfolgt wurden. Das heißt, dass ein Potenzial noch nicht bekannter (bzw. noch nicht erdachter) Theorien existieren könnte, die möglicherweise den bis dahin bekannten Theorien überlegen sind. Im Hinblick auf die *Unterbestimmtheit* würde das bedeuten, dass die Zahl von Theorien wächst, die ebenfalls mit einem vorliegenden empirischen Ergebnis verträglich sein könnten. Hinsichtlich der *pessimistischen Induktion* nimmt die Wahrscheinlichkeit zu, dass aus dem Potenzial der bis zum jeweiligen Zeitpunkt noch nicht erdachten Theorien (überlegene) Konkurrenz für die bisher akzeptierten Theorien erwachsen kann.

- **Beeinflussung von Erkenntnissen durch sozialen bzw. historischen Kontext und „Theoriebeladenheit"** (Abschn. 3.3.5).
  In der Wissenschaftsgeschichte findet man immer wieder Beispiele für wechselnde „Weltanschauungen" und daraus resultierende ganz unterschiedliche Wahrnehmungen der jeweils interessierenden Teile der Realität. Darauf ist im vorherigen Abschn. 3.2 im Zusammenhang mit dem Relativismus und Konstruktivismus schon eingegangen worden. Wegen der im Abschn. 1.1 schon angesprochenen besonderen Reputation und Glaubwürdigkeit der Wissenschaft kommt es immer wieder auch zu Versuchen, wissenschaftliche Erkenntnisse zu beeinflussen und bestimmten Interessen unterzuordnen. Allerdings gehen die Vertreter:innen des WR nicht – wie Relativist:innen und Konstruktivist:innen – davon aus, dass derartige Einflüsse Prozesse und Ergebnisse wissenschaftlicher Forschung *maßgeblich* bestimmen, sondern sehen eher *begrenzte Einflüsse* und *bestimmte Einzelfälle* als typisch an. Im Abschn. 3.3.5 wird versucht, derartige Einwände hinsichtlich der Wahrheit von Theorien etwas genauer zu beleuchten.

Zusammenwirken von Unterbestimmtheit, pessimistischer Induktion und Problem der nicht erdachten Alternativen Bevor die genannten Haupt-Kritikpunkte etwas ausführlicher erörtert und Gegen-Argumente abgewogen werden, soll kurz deren Zusammenwirken im Hinblick auf Zweifel bzw. Kritik am WR umrissen werden. Aus dem Abschn. 3.2 bleibt u. a. in Erinnerung, dass das **„Wunderargument"** die entscheidende Grundlage für die Akzeptanz des WR ist. Wie lässt sich dessen zentrale „Botschaft" verstehen, die *dauerhaft erfolgreiche* Anwendung einer Theorie sei ein hinreichend deutlicher Beleg, dass diese Theorie mit großer Wahrscheinlichkeit approximativ wahr ist? (siehe dazu Fahrbach, 2011). Dazu gehören zwei Aspekte:

- Zunächst muss die jeweilige Theorie bisher *deutlich überwiegend empirisch bestätigt* sein. Hier setzt die Kritik im Zusammenhang mit der *Unterbestimmtheit* von Theorien an. Diese schränkt einerseits die Aussagekraft von Erfolgen beim Theorietest ein, weil es ja sein kann, dass die jeweiligen Ergebnisse auch für den Erfolg anderer Theorien stehen könnten (→ Alternativen-Unterbestimmtheit, s. u.). Weiterhin ist natürlich ein empirischer Erfolg kein *Beweis* für die Wahrheit einer Theorie, da jeder empirische Test mit unterschiedlichsten Fehlern (→ Fehler-Unterbestimmtheit, s. u.) behaftet sein könnte. Im sozialwissenschaftlichen Bereich werden im Zusammenhang mit Untersuchungsfehlern die Aspekte von (sozialen und historischen) Kontexteinflüssen sowie durch Theoriebeladenheit besonders beachtet, weil deren Relevanz in diesen Forschungsgebieten besonders groß ist. Man könnte diese Aspekte allgemein der Fehler-Unterbestimmtheit zuordnen, hier werden sie aber im Abschn. 3.3.5 separat erörtert.
- Darüber hinaus wird davon ausgegangen, dass eine erfolgreich bestätigte Theorie *auch im Zeitablauf* (und damit auch in der Zukunft) *wahr* ist. *Überzeitliche und systematische Gesetzmäßigkeiten* (siehe Abschn. 2.3.1) sind ja ein wesentlicher Bestandteil von Theorien (siehe Abschn. 2.1) und unterscheiden diese von einmalig oder zufällig auftretenden Phänomenen und deren Gründen. In Wissenschaft und Praxis wird ja mit gut bewährten Theorien der Anspruch verbunden, dass diese zumindest über lange historische Perioden oder gar dauerhaft (z. B. in den Naturwissenschaften) gelten. Darauf zielt der Kritikpunkt der *pessimistischen Induktion* mit der Behauptung, dass es zahlreiche Beispiele für Theorien gebe, die zeitweilig erfolgreich waren, sich aber später als falsch gezeigt haben.

Wichtige Stoßrichtungen des Zweifels am WR (von „Anti-Realist:innen") sind deswegen das Problem der Unterbestimmtheit mit seinen verschiedenen Facetten und die pessimistische Induktion, die Zweifel an der dauerhaften Gültigkeit von Theorien begründen bzw. begründen sollen. Diese Kritik wird noch dadurch gewichtiger, dass bisher nicht erdachte Alternativen sowohl das Problem der Unterbestimmtheit durch neu hinzukommende alternative Theorien als auch das Problem der pessimistischen Induktion durch weitere (bessere?) Theorien, die im Zeitablauf erdacht werden (könnten), verstärken. Diese kritischen Überlegungen werden in der Abb. 3.2 zusammengefasst, wobei der Aspekt der bisher nicht erdachten Alternativen die durch Unterbestimmtheit und pessimistische Induktion begründete Kritik am WR eher verstärkt. In den dann folgenden Abschn. 3.3.2 bis 3.3.5 werden die bisher nur skizzierten Gesichtspunkte etwas genauer dargestellt und diskutiert. Dabei wird es auch um die Relevanz dieser Gesichtspunkte gehen.

Abb. 3.2 Kritik und Zweifel am wissenschaftlichen Realismus im Überblick

3.3.2 Unterbestimmtheit von Theorien

Oben wurden ja schon zwei Arten der Unterbestimmtheit von Theorien kurz angesprochen. Einerseits gibt es das Problem, dass bestimmte Beobachtungen bzw. Konstellationen von Daten unterschiedliche (und unvereinbare) theoretische Erklärungen
erlauben und somit nicht die Wahrheit *einer bestimmten* (einzelnen) Theorie belegen
können. Wenn es also so ist, dass mehrere alternative Theorien existieren, die bestimmte
Beobachtungen/Daten auf unterschiedliche Weise erklären können, dann lässt sich so
eben nicht mehr empirisch feststellen, welche dieser Theorien (approximativ) wahr ist
(Psillos, 1999, S. 162). Andererseits kann Unterbestimmtheit aber auch dadurch verursacht sein, dass die zu Grunde liegenden Beobachtungen/Daten so fehlerbehaftet
sind, dass die entsprechenden Ergebnisse nicht ausreichend tragfähig sind. Fehler, die
durch sozialen Kontext oder Theoriebeladenheit entstehen können, werden gesondert im
Abschn. 3.3.5 behandelt.

▶ **Definition Unterbestimmtheit** Kyle Stanford (2017, S. 1) kennzeichnet *Unterbestimmtheit* kurz und prägnant:

> „Der Grundgedanke der Unterbestimmtheit wissenschaftlicher Theorien durch empirische
> Belege besteht in der einfachen Idee, dass die zur Verfügung stehenden Belege möglicher-
> weise nicht ausreichend sind, um festzulegen, welche Vorstellung wir davon haben sollten."

Definitionen von Arten der Unterbestimmtheit

- **Alternativen-Unterbestimmtheit** (bei Stanford (2017): „contrastive underdetermination") bezeichnet die Fälle, in denen vorliegende Beobachtungen mit unterschiedlichen Theorien vereinbar sind, in denen die Beobachtungen also nicht eindeutig für *eine* bestimmte Theorie sprechen und die Wahrheit alternativer Theorien *ebenso möglich* sein kann.
- **Fehler-Unterbestimmtheit** (bei Stanford (2017): „holist underdetermination") kennzeichnet das Problem, dass die Bestätigung (bzw. Infragestellung) einer Theorie nach einer empirischen Untersuchung und Hypothesenprüfung nicht unbedingt durch die (gegebenenfalls mangelnde) Übereinstimmung der Theorie mit dem entsprechenden Ausschnitt der Realität bestimmt sein muss. Vielmehr kann es durchaus sein, dass ein solches Ergebnis durch (in der Regel nicht vollständig vermeidbare) Fehler bei den durchgeführten Beobachtungen (z. B. Messfehler, mangelnde Validität) zustande gekommen sein kann.

Ein anschauliches Beispiel für „*Alternativen-Unterbestimmtheit*" ist das sogenannte „curve fitting problem", das durch die Abb. 3.3 illustriert wird (siehe dazu auch Phillips & Burbules, 2000, S. 17 ff.; Newton-Smith, 2000). Man erkennt darin deutlich, dass

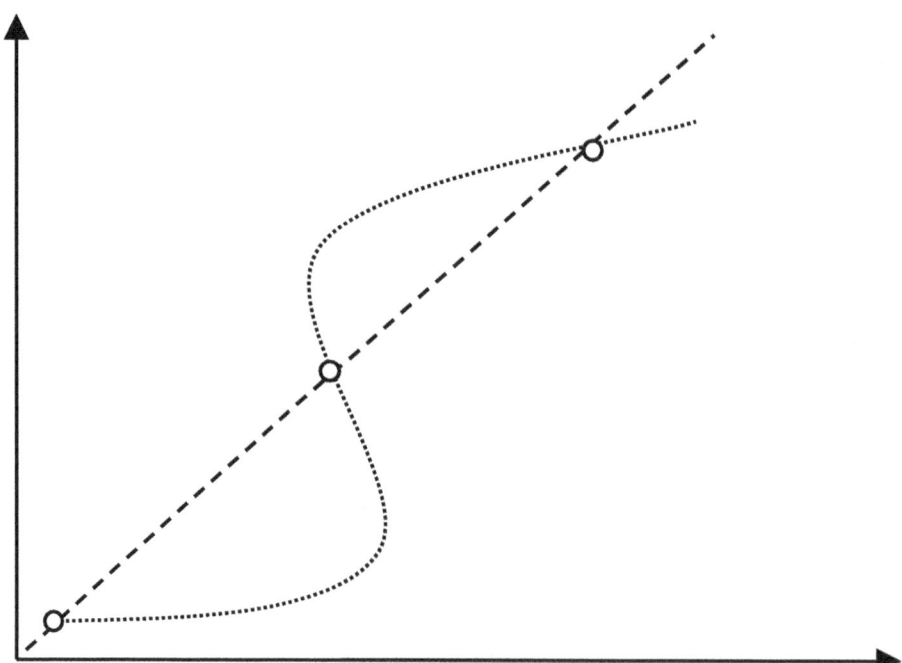

Abb. 3.3 Verträglichkeit eines empirischen Befundes mit alternativen Theorien. (Nach Philips & Burbules, 2000, S. 18)

eine bestimmte Menge von Messwerten unterschiedliche Deutungen ($\rightarrow$ Theorien) der Art eines vorliegenden Zusammenhanges zulässt, in diesem einfachen Beispiel eine lineare und eine (bzw. viele) nicht lineare. Grundlage der Alternativen-Unterbestimmtheit ist also das Problem der „empirischen Äquivalenz", d. h., dass „alternative Theorien genau die gleichen empirischen Voraussagen machen und diese deswegen nicht durch eine mögliche Menge von Beobachtungen mehr oder weniger gestützt werden können" (Stanford, 2017, S. 8). Allerdings kann man sich die Frage stellen, ob einzelne Beispiele aus der Wissenschaftsgeschichte ausreichen, um *generell* von einem relevanten Problem empirischer Äquivalenz zu sprechen. Häufig ist das Problem *mehrerer existierender* Theorien wohl eher hypothetisch (siehe dazu aber Abschn. 3.3.4), weil Forschende sich oft damit begnügen, dass sie *eine* plausible und aussichtsreiche Theorie für einen Sachverhalt finden und weiterverfolgen. Auch wenn Alternativen existieren sollten, kann man wohl nicht immer davon ausgehen, dass diese gewissermaßen gleich relevant sind (Okasha, 2002, S. 72 f.), weil ja empirische Bewährung sicher ein wichtiges, aber nicht das einzig relevante Beurteilungskriterium ist (siehe Abschn. 5.1).

Alternativen-Unterbestimmtheit tritt wohl besonders häufig auf bei Ergebnissen, die auf Signifikanztests beruhen (siehe Abschn. 7.2), weil diese eben nur den Unterschied „signifikant" vs. „nicht-signifikant" ausweisen; d. h. es können auch mehrere Ergebnisse, die auf unterschiedlichen Theorien beruhen, „signifikant" sein und deswegen als „gleichwertig" angesehen werden. Damit wäre die Bedingung für das Vorliegen von Unterbestimmtheit – verschiedene Theorien mit gleichen Ergebnissen beim Test – erfüllt. Erst die Betrachtung von Effektstärken (siehe Abschn. 7.2) kann Unterschiede in der Erklärungskraft verschiedener Theorien aufzeigen und damit klären, welche Theorie besser geeignet ist, eine empirische Beobachtung zu erklären.

Das Problem, dass empirische *Daten typischerweise fehlerbehaftet* (durch Messfehler, Stichprobenfehler etc.) sind, existiert natürlich auch in der Perspektive des WR. *„Fehler-Unterbestimmtheit"* bezieht sich also – wie gesagt – auf das Problem, dass die Ablehnung bzw. Annahme einer wissenschaftlichen Hypothese nicht unbedingt durch die Falschheit bzw. Richtigkeit der entsprechenden Theorie begründet sein muss. Dieses Problem ist natürlich *nicht spezifisch* für den WR, sondern gilt auch für andere Ansätze, z. B. den kritischen Rationalismus. Es kann also durchaus sein, dass die Ablehnung (bzw. Bestätigung) einer Theorie „voreilig" wäre, weil der Grund der Nicht-Bestätigung (bzw. Bestätigung) einer daraus abgeleiteten Hypothese eher in den Mängeln der empirischen Untersuchung als in der Theorie zu sehen ist.

Dieses Problem entspricht der sogenannten **Duhem-These** (Duhem, 1954; erste Ausgabe von 1906), nach der Voraussagen einer Theorie ($\rightarrow$ Hypothesen) immer an die Gültigkeit von begleitenden Annahmen, z. B. über die Messeigenschaften der verwendeten Untersuchungsmethoden, gebunden sind. „Wenn die Voraussage nicht eintrifft, dann können wir daraus logisch nur schließen, dass *entweder* die begleitenden Annahmen nicht zutreffen *oder* dass die Theorie falsch ist" ((Psillos, 2007, S. 71); siehe auch Abb. 3.4). Streng genommen würde die Möglichkeit, dass man nicht mit hinreichender Sicherheit sagen kann, ob eine Hypothese *falsch* ist oder ob diese Hypothese

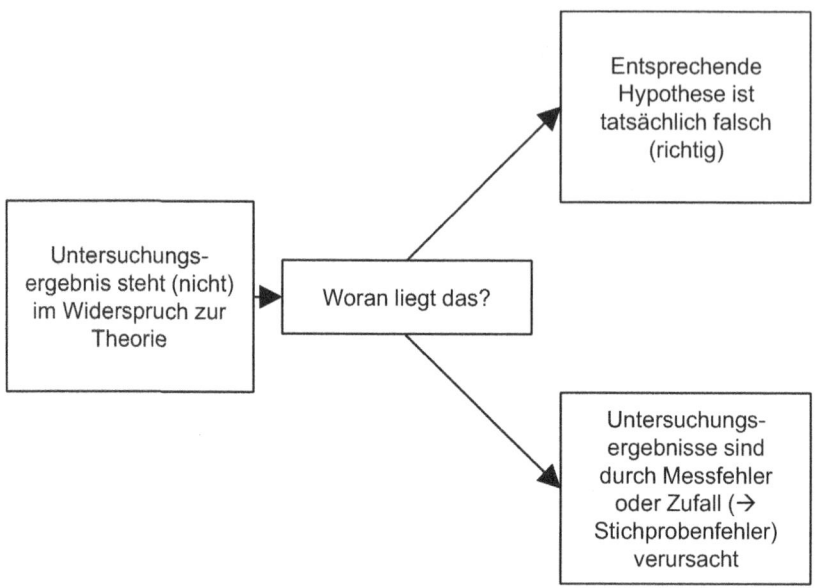

Abb. 3.4 Illustration zur Fehler-Unterbestimmtheit

aufgrund von Messfehlern abgelehnt wurde, dazu führen, dass eine Aussage letztlich nicht falsifizierbar ist.

Hintergrundinformation
Pierre Duhem (1954; zitiert nach Curd et al., 1998, S. 233) hat seine These knapp zusammengefasst:

> „Zusammenfassend gesagt, kann die:der Physiker:in niemals eine isolierte Hypothese einem experimentellen Test unterwerfen, sondern nur eine ganze Gruppe von Hypothesen; wenn das Experiment nicht mit den Vorhersagen übereinstimmt, dann stellt man fest, dass mindestens eine der Hypothesen dieser Gruppe nicht akzeptabel ist und modifiziert werden sollte; aber das Experiment zeigt nicht, welche verändert werden sollte."

Der wichtigste Ansatz zur Reduktion dieses Problems ist – unabhängig von der wissenschaftstheoretischen Position – die Entwicklung und Anwendung geeigneter Methoden. **Reliabilität** und insbesondere **Validität** von Untersuchungen (siehe dazu Kap. 6) spielen deshalb für die empirische betriebswirtschaftliche Forschung eine *zentrale Rolle*. Beim WR kommt ein Gesichtspunkt hinzu, der das Problem nicht löst, aber „entschärft". Dieser beruht auf der beim WR typischen induktiven Schlussweise, dass eine *Vielzahl* von empirischen Ergebnissen, die eine Theorie bestätigen, dafür spricht (aber nicht beweist!), dass diese Theorie (weitgehend) wahr ist („induktiver Realismus"). Wenn also eine größere Zahl entsprechender Untersuchungsergebnisse die Grundlage für die Akzeptanz von Theorien ist, dann kann man in vielen Fällen davon ausgehen, dass diese Ergebnisse nicht alle in der „gleichen Richtung" fehlerbehaftet sind, sondern dass sich Abweichungen durch Untersuchungsfehler in gewissem Maße neutralisieren können. Das gilt insbesondere dann, wenn die verschiedenen Untersuchungen von verschiedenen Forscher:innen, in verschiedenen Kontexten (also unter verschiedenen sozialen, geistigen, ökonomischen Rahmenbedingungen) und mit verschiedenen Methoden durchgeführt wurden. Dazu sei hier auf Kap. 9 verwiesen. Vielfach wird auch hervorgehoben, dass die Weiterentwicklung von empirischen Forschungsmethoden im Zeitablauf (siehe z. B. Devitt, 2011) das Problem der Fehler-Unterbestimmtheit in einem Fachgebiet nach und nach vermindert (s. u.).

Welche *Probleme* resultieren nun aus den skizzierten beiden Facetten der Unterbestimmtheit für den WR? Zunächst wird die induktive Schlussweise des WR infrage gestellt: Wenn man empirische Bestätigungen für eine Theorie findet, dann könnte es ja sein, dass diese Ergebnisse ebenso eine andere (vielleicht noch „nicht erdachte", s. u.) Theorie bestätigen (→ *Alternativen-Unterbestimmtheit*). Mit der *Fehler-Unterbestimmtheit* geht der Zweifel an der Aussagekraft empirischer Ergebnisse einher: Fehlerbehaftete empirische Untersuchungen schränken eben die Möglichkeiten ein, von deren Ergebnissen auf die Wahrheit der entsprechenden Theorie bzw. Hypothesen schließen zu können. Einerseits sind empirische Untersuchungen wohl immer mehr oder minder fehlerbehaftet. Andererseits ist ein großer Teil der Methodenforschung und auch der Anstrengungen von Forschenden bei empirischen Untersuchungen darauf gerichtet, den Einfluss von Fehlern auf Untersuchungsergebnisse zu minimieren (z. B. durch experimentelle Designs (siehe Kap. 8) oder durch Reliabilitäts- und Validitätsprüfungen (siehe Kap. 6)). Weiterhin unterliegen Forschungsergebnisse typischerweise der kritischen Evaluierung in Begutachtungsprozessen und durch den organisierten Skeptizismus des Wissenschaftssystems (siehe Abschn. 1.1.1). Sollte eine der beiden Arten der Unterbestimmtheit (oder beide) wesentlichen Einfluss auf die Ergebnisse der Theorieprüfung haben, dann stünde natürlich der induktive Schluss auf eine approximative Wahrheit der untersuchten Theorie auf wackeligen Füßen.

Wenn die Bewährung einer Theorie durch empirische Ergebnisse nicht eindeutig bestimmt werden kann, dann stellt sich die Frage, welche anderen Faktoren die Akzeptanz einer Theorie beeinflussen könnten. Spielt vielleicht hier die von Relativist:innen (siehe Abschn. 3.2) vermutete Kontextabhängigkeit von Erkenntnissen die entscheidende Rolle? Das kann man aus einer Unterbestimmtheit sicher nicht folgern, weil damit nichts über andere Einflussfaktoren bei der Entscheidung über die Akzeptanz einer Theorie gesagt wird (Stanford, 2017). Die These von der Unterbestimmtheit von Theorien lässt es eben völlig offen, ob z. B. gesellschaftliche oder ganz andere Einflüsse die Theorie-Wahl maßgeblich bestimmen. So könnte es sein, dass Theorien bevorzugt werden, deren Überprüfung mit den zur Verfügung stehenden Methoden und Instrumenten gut möglich ist. Beispielsweise könnten die Begrenzungen der gängigen empirischen Methoden der Betriebswirtschaftslehre bei der Untersuchung von Prozessen und Interaktionen zur Folge haben, dass entsprechende Theorien weniger beachtet werden. Von Seiten des WR ist auch einzuwenden, dass die Akzeptanz einer Theorie ja nicht von einer einzelnen empirischen Überprüfung abhängt, sondern eher von einer größeren Zahl „empirischer Erfolge" (siehe induktiv-realistisches Modell im Abschn. 9.3.1). Mit zunehmender Zahl von Untersuchungen sinkt tendenziell die Abhängigkeit von den fachlichen und weltanschaulichen Prägungen einzelner Forscher:innen. Im Sinne der Konvergenzvalidität (siehe Abschn. 6.3.3) sollen sich die verschiedenen Untersuchungen auch methodisch deutlich unterscheiden.

3.3.3 „Pessimistische Induktion" (Schlüsse aus negativen wissenschaftshistorischen Erfahrungen)

Bei der pessimistischen Induktion bezieht man sich auf die historische Erfahrung, dass sich immer wieder in der weiter zurückliegenden Vergangenheit akzeptierte und erfolgreiche Theorien später als falsch erwiesen haben (z. B. Wray, 2018a). So hat Larry Laudan (1981) zwölf Theorien aus den Naturwissenschaften identifiziert, die zeitweilig akzeptiert und gut bestätigt schienen, aber später verworfen werden mussten. „Trifft Laudans Analyse zu, dann gibt es unzählige Beispiele für Theorien, die zwar prognostisch und praktisch-technologisch erfolgreich waren, die aber gleichzeitig an zentraler Stelle von Termen Gebrauch machen, die nach heutigem Wissensstand auf nichts in der Welt referieren" (Wiltsche, 2013, S. 199). In der Betriebswirtschaftslehre erinnert man sich vielleicht noch an die mikroökonomisch geprägte Preistheorie oder das AIDA-Modell der Werbewirkung, beides theoretische Ansätze, die heute weder Beachtung noch Akzeptanz finden. Man muss allerdings schon hier darauf hinweisen, dass „Laudans Liste" nur geringen Anforderungen an die Qualität empirischer Belege genügt: Die zwölf Beispiele gescheiterter Theorien sind offenbar nicht repräsentativ ausgewählt und vor allem ist nicht erkennbar, welche Relevanz diese haben. Handelt es sich um wenige Einzelfälle oder sind solche Fälle typisch für die Mehrzahl wissenschaftlicher Theorien? Mizrahi (2020, S. 81) spitzt das auf die Frage zu, ob es sich bei der Wissenschaftsgeschichte um einen (gut gefüllten ?) „Friedhof gescheiterter Theorien" handelt.

▶ **Definition „pessimistische Induktion"** Das Argument der „*pessimistischen Induktion*" bezieht sich auf einen induktiven Schluss von (teilweise oder nur vereinzelt) negativen Erfahrungen mit früheren Theorien auf die Einschätzung heutiger Theorien: Wenn ein wesentlicher Teil früher akzeptierter Theorien sich zunächst *nur scheinbar*, aber *nicht dauerhaft* bewährt hat, dann müsste man auch bei heute aktuellen (anscheinend oder nur scheinbar) gut bestätigten Theorien damit rechnen, dass diese keinen Bestand haben werden, weil sie von der Wahrheit zu weit entfernt sind.

Nun wird von Vertreter:innen des WR keineswegs der Anspruch erhoben, dass bewährte Theorien *immer* (approximativ) der Wahrheit entsprechen; Fallibilismus wird ja ausdrücklich akzeptiert. Es wird aber von dieser Seite davon ausgegangen, dass die (weitgehende) Übereinstimmung von Theorie und Realität sehr häufig oder deutlich überwiegend auftritt (Vickers, 2018), aber keineswegs *ausschließlich* der Fall ist. Die Kritik am WR mit dem Argument der „pessimistischen Induktion" wäre also am ehesten berechtigt, wenn tatsächlich das Scheitern früher akzeptierter Theorien in der Wissenschaft eher den *Regelfall* als den Ausnahmefall darstellen würde (Psillos, 1999, S. 105). Es sei daran erinnert (siehe Abschn. 2.5), dass ein Wesensmerkmal der Induktion darin besteht, dass man von einer *großen Zahl* von Beobachtungen ausgehend generalisiert. In der Literatur werden zwar diverse Negativ-Beispiele genannt (insbesondere von Laudan, 1981), aber erst in neuerer Zeit hat Moti Mizrahi (2013, 2016) anhand relativ großer (Zufalls-) Stichproben von Theorien gezeigt, dass in der Wissenschaftsgeschichte die *dauerhafte Bewährung* von Theorien eher der *Regelfall* und die spätere Widerlegung anfangs erfolgreicher Theorien der deutlich seltenere Fall (evtl. sogar der Ausnahmefall) ist. Es gibt aber keine umfassendere bzw. repräsentative Untersuchung dazu, auch wegen der damit verbundenen methodischen und forschungspraktischen Probleme (Dicken, 2016, S. 91 ff.). Wenn man die Fülle und Vielfalt erfolgreich angewandter Theorien betrachtet, wie sie im Abschn. 3.2 im Zusammenhang mit dem Wunderargument kurz angesprochen wurden, dann müsste man wohl einen großen Anteil von Negativ-Beispielen finden, um eine pessimistische Schlussweise von solchen Beispielen auf eine *generelle* Ablehnung des Realismus zu begründen.

Hintergrundinformation
Harald Wiltsche (2013, S. 200) spitzt die Argumentation der pessimistischen Induktion unter Bezugnahme auf das Wunderargument (siehe Abschn. 3.2) in folgender Weise zu und zeigt, dass dem (plausiblen) Wunderargument damit entschieden widersprochen wird:

> „Die pessimistische Meta-Induktion verkehrt (…) die Pointe des *no miracles*-Arguments in sein Gegenteil: Nimmt man den wissenschaftsgeschichtlichen Verlauf zur Kenntnis, dann ist nicht Erfolg ohne Wahrheit ein unerklärliches Wunder. Was angesichts des historischen *track records* wirklich ein Wunder wäre, sind Theorien, denen *nicht* dasselbe Schicksal blüht, das den Theorien auf Laudans Liste beschieden war."

Michael Devitt (2011) hat mit anderem Schwerpunkt die Schlussweise der pessimistischen Induktion kritisiert und auf diese Weise den Ansatz des WR verteidigt. Zunächst hebt er hervor, dass aktuellere Theorien erfolgreicher als ältere Theorien seien und man deswegen nicht direkt von lange zurückliegenden Misserfolgen in der Wissenschaftsgeschichte auf die Gegenwart schließen könne. In diesem Zusammenhang sei in Erinnerung gerufen, dass sich der WR ja auf *reife* Wissenschaften bezieht (siehe Abschn. 3.2). Damit einher geht der Gesichtspunkt, dass sich wissenschaftliche Forschungsmethoden im Zeitablauf entwickelt und verbessert haben. Misserfolge aus vergangenen Jahrzehnten oder Jahrhunderten können vor diesem Hintergrund nicht unverändert die Erwartungen an den Erfolg aktueller Wissenschaft bestimmen.

Hintergrundinformation
Michael Devitt (2011, S. 290) fasst seine Position kurz zusammen:

> „Verbesserungen in der Forschungsmethodik machen es viel schwerer, gegen den wissen-
> schaftlichen Realismus zu argumentieren als es schien. Beim Verweis auf historische Bei-
> spiele müsste nicht nur gezeigt werden, dass wir fast immer mit unseren Vermutungen
> über nicht beobachtbare Phänomene falsch lagen, sondern auch, dass wir unabhängig von
> methodologischen Verbesserungen nicht zu wesentlich wahreren Aussagen gekommen sind.
> Es scheint mir äußerst unwahrscheinlich, dass dieses der Fall ist."

Das Problem der pessimistischen Induktion stellt sich ohnehin nur mit voller Schärfe
vor dem Hintergrund eines früher in der Wissenschaft verbreiteten **„fundamentalistischen"** (Phillips & Burbules, 2000, S. 5 ff.; Schurz, 2014, S. 3) Anspruchs auf sichere
Aussagen. „Bis zum Ende des 19. Jahrhunderts waren alle wichtigen philosophischen
Theorien des Wissens (‚Epistemologien') fundamentalistisch. Es erschien als eindeutig,
dass eine Sache mit Sicherheit etabliert sein musste, um als ‚Wissen' bezeichnet zu werden…" (Phillips & Burbules, 2000, S. 5 f.). Nun mag dieser Anspruch für einige naturwissenschaftliche Disziplinen über lange Zeit gegolten haben, aber zumindest in der empirischen betriebswirtschaftlichen Forschung hat man sich daran weniger orientiert. Hier
war schon durch die Schlussweisen der Inferenzstatistik und die immer mögliche Fehlerhaftigkeit von Messungen (z. B. bei Fragebögen) klar, dass Untersuchungsergebnisse
und Theorien immer mit Unsicherheit und/oder Fehlern behaftet sind. Im Zusammenhang mit dem WR ist schon deutlich geworden, dass dabei generell ein „fundamentalis-
tischer" Anspruch für die Wissenschaft nicht mehr erhoben wird, sondern vom Fallibilismus wissenschaftlicher Erkenntnis (siehe dazu die Abschn. 1.2 und 3.2) ausgegangen
wird. Vor diesem Hintergrund kann eine *sehr begrenzte Zahl* von in früheren Zeiten akzeptierten Theorien, die sich später als falsch herausstellten, den Ansatz des WR *nicht*
grundsätzlich infrage stellen.

Das Problem der pessimistischen Induktion wird weiterhin dadurch relativiert, dass
in zahlreichen Forschungsgebieten Umfang und Intensität aktueller Forschung im Vergleich zu lange zurückliegenden Zeiten deutlich gewachsen sind. Man spricht auch
vom exponentiellen Wachstum wissenschaftlichen Wissens, das z. B. an der Menge von
wissenschaftlichen Publikationen oder der Anzahl der weltweit tätigen Wissenschaft-
ler:innen erkennbar wird (Fahrbach, 2011). Das würde bedeuten, dass die *aktuelle* Forschung einen großen (oftmals sogar den überwiegenden) Teil der *gesamten* bisherigen
Forschung zu einem Fachgebiet ausmacht. In der Betriebswirtschaftslehre kann man in
dieser Hinsicht beobachten, dass im Lauf der letzten Jahrzehnte der Umfang empirischer
Forschung erheblich gewachsen ist, zunächst durch das Wachstum der Betriebswirtschaftslehre vor allem an amerikanischen und europäischen Universitäten und später in
Verbindung mit den politischen Umbrüchen der 1990er Jahre auch in Ländern Ost-Euro-
pas sowie in China. Damit ging eine beträchtliche Ausweitung des wissenschaftlichen
Personals und wissenschaftlicher Publikationen einher. Unabhängig davon, ob es sich

um exponentielles Wachstum handelt, darf man hier wohl von starkem Wachstum sprechen.

Beispiel

Beispiel zur Zunahme von Publikationen in Fachzeitschriften des Gebiets „Marketing"

Die Analysen und Berechnungen von Clark und Key (2021) zeigen, dass durch die Zunahme neuer wissenschaftlicher Zeitschriften im Zeitablauf und auch durch Verkürzungen bei deren Erscheinungsintervallen die Zahl von (englischsprachigen) Publikationen im Marketing dramatisch angestiegen ist. Am Beginn standen das *Journal of Retailing* (ab 1925) und das *Journal of Marketing* (ab 1936), im Jahre 1999 waren es schon 92 und im Jahre 2019 177 Zeitschriften. Entsprechend entwickelte sich die Anzahl der Artikel im Marketing von 36.151 (in der Zeit von ca. 1930 bis 1998) auf 64.387 (für 1999 bis 2019). Grob vereinfachend kann man sagen, dass sich die Anzahl der wissenschaftlichen Artikel im Bereich Marketing in den letzten 20 Jahren gegenüber den davor liegenden ca. 70 Jahren fast verdoppelt hat. Also ein dramatisches Wachstum. ◄

Wenn man also von einem starken Gewicht bzw. der Dominanz *aktueller* Forschung (auch in der Betriebswirtschaftslehre) ausgeht, dann sind die (relativ wenigen) Beispiele von nicht bewährten *älteren* Theorien und die entsprechenden empirischen Untersuchungen – oft mit wenig entwickelter Methodik – offenbar *nicht repräsentativ* für die aktuelle Entwicklung eines Forschungsgebiets und dafür wenig aussagekräftig. Hier ist auch daran zu erinnern, dass der Anspruch des WR, (lediglich) approximativ wahre Aussagen zu machen, sich auf *reife Wissenschaften* (siehe z. B. Boyd, 1984) beschränkt und Theorien aus der Entstehungsphase eines Fachgebiets eben nicht einschließt. Daneben ist zu beachten, dass im Zeitablauf typischerweise die Qualität (Methoden, Stichproben etc.) empirischer Studien steigt (s. o.).

3.3.4 „Nicht erdachte Alternativen" und die Option des Instrumentalismus

Vorstehend sind die Einwände gegen den WR, die entweder auf dem Argument der Unterbestimmtheit oder dem der pessimistischen Induktion beruhen, eher skeptisch beurteilt worden, weil verschiedene Überlegungen und Erfahrungen es nahelegen, dass beide Einwände nur in einem geringen Anteil der Fälle zum Tragen kommen und deswegen weniger relevant wären. Vor diesem Hintergrund hat Kyle Stanford (2006) durch eine neuartige Sichtweise beide kritischen Argumente – Unterbestimmtheit und pessimistische Induktion – mit dem Problem der „unconceived alternatives" (von Harald

Wiltsche (2013, S. 205) übersetzt als „nicht erdachte Alternativen") in Verbindung gebracht. Diese neuere Sichtweise hat in der Wissenschaftsphilosophie einige Beachtung gefunden und soll deshalb hier kurz vorgestellt werden.

Mit **„nicht erdachten Alternativen"** ist gemeint, dass im Forschungsprozess weitere – im Wortsinne – *denkbare* theoretische Alternativen oft nicht mehr „erdacht" werden, wenn schon ein vielversprechender Ansatz vorliegt, der dann (allein) weiterverfolgt wird. Ein kurzer Blick auf betriebswirtschaftliche Publikationen zeigt, dass eine umfassende und vergleichende (noch nicht einmal vollständige) Analyse einer Vielzahl von möglichen Erklärungen bzw. Theorien für einen bestimmten Untersuchungsgegenstand wohl eine Ausnahme darstellt. Typisch sind eher Untersuchungen, bei denen ein einzelner Ansatz empirisch getestet wird oder sehr wenige Ansätze verglichen werden. Diese Fokussierung auf ein sehr enges Theorie-Spektrum dürfte auch durch Motivation von und Anreize für Forscher:innen begründet sein. Häufig sind Forscher:innen von einer bestimmten Idee oder Hypothese überzeugt und streben vor allem danach, *diese* auszuarbeiten und zu testen. Die Anreize (Karrierechancen, Reputation) im Wissenschaftssystem (siehe Abschn. 10.1) begünstigen auch eher eng fokussierte, innovative und tiefgehende Arbeiten, die in angesehenen Zeitschriften publiziert werden können, gegenüber breiter angelegten Studien, die diverse Theorie-Ansätze diskutieren. Letztlich spielen hier sicher auch die begrenzten Ressourcen (nicht zuletzt Zeit) eine Rolle. Im Ergebnis geht Stanford (2006) also davon aus (und präsentiert dafür auch einige naturwissenschaftliche Beispiele), dass ein erheblicher Teil *denkbarer* und möglicherweise erfolgversprechender Theorien im Prozess der Theorie-Entwicklung keine Rolle spielt, weil sie eben gar nicht erst „erdacht" worden sind und ein entsprechender Theorie-Entwurf nicht entstanden ist.

Hintergrundinformation
Harald Wiltsche (2013, S. 5) fasst die zentrale Idee des Problems nicht erdachter Alternativen in zwei Sätzen zusammen:

> „Weil sich aus wissenschaftsgeschichtlicher Perspektive zeigt, dass Wissenschaftler üblicherweise nur einen Bruchteil der theoretischen Möglichkeiten ausschöpfen, haben wir Grund zur Annahme, dass dies auch heute so ist. Trifft dieses Argument zu, dann gibt es zu unserer aktuellen Naturwissenschaft Alternativen, an die wir bloß noch nicht gedacht haben."

Was folgt aus dieser recht überzeugend begründeten, aber empirisch (bisher) eher wenig belegten These von Kyle Stanford? Danach könnte es typischerweise deutlich mehr denkbare (bzw. „erdenkbare") alternative Theorien zu einem Forschungsgegenstand geben als bisher verwendet wurden. Wenn man die Menge der *existierenden* Theorien mit ET bezeichnet und die (unbekannte) Menge *noch denkbarer* Theorien mit DT, dann kann man nicht wissen, ob die (möglicherweise noch nicht bekannte) Theorie, die der Wahrheit am besten entspricht, (bereits) Element von ET oder von DT ist. Es kann also durchaus sein, dass Theorien aus DT, die vielleicht später einmal „erdacht" werden, sich als überlegen erweisen und die bis dahin verwendeten Theorien (aus ET) ersetzen. Das wäre ein Fall, der der *pessimistischen Induktion* entspricht. Daneben ist es möglich, dass Theorien aus DT zu gleichen empirischen Ergebnissen führen wie die schon bekannten Theorien aus ET; das wäre ein Fall, in dem *Unterbestimmtheit* gegeben ist.

Hintergrundinformation
Kyle Stanford (2006, S. 23) kennzeichnet das durch „nicht erdachte Alternativen" entstehende Problem:

> „Das Problem nicht erdachter Alternativen führt zu der Sorge, dass es Theorien gibt, die wir als Konkurrenten für unsere besten Interpretationen der Realität ernst nehmen sollten und/ oder würden, wenn wir von ihnen wüssten. Diese könnten sich offensichtlich positiv davon abheben, sind aber von der Konkurrenz ausgeschlossen, nur weil wir sie nicht erdacht oder erwogen haben."

Anknüpfend an eine Darstellung von Fahrbach (2011) lässt sich der Zusammenhang der Probleme der Unterbestimmtheit, der pessimistischen Induktion und nicht erdachter Theorie-Alternativen darstellen (siehe Abb. 3.2). Diese drei Problempunkte werden insbesondere von anti-realistischer Seite als Argumente gegen den wissenschaftlichen Realismus genannt. Fahrbach (2011) unterscheidet dabei zwei Aspekte des wissenschaftlichen Realismus, die beide durch das Wunderargument gestützt bzw. begründet werden:

- Die *Akzeptanz von Theorien*, die bisher klar und deutlich überwiegend *bestätigt und bewährt* sind.
- Die *Gültigkeit* ($\rightarrow$ Wahrheit) solchermaßen erfolgreicher Theorien *im Zeitablauf*, also auch für die Zukunft.

Von anti-realistischer Seite wird der erstgenannte Aspekt vor allem durch den Kritikpunkt der Unterbestimmtheit infrage gestellt; daneben wird durch die pessimistische Induktion eben die dauerhafte Gültigkeit von Theorien bezweifelt (siehe Abschn. 3.3.3). Bei Berücksichtigung des Problems nicht erdachter Alternativen kommt eine Betrachtung hinzu, die auf eine Verstärkung der Einflüsse von Unterbestimmtheit und pessimistischer Induktion durch „erdenkbare" zusätzliche/neue Theorien gerichtet ist (s. o.).

Bisher sind die Probleme der Unterbestimmtheit von Theorien (a) und der pessimistischen Induktion (b) vor dem Hintergrund wissenschafts*historischer* Erfahrungen betrachtet worden. Es zeigte sich, dass sich deren Relevanz wohl auf eine deutliche Minderheit von Fällen (bzw. Beispielen) beschränkt. Stanfords Ausrichtung auf „nicht erdachte Alternativen" führt aber zu einer wesentlich breiteren Perspektive. Diese durchaus plausible Betrachtungsweise könnte zur Folge haben, dass Unterbestimmtheit und pessimistische Induktion weitaus größere Bedeutung hätten, wenn man mehr über Menge und Relevanz bisher „nicht erdachter Alternativen" wüsste. Sollte der davon ausgehende Einfluss stark sein, dann wäre der Anspruch des WR, weitgehend approximativ wahre Aussagen über die Realität zu machen, ernsthaft infrage gestellt. Vor einer solchen wissenschaftstheoretischen Neu-Ausrichtung würde man wohl abwarten, ob sich Stanford's Sichtweise deutlicher bestätigt und Akzeptanz findet.

Für den Fall, dass der bisherige Anspruch des WR nicht mehr aufrechterhalten werden kann, verweist Stanford (2006, S. 188 ff.) auf einen „Ausweg", der in der Wissenschaftstheorie unter der Bezeichnung **„Instrumentalismus"** lange bekannt ist. Er bleibt damit bei der Ausrichtung, dass sich Wissenschaft (im Gegensatz zum Konstruktivismus, siehe Abschn. 3.1) an der Realität zu orientieren und auch Anwendungen wissenschaftlicher Erkenntnis zu ermöglichen habe; aber der Anspruch auf approximative *Wahrheit* wird dabei nicht erhoben. Die zentrale Idee des Instrumentalismus besteht darin, „dass sogar unsere besten wissenschaftlichen Theorien einfach Hilfsmittel bzw. Instrumente sind, um empirische Vorhersagen zu machen und um weiteren praktischen Zwecken zu dienen" (Stanford, 2006, S. 189, siehe auch Rowbottom, 2018, S. 84). Eine besonders knappe Formulierung verdanken wir Harold Kincaid (2008, S. 595): „Der Instrumentalismus behauptet, dass die Aufgabe von Theorien nicht darin besteht zu erklären, sondern vorherzusagen … ". Einen Eindruck davon verschafft die (vor diesem Hintergrund wohlbegründete) Vorgehensweise in der betrieblichen Praxis, große Datenmengen (→ Big Data) zu nutzen, um (ohne größeren theoretischen Anspruch) bestimmte Muster zu erkennen und Verhaltensweisen zu prognostizieren.

Hintergrundinformation

In den Wirtschaftswissenschaften hat eine dem Instrumentalismus entsprechende Sichtweise von Milton Friedman (1953, nachgedruckt 2008) schon früh eine gewisse Prominenz erlangt. Friedman äußert deutlich, dass es in seiner Sicht nicht darauf ankomme, dass eine Theorie weitgehend der jeweiligen Realität entsprechen bzw. (korrespondenztheoretisch) wahr sein solle, sondern dass die Theorie gut geeignet sein solle, um brauchbare Prognosen für interessierende Phänomene (z. B. Wachstum, Arbeitslosenquote) zu generieren. Friedman ist im Hinblick auf die Treffsicherheit ökonomischer Prognosen wohl recht optimistisch; angesichts der Erfahrungen im Zusammenhang mit der Finanzkrise 2008, mit der Einschätzung der Entwicklung von Arbeitslosigkeit bei der Einführung des Mindestlohns in Deutschland oder bei den jährlichen Wachstumsprognosen wird vielleicht nicht jede:r diesen Optimismus teilen.

Hier zwei entsprechende Zitate von Milton Friedman:

„Volkswirtschaftslehre als Realwissenschaft umfasst eine Menge vorläufig akzeptierter Generalisierungen über ökonomische Phänomene, die genutzt werden können, um die Konsequenzen der Änderungen von Bedingungen *vorherzusagen*." (S. 171)

„Eine Theorie kann nicht dadurch getestet werden, dass man ihre ‚Annahmen' direkt mit der ‚Realität' vergleicht. In der Tat gibt es keinen sinnvollen Weg, um das zu tun. Vollständiger ‚Realismus' ist natürlich nicht erreichbar und die Frage, ob eine Theorie ‚genug' realistisch ist, kann nur beantwortet werden, wenn man feststellt, ob sie zu *Vorhersagen* führt, die gut genug sind für den gegebenen Zweck oder dass die *Vorhersagen* besser sind als die anderer Theorien." (S. 172)

(Die Hervorhebungen stammen von den Autoren des vorliegenden Buches.)

Wenn man sich gegen den WR und für den Instrumentalismus entscheiden sollte, dann gibt man damit den Anspruch der Suche nach und Annäherung an Wahrheit zum großen

Teil auf. Das mag man für notwendig halten, wenn man Stanfords (2006) Argumente hinsichtlich „nicht erdachter Alternativen" für überzeugend hält und daraus die Konsequenzen zieht. Allerdings kann man nicht davon ausgehen, dass der noch relativ junge Ansatz von Stanford (2006) bereits breit akzeptiert ist.

Beim Instrumentalismus müsste man auch einige gewichtige Einschränkungen der wissenschaftlichen Aussagemöglichkeiten in Kauf nehmen, die Harold Kincaid (2008, S. 595) folgendermaßen beschreibt:

„Es gibt einige ziemlich überzeugende Einwände gegen den Instrumentalismus und diese sind auch relevant für alle seine Anwendungen in den Sozialwissenschaften. Wir wünschen uns Theorien, die uns erklären, *warum* bestimmte Dinge passieren, und nicht nur aussagen, was geschehen wird. Wir wollen wissen, ob erfolgreiche Vorhersagen aus der Vergangenheit auch in der Zukunft gelten, und wir wollen Belege dafür, dass ein bestimmtes Modell sich wirklich auf die tatsächlichen Ursachen der beobachteten Phänomene bezieht."

Im Hinblick auf die entsprechende *Methodologie*, um die es in diesem Buch ja wesentlich geht, dürften die Unterschiede nicht sehr groß sein. Die Theorie-Orientierung der Forschung (siehe z. B. hypothetisch-deduktive Methode in Abschn. 5.2) würde wohl weniger Bedeutung haben, auf der anderen Seite würden empirische Generalisierungen (siehe Abschn. 4.3.4) vermutlich größeres Gewicht bekommen. Insgesamt bliebe der methodische Schwerpunkt empirischer betriebswirtschaftlicher Forschung auch bei einer wissenschaftstheoretischen Position des Instrumentalismus voraussichtlich bei großen Fallzahlen, standardisierten Messinstrumenten, statistischen Methoden etc.

3.3.5 Beeinflussung von Erkenntnissen im sozialen/historischen Kontext und Theoriebeladenheit

In der Wissenschaftsgeschichte findet man immer wieder Beispiele für wechselnde „Weltanschauungen" und daraus resultierende ganz unterschiedliche Wahrnehmungen der jeweils interessierenden Teile der Realität. Darauf ist im vorigen Abschn. 3.2 im Zusammenhang mit dem Relativismus schon eingegangen worden. Verbreitet sind auch gesellschaftliche Einflussnahmen auf Wissenschaftler:innen, auch durch deren materielle Abhängigkeiten. Wegen der im Abschn. 1.1 schon angesprochenen besonderen Reputation und Glaubwürdigkeit von Wissenschaft kommt es immer wieder zu Versuchen, wissenschaftliche Erkenntnisse zu beeinflussen und bestimmten Interessen unterzuordnen. Derartige Erscheinungen könnte man wohl dem Problembereich der Fehler-Unterbestimmtheit zuordnen. Hier werden sie separat erörtert, weil sie in der sozialwissenschaftlichen Forschung eine relativ große Rolle spielen können. So kann das Agieren von Forscher:innen im sozialwissenschaftlichen Bereich wohl stärker von individuellen Erfahrungen, Werten oder Interessen beeinflusst sein als bei der Analyse von bestimmten chemischen Reaktionen.

Hier einige Beispiele für Versuche, wissenschaftliche Erkenntnis bestimmten Interessen unterzuordnen:

- Über Jahrhunderte konnte man Versuche religiöser Organisationen beobachten, Wissenschaft zu beeinflussen, ebenso wie sich heute in den USA sogenannte „Kreationisten" bemühen, die biblische Schöpfungsgeschichte in der schulischen Bildung an die Stelle der Evolutionstheorie nach Darwin treten zu lassen und damit erstere als wissenschaftlich begründet erscheinen zu lassen (siehe z. B. Bird, 1998, S. 2 ff.).
- Ein – aus heutiger Sicht etwas bizarr wirkendes – Beispiel aus dem 20. Jahrhundert ist der gescheiterte Versuch des sowjetischen Biologen Trofim Lyssenko, im ideologischen Interesse der kommunistischen Partei und auf Druck Stalins genetische Theorien zu entwickeln, die die Vererbbarkeit von Eigenschaften und Fähigkeiten, die durch Umwelteinflüsse entstanden sind, wissenschaftlich begründen sollten.
- Lobbyist:innen versuchen, ihren Auffassungen Gewicht zu verleihen, indem sie wissenschaftliche Analysen in Auftrag geben (und bezahlen), die zu „passenden" Ergebnissen führen (siehe z. B. www.lobbycontrol.de).
- Heute spielen im Wissenschaftssystem vielfach Drittmittel von privater oder staatlicher Seite eine erhebliche Rolle. Auch dabei ist natürlich ein Einfluss auf Schwerpunkte und Ergebnisse von Forschung nicht auszuschließen. ◄

Das Problem der externen Beeinflussung wissenschaftlicher Erkenntnisse (**Kontexteinflüsse**) besteht unabhängig von wissenschaftstheoretischen Positionen. Im Gegensatz zu Relativist:innen gehen Vertreter des WR aber *nicht* davon aus, dass wissenschaftliche Aussagen *generell und entscheidend* durch gesellschaftliche, politische, geistige und ökonomische Rahmenbedingungen bzw. durch Paradigmen *maßgeblich geprägt* werden. Solche – mehr oder weniger begrenzten – Einflüsse sind aber sicher nicht auszuschließen, insbesondere dann, wenn angewandte Forschung Interessen von gesellschaftlichen Gruppen berührt. Dieser Aspekt wird deshalb in der jüngsten Version des induktiv-realistischen Modells von Shelby Hunt (siehe Abschn. 9.3.1) explizit berücksichtigt.

Das Problem der **Theoriebeladenheit** bezieht sich darauf, dass Wahrnehmungen der Realität und deren Interpretationen typischerweise vom Vorwissen des Beobachters, seinen theoretischen Annahmen, Hypothesen etc. *beeinflusst* werden. Beispielsweise könnte ein Vergleich von Aussagen zu Kaufentscheidungen von Konsument:innen, die sich auf Beobachtungen von Verkäufer:innen bzw. von Marktforscher:innen der Hersteller bzw. von akademischen Konsumentenforscher:innen stützen, zeigen, dass diese in gewissem Maße von den unterschiedlichen (theoretisch oder durch die jeweiligen Erfahrungen vorgeprägten) Sichtweisen abhängig sind. Man erkennt darin, dass im Prozess der Entwicklung, Überprüfung und Veränderung von Theorien diese eben auch die

Wahrnehmung realer Phänomene beeinflussen. Hier ist bewusst nur von *Beeinflussung* die Rede, nicht von einer entscheidenden Prägung, wie das Relativist:innen vielleicht unterstellen würden.

Man kann zwar im Hinblick auf die Auswahl von Forschungsfragen und in Verbindung damit die *Auswahl* zu erhebender Daten unterstellen, dass diese wesentlich durch die theoretische Ausrichtung der Forscher:innen geprägt sind, aber „die Auswahl von Beobachtungen in theorieabhängiger Weise impliziert nicht, dass die Beobachtungen *selbst* theorieabhängig sind" (Schurz, 2014, S. 65). Eine etwas spezielle Situation ergibt sich in gewissem Maße bei experimentellen Untersuchungen (siehe Kap. 8), weil hier die Gestaltung der Untersuchungssituation („experimental design") weitgehend von Forschenden festgelegt wird, die gleichzeitig meist das Ziel haben, ihre Hypothesen zu bestätigen (siehe dazu auch Arabatzis, 2008).

Hintergrundinformation
Zwei Zitate führender Autoren mögen das mit der Theoriebeladenheit von Beobachtungen verbundene Problem bei der Prüfung von Theorien zusätzlich verdeutlichen:
Gerhard Schurz (2014, S. 64): „Eine *vollständige* Theorieabhängigkeit von Beobachtungen in dem Sinne, dass alle Beobachtungen theorieabhängig sind, würde empirische Wissenschaft in eine zirkuläre Angelegenheit ohne jede Aussicht auf Objektivität verwandeln."
Peter Godfrey-Smith (2021, S. 203 f.): „Beobachtungen sind das Mittel, mit dem Meinungsverschiedenheiten schiedsrichterlich entschieden werden sollen, also der Weg, um zu lernen, welche Theorie zu bevorzugen ist. (….) Statt dessen wurde argumentiert, dass Beobachtungen mit theoretischen Annahmen ‚verseucht' seien. Man bezeichnet das als die Debatte über *Theoriebeladenheit von Beobachtungen.*"

Hinsichtlich der *Theoriebeladenheit* von Daten wird man es nicht ganz vermeiden können, dass die Wahrnehmung der Realität durch Menschen in gewissem Maße von deren bisherigem Vorwissen und Erfahrungshintergrund *beeinflusst* wird. Es ist aber intuitiv nachvollziehbar, dass Theoriebeladenheit nicht durchgehend zu einer Verfälschung aller erhobenen Daten führen muss. Daneben gibt es im Forschungs- und Publikationsprozess einige Faktoren, die die Auswirkungen von Theoriebeladenheit auf die Erhebung und Interpretation von Daten begrenzen (Abb. 3.5):

- Bei angesehenen Publikationsorganen ist es üblich, dass der gesamte Prozess der Datenerhebung und -analyse dokumentiert und wohlbegründet sein muss, der wiederum im Begutachtungsprozess überprüft wird. Damit wird der Spielraum für eine verzerrte Gestaltung und Interpretation einer Untersuchung eingeschränkt.
- Die Entstehung wissenschaftlicher Erkenntnisse ist oftmals oder meist – zumindest in der Betriebswirtschaftslehre – kein individueller Prozess, der nur durch Vorwissen und Vorprägungen bestimmter *einzelner* Forscher:innen beeinflusst sind. Typisch ist eher ein Forschungsprozess, in den durch die Zusammenarbeit mit Kolleg:innen und Diskussionen auf einschlägigen Tagungen etc. unterschiedliche Sichtweisen und

Abb. 3.5 Wirkungsweise von Theoriebeladenheit. (Nach Hunt, 1994, S. 138)

Argumente einfließen (Longino, 1990). Damit kommt es zu einer Verringerung des Einflusses subjektiven Vorwissens und individueller Prägungen.

- Für diverse stark empirisch ausgerichtete Disziplinen sind standardisierte Messinstrumente (z. B. Frageformulierungen, Muli-Item-Skalen) entwickelt und publiziert worden, deren Verwendung die Möglichkeit einer Manipulation der Datenerhebung mit dem Ziel einer Bestätigung bestimmter theoretischer Sichtweisen begrenzt.
- Bei wichtigen Forschungsthemen stützt man sich heute nicht mehr nur auf eine einzelne Untersuchung, sondern auf eine größere Zahl von (Replikations-) Studien (→ Metaanalyse), die von verschiedenen Wissenschaftler:innen mit unterschiedlichen Methoden und in verschiedenen Kontexten (Kulturen, ökonomische Bedingungen etc.) durchgeführt wurden (siehe dazu Kap. 9). Dadurch wird der Einfluss einer einzelnen (möglicherweise theoriebeladenen) Studie relativiert.

Theoriebeladenheit sollte also nicht mit den zuvor diskutierten externen Einflüssen auf die Wissenschaft verwechselt werden. Erstere entsteht in gewissem Ausmaß fast unvermeidlich und oft auch unmerklich im Erkenntnisprozess *innerhalb* der Wissenschaft, weil kompetente Wissenschaftler:innen eben nicht ohne Vorwissen, Erfahrungen etc. sein können. Externe Einflüsse werden – wie der Begriff schon verdeutlicht – *von außen* (z. B. von Institutionen oder Interessengruppen) auf die Wissenschaft ausgeübt. Abb. 3.6 verdeutlicht diesen Unterschied.

Abb. 3.6 Kontexteinflüsse und Theoriebeladenheit

3.4 Fazit: Warum wissenschaftlicher Realismus?

Im vorliegenden Buch geht es um die Methodologie empirischer Forschung, also um theoretische Grundlagen empirischer Methoden in der Betriebswirtschaftslehre. Im Abschn. 3.2 ist (hoffentlich) deutlich geworden, dass unterschiedliche wissenschaftstheoretische Positionen (z. B. Relativismus oder wissenschaftlicher Realismus) weitreichende Konsequenzen im Hinblick auf Anspruch, Anlage und Aussagekraft empirischer Forschung haben und die Maßstäbe für die Relevanz wesentlicher methodischer Aspekte bestimmen. Erstes Beispiel: Vor dem Hintergrund der Gewinnung von Erkenntnissen über eine – unabhängig vom Denken existierende – Realität hat das Konzept der *Validität von Messungen* (siehe Abschn. 6.3) einen besonders hohen Stellenwert. Zweites Beispiel: Ausgehend von einer relativistischen Position ohne den Anspruch, Realität möglichst objektiv darzustellen und zu erklären, dürfte die Repräsentativität verwendeter Stichproben relativ geringe Bedeutung haben.

Für die Auswahl und Einschätzung empirischer Methodik in den folgenden Kapiteln ist also die jeweils vertretene wissenschaftstheoretische Position maßgeblich. Die Autoren dieses Buches haben sich dabei für den wissenschaftlichen Realismus (WR) entschieden, nicht nur, weil diese Position auch in der Betriebswirtschaftslehre dominierend ist (siehe Abschn. 3.2), sondern vor allem, weil die im Folgenden vorzunehmende Abwägung verschiedener Gesichtspunkte dafür spricht. Dazu werden Überlegungen aus den Abschn. 3.2 und 3.3 hier zusammengefasst und abgewogen. Es wird mit einer Zusammenstellung von *Stärken des WR* begonnen:

1. **WR erklärt den langfristigen Erfolg der Wissenschaft besser als andere Ansätze** (→ Wunderargument). Dazu kann man auf die Kennzeichnung wissenschaft-

lichen Erfolges im Abschn. 3.2 zurückgreifen. In Anlehnung an Psillos (1999) und Wray (2018b) wird als Erfolgskriterium für Theorien vor allem deren Eignung zur Erklärung und Prognose entsprechender Phänomene angesehen. Theorien, die sich bei Prognosen bewähren, finden in der Wissenschaft oft stärkere Beachtung und Akzeptanz als Theorien, die sich nur bei der nachträglichen Interpretation von Beobachtungen bewährt haben (siehe dazu Lipton, 2005). Ausgehend von der Ausrichtung auf eine (denk-unabhängig existierende) Realität (→ klassischer Realismus) wird bei Zugrundelegung des WR nach Theorien gesucht, die dieser Realität möglichst deutlich, genau und objektiv entsprechen. Dazu werden vorliegende Erkenntnisse zusammengefasst (→ induktiver Realismus) und angesichts verbleibender Unsicherheit (→ fehlbarer Realismus) immer wieder infrage gestellt (→ kritischer Realismus). In dieser Perspektive ist der WR auf einen *Prozess* des wissenschaftlichen Fortschritts ausgerichtet, der sich an dem Ziel orientiert, Realität zu erkennen und zu verstehen. Damit verbunden ist eine systematische Bemühung um Objektivität (siehe Abschn. 1.2). Auf konkretere Vorgehensweisen in diesem Prozess wird im Kap. 9 weiter eingegangen.

Ergebnis: Dieser Aspekt hat erhebliches Gewicht, weil die Nachvollziehbarkeit des Weges zu erfolgreicher Forschung deren *Akzeptanz* stärkt und gleichzeitig *Leitlinien* für die Gestaltung erfolgreicher Forschung gibt.

2. **WR entspricht den Bedürfnissen von Nutzer:innen wissenschaftlicher Erkenntnis.** Typischerweise wollen Menschen, die wissenschaftliche Erkenntnisse nutzen, etwas über Zusammenhänge, Strukturen, Ursachen etc. *realer* Phänomene erfahren. Damit erlangt man Verständnis der Realität und kann die Wirkungen von Entscheidungen einschätzen (→ Gestaltung, siehe Abschn. 2.4). Es ist natürlich naheliegend, sich dabei des „bestgesicherten Wissens einer Zeit" (Poser, 2001, S. 11) zu bedienen, das die Wissenschaft bereitstellt. Der Anspruch des WR, Erkenntnisse über interessierende Teile der Realität zu suchen, die möglichst objektiv und approximativ wahr sind, entspricht sicher den Interessen von Anwender:innen aus Wissenschaft und Praxis. Wer wissenschaftliche Erkenntnis für praktische Zwecke nutzt (z. B. Daten bzgl. der Neu-Einführung eines Produkts) oder für weitere Forschung (z. B. Ergebnisse bisheriger Untersuchungen), wird dies nur tun, wenn sie:er diesen Erkenntnissen vertrauen kann (Hunt, 2010, S. 313 ff.). Insofern ist **Vertrauen** eine Voraussetzung für die Akzeptanz und Nutzung wissenschaftlicher Erkenntnisse. Voraussetzung für Vertrauen ist wiederum das Wissen um das *Streben* nach Objektivität und Wahrheit aufseiten derer, die diese Erkenntnisse gewonnen haben, verbunden mit dem Wissen um deren fachliche und methodische Kompetenz.

Ergebnis: Die Ausrichtung auf die Bedürfnisse von Nutzer:innen wissenschaftlicher Erkenntnisse, vor allem durch deutliche und nachvollziehbare Realitätsorientierung ist für den sicher deutlich überwiegenden Teil der Nutzer:innen eine entscheidende Voraussetzung für deren Verwendung. Nutzer:innen sind zum einen *Anwender:innen in der Praxis*, in der Perspektive der Betriebswirtschaftslehre also Führungskräfte, die Informationen über Motivation von Verkäufer:innen, Informationsverhalten von

Analyst:innen, Wirkungsweisen von Verkaufsförderung etc., etc. suchen. Zum anderen ist an *Wissenschaftler:innen* zu denken, die ihre eigenen Forschungen auf bisherigen Erkenntnissen aufbauen und dafür natürlich entsprechendes Vertrauen in diese Erkenntnisse brauchen.

3. **„Epistemische Bescheidenheit"** (Schurz, 2008. S. 13) **des WR**. Schurz verwendet diesen Begriff in etwas anderem Zusammenhang, er ist aber auch hier zur Kennzeichnung einer Stärke des WR aussagekräftig. Es sei hier an den Anspruch des WR erinnert, der von McMullin (1984, S. 26) formuliert wurde (siehe Abschn. 3.2): „Der grundlegende Anspruch (…) besteht darin, dass der langfristige Erfolg einer wissenschaftlichen Theorie *Grund für die Annahme* gibt, dass *etwas wie die von der Theorie unterstellten* Gegenstände und Zusammenhänge tatsächlich existieren." Die von den Autoren dieses Buches hervorgehobenen Passagen zeigen, wie vorsichtig hier formuliert wird. Auch die Formulierung von Weston (1992, S. 55) „Die vorliegenden Daten *deuten darauf hin*, dass die Theorie *approximativ* wahr ist" zeigt große Vorsicht und Zurückhaltung. Hier wird auch der Begriff „approximativ" verwendet, der ja den Anspruch von Aussagen einschränkt. Letztlich ist noch daran zu erinnern, dass zum WR auch die Akzeptanz des Fallibilismus gehört (→ fehlbarer Realismus; siehe Abschn. 3.2). Typisch für den WR ist also diese skizzierte epistemische Bescheidenheit.

Ergebnis: Damit verringert sich die Gefahr, dass Erkenntnisse überschätzt werden und damit irreführend sind. Salopp ausgedrückt könnte man sagen, dass der WR keine zu großen Versprechungen macht. Zudem fördert diese Bescheidenheit den Prozess der kritischen Infragestellung bisheriger Erkenntnisse (→ kritischer Realismus; siehe Abschn. 3.2) und die Suche nach sicherem und genauerem Wissen.

4. **WR entspricht der realen Ausrichtung von Wissenschaftler:innen**. In der Literatur wird teilweise betont, dass der WR der tatsächlichen Arbeit von Wissenschaftler:innen entspricht; so Haig (2013, S. 8): Der WR „stellt auch die stillschweigend akzeptierte Position der meisten aktiven Forschenden dar. Diese Tatsache (…) macht den wissenschaftlichen Realismus zur Philosophie für die Wissenschaft, nicht nur zur Wissenschaftsphilosophie." Die Durchführung empirischer Tests, deren Zusammenfassung und Beurteilung (→ induktiver Realismus) und die gegebenenfalls darauf folgende Modifikation einer Theorie (siehe Kap. 9) oder die Suche nach besseren Theorien bilden einen wesentlichen Teil der Arbeit vieler Wissenschaftler:innen. Dieser Prozess wird im Kap. 9 noch konkreter dargestellt. Nun ist es nicht die Aufgabe der Wissenschaftstheorie, eine gängige Forschungspraxis nach Möglichkeit zu bestätigen; Psillos (2016) hebt vielmehr deren *Funktion der Kritik* (siehe Abschn. 3.1) hervor. Gleichwohl wäre es angesichts des als argumentative Grundlage des WR dienenden Erfolgs der Wissenschaft ungewöhnlich, wenn die dabei angewandte Methodik, die zu diesem Erfolg wesentlich beigetragen hat, sich als ungeeignet herausstellt. Hier kann man eine gewisse Analogie zum bereits ausführlich behandelten „Wunderargument" (siehe Abschn. 3.2) feststellen.

Ergebnis: Wenn man davon ausgehen kann, dass der WR den Erfolg der Wissenschaft über lange Zeit und in verschiedensten Fachgebieten erklären kann, dann dürfte die Orientierung an seinen Prinzipien und Vorgehensweisen auch für künftige Forschung erfolgversprechend sein.

Diesen eher für den WR sprechenden Aspekten stehen aber Gesichtspunkte gegenüber, die eher **Zweifel am WR** begründen. Dazu wird auch auf die entsprechende Diskussion im vorigen Abschn. 3.3 verwiesen:

5. **Pessimistische Induktion, Unterbestimmtheit und deren Relevanz.** Die sogenannte *pessimistische Induktion* führt zu dem in der Wissenschaftstheorie wohl gewichtigsten Einwand gegen den WR. Sehr kurz und vereinfacht gesagt, schließt man von *nur zeitweiliger Akzeptanz* von Theorien in der Wissenschaftsgeschichte auf die Möglichkeit, dass auch aktuell erfolgreiche Theorien sich später als falsch erweisen könnten. Das zentrale Gegenargument hat Psillos (1999, S. 105) formuliert: „Diese Art der Begründung kann durch die Beobachtung infrage gestellt werden, dass die Basis für diese Induktion nicht groß und repräsentativ genug ist, um diesen pessimistischen Schluss zu rechtfertigen." Nun haben bisher vorliegende Untersuchungen gezeigt, dass die empirische Basis für die Behauptung der pessimistischen Induktion sehr schmal geblieben ist. Es gibt Anzeichen dafür, dass man in der deutlich überwiegenden Zahl von Fällen eher von der weitgehenden Bewährung bisher erfolgreicher Theorien ausgehen kann, wie es das Stichwort „induktiver" Realismus (siehe Abschn. 3.2) ja auch ausdrückt. Dieser Eindruck wird noch durch das starke Wachstum wissenschaftlicher Forschung verstärkt, das zu einem starken Gewicht bzw. Übergewicht aktueller Forschung (oft mit besseren Methoden) führt.

Analog kann man eine eher rückläufige Tendenz der durch *Unterbestimmtheit* von Theorien verursachten Probleme beobachten. Hinsichtlich der Auswirkungen von *Alternativen-Unterbestimmtheit*, scheint es so zu sein, dass dieses Problem bisher *eher selten sichtbar* geworden ist, weil eben in betriebswirtschaftlichen Studien der Fokus meist auf einzelne oder nur wenige (alternative) Theorien gerichtet ist. Der Aspekt der *Fehler-Unterbestimmtheit* spielt dagegen häufig eine Rolle, weil unterschiedlichste Fehlermöglichkeiten bei empirischen Untersuchungen und daraus resultierende Ansätze zu deren Vermeidung (z. B. experimentelle Designs, Validierung von Messinstrumenten) die Forschungspraxis in erheblichem Maße prägen. Hinsichtlich der Einschätzung der Relevanz dieser Art von Unterbestimmtheit kann man wohl davon ausgehen, dass die Verbesserung der Forschungsmethoden im Zeitablauf (siehe z. B. Devitt, 2011) das Problem nach und nach *vermindert*. Weiterhin spielt der (wohlbegründete) Trend eine Rolle, in den Sozialwissenschaften für die empirische Bewährung theoretischer Aussagen nicht nur einzelne Untersuchungen heranzuziehen, sondern eine größere Zahl nach Möglichkeit unabhängig voneinander entstandener Untersuchungen zu dem jeweiligen Thema zusammenzufassen (siehe dazu die Überlegungen zu Replikationsstudien, Metaanalysen etc. im Kap. 9). Damit werden Ergebnisse weniger abhängig von den methodischen Problemen und jeweiligen Kontext-Einflüssen (siehe Abschn. 3.3.5) einzelner Untersuchungen. Letztlich sei

daran erinnert, dass Probleme der Fehler-Unterbestimmtheit bei den „konkurrierenden" Ansätzen des kritischen Rationalismus und des Relativismus sicher kein gerin-
geres Gewicht haben.

Ergebnis: Insgesamt entsteht der Eindruck, dass die durch pessimistische Induktion
begründeten Einwände gegen den WR nach den bisherigen Erfahrungen nicht ausschlaggebend sind, sondern eher nur in einer begrenzten und (nach Fahrbach, 2011)
eher abnehmenden Zahl von Fällen relevant sind. Wenn man bedenkt, dass der WR
ja ausdrücklich die Fehlbarkeit wissenschaftlicher Erkenntnisse einräumt (siehe
Abschn. 3.2), dann ist eine *überschaubare Zahl* von Misserfolgen von früher akzeptierten Theorien mit dem WR durchaus vereinbar. Die Einbeziehung „nicht erdachter
Alternativen" (siehe Abschn. 3.3.4) würde dem Argument der pessimistischen Induktion mehr Gewicht verleihen, ist aber noch von breiter Akzeptanz entfernt. Die
negativen Konsequenzen von Fehler-Unterbestimmtheit werden durch systematische
Bemühungen um Verbesserungen bei der Forschungsmethodik (siehe Kap. 6 bis 8)
und die Ausweitung der empirischen Basis für Ergebnisse, z. B. durch Replikationsstudien, Metaanalysen etc. (siehe Kap. 9) vermindert.

Wenn man zu einer *zusammenfassenden Einschätzung* des WR kommen will, dann ist
an die Voraussetzungen zu erinnern, die mit dem WR verbunden sind; das sind die Annahme einer denk-unabhängigen Realität und das Erfordernis einer gewissen Reife einer
Theorie. Unter dem Stichwort „klassischer Realismus" ist im Abschn. 3.2 der Grund-
gedanke des WR skizziert worden, dass eine *denk-unabhängige Realität* existiert, über
die Aussagen gemacht werden sollen. Die Akzeptanz dieser Annahme ist nach Einschätzung der Autoren für viele Wissenschaftler:innen eine Selbstverständlichkeit und
bringt somit keine wesentlichen Einschränkungen der Anwendbarkeit des WR mit sich.
Wer eine konstruktivistische Weltsicht (siehe Abschn. 3.2) vertritt, wird diese Annahme
nicht akzeptieren wollen/können und gelangt eben zu ganz anderen wissenschaftstheoretischen Ansätzen. Wenn man von einer solchen Position überzeugt ist, dann wird
man aus dem vorliegenden Lehrbuch nicht viel Nutzen ziehen.

Eine weitere Annahme des WR bezieht sich auf die *Reife einer Wissenschaft*, also darauf, dass ein gewisser Stand der Theorie-Entwicklung und des Bewährungsgrades bereits erreicht ist. Begriff und Operationalisierung eines solchen Reifegrades sind (bisher)
nicht voll entwickelt. Immerhin gibt es neuerdings einen vielversprechenden Ansatz, der
in der Management- und der Marketingforschung erfolgreich angewendet wurde (Aguis-
nis et al., 2011 bzw. Eisend,Eisend 2015). Dabei wird als Maßstab für den Reifegrad
einer Disziplin der Anteil erklärter Varianz (siehe Abschn. 2.3.2) herangezogen, der in
empirischen Studien in dieser Disziplin erreicht wurde. Die Ergebnisse von „Meta-Meta-
Analysen" bilden dafür die Grundlage; das sind Ergebnisse von Meta-Analysen (siehe
Abschn. 9.2.2) der in der jeweiligen Disziplin insgesamt (über alle Teilgebiete) durchgeführten Meta-Analysen empirischer Studien. Auf diese Weise wird geschätzt, welcher
Grad erklärter Varianz in der Disziplin erreicht wurde, der dann als Indikator für den relativen Reifegrad der Disziplin interpretiert werden kann.

Nun zur **Abwägung von Stärken und Schwächen des WR**. Zunächst sei an Schwachstellen konkurrierender Ansätze (Relativismus/Konstruktivismus; kritischer Rationalismus) erinnert, die im Abschn. 3.2 schon angesprochen wurden. Der Titel des vorliegenden Buches „Grundlagen empirischer Forschung" deutet schon an, dass wissenschaftstheoretische Grundlagen im Hinblick auf deren Relevanz für die empirische Forschung behandelt werden. Insofern sind die vorstehenden Aspekte auch durch diese Perspektive bestimmt. Die Aspekte (1), (2) und (4) sind deutlich auf reale Forschungsprozesse bezogen, die den Prinzipien des WR (→ klassischer, induktiver, fehlbarer und kritischer Realismus) entsprechen. Dabei hat die Fähigkeit des WR, den dauerhaften Erfolg der Wissenschaft überzeugend zu erklären, wohl das größte Gewicht. Der 3. Gesichtspunkt („epistemische Bescheidenheit") gilt der zurückhaltenden Interpretation von Untersuchungsergebnissen, mit der weitreichende Fehlschlüsse eingeschränkt werden.

Im Punkt (5) werden kritische Aspekte angesprochen, deren *Substanz* nicht zu bezweifeln ist, deren *Relevanz* für die betriebswirtschaftliche Forschung aber eher begrenzt ist. So könnte die pessimistische Induktion nur in einer begrenzten Zahl von Fällen ein Problem darstellen und vermutlich durch Fortschritte bei Forschungsmethoden weiter an Relevanz verlieren. Die Voraussetzung einer gewissen Reife einer Wissenschaft schränkt den Anwendungsbereich des WR sicher ein. Andererseits kann man wohl davon ausgehen, dass in weiten Teilen der empirischen betriebswirtschaftlichen Forschung über die Jahrzehnte auch ein gewisser Reifegrad erreicht worden ist. Ein entscheidender Punkt – nicht nur für den WR – bleibt die Fehler-Unterbestimmtheit. Daraus folgt, dass die Validität von Untersuchungen und die Verbreiterung der empirischen Basis für Ergebnisse durch Einbeziehung einer größeren Zahl von (unabhängig voneinander durchgeführten) Untersuchungen wesentliche Anforderungen an empirische Forschung bleiben werden (siehe dazu Kap. 9).

Hintergrundinformation
Richard Boyd (1984, S. 67) begründet sein Festhalten am WR trotz einiger kritischer Einwände mit einem Satz:

> „Wenn die Tatsache, dass eine Theorie die beste verfügbare Erklärung für ein wichtiges Phänomen anbietet, es nicht rechtfertigt, diese Theorie als zumindest approximativ wahr anzusehen, dann ist es schwierig zu erkennen, wie man bei einer wissenschaftlichen Untersuchung vorgehen könnte."

Zum Abschluss dieses Kapitels sei noch darauf hingewiesen, dass natürlich auch wissenschaftstheoretische Konzepte dem Prinzip des Fallibilismus unterliegen. Ebenso wie frühere Sichtweisen könnte möglicherweise auch der wissenschaftliche Realismus in der Zukunft durch neue Ansätze, die sich besser eignen, empirische Forschung zu gestalten und ihren Erfolg zu erklären, ersetzt werden. Beispielsweise verbindet ja Stanford (2006, S. 188 ff.) seine Kritik am WR mit der Empfehlung, sich stärker am sogenannten „Instrumentalismus" (siehe auch Abschn. 3.3) zu orientieren.

Shelby Hunt und Jared Hansen (2010, S. 124) fassen ihre insgesamt positive Einschätzung des WR zusammen und beziehen diese auf die Marketingforschung, hätten aber sicher keine Einwände, wenn man den Geltungsbereich dieser Einschätzung breiter sieht. „Wissenschaftlicher Realismus scheint für Marketing am sinnvollsten zu sein, weil keine andere Philosophie so in sich geschlossen ist (ohne dogmatisch zu sein), so kritisch ist (ohne nihilistisch zu sein), so offen ist (ohne anarchistisch zu sein), so tolerant ist (ohne relativistisch zu sein), fehlbar ist (ohne subjektivistisch zu sein) und gleichzeitig den Erfolg der Wissenschaft erklären kann."

Literatur

Aguinis, H., Dalton, D., Bosco, F., Pierce, C., & Dalton, C. (2011). Meta-analytic choices and judgement calls: Implications for theory building and testing, obtained effect sizes, and scholarly impact. *Journal of Management, 37*, 5–38.

Albert, H. (1972): Theorien in den Sozialwissenschaften. In H. Albert (Hrsg.), *Theorie und Realität* (2. Aufl., S. 3–25). Mohr.

Arabatzis, T. (2008). Experiment. In S. Psillos & M. Curd (Hrsg.), *The Routledge companion to philosophy of science* (S. 159–170). Routledge.

Baghramian, M., & Carter, A. (2020). Relativism. In E. Zalta (Hrsg.), *The Stanford encyclopedia of philosophy*. http://plato.stanford.edu

Bird, A. (1998). *Philosophy of science*. McGill-Queen's University Press.

Blagoev, B., & Costas, J. (2022). Interpretive inquiry. In C. Neesham et al. (Hrsg.), *Handbook of philosophy of management* (S. 79–99). Springer Nature.

Boyd, R. (1984). The current status of scientific realism. In J. Leplin (Hrsg.), *Scientific realism* (S. 41–82). University of California Press.

Boyd, R. (2002). Scientific realism. In E. Zalta (Hrsg.), *The Stanford encyclopedia of philosophy*. http://plato.stanford.edu (archives).

Brown, J. (Hrsg.). (2012). *Philosophy of science: The key thinkers*. Continuum.

Brühl, R. (2021). *Wie Wissenschaft Wissen schafft* (3. Aufl.). UVK Lucius.

Buzzell, R., & Gale, B. (1989). *Das PIMS-Programm*. Gabler.

Carrier, M. (2006). *Wissenschaftstheorie*. Junius.

Carrier, M. (2009). Wege der Wissenschaftsphilosophie im 20. Jahrhundert. In A. Bartels & M. Stöckler (Hrsg.), *Wissenschaftstheorie* (2. Aufl., S. 15–44). Mentis.

Carrier, M. (2012). Historical approaches: Kuhn, Lakatos and Feyerabend. In J. Brown (Hrsg.), *Philosophy of science: The key thinkers* (S. 132–151). Continuum.

Chakravartty, A. (2017). Scientific realism. In E. Zalta (Hrsg.), *The Stanford encyclopedia of philosophy*. http://plato.stanford.edu

Chalmers, A. (2013). *What is this thing called science?* (4. Aufl.). Hackett.

Clark, T., & Key, T. (2021). The methodologies of the marketing literature: Mechanics, uses and craft. *AMS Review, 11*, 416–431.

Cumming, G. (2014). The new statistics: Why and how. *Psychological Science, 25*, 7–29.

Curd, M., Cover, J., & Pincock, C. (Hrsg.). (1998). *Philosophy of science – The central issues* (2. Aufl.). Norton.

Devitt, M. (2008). Realism/anti-realism. In S. Psillos & M. Curd (Hrsg.), *The Routledge companion to philosophy of science* (S. 285–293). Routledge.

Devitt, M. (2011). Are unconceived alternatives a problem for scientific realism? *Journal for General Philosophy of Science, 42*, 285–293.

Dicken, P. (2016). *A critical introduction to scientific realism*. Bloomsbury.

Duhem, P. (1954 [1906]). *Philosophy of science – The central issues* (2. Aufl., S. 227–249). Norton (erste Ausgabe des Buchs von Duhem 1906 in französischer Sprache).

Eisend, M. (2015). Have we progressed marketing knowledge? A meta-meta-analysis of effect sizes in marketing research. *Journal of Marketing, 79*, 23–40.

Eronen, M. (2015). Robustness and reality. *Synthese, 192*, 3961–3977.

Fahrbach, L. (2011). How the growth of science ends theory change. *Synthese, 180*, 139–155.

Fraassen, B. V. (1980). *The scientific image*. Clarendon.

Fraassen, B. V. (2019). Reflections on a classic in scientific realism, 20 years later. *Metascience, 28*, 13–21.

Friedman, M. (1953/2008). The methodology of positive economics. In D. Hausman (Hrsg.), *The philosophy of economics – An anthology* (3. Aufl., S. 145–178). Cambridge University Press.

Giere, R. (1999). *Science without laws*. University of Chicago Press.

Glymour, C., et al. (1992). Realism and the nature of theories. In M. Salmon (Hrsg.), *Philosophy of science* (S. 104–131). Prentice-Hall.

Godfrey-Smith, P. (2021). *Theory and reality – An introduction to the philosophy of science* (2. Aufl.). University of Chicago Press.

Guala, F. (2016). Philosophy of the social sciences. In P. Humphreys (Hrsg.), *The Oxford handbook of philosophy of science* (S. 43–64). Oxford University Press.

Hacking, I. (1996). *Einführung in die Philosophie der Naturwissenschaften*. Reclam (Originalquelle: Hacking, I. (1983). *Representing and Intervening*. Cambridge University Press).

Haig, B. (2013). The philosophy of quantitative methods. In T. Little (Hrsg.), *The Oxford handbook of quantitative methods* (S. 7–31). Oxford University Press.

Hejl, P. (2010). Konstruktion der sozialen Konstruktion – Grundlinien einer konstruktivistischen Sozialtheorie. In *Einführung in den Konstruktivismus* (S. 109–146) Piper.

Homburg, C. (2007). Betriebswirtschaftslehre als empirische Wissenschaft – Bestandsaufnahme und Empfehlungen. In E. Gerum & G. Schreyögg (Hrsg.), *Zukunft der Betriebswirtschaftslehre (ZfbF-Sonderheft 56)* (S. 27–60). Verlagsgruppe Handelsblatt.

Humphreys, P. (Hrsg.) (2016). *The Oxford handbook of philosophy of science*. Oxford University Press.

Hunt, S. (1990). Truth in marketing theory and research. *Journal of Marketing, 54*, 1–15.

Hunt, S. (1994). A realist theory of empirical testing – Resolving the theory-ladenness/objectivity debate. *Philosophy of the Social Sciences, 24*, 133–158.

Hunt, S. (2003). *Controversy in marketing theory*. Sharpe.

Hunt, S. (2010). *Marketing theory – Foundations, controversy, strategy, resource-advantage theory*. Sharpe.

Hunt, S. (2011). Theory status, inductive realism, and approximate truth: No miracles, no charades. *International Studies in the Philosophy of Science*, 159–178.

Hunt, S. (2014). Understanding marketing's philosophy debates. *Journal of Historical Research in Marketing, 6*, 351–378.

Hunt, S., & Hansen, J. (2010). The philosophical foundations of marketing research: For scientific realism and truth. In P. Maclaran, M. Saren, B. Stern, & M. Tadajewski (Hrsg.), *The SAGE handbook of marketing theory* (S. 111–126). Sage.

Kenning, P. (2020). *Consumer neuroscience* (2. Aufl.). Kohlhammer.

Kincaid, H. (2008). Social sciences. In S. Psillos & M. Curd (Hrsg.), *The Routledge companion to philosophy of science* (S. 594–603). Routledge.

Kuhn, T. (1970 [1962]). *The structure of scientific revolutions* (2. Aufl.). University of Chicago Press.

Kroeber-Riel, W., & Gröppel-Klein, A. (2019). *Konsumentenverhalten* (9. Aufl.). Vahlen.

Kuß, A., & Kreis, H. (2013). Wissenschaftlicher Realismus und empirische Marketingforschung. *Marketing ZFP – Journal of Research and Management, 35*, 255–271.

Lakatos, I. (1970). Falsification and the methodology of scientific research programmes. In I. Lakatos & A. Musgrave (Hrsg.), *Criticism and the growth of knowledge* (S. 91–196). Cambridge University Press.

Laudan, L. (1981). A confutation of convergent realism. *Philosophy of Science, 48*, 19–49.

Leong, S. (1985). Metatheory and metamethodology in marketing: A Lakatosian reconstruction. *Journal of Marketing, 49*, 23–40.

Lipton, P. (2005). Testing hypotheses: Prediction and prejustice. *Science, 307*, 219–221.

Lipton, P. (2008). Inference to the best explanation. In S. Psillos & M. Curd (Hrsg.), *The Routledge companion to philosophy of science* (S. 193–202). Routledge.

Longino, H. (1990). *Science as social knowledge – Values and objectivity in scientific inquiry.* Princeton University Press.

Maxwell, G. (1962). The ontological status of theoretical entities. In H. Feigl & G. Maxwell (Hrsg.), *Scientific explanation, space and time. Minnesota studies in the philosophy of science* (Bd. 3, S. 3–27). University of Minnesota Press.

McMullin, E. (1984). A case for scientific realism. In J. Leplin (Hrsg.), *Scientific realism* (S. 8–40). University of California Press.

Mittelstraß, J. (1995). Metaphysik. In J. Mittelstraß (Hrsg.), *Enzyklopädie Philosophie und Wissenschaftstheorie* (Bd. 2, S. 870–873). Metzler.

Mizrahi, M. (2013). The pessimistic induction: A bad argument gone too far. *Synthese, 190*, 3209–3226.

Mizrahi, M. (2016). The history of science as a graveyard of theories: A philosophers' mith? *International Studies in the Philosophy of Science, 30*, 263–278.

Mizrahi, M. (2020). *The relativity of theory.* Springer Nature.

Newton-Smith, W. (2000). Underdetermination of theory by data. In W. Newton-Smith (Hrsg.), *A companion to the philosophy of science* (S. 532–536). Blackwell.

Okasha, S. (2002). *Philosophy of science – A very short introduction.* Oxford University Press.

Papineau, D. (1978). *For science in the social sciences.* MacMillan Press.

Phillips, D., & Burbules, N. (2000). *Postpositivism and educational research.* Rowman & Littlefield.

Popper, K. (2002). *Conjectures and refutations.* Routledge.

Popper, K. (2005 [1934]). *Logik der Forschung* (11. Aufl.). Mohr Siebeck.

Poser, H. (2001). *Wissenschaftstheorie – Eine philosophische Einführung.* Reclam.

Psillos, S. (1999). *Scientific realism – How science tracks truth.* Routledge.

Psillos, S. (2006). Scientific realism. In D. Borchert (Hrsg.), *Encyclopedia of philosophy* (2. Aufl., Bd. 8, S. 688–694). Macmillan.

Psillos, S. (2007). *Philosophy of science A–Z.* Edinburgh University Press.

Psillos, S. (2016). Having science in view – General philosophy of science and its significance. In P. Humphreys (Hrsg.), *The Oxford handbook of philosophy of science* (S. 137–160). Oxford University Press.

Psillos, S., & Curd, M. (Hrsg.). (2008). *The Routledge companion to philosophy of science.* Routledge.

Prasad, A., & Prasad, P. (2002). The Coming of Age of Interpretive Organizational Research. *Organizational Research Methods, 5*(1), 4–11.

Resnik, D. (1994). Hacking's experimental realism. *Canadian Journal of Philosophy, 24*, 395–412.

Reihlen, M., Habersang, S., & Nikolova, N. (2022). Realist inquiry. In C. Neesham et al. (Hrsg.), *Handbook of philosophy of management* (S. 55–78). Springer Nature.

Rorty, R. (2000). Kuhn. In W. Newton-Smith (Hrsg.), *A companion to the philosophy of science* (S. 248–258). Blackwell.

Rosenberg, A. (2000). Philosophy of social science. In W. Newton-Smith (Hrsg.), *A companion to the philosophy of science* (S. 451–460). Blackwell.

Rowbottom, D. (2018). Instrumentalism. In J. Saatsi (Hrsg.), *The Routledge handbook of scientific realism* (S. 84–95). Routledge.

Salmon, M. (1992a). Introduction. In M. Salmon et al. (Hrsg.), *Philosophy of science* (S. 1–5). Prentice-Hall.

Salmon, M., et al. (1992ab). Philosophy of the social sciences. In M. Salmon (Hrsg.), *Philosophy of science* (S. 404–425). Prentice-Hall.

Salmon, W., et al. (1992). Scientific explanation. In M. Salmon (Hrsg.), *Philosophy of science* (S. 7–41). Prentice-Hall.

Sankey, H. (2008). Scientific method. In S. Psillos & M. Curd (Hrsg.), *The Routledge companion to philosophy of science* (S. 248–258). Routledge.

Schanz, G. (1988). *Methodologie für Betriebswirte* (2. Aufl.). Poeschel.

Schauenberg, B. (1998). Gegenstand und Methoden der Betriebswirtschaftslehre. In M. Bitz et al. (Hrsg.), *Vahlens Kompendium der Betriebswirtschaftslehre* (Bd. 1, 4. Aufl., S. 1–56). Vahlen.

Schreyögg, G., & Koch, J. (2020). *Management – Grundlagen der Unternehmensführung* (8. Aufl.). Springer Gabler.

Schurz, G. (2008). *Einführung in die Wissenschaftstheorie* (2. Aufl.). Wissenschaftliche Buchgesellschaft.

Schurz, G. (2014). *Philosophy of science – A unified approach*. Routledge.

Schwaiger, M. (2007). Empirische Forschung in der BWL. In R. Köhler et al. (Hrsg.), *Handwörterbuch der Betriebswirtschaft* (S. 337–345). Schäffer-Poeschel.

Smart, J. (1963). *Philosophy and scientific realism*. Routledge & Kegan Paul.

Stanford, K. (2006). *Exceeding our grasp: Science, history, and the problem of unconceived alternatives*. Oxford University Press.

Stanford, K. (2017). Underdetermination of scientific theory. In E. Zalta (Hrsg.), *The Stanford encyclopedia of philosophy*. http://plato.stanford.edu

Thagard, P. (2007). Coherence, truth and the development of scientific knowledge. *Philosophy of Science, 74*, 28–47.

Vickers, P. (2018). Historical challenges to realism. In J. Saatsi (Hrsg.), *The Routledge handbook of scientific realism* (S. 48–59). Routledge.

Weston, T. (1992). Approximate truth and scientific realism. *Philosophy of Science, 59*, 53–74.

Wiltsche, H. (2013). *Einführung in die Wissenschaftstheorie*. Vandenhoeck & Ruprecht.

Wray, K. (2018a). *Resisting scientific realism*. Cambridge University Press.

Wray, K. (2018b). Success of science as a motivation for realism. In J. Saatsi (Hrsg.), *The Routledge handbook of scientific realism* (S. 37–47). Routledge.

Weiterführende Literatur

Fahrbach, L. (2017). Scientific revolutions and the explosion of scientific evidence. *Synthese, 194*, 5039–5072.

Leplin, J. (Hrsg.). (1984). *Scientific realism*. University of California Press.

Mizrahi, M. (2020). *The relativity of theory*. Springer.

Popper, K. (2005 [1934]). *Logik der Forschung* (11. Aufl.). Mohr.

Psillos, S. (1999). *Scientific realism – How science tracks truth*. Routledge.

Saatsi, J. (Hrsg.). (2018). *The Routledge Handbook of scientific realism*. Routledge.

Wray, B. (2018). *Resisting scientific realism*. Cambridge University Press.

Theorie-Entwurf

4

Zusammenfassung

Über lange Zeit hat man den Prozess des Theorie-Entwurfs aus dem Bereich wissenschaftstheoretischer Überlegungen weitgehend ausgeklammert, weil man davon ausging, dass es hier in erster Linie um kreative bzw. psychologische Prozesse gehe (siehe Abschn. 4.2), die für eine systematische Analyse zu schlecht zugänglich seien. Nun ist dieses Gebiet immer noch deutlich weniger entwickelt als andere Teile der Erkenntnistheorie. Gleichwohl sollen im vorliegenden Kapitel im Abschn. 4.3 drei verbreitete Wege des Theorie-Entwurfs vorgestellt werden. Zunächst aber werden Konzepte mit entsprechenden Definitionen, die Bausteine jeder Theorie sind, im Abschn. 4.1 erläutert.

4.1 Konzeptualisierung und Definitionen

Im Zusammenhang mit der Kennzeichnung von Theorien (Abschn. 2.1) ist die Bedeutung von (abstrakten) Konzepten schon dargestellt und die wesentliche Rolle von Konzepten für Theorien hervorgehoben worden. Insofern bedarf es wohl keiner besonderen Erläuterung, dass die gedankliche *Entwicklung von Konzepten* („Konzeptualisierung") ein wesentlicher Schritt beim Theorie-Entwurf ist. „Konzepte sind die Bausteine von Theorien." (Neuman, 2011, S. 62). In enger Verbindung damit steht die möglichst präzise Charakterisierung von Konzepten durch entsprechende Definitionen, die wiederum die Grundlage für die Entwicklung entsprechender Messinstrumente sind (siehe Kap. 6). Vor diesem Hintergrund sind also Überlegungen zur Konzeptualisierung und zu Definitionen ein wesentlicher Schritt beim Theorie-Entwurf.

Unter „**Konzeptualisierung**" wird hier der *Vorgang* verstanden, interessierende Teile der Realität abstrahierend zu kennzeichnen und damit auch gedanklich zusammenzufassen. In der Konsument:innenforschung spricht man – um ein Beispiel zu nennen – nach Kaufentscheidungen (bei Autos, Urlaubsreisen, Wein usw.) *zusammenfassend* und von den jeweiligen Einzelfällen *abstrahierend* von *Kund:innenzufriedenheit*, wenn Erwartungen vor dem Kauf und Erfahrungen nach dem Kauf übereinstimmen bzw. wenn Erwartungen übertroffen werden. In diesem Abschnitt konzentrieren sich die Überlegungen zur Konzeptualisierung und zu Definitionen also auf die *gedankliche Entwicklung* einzelner Konzepte. In der Literatur (z. B. Yadav, 2010; MacInnis, 2011) finden sich aber auch breiter angelegte Sichtweisen, bei denen der ganze Prozess des Theorie-Entwurfs als Konzeptualisierung bezeichnet wird.

Wie kann man sich nun den *Prozess* der Konzeptualisierung vorstellen? Deborah MacInnis (2011, S. 140) kennzeichnet diesen Prozess auf folgende Weise:

> „Konzeptualisierung ist ein Prozess abstrakten Denkens, der die gedankliche Darstellung einer Idee beinhaltet. Der Begriff Konzeptualisierung ist abgeleitet vom älteren lateinischen Wort ‚conceptualis' und vom neueren lateinischen Wort ‚conceptus', die sich auf einen Gedanken, der nur im Bereich des Abstrakten existiert und von seiner Verkörperung getrennt ist (…), beziehen. Dem entsprechend beinhaltet Konzeptualisierung die ‚Wahrnehmung' oder das ‚Verständnis' eines Abstraktums im eigenen Denken."

Wenn man die gemeinsamen Merkmale verschiedener Objekte (Gegenstände, Ereignisse oder Zustände) mit einer Bezeichnung verbindet, die sich *nicht* auf einzelne (bestimmte) Objekte bezieht, sondern eben auf deren Gemeinsamkeiten unter Vernachlässigung sonstiger – gerade nicht interessierender – Einzelheiten, dann *abstrahiert* man damit von den einzelnen Objekten (Zaltman et al., 1973, S. 28). Beispielsweise sind Menschen in einem Krankenhaus im Hinblick auf Alter, Geschlecht, ethnische Herkunft, Beruf usw., usw. höchst unterschiedlich; es kann aber hinsichtlich einer Untersuchung zum Pflegemanagement zweckmäßig sein, von diesen Merkmalen zu *abstrahieren* und (allgemeiner) an „Patient:innen" zu denken bzw. davon zu sprechen. Andererseits ist es in vielen Fällen wissenschaftlicher Forschung und auch praktischer Anwendung wesentlich, einzelne Objekte bestimmten Konzepten zuzuordnen. Soll man beispielsweise Patient:innen in ambulanter Behandlung auch der Gruppe der Patient:innen eines Krankenhauses zurechnen? So ist auch die *Zuordnung* eines:r Patient:in zum Konzept „alkoholabhängig" für seine Behandlung und Genesungschance bedeutsam und die *Zuordnung* eines:r Kund:in zur Gruppe der Intensivverwender:innen für die geplanten Verkaufsanstrengungen. Eine solche Zuordnung kann aber nur eindeutig erfolgen, wenn die entsprechende Definition hinreichend präzise ist. Abb. 4.1. möge diese Aspekte der Konzeptualisierung veranschaulichen.

Mit der (gedanklichen) Entstehung eines Konzepts ist oftmals die sprachliche Kennzeichnung dieses Konzepts verbunden, in der Regel durch die Zuordnung entsprechender Begriffe (siehe Abb. 4.1). Diese mag mit einigen zum Konzept assoziierten Begriffen beginnen und mit einer exakten **Definition** (s. u.) enden. Im Mittelpunkt steht dabei der Vorgang der Umschreibung eines Konzepts. „*Umschreibung* ist ein bewusster Prozess, der die Bezeichnung konkreter Beispiele für abstrakte Konzepte beinhaltet, mit dem Ziel,

Abb. 4.1 Prozesse von Abstraktion und Zuordnung. (Nach Zaltman et al., 1973, S. 28)

zur Klärung von deren Bedeutung beizutragen." (Jaccard & Jacoby, 2020, S. 96). So könnte man das schon erwähnte Beispiel der Kund:innenzufriedenheit zunächst mit Beispielen verschiedener Arten von Käufen umschreiben. Damit wird gleichzeitig erreicht, dass die für folgende empirische Überprüfungen wesentliche Beziehung des jeweiligen Konzepts zu realen Erscheinungen und Beobachtungen erkennbar bleibt.

Wenn genügend Klarheit über Inhalt und Abgrenzung eines Konzepts besteht, ist natürlich dessen exakte Formulierung in Form einer Definition erforderlich. Eine Definition ist „eine verbale Darstellung eines Konzepts" (Wacker, 2004, S. 631). Damit verbunden sind die Präzisierung eines gedanklichen Konzepts und die Möglichkeit, dieses zu kommunizieren und damit intersubjektiv nachvollziehbar zu machen. Vor diesem Hintergrund spricht man hier auch von „konzeptuellen Definitionen". Aus forschungspraktischen Gründen ist dafür eine schriftliche Festlegung unbedingt erforderlich, um die notwendige Präzision und Verbindlichkeit zu sichern. „Definieren ist ein Vorgang, bei dem ein neuer Begriff auf der Basis bereits existierender Begriffe festgelegt wird." (Zaltman et al., 1973, S. 26, siehe auch Psillos, 2007, S. 62). Der neue (*zu definierende*) Begriff wird in der wissenschaftstheoretischen Literatur als **Definiendum**, der *definierende* Teil einer Definition wird als **Definiens** bezeichnet. So wird beispielsweise bei Schreyögg und Koch (2014, S. 340) „intrinsische Motivation" (Definiendum) durch „Motivation, die aus dem Interesse an der Sache selbst fließt" (Definiens) gekennzeichnet.

Hintergrundinformation
Shelby Hunt (1987, S. 209) zu Wesen und Zweckmäßigkeit von Definitionen:
„Definitionen sind ‚Regeln zum Ersetzen' (…). Mit einer Definition meint man also, dass ein Wort oder eine Gruppe von Worten (das Definiens) äquivalent mit dem zu definierenden Wort (dem Definiendum) sein soll. Gute Definitionen zeigen Inklusivität, Exklusivität, Unterscheidbarkeit, Klarheit, Kommunizierbarkeit, Konsistenz und Knappheit."
Dabei ist mit „Inklusivität" gemeint, dass die Phänomene, die gemeinhin dem Definiendum zugerechnet werden, von der Definition eingeschlossen werden. Dagegen bezieht sich die „Exklusivität" auf die klare Abgrenzung gegenüber anderen Phänomenen.

Der Weg zur Formulierung einer **konzeptuellen Definition** ist in der Regel alles andere als einfach. Er erfordert angemessene Fähigkeiten zur Abstraktion, zum präzisen sprachlichen Ausdruck und zur kritischen Reflexion. Gleichwohl sind präzise und zweckmäßige Definitionen im Hinblick auf die Aussagekraft theoretischer Aussagen und für entsprechende empirische Prüfungen unabdingbar. Unklare Definitionen würden eine überzeugende und nachvollziehbare Theoriebildung und Hypothesenformulierung nicht zulassen. Auch die Entwicklung von validen Messverfahren ist ohne die Grundlage einer präzisen Definition des zu messenden Konzepts kaum denkbar (MacKenzie, 2003). Mit deutlicher Ausrichtung auf die Forschungspraxis geben Jaccard und Jacoby (2020, S. 99 ff.) u. a. die folgenden Hinweise auf gängige Wege, zu konzeptuellen Definitionen zu gelangen:

- Auswertung einschlägiger Literatur und Übernahme oder Modifikation existierender Definitionen
- Verwendung von (Fach-) Lexika und (etymologischen) Wörterbüchern
- Zusammenstellung wesentlicher Merkmale eines Konzepts
- Beschreibung des Konzepts in möglichst einfachen Worten

Definitionen von Fachbegriffen sind im Prinzip frei wählbar. Es handelt sich nur um sprachliche Festlegungen, die selbst über die Realität nichts aussagen. Insofern können Definitionen auch nicht „richtig" oder „falsch" sein, wohl aber mehr oder weniger präzise und zweckmäßig. Wesentlich dafür ist u. a. ein weitgehend einheitliches Verständnis in der Fachwelt, da ansonsten eine wissenschaftliche Kommunikation kaum möglich ist. Einige Empfehlungen für die Formulierung konzeptueller Definitionen seien in Anlehnung an Wacker (2004) und MacKenzie (2003) hier zusammengestellt:

- Definitionen sollen das jeweilige Konzept möglichst deutlich charakterisieren und von anderen (ähnlichen) Konzepten klar abgrenzen.
- Definitionen sollen möglichst einfache, eindeutige und klare Begriffe verwenden.
- Definitionen sollten knapp formuliert sein.
- Definitionen sollten mit anderen Definitionen innerhalb des Fachgebiets und bisheriger Forschung verträglich sein.
- Empirische Untersuchungen, in denen das jeweilige Konzept eine Rolle spielt, sollten erst durchgeführt werden, wenn die entsprechende Definition so weit ausgereift ist, dass alle vorstehenden Empfehlungen eingehalten sind.

Mit einer operationalen Definition geht man einen Schritt weiter in Richtung auf eine entsprechende Messung für eine empirische Untersuchung. „Anders als konzeptuelle Definitionen ... sind **operationale Definitionen** konkreter und erfordern damit ein größeres Ausmaß an Präzision und Stringenz." Jaccard und Jacoby (2020, S. 108). Auf diesen Prozess der Operationalisierung und die dabei zu lösenden Probleme wird im Kap. 6 zurückzukommen sein. Dabei wird es dann nicht zuletzt um die Entsprechung von konzeptueller und operationaler Definition gehen. Stimmen beide (weitgehend) überein, dann ist eine wesentliche Voraussetzung für die **Validität** einer Messung gegeben. Gibt es deutliche Abweichungen von konzeptueller und operationaler Definition, dann ist eine entsprechende Messung eben nicht valide, d. h. dass das Ergebnis der Messung mit dem eigentlich interessierenden Konzept (zu) wenig oder gar nichts zu tun hat. Abb. 4.2 gibt einen schematischen Überblick über die Schritte vom gedanklichen Konzept über die Formulierung einer *konzeptuellen* Definition zur Entwicklung einer *operationalen* Definition, die dann eine entsprechende Messung erlaubt.

4.2 Grundfragen des Theorie-Entwurfs

Im vorliegenden Buch wird zwischen Theorie-Entwurf und Theorie-Entwicklung in folgender Weise unterschieden:

- Der Begriff **Theorie-Entwurf** kennzeichnet die Formulierung (verbal, mathematisch oder graphisch) einer neuen oder grundlegend veränderten Theorie für einen bestimmten Untersuchungsgegenstand.
- Unter **Theorie-Entwicklung** wird hier der umfassendere *Prozess* der Prüfung und der daraus folgenden Modifikationen und Präzisierungen einer Theorie verstanden.

Die Bedeutung von Theorie-Entwurf und -Entwicklung wird sofort klar, wenn man bedenkt, dass wissenschaftlicher Fortschritt eben eng mit entsprechenden (neuen) Theorie-Entwürfen bzw. mit der Modifikation oder Präzisierung bisher vorhandener Theorien verbunden ist. Es sei auch daran erinnert, dass Theorien im Abschn. 2.1 als „Hauptinformationsträger der wissenschaftlichen Erkenntnis" (Schanz, 1988, S. VII) gekennzeichnet wurden.

Über Jahrzehnte hat der Prozess des Entwurfs von Theorien in der Wissenschaftstheorie aber wenig Beachtung gefunden. Manche Autoren (nicht zuletzt Karl Popper) haben diesen Prozess als zu wenig strukturiert angesehen und die Auffassung vertreten,

Abb. 4.2 Vom gedanklichen Konzept zur Operationalisierung

dass dieser eher aus dem Blickwinkel von Psychologie, Soziologie oder Geschichts-wissenschaft analysiert werden solle. Die Aufgabe der Wissenschaftstheorie lag in dieser Sichtweise vor allem bei der Frage, „in welcher Weise und in welchem Maße wir den Ergebnissen der Wissenschaft vertrauen können." (Schurz, 2014, S. 1). In diesem Kontext hat auch die auf Hans Reichenbach (1891–1953) zurückgehende Unterscheidung von Entdeckungs- und Begründungszusammenhang, auf die schon im Abschn. 1.1 eingegangen wurde, eine wesentliche Rolle gespielt. Beim *Entdeckungszusammenhang* geht es um den Entstehungsprozess von Theorien. Dabei gibt es ein großes Spektrum an Möglichkeiten bzw. kaum exakt festgelegte Regeln, wie im Folgenden zu erkennen sein wird. Dagegen bezieht sich der *Begründungszusammenhang* darauf, „rational und inter-subjektiv zugängliche Maßstäbe an die gewonnenen theoretischen Einfälle anzulegen" (Köhler, 1966, S. 25). Entdeckungszusammenhänge waren bis gegen Ende des 20. Jahr-hunderts eher von wissenschaftshistorischem Interesse während also Begründungs-zusammenhänge und ihre Logik den klaren Schwerpunkt wissenschaftstheoretischer Überlegungen bildeten. „Die Grenze zwischen Entdeckungszusammenhang (*de facto* Überlegungen) und Begründungszusammenhang (Begründung der Korrektheit dieser Überlegungen *de jure*) wurde als bestimmend für den Aufgabenbereich der Wissen-schaftstheorie angesehen" (Schickore, 2014, S. 6). Zu Einzelheiten dieser Entwicklung sei hier auf Nickles (1985) und Schickore (2014) verwiesen.

Hintergrundinformation
Ein charakteristisches Zitat von Karl Popper (2005, S. 7) möge die Position derer illustrieren, die den Prozess des Theorie-Entwurfs nicht als wesentlichen Gegenstand der Wissenschaftstheorie an-sehen:

> „Wir haben die Tätigkeit des wissenschaftlichen Forschers (…) dahin charakterisiert, dass er Theorien aufstellt und überprüft.
>
> Die erste Hälfte dieser Tätigkeit, das Aufstellen der Theorien, scheint uns einer logischen Analyse weder fähig noch bedürftig zu sein: An der Frage, wie es vor sich geht, dass je-mand etwas Neues einfällt – sei es nun ein musikalisches Thema, ein dramatischer Konflikt oder eine wissenschaftliche Theorie –, hat wohl die empirische Psychologie Interesse, nicht aber die Erkenntnislogik. Diese interessiert sich nicht für *Tatsachenfragen* (…), sondern nur für *Geltungsfragen* (…) – das heißt für Fragen von der Art: ob und wie ein Satz begründet werden kann; ob er nachprüfbar ist; ob er von gewissen anderen Sätzen logisch abhängt oder mit ihnen im Widerspruch steht usw. Damit aber ein Satz in diesem Sinn erkenntnis-logisch untersucht werden kann, muss er bereits vorliegen; jemand muss ihn formuliert, der logischen Diskussion unterbreitet haben."

Erst ab ca. 1980 kam es zu einer Akzentverschiebung in Richtung auf Entdeckungs-zusammenhänge, die vor allem durch eine entsprechend ausgerichtete Gruppe von Wis-senschaftstheoretiker:innen (den *„friends of discovery"*; Hunt, 2013) initiiert wurde. Das überrascht aus heutiger Sicht nicht allzu sehr, weil sich eben eine große Zahl theo-retischer und forschungspraktischer Fragen im Zusammenhang mit wissenschaftlichen Entdeckungen stellt, z. B. „Gibt es eine Methodik für Entdeckungen?"; „Muss eine

Entdeckung sowohl neu als auch wahr sein?" (Nickles, 2000, S. 85). Daneben gibt es in der Forschungspraxis zahlreiche Situationen, in denen man sich gezielt um einen Theorie-Entwurf bemühen muss, z. B. bei der Suche nach Erklärungen für (auch praktisch) relevante Phänomene oder bei der Grundlegung für Dissertationen. Generell gilt sicher, dass ohne neue Theorie-Entwürfe, die bisher zu wenig erschlossene Fachgebiete betreffen oder bessere Erklärungen für interessierende Phänomene liefern, wissenschaftlicher Fortschritt nur sehr begrenzt möglich wäre. Inzwischen hat man auch erkannt, dass wissenschaftliche Entdeckungen eher selten durch eine plötzliche einzelne Idee („Heureka!") zustande kommen, sondern meist durch längere Prozesse der Ideenfindung und -überprüfung bestimmt sind. Weiterhin ist vielfach auch der Prozess der Entstehung einer Entdeckung/Theorie aussagekräftig für deren Glaubwürdigkeit (Nickles, 2008). Im Zusammenhang dieses Buches ist die Frage, ob wissenschaftliche Entdeckungen *Gegenstand der Wissenschaftstheorie* sind oder nicht, letztlich nicht entscheidend, weil – unabhängig davon – der *Weg zu Entdeckungen* eben einen wichtigen Aufgabenbereich einer:s Forschenden kennzeichnet. Im Hinblick auf die Relevanz neuer Theorie-Entwürfe sei auch an das Problem (noch) nicht erdachter Alternativen erinnert, das im Abschn. 3.3 diskutiert wurde.

Nun ist der Begriff einer „Entdeckung" in der *Betriebswirtschaftslehre* weniger gebräuchlich; man assoziiert damit eher Erkenntnisgewinnung in den Naturwissenschaften (z. B. bestimmte Wirkstoffe für medizinische Zwecke), in der Astronomie oder (in früheren Jahrhunderten) in der Geographie. In der Betriebswirtschaftslehre hat man es in der Regel mit Theorien zu tun, die (oft mühsam) entworfen werden müssen. Gleichwohl sind Überlegungen zum Entdeckungszusammenhang auf den Theorie-Entwurf übertragbar, weil mit der Entwicklung einer (erfolgreichen) Theorie eben auch Beziehungen zwischen relevanten Phänomenen *entdeckt* werden (Hunt, 2013).

Es ist vorstehend schon angedeutet worden, dass die zeitweilige Ausklammerung des Entdeckungszusammenhangs aus der Wissenschaftstheorie auch damit begründet war, dass man sich Entdeckungen eher als plötzliche Eingebungen vorstellte, deren Zustandekommen kaum nachvollziehbar oder gar planbar war. Nun lehrt die Erfahrung langwieriger Untersuchungen in Laboren oder der Prozessverläufe beim Theorie-Entwurf, dass Kreativität allein nicht ausreichend ist. Typisch ist vielmehr die Verbindung von Kreativität mit entsprechenden (empirischen) Beobachtungen und der argumentativen Begründung der entwickelten Aussagen sowie deren kritischer Reflexion (siehe Abschn. 4.3.2). In diesem Sinne sind Entdeckungs- und Begründungszusammenhang häufig miteinander verflochten (Nickles, 2008). Von dieser Erfahrung bzw. Sichtweise wird auch im folgenden Abschn. 4.3 ausgegangen, wenn drei – naturgemäß stark vereinfachte (aber gebräuchliche) – Wege der Theoriebildung vorgestellt werden.

Im Abschn. 2.5 sind schon wissenschaftliche Schlussweisen dargestellt worden, die auch beim Theorie-Entwurf eine wesentliche Rolle spielen: **Induktion, Deduktion und Abduktion**. Zentrale Merkmale dieser Schlussweisen sind in Tab. 4.1 noch einmal zusammengestellt. Deduktive und induktive Vorgehensweisen bei der Theoriebildung haben (natürlich) spezifische *Vor- und Nachteile* (Franke, 2002, S. 188 f.). Bei der

Tab. 4.1 Wissenschaftliche Schlussweisen im Überblick

	Induktion	Deduktion	Abduktion
Grundidee	Von vielen Beobachtungen zur Generalisierung	Ableitung von speziellen aus generellen Aussagen	Entscheidung für die plausibelste („beste") Erklärung eines Phänomens
Wissensentwicklung	Gehaltserweiternd	Wahrheitserhaltend	Gehaltserweiternd
Sicherheit der Schlussweise	Unsicher	Sicher	Unsicher

Deduktion kann an vorhandene Theorien mit entsprechenden Annahmen, Begriffen, Methoden sowie an die in anderem Rahmen (z. B. in anderen wissenschaftlichen Disziplinen) gewonnenen Ergebnisse angeknüpft werden, was zumindest die Effizienz der Forschung positiv beeinflusst. Daneben ergibt sich der gewichtige Vorteil, dass sich naturgemäß deduzierte Theorien in den schon vorliegenden Theorie-Bestand relativ gut einordnen. Das bedeutet aber gleichzeitig, dass völlig neuartige Sichtweisen, die vielleicht ein ganz anderes und besseres Verständnis der interessierenden Phänomene ermöglichen könnten, relativ selten entstehen. Dafür ist die *Induktion* wesentlich offener. Hier kommt man eher auf der Basis der jeweiligen Daten oder Erfahrungen zu einer dem jeweiligen Problem entsprechenden Sicht, die nicht so stark durch bisherige Vorstellungen vorgeprägt ist. Damit verbunden ist aber der Nachteil, dass so entwickelte Theorien (zunächst) recht isoliert stehen. Es sei hier daran erinnert (siehe Abschn. 2.5), dass durch Induktion eher Hypothesen über Gesetzmäßigkeiten entstehen können als (komplexere) Theorien, die eben auch nicht beobachtbare (und somit für die Induktion nicht zugängliche) Elemente enthalten (Schurz, 2014, S. 53).

Als dritte Schlussweise war im Abschn. 2.5 die *Abduktion* als Ansatz zum Theorie-Entwurf kurz dargestellt worden. Hierbei geht es um Schlüsse von Beobachtungen auf deren (vermutete) Gründe. Dabei kann es sein, dass man eine Auswahl aus einer Menge schon bekannter einschlägiger Hypothesen vornimmt („*selektive Abduktion*") oder eine ganz neue plausible Hypothese entwickelt („*kreative Abduktion*"). Magnani (2009; siehe dazu auch Schickore, 2014) illustriert das an einem Beispiel aus der Medizin: Wenn bei einer Diagnose nach Krankheitsursachen gesucht wird, bezieht sich die:der Arzt:Ärztin häufig auf bereits bekannte Hypothesen zu den möglichen Ursachen der beobachteten Symptome. Dagegen könnte eine kreative Abduktion erforderlich sein, wenn es sich um ein neuartiges Krankheitsbild handelt, zu dem noch keine Erfahrung vorliegt. Offenkundig führt bei der Theoriebildung kreative Abduktion eher zu innovativen Ergebnissen als selektive Abduktion.

Auch wenn man den Prozess des Theorie-Entwurfs nicht als beliebig oder zufällig ansieht (s. o.) und *nicht* davon ausgeht, dass es dabei *im Normalfall* um plötzlich auftretende mehr oder weniger geniale Eingebungen geht, ist man natürlich nicht in der Lage, für diesen Prozess exakte Regeln oder „Rezepte" anzugeben. Im folgenden

Abschn. 4.3 sollen deswegen nur drei unterschiedliche Vorgehensweisen beim Theorie-Entwurf (vereinfachend) dargestellt werden, die für die Forschungspraxis recht typisch sind.

4.3 Wege zum Theorie-Entwurf

4.3.1 Ideen oder Daten als Ausgangspunkt?

Wie kann man sich nun die Entstehung bzw. die Entwicklung einer Theorie vorstellen? Es wurde schon angedeutet, dass es dafür keine Muster mit genau vorgegebenen Abläufen (z. B. „Schritt 1 bis n") gibt. Wenn man sich daran erinnert, dass in diesem Buch bisher schon an mehreren Stellen die Rede davon war, dass vorliegende bzw. vorgeschlagene Theorien einer empirischen Prüfung unterzogen werden, dann könnte man den Eindruck gewinnen, dass der erste Schritt immer darin besteht, vor dem Hintergrund bisheriger Erfahrungen, älterer Theorien etc. Überlegungen anzustellen, die zum Entwurf einer neuen (oder modifizierten) Theorie führen können/sollen. Das ist ein Prozess, der maßgeblich durch die Entwicklung und Verwendung von Konzepten (siehe Abschn. 4.1), durch Überlegungen zu den Beziehungen zwischen den Konzepten und durch entsprechende kritische Reflexionen bestimmt ist. Ehrenberg (1993) prägte für eine solche Vorgehensweise den eingängigen Begriff „*Theoretisch in Isolation*" („TiI"). In diesem Sinne stehen hier „**Ideen**" am Beginn des Prozesses; teilweise wird auch auf Theorien aus anderen Disziplinen zurückgegriffen, z. B. Markov-Modelle (Lilien et al., 1992) oder Ansätze aus der mikroökonomischen Theorie. Die Anwendung allgemeinerer Theorien auf ein bestimmtes Problem würde einer *deduktiven Vorgehensweise* (siehe Abschn. 2.5) entsprechen. Im Abschn. 4.3.2 wird eine weitestgehend durch gedankliche Prozesse geprägte Form des Theorie-Entwurfs modellhaft dargestellt.

> **Beispiel**
>
> Benjamin List, Nobelpreisträger für Chemie im Jahre 2021, erzählt in einem Interview mit der Wochenzeitung DIE ZEIT (Nr. 51 vom 9.12.21, S. 19 ff.) auf lockere Weise, wie die Forschungsidee entstand, die zum Nobelpreis geführt hat:
>
> List: „Wenn man sich als Nicht-Naturwissenschaftler diesen Prozess vorstellt, denkt man sich wahrscheinlich, er ist sehr rational. Dass man klug Argumente abwägt, die Literatur konsultiert – und am Ende seine Entdeckung macht. Das ist nicht meine Erfahrung. Ich kriege Ideen. Und wie diese Formulierung impliziert, kommen die Ideen halt zu mir. Ohne dass ich immer weiß, wie und warum. Manche Gedanken fühlen sich einfach gut an. Damals wusste ich: Ich muss dieses Experiment jetzt machen."
>
> ZEIT: „Wie genau lief das ab?"

List: „Das war im Juni 1999. Wir hatten nebenan ein Biolabor, da stand Prolin rum. Mit ihm wollte ich eine Standardreaktion der Chemie in Gang bringen, bei der Ketone und Aldehyde eine Verbindung eingehen.

ZEIT: „Als Nachweis, dass die Aminosäure ein Katalysator ist."

List: „Genau. Später hieß es, das sei ein ‚mutiges Experiment' gewesen. Dabei kann man das ganz schnell machen. Ich brauchte fünf Minuten, um abends alles zusammenzukippen. Ein Löffel Prolin in den Glaskolben, dazu ein Keton und ein Aldehyd. Am nächsten Morgen kam ich wieder und analysierte meine Probe. Als mir klar wurde, dass das erwartete chemische Produkt entstanden war, hatte ich das, was man wohl einen Heureka-Moment nennt. Das war so toll." ◄

Nun gibt es in der Forschungspraxis auch einen ganz anderen Weg zum Theorie-Entwurf, der schon seit Jahrhunderten vor allem in den Naturwissenschaften höchst erfolgreich praktiziert wird. Dabei stehen Beobachtungen (z. B. zum Lauf der Planeten im Sonnensystem oder zu Wachstumsbedingungen bestimmter Pflanzen) und die daraus resultierenden **Daten** am Anfang. Davon ausgehend sucht man Erklärungen für diese Phänomene und bildet entsprechende Theorien. Diese Beobachtungen können dadurch zustande kommen, dass einfach die entsprechenden *natürlichen* Abläufe aufgezeichnet werden (Musterbeispiel: Astronomie). Es gibt aber auch zahllose Beispiele für eine andere Vorgehensweise: In entsprechenden Experimenten werden interessierende Phänomene gewissermaßen „erzeugt", um entsprechende Beobachtungen vornehmen zu können. Friedrich Steinle (1997) spricht in solchen Fällen auch von „explorativen Experimenten" (siehe auch Abschn. 8.3). Es sei an dieser Stelle hervorgehoben, dass sich diese Anwendung von Experimenten deutlich von der in der Betriebswirtschaftslehre dominierenden Vorgehensweise unterscheidet, wo Experimente als besonders strenge Form der Theorie*prüfung* angesehen werden (siehe Kap. 8).

Hintergrundinformation

Ian Hacking (1982, S. 71) zur Rolle von Experimenten in der Physik:

„Verschiedene Wissenschaften zeigten zu unterschiedlichen Zeiten verschiedene Beziehungen zwischen ‚Theorie' und ‚Experiment'. Eine Hauptaufgabe von Experimenten ist die Erzeugung von Phänomenen. Experimentatoren erschaffen die Phänomene, die in der Natur nicht im Reinzustand existieren."

Darin wird deutlich, dass es hier nicht um die Feststellung von Kausalzusammenhängen geht, indem man eine oder mehrere unabhängige Variable manipuliert, um die Wirkung auf eine abhängige Variable zu messen (siehe Kap. 8), sondern um die Schaffung von gewünschten Bedingungen für bestimmte Beobachtungen. Es handelt sich in diesem Sinne um „explorative Experimente" (Feest & Steinle, 2016).

Wozu nun dieser Hinweis auf die Rolle von Experimenten in anderen Wissenschaften? Er illustriert, dass die empirische Gewinnung von Daten auch am *Beginn* eines Prozesses der Theoriebildung stehen kann. In der betriebswirtschaftlichen Forschung findet man das insbesondere in zwei Formen: Explorative (Vor-)Studien mit qualitativen Methoden (siehe Abschn. 4.3.3) und empirische Generalisierungen (siehe Abschn. 4.3.4). Bei Letz-teren kennzeichnet Ehrenberg (1993) den Vorgang der Theorie-Entwicklung auf Basis entsprechender Ergebnisse mit der Bezeichnung *„Empirisch-dann-theoretisch"* („Edt").

Beispiel

Ein in der Betriebswirtschaftslehre gut etabliertes Beispiel für die Anwendung von Experimenten zur Datengewinnung für die Ermittlung von Preisabsatzfunktionen er-läutern Simon und Fassnacht (2016, S. 144):

„Bei Preisexperimenten werden in realen oder der Realität nachgestellten Kauf-situationen alternative Preise vorgegeben und die Wirkung auf Absatz oder Markt-anteil anhand des Verhaltens der Testkäufer erfasst." Man variiert also in diesen Kaufsituationen den Preis (unabhängige Variable) und misst, wie sich die abhängige Variable (Absatz- oder Marktanteil) verändert. Dann werden diese Messungen be-nutzt, um eine Preisabsatzfunktion zu schätzen, nicht um das Vorliegen eines Kausal-zusammenhanges zu testen. ◄

Mit den unterschiedlichen Vorgehensweisen verbinden sich auch grundsätzlichere Über-legungen zum Prozess der Theoriebildung und -prüfung (siehe Ehrenberg, 1993; Hub-bard & Lindsay, 2013):

„Theoretisch-in-Isolation"
Der durch Ideen und gedankliche Prozesse geprägte Theorie-Entwurf mit erst später folgender empirischer Prüfung ist seit Jahrzehnten in der empirischen Forschung eta-bliert. Auf diese Weise ist eine Theorie-Orientierung der Forschung gesichert und eine unsystematische Sammlung von irgendwelchen Daten mit der Publikation zusammen-hangloser – teilweise eher zufällig entstandener – Ergebnisse kann vermieden werden. Allerdings gibt es Zweifel, ob auf diese Weise realitätsnahe und empirisch erfolgreiche Erkenntnisse entstehen, die auch Bestand haben (Ehrenberg, 1993).

In der empirischen Forschung sehr verbreitet ist die Verbindung mit der hypothetisch-deduktiven Methode (siehe Abschn. 5.2), bei der aus den theoretisch entwickelten Ver-mutungen in der Folge Hypothesen abgeleitet werden, deren Bestätigung oder Nicht-Bestätigung die entscheidenden Kriterien für die Bewährung der entwickelten Theorie sind. Nun ist allerdings die Aussagekraft der hypothetisch-deduktiven Methode nicht unbegrenzt. Daneben gibt es auch zunehmende Zweifel an der Aussagekraft der dabei typischerweise verwendeten Signifikanztests (siehe Kap. 7).

„Empirisch-dann-theoretisch"
Hier bilden verschiedene (oft quantitativ angelegte) empirische Studien, deren Ergeb-nisse sich in entsprechenden empirischen Generalisierungen (siehe Abschn. 4.3.4) niederschlagen, die Ausgangsbasis. Ehrenberg (1993, p. 80) empfiehlt dann, auf dieser

Basis ein einfaches theoretisches Modell zu entwickeln. Dabei dürften induktive und abduktive Schlussweisen (siehe Abschn. 2.5) im Vordergrund stehen. Die relativ große Zahl zugrunde liegender empirischer Daten verhindert es, dass einzelne Zufallsergebnisse eine wesentliche Rolle spielen, und deutet darauf hin, dass die Ergebnisse eine gewisse Systematik haben, die (theoretisch) erklärt werden kann. Eine ausführliche Darstellung von Besonderheiten und Einzelheiten des Theorie-Entwurfs nach dem „Edt-Muster" bieten Golder et al. (2023).

Der Ansatz „Empirisch-dann-theoretisch" hat aktuell stark an Bedeutung gewonnen. Das liegt nicht zuletzt daran, dass zunehmend größere und vielfältige Datenmengen (→ Big Data, Paneldaten, Online-Kommunikation etc.) bei den laufenden Geschäftsprozessen „anfallen" und gespeichert und analysiert werden können (Golder et al., 2023).

Hintergrundinformation
Hubbard und Lindsay (2013, S. 1380) erläutern eine zentrale Idee des Theorie-Entwurfs auf Basis von empirischen Generalisierungen:

> „Zu einer erfolgreichen theoretischen Interpretation gelangt man typischerweise nachdem man ein Muster von Fakten empirisch festgestellt hat. Der Grund dafür besteht darin, dass die Erklärung einzelner Ereignisse (z.B. individuelles Entscheidungsverhalten) wahrscheinlich wenig erfolgreich ist, weil solche Ereignisse meist von speziellen Rahmenbedingungen beeinflusst werden, die sehr schwierig festzustellen sind. Eine bessere Strategie besteht darin, die Theorie-Entwicklung auf sich wiederholenden Ergebnissen und Regelmäßigkeiten aufzubauen, deren Dauerhaftigkeit eine Erklärung erfordert."

„Grounded Theory"

In der Praxis sozialwissenschaftlicher Forschung ist es seit langem üblich, ein neuartiges Problem mit *qualitativen* (Vor-) Studien anzugehen. So dienen Gruppendiskussionen, Fallstudien, Tiefeninterviews etc. dazu, die Untersuchungsziele zu konkretisieren und die methodische Anlage einer größeren Hauptuntersuchung vorzubereiten (siehe z. B. Iacobucci & Churchill, 2010). Methodisch ähnlich, aber mit anderer Ausrichtung und anderem wissenschaftstheoretischem Hintergrund ist der Ansatz der sogenannten „Grounded Theory" einzuschätzen. Der Begriff deutet schon an, dass sich bei diesem Vorgehen eine Theorie auf die gezielte Gewinnung und Interpretation von empirischen Beobachtungen *gründet*. Dabei geht es in der Regel um qualitative Untersuchungsmethoden. Sammlung und theoriegerichtete Interpretation der Beobachtungen sind stark integriert und beeinflussen sich wechselseitig (Einzelheiten dazu in Abschn. 4.3.3).

In Tab. 4.2 sind die Rollen empirischer Ergebnisse, bei den hier behandelten drei Wegen der Theoriebildung zusammenfassend dargestellt.

Nun waren die Überlegungen in diesem Abschnitt auf den Theorie-Entwurf ausgerichtet; um den *Test* von Theorien geht es im folgenden Kap. 5. Im Rahmen der Theorie-Entwicklung sind für die Forschungspraxis auch die Modifizierung und die Präzisierung von Theorien relevant, auf die im Kap. 9 eingegangen wird.

Tab. 4.2 Wege zum Theorie-Entwurf und Rolle empirischer Daten

Merkmale	Wege zum Theorie-Entwurf		
	Theoretisch-in-Iso-lation	Empirisch-dann-theo-retisch	Grounded Theory
Verwendung empiri-scher Daten	(Erst später beim Theorietest)	Grundlage für Theorie-Entwurf	Interaktion von Theorie-Entwurf und Empirie
Art verwendeter Daten	–	Quantitativ	Qualitativ
Datenmenge (Fallzahl)	–	Groß	Klein

4.3.2 Ein Modell zur gedanklichen Entwicklung von Theorien

Das hier skizzierte Modell des Theorie-Entwurfs gehört in den Rahmen von „Theoretisch-in-Isolation" und entspricht dem von Shelby Hunt (2013; 2015) ent-wickelten „Induktiv-realistischen Modell der Theorie-Generierung". Dieses Modell ver-bindet die Darstellung von Prozessen des Theorie-Entwurfs und der Theorieprüfung; auf letztere wird in diesem Buch erst im folgenden Kap. 5 eingegangen. Deswegen wird hier nur auf den Teil des Modells Bezug genommen, der sich auf den Theorie-*Entwurf* be-zieht. Außerdem sind gegenüber der Darstellung von Hunt (2013) einige Modifikationen vorgenommen worden. Zunächst wird das Modell schematisch dargestellt (Abb. 4.3) und anschließend erläutert.

Zunächst seien hier die „Boxen" (1–8) in dem Modell der Abb. 4.3 in Anlehnung an Hunt (2013; 2015) kurz erläutert:

1. **Aktueller theoretischer Stand des Fachgebiets**: Diese Box steht für den aktuel-len Wissensstand eines Fachgebiets (z. B. Managementforschung). Dazu gehören „Gegenstände" (z. B. Unternehmen, Manager:innen, Kund;innen), für die im theo-retischen Bereich i. d. R. Konzepte (siehe Abschn. 4.1) verwendet werden. Diese Gegenstände haben im jeweiligen Zusammenhang relevante Eigenschaften, z. B. *Größe* der Unternehmen, *Berufserfahrung* der Manager:innen oder *Bestellhäufigkeit* der Kund:innen. Außerdem existieren Beziehungen zwischen den „Gegenständen", so haben beispielsweise große Unternehmen häufig mehr oder stärker spezialisierte Manager:innen als kleinere. Bestimmte Arten von Beziehungen werden als *Gesetz-mäßigkeiten* bezeichnet (siehe Abschn. 2.3.1) und bestimmte Beziehungsstrukturen als *Theorien* (Hunt, 2013). Hinzu kommen bestimmte Forschungstraditionen und Methoden-Schwerpunkte in einem Fachgebiet. So findet man in der Management-und in der Marketingforschung eine deutliche verhaltenswissenschaftliche Aus-richtung; bei der Prüfungs- und bei der Steuerlehre sind die Beziehungen zur Rechts-wissenschaft natürlich besonders eng. Damit verbunden existieren in einer Disziplin auch bestimmte methodische Schwerpunkte, in der empirischen betriebswirtschaft-lichen Forschung z. B. die deutlich überwiegend quantitative Ausrichtung.

Abb. 4.3 Modell des Theorie-Entwurfs. (In Anlehnung an Hunt, 2013, S. 64)

2. **Problemerkenntnis**: Die Identifizierung neuer (relevanter) Forschungsfragen und deren Beantwortung bzw. Lösung gehört zum Kern wissenschaftlicher Tätigkeit. Dabei kann es sich um ein bisher ungeklärtes Phänomen (z. B. Wirkungen der Internetnutzung auf die Preissensibilität von Konsument;innen), um mangelnde empirische Bewährung bisher akzeptierter Theorien oder um ein konzeptuelles Problem (z. B. logische Inkonsistenz einer existierenden Theorie oder Widersprüche zwischen zwei bisher akzeptierten Theorien) handeln.

3. **Kreative kognitive Prozesse**: Dabei wird *nicht* davon ausgegangen, dass ein Theorie-Entwurf in der Regel nur auf einer plötzlichen (mehr oder weniger genialen) Eingebung basiert. Vielmehr wird von einem (Zeit erfordernden) *Prozess* ausgegangen, innerhalb dessen neue Konzepte (z. B. „electronic word of mouth") gedanklich entwickelt, bisher nicht beachtete Eigenschaften (z. B. Glaubwürdigkeit von Informationsquellen im Internet) betrachtet oder neue Beziehungen (z. B. Wirkungen von Corporate Social Responsibility auf Unternehmensziele) analysiert werden. Der kreative Prozess umfasst nicht nur die gedankliche Entwicklung einer neuen Theorie und ihrer Bestandteile, sondern auch kreative Tätigkeiten bei der Begründung

der Theorie. Menge und Vielfalt entsprechender Ideen beeinflussen den Prozess des Theorie-Entwurfs positiv (Weick 1989).

4. **Entwurf für neue Theorie**: Diese Box steht für die Ergebnisse der zuvor abgelaufenen kognitiven Prozesse. Sie enthält Aussagen über Gegenstände sowie deren Eigenschaften und Beziehungen.

5. **Beschränkungen**: Der Prozess der Problemerkenntnis und des Theorie-Entwurfs ist typischerweise bestimmten Beschränkungen unterworfen. Einige entsprechende Einflüsse sind unter den Stichworten „Theoriebeladenheit" und „sozialer/historischer Kontext" im Abschn. 3.2 schon angesprochen worden. Dabei geht es letztlich darum, dass durch Vorprägung, Ausbildung, theoretische und methodische Kenntnisse bzw. durch sozialen oder ökonomischen Druck das Spektrum wahrgenommener Probleme und neuer theoretischer Ansätze eingeschränkt sein kann. Daneben können Erwartungen hinsichtlich der Akzeptanz von neuen Ansätzen in der Fachwelt (→ Publikations- und Karrierechancen) auch restriktive Wirkungen bezüglich ganz neuartiger theoretischer Ansätze haben.

6. **Begründungen**: In der Wissenschaft vollzieht sich Kreativität natürlich nicht – wie z. B. in manchen künstlerischen Bereichen – in weitgehender Freiheit, sondern ist auf die Entwicklung nachvollziehbarer und wohlbegründeter Aussagen gerichtet. Deswegen ist der kreative Prozess des Theorie-Entwurfs eng verzahnt mit Entwicklung und Prüfung von Begründungen bzw. *Argumenten* für einzelne Elemente der Theorie. Spätestens bei der Formulierung und Publikation neuer Theorien ist eine tragfähige Begründung ihrer Aussagen unabdingbar, weil ansonsten keine wissenschaftliche Publikation möglich ist und die Akzeptanz in der Fachwelt ausbleibt.

7. **Erfahrungen aus der Realität:** Erfahrungen in der Realität zeigen auf, welche Phänomene bisher nicht oder unzureichend erforscht sind und entsprechende neue theoretische Überlegungen erfordern.

8. **Bisherige empirische Erfolge und Misserfolge:** Die Akzeptanz des bisherigen Erkenntnisstandes eines Fachgebiets wird wesentlich dadurch geprägt, in welchem Maße sich dieser in empirischen Untersuchungen und praktischen Anwendungen bewährt hat (siehe dazu Abschn. 9.3.1). Mangelnde Bewährung führt tendenziell zur Problemerkenntnis und zum Ziel neue (bessere) Theorien zu entwickeln.

▶ **Definition** Simon Blackburn (2016, S. 29) kennzeichnet knapp und klar, was man unter einer **Argumentation** bzw. einem Argument versteht (hier etwas frei übersetzt):

> „Wenn man argumentiert, entwickelt man Überlegungen, die eine Schlussfolgerung unterstützen. Ein Argument ist (…) das Ergebnis dieser Überlegungen, d.h. die Menge der angeführten Aussagen (die Voraussetzungen), die Art der Schlussweise und die sich ergebende Schussfolgerung."

Es folgen jetzt kurze Erläuterungen zu den Verbindungen (A–K) zwischen den verschiedenen Elementen des Modells:

A, B, C: Hier wird die (idealtypische) Abfolge von Schritten bei der Theoriebildung dargestellt. Das ist eine vereinfachte modellhafte Darstellung (Hunt, 2015), die Rückkopplungen in diesem Prozess nicht ausschließt.

E, F, G: Die oben erläuterten „Beschränkungen" betreffen Problemerkenntnis (z. B. Verbraucherschutz vs. Marketing), kreative Prozesse (z. B. Einfluss von Theoriebeladenheit) und den neuen Theorie-Entwurf (z. B. Beschränkung von dessen Komplexitätsgrad).

I, J, K: Entsprechend sind „Begründungen" für Problemerkenntnis (z. B. Relevanz der Forschungsfrage), kreative Prozesse (z. B. für unterstellte Beziehungen) und – nicht zuletzt – für einen neuen Theorie-Entwurf (z. B. Belege aus der Literatur oder der Empirie, die für die Theorie sprechen) erforderlich.

D, H: Hier wird der Einfluss von Erfahrungen aus der Realität und vom Ausmaß der bisherigen empirischen Bewährung auf die Einschätzung des bisherigen Erkenntnisstandes dargestellt.

Später, im Abschn. 9.3.1, wird Shelby Hunts „Induktiv-realistisches Modell der Theorieprüfung" vorgestellt, das in engster gedanklicher Verbindung zum hier vorgestellten Modell des Theorie-Entwurfs steht. Davon ist im vorliegenden Abschnitt nur ein Ausschnitt betrachtet worden. Für ein umfassenderes Bild sei hier auf die entsprechenden Aufsätze von Hunt (2013; 2015) verwiesen.

4.3.3 Anwendung der Grounded Theory beim Theorie-Entwurf

Die Diskussion über Vor- und Nachteile und sogar die Existenzberechtigung sogenannter quantitativer (z. B. repräsentative Befragungen, Experimente) und qualitativer Methoden wird seit Jahren in den Sozialwissenschaften intensiv – teilweise erbittert – geführt. Dabei geht es nicht zuletzt um grundlegend verschiedene wissenschaftstheoretische Standpunkte (siehe dazu z. B. Hunt, 2010; Neuman, 2011; Kuß & Kreis, 2013). Wenn man – wie in diesem Buch – von einer Position des wissenschaftlichen Realismus ausgeht, dann liegt der Schwerpunkt *qualitativer* Untersuchungen klar beim *Entwurf* von Theorien, während die sogenannten *quantitativen* Methoden eher beim *Theorie-Test* eingesetzt werden. Bevor eine neue Theorie konzipiert ist, hat man ja oftmals wenige Anhaltspunkte für relevante Phänomene und Beziehungen. Diese müssen vielmehr im Prozess des Theorie-Entwurfs identifiziert werden. Dazu bedarf es des Zugangs zu umfassenden Informationen über den interessierenden Problembereich (z. B. Innovationsprozesse in Dienstleistungsunternehmen), die eben nicht vorselektiert sein können und dürfen. Deswegen sind hier qualitative Methoden mit Fallstudien, langen und nicht-standardisierten Interviews etc. (s. u.) angemessen. Dagegen spielt für Theorie-Tests – zumindest in der Sichtweise des wissenschaftlichen Realismus – die (angestrebte) Unabhängigkeit der Ergebnisse von Zufälligkeiten und Fehlern bei der Datenerhebung und -analyse eine zentrale Rolle. Ein wesentlicher Maßstab für die Akzeptanz einer Theorie (siehe Kap. 5) sind „Erfolge" bei (möglichst zahlreichen und vielfältigen) empirischen

Überprüfungen zu verschiedenen Zeitpunkten und in verschiedenen Kontexten. Quantitativ angelegte Untersuchungen (mit standardisierten Messungen, relativ großen Stichproben und statistischen Analysen) entsprechen am ehesten dieser Anforderung.

Auch bei *anwendungsorientierten* Untersuchungen geht man davon aus, dass oftmals in den ersten Untersuchungsphasen zunächst ein Problemverständnis entwickelt werden muss, wozu eben qualitative Methoden eher geeignet sind, weil die meisten „quantitativen" Methoden schon ein gewisses Maß an Problemverständnis voraussetzen.

Hintergrundinformation
James Mahoney und Gary Goertz (2006, S. 227 f.) erläutern kurz die einander „fremden Welten" von qualitativer und quantitativer Forschung:

„Wir verstehen diese beiden Forschungstraditionen als alternative Kulturen. Jede hat ihre eigenen Werte, Annahmen und Regeln. Jede ist intern misstrauisch oder skeptisch bezüglich der anderen, aber in der Öffentlichkeit eher höflich. Die Kommunikation zwischen diesen Forschungstraditionen ist schwierig und durch Missverständnisse gekennzeichnet. Wenn Anhänger der einen Tradition ihre Erkenntnisse Anhängern der anderen Tradition übermitteln, wird deren Rat (zu Recht oder fälschlich) oft als nicht hilfreich oder gar schlecht angesehen."

Der führende Wissenschaftsphilosoph Gerhard Schurz (2014, p. 37) äußert sich zum Streit über qualitative vs. quantitative Methoden:

„Die ideologische Polarisierung bezüglich quantitativer und qualitativer Methoden, die von einigen qualitativen Forschern (…) vertreten wird, erscheint als überflüssig und übertrieben. Es ist eher so, dass sich qualitative und quantitative Methoden ergänzen. Die Stärke qualitativer Methoden (z. B. Fallstudien, narrative Interviews) liegt bei einer Vorstufe quantitativer Methoden – bei der Entdeckung relevanter Einflussfaktoren und bei der Entwicklung vielversprechender Hypothesen. Aber einer qualitativen Erkundung muss eine quantitativ-statistische Analyse folgen, die der einzige Weg ist, um die generelle Aussagekraft einer Hypothese zu testen, insbesondere in einer Situation, in der man noch nicht über bewährtes Hintergrundwissen verfügt. Dass sich qualitative und quantitative Methoden im erläuterten Sinne ergänzen, ist eine verbreitete Auffassung unter empirischen Forschern in den Sozialwissenschaften, obwohl diese Ansicht nicht unumstritten ist."

Einige in der betriebswirtschaftlichen Forschung gängige qualitative Methoden seien kurz charakterisiert, um typische Merkmale dieses Ansatzes zu veranschaulichen:

- **Fallstudien:** Fallstudien können sich auf Abläufe (z. B. Innovationsprozesse), Personen (z. B. Entwicklung einer Markenbindung), Organisationen (z. B. Struktur und Strategie) oder andere soziale Einheiten (z. B. Familien, informelle Gruppen) beziehen. Gegenstand einer Fallstudie sind *reale* Phänomene, nicht künstlich geschaffene oder hypothetische. Typisch für eine Fallstudie ist weiterhin die Nutzung unterschiedlicher Datenquellen und Erhebungsmethoden zur umfassenden und tiefgehenden Analyse des jeweiligen Falles (Yin, 2009; Morgan, 2014).

- **Qualitative Interviews**: Damit sind relativ lange, nicht oder nur gering standardisierte Interviews gemeint, mit denen längere Gedanken- oder Argumentationsketten erhoben werden und die Auskunftspersonen angeregt werden, entsprechende Überlegungen anzustellen und zu äußern (siehe z. B. Yin, 2011, S. 134 ff.).
- **Qualitative Beobachtungen:** Dabei nimmt die:der Beobachter:in Eigenschaften, Verhaltensweisen und Prozesse mit seinen bzw. ihren Sinnen (insbesondere natürlich auf optischem und akustischem Wege) wahr, ohne dass es einer verbalen Kommunikation (→ Befragung) bedarf (siehe z. B. Yin, 2011, S. 143 ff.). In der Regel sind die erhobenen Merkmale an den Beobachtungszeitpunkt bzw. -zeitraum gebunden.
- **Auswertung archivierter Dokumente:** Insbesondere in Organisationen (z. B. Unternehmen, Behörden) gibt es umfassende Aufzeichnungen in Form von Schriftwechsel, Protokollen, Berichten etc., die Informationen auch über zurückliegende Vorgänge und Prozesse liefern können. In der deutschsprachigen Betriebswirtschaftslehre ist diese Form der Datensammlung schon früh durch die von Eberhard Witte und Mitarbeitern zu Innovationsprozessen in Unternehmen durchgeführten Untersuchungen bekannt geworden (siehe z. B. Witte, 1973).
- **Gruppendiskussionen (Focus Group Interviews):** Darunter versteht man die gleichzeitige Befragung von mehreren (oft 6–10) Auskunftspersonen, denen Interaktionen untereinander zumindest gestattet sind. Dadurch nähert man sich an eine natürliche Gesprächssituation an und die Teilnehmer:innen stimulieren sich gegenseitig.

Wesentliche Unterschiede von qualitativer und quantitativer Forschung seien durch die Tab. 4.3 zusammenfassend dargestellt. Im Fortgang dieses Kapitels und in den folgenden Kapiteln werden einige Aspekte noch zusätzlich illustriert und verdeutlicht. Wenn in der Tab. 4.3 von „Fällen" die Rede ist, dann sind damit Versuchspersonen, Auskunftspersonen und auch andere Untersuchungseinheiten (z. B. Unternehmen, Teams) gemeint.

▶ **Definition** Aspers und Corte (2019, S. 155) kommen nach etwa 15-seitiger (!) Diskussion zu einer **Definition qualitativer Forschung**, bei der der Fokus bei Ablauf und Ergebnissen des Forschungsprozesses liegt, weniger bei bestimmten Methoden der Datenerhebung und –analyse:

„Wir definieren qualitative Forschung als einen *iterativen Prozess*, in dem ein verbesserter Erkenntnisstand der wissenschaftlichen Öffentlichkeit dadurch erreicht wird, dass sich wesentliche Unterschiede aus der weiteren Annäherung an das untersuchte Phänomen ergeben. Qualitative Forschung – wie sie hier definiert wird – entspricht deswegen einer Kombination von zwei Kriterien:

i) Wie führt man Untersuchungen durch, insbesondere Gewinnung und Analyse von empirischem Material in einem iterativen Prozess, in dem man weiteren Erkenntnissen näher kommt?

Tab. 4.3 Qualitative und quantitative Untersuchungen im Vergleich. (Nach Creswell 2009, S. 12 ff.; Mahoney & Goertz, 2006; Kreis et al., 2021, S. 40 f.)

Kriterium	Qualitative Untersuchungen	Quantitative Untersuchungen
Typische Untersuchungsziele	Konzepte entwickeln und Beziehungen entdecken	Hypothesen testen und Wissen akkumulieren
Generalisierbarkeit der Ergebnisse	Eher gering, weniger wichtig	Hohe Generalisierbarkeit angestrebt
Vorherige Festlegung des Forschungsprozesses	Gering bis mittel, Verlauf von bisherigen Ergebnissen beeinflusst	Weitgehende Festlegung auf Basis vorher formulierter Hypothesen
Anzahl der Fälle	Gering (ein- bis zweistellig)	Groß (zwei- bis vierstellig)
Auswahl von Fällen	Konzentration auf „interessante" Fälle	Im Idealfall Zufallsauswahl, alle Fälle werden in Analyse einbezogen
Was wird erhoben?	Fakten, Meinungen etc. in ihrem Kontext	Werte von festgelegten Variablen
Wie wird erhoben?	Freie Formen von Interviews, Beobachtungen etc. mit Bezug auf jeweiliges Problem und Kontext	Standardisierte und bewährte Messinstrumente (z. B. Fragebögen)
Typische Art der Analyse	In Form von (ausführlichen) Texten mit Beschreibungen und Interpretationen	Mit statistischen Methoden

ii) Das Ergebnis führt zu einem neuen und verbesserten wissenschaftlichen Erkenntnisstand."

Beispiel

Liebig, Matiaske und Korte (2017, S. 5) illustrieren unterschiedliche Schwerpunkte bzw. Stärken und Schwächen qualitativer und quantitativer Methoden am Beispiel der empirischen *Organisationsforschung*:

Die Autoren sehen Organisationen als „mikropolitische Arenen" an, „in denen Abstimmungs-und Entscheidungsprozesse ablaufen, die jeweils von spezifischen Akteurskonstellationen, deren Zielen und (Macht-)Ressourcen geprägt werden. *Qualitative* Forschungsmethoden sind geeignet, diese jeweiligen Besonderheiten zu identifizieren, zu beschreiben sowie Zusammenhänge aufzudecken und zu verstehen. Zugleich weisen Organisationen aber auch Strukturmuster auf, die innerhalb und auch über organisationale Felder hinweg ähnlich sind. Jenseits des jeweiligen Einzelfalls existieren Gemeinsamkeiten und Regelmäßigkeiten in beiderlei Hinsicht: im Handeln der Organisation als Akteur aber auch in ihrer Eigenschaft als sozialer Kontext individuellen Handelns. Genau diese Gemeinsamkeiten und Regelmäßigkeiten bilden die Grundlage für die Anwendung *quantitativer* Methoden, denn nur darüber lassen sich Aussagen formulieren, die einer kausalen Erklärung entsprechen können. Welcher methodische Zugriff gewählt wird, ist dann letztlich abhängig von der zu beantwortenden Forschungsfrage." (Hervorhebungen von M.E. und A.K.) ◄

Qualitative Untersuchungen bieten einen hohen Freiheitsgrad bei Design und Realisierung. Gewisse „Regeln" (bzw. Empfehlungen) für die Vorgehensweise werden dagegen für die Anwendung der „**Grounded Theory**" vorgegeben. Dieser Ansatz hat hinsichtlich des Zusammenspiels von Empirie und Theorie-Entwurf besondere Prominenz erlangt (siehe z. B. Jaccard & Jacoby, 2020, S. 267 ff.). Der Begriffsteil „Grounded" bezieht sich darauf, dass bei dieser Vorgehensweise Theorie nicht nur durch mehr oder weniger abstrakte Überlegungen entsteht, sondern sich auf empirische Beobachtungen *gründet*. Dieser Ansatz geht auf Glaser und Strauss (1967) zurück. Corbin und Strauss (1990, S. 5) kennzeichnen die zentrale Idee auf folgende Weise: „Die Vorgehensweisen bei ‚Grounded Theory' sind ausgerichtet auf die Entwicklung einer voll integrierten Menge von Konzepten, die eine tief gehende theoretische Erklärung der untersuchten sozialen Phänomene ermöglichen. Eine ‚Grounded Theory' sollte gleichzeitig erklären und beschreiben" Wichtig und charakteristisch ist die Interaktion von Theorie-Entstehung und empirischer Datenerhebung. „Dieser Ansatz betont die *Entstehung* von Theorien aus Daten und nicht die Nutzung von Daten zum Test von Theorien." (Jaccard & Jacoby, 2020; S. 267).

Die Grundidee der Vorgehensweise bei Anwendung der Grounded Theory wird wohl im Vergleich zum (deduktiven) *Theorie-Test* (siehe Kap. 5) besonders deutlich. In Abb. 4.4 sind beide Vorgehensweisen schematisch dargestellt und gegenübergestellt.

Die Abb. 4.4 zeigt also die grundlegend verschiedenen Ziele und Vorgehensweisen bei den beiden Ansätzen. Beim *deduktiven Theorie-Test* steht am *Beginn* eine gegebene Theorie, aus der einzelne Hypothesen abgeleitet („deduziert") werden (siehe dazu Abschn. 5.2). Durch diese Hypothesen wird gewissermaßen prognostiziert, welche Beziehung zwischen den einbezogenen Variablen in der Realität bestehen müsste (wenn die Theorie *wahr* wäre!). Mithilfe entsprechender Methoden werden in der Realität diese Variablen gemessen, mit statistischen Verfahren analysiert und diese Ergebnisse erlauben es, von einer Bestätigung oder Ablehnung der Hypothese auszugehen (linker Teil der Abbildung), was wiederum einem „Erfolg" bzw. einem „Misserfolg" der jeweils interessierenden Theorie entspricht (→ hypothetisch-deduktive Methode).

Bei induktivem Vorgehen zur Theoriebildung mit der *Grounded Theory* steht dagegen die möglichst unvoreingenommene Beschäftigung mit zahlreichen Aspekten eines realen Sachverhalts am *Beginn*. Davon ausgehend werden Konzepte (siehe Abschn. 4.1) für die relevanten Phänomene entwickelt. Vermutungen über Zusammenhänge zwischen den verschiedenen Konzepten führen dann zu Bausteinen von Theorien, die wiederum zu einem Theorie-Entwurf zusammengefügt werden können. In der Abb. 4.4 (rechter Teil)

Abb. 4.4 Deduktiver Theorie-Test und induktive Theoriebildung mit Grounded Theory im Vergleich. (In Anlehnung an Neuman, 2011)

sollen die in beide Richtungen zeigenden Pfeile zwischen den Feldern „Realität" und „Konzeptualisierung und Theorie-Entwurf" andeuten, dass letztere in laufender Rückkopplung zu den Beobachtungen in der Realität erfolgen soll (s. u.).

Welches ist nun die für die Grounded Theory charakteristische *methodische Vorgehensweise*? Dazu findet man in der Literatur hier und da verschiedene Auffassungen, aber weitgehende Einigkeit hinsichtlich der wesentlichen Prinzipien. Vor allem hinsichtlich der Rolle des Vorwissens – insbesondere aus der Literatur – bei der Theoriebildung werden deutlich unterschiedliche Sichtweisen vertreten. Einige Autor:innen sind der Ansicht, dass der Theorie-Entwurf durch möglichst wenig Vor-Informationen beeinflusst sein sollte, um eine „Kanalisierung" (Jaccard & Jacoby, 2020, S. 271) des Denkens zu vermeiden und Offenheit für ganz neuartige Einsichten zu ermöglichen. Andererseits wird auch die Auffassung vertreten, dass gerade eine umfassende Kenntnis des bisherigen Forschungsstandes bei der Interpretation von Beobachtungen und deren theoretischer Generalisierung hilfreich ist. In diesem Zusammenhang sei auch auf die gedankliche Beziehung zu dem im Abschn. 3.3 erläuterten Problem der Theoriebeladenheit verwiesen.

Hintergrundinformation
Rolf Brühl (2021, S. 107 f.) stellt die zentralen Argumente zur Bedeutung von Vorwissen bei der Grounded Theory gegenüber:

„Während Glaser und Strauss in ihrem frühen gemeinsamen Werk für eine möglichst vorurteilsfreie, voraussetzungslose Herangehensweise plädieren (…), haben Strauss und Corbin die Rolle des Vorwissens später eingehender behandelt und diese Ansicht korrigiert (…). Sie stellen vielmehr die Erfahrung von Wissenschaftlern heraus, die sich in ihrer Sensibilität ausdrückt. Sensibilität ermöglicht die Einsicht in die Ereignisse und Prozesse, um den Daten Bedeutung und Sinn verleihen zu können (…)."

Nun also zu den verschiedenen methodischen Prinzipien der Grounded Theory, von denen hier die wichtigsten in Anlehnung an Corbin und Strauss (1990) kurz umrissen werden sollen. Zur Illustration ist jeweils ein illustrierendes Beispiel (ein entsprechendes kurzes Zitat) aus Studien, bei denen die Grounded Theory angewandt wurde, angefügt. Es handelt sich dabei hauptsächlich um Untersuchungen zum organisationalen Wandel (Isabella, 1990) und zur Berichterstattung von Unternehmen (Holland, 2005). Einen Überblick über Anwendungen von Grounded Theory in Studien zu Rechnungswesen und Controlling bieten Brühl et al. (2008).

- *Datensammlung und Datenanalyse sind eng miteinander verflochten.* Man hat es hier also nicht mit dem bei anderen Untersuchungen typischen Ablauf „Datensammlung → Datenanalyse → Interpretation" zu tun. Vielmehr werden bei der Datenerhebung gewonnene Erkenntnisse sofort analysiert und bei den weiteren Schritten der Datenerhebung (z. B. bei den nächsten Interviews) gleich verwendet. Insofern ist das Untersuchungsdesign typischerweise zu Beginn einer Untersuchung hinsichtlich diverser Einzelheiten noch nicht festgelegt (Yin, 2011, S. 77).

Beispiel

Lynn Isabella (1990, S. 13): „Während der Phase der Datensammlung in der hier untersuchten Organisation verbesserten Notizen über die Tatsachen, spezifische Details (…) die sich entwickelnde Theorie". ◄

- *Konzeptualisierungen sind die grundlegenden Schritte zur Theoriebildung.* Als Konzeptualisierung wird auch hier die gedankliche und gleichzeitig abstrahierende Zusammenfassung realer Phänomene (z. B. Verhaltensweisen, Eigenschaften) bezeichnet (siehe Abschn. 4.1).

Beispiel

James Jaccard und Jacob Jacoby (2020, S. 281): „Dann las sie sorgfältig jedes Interview und setzte ein farbiges Zeichen an jeden Teil, in dem es um ökonomische Themen ging, ein andersfarbiges Zeichen an jede Stelle, wo es um Gender-Aspekte ging, und so weiter für alle Kategorien ihrer Typologie". ◄

- *Zusammenfassung und Verknüpfung von Konzepten zu Theoriebausteinen.* Dieser Vorgang stellt gewissermaßen die zweite Stufe des Abstraktionsprozesses von konkreten Wahrnehmungen dar. Hier geht es um gedankliche Zusammenfassungen und Benennungen bisher entwickelter Konzepte und um Überlegungen zu einem Beziehungsgeflecht von Einflussfaktoren und Wirkungen (Corbin & Strauss, 1990).

Beispiel

John Holland (2005, S. 251): „Die verfeinerten Codierungsnetzwerke wurden dann verwendet, um theoretische Konstrukte vorzuschlagen …, die wiederum in eine Theorie der Unternehmensberichterstattung eingebaut wurden". ◄

- *Auswahl von Fällen, Auskunftspersonen etc. („Stichprobenziehung") vor allem im Hinblick auf theoretische Anreicherung.* Eine (auch nur annähernd) repräsentative Stichprobenziehung ist hier nicht beabsichtigt. Vielmehr geht es um „interessante" Fälle, die neuartige Einsichten bringen und auch die Grenzen dieser Einsichten aufzeigen. Die (gezielte) Auswahl weiterer Untersuchungsobjekte erfolgt im Forschungsprozess in Abhängigkeit vom bisherigen Erkenntnisstand nach Kriterien des jeweiligen Interesses der Forschenden („theorieorientierte Stichprobenziehung"). Die Datenerhebung wird beendet, wenn zusätzliche Untersuchungsobjekte keinen weiteren Erkenntniszuwachs versprechen („theoretische Sättigung").

Beispiel

John Holland (2005, S. 250): „Obwohl diese Stichprobe von Unternehmen einen relativ hohen Anteil an den Unternehmen des FTSE 100 (Financial Times Stock Exchange Index) darstellte, bestand das Ziel nicht in einer ‚statistischen Generalisierung' wie in der konventionellen hypothetisch-deduktiven Forschung (…). Das Ziel war es, genügend Fälle von Unternehmen zu haben, um den Bedingungen ‚theoretischer Sättigung' zu genügen, wie von Strauss und Corbin (…) empfohlen (d. h. den Punkt bei der Kategorie-Entwicklung, an dem bei der Analyse keine neuen Eigenschaften, Dimensionen oder Beziehungen mehr auftauchen)". ◄

- *Permanente Vergleiche von Untersuchungsobjekten bzw. von entwickelten Konzepten.* Sowohl entwickelte Konzepte als auch betrachtete Fälle sollen mit bisher im Forschungsprozess formulierten bzw. vorliegenden Konzepten bzw. Fällen im Hinblick auf Ähnlichkeiten oder Unterschiede verglichen werden. Das soll zu einer Präzisierung der Konzeptualisierung bzw. zur gezielten Auswahl weiterer Fälle („theoretical sampling") führen. In diesem Sinne sind Datenerhebung und -analyse eng miteinander verflochten.

John Holland (2005, S. 251): „Während der Untersuchungsschritte wurden die Angaben aus den Interviews zu den verschiedenen Themen … untereinander verglichen
…“. ◄

- *Laufende Erstellung und Archivierung von Notizen („Memos") im Forschungsprozess.* Die sich entwickelnden Gedanken zum Untersuchungsablauf, zur Entwicklung von Konzepten und zu Schritten bei der Theoriebildung sollen laufend und
  umfassend schriftlich niedergelegt werden, um den Prozess und die Gründe („grounded"!) der Theoriebildung nachvollziehbar zu machen.

John Holland (2005, S. 251): „Zitate aus den Fällen wurden durchgehend (…) genutzt, um bestimmte Teile mit den Worten der Interviewpartner zu illustrieren und die
Theorie mit den untersuchten Fällen zu begründen". ◄

- *Codierung wird nicht als Vorstufe zur Datenanalyse angesehen, sondern ist wesentlicher Bestandteil der Datenanalyse.* Bei quantitativen Untersuchungen ist der Prozess der Codierung, also der Übersetzung der erhobenen Informationen in zweckmäßig gewählte Symbole (meist Zahlen), eher „handwerklich" geprägt und es werden
  dabei bestimmte festgelegte Regeln möglichst sorgfältig angewendet. Bei Anwendung
  der Grounded Theory ist die Codierung dagegen ein theoretisch und methodisch anspruchsvoller Prozess, der auch Kreativität bei der Abstraktion und Generalisierung
  auf Basis einer großen und vielfältigen Menge von Einzel-Informationen erfordert.

Gioia et al., (2012, S. 20) vermitteln einen Eindruck von diesem Prozess der Erfassung der Äußerungen von Auskunftspersonen und deren Einordnung in sich entwickelnde theoretische Kategorien:

„In der ersten Analyse-Stufe, bei der man versucht, möglichst nahe bei der
Terminologie der Informant:innen zu bleiben, unternehmen wir kaum Anstrengungen,
schon stark zu Kategorien zu verdichten. Somit tendiert die Anzahl dieser Kategorien
dazu, zu ‚explodieren'."

„Es ist nicht ungewöhnlich aufzublicken und zu sagen ‚Ich bin verloren', ohne eine
klare Idee, welchen Sinn all diese Daten haben und wie sie zusammenhängen."

„Wenn die Forschung fortschreitet, beginnen wir, nach Ähnlichkeiten und Unterschieden unter den zahlreichen Kategorien zu suchen, ein Prozess, der schließlich die
Zahl der wichtigen Kategorien auf eine handhabbare Größe reduziert (z. B. 25 oder 30)."

„In der zweiten Analyse-Stufe sind wir nun klar im Bereich der Theorie und fragen uns, ob die auftauchenden Themen zu Konzepten führen, die uns helfen könnten, die Phänomene, die wir untersuchen, zu beschreiben und zu erklären." ◄

In einem Editorial für das „Academy of Management Journal" hat Roy Suddaby (2006) einige Missverständnisse bezüglich Grounded Theory zusammengestellt, die zur weiteren Verdeutlichung hier auszugsweise wiedergegeben seien:

„Grounded Theory ist kein Vorwand, um die Literatur zu ignorieren" (S. 634). Abgesehen von der Frage, ob es überhaupt möglich ist, sich von Literaturkenntnis und Erfahrung gedanklich zu befreien, führt die Ignoranz gegenüber bisher vorliegender Theorie zu wenig strukturierten – und damit theoretisch wenig fruchtbaren – Ergebnissen mit geringen Publikationschancen. Es kommt allerdings sehr darauf an, dass Vor-Informationen die Offenheit der Forschenden nicht einschränken.

„Grounded Theory ist nicht die Präsentation von Rohdaten" (S. 635). Einerseits sollen die Ergebnisse einer Grounded Theory-Anwendung durch erhobene Daten belegt sein, andererseits gehört zur Grounded Theory eben auch die Abstraktion bei der Bildung von Konzepten bzw. Kategorien.

„Grounded Theory ist weder Theorie-Test, noch Inhaltsanalyse oder Wort-Zählerei" (S. 636). Weder die Datenerhebung noch die Datenanalyse bei der Grounded Theory würden es erlauben, theoretische Aussagen auf ihre Übereinstimmung mit einer Realität (→ Wahrheit) zu prüfen. Der Anwendungsbereich von Grounded Theory liegt vielmehr beim mehr oder weniger kreativen Theorie-Entwurf.

„Grounded Theory ist keine einfache Anwendung von Standard-Rezepten auf Daten" (S. 637). Zentrale Bestandteile der Grounded Theory sind ja die Interpretation von Daten und die kreative Theoriebildung, beides gerade Vorgänge, die sicher nicht standardisierbar sind und erhebliches substanzwissenschaftliches Verständnis des Untersuchungsgegenstandes erfordern.

Beispiel

Ein Ansatz für die BWL: „Theory in Use (TIU)"

Eine Variante der Grounded Theory, nämlich „Theory in Use"(Zeithaml et al., 2020), findet aktuell Beachtung, weil diese sich in besonderem Maße für den Theorie-Entwurf im Bereich der Betriebswirtschaftslehre eignet. Im Wesentlichen geht es darum, dass Menschen, die Entscheidungen treffen, dabei häufig so genannte „mentale Modelle" verwenden, die ihre Vorstellungen und Erfahrungen im Hinblick auf die relevanten Einflussfaktoren und Zusammenhänge, die den Gegenstand der Entscheidung betreffen, zusammenfassen. Zum Zwecke des Theorie-Entwurfs versucht man, diese mentalen Modelle vor allem durch qualitative Interviews zu erkunden und zu verstehen. Auf diese Weise fließen Erfahrungen aus realen Prozessen in einen Theorie-Entwurf ein. Derartige Prozesse können sich z. B. auf Kund:innenzufriedenheit, auf die Entwicklung von Strategien oder auch auf die Auswahl von Personal beziehen. Zeithaml et al. (2020) geben zahlreiche praktische Hinweise zur Realisierung eines derartigen Theorie-Entwurfs und verweisen auch auf erfolgreiche Beispiele aus dem Marketing-Bereich; es spricht sicher nichts gegen eine Anwendung auch in anderen Teilgebieten der Betriebswirtschaftslehre. ◄

Der bei der Grounded Theory hervorstechende Aspekt der Verbindung von Empirie und Theorie-*Entwurf* ist natürlich in methodologischer Sicht besonders interessant. Man geht gewissermaßen iterativ vor und nähert sich durch eine wechselnde Folge von Schritten der Theoriebildung und empirischer Beobachtungen an eine angemessene Theorie an. Abb. 4.5 soll andeuten, dass in solch einem Forschungsprozess Datenerhebung und -analyse eng miteinander verbunden sind: An verschiedenen Stellen dieses Prozesses wird entschieden, ob weitere Daten hilfreich bzw. notwendig sind; neu erhobene Daten führen dazu, dass der Prozess fortgesetzt bzw. modifiziert wird. Am Ende des Prozesses soll der Entwurf einer Theorie stehen, der später nach Maßstäben der Theorieprüfung (siehe Kap. 5 und 9) getestet werden kann.

Abb. 4.5 Modell des Forschungsprozesses bei Anwendung der Grounded Theory

4.3.4 Empirische Generalisierungen beim Theorie-Entwurf

Unter einer **empirischen Generalisierung** versteht Bass (1995, S. 7) „ein Muster oder eine Regelmäßigkeit, die wiederholt unter verschiedenen Bedingungen auftritt und die mathematisch, graphisch oder symbolisch dargestellt werden kann."

Beispiel

Hier ein Beispiel für eine empirische Generalisierung und deren Implikationen. Es geht dabei um eine Metaanalyse (siehe Kap. 9) von insgesamt 114 Studien zur Wirkung von Marktorientierung, deren Ergebnisse Dominique Hanssens (2009, S. 5) folgendermaßen zusammenfasst:

"Marktorientierung (d. h., die Aktivitäten von Organisationen zur Generierung und Verbreitung von Marktinformationen sowie die Reaktionen darauf, ebenso wie die Normen und Werte, die Verhaltensweisen fördern, die der Marktorientierung entsprechen) hat eine positive Wirkung auf den Erfolg einer Organisation, gemessen durch Profitabilität, Umsatz und Marktanteil (r = .32). Die Korrelation von Marktorientierung und Erfolg ist bei produzierenden Unternehmen (r = .37) höher als bei Dienstleistungsunternehmen (r = .26)."

Bei Kirca et al., (2005, S. 32) werden theoretische Argumente für die unterschiedliche Stärke der Beziehungen zwischen Marktorientierung und Unternehmenserfolg bei Produktions- und Dienstleistungsunternehmen genannt. Danach findet man bei Dienstleistungen einen höheren Anpassungsgrad der Leistungen an Kund:innenwünsche als in Produktionsunternehmen. Damit verbunden ist eine stärkere Differenzierung der Kund:innensegmente (also eine größere Zahl kleinerer Segmente), was die Wachstumsmöglichkeiten einschränkt. Daneben kann ein höherer Differenzierungsgrad auch mit Kostennachteilen wegen geringerer Effizienz bei der Leistungserstellung verbunden sein.

Hanssens (2009, S. 5) kommt auf Basis solcher Untersuchungen zu folgender Einschätzung:

„Marktorientierung bietet einen Wettbewerbsvorteil, der zu überlegenem Unternehmenserfolg führt. Obwohl die Implementierung der Marktorientierung Ressourcen erfordert, bringt sie Erlöse, die höher liegen als die Kosten, die mit ihrer Implementierung verbunden sind. Die Wirkung ist größer bei Produktionsunternehmen als in der Dienstleistungsbranche." ◄

Bei empirischen Generalisierungen geht es also – der Bezeichnung entsprechend – um eine Generalisierung auf der Basis *umfangreicher* empirischer Daten. Weil empirische Generalisierungen nur auf der Basis der *vorhandenen* Daten generalisieren können, beanspruchen sie **keine universelle Gültigkeit**. Andererseits profitieren empirische Generalisierungen natürlich von der Erweiterung der empirischen Basis und der Vielfalt der Untersuchungen, auf der die empirische Generalisierung oftmals beruht, ebenso wie von der Vielzahl und Verschiedenheit der Forschenden, die diese Untersuchungen durchführen. Diese Vielfalt dient der Triangulation einer empirischen Generalisierung: Unterschiedliche Untersuchungen mit verschiedenen Methoden und Daten helfen zu klären, wie weit jeweils die Generalisierbarkeit reicht (Kamakura et al., 2014).

Hintergrundinformation
Bass und Wind (1995, p. G2) nennen folgende Anforderungen an empirische Generalisierungen:

- *Mehrere Studien* (als Minimum werden zwei Studien angesehen)
- *Hohe Qualität* der einbezogenen Studien
- *Objektivität* (soll dadurch erreicht, werden, dass Studien unterschiedlicher Autor:innen einbezogen werden)
- *Konsistenz* der Ergebnisse trotz Unterschiedlichkeit der Studien

Im Prinzip können empirische Generalisierungen auch ohne **theoretische Erklärung** nützlich sein. Das Gravitationsgesetz, das eine Aussage über die Kraftwirkung zwischen zwei beliebigen Körpern macht, ist ein Beispiel für eine sehr erfolgreiche empirische Generalisierung, die sogar lange Zeit ohne theoretische Begründung auskam, denn es hat mehr als zwei Jahrhunderte gedauert, bis Albert Einstein das mit seiner Relativitätstheorie theoretisch erklären konnte. Wenn empirische Generalisierungen mit Theorien verknüpft werden, können sie sowohl dem Theorie-Entwurf als auch der Überprüfung von Theorien dienen. Beim *Theorie-Entwurf* versucht man, die durch Daten ermittelte empirische Generalisierung theoretisch zu erklären bzw. zu begründen. Beim *Theorie-Test* helfen empirische Generalisierungen, die Probleme der Überprüfung von Hypothesen auf der Basis einmaliger Tests, bei denen die Ergebnisse in erheblichem Maße von den Spezifika der jeweiligen Methoden, Stichproben, Kontexte etc. abhängig sein können, zu reduzieren (siehe Kap. 9). Letztlich ist noch an den Informationsgehalt von Theorien (siehe Abschn. 9.3.4) zu denken, weil empirische Generalisierungen Ergebnisse zur Art (z. B. linear oder nicht linear) oder Stärke von Zusammenhängen innerhalb der Theorie liefern können.

Der Zugang zu betriebswirtschaftlichen Daten, die für empirische Generalisierungen genutzt werden können, hat sich in der jüngeren Vergangenheit stark entwickelt, weil von kommerziellen Anbietern und von staatlich finanzierten bzw. geförderten Institutionen zunehmend Datenbanken, die für die Forschung genutzt werden können, installiert und zugänglich gemacht werden. Hier erhält man z. B. Zugriff zu großen Stichproben von (anonymisierten) Steuerdaten, zu Panel-Daten über das ökonomische Verhalten von Haushalten oder zu umfassenden Datensätzen über die finanzielle Situation und Entwicklung von Unternehmen. Es kommt hinzu, dass im Zusammenhang mit publizierten wissenschaftlichen Studien zunehmend auch die dabei verwendeten Rohdaten zugänglich gemacht werden.

Beispiel

Hier einige Beispiele für betriebswirtschaftlich relevante Daten-Angebote:

- Steuern: Anonymisierte Daten aus der Lohn- und Einkommensteuerstatistik (FAST).
  Infos incl. Datensatzbeschreibung: https://www.forschungsdatenzentrum.de/de/10-21242-73111-2010-00-00-3-1-0; Weitere Infos hier: https://www.forschungsdaten-zentrum.de/de/steuern/lest; Taxpayer Panel: https://www.forschungsdatenzentrum.de/de/steuern/tpp
- **Finanzdaten**: DAFNE (https://dafne.bvdinfo.com), Jahresabschlüsse deutscher Unternehmen;
  EIKON (https://www.refinitiv.com/en), Finanzdaten zu internationalen, börsen-notierten Unternehmen sowie Zeitreihen- und Marktdaten
- **Daten zum ökonomischen Verhalten von Personen und Haushalten**: SOEP (Sozio-oekonomisches Panel; https://www.diw.de) ◄

Durch die technologische Entwicklung der letzten Jahrzehnte und die starke Intensivie-rung des Internets sind in vielen Bereichen (nicht zuletzt in Unternehmen) sehr, sehr große Datensätze entstanden, die (natürlich) elektronisch gespeichert und zugreifbar sind. Spezielle methodische Hilfsmittel, insbesondere aus der Statistik, erlauben schnelle und aussagekräftige Analysen. Für diese Konstellation und Vorgehensweise ist der Be-griff „**Big Data**" üblich geworden.

▶ **Definition** Sabina Leonelli (2020, S. 2) kommt zu folgender Kennzeichnung von **Big Data**:

„Big Data ist charakterisiert durch große Datensätze, die in digitaler Form erstellt und mit rechnerischen Hilfsmitteln analysiert werden können."

Chintagunta et al. (2016) und Leonelli (2020) heben drei wesentliche Merkmale von Big Data hervor:

- Große Datenmenge (*volume*): Typisch sind eher umfassende bis vollständige Daten-erhebung bei bestimmten Gruppen (z. B. Kund:innen eines Unternehmens, Nutzer:in-nen eines bestimmten Internet-Angebots) als die sonst üblichen Stichproben in der Größenordnung von einigen hundert oder einigen tausend Einheiten.
- Schneller Zugriff (*velocity*). Die digitale Erhebung und Speicherung ermöglicht einen nicht oder kaum verzögerten Zugriff zu den Daten (oft sogar real-time).
- Vielfalt der Daten (*variety*): Die Daten umfassen unterschiedlichste Merkmale (z. B. Zugriffe auf Websites, Umsätze, soziodemographische Merkmale) in verschiedenen Formen (numerische Daten, Texte, Bilder etc.).

Hier ist zwischen einer *praxisorientierten Anwendung* von Big Data und der (hier eher interessierenden) Nutzung solcher Datensätze für empirische Generalisierun-gen beim *Theorie-Entwurf* zu unterscheiden. Praxisorientierte Anwendungsbeispiele können die Bonitätsprüfung von Bankkund:innen auf Basis von vielfältigen Daten zu

Kreditausfällen, Zusammenhänge von Produktplatzierung im Handel und Verkaufs-
mengen oder die Ermittlung von Zusammenhängen zwischen spezifischen Merkmalen
von Kund:innen und deren Standort/Wohnort für logistische Zwecke sein (siehe Homburg, 2020, S. 1291). Derartige Ergebnisse sind direkt praktisch nutzbar und benötigen
kaum eine oder gar keine theoretische Grundlage oder Interpretation. Im Zusammenhang mit dem Theorie-Entwurf steht aber die Erkennung von Mustern in den Daten zur
Entwicklung von entsprechenden Theoriebausteinen (→ Hypothesen) im Mittelpunkt –
gemäß der eingangs dieses Abschnitts zitierten Definition von Bass (1995) für empirische Generalisierungen. Rob Kitchin (2014) spricht angesichts der besonderen Möglichkeiten von Big Data sogar von einem neuen *Paradigma* „explorativer Wissenschaft".

Worin liegen spezifische **Vorzüge** solcher (Big Data-) Datensätze auch für wissenschaftliche Untersuchungen?

- Die *Größe* der Datensätze erlaubt es, auch für sehr spezielle Teilgruppen Analysen
  durchzuführen, die damit noch eine hinreichend große Basis haben.
- Die Datensätze umfassen häufig Daten zu *realem Verhalten* (z. B. Zugriff zu Websites, Käufe, …), nicht nur zu verbalen Angaben über früheres oder geplantes Verhalten, die in ihrer Validität erheblich eingeschränkt sein können (z. B. durch man-
  gelndes Erinnerungsvermögen).
- Die Datensätze bilden oftmals einen gewissen *Zeitraum* ab, nicht nur Daten, die zu
  einem bestimmten Zeitpunkt erhoben wurden (wie z. B. bei Umfragen). Damit lassen
  sich Prozesse und Entwicklungen analysieren; auch die für Aussagen über Kausalitäten wichtige Information über die zeitliche Abfolge von Beobachtungen (siehe
  Abschn. 8.1) ist in solchen Fällen möglich.

Beispiel

Abschließend noch einige Beispiele für die **Relevanz von empirischen Generalisierungen** (Precourt, 2009, S. 113):

- Empirische Generalisierungen dienen als **Ausgangspunkt für die Strategieent-
  wicklung**. Beispielsweise können die Erkenntnisse des Erfahrungskurveneffekts –
  eine bekannte empirische Generalisierung – Ausgangspunkt für die Planung der
  Ausbringungsmenge im Zeitablauf sein.
- Empirische Generalisierungen bieten vorläufige **Regeln** für die Management-
  praxis. Der Erfahrungskurveneffekt bietet z. B. eine Regel für die zu erwartende
  Kostensenkung für kumulierte Produktionsmengen.
- Empirische Generalisierungen bieten **Benchmarks** für Konsequenzen von öko-
  nomischen Veränderungen oder Veränderungen in der Planung. Empirische Ge-
  neralisierungen in Form von Elastizitäten, z. B. Werbeelastizitäten, geben eine
  Orientierung für die zu erwartenden Umsatzänderungen bei einer Veränderung des
  Werbebudgets. ◄

Literatur

Aspers, P., & Corte, U. (2019). What is qualitative in qualitative research. *Qualitative Sociology, 42*, 139–160.

Bass, F. (1995). Empirical generalizations and marketing science: A personal view. *Marketing Science, 14*, G6–G19.

Bass, F., & Wind, J. (1995). Introduction to the special issue: Empirical generalizations in marketing. *Marketing Science, 14*, G1–G5.

Blackburn, S. (2016). *The Oxford dictionary of philosophy* (3. Aufl.). Oxford University Press.

Brühl, R. (2021). *Wie Wissenschaft Wissen schafft* (3. Aufl.). UVK Lucius.

Brühl, R., Horch, N., & Orth, M. (2008). Grounded Theory und ihre bisherige Anwendung in der empirischen Controlling- und Rechnungswesenforschung. *Zeitschrift für Planung & Unternehmenssteuerung, 19*, 299–323.

Chintagunta, P., Hanssens, D., & Hauser, J. (2016). Marketing science and Big Data. *Marketing Science, 35*(3), 341–342.

Corbin, J., & Strauss, A. (1990). Grounded theory research: Procedures, canons, and evaluative criteria. *Qualitative Sociology, 13*, 3–21.

Cresswell, J. (2009). *Research design – Qualitative, quantitative, and mixed methods approaches*. Sage.

Ehrenberg, A. (1993): Theory or well-based results: Which comes first? In G. Laurent, G. Lilien, & B. Pras (Hrsg.): *Research traditions in marketing* (S. 79–108). Kluwer.

Feest, U., & Steinle, F. (2016). Experiment. In P. Humphreys (Hrsg.), *The Oxford handbook of philosophy of science* (S. 274–295). Oxford University Press.

Franke, N. (2002). *Realtheorie des Marketing*. Mohr.

Glaser, B., & Strauss, A. (1967). *The discovery of grounded theory*. Aldine.

Gioia, D., Corley, K., & Hamilton, A. (2012). Seeking qualitative rigor in inductive research: Notes on the Gioia methodology. *Organizational Research Methods, 16*(1), 5–31.

Golder, P., Dekimpe, M., An, J., Van Heerde, H., Kim, D., & Alba, J. (2023). Learning from data: An empirical-first approach to relevant knowledge generation. *Journal of Marketing, 87*, 319–336.

Hacking, I. (1982). Experimentation and scientific realism. *Philosophical Topics, 13*, 71–87.

Hanssens, D. (2009). *Empirical generalizations about marketing impact*. Marketing Science Institute.

Holland, J. (2005). A grounded theory of corporate disclosure. *Accounting and Business Research, 35*, 249–267.

Homburg, C. (2020). *Marketing management* (7. Aufl.). Springer Gabler.

Hubbard, R., & Lindsay, R. (2013). From significant difference to significant sameness: Proposing a paradigm shift in business research. *Journal of Business Research, 66*, 1377–1388.

Hunt, S. (1987). Marketing research – Proximate purpose and ultimate value. In R. Belk, G. Zaltman, R. Bagozzi u.a. (Hrsg.), *Marketing theory* (S. 209–213). American Marketing Association.

Hunt, S. (2010). *Marketing theory – Foundations, controversy, strategy, resource-advantage theory*. Sharpe.

Hunt, S. (2013). The inductive realist model of theory generation: Explaining the development of a theory of marketing ethics. *AMS Review, 3*, 61–73.

Hunt, S. (2015). Explicating the inductive realist model of theory generation. *AMS Review, 5*, 20–27.

Iacobucci, D., & Churchill, G. (2010). *Marketing research – Methodological foundations* (10. Aufl.). South-Western.

Isabella, L. (1990). Evolving interpretations as a change unfolds: How managers construe key organizational events. *Academy of Management Journal, 33*, 7–41.

Jaccard, J., & Jacoby, J. (2020). *Theory construction and model-building skills – A practical guide for social scientists* (2. Aufl.). Guilford.

Kamakura, W., Kopalle, P., & Lehmann, D. (2014). Empirical generalizations in retailing. *Journal of Retailing, 90*, 121–124.

Kirca, A., Jayachanandran, S., & Bearden, W. (2005). Market orientation: A meta-analytic review and assessment of its antecedents and impact on performance. *Journal of Marketing, 69*, 24–41.

Kitchin, R. (2014). Big Data, new epistemologies and pardigm shifts. *Big Data and Society, 1*, 1–12.

Köhler, R. (1966). *Theoretische Syteme der Betriebswirtschaftslehre im Lichte der neueren Wissenschaftslogik*. Poeschel.

Kreis, H., Wildner, R., & Kuß, A. (2021). *Marktforschung – Datenerhebung und Datenanalyse* (7. Aufl.). Springer Gabler.

Kuß, A., & Kreis, H. (2013). Wissenschaftlicher Realismus und empirische Marketingforschung. *Marketing ZFP – Journal of Research and Management, 35*, 255–271.

Leonelli, S. (2020). Scientific research and big data. In E. Zalta (Hrsg.), *The Stanford Encyclopedia of Philosophy*. http://plato.stanford.edu

Liebig, S., Matiaske, W., & Rosenbohm, S. (2017). Methoden der empirischen Organisationsforschung: Ein integrativer Zugang. In S. Liebig, W. Matiaske, & S. Rosenbohm (Hrsg.), *Handbuch empirische Organisationsforschung* (S. 3–14). SpringerGabler.

Lilien, G., Kotler, P., & Moorthy, K. (1992). *Marketing models*. Prentice Hall.

MacInnis, D. (2011). A framework for conceptual contributions in marketing. *Journal of Marketing, 75*, 136–154.

MacKenzie, S. (2003). The dangers of poor construct conceptualization. *Journal of the Academy of Marketing Science, 31*, 323–326.

Magnani, L. (2009). Creative abduction and hypothesis withdrawal. In J. Meheus & T. Nickles (Hrsg.), *Models of discovery and creativity* (S. 95–116). Springer.

Mahoney, J., & Goertz, G. (2006). A tale of two cultures: Contrasting quantitative and qualitative research. *Political Analysis, 14*, 227–249.

Morgan, M. (2014). Case studies. In N. Cartwright, & E. Montuschi (Hrsg.), *Philosophy of social science* (S. 288–307). Oxford University Press.

Neuman, W. (2011). *Social research methods – Qualitative and quantitative approaches* (7. Aufl.). Pearson.

Nickles, T. (1985). Beyond divorce – Current status of the discovery debate. *Philosophy of Science, 52*, 177–206.

Nickles, T. (2000). Discovery. In W. Newton-Smith (Hrsg.), *A companion to the philosophy of science* (S. 85–96). Blackwell.

Nickles, T. (2008). Scientific discovery. In S. Psillos & M. Curd (Hrsg.), *The Routledge companion to philosophy of science* (S. 442–451). Routledge.

Popper, K. (2005). *Logik der Forschung* (11. Aufl.). Mohr.

Precourt, G. (2009). Why empirical generalizations matter. *Journal of Advertising Research, 49*, 113–114.

Psillos, S. (2007). *Philosophy of science A–Z*. Edinburgh University Press.

Schanz, G. (1988). *Methodologie für Betriebswirte* (2. Aufl.). Poeschel.

Schickore, J. (2014): Scientific discovery. In E. Zalta (Hrsg.), *The Stanford encyclopedia of philosophy*. http://plato.stanford.edu

Schreyögg, G., & Koch, J. (2014). *Grundlagen des Managements* (3. Aufl.). Gabler.

Schurz, G. (2014). *Philosophy of science – A unified approach*. Routledge.

Simon, H., & Fassnacht, M. (2016). *Preismanagement: Strategie – Analyse – Entscheidung – Umsetzeng* (4. Aufl.). SringerGabler.

Strauss, A. (1987). *Qualitative analysis for social scientists*. Cambridge University Press.

Suddaby, R. (2006). From the editors: What grounded theory is not. *Academy of Management Journal, 49*, 633–642.

Wacker, J. (2004). A theory of formal conceptual definitions: Developing theory-building measurement instruments. *Journal of Operations Management, 22*, 629–650.

Witte, E. (1973). *Organisation für Innovationsentscheidungen – Das Promotoren-Modell.* Schwartz.

Yadav, M. (2010). The decline of conceptual articles and implications for knowledge development. *Journal of Marketing, 74*, 1–19.

Yin, R. (2009): *Case study research – Design and methods* (4. Aufl.). Sage.

Yin, R. (2011). *Qualitative research from start to finish*. Guilford.

Zaltman, G., Pinson, C., & Angelmar, R. (1973). *Metatheory and consumer research*. Holt, Rinehart and Winston.

Zeithaml, V., Jaworski, B., Kohli, A., Tuli, K., Ulaga, W., & Zaltman, G. (2020). A theories-in-use approach to building marketing theory. *Journal of Marketing, 84*, 32–51.

Weiterführende Literatur

Corbin, J., & Strauss, A. (2015). *Basics of qualitative research – Techniques and procedures for developing grounded theory* (4. Aufl.). Sage.

Jaccard, J., & Jacoby, J. (2010). *Theory construction and model-building skills – A practical guide for social scientists*. Guilford.

Yin, R. (2011): *Qualitative Research from Start to Finish*. Guilford.

Ansätze zur Prüfung von Theorien

5

Zusammenfassung

Im vorliegenden Kapitel geht es um Möglichkeiten, Theorien zu beurteilen und diese (zumindest vorläufig) zu akzeptieren oder abzulehnen. Dafür werden unterschiedliche Kriterien herangezogen, die im Abschn. 5.1 kurz vorgestellt werden. Im Mittelpunkt dieses Buches stehen natürlich Aspekte der empirischen Bewährung einer Theorie. Der „klassische" Weg der Bildung und empirischen Prüfung von theoriebasierten Hypothesen („hypothetisch-deduktive Methode") wird im Abschn. 5.2 dargestellt. Verschiedene Aspekte der Theorieprüfung werden im 9. Kap. noch einmal aufgegriffen und vertieft.

5.1   Qualitätskriterien für Theorien

Im Abschn. 1.2 ist schon das zentrale Erkenntnisziel wissenschaftlicher Forschung genannt worden: „Das oberste Erkenntnisziel der Wissenschaft (…) besteht darin, *wahre und gehaltvolle Aussagen*, Gesetze und Theorien zu finden, die sich auf einen bestimmten Gegenstandsbereich beziehen." (Schurz, 2014, S. 19; Hervorhebung d. Verf.). Bei der Darstellung des wissenschaftlichen Realismus im Abschn. 3.2 ist an dieses Erkenntnisziel angeknüpft worden und die Eignung einer Theorie zur Wiedergabe und Erklärung realer Erscheinungen (→ „approximative Wahrheit") als Maßstab für deren Qualität genannt worden. Es sei hier auch an ein Zitat von Shelby Hunt (2010, S. 287) aus dem Abschn. 2.2 erinnert: „Wenn man mit irgendeiner Theorie konfrontiert wird, dann stelle man die grundlegende Frage: Ist die Theorie wahr?". Derartige Fragen stehen natürlich im engsten Zusammenhang mit der Funktion empirischer Forschung, die Gegenstand des vorliegenden Buches ist.

© Springer Fachmedien Wiesbaden GmbH, ein Teil von Springer Nature 2023   177
M. Eisend und A. Kuß, *Grundlagen empirischer Forschung*,
https://doi.org/10.1007/978-3-658-42690-3_5

Neben diese grundlegende Anforderung treten noch weitere und differenziertere Kriterien für die Beurteilung einer Theorie, die hier kurz vorgestellt seien. Basis für den folgenden kurzen Überblick sind die (ausführlicheren) entsprechenden Diskussionen bei Franke (2002, S. 180 ff.), Gadenne (1994), Jaccard und Jacoby (2020, S. 32 f.), Kuhn (1977, S. 320 ff.), McMullin (2008), Sheth et al., (1988, S. 29 ff.) Wacker (1998) und Wray (2018, S. 125 ff.). Die Ausführungen sind in Anlehnung an McMullin (2008) strukturiert. Am Beginn steht – ihrer Bedeutung gemäß – die *Entsprechung einer Theorie zu grundlegenden Zielen der Wissenschaft* (→ „wahre und gehaltvolle Aussagen, Gesetze und Theorien finden", s. o.). In enger Verbindung dazu stehen *innere Merkmale einer Theorie, die die Realisierung dieser Ziele unterstützen*. Im nächsten Schritt geht es um Kriterien, die den *Zusammenhang einer Theorie mit anderen Theorien* betreffen. Abschließend werden dann Gesichtspunkte angesprochen, die im *Zeitablauf* bei der Arbeit mit einer Theorie erkennbar werden.

Entsprechung einer Theorie zu grundlegenden Zielen der Wissenschaft
Wenn man die Ergebnisse von empirischen Überprüfungen einer Theorie zusammenfassend einschätzt, dann spricht man vom **Bewährungsgrad** dieser Theorie. In dieser Perspektive haben Theorien, die schon vielfach (unter verschiedenen Bedingungen) mit positivem Ergebnis empirisch geprüft oder erfolgreich praktisch angewendet wurden, eine höhere Qualität als Theorien, deren Bewährungsgrad geringer ist (siehe dazu auch Wiltsche, 2013, S. 86 ff.). Der Bewährungsgrad bezieht sich auf die jeweilige Theorie *insgesamt*, aber auch auf die *einzelnen Beziehungen* zwischen Konzepten, die in der Theorie enthalten sind. Wenn man an das Beispiel des Elaboration-Likelihood-Modells (siehe Abschn. 2.1) zurückdenkt, dann müssten sich auch die einzelnen Teile der Theorie (beim ELM beispielsweise die Beziehung zwischen „Fähigkeit zur Informationsverarbeitung" und „Art der kognitiven Verarbeitung") bewähren und dementsprechend Gegenstand empirischer Tests sein. Der Bewährungsgrad von Theorien spielt auch eine wesentliche Rolle im Hinblick auf den „Status einer Theorie" im induktiv-realistischen Modell (siehe Abschn. 9.3.1).

In enger Verbindung zum Bewährungsgrad einer Theorie steht deren **Erklärungsvermögen** (siehe auch Abschn. 2.3.2). Hier geht es um die Abschätzung, welche von mehreren Theorien besser oder schlechter zur Erklärung eines Phänomens geeignet sind. Daneben stellt sich bei Phänomenen, die durch eine Theorie nur teilweise erklärt werden können, die Frage, *in welchem Maße* das jeweilige Phänomen erklärt werden kann.

Im Hinblick auf den Gehalt einer Theorie spielen auch Allgemeinheitsgrad und Informationsgehalt einer Theorie eine wesentliche Rolle. Generell wird ein möglichst hoher **Allgemeinheitsgrad** der Aussagen einer Theorie gewünscht. Mit Allgemeinheit ist hier nicht Unbestimmtheit gemeint, sondern gewissermaßen der Gültigkeitsbereich einer Theorie. „Der Realitätsausschnitt, auf den sich die Aussagen beziehen, ist raum-zeitlich möglichst weit, idealerweise unbegrenzt" (Franke, 2002, S. 181). In diesem Sinne wird beispielsweise eine (allgemeine) Theorie des Entscheidungsverhaltens als „besser" eingeschätzt als eine Theorie des Entscheidungsverhaltens von Top-

Manager:innen. Im Idealfall wird der Allgemeinheitsgrad bei der Formulierung eines Theorie-Entwurfs in der Form von „Rahmenbedingungen" (auch: „Randbedingungen" Schwemmer, 1995, S. 462 bzw. engl. „boundary conditions") festgelegt. Dieser Aspekt wird im Abschn. 9.3.2 etwas ausführlicher erörtert. Mit der Berücksichtigung des Allgemeinheitsgrades von Theorien knüpft man an das grundlegende Ziel der Wissenschaft an, Aussagen zu machen, die über bestimmte Einzelfälle hinaus gültig sind. So wollen beispielsweise akademische Betriebswirt:innen *generell* verstehen, wie Mitarbeiter:innen motiviert werden können, während Praktiker:innen wohl stärker daran interessiert sind, wie sich ein bestimmtes Entlohnungssystem auf die Motivation von Mitarbeiter:innen in einem bestimmten Unternehmen auswirkt (siehe dazu auch Abschn. 2.4).

In Verbindung mit dem Allgemeinheitsgrad (s. o.) steht der **Informationsgehalt** einer Theorie. Dieser ist hoch, falls die Bedingungen für das Auftreten eines Phänomens („wenn") sehr weit gefasst sind (diese Bedingungen treten also relativ häufig auf) und die Prognose der Theorie für die entsprechenden Ausprägungen dieses Phänomens („dann") relativ konkret und genau ist. Franke (2002, S. 182) formuliert knapp die Grundidee hohen Informationsgehalts: „Weite Wenn-Komponente und möglichst enge Dann-Komponente". Umgekehrt ist die Situation (also niedriger Informationsgehalt), wenn ganz spezielle Bedingungen gegeben sein müssen, damit man wenigstens eher unbestimmte Aussagen über das interessierende Phänomen machen kann.

Theorie-interne Merkmale zur Unterstützung der Ziele

Als erstes Kriterium sei hier die **logische Korrektheit** einer Theorie genannt. Damit ist vor allem die Widerspruchsfreiheit gemeint. Jede rationale Argumentation (einschließlich der empirischen Überprüfung von Theorien) beruht auf dem Prinzip der Widerspruchsfreiheit von Aussagen. „Eine Menge von Aussagen ist logisch inkonsistent, wenn aus ihr sowohl eine Aussage A als auch deren Negation Non-A logisch ableitbar ist; ist dies nicht der Fall, gilt die Aussagenmenge als logisch konsistent" (Gadenne, 1994, S. 392). Logische Konsistenz bedeutet natürlich noch nicht, dass eine Theorie wahr ist; aber logische Inkonsistenz hätte zur Folge, dass eine Theorie nicht wahr sein kann, weil eben bei widersprüchlichen Aussagen mindestens eine davon falsch sein muss. Dabei muss man im Auge behalten, dass bei komplexen Theorien logische Inkonsistenz nicht immer leicht und schnell erkennbar ist (Gadenne, 1994).

Eine Theorie muss so aufgebaut sein, dass diese und ihre Teile überhaupt falsifizierbar sind. Die empirische Überprüfung von Theorien ist ja nur sinnvoll, wenn diese falsifizierbar sind, d. h. dass sie „an der Erfahrung scheitern können" (Popper, 2005, S. 17). Der Gesichtspunkt der **Falsifizierbarkeit** ist in Abschn. 1.1 und 3.2 schon als wesentliches Kriterium für die Wissenschaftlichkeit von Aussagen herausgestellt worden. Im Kern geht es darum, dass Beobachtungen *möglich* sein müssen, die im Widerspruch zu Aussagen einer Theorie stehen, die also die Theorie widerlegen *könnten*.

Hinsichtlich der **Präzision** einer Theorie geht es um die eindeutige Definition (siehe dazu Abschn. 4.1) der verwendeten Konzepte/Begriffe und die ebenso eindeutige Formulierung der in der Theorie enthaltenen Aussagen. Das ist keineswegs eine triviale

Anforderung. So fanden Warren et al. (2019) bei einer Untersuchung zu „Brand Coolness" in der Literatur 70 (!) verschiedene Definitionen des Begriffs „Coolness". In einer
solchen Situation sind natürlich untereinander vergleichbare, generalisierbare und einheitlich zu verstehende Aussagen deutlich erschwert.

Letztlich wird von Theorien auch „**Sparsamkeit**" (engl. „parsimony") bzw. **Einfachheit** verlangt. Das bedeutet, dass sie mit möglichst wenigen Konzepten, Annahmen
und Aussagen über Zusammenhänge auskommen sollen. Zu große Komplexität würde
die Verständlichkeit und Anwendbarkeit von Theorien einschränken (Hunt, 2015). Ganz
operational ist die Kennzeichnung von Psillos (1995, S. 12): „Einfachheit wird verstanden als die Minimierung der Anzahl einzelner Hypothesen."

Kriterien des Theorie-Zusammenhangs

Normalerweise erwartet man, dass verschiedene Theorien eines größeren Fachgebiets
miteinander verträglich sind, d. h. dass sie sich in Hinsicht auf ihre Annahmen und
Schlussweisen nicht deutlich widersprechen. So wird man z. B. erwarten, dass theoretische Ansätze zur Kommunikation mit verschiedenen Gruppen von Stakeholdern bzgl.
wesentlicher Aspekte menschlicher Informationsverarbeitung, Einstellungsbildung etc.
miteinander verträglich sind. McMullin (2008, S. 503) spricht von „**externer Konsistenz**" und meint damit insbesondere, „dass keine Dissonanz zwischen der Theorie und ihrem geistigen Kontext" vorliegt. Zum Theorie-Zusammenhang gehören
auch Leistungsfähigkeit und Erfolg im Vergleich zu anderen Theorien zum gleichen
Forschungsgebiet. McMullin (2008, S. 504) nennt es „**Optimalität**", wenn sich eine
Theorie in Konkurrenz zu anderen als überlegen zeigt.

Im Zeitablauf erkennbare Kriterien des Theorie-Erfolgs

Manche Faktoren, die den dauerhaften Erfolg einer Theorie bestimmen, sind nicht schon
bei deren Entwicklung oder bei ersten empirischen Tests erkennbar, sondern erst nach
längerer Zeit. So kann man die Fruchtbarkeit einer Theorie erst erkennen, wenn sich ihre
Wirkung auf weitere Forschung über längere Zeit entfalten konnte. Mit **Fruchtbarkeit**
ist also die Eignung einer Theorie gemeint, Wege zur Erforschung neuer Phänomene und
ihrer Beziehungen untereinander aufzuweisen. So hat die Transaktionskostentheorie in
unterschiedlichen Teilgebieten der Betriebswirtschaftslehre zu neuen und relevanten Einsichten geführt.

Das Kriterium der **Originalität** ist dann stark ausgeprägt, wenn eine Theorie zu ganz
neuartigen Aussagen führt und damit den bisher vorhandenen wissenschaftlichen Erkenntnisstand besonders stark erweitert. Ein historisches Beispiel dafür ist die Theorie
von Nikolaus Kopernikus (1473–1543), dass nicht die Erde, sondern die Sonne Mittelpunkt unseres Sonnensystems ist. Diese Theorie hat damals das Weltbild der Mensch-
heit entscheidend verändert. In der Betriebswirtschaftslehre haben neue Theorien in der
Regel nicht ganz so revolutionäre und weitreichende Wirkungen. Man kann aber beispielsweise feststellen, dass in den Wirtschaftswissenschaften die Einbeziehung ver-

haltenswissenschaftlicher Theorien gegenüber rein mikroökonomischen Ansätzen zu einer wesentlichen Bereicherung geführt hat.

Hintergrundinformation
Thomas Kuhn (1977, S. 321 f.) erläutert seine Schlussweise bei Entscheidungen über die Akzeptanz von Theorien:

„Ich frage mich zuerst, was die Merkmale einer guten wissenschaftlichen Theorie sind. Aus einer Anzahl gängiger Antworten suche ich fünf aus, nicht weil diese umfassend sind, sondern weil jede wichtig ist und alle gemeinsam mit ihren Unterschieden zeigen, worum es geht. Erstens sollte eine Theorie richtig sein, d.h. für ihr Fachgebiet sollten Aussagen in deutlicher Übereinstimmung mit den Ergebnissen entsprechender Experimente und Beobachtungen sein. Zweitens sollte eine Theorie nicht nur in sich stimmig sein, sondern auch vereinbar sein mit anderen aktuell akzeptierten Theorien, die für andere Phänomene der Natur gelten. Drittens sollte sie einen breiten Geltungsbereich haben; insbesondere sollten die Aussagen einer Theorie über die speziellen Beobachtungen, Gesetzmäßigkeiten oder Teil-Theorien, für die sie ursprünglich gedacht waren, hinausreichen. Viertens – in enger Verbindung dazu – sollte es einfach sein, den Zusammenhang von Phänomenen zu erkennen, die ohne die Theorie isoliert und insgesamt verwirrend wären. Fünftens – ein weniger üblicher Gesichtspunkt, der aber besondere Bedeutung für tatsächliche wissenschaftliche Entscheidungen hat – sollte eine Theorie fruchtbar für neue Forschung sein: sie sollte den Blick freigeben auf neue Phänomene oder vorher nicht beachtete Beziehungen zwischen schon bekannten Phänomenen. Diese fünf Merkmale – Richtigkeit, Stimmigkeit, Geltungsbereich, Einfachheit und Fruchtbarkeit – sind alles Standard-Kriterien zur Beurteilung der Angemessenheit einer Theorie. (…) Zusammen mit anderen ähnlichen Kriterien bilden sie *die* gemeinsame Basis für die Akzeptanz von Theorien."

5.2 Empirische Forschung zum Theorie-Test

Die auch in der Betriebswirtschaftslehre seit Jahrzehnten etablierte Vorgehensweise zur empirischen Überprüfung von Theorien, d. h. zur Einschätzung der Entsprechung von Theorie und Realität, ist die sogenannte **hypothetisch-deduktive Methode.** Deren Grundidee ist recht einfach: Aus einer allgemeinen theoretischen Aussage werden empirische Konsequenzen für konkrete Fälle abgeleitet („deduziert") und diese auf Basis der Theorie erwarteten Konsequenzen werden den realen Beobachtungen gegenübergestellt. Beispielsweise könnte man aus einer *allgemeinen* theoretischen Aussage „Steigende Realzinsen führen zu einer Zunahme des Sparens" folgern, dass zu jeder *beliebigen Zeit* in jeder *beliebigen Region* eine Zinserhöhung die Konsequenz haben müsste, dass die Spareinlagen steigen ($\rightarrow$ Hypothese). Diese Hypothese *prognostiziert* also ein Ergebnis unter der Annahme, dass die Theorie (approximativ) wahr ist. Je nach Übereinstimmung der empirischen Beobachtungen mit dieser Hypothese betrachtet man die Theorie als gestützt oder infrage gestellt. Dieser Ansatz wurde von Carl Gustav Hempel (1974; Erstauflage 1966) maßgeblich geprägt und ist bis heute für zahlreiche wissenschaftliche Disziplinen höchst bedeutsam.

▶ James Ladyman (2002, S. 266) definiert die **hypothetisch-deduktive Methode** als „wissenschaftliche Methode gemäß der so vorgegangen wird, dass Hypothesen gebildet werden, aus denen Vorhersagen abgeleitet werden, die durch Experimente getestet werden können."

Die Abb. 5.1 illustriert die Vorgehensweise bei der hypothetisch-deduktiven Methode. Wenn eine Theorie beispielsweise einen Zusammenhang der Konzepte „A" und „B" unterstellt, dann müsste sich dieser auch ergeben, wenn man den Zusammenhang konkreter Ausprägungen von A und B in der Realität (hier „a" und „b") betrachtet. Aus der theoretischen Vermutung (A → B) wurde also eine entsprechende Hypothese (a → b) abgeleitet. In der Regel wird man die Gültigkeit dieser Hypothese in der Realität nicht nur mit der „Methode des scharfen Hinsehens" annehmen oder ablehnen können. In der Betriebswirtschaftslehre sind dazu typischerweise besondere Methoden der Datenerhebung und -analyse notwendig, die bei einer empirischen Untersuchung zur Anwendung kommen. Auf diesen Prozess wird im vorliegenden Abschnitt noch eingegangen. In der Abb. 5.1 ist weiterhin zu erkennen, dass nach dem Vergleich der auf Basis der Hypothese

Abb. 5.1 Schematische Darstellung der hypothetisch-deduktiven Methode

erwarteten Ergebnisse mit den *realen* Ergebnissen die Annahme oder Ablehnung der Hypothese erfolgt und die Theorie dementsprechend eher gestützt oder eher in Zweifel gezogen wird.

Hintergrundinformation
Harald Wiltsche (2013, S. 82) erläutert seine Sicht der hypothetisch-deduktiven Methode:

> „Nach hypothetico-deduktivem Dafürhalten ist die Motivation, singuläre Folgerungen empirischen Testbedingungen zu unterwerfen, ganz klar mit dem Bestreben gleichzusetzen, Hypothesen zu bestätigen. Hiermit ist gleichzeitig auch die Idealvorstellung festgelegt, die hinter allen Bemühungen des empirischen Testens steht: Ein Test ist dann erfolgreich, wenn das eintritt, was die betreffende Hypothese vorausgesagt hat. Übersteht eine Hypothese in dieser Weise einen hinreichend strengen Test, dann hat dies aus hypothetico-deduktiver Perspektive auch einen Anstieg des Bestätigungsgrades zur Folge. Oder anders gesagt: Je öfter und je strenger wir eine Hypothese testen, umso größer das Vertrauen, das wir in sie investieren."

Die in Abb. 5.1 dargestellte hypothetisch-deduktive Methode entspricht den Forderungen Poppers (2005, S. 8 f.) für die Überprüfung von Theorien durch Falsifikationsversuche. Allerdings haben beide Ansätze unterschiedliche Zielrichtungen. Die hypothetisch-deduktive Methode ist grundsätzlich „neutral", aber in der Forschungspraxis wohl deutlich häufiger auf empirische Bestätigung als auf Ablehnung von Hypothesen (bzw. der dahinter stehenden Theorie) ausgerichtet, während Poppers Ansatz vor allem Falsifikationsversuche bei existierenden Theorien im Fokus hat und deren (induktive) Bestätigung nicht vorsieht (vgl. z. B. Wiltsche, 2013, S. 82 ff.). Im Zusammenhang mit der Darstellung des induktiv-realistischen Modells (Kap. 9) wird erkennbar werden, dass mit diesem bestätigende und falsifizierende Ergebnisse gemeinsam analysiert werden und je nach Übergewicht der einen oder anderen Art von Ergebnissen auf die (vorläufige) Akzeptanz bzw. Ablehnung einer Theorie geschlossen wird.

Hintergrundinformation
Harald Wiltsche (2013, S. 83) zum Unterschied von hypothetisch-deduktiver Methode und Poppers Falsifikationsansatz:

> „Woran liegt es nun aber, dass wir nach Popper nur im Fall des Scheiterns von Hypothesen von einem Erfolg sprechen können? Ein Grund: Zwischen Verifikation und Falsifikation besteht eine grundlegende Asymmetrie. Diese ist darin zu sehen, dass wissenschaftliche Allaussagen zwar niemals endgültig verifiziert, aber bereits durch einen einzigen geeigneten Basissatz falsifiziert werden können."

Zahllose empirische Studien in betriebswirtschaftlichen Zeitschriften zeugen von der dominierenden Stellung der hypothetisch-deduktiven Methode in der empirischen betriebswirtschaftlichen Forschung. Gleichwohl gibt es auch gewichtige Einwände hinsichtlich der Aussagekraft dieser Methode:

- Das erste Problem bezieht sich auf die **Duhem-These** (siehe Abschn. 3.3). Diese besagt, dass die empirische Bewährung einer Theorie immer daran gebunden ist, dass die verwendeten Beobachtungen und Messungen geeignet sind, um das jeweils interessierende Phänomen korrekt wiederzugeben. Wenn eine Hypothese abgelehnt wird, so kann das daran liegen, dass diese tatsächlich falsch ist, aber auch daran, dass fehlerbehaftete Daten und Methoden die Annahme einer eigentlich bestätigenden Hypothese verhindern. Empirische Tests von Hypothesen sind nur sinnvoll und aussagekräftig, wenn die durchgeführten Beobachtungen und Messungen *tatsächlich* den theoretisch interessierenden Konzepten entsprechen. Das mag auf den ersten Blick als Selbstverständlichkeit erscheinen, ist aber in der Forschungspraxis alles andere als trivial (siehe dazu die Diskussion von Reliabilität und Validität in Kap. 6).

- In den Sozialwissenschaften (einschließlich der Betriebswirtschaftslehre) basieren empirische Untersuchungsergebnisse meist auf **statistischen Schlussweisen** (z. B. statistische Tests auf der Basis von Zufallsstichproben). Deswegen sind die entsprechenden Ergebnisse in der Regel mit Unsicherheit behaftet, die z. B. in Form von Konfidenzintervallen oder Irrtumswahrscheinlichkeiten angegeben wird. Das kann bei Entscheidungen zur Annahme oder Ablehnung einer Hypothese auf der Basis von Signifikanztests zu entsprechenden Fehlern führen (siehe dazu auch die Diskussion zur Problematik von Signifikanztests im Abschn. 7.2). Streng genommen dürfte man deshalb die hypothetisch-deduktive Methode auf probabilistische Hypothesen nicht anwenden (Schurz, 2014, S. 314).

- Ein drittes Problem besteht darin, dass unterschiedliche Theorien zu gleichen Voraussagen bezüglich bestimmter Phänomene führen können. Man spricht dann von der **Unterbestimmtheit** von Theorien (siehe Abschn. 3.3). „Wenn der einzige Weg der empirischen Bestätigung darin besteht, dass Vorhersagen von Theorien realisiert werden, dann lässt sich der Schluss kaum vermeiden, dass alle Theorien, die zu gleichen Vorhersagen führen, in genau gleicher Weise durch eine realisierte Vorhersage bestätigt werden." (Sankey, 2008, S. 252). Insofern unterscheidet die hypothetisch-deduktive Methode nicht zwischen sich gegenseitig ausschließenden, aber empirisch äquivalenten Hypothesen (Psillos, 2007, S. 114).

- Letztlich ist auf das Problem hinzuweisen, dass die hypothetisch-deduktive Methode nur auf den Test *einer* Hypothese in Bezug auf geeignete Daten ausgerichtet ist, nicht auf den Vergleich rivalisierender Hypothesen bzw. Theorien (Haig, 2018, S. 72 f.). Das schränkt die Aussagekraft dieser Methode im Hinblick auf den Theorie-Fortschritt und hinsichtlich des Problems „nicht erdachter Alternativen" (Stanford 2006; siehe auch Abschn. 3.3) deutlich ein.

Hintergrundinformation
Raymond Hubbard und Murray Lindsay (2013, S. 1380) kommen vor dem Hintergrund diverser Einwände aus der Wissenschaftsphilosophie zu einer skeptischen bis negativen Einschätzung der hypothetisch-deduktiven Methode:

„Natürlich ist kein Ansatz zum Wissenserwerb unfehlbar. Es ist jedoch bemerkenswert, dass man angesichts der ernsthaften philosophischen Schwierigkeiten, die mit der hypothetisch-deduktiven Methode verbunden sind, in den betriebswirtschaftlichen Disziplinen kaum Anhaltspunkte für entsprechende Bedenken findet. Hier gilt diese Methode als unantastbar."

In der Abb. 5.1 ist etwas pauschal von einer „empirischen Untersuchung" die Rede. Wie kann man sich den entsprechenden Untersuchungsprozess vorstellen? Das im Folgenden dargestellte Grundmodell empirischer Untersuchungen bietet dafür ein gedankliches Gerüst und stellt wesentliche Teile des Forschungsprozesses und deren Zusammenhänge dar. Dazu werden hier einige Überlegungen aus Kap. 2 und aus Abschn. 4.1 aufgegriffen und im Hinblick auf den Test von Theorien zusammengefasst. Das **Grundmodell empirischer Untersuchungen,** wird hier in Anlehnung an Kuß und Eisend (2010, S. 18 ff.) in Abb. 5.2 dargestellt. Dieses Modell ist eine schematische (sehr vereinfachte) Darstellung der Vorgehensweise bei einer *einzelnen* empirischen Untersuchung, wie sie beispielsweise in Fachzeitschriften oder Dissertationen publiziert werden. Wegen der begrenzten Aussagekraft von Ergebnissen einer *einzelnen* Untersuchung (siehe Kap. 9) geht man heute oftmals von einem umfassenderen Prozess der Theorie-Entwicklung aus, bei dem Ergebnisse *mehrerer* einschlägiger Untersuchungen *zusammenfassend* analysiert werden. Die Abb. 9.1 stellt einen solchen Prozess dar, während die folgende Abb. 5.2 also auf eine einzelne Untersuchung bezogen ist.

Drei zentrale Elemente der empirischen Forschung (Realität, Theorie, Methoden) sind in Abb. 5.2 dargestellt. Die verbindenden Pfeile kennzeichnen grundlegende Teilaufgaben im Prozess der empirischen Forschung, auf die anschließend eingegangen wird.

Abb. 5.2 Grundmodell empirischer Untersuchungen. (Nach Kuß & Eisend, 2010, S. 23)

Für die wissenschaftliche Betrachtungsweise von **Realität** ist es typisch, dass versucht wird, in sich widerspruchsfreie Systeme von Aussagen, die man unter bestimmten Voraussetzungen eben als **Theorie** bezeichnet (siehe Kap. 2), aufzustellen, deren Entsprechung zur Realität systematisch überprüft wird. Da diese Aussagensysteme meist einen Komplexitäts- und/oder Abstraktionsgrad aufweisen, der eine unmittelbare Prüfung (z. B. durch einfache Beobachtung) nicht zulässt, bedient man sich dazu in der Regel geeigneter **Methoden.** Beispielsweise bedarf es für die Untersuchung eines Zusammenhangs zwischen Risikowahrnehmung und Informationsbedarf in der Regel eines recht aufwendigen Untersuchungsdesigns (Messinstrumente, Stichprobenziehung, statistische Methoden etc.). Durch bloßen Augenschein kann man eine solche Überprüfung nicht vornehmen.

Die drei soeben genannten *Elemente empirischer Forschung* (Realität, Theorie, Methoden) werden zunächst kurz vorgestellt, bevor die Beziehungen dieser Elemente untereinander erläutert werden.

- **Realität**
  Unabhängig vom jeweiligen Forschungsinteresse ist immer nur die Betrachtung von entsprechenden Ausschnitten der Realität möglich. Ihre vollständige Beschreibung oder gar Erklärung ist wegen einiger genereller Eigenschaften von Realität ausgeschlossen. Sie ist nach Jaccard und Jacoby (2020, S. 8 ff.) komplex, dynamisch, (teilweise) verdeckt und einzigartig. Entsprechende Einzelheiten sind im Abschn. 2.2 bereits ausführlich dargestellt worden. Gerade die Verbindung dieser Eigenschaften führt eben dazu, dass sich empirische Forschung nur auf wenige, gezielt ausgewählte (und von Einzelheiten der Realität abstrahierende) Aspekte einer überwältigend komplexen Realität beziehen kann.
- **Konzepte, Theorien** und **Hypothesen**
  Wegen der (ebenfalls im Abschn. 2.2) schon erwähnten Aussichts- und Sinnlosigkeit des Versuchs, Realität *vollständig* zu erfassen, ist die Zielrichtung der empirischen Forschung also eine andere. Man bedient sich dabei bestimmter Abstraktionen einzelner Erscheinungen, die für die jeweilige Betrachtungsweise zweckmäßig sind und die in Abschn. 2.1 und 4.1 bereits als **Konzepte** bezeichnet und dort auch erörtert wurden. Wenn man durch Konzepte gewissermaßen die Umwelt vereinfacht und geordnet hat, kann man bestimmte *Regelmäßigkeiten* und *Zusammenhänge* entdecken. Diese können sehr konkrete ("Je größer ein Messestand ist, desto größer ist die Zahl der Besucher:innen"), aber auch abstraktere Phänomene ("Bei technisch ausgebildeten Messebesucher:innen spielen betriebswirtschaftliche Kriterien bei der Kaufentscheidung eine geringere Rolle als bei kaufmännisch ausgebildeten Besucher:innen") betreffen. Besonders leistungsfähig sind natürlich Systeme von Aussagen, die eine größere Zahl von Konzepten und/oder Beziehungen zwischen diesen umfassen, also **Theorien** im Sinne des Kap. 2. Jede Theorie verwendet mehrere Konzepte (in einem der obigen Beispiele "technische Ausbildung" und "Bedeutung betriebswirtschaftlicher Entscheidungskriterien"). Insofern bilden Konzepte die *Bausteine*

von Theorien. Im Mittelpunkt dieses Untersuchungsschritts steht also das Zusammenfügen der relevanten Konzepte und Beziehungen zu einem **Theorie-Entwurf.** Einige Ansätze zur Vorgehensweise dabei sind bereits im Kap. 4 vorgestellt worden.

Im Zusammenhang mit der *Überprüfung von Theorien* (oder Teilen von Theorien), aber auch bei praktischen Fragestellungen, spielen – wie bei der obigen Darstellung der hypothetisch-deduktiven Methode schon dargestellt – **Hypothesen** eine bedeutsame Rolle (siehe dazu auch Kap. 7). Man versteht darunter (noch nicht überprüfte) Vermutungen über:

- Ausprägungen von Variablen (z. B. „Mindestens 10 % der Konsument:innen werden das neue Produkt X probieren". „Mindestens 80 % aller Unternehmen mit mehr als 500 Beschäftigten werden von angestellten Manager:innen geführt.") und
- Zusammenhänge von Variablen (z. B. „Überlegene Ressourcen-Ausstattung führt zu überdurchschnittlicher Profitabilität von Unternehmen." „Je positiver die Einstellung zu einem Produkt ist, desto größer ist die Kaufneigung").

Die erste Art von Hypothesen (Ausprägungen von Variablen) spielt in der angewandten Forschung (z. B. Marktforschung) die größere Rolle, die zweite Art (Zusammenhänge von Variablen) in der theoriebezogenen Forschung.

▶ **Definition** Simon Blackburn (2016, S. 231) definiert eine **Hypothese** als „eine Aussage, die eher ein Vorschlag als eine Feststellung ist. Eine Hypothese kann vorgeschlagen werden für Testzwecke oder zur Diskussion, möglicherweise als Vorstufe zur Akzeptanz oder zur Ablehnung."

Jaccard und Jacoby (2020, S. 96) kennzeichnen drei wesentliche Merkmale von Hypothesen. Danach sind Hypothesen

1. aus einer Theorie abgeleitet,
2. konkreter als die Aussagen der Theorie und
3. so auf die Empirie ausgerichtet, dass sie eine empirische Überprüfung theoretischer Aussagen ermöglichen.

In diesem Sinne sind Hypothesen also Bindeglieder zwischen Theorie und Empirie/ Methoden, weil sie die Beziehungen zwischen dem eher abstrakten Theorie-Bereich und dem jeweiligen konkreten Untersuchungsbereich bestimmen (siehe Abb. 5.3). Ulaga et al. (2021) geben einen detaillierten Überblick zur Rolle von Hypothesen im Forschungsprozess. Die Formulierung von Hypothesen ist auch wichtig im Hinblick auf die Auswahl von Methoden für die zu untersuchenden Fragestellungen. Wenn man an eines der oben skizzierten Beispiele einer Hypothese denkt, so erkennt man, dass sich daraus direkt ableiten lässt, welche Variablen (hier beispielsweise: „Einstellung zu einem

Produkt", „Kaufneigung") gemessen werden müssen und welches Messniveau diese Daten für die vorgesehenen Analyseverfahren haben sollen. Dazu benötigt man geeignete Methoden, deren Festlegung Gegenstand des nächsten Schrittes im Forschungsprozess ist.

- **Methoden**
  Wenn Theorien oder Teile davon im Hinblick auf ihre Übereinstimmung mit der Realität getestet werden sollen, bedarf es dazu also in der Regel geeigneter Methoden (siehe dazu Kap. 6, 7, 8 und 9). Gerade bei Theorien, die Konzepte hohen Abstraktionsgrades betreffen, ist mit besonders schwierigen methodischen Problemen zu rechnen.

Es geht also darum, eine *Verbindung* zwischen den (relativ abstrakten) Elementen von *Theorien* und der *Realität* herzustellen. Man kann Datenerhebungsmethoden der empirischen Forschung auch als Hilfsmittel betrachten, um trotz deren Komplexität und (zumindest teilweiser) Verdecktheit die interessierenden Aspekte der Realität beobachten zu können. Beispielsweise geben die Verfahren der Stichprobenziehung an, welche Teilmenge von Untersuchungsobjekten betrachtet wird. Als weiteres Beispiel dienen Befragungsverfahren u. a. dazu, sehr unterschiedliche Personen, Meinungen, Verhaltensweisen zu Gruppen bzw. Kategorien (z. B. Personen mit hohem Bildungsgrad, negativer Haltung zur Fernsehwerbung, hoher beruflicher Motivation) zusammenzufassen oder auf entsprechenden Messskalen einzuordnen. Die Verfahren der Datenanalyse haben vor allem den Zweck, eine große Menge von Einzeldaten zu verdichten (z. B. zu Maßzahlen wie Median) und (statistische) Zusammenhänge zwischen Merkmalen zu ermitteln.

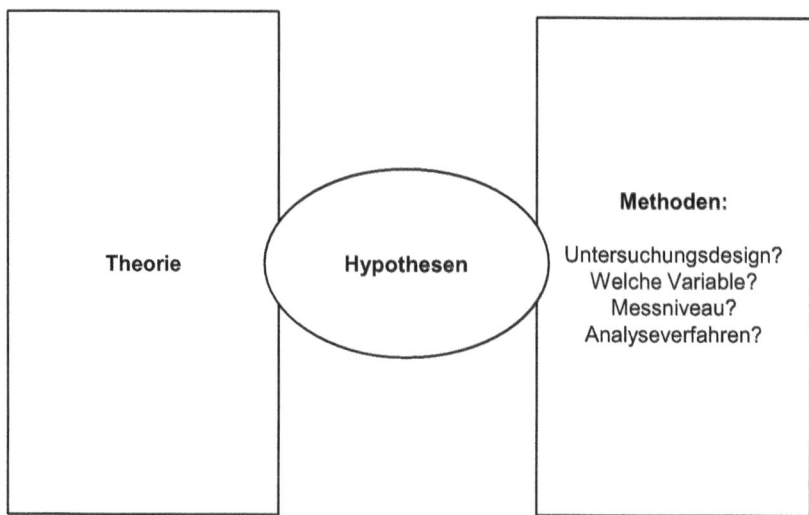

Abb. 5.3 Hypothesen als Bindeglied von Theorie und Methoden

Als **Konzeptualisierung** wird also der Vorgang, interessierende Teile der Realität abstrahierend zu kennzeichnen, bezeichnet (siehe Abschn. 4.1). Häufig geht dieser Prozess mit der Entwicklung von Vermutungen über die Beziehungen dieser Elemente mit einem **Theorie-Entwurf** einher im Sinne einer induktiven Vorgehensweise (siehe Abschn. 2.5). Konzeptualisierungen münden in entsprechende *Definitionen*, mit denen möglichst präzise formuliert wird, was das jeweilige Phänomen ausmacht. Einerseits findet also eine Abstrahierung von der Realität statt, andererseits bestimmt diese Abstrahierung auch die Betrachtungsweise der Realität; deswegen zeigt der entsprechende Pfeil in Abb. 5.2 in beide Richtungen. Wer beispielsweise von bestimmten Merkmalen des Verhaltens (z. B. hoher Arbeitseinsatz, Initiative) von Mitarbeiter:innen zum Konzept „Motivation" abstrahiert, für den beeinflusst dieses Konzept eben auch entsprechend die Perspektive beim Blick auf das reale Verhalten der Mitarbeiter:innen.

Zur Gegenüberstellung von Theorien mit der Realität sind also geeignete Methoden auszuwählen. Beispielsweise muss man entscheiden, mit welcher Skala man Mitarbeiter:innenmotivation misst, die man vielleicht als Ursache für Kreativität (wie zu messen?) ansieht. Ein statistisches Verfahren muss gewählt werden, mit dem man eine vermutete Beziehung zwischen Motivation und Kreativität überprüfen kann. Diesen ganzen Vorgang nennt man **Operationalisierung** (siehe dazu Abschn. 6.1). Hier werden also abstrakten Konzepten konkrete Messverfahren, statistische Verfahren etc. zugeordnet. Damit verbunden ist in der Regel auch eine *Einengung* recht allgemeiner Konzepte auf konkrete Untersuchungsgegenstände (Sankey, 2008, S. 251 f.). So kann man wohl kaum ganz allgemein den Zusammenhang zwischen Motivation und Kreativität empirisch untersuchen, sondern muss sich auf deutlich konkretere – und damit natürlich weniger allgemeine – entsprechende Zusammenhänge konzentrieren (z. B. den Zusammenhang „Motivation in den Unternehmen A, B, C, …" → „Kreativität in den Unternehmen A, B, C, …").

Die Anwendung der ausgewählten Verfahren auf entsprechende Teile der Realität bezeichnet man als **Messung** (siehe auch Abschn. 6.2). Auch dieser Vorgang ist ein zweiseitiger: Versuchspersonen, Objekte etc. werden mit Messinstrumenten konfrontiert; Messwerte (Daten) fließen zurück. Typisch sind zwei Arten von Messwerten: Quantifizierbaren Merkmalen wird eine entsprechende *Zahl* zugeordnet (z. B. Alter: 75); bei kategorialen Merkmalen wird ein Untersuchungsobjekt eben der entsprechenden *Kategorie* zugeordnet (z. B. „männlich" oder „weißhaarig").

Diese Daten können mit *statistischen Methoden* verdichtet und dargestellt werden. Die Überlegungen beim Vergleich von Ergebnissen der Datenanalyse mit den Aussagen der Theorie nennt man **Interpretation.** Hier befindet man sich gewissermaßen auf dem „Rückweg" vom Bereich der Methoden mit Datenerhebung und -analyse in den Bereich der Theorie. Dabei stellt man fest, ob die Theorie eher bestätigt oder abgelehnt wurde und ob Modifizierungen oder Verfeinerungen der Theorie vorgenommen werden können oder sollten. Hier sind die Beziehungen zum „induktiv-realistischen" Modell der Theorieprüfung mit „empirischen Erfolgen und Misserfolgen" sowie zu den detaillierteren Überlegungen zur **Theorie-Entwicklung** in Kap. 9 ganz offenkundig.

Für das hier vorgestellte Grundmodell empirischer Untersuchungen gilt die Forderung, dass *Untersuchungsergebnisse,* die eine Fragestellung beantworten bzw. eine Hypothese überprüfen sollen, natürlich nur aussagekräftig sein können, wenn die Datenerhebung und Datenanalyse (mit Stichprobenziehung, Messungen, Datenaufbereitung etc.) *tatsächlich den zu untersuchenden Phänomenen gerecht werden.* Hier ist darauf zu verweisen (wie im Abschn. 3.3 erläutert), dass ja Messfehler die Aussagekraft von Theorietests entscheidend beeinträchtigen können, weil bei solchen Fehlern eben nicht klar ist, ob eine mangelnde Übereinstimmung zwischen einer theoretischen Vermutung und einem darauf bezogenen empirischen Ergebnis auf die Messfehler oder auf die Fehlerhaftigkeit der theoretischen Vermutung zurückzuführen ist (→ Duhem-These).

Beispiel

Die hier genannte Forderung, dass die in einer empirischen Untersuchung betrachteten realen Phänomene den theoretisch interessierenden Konzepten möglichst gut entsprechen sollen, mag auf den ersten Blick banal wirken. Bei sozialwissenschaftlichen Messungen ist dieses Problem aber alles andere als trivial. Dazu Beispiele für entsprechende Probleme bei Messungen zum Konzept „Kaufverhalten": Wenn ein:e Konsument:in äußert, dass sie:er eine Marke kaufen will, kann man dann daraus schließen, dass sie:er diese Marke auch (immer, meist, gelegentlich?) *tatsächlich* kaufen wird? Kann man von der Angabe von Konsument:innen zu der beim letzten Einkauf gekauften Marke auf die tatsächlich gekaufte Marke schließen oder muss man damit rechnen, dass Erinnerungslücken, Anpassungen an die Erwartungen eines:r Interviewer:in oder bewusst geäußerte Falschangaben hier zu Messfehlern führen? ◀

Die Frage, ob die Umsetzung einer Problemstellung in ein Untersuchungsdesign (mit Stichprobenziehung, Messmethoden etc.) und dessen Realisierung angemessen, also der Problemstellung entsprechend ist, hat für die Aussagekraft empirischer Untersuchungen größte Bedeutung. Dabei geht es im Grunde um zwei Probleme:

- Führt die Untersuchung mit allen ihren methodischen Einzelheiten zu einer *systematischen Abweichung* vom „wahren Wert" des zu untersuchenden Gegenstandes? *Beispiel:* Führt die Messung der Zustimmung zum Klimaschutz in der Bevölkerung durch eine entsprechende Befragung zu einer systematisch zu hohen Einschätzung, weil viele Menschen (z. B. wegen der sozialen Erwünschtheit des Klimaschutzes) tendenziell zu positive Angaben zu dieser Frage machen?
- Wird das Untersuchungsergebnis durch *Zufälligkeiten* (und Nachlässigkeiten) bei der Untersuchungsdurchführung beeinflusst? *Beispiel:* Kann es sein, dass der Befragungszeitpunkt (morgens oder abends; Werktag oder Wochenende) zu unterschiedlichen Angaben von Auskunftspersonen hinsichtlich ihrer Präferenzen gegenüber bestimmten Lebensmitteln oder Freizeitaktivitäten führt?

Damit kommt man zu den beiden grundlegenden Kriterien für die Qualität und Aussage-kraft von empirischen Untersuchungen: **Validität,** die sich auf (nach Möglichkeit nicht vorhandene oder sehr geringe) *systematische Abweichungen* des Untersuchungsergeb-nisses von der Realität bezieht, und **Reliabilität,** bei der es um die *Unabhängigkeit eines Untersuchungsergebnisses von* einem (von verschiedenen Zufälligkeiten beeinflussten) *einmaligen Messvorgang* geht. Bei hoher Reliabilität, also bei geringen situativen (mehr oder weniger zufälligen) Einflüssen, müssten gleichartige Messungen zu gleichen (zu-mindest sehr ähnlichen) Ergebnissen führen (sofern sich die Ausprägung des zu messen-den Konzepts nicht verändert). Diese bedeutsamen Gesichtspunkte werden im Kap. 6 noch eingehend erörtert. Die Überlegungen zum Theorie-Test werden im Kap. 9 weiter-geführt und in einen größeren Zusammenhang gestellt.

Fazit

Mithilfe des Grundmodells empirischer Untersuchungen lässt sich jetzt auch die Anwendung der hypothetisch-deduktiven Methode etwas konkretisieren. Der ent-sprechende Prozess beginnt mit der (ganz oder teilweise) zu testenden *Theorie* und den daraus abgeleiteten *Hypothesen.* Für deren empirische Prüfung müssen durch *Operationalisierung* geeignete *Methoden* der Datenerhebung gefunden werden. Diese wendet man bei *Messungen* auf die Realität an und erhält Messwerte, die statistisch analysiert werden können. Diese Ergebnisse werden abschließend im Hinblick auf Bestätigung ("Erfolg") oder Schwächung ("Misserfolg") der getesteten Theorie *inter-pretiert.* ◄

Literatur

Blackburn, S. (2016). *The Oxford dictionary of philosophy.* Oxford University Press.

Franke, N. (2002). *Realtheorie des Marketing.* Mohr.

Gadenne, V. (1994). Theoriebewertung. In T. Herrmann & W. Tack (Hrsg.), *Methodologische Grundlagen der Psychologie* (S. 389–427). Hogrefe.

Haig, B. (2018). *The philosophy of quantitative methods.* Oxford University Press.

Hempel, C. (1974). *Philosophie der Naturwissenschaften.* Dtv.

Hubbard, R., & Lindsay, M. (2013). From significant difference to significant sameness: Proposing a paradigm shift in business research. *Journal of Business Research, 66,* 1377–1388.

Hunt, S. (2010). *Marketing theory – Foundations, controversy, strategy, resource-advantage theory.* Sharpe.

Hunt, S. (2015). Explicating the inductive realist model of theory generation. *AMS Review, 5,* 20–27.

Jaccard, J., & Jacoby, J. (2020). *Theory construction and model-building skills – A practical guide for social scientists* (2. Aufl.). Guilford.

Kuhn, T. (1977). *The essential tension.* University of Chicago Press.

Kuß, A., & Eisend, M. (2010). *Marktforschung* (3. Aufl.). Gabler.

Ladyman, J. (2002). *Understanding philosophy of science*. Routledge.

McMullin, E. (2008). The virtues of good theory. In S. Psillos & M. Curd (Hrsg.), *The Routledge companion to philosophy of science* (S. 499–508). Routledge.

Popper, K. (2005). *Logik der Forschung* (11. Aufl.). Mohr.

Psillos, S. (1995). *Theory, science and realism. Lecture notes*. London School of Economics.

Psillos, S. (2007). *Philosophy of science A-Z*. Edinburgh University Press.

Sankey, H. (2008). Scientific method. In S. Psillos & M. Curd (Hrsg.), *The Routledge companion to philosophy of science* (S. 248–258). Routledge.

Schurz, G. (2014). *Philosophy of science – A unified approach*. Routledge.

Schwemmer, O. (1995). Randbedingung. In J. Mittelstraß (Hrsg.), *Enzyklopädie Philosophie und Wissenschaftstheorie* (Bd. 3, S. 462 f.). Metzler.

Sheth, J., Gardner, D., & Garrett, D. (1988). *Marketing theory – Evolution and evaluation*. Wiley.

Ulaga, W., Kleinaltenkamp, M., Kashyap, V., & Eggert, A. (2021). Advancing marketing theory and practice: Guidelines for crafting research propositions. *AMS Review, 11*, 395–406.

Wacker, J. (1998). A definition of theory: Research guidelines for different theory-building research methods in operations management. *Journal of Operations Management, 16*, 361–385.

Warren, C., Batra, R., Loureiro, S., & Bagozzi, R. (2019). Brand coolness. *Journal of Marketing, 83*, 36–56.

Wiltsche, H. (2013). *Einführung in die Wissenschaftstheorie*. Vandenhoeck & Ruprecht.

Wray, K. (2018). *Resisting scientific realism*. Cambridge University Press.

Weiterführende Literatur

Earman, J. & Salmon, W. (1992). The confirmation of scientific hypotheses. In M. Salmon et al. (Hrsg.), *Introduction to the philosophy of science* (S. 42–103). Prentice Hall.

Sankey, H. (2008). Scientific method. In S. Psillos & M. Curd (Hrsg.), *The Routledge companion to philosophy of science* (S. 248–258). Routledge.

Wiltsche, H. (2013). *Einführung in die Wissenschaftstheorie*. Vandenhoeck & Ruprecht.

Gewinnung von Daten zum Theorie-Test: Operationalisierung, Messung und Datensammlung

6

Zusammenfassung

Zum Testen von Theorien bedarf es geeigneter Methoden. Dabei müssen zunächst die Konzepte einer Theorie messbar gemacht werden, d. h. sie müssen operationalisiert werden (Abschn. 6.1), bevor man entsprechende Teile der Realität messen kann (Abschn. 6.2). Nur wenn die Übersetzung der Theorie in messbare Variablen gelingt, sind Untersuchungsergebnisse aussagekräftig. Als Kriterien zur Überprüfung der Qualität der Messinstrumente in der empirischen Forschung (Abschn. 6.3) bedient man sich der Validität und der Reliabilität. Die Überprüfung dieser Kriterien erfolgt mit einer Reihe von etablierten Verfahren. Wichtig für die Anwendung von Messinstrumenten ist auch deren Generalisierbarkeit, d. h. die Übertragbarkeit auf verschiedene Kontexte, Objekte, etc. Mit geeigneten Messinstrumenten, die diese Qualitätskriterien erfüllen, können Daten für das Testen von Theorien gesammelt werden. Schließlich spielt für die Qualität der mit geeigneten Messinstrumenten gesammelten Daten und damit für das Testen von Theorien auch die Stichprobenziehung eine wichtige Rolle (Abschn. 6.4).

6.1 Operationalisierung im Forschungsprozess

Wenn Theorien im Hinblick auf ihre Übereinstimmung mit der Realität getestet werden sollen, bedarf es dazu geeigneter Methoden. Gerade bei Theorien, die Konzepte hohen Abstraktionsgrades betreffen (z. B. dynamische Fähigkeiten eines Unternehmens – „dynamic capabilities"), ist es oftmals nicht einfach, geeignete Methoden für die empirische Prüfung von Theorien und die Messung von deren Konzepten zu entwickeln. Diese Konzepte sind im Alltag meist nicht direkt beobachtbar und auch nicht einfach quantifizierbar (z. B. das Ausmaß an dynamischen Fähigkeiten eines Unternehmens). Es geht

© Springer Fachmedien Wiesbaden GmbH, ein Teil von Springer Nature 2023
M. Eisend und A. Kuß, *Grundlagen empirischer Forschung*,
https://doi.org/10.1007/978-3-658-42690-3_6

also – wie in Abschn. 5.2 bereits verdeutlicht – darum, eine Verbindung zwischen den (abstrakten) Elementen von Theorien und der Realität herzustellen mittels der Methoden der empirischen Forschung. „Messungen sind eine Aktivität, die die Interaktion mit einem konkreten System beinhaltet und das Ziel hat, Aspekte dieses Systems in abstrakten Fachbegriffen (z. B. in Form von Klassifizierungen, numerischen Größen, Vektoren etc.) wiederzugeben" (Tal, 2015).

Dazu sind zunächst die Elemente der Theorie zu konzeptualisieren. Als **Konzeptualisierung** wird der Vorgang, interessierende Teile der Realität abstrahierend zu kennzeichnen, bezeichnet (siehe Abschn. 4.1). Eine Konzeptualisierung mündet in einer Definition, mit der verbal formuliert wird, was das jeweilige Phänomen ausmacht.

Um diese Konzepte mit der Realität konfrontieren zu können, muss man sie messbar machen. Den Vorgang der „Messbarmachung" nennt man Operationalisierung (Bridgman, 1927). Mit der **Operationalisierung** wird festgelegt, wie ein theoretisches Konzept beobachtbar oder gemessen werden soll. Hier werden also abstrakten Konzepten konkrete Messverfahren zugeordnet. Will man beispielsweise die Intelligenz einer Person messen, so werden dafür sogenannte Intelligenztests eingesetzt. Die Fragen in diesem Intelligenztest stellen die Messung der Intelligenz dar und mit der Entwicklung dieser Tests hat man das abstrakte Konzept operationalisiert. Verbunden mit der Operationalisierung ist in der Regel auch eine Einengung recht allgemeiner Konzepte auf konkrete Untersuchungsgegenstände. So kann man wohl kaum ganz allgemein den Zusammenhang zwischen Zufriedenheit und Verhalten empirisch untersuchen, sondern muss sich auf deutlich konkretere – und damit weniger allgemeine – entsprechende Zusammenhänge konzentrieren (z. B. den Zusammenhang von „Arbeitszufriedenheit" und „Engagement bei der Arbeit").

Durch die Operationalisierung werden also theoretischen Konzepten beobachtbare Sachverhalte zugeordnet. Beobachtbare Sachverhalte wiederum beziehen sich auf Variablen und deren Ausprägungen. Eine **Variable** ist ein Merkmal oder spezifisches Verhalten von Objekten (z. B. das Alter einer Person oder das Wahlverhalten bezüglich politischer Parteien), dessen Ausprägung (z. B. 35 Jahre alt bzw. Wahl einer grünen Partei) bei verschiedenen Objekten eindeutig festgestellt werden kann, eben als Resultat einer Messung. Über die Operationalisierung werden daher gleichzeitig die Variablen festgelegt, die in einer empirischen Untersuchung erhoben werden.

Variablen unterteilt man in manifeste und latente Variablen. **Manifeste Variablen** sind direkt empirisch feststellbar bzw. beobachtbar, ihre Ausprägungen können durch eine direkte Messung am Objekt festgestellt werden. So kann z. B. das Alter einer Person direkt erfragt werden oder im Ausweisdokument abgelesen werden. Dagegen sind **latente Variablen** nicht direkt beobachtbar und auch nicht direkt messbar, wie z. B. die Intelligenz einer Person. Im Prinzip fallen darunter alle Konzepte mit einem gewissen Abstraktionsgrad, wie z. B. die Arbeitszufriedenheit von Mitarbeitenden. Wie aber operationalisiert und misst man dann eine latente Variable? Dazu bedient man sich sogenannter Indikatoren. **Indikatoren** sind wiederum manifeste, also direkt messbare Variablen, die über ihre Operationalisierung zur Messung einer latenten Variablen dienen. So kann z. B. die latente Variable „Religiosität" über Indikatoren wie die Häufigkeit von Gebeten oder von

Kirchgängen erfasst werden, die man direkt messen bzw. erfragen kann. Dabei wird schon deutlich, dass man sich dabei häufig mehrerer Indikatoren bedient, um die latente Variable hinreichend in ihrer Komplexität und Abstraktion zu erfassen. Man kann sich gut vorstellen, dass man ein Konzept wie Intelligenz nicht mit einer einzelnen Frage (z. B. einer reinen Wissensfrage zum Geburtsjahr einer berühmten Persönlichkeit) sinnvoll erfassen kann, sondern eine Vielzahl von Fragen dazu benötigt. Im Kontext von Befragungen spricht man häufig auch von **Items** im Zusammenhang mit Indikatoren. Beide Begriffe werden in diesem Buch synonym verwendet.

Latente Variablen können auch mehrere Dimensionen umfassen. Eine **mehrdimensionale** latente Variable bzw. ein mehrdimensionales Konzept liegt vor, „wenn unterschiedliche, jedoch verwandte Dimensionen als ein Konstrukt aufgefasst werden" (Griere et al., 2006, S. 678). Wie bereits im Abschn. 2.1 erklärt, wird der Begriff Konstrukt in diesem Buch synonym zum Begriff Konzept verwendet. Beispielsweise geht man für das Konzept der Glaubwürdigkeit einer Person meist von zwei Dimensionen aus, nämlich der „Vertrauenswürdigkeit" und der „Kompetenz" einer Person. Beide Dimensionen sind unterschiedlich und damit auch voneinander unabhängig, d. h. eine Person kann z. B. vertrauenswürdig sein, muss aber nicht kompetent sein. Gleichzeitig aber sind beide Dimensionen relevant für die Erfassung von Glaubwürdigkeit, d. h. einer Person wird dann hohe Glaubwürdigkeit zugeschrieben, wenn sie sowohl vertrauenswürdig als auch kompetent ist. Jede Dimension wird durch mehrere Indikatoren operationalisiert und gemessen. Kompetenz wird durch Indikatoren wie „erfahren", „professionell" oder „qualifiziert" erfasst und Vertrauenswürdigkeit durch Indikatoren wie „ehrlich" oder „offen". Mehrdimensionale Konzepte sind von **unidimensionalen** Konzepten abzugrenzen. Abb. 6.1 verdeutlicht den Zusammenhang.

Abb. 6.1 Unidimensionale vs. mehrdimensionale Operationalisierung von Konzepten. (Nach Griere et al., 2006, S. 679)

Beispiel

Ein klassisches Beispiel für ein Konzept, das mit mehreren Dimensionen und diese wiederum mit verschiedenen Indikatoren operationalisiert werden können, ist die „soziale Schicht". Diese wird oftmals über drei Dimensionen erfasst: Bildung, Einkommen und Beruf (z. B. Scheuch und Daheim 1970). Die nachstehende Tabelle zeigt für jede Dimension zwei Indikatoren mit möglichen Messinstrumenten (hier: Fragen).

Konzept	Dimensionen	Indikatoren	Messinstrument
Soziale Schicht	Bildung	Schulbildung	„Welchen Schulabschluss haben Sie?"
		Berufsausbildung	„Welchen Berufsabschluss haben Sie?"
	Einkommen	Lohn	„Wie hoch ist Ihr monatliches Nettoeinkommen?"
		Zinsen	„Wie hoch ist Ihr jährliches Zinseinkommen?"
	Beruf	Ausgeübter Beruf	„Welchen Beruf üben Sie aus?"
		Stellung im Beruf	„Welche Stellung haben Sie in Ihrem Beruf?"

◄

Im Zusammenhang mit der Zuordnung von geeigneten Indikatoren zu einem theoretischen Konzept steht das **Korrespondenzproblem** (Wilson & Dumont, 1968) (siehe auch Abschn. 2.1). Es geht dabei um die „Angemessenheit" eines Indikators für das zu messende Konzept (Korrespondenzregel) und auch um die Frage, welche Indikatoren aus der Vielzahl möglicher Indikatoren ausgewählt werden sollen (Indikatorenauswahl). Eine Lösung für die Korrespondenzregel ist die Gleichsetzung von theoretischen Begriffen mit vorgeschriebenen Mess- bzw. Beobachtungsanleitungen. Z. B. kann man davon ausgehen, dass Intelligenz das ist, was ein Intelligenztest misst. Eine solche Gleichsetzung ordnet man in der Wissenschaftstheorie dem sogenannten „Operationalismus" zu (Tal, 2015; Trout, 2000). Dabei läuft man aber Gefahr, mögliche Abweichungen von Operationalisierung und Konzept zu vernachlässigen: Intelligenz ist ein sehr komplexes Konzept und es ist vermutlich sehr schwer, all die Indikatoren zu finden, die Intelligenz vollständig und genau erfassen. Eine alternative Möglichkeit ist die Berücksichtigung von Abweichungen einer Operationalisierung vom Konzept durch Modellierung von Messfehlern, die natürlich möglichst gering sein sollten. Im Hinblick auf die Minimierung der Messfehler und damit der Qualität der Messung geht es letztendlich um die Zuverlässigkeit einer Messung (Reliabilität), die eine Voraussetzung für die Gültigkeit einer Messung (Validität) darstellt. Dies wird im Abschn. 6.3 weiter erläutert, nachdem im folgenden Abschnitt zunächst das Wesen und die Funktion von Messungen behandelt werden.

6.2 Wesen und Funktion von Messungen

Die Anwendung der ausgewählten Verfahren auf entsprechende Teile der Realität bezeichnet man als **Messung**. Dieser Vorgang ist ein zweiseitiger: Versuchspersonen, Objekte etc. werden mit Messinstrumenten konfrontiert; Messwerte (Daten) fließen zurück (siehe Abschn. 5.2). Nunnally und Bernstein (1994, S. 3) definieren: „Messungen bestehen aus Regeln für die Zuordnung von Symbolen zu Objekten dergestalt, dass (1) quantifizierbare Eigenschaften numerisch repräsentiert werden (Skalierung) oder (2) definiert wird, ob Objekte in gleiche oder verschiedene Kategorien im Hinblick auf eine bestimmte Eigenschaft gehören (Klassifikation)." So gibt beispielsweise das Fishbein-Modell (Fishbein & Ajzen, 1975) genaue Regeln vor, wie ein Einstellungsmesswert zu ermitteln und einer Person zuzuordnen ist. Ein anderes Beispiel ist die Messung der Unternehmensgröße bei einer betriebswirtschaftlichen Untersuchung: diese könnte man anhand bestimmter Merkmale (z. B. Umsatz, Beschäftigtenzahl) ermitteln und die verschiedenen Unternehmen entsprechend in die Kategorien „Klein-, Mittel- und Großunternehmen" einteilen.

Im Vergleich zu Messungen in den Naturwissenschaften (z. B. in der Physik) gibt es in den Sozialwissenschaftlichen (einschl. der Betriebswirtschaftslehre) spezifische Probleme im Hinblick auf die Aussagekraft der Messungen (Chang & Cartwright, 2008):

- Der größte Teil der Messungen erfolgt auch in der Betriebswirtschaftslehre gewissermaßen **„indirekt"**, d. h. es werden verbale Angaben (meist in Fragebögen) von Manager:innen, Kund:innen etc. zu den eigentlich interessierenden Maßgrößen (z. B. Produktqualität, Umsatzwachstum, Unternehmenskultur) verwendet. Nun ist das Problem ungenauer oder systematisch verzerrter Angaben bei Befragungen allgemein bekannt (siehe z. B. Groves et al., 2009). In der Betriebswirtschaftslehre werden entsprechende (spezifischere) Probleme unter dem Stichwort „key informant bias" diskutiert. Dabei geht es vor allem um die Fragen, *welche Personen* in Unternehmen zu befragen sind, um Informationen über die interessierenden Daten zu erhalten, und *welche Aussagekraft* die Angaben solcher „key informants" (Schlüsselinformant:innen) haben. Typischerweise machen Key Informants Angaben (z. B. zu Umsätzen, Strukturen, Abläufen oder Entscheidungsprozessen) über die Organisation, der sie angehören, weniger über sich selbst. Nun zeigten entsprechende Untersuchungen (Hurrle & Kieser, 2005), dass so erhobene Daten häufig mit gravierenden Fehlern behaftet sind, insbesondere wenn es gilt, eher abstrakte Konstrukte (z. B. Merkmale der Unternehmenskultur) zu messen. In einer groß angelegten Untersuchung haben Homburg et al. (2012) Einflussfaktoren der Qualität der Angaben von Key Informants systematisch analysiert.
- Der weitaus größte Teil der Messungen – auch in betriebswirtschaftlichen Untersuchungen – ist *„aufdringlich"* und kann zu **„Reaktivität"** führen. Von Aufdringlichkeit einer Messung spricht man, wenn diese von der Auskunfts- bzw. Versuchsperson

bemerkt wird, was bei Befragungen regelmäßig der Fall ist und in besonderem Maße für Labor-Experimente gilt. Wenn daraus eine Beeinflussung des (Antwort-)Verhaltens der befragten oder beobachteten Person resultiert, liegt Reaktivität vor (Campbell & Stanley, 1963). Der Untersuchungsgegenstand selbst wird also durch die Messung beeinflusst. Solche Probleme treten nicht zuletzt auf, wenn gesellschaftliche Normen (z. B. umweltbewusstes Verhalten) oder individuelle Werte (z. B. Erfolg) betroffen sind.

- Die Möglichkeiten bei sozialwissenschaftlichen Messungen unterliegen spezifischen Begrenzungen. Einerseits müssen die Messinstrumente breit und relativ **unkompliziert** anwendbar sein, weil sie auf unterschiedlichste Unternehmen und Personen in verschiedensten Situationen anzuwenden sind, insbesondere bei großzahligen Untersuchungen (z. B. repräsentative Befragungen). Andererseits sind **ethische Normen** zu beachten, die es u. a. verbieten, Untersuchungsteilnehmer:innen zu starkem Stress auszusetzen (z. B. wenn umfangreiche Angaben zum Einkaufsverhalten der letzten Wochen abgefragt werden) oder in deren Privat- bzw. Intimsphäre einzudringen (z. B. Fragen zum Alkohol- oder Drogenkonsum) (siehe Abschn. 10.2).

Ziel der Messung ist eine strukturtreue Übertragung einer empirischen Beziehung in eine numerische Beziehung, sodass die numerischen Relationen die empirischen Relationen wiedergeben. Dabei ist zu beachten, dass die empirischen Beziehungen zwischen den gemessenen Eigenschaftsausprägungen einer Variable (z. B. die Angaben des Einkommens von verschiedenen Personen bei der Messung der Variable „Einkommen") unterschiedlichen mathematischen Beziehungen zwischen Zahlen entsprechen. Man spricht in diesem Zusammenhang auch von **Mess- oder Skalenniveaus**. Diese geben an, welche numerischen Informationen den tatsächlichen empirischen Informationen entsprechen. Man unterscheidet zwischen vier verschiedenen Mess- oder Skalenniveaus:

- Das *Nominalskalenniveau* enthält nur Informationen über eine Äquivalenzbeziehung, also darüber, ob gleiche oder ungleiche Eigenschaftsausprägungen einer Variablen vorliegen (z. B. Geschlecht mit den Ausprägungen männlich, weiblich oder divers);
- Das *Ordinalskalenniveau* gibt zusätzlich Auskunft über eine Ordnungsbeziehung („mehr oder weniger" bzw. „kleiner oder größer") der Eigenschaftsausprägungen einer Variablen (z. B. soziale Schicht mit den Ausprägungen untere, mittlere und obere soziale Schicht);
- Das *Intervallskalenniveau* erlaubt zusätzlich den Abstand zwischen einzelnen Eigenschaftsausprägungen einer Variablen inhaltlich zu interpretieren (z. B. Temperatur in Celsius);
- Das *Ratioskalenniveau* ermöglicht zusätzlich die Interpretation des Verhältnisses zweier Eigenschaftsausprägungen einer Variablen über alle arithmetisch möglichen Operationen, da ein eindeutiger Nullpunkt definiert ist (z. B. Einkommen; ein Einkommen von 500 EUR wäre die Hälfte von 1000 EUR und das fünffache von

100 EUR; ein Einkommen von „0" ist unabhängig von der Maßeinheit „Währung"; für eine Person, die nichts verdient, ist es gleichgültig, ob sie 0 EUR, 0 GBP oder 0 US$ verdient.).

Zwischen den Skalen- bzw. Messniveaus besteht eine hierarchische Ordnung, wobei die Nominalskala das geringste Messniveau darstellt, die Ratioskala das höchste. Alle Informationen eines geringeren Messniveaus gelten auch bei einem höheren Messniveau. Die Informationen eines höheren Messniveaus können aber nicht alle bei einem tieferen Messniveau genutzt werden (siehe dazu Abb. 6.2). Generell gilt: je höher das Skalenbzw. Messniveau, desto informativer ist die Messung.

Zur Messung von Konzepten bzw. latenten Variablen werden, wie oben schon erwähnt, in der Regel mehrere Indikatoren verwendet. Mit dem Begriff der **Skalierung** bezeichnet man ganz allgemein die Festlegung einer Skala für eine Variable. Meist geht es dabei um die Konstruktion einer Skala, die vor allem zur Messung eines Konzepts bzw. einer latenten Variablen dient, die aus mehreren Indikatoren besteht. Bei dieser Skalierung sind insbesondere geeignete Indikatoren bzw. Items auszuwählen und entsprechende Antwortmöglichkeiten festzulegen. Für die weitere Verwendung im Rahmen der Analyse werden die Indikatoren zur Messung eines Konzepts bzw. einer latenten Variablen in der Regel zu einem Index zusammengefasst. Ein **Index** ist eine durch mathematische Operationen aus mehreren Indikatoren gebildete neue Variable, die das Konzept repräsentieren soll. Häufig geschieht das durch Mittelwertbildung oder Summierung, beispielsweise wenn eine Einstellung zu einem Unternehmen mit drei Indikatoren (schlecht/gut, negativ/positiv, wertlos/wertvoll) erfasst wird, die jeweils auf einer Skala von 1 bis 7 gemessen wurden. Diese drei Indikatoren können entweder aufsummiert werden oder der Mittelwert gebildet werden, um einen Index zu erstellen. Die Indexbildung kann auch gewichtet erfolgen, wenn man z. B. im Rahmen der Messung des Einkommens als eine Dimension der sozialen Schicht (siehe Beispiel weiter oben) das Arbeitseinkommen stärker gewichten will als das Zinseinkommen. Dann wird das Arbeitseinkommen entsprechend gewichtet (z. B. doppelt so stark wie das Zinseinkommen, d. h. mit dem Gewichtungsfaktor 2) bevor man die beiden Indikatoren kombiniert.

	Äquivalenz	Ränge	Abstände	Verhältnis
Nominalskala	X			
Ordinalskala	X	X		
Intervallskala	X	X	X	
Ratioskala	X	X	X	X

Abb. 6.2 Beziehungen der vier Skalen- bzw. Messniveaus

Der empirische Prozess der Skalenkonstruktion ist oftmals sehr aufwendig (siehe z. B. die entsprechenden Skalenentwicklungsprozeduren bei Churchill (1979) oder Rossiter (2002)). Daher werden einmal entwickelte Skalen, die sich in der Forschung etabliert haben, häufig wiederverwendet (siehe z. B. die Sammlung etablierter Skalen im Bereich Marketing im „Marketing Scales Handbook", Bruner (2019)). Wichtig für die Verwendung und Etablierung in der Wissenschaft ist es, dass diese Skalen und Messungen bestimmte Gütekriterien erfüllen, auf die im nachfolgenden Abschn. 6.3 eingegangen wird. Neben ein eher pragmatisches Wirtschaftlichkeitsargument treten weitere gewichtige Gesichtspunkte, die für die Entwicklung und wiederholte Anwendung standardisierter Messinstrumente sprechen (Nunnally & Bernstein, 1994, S. 6 ff.):

- Größere *Objektivität* der Messungen, weil diese nicht nur durch individuell entwickelte Messmethoden bestimmt sind
- Bessere Möglichkeiten für die Realisierung von *Replikationsstudien,* die auf den gleichen Messmethoden und -instrumenten beruhen (siehe Abschn. 9.2)
- Leichtere und klarere *Kommunikation* von Untersuchungsergebnissen durch Bezugnahme auf Messverfahren, die in der Fachwelt bekannt und anerkannt sind
- *Vergleichbarkeit* (im Zeitablauf, über verschiedene Gruppen oder Regionen etc.) von Untersuchungsergebnissen, die angesichts des in sozialwissenschaftlichen Untersuchungen starken Einflusses der Messmethoden auf die Ergebnisse am ehesten bei der Verwendung einheitlicher Methoden gegeben ist (siehe z. B. Li, 2011).

6.3   Qualität der Messung

6.3.1   Wesen und Bedeutung von Validität und Reliabilität

Die vorausgegangenen Ausführungen haben bereits gezeigt, dass eine Übersetzung von theoretischen Konzepten in messbare Variable nicht ganz einfach ist. Dennoch sind Untersuchungsergebnisse natürlich nur dann aussagekräftig, wenn diese Umsetzung gelingt. Die Frage, ob die Umsetzung einer Problemstellung in ein Untersuchungsdesign (mit Stichprobenziehung, Messmethoden etc.) und dessen Realisierung angemessen, also der Problemstellung entsprechend ist, hat also größte Bedeutung für die Aussagekraft empirischer Untersuchungen.

Dabei geht es vor allem um zwei Probleme. Zum einen geht es um das Problem, dass die Untersuchung mit allen ihren methodischen Einzelheiten zu einer *systematischen* Abweichung vom „wahren Wert" des zu untersuchenden Gegenstandes führen kann. Zum anderen geht es um das Problem, dass das Untersuchungsergebnis durch *Zufälligkeiten* bei der Untersuchungsdurchführung beeinflusst werden kann. Manchmal findet sich auch die Forderung, dass die Messung und Ergebnisse *unabhängig von Einflüssen der Untersuchenden oder der Untersuchungssituation* bei Durchführung, Auswertung und

Interpretation zustande kommen. Man spricht hier von der **„Objektivität"** (z. B. Bortz & Döring, 2016). Aus wissenschaftstheoretischer Sicht wurde bereits darauf verwiesen, dass wissenschaftliche Erkenntnis von Kontexten abhängig sein kann (siehe Kap. 4). Empirisch lässt sich die Objektivität einer Messung beispielsweise durch eine Generalisierung der Messung bei verschiedenen Forschenden und in verschiedenen Kontexten hinweg prüfen (siehe dazu Abschn. 6.3.4). In einem großen Teil der internationalen Literatur wird die „Objektivität" allerdings nicht als eigenständiger Aspekt von Messungen behandelt, sondern als Teilproblem der Validität angesehen.

Die beiden Aspekte der systematischen Abweichung von Messungen und des Einflusses von Zufälligkeiten führen zu den beiden grundlegenden Kriterien für die Qualität und Aussagekraft von Untersuchungen der empirischen Forschung: Validität, die sich auf Vermeidung der systematischen Abweichungen des Untersuchungsergebnisses vom wahren Wert bezieht, und Reliabilität, bei der es um die Unabhängigkeit eines Untersuchungsergebnisses von einem von Zufälligkeiten beeinflussten einmaligen Messvorgang geht (vgl. Kuß & Eisend, 2010, S. 31 f.; siehe auch Abschn. 4.1).

Die **Validität** (auch *Gültigkeit* genannt) eines Untersuchungsergebnisses lässt sich also folgendermaßen kennzeichnen: Ein Untersuchungsergebnis wird als valide (gültig) angesehen, wenn es den Sachverhalt, der ermittelt werden soll, tatsächlich wiedergibt.

Mit der **Reliabilität** (auch *Verlässlichkeit* genannt) bezeichnet man die Unabhängigkeit eines Untersuchungsergebnisses von einem einmaligen Untersuchungsvorgang und den jeweiligen situativen (zufälligen) Einflüssen.

Hintergrundinformation
David de Vaus (2002) charakterisiert die Relevanz von Reliabilität und Validität:

„Wenn wir uns nicht auf die Antworten zu Fragen aus dem Fragebogen verlassen können, dann ist jede Analyse auf der Grundlage solcher Daten fragwürdig. Wenn die Ergebnisse, die wir auf Basis einer Stichprobe erhalten, genauso gut anders sein könnten, wenn wir die Befragung erneut durchführen, wie viel Vertrauen sollen wir zu diesen Ergebnissen haben?" (S. 17).

„Weil die meisten sozialwissenschaftlichen Untersuchungen relativ konkrete Messungen für abstraktere Konzepte verwenden, stehen wir vor der Frage, ob unsere Messinstrumente tatsächlich das messen, was wir glauben. Dieses ist das Problem der Validität. Wir müssen uns irgendwie darauf verlassen können, dass unsere relativ konkreten Fragen tatsächlich die Konzepte treffen, für die wir uns interessieren" (S. 25).

Bedeutung und Zusammenhang von Validität und Reliabilität lassen sich in Anlehnung an Churchill (1979) durch eine einfache Formel illustrieren

$$X_B = X_W + F_S + F_Z$$

$X_B =$ gemessener, beobachteter Wert

$X_W =$ „wahrer" (normalerweise nicht bekannter) Wert des zu messenden Konzepts

$F_S =$ systematischer Fehler bei einer Messung (z. B. durch Frageformulierungen, die eine bestimmte Antworttendenz begünstigen)

F_Z = zufälliger Fehler bei einer Messung (z. B. durch situative, kurzfristig veränderliche Faktoren wie Zeitdruck, die längerfristig konstante Meinungen, Absichten, Präferenzen etc. überlagern)

Eine Messung wird als valide angesehen, wenn keine systematischen und keine zufälligen Fehler vorliegen. Es gilt dann:

$F_S = 0$ und $F_Z = 0$ und deswegen $X_B = X_W$.

Aus der Reliabilität einer Messung ($F_Z = 0$) folgt also nicht, dass die Messung auch valide ist, da ja $F_S \neq 0$ sein kann. In diesem Sinne ist Reliabilität eine notwendige, aber nicht hinreichende Voraussetzung der Validität.

Die grundlegende Bedeutung von Reliabilität und Validität für empirische Untersuchungen liegt auf der Hand. Wenn diese Anforderungen nicht erfüllt sind, dann spiegeln die Untersuchungsergebnisse eben nicht die interessierenden Ausschnitte der Realität wider und haben deswegen keine Aussagekraft für die untersuchte Fragestellung. Die vorstehende Aussage, dass die *Reliabilität eine notwendige, aber keineswegs hinreichende Voraussetzung der Validität* ist, lässt sich leicht nachvollziehen, wenn man bedenkt, dass Untersuchungsergebnisse mit geringer Reliabilität bei Wiederholungen starken Schwankungen unterworfen sind, dass es also gewissermaßen einen „Glücksfall" darstellt, unter diesen Umständen den „wahren Wert" hinreichend genau zu treffen.

Beispiel

Die Probleme, die durch mangelnde Validität und Reliabilität entstehen, seien hier durch zwei Beispiele illustriert. Die Beispiele bauen auf dem Grundmodell empirischer Forschung auf, das in Abschn. 5.2 beschrieben wurde. Das Modell stellt die Beziehung zwischen Realität, Theorie und Methode dar. Theorie und Methoden sind einerseits über die Operationalisierung und andererseits über die Interpretation von Ergebnissen miteinander verbunden.

Im ersten Beispiel wird gezeigt, dass durch eine (grob) fehlerhafte Operationalisierung Messungen durchgeführt wurden, die nicht der (theoretisch) interessierenden Frage und damit den interessierenden Konzepten entsprechen (X, Y statt A, B), also nicht valide sind. Das Ergebnis: Die Untersuchung sagt über die Fragestellung („A → B"?) nichts aus. Das Problem wird noch dadurch verschärft, dass solche Messfehler oftmals unentdeckt bleiben und das Untersuchungsergebnis dann (trotz der mangelnden Aussagekraft) im Hinblick auf die Ausgangsfragestellung interpretiert wird und damit irreführend ist.

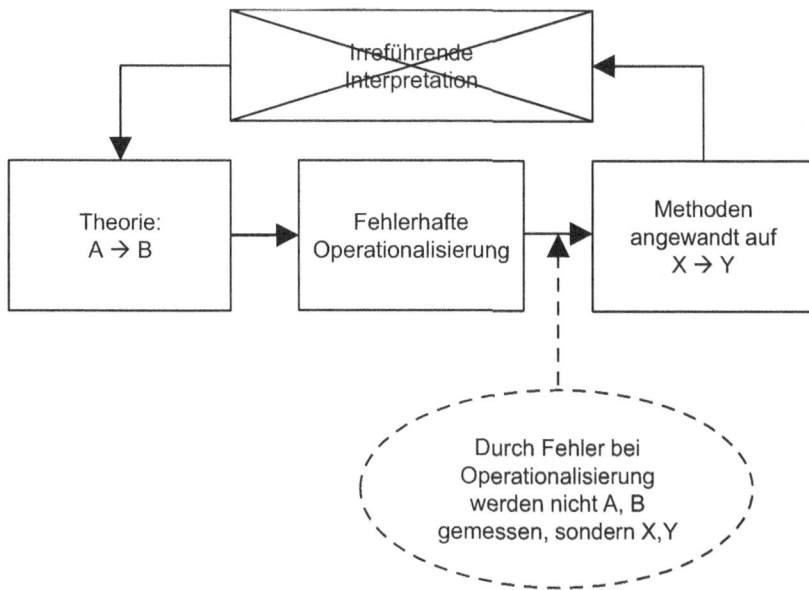

Im zweiten Beispiel wird gezeigt, dass beim Messvorgang selbst ein (nicht systematischer) Fehler durch einen Ausreißer aufgetreten ist. Es handelt sich also um ein Beispiel für mangelnde Reliabilität. Das Ergebnis: Der theoretisch vermutete linear positive Zusammenhang zwischen den beiden Konzepten spiegelt sich in den Daten und im Untersuchungsergebnis nicht wider und die (eigentlich richtige) Hypothese wird verworfen. Ebenfalls ein irreführendes Ergebnis.

Die Bezugnahme von Validität und Reliabilität auf einen „wahren Wert" lässt schon eine gedankliche Verbindung zu realistischen wissenschaftstheoretischen Positionen (z. B. kritischer Rationalismus oder wissenschaftlicher Realismus, siehe Abschn. 3.2) erkennen. Ein Merkmal dieser Positionen besteht ja darin, dass man von der Existenz einer Realität ausgeht, die unabhängig von der Wahrnehmung der Betrachtenden ist. „Realist:innen betrachten Messungen als die Schätzung von denkunabhängigen Eigenschaften und/oder Beziehungen" (Tal, 2015). Welchen Sinn sollte der Begriff der Validität von Messungen für Konstruktivist:innen (siehe Abschn. 3.2) haben, die davon ausgehen, dass Theorien von der Realität unabhängig konstruiert sind? Auch für Relativist:innen (siehe Abschn. 3.2), die unterstellen, dass die Wahrnehmung und Interpretation von Realität durch einen gesellschaftlichen Kontext oder durch „Paradigmen" wesentlich bestimmt werden, ist die Möglichkeit, Validität in diesem Sinne zu erreichen, wohl kaum gegeben.

Hintergrundinformation
Die Position des Realismus im Hinblick auf Messungen wird von J. D. Trout (2000, S. 272) kurz zusammengefasst:

> „Die realistische Interpretation von Messungen sieht den Messvorgang als ein Ergebnis einer kausalen Beziehung zwischen einem Instrument (im weiten Sinne) und einem Gegenstand. Die Beziehung ist eine Schätzung. Diese Gegenstände (Eigenschaften, Prozesse, Zustände, Ereignisse etc.) existieren unabhängig von den Bemühungen, sie zu messen, und sind manchmal zu fein, um sie ohne Hilfsmittel festzustellen".

6.3.2 Überprüfung der Reliabilität von Messinstrumenten

Kriterien für die Einschätzung von Reliabilität und Validität von Messungen sollen hier nur kurz charakterisiert werden, weil ja die technischen und methodischen Einzelheiten solcher Verfahren nicht Gegenstand dieses Buches sind. Hier geht es zunächst um die Reliabilität und dann im Abschn. 6.3.3 um die Validität.

Zunächst wird an die Überlegung angeknüpft, dass sich **Reliabilität** auf die Unabhängigkeit der Messwerte von den Besonderheiten und Zufälligkeiten eines einzelnen Messvorgangs bezieht. Die Grundidee der sogenannten **Test–Retest-Reliabilität** schließt direkt daran an. Es geht dabei um die Wiederholung einer Messung in einem angemessenen zeitlichen Abstand. Als Maßzahl für die Reliabilität in diesem Sinne würde man die Korrelation der beiden Messungen verwenden, die sehr hoch sein sollte, um Reliabilität zu gewährleisten. Diese Art der Reliabilitätsüberprüfung setzt natürlich voraus, dass sich das zu messende Konstrukt in der Zwischenzeit nicht verändert hat. Anderenfalls wäre eine geringe Korrelation nicht durch mangelnde Reliabilität, sondern durch diese Veränderung begründet. Eine Reliabilitätsprüfung durch Wiederholung eines Messvorgangs und Vergleich der Ergebnisse ist recht aufwendig. Diesem Problem der Bestimmung der Test–Retest-Reliabilität versucht man beim Ansatz der **Parallel-Test-Reliabilität** dadurch zu entgehen, dass man zum gleichen Zeitpunkt (d. h. meist im gleichen Fragebogen, aber an verschiedenen Positionen im Fragebogen) eine Vergleichsmessung mit einem entsprechenden Messinstrument durchführt. Beide Messungen sollen bei gegebener Reliabilität hoch korreliert sein. Die Schwierigkeit besteht natürlich darin, zwei hinreichend äquivalente Messinstrumente zu finden bzw. zu entwickeln.

Die wohl gängigste Art der Reliabilitätsüberprüfung ist die Bestimmung des Reliabilitätskoeffizienten **Cronbach's** α für eine Multi-Item-Skala, d. h. für die Messung einer latenten Variable anhand mehrerer Items bzw. Indikatoren (Cronbach, 1951). Es ist ein Maß für die *interne Konsistenz* einer Skala, d. h. für das Ausmaß der Übereinstimmung der Messwerte für die einzelnen Indikatoren einer Skala. Man geht davon aus, dass alle Items bzw. Indikatoren den gleichen wahren Wert messen und nur zufällige Messfehler zu unterschiedlichen Ergebnissen führen. Berechnet wird Cronbach's α als korrigierte, durchschnittliche Korrelation zwischen den Items bzw. Indikatoren. Cronbach's α nimmt Werte zwischen minus unendlich und 1 an, wobei ein hoher positiver Wert, der sich der 1 annähert, hoher interner Konsistenz entspricht. Werte unterhalb von 0,7 gelten meist als fragwürdig. Cronbach's α lässt sich auf verschiedene Art und Weise beeinflussen („verbessern"), was durchaus auch forschungsethische Fragen aufwerfen kann (siehe dazu Abschn. 10.2). Beispielsweise steigt Cronbach's α mit der Anzahl der verwendeten Indikatoren bzw. Items (Peterson, 1994).

6.3.3 Überprüfung der Validität von Messinstrumenten

Im Zentrum des Interesses bei der Entwicklung und Überprüfung von Messinstrumenten steht deren **Validität**. Mit der Validität steht und fällt die Qualität einer Messung und damit der ganzen Untersuchung, in der diese verwendet wird. Der zentrale – in der Literatur gängige – Begriff ist hier die **Konstruktvalidität**. Es sei daran erinnert, dass – wie bereits in Abschn. 2.1 und 6.1 erwähnt- die Begriffe „Konstrukt" und „Konzept" in diesem Buch synonym gebraucht werden. Die Konstruktvalidität bezeichnet also die Übereinstimmung eines theoretischen (und in der Regel nicht direkt beobachtbaren) Konzepts bzw. Konstrukts mit einer entsprechenden Messung.

Hintergrundinformation
Nunnally und Bernstein (1994a, b, S. 84) kennzeichnen die Relevanz von Konstruktvalidität:

> „Alle Grundlagen-Wissenschaften einschließlich der Psychologie beschäftigen sich mit der Ermittlung funktionaler Beziehungen zwischen wichtigen Variablen. Natürlich müssen solche Variablen gemessen werden bevor ihre Beziehungen untereinander analysiert werden können. Damit solche Aussagen über Beziehungen überhaupt Sinn haben, muss jede Messmethode valide das messen, was sie zu messen verspricht."

Typischerweise kann man die Validität einer Messung nicht durch den Vergleich des Messwerts mit dem in der Regel ja unbekannten „wahren Wert" des interessierenden

Konzepts ermitteln. Das mag in einzelnen Ausnahmefällen gelingen. In der Regel ist aber der mühsame Weg der Operationalisierung und Messung erforderlich, weil eben auf anderem Wege die gewünschten Daten nicht erhältlich sind. Oft geht es in der empirischen Forschung um Konzepte wie Zufriedenheit, Einstellungen oder Absichten, wo sich ein „wahrer Wert" nicht feststellen lässt. Dann bedient man sich (gewissermaßen hilfsweise) verschiedener Kriterien, um festzustellen, ob das verwendete Messverfahren unterschiedlichen Arten der Validität entspricht. Im Folgenden werden dazu diese Aspekte bzw. Arten der Validität skizziert:

- Inhaltsvalidität
- Kriterienvalidität
- Konvergenzvalidität
- Diskriminanzvalidität

Wenn ein Messverfahren die verschiedenen Arten der Validitätsprüfung „übersteht", dann stärkt das das Vertrauen (im Sinne des wissenschaftlichen Realismus) darin, dass diese Methode tatsächlich misst, was sie messen soll, und man kann auf Basis der resultierenden Untersuchungsergebnisse wissenschaftliche Schlüsse ziehen, obwohl sich vollständige Sicherheit nicht erlangen lässt. Bei diesen Überlegungen wird die Reliabilität der entsprechenden Messungen vorausgesetzt. Hier sei auch an die im Abschn. 5.2 erläuterte Relevanz der Validität von Messungen für die Überprüfung/Falsifizierung von Theorien und Erklärungen erinnert.

Zunächst zur **Inhaltsvalidität**. Diese bezieht sich auf die (meist von Expert:innen beurteilte) Eignung und Vollständigkeit des Messinstruments im Hinblick auf das zu messende Konzept. Hier geht es darum, dass sich die wesentlichen Aspekte dieses Konzepts in der Frageformulierung bzw. in den verschiedenen Items einer Skala widerspiegeln. Aus der Definition des Konzepts müssen die wesentlichen Inhalte abgeleitet werden und das Messinstrument muss diese umfassen.

Beispiel

David de Vaus (2002, S. 28) gibt ein Beispiel zur Inhaltsvalidität:

„Die Feststellung der Inhaltsvalidität beinhaltet die Überprüfung, in welchem Maße in das Messinstrument die verschiedenen Aspekte des Konzepts einfließen. Beispielsweise wäre ein Messverfahren, das dazu dient, den allgemeinen Gesundheitszustand zu messen, und das darauf begrenzt ist, den Blutdruck zu messen, dem Konzept „Gesundheit" nicht angemessen, zumindest nicht nach dem üblichen Verständnis. Gesundheit wird meist als ein breiteres und komplexeres Phänomen angesehen. Andere Aspekte der physischen Gesundheit und ebenso – beispielsweise – des psychischen Wohlbefindens wären normalerweise Bestandteil eines validen Messverfahrens für Gesundheit." ◄

Deutlich konkreter sind die Möglichkeiten zur Überprüfung der **Kriterienvalidität**. Kriterienvalidität bezieht sich darauf, dass das Ergebnis einer Messung in einer bekannten („etablierten") Beziehung zu Messungen anderer Konzepte steht. Beispiels-weise ist in der verhaltenswissenschaftlichen Forschung seit langem bekannt, dass Ein-stellungen und Verhalten in einer (nicht deterministischen) positiven Beziehung stehen. Wenn man eine Skala zur Messung von Einstellungen zum Umweltschutz entwickelt, dann müssten die sich ergebenden Werte mit Messungen des Umweltschutzverhaltens (z. B. Mülltrennung) positiv korreliert sein. Anderenfalls wäre an der Validität der Ein-stellungsskala zu zweifeln. Abb. 6.3 illustriert die Grundideen der Prüfung von Inhalts- und Kriterienvalidität.

Hintergrundinformation
Lutz Hildebrandt (1984, S. 43) erläutert Wesen und Spielarten der Kriterienvalidität:

> „Kriteriumsvalidität eines Messinstruments ist dann gegeben, wenn die Messungen des be-treffenden Konstrukts hoch mit den Messungen eines anderen Konstrukts (dem Kriterium) korrelieren, zu dem theoretisch eine enge Beziehung besteht. Als Unterscheidung dient häufig der Erhebungszeitpunkt. Liegt eine hohe Korrelation vor und das Kriterium ist zur gleichen Zeit gemessen worden, spricht man von Konkurrent-Validität; ist die Messung des Kriteriums zu einem späteren Zeitpunkt erfolgt, dann besitzt das Messinstrument Prognosevalidität".

Zentrale Bedeutung für die Validitätsüberprüfung haben *Konvergenzvalidität* und *Dis-kriminanzvalidität*. Zunächst zur **Konvergenzvalidität:** Wenn das gleiche Konzept mit

Abb. 6.3 Logik der Prüfung von Inhalts- und Kriterienvalidität. (Quelle: Kuß & Eisend, 2010, S. 102)

zwei verschiedenen Messinstrumenten gemessen wird, dann müssen die Ergebnisse ähnlich sein („konvergieren"), sofern diese Instrumente valide sind. Beide Instrumente sollen möglichst wenig methodische Gemeinsamkeiten haben, da sonst die Ähnlichkeit der Messwerte ein Artefakt sein könnte, das durch eben diese Gemeinsamkeiten verursacht wurde. Wenn also zwei möglichst *unähnliche Messverfahren,* angewandt auf das *gleiche Konzept,* zu konvergierenden Ergebnissen führen, dann sind diese Ergebnisse anscheinend unabhängig vom Erhebungsverfahren, was wiederum dafürspricht (aber natürlich nicht *beweist*), dass die Messverfahren das interessierende Konzept widerspiegeln.

Was ist dagegen die zentrale Idee der **Diskriminanzvalidität?** Wenn man mit dem gleichen Typ von Messinstrumenten (z. B. Likert-Skalen) verschiedene (nicht zusammenhängende) Konzepte misst (z. B. die Einstellung zu verschiedenen Automarken und die Einstellung zu Horoskopen), dann sollen die Ergebnisse nicht korreliert sein. Ansonsten würden die Messwerte ja weniger die Unterschiedlichkeit der Konzepte wiedergeben, sondern eher auf systematische Einflüsse der Messmethoden zurückzuführen sein, was natürlich das Vertrauen in deren Validität schwinden ließe. Mit *gleichartigen Messverfahren* angewandt auf *verschiedene Konzepte* soll man die Messwerte für diese Konzepte unterscheiden („diskriminieren") können. Abb. 6.4 illustriert die Grundideen beider Ansätze.

Die Konvergenz- und Diskriminanzvalidität lässt sich gut anhand der **Multitrait-Multimethod-Matrix** (Multimerkmals-Multimethoden-Matrix) empirisch beurteilen (Camp-

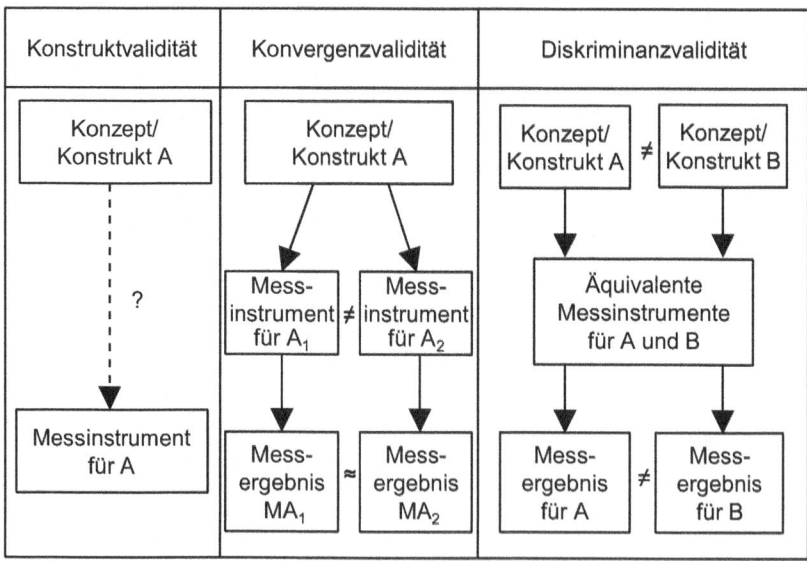

Abb. 6.4 Logik der Prüfung von Konvergenz- und Diskriminanzvalidität. (Quelle: Kuß & Eisend, 2010, S. 103)

bell & Fiske, 1959). In Abb. 6.5 findet sich eine schematische Darstellung einer Matrix mit zwei Konzepten (K_A und K_B), die jeweils mithilfe zweier Methoden (M_1 und M_2, z. B. zwei verschiedene Skalen) gemessen werden. In der Matrix selbst werden die Korrelationen r zwischen diesen Messungen abgebildet. Durch die Buchstaben K bzw. D hinter den Korrelationskoeffizienten wird bereits gekennzeichnet, welche Korrelationskoeffizienten im Hinblick auf Konvergenz- und Diskriminanzvalidität entscheidend sind. Die daneben eingezeichneten Pfeile deuten an, ob die Korrelationen hier hoch oder niedrig sein sollten, um Konvergenz- bzw. Diskriminanzvalidität zu bestätigen. Insbesondere gilt:

- Die Koeffizienten $r_{AA,12}$ und $r_{BB,21}$ zeigen, wie stark die mit *unterschiedlichen Methoden* gemessenen Werte für das *gleiche Konzept* miteinander korrelieren. Sind die Korrelationen hoch, liegt Konvergenzvalidität vor. Erwartet wird, dass die Korrelationen deutlich höher sind als die für die Prüfung der Diskriminanzvalidität herangezogenen Korrelationskoeffizienten.
- Die Koeffizienten $r_{AB,11}$ und $r_{AB,22}$ zeigen die Korrelationen von Messwerten für *verschiedene Konzepte*, die durch *gleichartige Methoden* gemessen wurden. Wenn – was angenommen wird – keine Beziehung zwischen den Konzepten besteht und die entsprechenden Messinstrumente die Konzepte korrekt messen, dann müssten die Korrelationskoeffizienten sehr gering sein.

Heutzutage verwendet man in diesem Zusammenhang die sogenannten „Reliabilitäts- und Validitätskriterien der zweiten Generation" (Homburg & Giering, 1996, S. 8), die auf der Basis von explorativen und konfirmatorischen Faktorenanalysen gewonnen werden. Sie sollen hier in ihren Grundzügen kurz skizziert werden, weiterführende Ausführungen zur Methodik und Analyse finden sich in der entsprechenden Spezialliteratur (z. B. Homburg & Giering, 1996; Netemeyer et al., 2003; Weiber & Mühlhaus, 2013).

		M_1		M_2	
		K_A	K_B	K_A	K_B
M_1	K_A				
	K_B	$r_{AB,11}$ (D↓)			
M_2	K_A	$r_{AA,12}$ (K↑)	$r_{AB,21}$		
	K_B	$r_{AB,12}$	$r_{BB,21}$ (K↑)	$r_{AB,22}$ (D↓)	

Abb. 6.5 Multitrait-Multimethod-Matrix. (Quelle: Kuß & Eisend, 2010, S. 104)

Im Rahmen der **explorativen Faktorenanalyse** versucht man Strukturen in einer Vielzahl von Variablen, hier den Indikatoren der Messung eines oder mehrerer Konzepte, zu finden, indem man sogenannte Faktoren extrahiert (Jackson, 1969). Diese Faktoren sind latente Variablen und werden über die Korrelationen der Indikatoren ermittelt. Mehrere Indikatoren für *ein* Konzept sollten im Idealfall stark miteinander korrelieren (z. B. Indikatoren für die Einstellung zu einem Unternehmen, gemessen als schlecht/gut und negativ/positiv sollten stark miteinander korrelieren). Wenn die Indikatoren untereinander stark korrelieren, werden sie auch stark mit ein und demselben Faktor korrelieren und es lässt sich auf der Basis dieser Indikatoren dann genau ein Faktor (hier: Einstellung zu einem Unternehmen) extrahieren. *Konvergenzvalidität* ist daher indiziert, wenn die Indikatoren, die zur Messung eines Konzepts verwendet wurden, alle stark mit einem gemeinsamen Faktor korrelieren. Anders als bei der Multitrait-Multimethod-Matrix geht es hier also nicht um die Messung des gleichen Konzepts mit unterschiedlichen Skalen, sondern um eine Konvergenz der Indikatoren für ein Konzept. *Diskriminanzvalidität* ist indiziert, wenn die Indikatoren von verschiedenen Konzepten im Rahmen einer Faktorenanalyse auch zu verschiedenen Faktoren führen (z. B. Einstellung zu einem Unternehmen und politisches Engagement) und die Indikatoren dann auch jeweils nur mit einem Faktor korrelieren, d. h. dass sich die Indikatoren eindeutig einem der Faktoren zuordnen lassen.

Bei der **konfirmatorischen Faktorenanalyse** besteht im Gegensatz zur explorativen Faktorenanalyse bereits eine theoretische Annahme darüber, welche Indikatoren welchen Konzepten zuzuordnen sind. Man spricht bei der konfirmatorischen Faktorenanalyse auch von einem Messmodell, das anhand von empirischen Daten überprüft werden soll (Bagozzi, 1978). Auch hier wird die Konvergenzvalidität bestätigt, wenn die entsprechenden Indikatoren tatsächlich sehr stark mit dem jeweiligen Faktor verbunden sind. Dagegen sollte die Korrelation zwischen den verschiedenen Faktoren möglichst gering sein, um Diskriminanzvalidität zu bestätigen. Fornell und Larcker (1981) haben dazu ein Kriterium vorgeschlagen, das auf zwei Maßzahlen beruht:

- Die *durchschnittlich erfasste Varianz* eines Konstrukts ist eine Maßzahl, die angibt, wie gut eine einzelne latente Variable seine Indikatoren erklärt. In den Messmodellen der konfirmatorischen Faktorenanalyse geht man meist davon aus, dass die Indikatoren durch die Konstrukte erklärt werden (z. B. wird die Aussage „Ich bin im Großen und Ganzen zufrieden" durch das Konstrukt „Lebenszufriedenheit" erklärt; siehe zur Unterscheidung von sogenannten reflektiven und formativen Indikatoren Abschn. 7.6). Allerdings ist die Erklärung nicht perfekt, es verbleibt noch unerklärte Varianz und damit ein Fehlerterm. Ein Indikator wird also erklärt durch die latente Variable und die Fehlervarianz, die möglichst gering sein sollte.
- Die *quadrierte Korrelation* zwischen den Konstrukten: die Korrelation zwischen den Konstrukten (z. B. zwischen „Einstellung zu einem Unternehmen" und „politisches Engagement") misst die Stärke der Beziehung zwischen diesen Konstrukten.

Ist die durchschnittlich erfasste Varianz eines Konstrukts höher als jede quadrierte Korrelation mit einem anderen Konstrukt, so gilt dies als Bestätigung für Diskriminanzvalidität, denn das heißt, dass ein Konstrukt mehr Varianz der zugeordneten Indikatoren erklärt als es Varianz von einem anderen, zu unterscheidenden Konstrukt erklärt. Dieses Gütemaß wird als **Fornell-Larcker-Kriterium** bezeichnet. Die durchschnittlich erfasste Varianz sollte auch entsprechend groß sein, damit Konvergenzvalidität vorliegt. Idealerweise sollten mehr als 50 % der Varianz eines jeden Indikators durch das Konstrukt erklärt werden bzw. von der Gesamtvarianz aller Indikatoren wird mindestens die Hälfte durch das Konstrukt erklärt (und damit mehr als durch die Fehlervarianzen) (Hair et al., 2010).

Ein weiteres Validitätskriterium ist die **nomologische Validität.** Diese bezieht sich auf die Bestätigung theoretisch vermuteter Beziehungen einer Variablen zu anderen Variablen. Bei Hildebrandt (1984, S. 42) findet sich eine knappe Definition nomologischer Validität: „Grad, zu dem die Kausalbeziehung zweier theoretischer Konstrukte in einem nomologischen Netzwerk (einer komplexen Hypothesenstruktur) bestätigt wird." Hier entsteht natürlich ein logisches Problem, wenn eine Messung innerhalb einer Untersuchung zum Test einer Theorie verwendet werden soll und die Bestätigung des Zusammenhangs zu anderen Variablen dieser Theorie als Kriterium der Validität verwendet wird (siehe dazu Nunnally & Bernstein, 1994, S. 91 f.). Die nomologische Validität könnte also am ehesten in Bezug auf ein nomologisches Netzwerk geprüft werden, das nicht mit einer zu testenden Theorie identisch ist. Bei Messungen, die nicht einem Theorie-Test (sondern z. B. einer praktischen Anwendung) dienen, ist das Kriterium der nomologischen Validität direkt anwendbar.

Es hat sich also gezeigt, dass es keinen direkten Weg zur Bestätigung (oder gar zum *Nachweis*) von Konstruktvalidität gibt. Anstelle dessen bedient man sich verschiedener Prüfkriterien (→ Inhaltsvalidität, Kriterienvalidität, Konvergenzvalidität, Diskriminanzvalidität). Auch diese ermöglichen natürlich keinen Nachweis von Validität, aber im Sinne des wissenschaftlichen Realismus eine kritische Überprüfung hinsichtlich der Validität und geben bei positiven Ergebnissen (provisorisch und in begrenztem Maße) Grund zu der Annahme, dass ein Messinstrument der Anforderung der Konstruktvalidität entspricht. Abb. 6.6 illustriert diese Idee.

6.3.4 Generalisierbarkeit der Anwendung von Messinstrumenten

Neben der Reliabilität und Validität gibt es noch das Kriterium der Generalisierbarkeit oder Übertragbarkeit von Messinstrumenten. Das Ziel dabei ist es, dass Messinstrumente in verschiedenen Kontexten, bei verschiedenen Personen und zu verschiedenen Zeitpunkten anwendbar sein sollen. Die Ergebnisse sollten über Kontexte, Personen und Zeitpunkte hinweg vergleichbar sein. Im Folgenden werden zwei Möglichkeiten zur Überprüfung der Generalisierbarkeit dargestellt. Die Idee der Generalisierbarkeitstheorie zielt vor allem auf die Generalisierbarkeit der Anwendung von Messinstrumenten

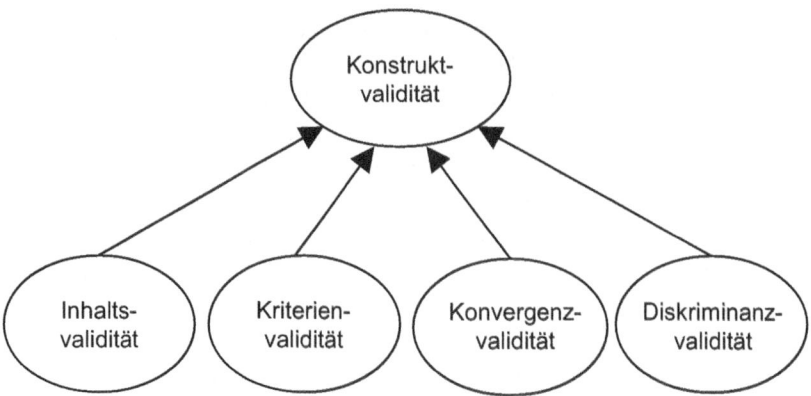

Abb. 6.6 Kriterien der Validitätsprüfung. (In Anlehnung an Viswanathan, 2005, S. 65)

im Hinblick auf verschiedene Dimensionen der Generalisierung ab. Die Idee der Messinvarianz oder Messäquivalenz bezieht sich auch auf die Anwendbarkeit und Übertragbarkeit von Messinstrumenten auf verschiedene Personengruppen und Kontexte und wird dabei häufig für die Anwendung von Messinstrumenten in verschiedenen kulturellen Kontexten herangezogen.

Generalisierbarkeitstheorie
Die Idee der Generalisierbarkeitstheorie steht im direkten Zusammenhang mit dem Konzept der Reliabilität. Die bereits genannten Reliabilitätstests konzentrieren sich jeweils auf den Einfluss einer einzigen von unterschiedlichen zufälligen Fehlerquellen. So misst die Test–Retest-Reliabilität den Einfluss der Fehlerquelle Zeit, die Parallel-Test-Reliabilität misst die Fehler, die durch Proband:innen bei ihren Angaben selbst verursacht werden und der Reliabilitätskoeffizient von Cronbach misst die Fehler, die unterschiedlichen Items bzw. Indikatoren zuzuschreiben sind. Je geringer der Messfehler, desto besser lässt sich die Messung über eine der entsprechenden Bedingungen (Zeit, Proband:in, Items) verallgemeinern. Insofern machen Reliabilitätstests also auch eine Aussage über die Verallgemeinerbarkeit bzw. Generalisierbarkeit einer Messung. Messfehler können aber auf verschiedenen Fehlerquellen gleichzeitig beruhen, wobei sich diese verschiedenen Fehlerquellen auch gegenseitig beeinflussen können. Dieser Problematik tragen herkömmliche Reliabilitätstests keine Rechnung. Eine Berücksichtigung verschiedener Messfehler, die gleichzeitig auftreten können, als auch deren Zusammenwirken ermöglicht die **Generalisierbarkeitstheorie** (Cronbach et al., 1972). Abb. 6.7 verdeutlicht diesen Zusammenhang. Es sei noch betont, dass diese Überlegungen mit der Validität von Messungen (noch) nichts zu tun haben. Hier geht es lediglich um die Frage, inwieweit Ergebnisse auf andere Kontexte (Zeitpunkte, Proband:innen etc.) übertragbar sind, unabhängig von der Frage, ob diese Ergebnisse im Hinblick auf die untersuchten Konstrukte valide sind.

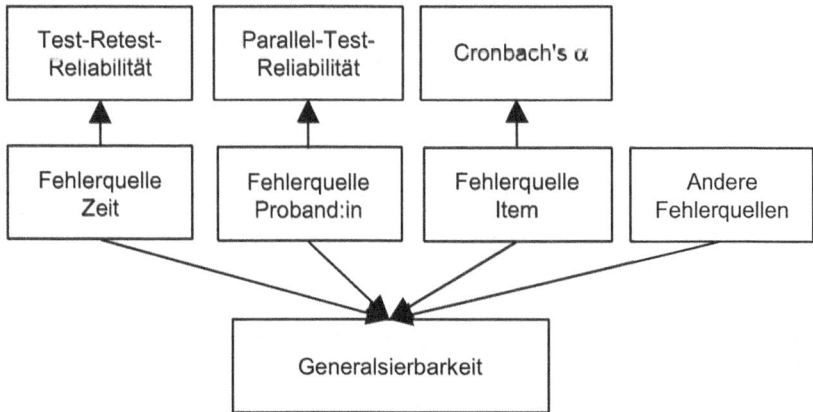

Abb. 6.7 Zusammenhang zwischen Reliabilitätstests und Generalisierbarkeit

Die **Generalisierbarkeitstheorie** basiert auf einem statistischen Verfahren, das deutlich komplexer als andere Verfahren der Reliabilitätstests ist und hier nur in seinen Grundzügen erläutert werden soll. Ausführliche Beschreibungen finden sich u. a. bei Cronbach et al. (1972), Brennan (2001), Rentz (1987) oder Shavelson und Webb (1991). Als Beispiel soll dabei das Konzept der Leistung von Studierenden herangezogen werden, dass durch deren Prüfungsleistungen gemessen wird. Das ist durchaus als ein komplexes und abstraktes Konzept zu verstehen und es besteht auch ein berechtigtes (und leicht nachvollziehbares) Interesse, dass das Ergebnis der Messung möglichst frei von Messfehlern ist.

Grundlegend ist die Annahme, dass jeder Beobachtungswert eines Untersuchungsobjekts x (z. B. die Prüfungsleistung einer:s Studierenden) eine Stichprobe aus einem Universum möglicher Beobachtungen unter verschiedenen Bedingungen y, z, … (z. B. Prüfungszeitpunkt [morgens, mittags, abends], Prüfungsform [mündlich, schriftlich]) darstellt. Der Erwartungswert bezüglich eines Untersuchungsobjekts über all diese Beobachtungen hinweg wird als **„universe score"** oder **globaler wahrer Wert** bezeichnet, was dem wahren Wert im Sinne der Reliabilitätstests entspricht (siehe Abschn. 6.3.2): im genannten Beispiel wäre das also die wahre Prüfungsleistung des:der Studierenden). Das Universum, auf das die Messung generalisiert werden soll, wird vom Forschenden aufgrund theoretischer Vorüberlegungen durch die wichtig erscheinenden Merkmale der Generalisierung festgelegt. Im genannten Beispiel soll die Leistung von Studierenden über verschiedene Prüfungszeitpunkte und verschiedene Prüfungsformen generalisiert werden. D. h. also, dass diese beiden Dimensionen als potenzielle Fehlerquellen der Messung der Studienleistung berücksichtigt werden.

Analog zur Idee der Reliabilitätstests setzt sich ein beobachteter Wert dann aus dem sogenannten „universe score" und einem Fehlerterm zusammen. Der Fehlerterm lässt sich bei der Generalisierbarkeitstheorie im Gegensatz zu den Reliabilitätstests in mehrere

Komponenten zerlegen, die u. a. die verschiedenen Fehlerquellen abbilden sollen. Dazu bedient man sich der Methode der Varianzanalyse, mit der ein beobachteter Wert in verschiedene varianzanalytische Komponenten zerlegt werden kann, die auf die Effekte unabhängiger Variablen, deren Interaktionen sowie einen Fehlerterm zurückzuführen sind. Entsprechend kann ein Messwert im genannten Beispiel verschiedene Einflüsse (sogenannte „Varianzquellen") aufweisen: Der Messwert ist beeinflusst durch die Studierenden, die Prüfungszeitpunkte, die Prüfungsformen und deren Interaktionen, andere systematische Fehlerquellen und durch die zufällige Fehlervarianz. Abb. 6.8 verdeutlicht diesen Zusammenhang.

Im nächsten Schritt versucht man nun, die einzelnen Varianzkomponenten und deren Gewichte im Rahmen einer **Generalisierbarkeitsstudie** empirisch zu bestimmen. Dabei ist es erwünscht, dass eine bestimmte Varianzquelle möglichst groß ist, da wir ja mit unserem Messinstrument Varianz beim interessierenden Merkmal erfassen wollen, d. h. Unterschiede zwischen den Untersuchungsobjekten hinsichtlich des interessie-

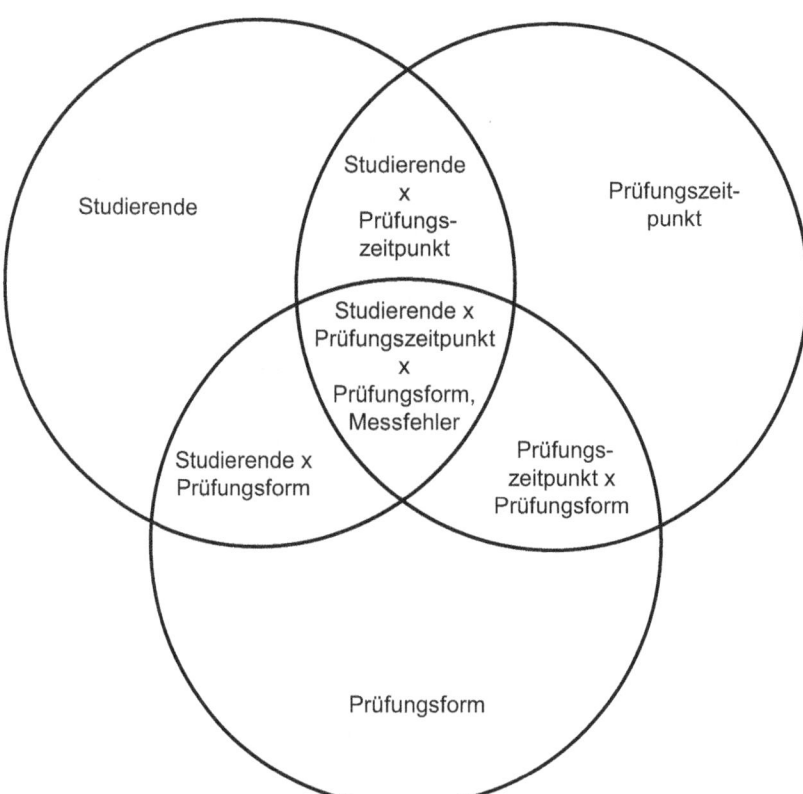

Abb. 6.8 Verschiedene Varianzquellen (Studierende, Prüfungszeitpunkt, Prüfungsform) und deren Interaktionen bei der Leistungsmessung

renden Konzepts. Im genannten Beispiel wäre das die Varianzquelle Studierende, denn wir wollen ja Leistungsunterschiede zwischen den Studierenden messen. Daher ist es wünschenswert, dass die Studienleistung auch tatsächlich Varianz zeigt, andernfalls wäre die Prüfung ja nicht geeignet, zwischen den unterschiedlichen Leistungen der Studierenden zu differenzieren. Alle anderen Varianzquellen sollen aber möglichst klein sein, denn wir wollen möglichst vermeiden, dass die Feststellung der Leistung der Studierenden von Zufälligkeiten wie dem Prüfungszeitpunkt oder der Prüfungsform abhängig ist. Man unterscheidet daher zwischen der **Facette der Differenzierung** („facet of differentiation") und **Facetten der Generalisierung** („facet of generalization"). Die Facette der Differenzierung bezieht sich auf das eigentliche Untersuchungsobjekt, im Beispiel also die Studierenden, während die Facetten der Generalisierung die Fehlerquellen der Messung darstellen.

Ein Ziel einer generalisierbaren Messung besteht nun darin, die Varianz der Facette der Differenzierung möglichst groß werden zu lassen im Verhältnis zur Varianz der Facetten der Generalisierung: die Leistungen der Studierenden dürfen variieren, sie sollten aber nicht vom Prüfungszeitpunkt und von der Prüfungsform abhängen. Die Festlegung der Facetten geschieht je nach Untersuchungszweck und kann auch verändert werden. Misst man beispielsweise die Markentreue von Kund:innen, so können die Kund:innen die Facette der Differenzierung bilden, während verschiedene Marken dann zur Facette der Generalisierung gehören. Es können aber auch die einzelnen Marken als Facette der Differenzierung verstanden werden, um somit etwa verschiedene Markenkonzepte und die damit jeweils verbundene Markentreue unterscheiden zu können (Rentz, 1987).

Neben einer explorativen Generalisierbarkeitsstudie, die die Varianzkomponenten identifiziert und quantifiziert, ist in einem nächsten Schritt eine **Entscheidungsstudie** nötig. Diese identifiziert die Komponenten, die einen wichtigen Beitrag zur Varianzaufklärung leisten, und versucht so, das Design für die entsprechende Messung (in unserem Beispiel die Prüfungsleistung) zu optimieren, d. h. deren Generalisierbarkeit zu erhöhen. Facetten der Generalisierung, die nur einen geringen Beitrag zur Gesamtvarianz liefern, können dabei auch ganz ausgeschlossen werden, da man offensichtlich von einer hinreichenden Generalisierung bezüglich dieser Facette ausgehen kann, d. h. die Fehlerquelle hat einen vernachlässigbaren bzw. keinen Einfluss. Wenn beispielsweise die Varianzkomponente der Prüfungsform sehr gering ist, so kann man davon ausgehen, dass unterschiedliche Prüfungsformen keinen Einfluss auf die Prüfungsleistung haben.

Als Entscheidungskriterium bedient man sich dabei analog zu den Reliabilitätskoeffizienten sogenannter **Generalisierbarkeitskoeffizienten**. Hat beispielsweise der Prüfungszeitpunkt eine hohe Varianz, so lässt sich durch die Ausweitung der verschiedenen Prüfungszeitpunkte diese Varianz berücksichtigen und die Generalisierbarkeit der Messung erhöhen. Das Ergebnis ist ein Studiendesign, das angibt, wie die Facetten der Generalisierung zu gestalten sind, um zu hoher Generalisierung zu gelangen. Im Beispiel könnte es so sein, dass Studierende möglichst an allen Prüfungszeitpunkten (morgens, mittags, abends) geprüft werden sollen, weil die Prüfungsleistung eben auch von den Prüfungszeitpunkten abhängt und weil man durch die Berücksichtigung aller Prüfungszeitpunkte diese Fehlerquelle entsprechend minimieren kann.

Bei der Anwendung der Generalisierbarkeitstheorie können aus praktischen Gründen meist nur eine begrenzte Anzahl an Fehlerquellen untersucht werden. Die Anwendung setzt in der Regel auch eine Zufallsauswahl der Komponenten voraus. Der nicht unerhebliche Aufwand und die methodische Komplexität haben vermutlich dazu beigetragen, dass sich Anwendungen von Cronbach's Generalisierbarkeitstheorie, ganz im Gegensatz zu Cronbach's α, in der Praxis der Testkonstruktion bislang nur selten finden.

Messinvarianz bzw. Messäquivalenz

Der zweite Ansatz zur Überprüfung der Generalisierbarkeit der Anwendung von Messinstrumenten ist die **Messinvarianz** oder **Messäquivalenz**. Dieser Ansatz kommt häufig in der kulturvergleichenden, internationalen Forschung zum Einsatz, wenn abstrakte Konzepte mit mehreren Indikatoren in verschiedenen kulturellen Kontexten gemessen werden (z. B. Steenkamp & Baumgartner, 1998). Typischerweise wird ein Messinstrument für ein Konstrukt ja in einem bestimmten kulturellen Kontext entwickelt (z. B. in den USA). Wenn dieses Messinstrument nun in einem anderen kulturellen Kontext verwendet wird, stellt sich die Frage, ob Unterschiede in den Messergebnissen in der Tat kulturelle Unterschiede abbilden oder aber systematische Fehler darstellen, die sich durch Unterschiede in der Art, wie Personen in verschiedenen Länder auf bestimmte Fragen antworten, ergeben. Die der Anwendung der Messinvarianz zugrunde liegende Idee ähnelt der der Generalisierbarkeitstheorie, d. h. auch hier versucht man verschiedene Varianzquellen zu unterscheiden (z. B. die Varianz aufgrund von kulturellen Unterschieden im Gegensatz zur Messfehlervarianz). Der Ansatz lässt sich natürlich nicht nur auf kulturelle Unterschiede anwenden, sondern auch auf andere Gruppen von Personen z. B. mit verschiedenem Alter und Geschlecht oder aber auf verschiedene Kontexte wie unterschiedliche Studiendesigns, Messzeitpunkte, etc. Das Ziel dieses Ansatzes ist es, Messinvarianz zu gewährleisten, d. h. die Beziehung zwischen jedem Indikator und dem entsprechenden Konzept in den verschiedenen Gruppen muss äquivalent sein.

Der analytische Ansatz baut auf der konfirmatorischen Faktorenanalyse auf (Steenkamp & Baumgartner, 1998) und geht davon aus, dass die Indikatoren von den zugrunde liegenden latenten Variablen erklärt werden (siehe dazu auch Abschn. 7.6). Die folgende Regressionsgleichung beschreibt diese Beziehung. Ein Indikator bzw. ein Item x_i stellt eine lineare Funktion einer latenten Variable ξ_j dar. Die Gleichung enthält weiterhin einen Achsenabschnitt (Intercept) τ_i und einen Fehlerterm δ_i:

$$x_i = \tau_i + \lambda_{ij}\xi_j + \delta_i,$$

λ_{ij} ist der Koeffizient der Steigung der Regression von x_i auf ξ_j. Der Steigungskoeffizient stellt die Veränderung von x_i aufgrund der Veränderung einer Einheit von ξ_j dar. Der Achsenabschnitt τ_i ist der zu erwartende Wert von x_i wenn $\xi_j = 0$. Da eine Messung eines abstrakten Konzepts in der Regel auf mehreren Items bzw. Indikatoren beruht, ist für jeden Indikator eine derartige Gleichung aufzustellen.

Die Messinvarianz bezieht sich auf verschiedene Arten der Invarianz, die sich jeweils auf verschiedene Elemente der Formel beziehen. Die Arten der Invarianz sind nachfolgend anhand der Strenge der Anforderungen angeordnet. Die zuerst genannte Anforderung ist jeweils schwächer als die nachfolgende.

Konfigurale Invarianz bezieht sich auf den Steigungskoeffizienten bzw. die Ladung λ_{ij} eines Indikators. Um Messinvarianz zu erhalten, müssen diese Steigungen substantiell von Null verschieden sein, d. h. die latente Variable muss eine signifikante Beziehung mit jedem Indikator aufweisen. Ist diese Bedingung in einigen Gruppen nicht erfüllt, heißt das, dass Indikatoren auf verschiedene Art und Weise einem Konzept zugeordnet werden: während in einer Gruppe z. B. alle Indikatoren einem Konzept zugeordnet werden, weil alle Indikatoren eine signifikante Beziehung mit der latenten Variable haben, wird in einer anderen Gruppe nur ein Teil der Indikatoren zugeordnet. Dadurch aber werden letztendlich verschiedene Konzepte zur Messung in verschiedenen Gruppen verwendet, z. B. in verschiedenen Kulturen, und damit können die Messergebnisse auch nicht dazu verwendet werden, Unterschiede zwischen Kulturen zu ermitteln, denn dafür müsste man ja die gleichen Konzepte in verschiedenen Kulturen messen.

Metrische Invarianz geht einen Schritt weiter und erwartet, dass die Steigung λ_{ij} in den verschiedenen Gruppen (z. B. Kulturen) gleich ist. Ist sie unterschiedlich, dann sind die strukturellen Beziehungen zwischen Indikatoren und latenter Variable in den verschiedenen Gruppen (Kulturen) unterschiedliche und damit auch nicht vergleichbar.

Skalare Invarianz geht davon aus, dass der Achsenabschnitt bzw. Intercept τ_i in den verschiedenen Gruppen (bzw. Kulturen) gleich ist. Wird diese Bedingung nicht erfüllt, ist eine Interpretation von Unterschieden von Mittelwerten in den verschiedenen Gruppen nicht möglich.

Messfehler-Invarianz erwartet, dass der Messfehler in den Gruppen invariant, also etwa gleich ist. Trifft diese Bedingung nicht zu, dann variieren die Reliabilitäten der Messinstrumente zwischen den verschiedenen Gruppen bzw. Kulturen und erschweren den Vergleich der Ergebnisse.

Faktorkovarianz-Invarianz schließlich ist eine Bedingung für die Kovarianz der Dimensionen eines Konzepts, die wiederum in den verschiedenen Gruppen bzw. Kulturen gleich sein soll. Dieser Aspekt ist dann relevant, wenn ein Konzept auf verschiedenen Dimensionen beruht.

Beispiel

Das Konstrukt "Einstellung zu einer Marke" (ξ) wird oftmals mit mehreren Indikatoren gemessen, wie z. B. schlecht/gut (x_1), unvorteilhaft/vorteilhaft (x_2) und negativ/positiv (x_3). Die entsprechenden Gleichungen für jede dieser drei Indikatoren sind:

$$x_1 = \tau_1 + \lambda_1 \xi + \delta_1$$

$$x_2 = \tau_2 + \lambda_2 \xi + \delta_2$$

$$x_3 = \tau_3 + \lambda_3 \xi + \delta_3$$

Wenn wir nun die Messinvarianz bzw. Messäquivalenz über verschiedene Ländern hinweg erfassen wollen, gehen wir wie folgt vor:

Konfigurale Invarianz: Wir prüfen ob λ_i in jedem Land signifikant von Null verschieden ist. Das heißt, wir prüfen, ob jeder Indikator durch das Konzept „Einstellung zur Marke" auch in jedem Land erklärt wird. Ist das nicht der Fall, dann ist die Anzahl der Indikatoren, die benötigt werden, um das Konzept zu messen, von Land zu Land verschieden und das Konzept wäre nicht generalisierbar.

Metrische Invarianz: Wir prüfen, ob λ_i in den verschiedenen Ländern vergleichbar ist. Das heißt, wir untersuchen, ob das Konzept durch einen Indikator in gleicher Weise in jedem Land erklärt wird. Ist diese Bedingung nicht erfüllt, dann variiert die Beziehung eines Indikators zum Konzept von Land zu Land, wodurch die Messung nicht über verschiedene Ländern hinweg generalisiert werden kann.

Skalare Invarianz: Wir prüfen, ob τ_i in den verschiedenen Ländern gleich ist. Das heißt, wir prüfen, ob die Mittelwerte eines Indikators in den verschiedenen Ländern gleich sind. Ist das nicht der Fall, dann geben Personen in einem Land auf eine Frage zur ihrer Einstellung zur Marke systematisch andere Antworten als die Personen in anderen Ländern.

Fehlervarianz-Invarianz: Wir prüfen, ob δ_i in den verschiedenen Ländern gleich ist. Das heißt, wir prüfen, ob der Messfehler eines Indikators in jedem Land vergleichbar ist. Trifft das nicht zu, dann ist der Messfehler und damit die Reliabilität nicht invariant von Land zu Land.

Faktorkovarianz-Invarianz trifft in unserem Beispiel nicht zu, da wir nur einen Faktor haben. Wenn ein Konzept mehrere Faktoren bzw. Dimensionen hat (z. B. ist Glaubwürdigkeit ein Konzept mit zwei Dimensionen: Kompetenz und Vertrauenswürdigkeit, siehe dazu Abschn. 6.1), würden wir erwarten, dass die Korrelation zwischen den Faktoren von Land zu Land annähernd gleich (d. h. äquivalent) ist. ◀

Die verschiedenen Arten der Messinvarianz werden typischerweise mithilfe der konfirmatorischen Faktorenanalyse getestet. Die entsprechende analytische Vorgehensweise wird detailliert in der Fachliteratur beschrieben (z. B. Steenkamp & Baumgartner, 1998; Vandenberg & Lance, 2000, siehe auch Abschn. 7.6). Dabei wird ein Messmodell über verschiedene Gruppen (z. B. Länder) verglichen und die zu prüfende Komponenten (z. B. der Achsenabschnitt oder Regressionskoeffizient) wird fixiert, sodass er als gleich in den verschiedenen Gruppen angenommen wird. Idealerweise erwartet man, dass diese Restriktion die Güte (den „Fit") des Messmodells nicht beeinflusst und die Güte sich nicht von einem Modell ohne entsprechende Restriktionen unterscheidet. Da eine vollständige Messinvarianz in der Praxis eher selten vorkommt, versuchen viele Forschende zumindest eine partielle Messinvarianz zu erreichen. Das kann durchaus sinnvoll sein, abhängig von dem Ziel einer Untersuchung (Steenkamp & Baumgartner, 1998). Beispielsweise ist konfigurale Invarianz nötig, wenn man das Grundverständnis und die Struktur eines Konzepts über verschiedene Länder hinweg untersuchen will. Will man die Mittelwerte über verschiedene Länder vergleichen, dann ist die metrische und skalare Invarianz erforderlich. Wollen Forschende das Konzept mit anderen Konzepten im Rahmen eines nomologischen Netzwerks in Verbindung setzen und die Stärke der Konzeptbeziehungen (z. B. deren Effekte und die Stärke der Effekte) zwischen verschiedenen Ländern vergleichen, dann ist eine Faktorkovarianz-Invarianz erforderlich nebst der metrischen Invarianz. Auch die Reliabilitäten sollten in diesem Fall vergleichbar sein, d. h. Messfehlervarianz-Invarianz ist ebenfalls erforderlich.

6.4 Datensammlung und Stichprobenziehung

Sobald valide, reliable und generalisierbare Messinstrumente entwickelt wurden, können Forschende diese zur Datensammlung verwenden und damit Daten bei den interessierenden Untersuchungseinheiten und –Objekten erheben. Forschende sind daran interessiert, weit anwendbare und generalisierbare Aussagen zu machen, die für eine Vielzahl unterschiedlicher Untersuchungsobjekte zutreffen. Beispielsweise versuchen Forschende, generelle Aussagen zu machen, die für alle Konsument:innen, Unternehmen, Arbeiternehmer:innen, Investor:innen oder alle Menschen auf unserem Planeten zutreffen. Da es meist nicht machbar ist, die Daten bei *allen* Untersuchungseinheiten (der „Grundgesamtheit") zu ermitteln, erheben Forschende Daten typischerweise bei einer **Stichprobe**. "Eine Stichprobe ist ein Anteil oder eine Teilmenge einer größeren Gruppe, die Grundgesamtheit genannt wird (…) Eine gute Stichprobe stellt eine Miniaturversion der Grundgesamtheit, von der sie ein Teil ist, dar – also ähnlich wie sie, nur kleiner" (Fink, 2003, S. 1). Man erhofft sich dabei, dass die Ergebnisse der Datensammlung bei einer Stichprobe den Ergebnissen entsprechen, die man durch eine Datensammlung bei der Grundgesamtheit erhalten würde. Oder anders ausgedrückt: die Stichprobe sollte repräsentativ für die Grundgesamtheit und die Ergebnisse der Stichprobendaten sollen generalisierbar auf die Grundgesamtheit sein.

Stichprobenziehung ist die Auswahl einer Teilmenge von Untersuchungseinheiten aus einer Grundgesamtheit. Es gibt verschiedene Techniken der Stichprobenziehung, die grob in Zufallsstichprobenziehungen und nicht zufällige Stichprobenziehungen eingeteilt werden können. Zufallsstichprobenziehungen beruhen auf einer zufälligen Auswahlmethode, bei der die Wahrscheinlichkeit der Auswahl einer Untersuchungseinheit aus der Grundgesamtheit bekannt ist. In nicht zufälligen Stichprobenziehungen ist die Auswahlwahrscheinlichkeit nicht bekannt. Um **Repräsentativität** und damit auch Generalisierbarkeit zu gewähren, ist es erforderlich, dass alle Untersuchungseinheiten entweder die gleiche oder zumindest eine vorab bekannte Wahrscheinlichkeit haben, ausgewählt zu werden. Das kann durch eine Zufallsstichprobe gewährleistet werden. Die Wahrscheinlichkeitstheorie und damit auch die schießende Statistik kann nicht auf Daten, die auf der Basis einer nicht zufälligen Stichprobenziehung erhoben wurden, angewandt werden. Dennoch ist die Verwendung von Quota-Stichproben, einer nicht zufälligen Stichprobe-ziehung, bei der die Untersuchungseinheiten so ausgewählt werden, dass sie hinsicht-lich wesentlicher Merkmale den Verteilungen in der Grundgesamtheit entsprechen (siehe z. B. Kuß et al., 2021), in der Marktforschung nicht selten (Battaglia, 2008). Ergebnisse auf der Basis von Quota-Stichproben können zu Ergebnissen führen (z. B. bei Wahl-befragungen), die vergleichbar genau sind wie Ergebnisse auf der Basis von Zufallsstich-proben. Das mag überraschen, aber in der Tat haben Zufallsstichproben mit einigen Pro-blemen zu kämpfen, wie z. B. dem **non-response bias**, d. h. eine bestimmte Gruppe von Personen in der Stichprobe liefert keine Daten und diese Personen unterscheiden sich systematisch von den Personen, die Daten liefern.

Beim deutlich überwiegenden Teil empirischer Untersuchungen ist Repräsentativität ein angestrebtes, wenngleich nicht immer erreichtes Ziel. Eine bedeutsame Ausnahme stellen explorative Untersuchungen mit qualitativen Methoden (siehe Abschn. 4.3.3) dar, bei denen typischerweise eher die Auswahl von „interessanten" und informativen Unter-suchungseinheiten (z. B. Manager:innen, Organisationen, Konsument:innen) angestrebt wird als die Repräsentativität dieser Auswahl. In wissenschaftstheoretischer Sicht haben repräsentative Zufallsauswahlen einige beachtliche Vorteile:

- An einigen Stellen in diesem Buch sind die Probleme der Objektivität (Abschn. 1.2, 6.3.1 und 10.1) und der Theoriebeladenheit (Abschn. 3.3) angesprochen worden, bei-des Probleme, die die Aussagekraft wissenschaftlicher Erkenntnisse einschränken können, wenn diese Erkenntnisse durch individuelle Wahrnehmungen und Interessen stark beeinflusst werden. Vor diesem Hintergrund spielt es eine wichtige Rolle, dass bei (korrekt durchgeführten) Zufallsstichproben ein gezielter Einfluss der Forschen-den auf die Auswahl von Untersuchungseinheiten mit entsprechenden Implikationen für empirische Ergebnisse ausgeschlossen werden kann.
- Für die Aussagekraft und den Geltungsbereich wissenschaftlicher Aussagen spie-len die im engen Zusammenhang stehenden Aspekte der externen Validität (siehe Abschn. 8.3.2) und der Generalisierbarkeit (siehe Kap. 9) von empirischen Ergeb-nissen eine wesentliche Rolle. Diese beiden Aspekte beziehen sich u. a. darauf, in-wieweit von den in einer Untersuchung befragten oder beobachteten Untersuchungs-einheiten auf andere bzw. auf eine Grundgesamtheit geschlossen werden kann. Die entsprechenden Überlegungen werden im vorliegenden Abschnitt skizziert. Der me-thodische Gesichtspunkt der Ziehung repräsentativer Stichproben steht also im direk-ten Zusammenhang mit einer wesentlichen Anforderung an empirische Forschung.
- Repräsentative Zufallsstichproben gewährleisten mit großer Wahrscheinlichkeit, dass die Untersuchungseinheiten sich unterscheiden und die Variabilität in der Grund-gesamtheit abbilden. Damit kann man erreichen, dass auch Untersuchungseinheiten einbezogen werden, bei denen sich die jeweilige Hypothese nicht bestätigt (Schurz, 2014). Das entspricht auch der im Abschn. 2.5 formulierten Forderung, dass bei

induktiven Schlüssen – hier von einer Stichprobe auf eine Grundgesamtheit – die Ergebnisse unter verschiedenen Bedingungen gleichartig sein sollen.

Die Ergebnisse aus Stichproben (z. B. das durchschnittliche Alter) variieren von Stichprobe zu Stichprobe. Die Ergebnisse liegen in den weitaus meisten Fällen nahe am tatsächlichen Wert in der Grundgesamtheit, sind aber häufig mit diesem nicht vollkommen identisch. Der Unterschied zwischen den Werten aus der Stichprobe und dem „wahren" Wert der Grundgesamtheit wird als **Stichprobenfehler** bezeichnet. Bei der Anwendung einer Zufallsstichprobe kann man den Stichprobenfehler schätzen und damit ermitteln, wie gut die Stichprobe die Grundgesamtheit repräsentiert. Der Stichprobenfehler spielt eine zentrale Rolle beim Testen von Hypothesen (siehe Kap. 7), weil das Ziel des Hypothesentests ja ist, Zufälligkeiten als plausible Erklärung für die Untersuchungsergebnisse auszuschließen. Wenn man z. B. die Hypothese aufstellt, dass zwei verschiedene Werbespots die Konsument:innen auf verschiedene Art und Weise beeinflussen und die Stichprobenergebnisse diesen Unterschied auch zeigen, dann kann dieser Unterschied auf den Stichprobenfehler, auf einen tatsächlichen Wirkungsunterschied oder aber auf beides zurückzuführen sein. Daher versuchen Forschende den Stichprobenfehler zu minimieren, um damit die **Genauigkeit** der Ergebnisse zu erhöhen. Die Größe des Stichprobenfehlers hängt sowohl von der Stichprobengröße als auch von der Variabilität (Varianz) des gemessenen Merkmals in der Grundgesamtheit ab, d. h. dass bei relativ homogenen Grundgesamtheiten die Genauigkeit der Ergebnisse tendenziell größer ist. Forschende können die Stichprobengröße, aber nicht die Varianz beeinflussen bzw. verändern und daher findet man in der Literatur auch Verfahren, wie die optimale Stichprobengröße bei einer bestimmten Testgröße und Effektstärke zu ermitteln ist (Cohen, 1992, siehe auch Abschn. 7.3). Abb. 6.9 verdeutlicht den Zusammenhang zwischen Repräsentativität, Generalisierung und Genauigkeit von Testergebnissen.

Die **Stichprobengröße** hat in den letzten Jahren viel Beachtung in der methodischen Diskussion gefunden, seit das Internet die Möglichkeit bietet, Untersuchungen mit sehr großen Stichproben mit weit über 10.000 Untersuchungseinheiten durchzuführen.

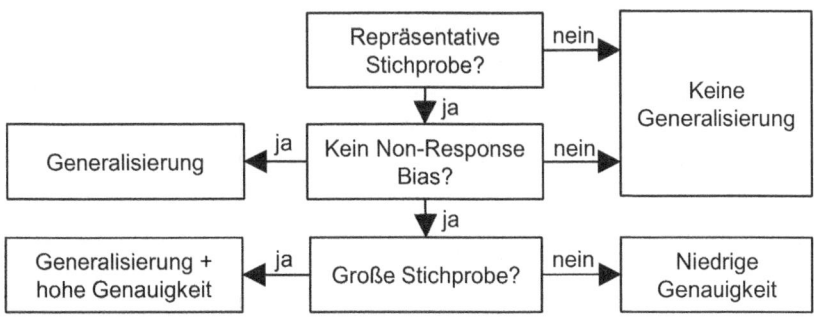

Abb. 6.9 Repräsentativität, Generalisierung und Genauigkeit

Die sogenannten **Big Data** (siehe dazu auch Abschn. 4.3.4) reduzieren natürlich das Problem des Stichprobenfehlers. Gleichzeitig erhöhen sie aber auch die Anteile der (statistisch) signifikanten Ergebnisse deutlich, da in sehr großen Stichproben auch sehr kleine Effekte signifikant werden. Bei extrem großen Stichproben wird auch der kleinste Unterschied statistisch signifikant. D. h. es erhöht sich der Fehler erster Art (d. h. ein nichtexistierender Effekt wird statistisch (scheinbar) signifikant, siehe Abschn. 7.3). Viele Forschende hinterfragen daher bei Big Data die Bedeutung von statistischen Tests und empfehlen, dass eine substanzielle Signifikanz oder Effektstärken die Signifikanztests ersetzen sollen (Szucs & Ioannidis, 2017) (siehe Abschn. 7.2). Bei Big Data gilt es auch zu beachten, dass Repräsentativität und Generalisierung nicht durch die Stichprobengröße aufgewogen werden können. Auch eine sehr große Stichprobe, die nicht repräsentativ ist, erlaubt keine generalisierbaren Rückschlüsse auf die Grundgesamtheit (Parks, 2014).

Hintergrundinformation

Das Problem der Ablehnung der Nullhypothese (d. h. der Aussage, dass kein Unterschied oder keine Beziehung zwischen zwei Konzepten besteht) in sehr großen Stichproben illustriert Cohen (1990, S. 144) folgendermaßen:

> „Ein kleines Gedankenspiel belegt eine Tatsache, die den Statistiker:innen sehr bewusst ist: Die Nullhypothese wörtlich genommen (und das ist genau, wie man sie bei formalen Hypothesentests verstehen solle) ist in der realen Welt immer falsch… Wenn sie auch nur ein bisschen falsch ist, dann führt eine Stichprobe, die groß genug ist zu einem signifikanten Ergebnis und damit zu der Ablehnung. Wenn aber die Nullhypothese immer falsch ist, warum macht man sich dann überhaupt die Mühe, sie abzulehnen?"

Experimentelle Forschung beruht häufig auf nicht zufällig, sondern systematisch ausgewählten Stichproben. In vielen Fällen ist bei Experimenten die Repräsentativität der Untersuchungsteilnehmer:innen weniger wichtig als die *Zufälligkeit der **Zuordnung zu Versuchs- und Kontrollgruppen***. Typischerweise wird ja von den Ergebnisunterschieden zwischen diesen Gruppen auf die Wirkung der eingesetzten unabhängigen Variablen geschlossen (Campbell & Stanley, 1963). Voraussetzung für diese Schlussweise ist aber, dass zwischen den Gruppen keine systematischen Unterschiede existieren; deswegen also die Forderung nach *Zufälligkeit der Zuordnung* von Untersuchungseinheiten zu den verschiedenen experimentellen Gruppen (siehe Abschn. 8.3). Aus eher praktischen Gründen setzen sich Stichproben für experimentelle Untersuchungen (nicht nur) in der betriebswirtschaftlichen Forschung oftmals aus Studierenden zusammen. Im Hinblick auf Repräsentativität und Generalisierung sind derartige Stichproben fragwürdig, denn Studierende unterscheiden sich natürlich in vielfältiger Hinsicht von Manager:innen, Arbeiternehmer:innen, Konsument:innen, Investor:innen etc. Diese Unterschiede beeinflussen Wahrnehmungen, Beurteilungen und Verhalten und können damit zu verzerrten experimentellen Ergebnissen führen. Wie bereits erwähnt, versuchen Forschende ihre Untersuchungsergebnisse über die Zeit hinweg und über eine breitere Grundgesamtheit, die oftmals gar nicht genau definiert oder abgegrenzt werden kann, zu generalisieren.

Wenn aber die Grundgesamtheit nicht genau definiert und abgegrenzt wird, ist es auch schwierig und oftmals gar nicht möglich, eine Zufallsstichprobe zu realisieren. Außerdem erhöhen studentische Stichproben aufgrund ihrer Homogenität die interne Validität von Experimenten, ein wichtiges Kriterium für den Nachweis von Kausalität (siehe Abschn. 8.3.2). Studierende sind eine homogene Gruppe in vielfacher Hinsicht (z. B. im Hinblick auf Alter, Bildung, bestimmte Werthaltungen). Aus diesen Gründen argumentieren einige Forschende, dass Studierende eine sinnvolle und angemessene Stichprobe darstellen, wenn der Fokus der Forschung theoretisch ist und grundlegende psychologische Prozesse oder menschliches Verhalten unabhängig von Charakteristika der Stichprobe untersucht werden sollen (Kardes, 1996). Calder et al. (1981) unterscheiden in diesem Zusammenhang zwischen „Effektanwendung" und „Theorieanwendung". Die erste Anwendung zielt auf die statistische Generalisierung einer Theorie ab, die zweite auf die Theoriebestätigung. Für die Generalisierung ist es erforderlich, dass die Stichprobe repräsentativ für die Grundgesamtheit ist. Eine studentische Stichprobe wäre in diesem Fall nicht geeignet, außer sie ist tatsächlich repräsentativ für die Grundgesamtheit (z. B. in einer Untersuchung über das Trinkverhalten von Studierenden). Studentische Stichproben gewährleisten aber in der Regel gerade keine Generalisierung und externe Validität (siehe Abschn. 8.3.2), weil studentische Stichproben eine größere und breitere Grundgesamtheit nicht repräsentieren (Peterson & Merunka, 2014).

In wissenschaftstheoretischer Sicht gibt es noch einen anderen Grund, sich für spezielle, nicht repräsentative Stichproben zu entscheiden: Wenn man an Theorietests durch Falsifizierungsversuche im Popper'schen Sinne (siehe Abschn. 3.2) denkt, dann soll dabei die „Strenge der Prüfung" (Popper, 2005, S. 254) möglichst groß sein. Übertragen auf die Anlage einer Stichprobe bedeutet das, dass eine Aussage sich auch bewähren soll, wenn die Voraussetzungen für eine Bewährung besonders ungünstig sind. Wenn man beispielsweise die Hypothese, dass die Menge der beim Immobilienkauf zur Verfügung stehenden Informationen die Absicht zum Immobilienkauf positiv beeinflusst, einem strengen Test unterzieht, dann könnte man dafür eine Stichprobe von 16- bis 18-jährigen Auszubildenden verwenden. Wenn sich die Hypothese selbst bei einer solchen Gruppe bewährt, die wenig einschlägige Erfahrungen und Vorkenntnisse hat und sich normalerweise erst in einer viel späteren Lebensphase an eine solche Kaufentscheidung annähert, dann hat sich die Hypothese gut bewährt.

Forschende nutzen in letzter Zeit auch immer häufiger Stichproben, die auf Crowdsourcing-Plattformen generiert werden, z. B. Amazons MTurk (www.mturk.com). Auch hier findet sich das Problem der Repräsentativität, weil die über derartige Plattformen gewonnen Studienteilnehmenden oftmals jünger und besser ausgebildet sind als die Gesamtbevölkerung, aber ein niedrigeres Einkommen haben. Einige Teilnehmende haben umfangreiche Erfahrung in der Teilnahme an Untersuchungen oder sind vor allem daran interessiert, Geld zu verdienen und weniger an gründlichen Antworten. Forschende empfehlen daher, Maßnahmen zur Qualitätssicherung der Daten zu ergreifen (z. B. durch Kontrollfragen oder die Überprüfung der Zeit, die Teilnehmende benötigen, um Fragen zu beantworten). Werden diese Qualitätssicherungsmaßnahmen durchgeführt, dann können über diese Plattformen generierte Stichproben Daten liefern, die die gleiche oder sogar bessere Qualität aufweisen als andere Stichproben (Kees et al., 2017).

Literatur

Bagozzi, R. P. (1978). The construct validity of affective, behavioral, and cognitive components of attitude by analysis of covariance structures. *Multivariate Behavioral Research, 13*, 9–31.

Battaglia, M. P. (2008). Nonprobability sampling. In P. J. Lavrakas (Hrsg.), *Encyclopedia of survey research methods* (S. 524–527). Sage.

Bortz, J., & Döring, N. (2016). *Forschungsmethoden und Evaluation* (5. Aufl.). Springer.

Brennan, R. L. (2001). *Generalizability theory*. Springer Science & Business Media.

Bridgman, P. W. (1927). *The logic of modern physics*. Macmillan.

Bruner, G. C. (2019). *Marketing scales handbook. Multi-item measures for consumer insight research* (Bd. X). American Marketing Association.

Calder, B. J., Phillips, L. W., & Tybout, A. M. (1981). Designing research for application. *Journal of Consumer Research, 8*, 197–207.

Campbell, D., & Fiske, D. (1959). Convergent and discriminant validation by the multitrait-multimethod matrix. *Psychological Bulletin, 56*, 81–105.

Campbell, D., & Stanley, J. (1963). *Experimental and quasi-experimental designs for research*. Rand McNally.

Chang, H., & Cartwright, N. (2008). Measurement. In S. Psillos & M. Curd (Hrsg.), *The Routledge companion to philosophy of science* (S. 367–375). Routledge.

Churchill, G. A. (1979). A paradigm for developing better measures of marketing constructs. *Journal of Marketing Research, 16*, 64–73.

Cohen, J. (1990). Things I have learned (so far). *American Psychologist, 45*, 1304–1312.

Cohen, J. (1992). A power primer. *Psychological Bulletin, 112*, 155–159.

Cronbach, L. J. (1951). Coefficient alpha and the internal consistency structure of tests. *Psychometrika, 16*, 297–334.

Cronbach, L. J., Gleser, G. C., Nanda, H., & Rajaratnam, N. (1972). *The dependability of behavioral measurements. Theory of generalizability for scores and profiles*. Wiley.

De Vaus, D. (2002). *Analyzing social science data*. Sage.

Fink, A. (2003). *How to sample in surveys* (2. Aufl.). Sage.

Fishbein, M., & Ajzen, I. (1975). *Belief, attitude, intention, and behavior. An introduction to theory and research*. Addison-Wesley.

Fornell, C., & Larcker, D. F. (1981). Evaluating structural equation models with unobservable variables and measurement error. *Journal of Marketing Research, 18*, 39–50.

Griere, J., Wirtz, B. W., & Schilke, O. (2006). Mehrdimensionale Konstrukte. Konzeptionelle Grundlagen und Möglichkeiten ihrer Analyse mithilfe von Strukturgleichungsmodellen. *DBW, 66*, 678–695.

Groves, R., Fowler, F., Couper, M., Lepkowski, J., Singer, E., & Tourangeau, R. (2009). *Survey methodology* (2. Aufl.). Wiley.

Hair, J., Black, W., Babin, B., & Anderson, R. (2010). *Multivariate data analysis* (7. Aufl.). Prentice Hall.

Hildebrandt, L. (1984). Kausalanalytische Validierung in der Marketingforschung. *Marketing ZFP, 6*, 41–51.

Homburg, C., & Giering, A. (1996). Konzeptualisierung und Operationalisierung komplexer Konstrukte – Ein Leitfaden für die Marketingforschung. *Marketing ZFP, 18*, 5–24.

Homburg, C., Klarmann, M., Reimann, M., & Schilke, O. (2012). What drives key informant accuracy? *Journal of Marketing Research, 49*, 594–608.

Hurrle, B., & Kieser, A. (2005). Sind Key Informants verlässliche Datenlieferanten? *Die Betriebswirtschaft, 65*, 584–602.

Jackson, D. N. (1969). Multimethod factor analysis in the evaluation of convergent and discriminant validity. *Psychological Bulletin, 72*, 30–49.

Kardes, F. R. (1996). In defense of experimental consumer psychology. *Journal of Consumer Psychology, 5*, 279–296.

Kees, J., Berry, C., Burton, S., & Sheehan, K. (2017). An analysis of data quality: Professional panels, student subject pools, and Amazon's mechanical turk. *Journal of Advertising, 46*, 141–155.

Kuß, A., & Eisend, M. (2010). *Marktforschung. Grundlagen der Datenerhebung und Datenanalyse* (3. Aufl.). Springer.

Kuß, A., Wildner, R., & Kreis, H. (2021). *Marktforschung* (7. Aufl.). Springer Gabler.

Li, R. M. (2011). *The importance of common metrics for advancing social science theory and research*. National Academies Press.

Netemeyer, R., Bearden, W., & Sharma, S. (2003). *Scaling procedures – Issues and applications*. Sage.

Nunnally, J. C., & Bernstein, I. (1994). *Psychometric theory* (3. Aufl.). McGraw-Hill.

Parks, M. R. (2014). Big data in communication research: Its contents and discontents. *Journal of Communication, 64*, 355–360.

Peterson, R. A. (1994). A meta-analysis of Cronbach's coefficient alpha. *Journal of Consumer Research, 21*, 381–391.

Peterson, R. A., & Merunka, D. R. (2014). Convenience samples of college students and research reproducibility. *Journal of Business Research, 67*, 1035–1041.

Popper, K. (2005). *Logik der Forschung* (11. Aufl.). Mohr.

Rentz, J. O. (1987). Generalizability theory: A comprehensive method for assessing and improving the dependability of marketing measures. *Journal of Marketing Research, 24*, 19–28.

Rossiter, J. R. (2002). The C-OAR-SE procedure for scale development in marketing. *International Journal of Research in Marketing, 19*, 305–335.

Scheuch, E. K., & Daheim, H. (1970). Sozialprestige und soziale Schichtung. *Kölner Zeitschrift für Soziologie und Sozialpsychologie, 4*, 65–103.

Schurz, G. (2014). *Philosophy of science. A unified approach*. Routledge.

Shavelson, R. J., & Webb, N. M. (1991). *Generalizability theory. A primer*. Sage.

Steenkamp, J.-B.E.M., & Baumgartner, H. (1998). Assessing measurement invariance in cross-national consumer research. *Journal of Consumer Research, 25*, 78–90.

Szucs, D., & Ioannidis, J. P. A. (2017). When null hypothesis significance testing is unsuitable for research: A reassessment. *Frontiers in Human Neuroscience, 11*, 390.

Tal, E. (2015). Measurement in science. In E. Zalta (Hrsg.), The Stanford encyclopedia of philosophy. http://plato.stanford.edu

Trout, J. (2000). Measurement. In W. Newton-Smith (Hrsg.), *A companion to the philosophy of science* (S. 265–276). Wiley.

Vandenberg, R. J., & Lance, C. E. (2000). A review and synthesis of the measurement invariance literature: Suggestions, practices, and recommendations for organizational science. *Organizational Research Methods, 3*, 4–70.

Viswanathan, M. (2005). *Measurement error and research design*. Sage.

Weiber, R., & Mühlhaus, D. (2013). *Strukturgleichungsmodellierung* (2. Aufl.). Springer.

Wilson, W. J., & Dumont, R. G. (1968). Rules of correspondence and sociological concepts. *Sociology and Social Research, 52*, 217–227.

Weiterführende Literatur

Campbell, D. T., & Fiske, D. W. (1959b). Convergent and discriminant validation by the multitrait-multimethod matrix. *Psychological Bulletin, 56*, 85–105.

Netemeyer, R. G., Bearden, W. O., & Sharma, S. (2003b). *Scaling procedures. Issues and applications.* Sage.

Nunnally, J. C., & Bernstein, I. (1994). *Psychometric theory* (3. Aufl.).

Peter, J. P. (1979). Reliability: A review of psychometric basics and recent marketing practices. *Journal of Marketing Research, 16*, 6–17.

Peter, J. P. (1981). Construct validity: A review of basic issues and marketing practices. *Journal of Marketing Research, 18*, 133–145.

Hypothesen und Modelle beim Theorie-Test

Zusammenfassung

Anhand von Hypothesen lassen sich Theorien empirisch prüfen. Nachstehend werden das Wesen von Hypothesen und die Vorgehensweise bei der Überprüfung von Hypothesen, den empirischen Tests, dargestellt (Abschn. 7.1). Dabei wird insbesondere auch auf die Probleme der Signifikanztests von Null-Hypothesen und der in der Wissenschaft immer wichtiger werdende Beziehung zwischen Signifikanztests und Effektstärken (oder etwas allgemeiner: zwischen statistischer und substantieller Signifikanz) eingegangen (Abschn. 7.2) sowie auf die damit zusammenhängende Thematik der Teststärke (Abschn. 7.3) als auch auf die Problematik der Post-hoc-Hypothesentests (Abschn. 7.4). Mit der Modellierung, die empirisch insbesondere mit Regressionsanalysen (Abschn. 7.5) arbeitet, aber auch mit Strukturgleichungsmodellen (Abschn. 7.5), können mehrere Hypothesen gleichzeitig getestet werden.

7.1 Überprüfung von Hypothesen und Signifikanztests

Im Kap. 2 war die enge Verbindung von *Theorie* und *Hypothesen* schon diskutiert worden. Franke (2002, S. 179) bezeichnet eine Theorie sogar als „ein System von Hypothesen". Einigkeit besteht darüber, dass eine sozialwissenschaftliche Theorie Aussagen enthält, die empirisch überprüft werden können bzw. sollen (Hunt, 2010, S. 188 ff.). Für solche Überprüfungen haben Hypothesen zentrale Bedeutung. Es handelt sich dabei – wie im Abschn. 5.2 erläutert – um Vermutungen über Tatsachen (z. B. Vorhandensein bestimmter Merkmale wie der Anteil der Mitarbeitenden mit Kündigungsabsicht) oder über Zusammenhänge (z. B. zwischen Entlohnung und Arbeitszufriedenheit). Nun lassen sich solche Vermutungen beim Allgemeinheitsgrad von Theorien oftmals nicht entsprechend allgemein überprüfen. So muss man im Beispiel des Zusammenhangs von Entlohnung und Arbeitszufriedenheit oftmals bestimmte Branchen, Länder, Untersuchungszeitpunkte etc. für eine empirische Untersuchung festlegen. Man leitet also aus den allgemeinen theoretischen Aussagen konkretere (auf bestimmte Situationen bezogene) Hypothesen ab ($\rightarrow$ *Deduktion,* siehe Abschn. 2.5). Damit ist der erste Schritt zur Operationalisierung getan und die Entwicklung von Messinstrumenten, die Auswahl von Auskunfts- bzw. Versuchspersonen, die Messungen sowie die Datenanalyse können folgen.

Ganz allgemein kann man sagen: wissenschaftliche Hypothesen sind Annahmen über Sachverhalte, die über den Einzelfall hinausgehen und empirisch untersuchbar sind. Sie stellen ein Bindeglied zwischen Theorie und Empirie dar. Die Anforderungen an Hypothesen sind nach Bortz und Döring (2006):

- *Empirische Untersuchbarkeit:* Wissenschaftliche Hypothesen müssen sich auf reale Sachverhalte beziehen, die empirisch untersuchbar sind.
- *Konditionalsatzformulierung:* Wissenschaftliche Hypothesen müssen zumindest implizit die Form eines sinnvollen Wenn-Dann-Satzes oder eines Je-Desto-Satzes annehmen. In diesem Sinne sind auch Vermutungen über Tatsachen implizite Konditionalsätze. Z. B. lässt sich die Tatsachenvermutung „Mindestens 10 % der unter Dreißigjährigen haben keine abgeschlossene Berufsausbildung" umformulieren in „Wenn eine Person unter 30 Jahre alt ist, dann liegt die Wahrscheinlichkeit, keine abgeschlossene Berufsausbildung zu haben, bei mindestens 10 %".
- *Generalisierbarkeit* und *Allgemeinheitsgrad:* Wissenschaftliche Hypothesen müssen Aussagen über den Einzelfall oder ein singuläres Ereignis hinausmachen.
- *Falsifizierbarkeit:* Wissenschaftliche Hypothesen müssen widerlegbar sein.

Beispiel

Hier einige Beispiele für Hypothesen in den Wirtschaftswissenschaften:

Je internationaler ein Unternehmen, desto zufriedener sind die Mitarbeiter:innen.

Mit der Benutzerfreundlichkeit einer Software verbessert sich die Bewertung der Software durch ihre Nutzer:innen.

Die Beziehung zwischen Einstellung und Verhalten von Konsument:innen wird stärker, wenn das Verhalten sozial wünschenswert ist.

Wenn der Zinssatz sinkt, steigen die Investitionen von Unternehmen.

Je länger eine Geschäftsbeziehung andauert, desto geringer ist die Wahrscheinlichkeit, dass ein:e Partner:in die Geschäftsbeziehung in der Zukunft beendet. ◄

Wichtig im Zusammenhang mit der Überprüfbarkeit von Hypothesen anhand statistischer Verfahren ist die Unterscheidung zwischen Alternativ- und Nullhypothese. Die **Alternativhypothese** ist die statistische Formalisierung der inhaltlichen Forschungsfrage. Sie wird als statistische Annahme, dass Effekte, Unterschiede, Zusammenhänge oder Veränderungen vorliegen, formuliert. Die **Nullhypothese** widerspricht der Alternativhypothese. In Untersuchungen sollen in der Regel Effekte belegt werden. Daher nimmt die Alternativhypothese meistens an, dass keine Effekte vorliegen. Sie „drückt inhaltlich immer aus, dass Unterschiede, Zusammenhänge, Veränderungen oder besondere Effekte in der interessierenden Population überhaupt nicht und/oder nicht in der erwarteten Richtung auftreten" (Bortz & Döring, 2006, S. 28). Mit einem Hypothesentest versucht man, die Nullhypothese abzulehnen. Wird sie abgelehnt, entscheidet man sich für die Annahme der Alternativhypothese. Lässt sich die Nullhypothese nicht ablehnen, so wird sie beibehalten. Eine Alternativhypothese wie „Risikofreudige Investor:innen sind erfolgreicher" würde als Nullhypothese formuliert werden als „Risikofreudige Investor:innen sind nicht erfolgreicher" bzw. „Die Risikofreude von Investor:innen zeigt keinen Zusammenhang mit Erfolg". Ergibt der Hypothesentest, dass sich diese Nullhypothese nicht ablehnen lässt, dann ist davon auszugehen, dass es keinen Zusammenhang zwischen Risikofreude von Investor:innen und deren Erfolg gibt.

Eine Hypothese wird unterstützt, wenn ihre Aussage mit den entsprechenden empirischen Beobachtungen übereinstimmt. Wann liegt aber Übereinstimmung bzw. Nicht-Übereinstimmung vor? Die Problematik dieser *Entscheidung* sei anhand der folgenden einfachen Beispiele illustriert:

- Man vermutet (Hypothese), dass Konsument:innen nach mindestens 10 Kontakten mit Werbebotschaften die beworbene Marke aktiv erinnern. Eine entsprechende Untersuchung mit 200 Versuchspersonen zeigt, dass dieses bei 160 Personen der Fall war, bei 40 Personen aber nicht. Stimmt dieses Ergebnis mit der Vermutung überein?
- Man vermutet (Hypothese), dass das Arbeitsentgelt die Arbeitszufriedenheit maßgeblich bestimmt. Bei einer darauf bezogenen Untersuchung ergibt sich eine Korrelation zwischen diesen beiden Variablen in Höhe von $r = 0,42$, also deutlich niedriger als $r = 1,0$ (d. h. eine perfekte Korrelation). Ist die Hypothese damit bestätigt?
- Man vermutet (Hypothese), dass zwischen den Variablen „Alter" und „Interesse an ökologischen Fragen" kein Zusammenhang besteht, dass also die entsprechende Korrelation bei $r = 0$ liegt. Nun ergibt sich bei einer Untersuchung des Zusammenhangs eine andere Korrelation, nämlich $r = 0,08$. Besteht zwischen den beiden Variablen ein Zusammenhang oder nicht?

Die in den ersten beiden Beispielen aufgeworfenen Fragen lassen sich auf Basis der im Abschn. 2.3.2 angestellten Überlegungen leicht klären. Im ersten Beispiel geht es offenkundig nicht um eine Gesetzmäßigkeit, die in jedem Einzelfall gilt (→ deduktiv nomologische Erklärung), sondern um eine statistische Erklärung, mit der nur eine Wahrscheinlichkeitsaussage (in diesem Fall bezüglich der Markenerinnerung) gemacht wird. Beim zweiten Beispiel kann man nicht davon ausgehen, dass nur eine Variable (hier: Arbeitsentgelt) eine andere Variable (hier: Arbeitszufriedenheit) vollständig beeinflusst. Da man hier nur einen aus einer größeren Zahl von Einflussfaktoren betrachtet hat, ist die Beziehung zwischen den Variablen eben nicht perfekt und deterministisch und die resultie-

rende Korrelation ist daher deutlich geringer als 1,0. Es wird vielmehr im Sinne einer Erklärung auf *Basis statistischer Relevanz* empirisch geprüft, ob ein deutlicher Zusammenhang (Korrelation deutlich von 0 verschieden) zwischen den Variablen existiert, was sich
in dem Beispiel bestätigen würde.

Nun zum dritten und etwas komplizierteren Beispiel. Hier stellt sich die Frage der
„**Signifikanz**" besonders klar, also die Frage, ob zwischen der erwarteten Korrelation
($r = 0$) und der gemessenen Korrelation ($r = 0{,}08$) ein systematischer Unterschied besteht. Die Signifikanz oder das Signifikanzniveau bezeichnet die Wahrscheinlichkeit, mit
der im Rahmen eines Hypothesentests die Nullhypothese (es besteht kein systematischer
Zusammenhang) fälschlicherweise verworfen werden kann, obwohl sie eigentlich richtig ist (Fehler erster Art, siehe Abschn. 7.3). Daher wird das Signifikanzniveau auch als
Irrtumswahrscheinlichkeit bezeichnet. Zur Beantwortung der Frage der Signifikanz
kommt das Instrumentarium der Inferenz- (bzw. schließenden) Statistik zum Einsatz, das
eine Vielzahl von Tests umfasst, die dazu dienen, bei solchen Fragen *Entscheidungen* zu
treffen. Man könnte in einem solchen Fall unter Berücksichtigung des Größe des Unter-
schieds der beiden Werte, der gewünschten Sicherheitswahrscheinlichkeit und der Stichprobengröße mit angemessenen Verteilungsannahmen zu einer solchen Entscheidung
kommen. Der für solche Entscheidungen üblicherweise verwendete p-Wert sagt in diesem Beispiel aus, wie groß die Wahrscheinlichkeit dafür ist, dass in der jeweiligen Stichprobe ein Wert $r = 0{,}08$ ermittelt wird, wenn in der Grundgesamtheit der (tatsächliche)
Wert bei $r = 0{,}0$ liegt (Sawyer & Peter, 1983, S. 123). Dabei wird schon deutlich, dass
es sich hier um eine induktive Schlussweise handelt, von einer relativ kleinen Zahl von
Fällen (z. B. eine Stichprobe von ca. 1000 zufällig ausgewählten deutschen Bundesbür-
ger:innen) auf eine oftmals sehr große Grundgesamtheit (z. B. die gesamte Bevölkerung
in Deutschland).

Nun wäre eine schematische Anwendung nur des Instrumentariums der Statistik bei
Hypothesen wohl etwas zu kurz gegriffen, weil ja auf diese Weise alle Fehlermöglichkeiten bei der Operationalisierung und Messung völlig ignoriert würden. Solche **systematischen Fehler** können nämlich deutlich größer sein als der Stichprobenfehler.

Aus der Sicht des wissenschaftlichen Realismus muss noch auf ein weiteres Problem
bei Signifikanztests aufmerksam gemacht werden. Bei diesen Tests werden ja Gruppen-
unterschiede und Zusammenhänge zwischen Variablen in einer einzigen Maßzahl zusammengefasst. Es kann beispielsweise leicht sein, dass sich in einer Untersuchung
ein positiver Zusammenhang zwischen den Variablen A und B bei 70 % oder 80 % der
untersuchten Personen zeigt, dass aber bei den restlichen Personen dieser Zusammenhang eher nicht vorhanden oder gar gegenläufig ist. Gleichwohl würde man einen signifikant positiven Korrelationskoeffizienten so interpretieren, dass sich ein vermuteter
positiver Zusammenhang durch die Untersuchung bestätigt hat. Bei einer zusammenfassenden Literaturübersicht mehrerer solcher Ergebnisse würde sich dieser Effekt noch
verstärken, weil man zu dem Eindruck käme, diese Ergebnisse seien ganz homogen und
eindeutig. Im Sinne des wissenschaftlichen Realismus (siehe Kap. 3) wäre es aber sinnvoll, die „empirischen Erfolge" den „empirischen Misserfolgen" gegenüberzustellen.

Dieser Gesichtspunkt ist ein Argument für die Durchführung von Metaanalysen (siehe Abschn. 9.2.2).

Teilweise ergeben sich auch Zusammenhänge, die keine logische Beziehung aufweisen oder sogenannte **Scheinkorrelationen.** Ein populäres Beispiel ist der empirisch beobachtete Zusammenhang zwischen der Anzahl der Störche und der Geburtenrate in verschiedenen Regionen, wobei die Anzahl der Störche häufig positiv mit der Geburtenrate korreliert ist. Dieser Zusammenhang lässt sich natürlich dadurch erklären, dass auf dem Lande, wo es mehr Störche gibt, eher Familien mit Kindern leben.

Hintergrundinformation
W. Lawrence Neuman (2011, S. 371) gibt folgende Einschätzung der Bedeutung von Signifikanztests:

> „Statistische Signifikanz macht nur Angaben über Wahrscheinlichkeiten. Sie kann nichts mit Sicherheit beweisen. Es wird festgestellt, dass bestimmte Ergebnisse mehr oder weniger wahrscheinlich sind. Statistische Signifikanz ist nicht das gleiche wie praktische, substanzielle oder theoretische Bedeutsamkeit. Ergebnisse können statistisch signifikant sein, aber theoretisch sinnlos oder trivial. Beispielsweise können zwei Variablen durch Zufall in einem statistisch signifikanten Zusammenhang stehen, ohne dass eine logische Beziehung zwischen ihnen besteht (z. B. Länge der Fingernägel und Fähigkeit, französisch zu sprechen)."

7.2 Statistische versus substanzielle Signifikanz

Verschiedene Probleme mit Signifikanztests haben zu deutlicher Kritik an der Ausrichtung der Ergebnisse empirischer Untersuchungen auf Signifikanztests bezogen auf die sogenannte Null-Hypothese (abgekürzt NHST für „Null Hypothesis Significance Testing") geführt. So haben die herausragenden Methoden-Experten Jum Nunnally (1960) und Paul Meehl (1967) schon frühzeitig deutliche Skepsis geäußert. Erst ab etwa 2010 ist derartige Kritik stärker wirksam geworden und NHST werden mehr und mehr infrage gestellt bzw. seltener als ausschlaggebend für das Ergebnis einer Untersuchung angesehen. Das mag auch daran liegen, dass in dieser Zeit die Zweifel an der Replizierbarkeit sozialwissenschaftlicher Forschungsergebnisse erheblich gewachsen sind (siehe Abschn. 9.1) und die mit NHST verbundenen Probleme als eine der Ursachen dafür angesehen werden.

Um diese Kritik besser nachvollziehen zu können, sei zunächst an die Grundidee und den Zweck von NHST (siehe dazu auch Abschn. 2.1) erinnert: Theorien machen Aussagen über Zusammenhänge zwischen Konzepten bzw. Variablen. Insofern überrascht es nicht, dass das Augenmerk bei einem Großteil empirischer Forschung auf der Prüfung solcher Zusammenhänge liegt. In der sozialwissenschaftlichen Forschung zeigen sich derartige Beziehungen meist in der Form von entsprechenden Maßgrößen (z. B. Korrelationen) oder im Vergleich verschiedener Gruppen von Untersuchungseinheiten

(z. B. Mittelwertunterschiede zwischen Versuchs- und Kontrollgruppen). Es stellt sich das (Entscheidungs-)Problem, ob die ermittelten Zusammenhangsmaße oder Gruppen-unterschiede *tatsächlichen* Zusammenhängen bzw. Unterschieden in der jeweiligen Grundgesamtheit entsprechen oder ob diese eher durch den Prozess der Auswahl oder Gruppenaufteilung der Untersuchungseinheiten verursacht sein können. Man betrachtet deshalb bei NHST eine Null-Hypothese („Es existiert kein systematischer Zusammen-hang zwischen den untersuchten Variablen") und berechnet die Wahrscheinlichkeit p für das Auftreten der beobachteten (oder größerer) Werte des Zusammenhangmaßes bzw. der Gruppenunterschiede (in der untersuchten Stichprobe) unter der Voraussetzung, dass die Null-Hypothese („kein Zusammenhang") wahr ist. Wenn diese Wahrscheinlichkeit gering (z. B. $p < 0{,}05$) ist, dann entscheidet man sich, die Null-Hypothese nicht anzu-nehmen und stattdessen von einem Zusammenhang auszugehen. Man erkennt bei die-ser Schlussweise auch die Beziehung zur Induktion (siehe Abschn. 2.5) insofern, als von einer (sehr) begrenzten Zahl von Beobachtungen auf *generelle* Beziehungen innerhalb von Theorien geschlossen wird (Romeijn, 2017).

Worauf bezieht sich nun die Kritik an NHST? Dazu werden in der Literatur (z. B. Cohen, 1994; Cumming, 2012; Nickerson, 2000) vor allem die folgenden Kritikpunkte genannt:

- *Ergebnisse zur statistischen Signifikanz eines Zusammenhangs sind eher inhaltsarm und stark vereinfachend.* Diese Ergebnisse haben nur zwei mögliche Ausprägungen (bzw. sind dichotom), „signifikant" oder „nicht signifikant", wobei die Entscheidung aufgrund eines arbiträr festgelegten Schwellenwerts (d. h. Signifikanzniveaus) gefällt wird. Genauere Informationen über Art und Stärke von Zusammenhängen sind darin nicht enthalten.
- *Statistische Signifikanz sagt wenig über die substanzwissenschaftliche Signifikanz/Be-deutung eines Zusammenhanges aus.* Analysen können (bei hinreichend großer Stich-probe, siehe Abschn. 6.4) zeigen, dass z. B. ein statistisch signifikanter Zusammen-hang zwischen dem Anteil protestantischer Mitarbeiter:innen und dem Umsatz-wachstum von Unternehmen besteht; substanzwissenschaftlich ergibt das wohl wenig Sinn.
- Bei Untersuchungen mit sehr großen Stichproben ist die große Mehrzahl aller – untersuchten oder nicht untersuchten – (scheinbaren) Zusammenhänge zwischen Variablen statistisch (!) signifikant. In sozialwissenschaftlichen Datensätzen findet sich typischerweise eine Vielzahl von schwächeren oder stärkeren, direkten oder in-direkten Zusammenhängen. Bei großen Fallzahlen erscheinen diese oftmals sehr schwachen und kaum begründbaren Zusammenhänge als statistisch signifikant (siehe Abschn. 6.4). Paul Meehl (1967, S. 109) berichtet über entsprechende Erfahrungen mit einer sehr großen Stichprobe von über 55.000 Oberschüler:innen in Minnesota. Dieser Datensatz umfasste 45 soziodemographische Merkmale (z. B. Geschlecht, Zahl der Geschwister, Ausbildung der Mutter) und zeigte bei 91 % (!) der unter-suchten Zusammenhänge statistische Signifikanz. Dieses Problem dürfte sich aktuell

verschärft haben, weil im Zusammenhang mit „Big Data" häufiger sehr große Datensätze analysiert werden als es früher üblich war (Abschn. 6.4).

- *Die Ablehnung der jeweiligen Null-Hypothese ist oft/meist ein naheliegendes Ergebnis, da es in vielen Konstellationen unplausibel wäre, wenn überhaupt kein Zusammenhang zwischen den Variablen bestünde.* Dieser Aspekt steht im scheinbaren
  Widerspruch zu dem vorstehend skizzierten Gesichtspunkt. Das Problem besteht
  darin, dass die Null-Hypothese lautet "(überhaupt) kein Zusammenhang", also zum
  Beispiel eine Korrelation von $r = 0$. Nun ist im vorausgegangenen Punkt dargestellt
  worden, dass bei sozialwissenschaftlichen Daten meist eine große Zahl schwäche-
  rer oder stärkerer, begründeter oder kaum begründbarer Zusammenhänge festgestellt
  werden; es kommt aber nur selten vor, dass überhaupt kein Zusammenhang (z. B.
  $r = 0$) existiert. Insofern kann man davon ausgehen, dass die Null-Hypothese in der
  weitaus größten Zahl von Fällen nicht zutrifft; ihre Widerlegung ist eigentlich nicht
  besonders Aufsehen erregend. „Wenn wir von Anfang an gute Gründe haben zu
  glauben, dass die Null-Hypothese wahrscheinlich falsch ist und wenn wir die Null-
  Hypothese als die Hürde ansehen, die unsere Theorie überspringen muss, dann ist die
  Unterstützung der Theorie durch die Zurückweisung dieser unplausiblen Null-Hypothese ziemlich schwach." (Haig, 2013, S. 15).

- *Bei der Interpretation von **p**-Werten (Signifikanzniveaus) gibt es häufig Missverständnisse.* Einige Autor:innen (z. B. Cumming, 2012; Sawyer & Peter, 1983) weisen auf
  eine Vielzahl verbreiteter Missverständnisse bei der Interpretation von p-Werten hin.
  So wird dieser Wert gelegentlich fälschlich zur Abschätzung der Wahrscheinlichkeit für die Replizierbarkeit von Ergebnissen oder als Maß für eine Effektstärke verwendet. Nun spricht es nicht unbedingt gegen eine statistische Methode, dass diese
  nicht leicht verständlich ist. Wenn allerdings auch unter gut ausgebildeten Spezia-
  list:innen die Missverständnisrate relativ hoch ist und auch die engere Fachwelt sich
  erst nach Jahrzehnte langer Diskussion auf eine Einschätzung der Methode einigen
  kann, dann kommen doch Zweifel am Grad ihrer Eignung für die Forschungspraxis
  auf.

- *Die Fokussierung auf **p**-Werte schafft Anreize, sich durch „p-hunting" Vorteile im
  Publikationsprozess zu verschaffen* (siehe Abschn. 9.1). Im ersten Punkt dieser Auf-
  zählung ist schon festgestellt worden, dass der p-Wert eine eher weniger informative
  dichotome Maßgröße ist. Es wird also vielfach nicht das ganze Ergebnis-Spektrum
  der Datenanalyse präsentiert, sondern nur ein einzelner p-Wert, der die Existenz
  eines Zusammenhangs zwischen bestimmten Variablen belegen soll, der dann wiederum häufig ein zentrales Kriterium für die Annahme einer Arbeit zur Publikation ist.
  Damit verbunden ist die Versuchung, diesen Wert z. B. durch Beeinflussung der Stichprobenziehung oder gewisse Manipulationen der Daten mit dem Ziel der Erreichung
  des Schwellenwerts der Signifikanz zu beeinflussen. Im Abschn. 9.1 und im Kap. 10
  wird dieses Problem erneut aufgegriffen.

Im Zuge der kritischen Diskussion solcher Probleme hat es unterschiedliche Forderungen gegeben: Manche Autoren (z. B. Amrhein & Greenland, 2017; McShande et al. 2019) sprechen sich für einen völligen Verzicht auf NHST aus; andere (z. B. Benjamin et al., 2018) plädieren eher für eine „Verschärfung" der Bedingungen für die Annahme oder Ablehnung von Hypothesen (z. B. von p < 0,05 auf p < 0,005 oder p < 0,001; Johnson, 2013).

Hintergrundinformation

Die American Statistical Association hat mit ihrer besonderen fachlichen Autorität eine Stellungnahme zum Gebrauch von NHST veröffentlicht (Wasserstein & Lazar, 2016, S. 131 f.), deren zentrale Aussagen hier (frei übersetzt) wiedergegeben seien:

- *P*-Werte können anzeigen, wie wenig kompatibel die Daten mit einem bestimmten statistischen Modell sind (mit einem solchen Modell ist im hier diskutierten Zusammenhang die Null-Hypothese gemeint).
- *P*-Werte geben *nicht* die Wahrscheinlichkeit an, dass eine untersuchte Hypothese wahr ist, oder die Wahrscheinlichkeit, dass die Daten allein per Zufall zu Stande gekommen sind.
- Wissenschaftliche Schlussfolgerungen und wirtschaftliche oder politische Entscheidungen sollten *nicht nur* darauf beruhen, dass ein *p*-Wert eine bestimmte Grenze unterschreitet.
- Richtige Schlussfolgerungen setzen eine umfassende und transparente Ergebnisdarstellung voraus.
- Ein *p*-Wert bzw. statistische Signifikanz gibt *nicht* eine Effektstärke oder die Wichtigkeit eines Ergebnisses an.
- Ein *p*-Wert *allein* ist noch keine gute Maßgröße im Hinblick auf die Geltung einer Hypothese.

Die Probleme mit NHST und die in Abschn. 7.1. diskutierte Problematik der Hypothesentests führt zu der zentralen Gegenüberstellung zwischen statistischer Signifikanz und **substanzieller oder substanzwissenschaftlicher Signifikanz.** Ob eine statistische Signifikanz auftritt, hängt von verschiedenen Einflussfaktoren ab. Ein zentraler Einflussfaktor ist die Fallzahl einer Untersuchung. Abb. 7.1 verdeutlicht diesen Zusammenhang am Beispiel des Korrelationskoeffizienten. Je größer die Stichprobe, desto kleiner ist der Korrelationskoeffizient, bei dem das in der Wissenschaft häufig als entscheidender Schwellenwert verwendet Signifikanzkriterium von p < 0,05 erfüllt ist.

Bei hoher Fallzahl können sich daher „hochsignifikante" Ergebnisse einstellen, die aber nur einen geringen Aussagewert haben, da die Größe des beobachteten Effekts nur sehr gering ist. Statistische Signifikanz ist also ein notwendiges, aber kein hinreichendes Kriterium für eine praktisch oder wissenschaftlich relevante Aussage (d. h. für *substanzwissenschaftliche Signifikanz*). Für die Beurteilung der Relevanz der Hypothese ist sowohl die *Stärke* als auch die *Größe* eines Effekts ein wichtiges Hilfsmittel, denn beide sind nicht von der Stichprobengröße abhängig. In Abschn. 2.3.2 wurde auf diese Problematik bereits verwiesen und auch ein Beispiel für den bedeutenden Unterschied zwischen substanzwissenschaftlich und statistisch begründeter Signifikanz gegeben.

Liegt nur statistische Signifikanz vor, dann müsste die substanzwissenschaftliche Signifikanz also durch die Stärke oder die Größe von Effekten erfasst werden. Eine

Abb. 7.1 Zusammenhang zwischen Stichprobengröße und Korrelationskoeffizient mit Signifikanz p < 0,05

Effektstärke ist „eine quantitative Angabe über das Ausmaß eines Phänomens, das man benötigt, um eine Forschungsfrage zu beantworten" (Kelley & Preacher, 2012, S. 140). Nach Kelley und Preacher (2012) können Effektstärken unterschiedliche Dimensionen haben (z. B. Variation, Beziehung) und diese Dimensionen werden durch verschiedene Effektstärkenmaße oder -indizes operationalisiert. So kann z. B. die Dimension der Variation über Maße der Varianz oder Standardabweichung und die Dimension der Beziehung über Korrelationsmaße operationalisiert werden. Wenn ein Effektstärkenmaß auf Daten angewandt wird, erhalten wir eine Effektstärkenwert (z. B. eine Korrelation von 0,25). In der sozialwissenschaftlichen und damit auch der betriebswirtschaftlichen Forschung findet man häufig Effektstärken, die die **Beziehung zwischen Variablen** oder die **Stärke der Beziehung** ausdrücken. Diese zeigen an, wie stark zwei Variablen zusammenhängen bzw. wie groß die Erklärung der Varianz einer abhängigen Variable durch eine unabhängige Variable ist (Eisend, 2015). Diese Effektstärken werden häufig verwendet, um die Beziehung zwischen zwei Variablen zu beschreiben, aber es existieren auch Maße der **erklärten Varianz**, die einen Effekt beschreiben, der sich auf mehr als eine unabhängige Variable und eine abhängige Variable beziehen kann. Effektstärken, die das Ausmaß der Varianzerklärung messen, sind für die Wissenschaft, die sich ja vor allem um Erklärungen von Unterschieden (d. h. Variation oder Varianz) zwischen Untersuchungsobjekten bemüht, von zentraler Bedeutung: je mehr Varianz die Wissenschaft erklären kann, desto besser (Aguinis et al., 2011).

Beispiel

Das nachstehende Beispiel illustriert die Bedeutung der substanziellen Signifikanz und hinterfragt die statistische Signifikanz in großen Stichproben:

Eine Korrelation von 0,03, die die Beziehung zwischen Einkommen und Glück beschreibt, ist in einer Stichprobe von 10.000 Personen signifikant (für p < 0,05). Das Ergebnis sagt, dass Einkommen eine signifikante Beziehung zu Glück habe (statistische Signifikanz). Allerdings entspricht diese Korrelation einem Anteil erklärter Varianz von etwa 0,1 %. Das heißt, dass 99,9 % der Variation von Glück oder auch von Einkommen (je nachdem, was man als abhängige Variable heranzieht) weiterhin unerklärt ist. Das wiederum ist ein recht enttäuschendes Ergebnis für Forschende, die sich darum bemühen, unterschiedliches Einkommen oder die Varianz von Glück in der Gesellschaft zu erklären (d. h. die substanzielle Signifikanz). ◄

Während mit Signifikanztests also versucht wird, die Frage zu beantworten, *ob überhaupt* (mit hinreichend großer Wahrscheinlichkeit) ein Unterschied, Effekt oder Zusammenhang zwischen zwei Variablen vorliegt, gibt die Effektstärke an, *wie stark* der Zusammenhang bzw. die Beziehung zwischen zwei Variablen ist. Die Effektstärke kann nicht nur dazu benutzt werden, die Beziehung zwischen zwei kontinuierlichen Variablen zu beschreiben (z. B. Einkommen und Glück), sondern auch für die Beziehung zwischen zwei binären Variablen (z. B. jungen und alten Menschen und ob jemand raucht oder nicht). Obwohl statistische Tests für diese Variablen in der Regel auf Unterschiede fokussieren (z. B. ob es mehr ältere oder jüngere Raucher:innen gibt), können diese Tests auch so interpretiert werden, dass sie die Beziehung zwischen Alter und Rauchen beschreiben. Die Effektstärke ermöglicht gehaltvollere Aussagen als ein Signifikanztest aus verschiedenen Gründen:

- Effektstärken können über verschiedene Studien und verschiedene Arten von Variablen hinweg miteinander verglichen werden. Damit kann z. B. entschieden werden, welche Maßnahme zu mehr Erfolg führt. Dies ist eine gängige Herangehensweise in der Medizin, wenn verschiedene Studien, die die Wirkung verschiedener Verfahren zur Heilung ein und derselben Krankheit prüfen (z. B. Medikation, Aufenthaltsdauer im Krankenhaus, alternative Therapien), miteinander verglichen werden. Je höher die erklärte Varianz, die auf ein bestimmtes Verfahren zurückzuführen ist (d. h. je stärker der Zusammenhang zwischen einem Verfahren und der Heilung der Krankheit), desto erfolgreicher ist das Verfahren.
- Effektstärken wie z. B. Korrelationen sind oftmals leicht interpretierbar und damit auch für in der Praxis tätige eher zugänglich und verständlicher als Signifikanztests.

- Effektstärken bieten sinnvolle „Benchmarks" zum Vergleich mit anderen Studienergebnissen (z. B. im Hinblick auf die zu erwartende „Contribution" einer neuartigen Studie); sie helfen auch die Wissensgenerierung und –Akkumulation zwischen Disziplinen oder auch zwischen Forschenden zu vergleichen (Eisend, 2015).
- Schließlich können zu jeder Effektstärke auch Konfidenzintervalle berichtet werden, die ein Äquivalent zu Signifikanztests bieten: wenn das entsprechende Konfidenzintervall keine Null enthält, dann ist der Effekt signifikant (Lipsey & Wilson, 2001).

Der Trend zu Big Data in der Wissenschaft, d. h. zu immer größer werdenden Datenmengen, die sich vor allem durch die Anwendung digitaler Technologien ergeben, wurden bereits in Abschn. 6.4 und 4.3.4 angesprochen. Der Trend weist auch darauf hin, wie wichtig Effektstärken im Vergleich zu Signifikanztests sind und zukünftig sein werden. Eine Reihe von wissenschaftlichen Zeitschriften legt daher immer mehr Wert darauf, dass Effektstärken ausgewiesen werden, während die Bedeutung von Signifikanzniveaus abgewertet wird (z. B. das *Strategic Management Journal*; siehe Bettis et al., 2016). Die Zeitschrift *Basic and Applied Social Psychology* hat sogar entschieden, keine Signifikanztests mehr zuzulassen (Trafimov & Marks, 2015). Die gängige Praxis der Signifikanztests bietet Forschenden auch Anreize für ethisch bedenkliche Vorgehensweisen, um Ergebnisse zu erhalten, die das erforderliche Signifikanzniveau erreichen (z. B. p-hacking, siehe Kap. 10). Derartige Praktiken führen zu falschen Ergebnissen, verzerren dadurch die Basis wissenschaftlichen Wissens und reduzieren die Wahrscheinlichkeit, Ergebnisse replizieren zu können (Aguinis et al., 2017).

Eine weitere wichtige Maßzahl in diesem Zusammenhang ist die Größe des Effekts, die wichtige Informationen aus substanzwissenschaftlicher Sicht liefert. Im Gegensatz zur Effektstärkendimension, die die Stärke einer Beziehung angibt, misst die **Größe des Effekts** (z. B. ein unstandardisierter Regressionskoeffizient oder eine Elastizität) die relative Änderung einer abhängigen Variable Y in Bezug auf eine relative Änderung einer unabhängigen Variable X. Dieser Zusammenhang ist in der Betriebswirtschaftslehre oftmals von hoher praktischer Relevanz, denn er liefert konkrete Angaben für eine Input–Output-Analyse. Beispielsweise lässt sich so ermitteln, um wie viel Prozent der Umsatz eines Unternehmens bei einer bestimmten prozentualen Erhöhung der Anzahl der Außendienstmitarbeiter:innen steigt.

Die beiden wichtigsten Effektstärkendimensionen, die in der betriebswirtschaftlichen Forschung verwendet werden, können also folgendermaßen gekennzeichnet und voneinander abgegrenzt werden:

- Die **Stärke der Beziehung** gibt an, wie *eng* der Zusammenhang zwischen Variablen ist. Gängige Maßgrößen dafür sind u. a. Korrelationen oder Anteile erklärter Varianz.
- Die **Größe eines Effekts** steht dagegen für das *Ausmaß der Veränderung* einer abhängigen Variablen bei der Veränderung einer unabhängigen Variablen. Die wohl gängigste Maßgröße dafür sind (unstandardisierte) Regressionskoeffizienten und Elastizitäten.

Beide Aspekte sollen durch das Beispiel einer linearen Regressionsbeziehung mit einer abhängigen und nur einer unabhängigen Variablen zusätzlich illustriert werden (siehe Abb. 7.2). Man erkennt darin einige (natürlich fiktive) Messwerte und eine entsprechende Regressionsgerade. Die Steigung dieser Geraden ist durch ein Dreieck gekennzeichnet. Diese Steigung gibt im Beispiel einer solchen Regressionsgeraden die *Größe* des Effekts an. Weiterhin sind die Abstände der tatsächlich beobachteten abhängigen Variablen (y) von den auf Basis der jeweiligen x-Werte und der Regressionsbeziehung erwarteten Werten eingetragen. Je geringer diese Abstände von der Regressionsgeraden sind, desto *stärker* ist offenbar die **Beziehung** zwischen den Variablen x und y.

Stärke der Beziehung und Größe des Effekts sind also nicht gleichzusetzen: Z. B. kann ein großer Effekt auch bei wenig erklärter Varianz auftreten. In Abb. 7.3 wird diese Beziehung anhand des Zusammenhangs zwischen zwei Variablen dargestellt.

7.3 Statistische Teststärke („Power")

Dem Zusammenhang zwischen Signifikanztests, Stichprobengrößen und Effektstärken wird im Rahmen der **„Poweranalyse" bzw. Teststärkenanalyse** Rechnung getragen (Cohen, 1988). Diese Analyse setzt an dem Problem an, dass man beim Testen von Hypothesen zwei Fehler machen kann:

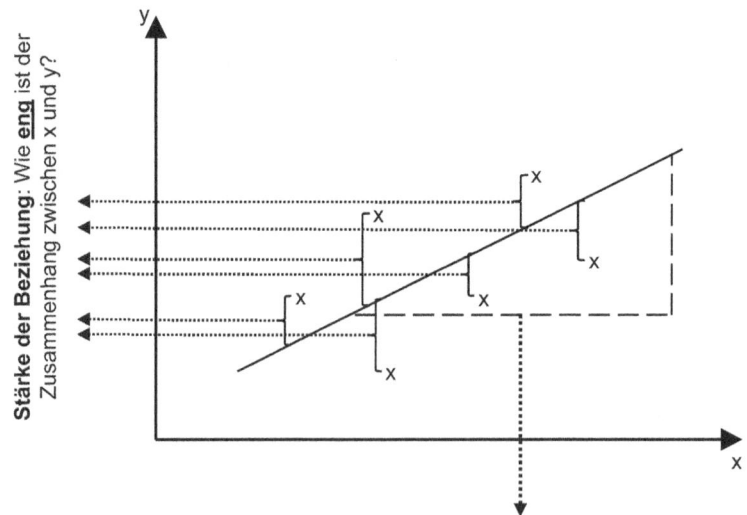

Abb. 7.2 Stärke der Beziehung versus Größe des Effekts

Abb. 7.3 (Keine) Beziehung zwischen der Stärke der Beziehung (Varianzaufklärung) und der Größe des Effekts

- Man lehnt fälschlicherweise die Nullhypothese ab. Das ist der **Fehler 1. Art**, also der Fehler, die Nullhypothese abzulehnen, obwohl sie tatsächlich richtig ist. Die Wahrscheinlichkeit dafür wird durch das Signifikanz-Niveau bzw. die Irrtumswahrscheinlichkeit erfasst.
- Man nimmt fälschlicherweise die Nullhypothese an. Dies ist der **Fehler 2. Art**, also der Fehler, die Nullhypothese anzunehmen, obwohl sie tatsächlich falsch ist.

Die vier möglichen Ergebnisse eines Signifikanztests sind (in Abhängigkeit von der tatsächlichen Gültigkeit der Nullhypothese H_0) in Abb. 7.4 dargestellt.

Je kleiner der α-Fehler in einer Untersuchung ist, umso seltener wird fälschlicherweise die Nullhypothese abgelehnt. Dafür steigt die Wahrscheinlichkeit, fälschlicherweise die Nullhypothese anzunehmen und die Alternativhypothese abzulehnen (β-Fehler). Allerdings lässt sich aus der Größe des α-Fehlers nicht direkt die Größe des β-Fehlers ableiten und das gilt auch andersherum. Die beiden Fehlerarten werden auf unterschiedliche Weise bestimmt. Die Größe des α-Fehlers hängt vom Signifikanzniveau ab.

Die Größe $(1-\beta)$ wird auch als **Power** oder **Teststärke** bezeichnet. Die Power eines Tests (d. h. die Wahrscheinlichkeit, dass der Test einer Nullhypothese bei Richtigkeit der

	H_0 ist richtig	H_0 ist falsch
H_0 nicht zurückgewiesen	richtige Entscheidung	Fehler 2. Art (β-Fehler)
H_0 zurückgewiesen	Fehler 1. Art (α-Fehler)	richtige Entscheidung

Abb. 7.4 Mögliche Ergebnisse und Fehler eines Hypothesentests

Alternativhypothese zur Ablehnung der Nullhypothese führt) hängt außer von der Varianz der Populationswerte von drei Faktoren ab:

- vom gewählten α-*Signifikanzniveau:* Je kleiner α, desto geringer ist die Wahrscheinlichkeit, sich für die Alternativhypothese zu entscheiden (Fehler 1. Art);
- von der *Stichprobengröße:* Je größer die Stichprobe, desto größer wird die Wahrscheinlichkeit der Entscheidung zugunsten der Alternativhypothese (ceteris paribus);
- von der *Effektstärke:* Je größer die erklärte Varianz und die Stärke der Beziehung, desto größer wird die Power des Tests und damit die Wahrscheinlichkeit, sich gegen die Nullhypothese zu entscheiden und zugunsten der Alternativhypothese.

Das heißt zusammenfassend, dass bei einem vorgegebenen Signifikanzniveau, wie es in den Sozialwissenschaften üblicherweise angenommen wird (z. B. p < 0,05), größere Effektstärken eher zu Signifikanz führen als kleinere und dass größere Stichproben höhere Testsensitivität aufweisen als kleine Stichproben und damit ebenfalls eher zu Signifikanz führen.

Obwohl es keine formalen **Standards für die richtige „Power"** (auch als π bezeichnet) gibt, wird meist ein Wert von $\pi = 0,80$ verwendet, also eine vier-zu-eins-Wahrscheinlichkeit zwischen β-Fehler und α-Fehler (Ellis, 2010). Wenn Tests so angelegt sind, dass sie möglichst keine β-Fehler produzieren sollen, dann kann auch ein niedrigerer Standard angelegt werden. Das ist oftmals in der Medizin der Fall, wo es besser ist, anzunehmen, dass man einen Hinweis auf eine Krankheit hat, auch wenn ein:e Patient:in gesund ist, als anzunehmen, dass ein:e Patient:in gesund ist, der:die in Wirklichkeit krank ist.

Die Power- bzw. Teststärkenanalyse ist wichtig für die **Interpretation von Testergebnissen,** denn die Power oder Teststärke gibt die Wahrscheinlichkeit an, die Nullhypothese korrekterweise abzulehnen. Sie ist, wie bereits erklärt, abhängig vom gewählten Signifikanzniveau, der Effektstärke und der Stichprobengröße. Dahinter verbirgt sich der zentrale Gedanke, dass eine Hypothese aus verschiedenen Gründen abgelehnt werden kann. Eine Hypothese wird z. B. abgelehnt, weil der Effekt zu klein ist, was gut nachvollziehbar ist und aus wissenschaftlicher Sicht auch wünschenswert ist. Eine Hypothese kann aber auch abgelehnt werden, weil die Stichprobe nicht groß genug ist oder das Signifikanzniveau zu klein ist, d. h. zu streng gewählt wurde. Mit einer Erhöhung der Stichprobe oder einem „großzügigeren" Signifikanzniveau könnte ggf. die Hypothese auf der Basis derselben Daten angenommen werden.

Wie aber ist das **richtige Signifikanzniveau** zu wählen? In den Sozialwissenschaften hat sich das von Ronald Fisher (1925, S. 43) vorgeschlagene Signifikanzniveau von 5 % etabliert. Dieser Grenzwert bedeutet, dass im Schnitt eine von zwanzig Untersuchungen, bei denen die Nullhypothese richtig ist (z. B. Alter und Glück hängen nicht zusammen), zu dem Ergebnis kommt, sie sei falsch (z. B. Alter und Glück hängen zusammen). Manchmal werden Ergebnisse auch interpretiert, obwohl sie nur ein Signifikanzniveau von 10 % erreichen. Welches Signifikanzniveau akzeptiert wird, hängt auch von dem

Innovationsgrad einer Studie ab: bei einem völlig neuen und einmaligen Ergebnis wird man in der Tendenz weniger strenge Kriterien anlegen und ggf. auch ein „marginal signifikantes" Ergebnis (p < 0,1) als relevant betrachten als bei einer Studie, die eine bereits etablierte Hypothese wiederholt testet. Je nach Untersuchungsgegenstand kann auch ein Fehler 1. Art weniger schlimm sein als ein Fehler 2. Art wie im oben dargestellten Beispiel in der Medizin, wo man eher akzeptiert, eine Krankheit anzunehmen, auch wenn ein:e Patient:in gesund ist, als anzunehmen, dass ein:e Patient:in gesund ist, der:die in Wirklichkeit krank ist.

Der Zusammenhang von Signifikanzniveau, Effektstärke und Stichprobengröße erlaubt es auch, bei bekannter oder erwarteter Effektstärke die **Stichprobengröße zu bestimmen,** die nötig ist, damit der Effekt bei einem gegebenen Signifikanzniveau mit einer gewünschten Power auch tatsächlich signifikant wird. Man erkennt bereits in Abb. 7.1, dass große Effektstärken kleinere Stichproben benötigen, um das vorgegebene Signifikanzniveau zu erreichen und umgekehrt. Hinzu kommt, dass bei einer hohen Teststärke die für die Erreichung des Signifikanzniveaus notwendige Stichprobengröße weiter ansteigt, vor allem bei kleinen Effektstärken.

7.4 A-priori-Hypothesen versus Post-hoc-„Hypothesen"

Den üblichen Anwendungen statistischer Tests liegt eine Vorgehensweise zugrunde, bei der zu einer Fragestellung *eine* oder *wenige* bestimmte Hypothese(n) gebildet wird bzw. werden, dann entsprechende Daten erhoben und letztlich geeignete statistische Tests angewendet werden. Beispiele dafür sind Untersuchungen zur Wirksamkeit von Medikamenten (neues Medikament vs. Placebo) oder zur statistischen Qualitätskontrolle (Ausschussrate < x %?). Abb. 7.5 illustriert diese „klassische" Vorgehensweise des Testens von **Hypothesen, die a priori gebildet** wurden. Man erkennt darin den Weg von wenigen gezielten Hypothesen über die Datensammlung zu statistischen Tests, die die Hypothesen bestätigen oder nicht bestätigen, zur Interpretation dieser „empirischen Erfolge und Misserfolge". Diese Vorgehensweise entspricht der hypothetisch-deduktiven Methode.

Bei vielen betriebswirtschaftlichen und sozialwissenschaftlichen Untersuchungen beschränkt sich die Datenerhebung aber nicht auf eine oder sehr wenige gezielt ausgewählte Variablen. In diesem Bereich ist eher die Erhebung einer größeren Zahl von Variablen typisch; beispielsweise umfassen Fragebögen meist eine zweistellige Zahl von Fragen mit entsprechend vielen Variablen. Unter diesen Bedingungen kann es sein, dass Forschende z. B. aus einer Vielzahl möglicher (und heutzutage mühelos zu berechnender) Korrelationen diejenigen auswählen, die scheinbar „signifikant" sind, und dazu erst nachträglich Hypothesen bilden, weil man eben signifikante Ergebnisse besser publizieren kann als nicht-signifikante (siehe Abschn. 10.2.4). Mit dem Ziel erhöhter Publikationschancen werden in solchen Fällen Theorie und Hypothesen an die bereits vorliegenden Ergebnisse angepasst, d. h. es werden **Post-hoc-„Hypothesen"** gebildet.

Abb. 7.5 Vorgehensweise beim Testen von A-priori Hypothesen

Es handelt sich dabei nicht um Hypothesen im eigentlichen Sinne, weil man bei bereits vorliegenden Ergebnissen ja kaum von Vermutungen sprechen kann und Falsifizierbarkeit nicht mehr gegeben ist. Dieses Problem ist in der Literatur (und wohl auch in der Forschungspraxis) nicht unbekannt: Peter (1991, S. 544) spricht vom „fishing through a correlation matrix"; Kerr (1998) spricht vom „HARKing: *H*ypothesizing *A*fter the *Re*sults are *K*nown"; Leung (2011) diskutiert „Presenting Post Hoc Hypotheses as A Priori …". Bereits vor mehr als 50 Jahren ordneten Selvin und Stuart (1966) eine solche Vorgehensweise dem „Data Dredging" („Daten ausbaggern") zu. Welchen Umfang das Problem in der Forschungspraxis hat, ist schlecht feststellbar, weil in solchen Fällen die Autor:innen eine Offenlegung natürlich vermeiden und Leser:innen entsprechender Artikel auch sonst kaum Anhaltspunkte dafür haben. In einer Studie berichten Banks et al. (2016), dass in einer Befragung von Forschenden im Bereich Management etwa 50 % angegeben haben, dass sie „Post-hoc-Hypothesen so dargestellt haben, als ob diese a priori entwickelt worden seien" (S. 19). Das Problem betrifft die Forschungsethik (siehe Abschn. 10.2.4) und kann zu irreführenden Ergebnissen führen, die den wissenschaftlichen Erkenntnisstand verfälschen, wie nachfolgend genauer beschrieben und erklärt wird.

Ausgangspunkte der Überlegungen zu den Post-Hoc-„Hypothesen" sind folgende Erfahrungen:

- Forschende sind bestrebt, „signifikante" Ergebnisse zu finden, weil deren Publikationschancen größer als bei nicht-signifikanten sind.
- Bei einer größeren Zahl von potenziellen Zusammenhängen von Variablen ergeben sich durch Zufall einzelne scheinbar signifikante Zusammenhänge, auch wenn tatsächlich keine entsprechenden Beziehungen existieren (siehe das folgende Zitat von Kruskal, 1968).

Hintergrundinformation

Der renommierte amerikanische Statistiker William Kruskal (1968, S. 247) kennzeichnete das Problem nur scheinbar signifikanter Testergebnisse in folgender Weise:

„Fast jeder Datensatz (…) zeigt irgendwelche Anomalien (hier interessierend: Zusammenhänge zwischen Variablen; Anm. d. Verf.), wenn man diese sorgfältig analysiert, auch dann, wenn dessen Struktur vollkommen zufällig ist, d. h. sogar dann, wenn die Beobachtungen von Zufallsvariablen stammen, die unabhängig sind und identische Verteilungen haben. Bei hinreichend genauer Analyse von zufälligen Daten findet man im Allgemeinen einige Anomalien (…), die zu statistischer Signifikanz auf den üblichen Niveaus führen, obwohl kein tatsächlicher Effekt gegeben ist. Die Erklärung besteht darin, dass zwar jede Art von Anomalien bei zufälligen Daten und einem Signifikanzniveau von 0,05 nur in 5 von 100 Fällen auftritt, dass aber so viele Arten von Anomalien möglich sind, dass sehr häufig wenigstens eine davon auftritt."

Das Problem sei durch ein sehr einfaches Beispiel veranschaulicht. In der Abb. 7.6 findet man eine (natürlich hypothetische) Korrelationsmatrix für die Variablen A bis H, die in einer angemessen großen Stichprobe gemessen wurden. In der entsprechenden Grundgesamtheit besteht keinerlei Zusammenhang zwischen all diesen Variablen, sodass die entsprechenden Korrelationskoeffizienten bei 0 liegen (müssten). Dementsprechend findet man in der Korrelationsmatrix für die (Stichproben-) Daten in der Hauptdiagonalen die Werte „1" und in den anderen Feldern Werte, die sehr nahe bei 0 liegen (im Idealfall den Wert 0). Nun kann es aber sein, dass bei der Stichprobenziehung einige spezielle Fälle in die Stichprobe gelangt sind, die per Zufall (siehe dazu die oben zitierte Einschätzung von Kruskal) dazu führen, dass einzelne Korrelationskoeffizienten für die Stichprobe *deutlich größer* als 0 (also scheinbar „signifikant") sind. Im Beispiel ist das für die Variablenkombination D und F eingetragen, die mit „>0" gekennzeichnet ist. Das würde einem Fehler 1. Art entsprechen, weil die eigentlich richtige Nullhypothese zurückgewiesen wird. Wenn man sich daran anknüpfend zu diesem Ergebnis nachträglich eine (Post-hoc-)„Hypothese" einfallen lässt, dann wäre deren (scheinbare) Bestätigung hier unvermeidlich, weil ja das entsprechende Ergebnis schon vorliegt. Kerr (1998, S. 205) verwendet dafür die etwas ironische Formulierung, dass beim HARKing Fehler 1. Art „in Theorie übersetzt" werden. Weiterhin ist bei solchen nachträglich gebildeten Hypothesen die Anforderung verletzt, dass Hypothesen durch die Untersuchung falsifiziert werden können. Die Interpretation eines solchen Zufallsergebnisses als statistische Bestätigung einer vorher theoretisch entwickelten Hypothese führt zur Verfälschung des relevanten wissenschaftlichen Erkenntnisstandes.

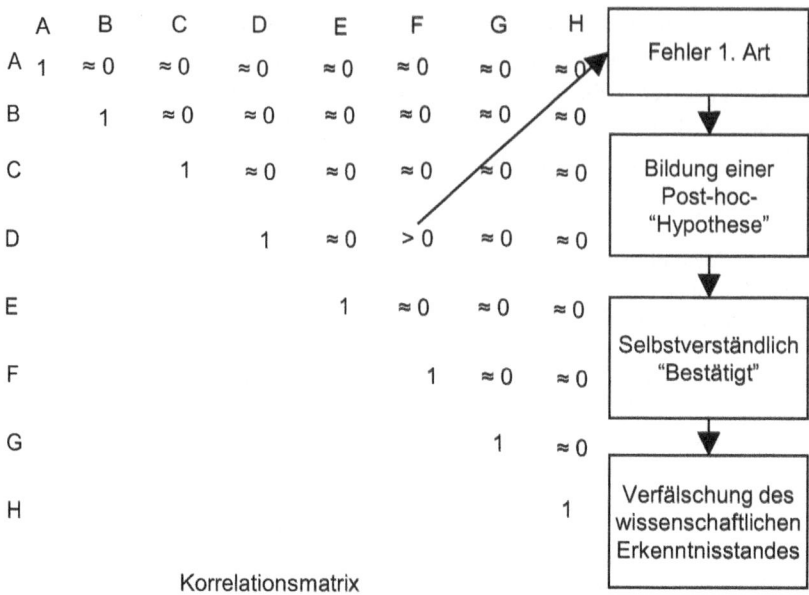

Abb. 7.6 Vorgehensweise beim Generieren von Post-hoc-„Hypothesen"

Wenn man *gezielt* einzelne Hypothesen (z. B. über einen Zusammenhang zwischen zwei Variablen) aufstellt und begründet (siehe Abb. 7.5) und sich dann ein *scheinbar* signifikantes Ergebnis ergibt, obwohl in der Realität gar kein Zusammenhang zwischen beiden Variablen besteht, dann würde man mit der Annahme der Hypothese zwar einen Fehler (1. Art) machen. Dieser Fehler tritt jedoch nur mit geringer Wahrscheinlichkeit auf und dessen Wahrscheinlichkeit ist berechenbar. Bei der missbräuchlichen Vorgehensweise der Post-hoc-„Hypothesen"-Generierung dagegen, bei der man nach „signifikanten" Werten sucht und diese nachträglich interpretiert (siehe Abb. 7.6), findet man (fast) immer einige entsprechende Werte und kommt zur Interpretation von Zufallsergebnissen, die eher irreführend sind, weil sie eben rein zufällig zustande gekommen sind und nicht auf einer substantiellen Beziehung zwischen zwei Variablen beruhen.

Beispiel

Frank Bosco et al. (2016) haben für den Bereich Personalwesen bei zwei einschlägigen psychologischen Zeitschriften (*Journal of Applied Psychology, Personnel Psychology*) versucht, die Wirkungen von HARKing abzuschätzen. Dazu wurden für einen ersten Teil der Untersuchung 247 Korrelationen aus 136 in diesen Zeitschriften erschienenen Studien zum Zusammenhang zwischen beruflicher Leistung und diversen psychologischen Variablen (z. B. Autonomie, emotionale Stabilität) analysiert. Es zeigte sich dabei, dass diese Korrelationen signifikant höher lagen, wenn diese in Verbindung mit einer explizit formulierten Hypothese standen und nicht nur unter den

sonstigen Ergebnissen aufgeführt wurden. Wohlgemerkt ging es dabei um alle Hypothesen, nicht nur die, die auf HARKing beruhten. Das wird so interpretiert, dass weniger auffällige oder nicht signifikante Ergebnisse eher am Rande erwähnt werden
und „starke" Ergebnisse in Publikationen oft in den Vordergrund gestellt werden. Das
würde im Hinblick auf HARKing bedeuten, dass besonders auffällige („signifikante")
Zufallsergebnisse über den Weg des HARKings mit einer nachträglich erfundenen
Hypothese in Verbindung gebracht werden können und eine Publikation durch ein
solches Zufallsergebnis „angereichert" werden kann. Ergänzend stellten Bosco et al.
(2016) fest, dass Ergebnisse, die sich auf formulierte Hypothesen bezogen, auch in
den Titeln und Abstracts von Publikationen stärker hervorgehoben wurden.

Wo liegt das Problem? Zufallsergebnisse, die eben durch Zufall besonders mar-
kant wirken, werden auf diesem Weg nicht nur publiziert, sondern besonders in den
Vordergrund gerückt. Dadurch wird der Informationsstand in der Scientific Community über den jeweiligen Untersuchungsgegenstand systematisch verzerrt. ◄

Von einer solchen Vorgehensweise zu unterscheiden ist die Prüfung sogenannter **„impli-
ziter Hypothesen"**. Darunter werden hier Hypothesen verstanden, die nicht zum Kern
der theoretischen Fragestellung gehören und auch nicht notwendigerweise a priori im
Detail festgelegt (z. B. schriftlich fixiert) sind, für die ein:e Forschende:r aber Daten
sammelt, weil sie:er auf Basis ihrer:seiner Erfahrung und theoretischen Vorbildung vermutet, dass sich hier noch interessante oder relevante Zusammenhänge ergeben könnten
(z. B. wenn bestimmte Merkmale der Untersuchungspersonen wie Geschlecht, Alter etc.
zur Kontrolle mit erhoben werden). Das würde zu einer eher geringen Zahl zusätzlicher
– im Vorhinein zumindest bedachter – Hypothesen führen, bei denen das oben skizzierte
statistische Problem nur begrenzt relevant ist. Man darf wohl vermuten, dass die „Versuchung" zum HARKing am größten ist, wenn große (viele Variable) und nicht selbst
erhobene Datensätze verwendet werden. Bei eigener Datenerhebung findet man dagegen
eher eine Beschränkung auf Variablen, die *zu Beginn* der Untersuchung als sinnvoll
und wichtig eingeschätzt und dann erhoben wurden. Am geringsten dürfte das Problem
nachträglicher Hypothesenbildung bei experimentellen Untersuchungen (siehe Kap. 8)
sein, bei denen man sich ohnehin auf eine geringe Zahl sorgfältig begründeter Variabler beschränken muss. Mit der für die Einreichung bei mehr und mehr wissenschaftliche Zeitschriften erforderlichen Registrierung von Studien, d. h. der öffentlich zugänglichen vollständigen Beschreibung der Studienanlage vor der Datenerhebung incl. der
zu erhebenden Variablen, kann dem Phänomen des HARKing sinnvoll begegnet werden
(Logg & Dorison, 2021).

Sehr wohl möglich bleibt natürlich die Beschreibung und Dokumentation besonders
interessanter Ergebnisse, die nicht auf vorher entwickelten Hypothesen beruhen, aber
eben nicht mit dem Anspruch einer statistischen Bestätigung. Sollen Post-hoc-Hypothesen im Hinblick auf Signifikanz überprüft werden, dann bedarf es dazu eines anderen
Datensatzes, der unabhängig von den Daten ist, aus denen diese Hypothesen entstanden

sind. Außerdem kann die Interpretation ohne A-priori-Hypothesen sinnvoll sein, wenn man einen induktiven Ansatz verfolgt. Auf jeden Fall müssen Forschende immer offenlegen, wie sie vorgehen. Das Problem des HARKing ist in erster Linie ein Problem der Irreführung, denn Forschende präsentieren Post-hoc-Hypothesen als A-priori-Hypothesen ohne dies explizit zu machen. Hollenbeck und Wright (2017) sprechen in solchen Fällen vom SHARKing (Secretly HARKing). Dagegen werben diese Autoren dafür, dass das sogenannte THARKing (Transparently HARKing) den Forschungsprozess durchaus bereichern kann.

7.5   Modellierung mit Regressionsanalyse

Im Zusammenhang mit der Prüfung von Theorien ist in unterschiedlichen Teilbereichen der Betriebswirtschaftslehre die Darstellung und Lösung von Problemen mithilfe von Modellen, in der Regel mathematischen Modellen, sehr etabliert. Modelle sind im Abschn. 2.1 schon als vereinfachte Darstellungen wesentlicher Teile realer Phänomene und Prozesse gekennzeichnet worden. Homburg (2007, S. 29 f.) verwendet „für die mathematisch formalisierte Modellbildung (häufig verknüpft mit der formalen Herleitung einer optimalen Ressourcenverteilung auf unterschiedliche Handlungsoptionen)" den Begriff **„Modeling"**.

Der Ansatz der Modellierung in der betriebswirtschaftlichen Forschung baut vor allem auf der Ökonometrie auf, einem Teilgebiet der Wirtschaftswissenschaften, das ökonomische Theorie, empirische Daten und statistische Methoden vereinigt. Die zentrale Aufgabe der Ökonometrie ist die Ableitung ökonometrischer Modelle aus ökonomischen Theorien und deren numerische Konkretisierung. Mithilfe der Ökonometrie und der Modellierung lassen sich wirtschaftswissenschaftliche Zusammenhänge quantifizieren (z. B. prozentuale Veränderung der Sparquote bei prozentualer Veränderung des Zinssatzes). Es lassen sich also Hypothesen und ganze Modelle empirisch testen und diese empirisch validierten Modelle können zur Prognose oder Simulation verwendet werden (z. B. wie verändert sich das Wirtschaftswachstum, wenn sich die Inflationsrate verändert).

In der Betriebswirtschaftslehre stehen bei der Modellierung neben den Anwendungen der Ökonometrie auch häufig Optimierungsfragen im Vordergrund. Shugan (2002) unterscheidet zwei verschiedene Definitionen mathematischer Modelle, zum einen die mathematische Optimierung von Variablen und zum anderen mathematische Abbildungen mit dem Zweck der Lösung von Forschungsfragen. Bei der erstgenannten Sichtweise ist es oft ausreichend zu zeigen, dass eine bestimmte Lösung optimal ist, z. B. welches Verhältnis zwischen Werbeausgaben und persönlichem Verkauf optimal ist. Es geht also oftmals um eine Optimierung des entsprechenden Mittel-Einsatzes. Neben derartigen – eher auf die Lösung von Praxis-Problemen ausgerichteten – Modellen dienen diese auch der Entwicklung des theoretischen Verständnisses von betriebswirtschaftlichen Problemen, indem Annahmen variiert und die daraus resultierenden Veränderungen abhängiger

Variabler ermittelt werden. Häufig ist mit dem zweiten Ansatz zwar keine systematische empirische Überprüfung der Annahmen des jeweiligen Modells verbunden, aber eine Darstellung der Angemessenheit und der erfolgreichen Anwendung solcher Modelle auf Basis ausgewählter Fälle ist sehr gängig.

Bei der Parametrisierung und Validierung im Rahmen der Modellierung werden Verfahren verwendet, die auf der klassischen **Regressionsanalyse** aufbauen. Die Regressionsanalyse ist ein statistisches Verfahren, das versucht, die Veränderung einer sog. erklärten (bzw. abhängigen) Variablen über die Veränderungen einer Reihe sog. erklärender (bzw. unabhängiger) Variablen durch Quantifizierung einer einzelnen Gleichung zu erklären. Eine Regression kann feststellen, ob eine quantitative Beziehung zwischen den erklärenden Variablen und der erklärten Variable besteht.

Im einfachsten Fall beschreibt ein Regressionsmodell $Y = \beta_0 + \beta_1 X_1 + \ldots + \beta_k X_k + \varepsilon$ eine endogene Variable Y durch eine lineare Beziehung zu einer oder mehreren anderen (exogenen) Variablen $X_1, \ldots, X_k$. Eine **endogene Variable** wird durch das Modell erklärt, während eine **exogene Variable** nicht durch das betreffende Modell erklärt wird, sondern durch Variablen außerhalb des Modells. In einem Regressionsmodell, das das Ausmaß von Glück durch Variablen wie z. B. Alter und Einkommen zu erklären versucht, ist Glück die endogene Variable im Modell, während Alter und Einkommen exogene Variablen sind. Natürlich kann Einkommen auch durch andere Variablen erklärt werden wie z. B. Ausbildung, aber weil diese nicht im Modell enthalten sind, wird Einkommen als exogene Variable in diesem spezifischen Modell aufgefasst. Da es in der Praxis keine exakte Beziehung zwischen den empirisch beobachteten Größen geben wird, in einer Weise, dass die exogenen Variablen die endogene Variable vollständig erklären könnten, erfasst in der Gleichung ein Stör- oder Fehlerterm ε zusätzlich alle Variablen, die neben $X_1, \ldots, X_k$ außerdem noch einen Einfluss auf Y haben und nicht unmittelbar im Modell erfasst wurden. Nachdem ein bestimmtes Modell spezifiziert wurde, werden die Modellparameter $\beta_0, \ldots, \beta_k$ geschätzt. Auf dieser Basis können Prognosen für die Ausprägung von Y bei vorliegenden Ausprägungen von $X_1, \ldots, X_k$ gemacht werden.

Das Ergebnis einer Regressionsanalyse allein kann auch bei statistischer Signifikanz des Modells oder einzelner Modellparameter keine Kausalität zeigen, da eine statistische Beziehung niemals Kausalität impliziert (zur Kausalität und zu den besonderen Anforderungen an das Untersuchungsdesign siehe Kap. 8). Trotzdem dienen die Regressionsanalyse und andere Verfahren der Ökonometrie dazu, Beziehungen zwischen Variablen zu ermitteln, die oftmals als Ursache-Wirkungs-Beziehungen interpretiert werden. Damit die empirische Regressionsanalyse dazu in der Lage ist, müssen strenge Annahmen erfüllt sein.

Ein wichtiger Aspekt bei Kausalschlüssen auf der Basis von Regressionsmodellen ist die **Endogenität**. Ein Endogenitätsproblem („endogeneity bias") entsteht, wenn die erklärende Variable verzerrt oder falsch spezifiziert wird, nämlich dann, wenn sie mit anderen Variablen, die nicht im Modell erfasst werden, die aber eine Erklärung für die abhängige Variable liefern, zusammenhängt. Analytisch ergibt sich ein Endogenitätsproblem, wenn die erklärende oder unabhängige Variable im Modell mit dem Fehlerterm korreliert ist, da sich im Fehlerterm eben weitere, nicht im Modell erfasste Variablen, verbergen können. Abb. 7.7 stellt den Unterschied zwischen Exogenität und Endogenität dar. Bei Exogenität sind die Variable X und der Störterm ε nicht miteinander korreliert. X ist damit exogen und der Koeffizient β erfasst auschließlich den Effekt von X auf Y. Wenn Störterm und erklärende Variable aber korreliert sind, dann ist der Koeffizient β verzerrt, denn er enthält sowohl den Effekt von X auf Y als auch den Effekt von ε auf Y. Die gängigen Ursachen für das Endogenitätsproblem sind zum einen „vergessene" Variablen im Modell, zum anderen aber auch die Simultanität, die entsteht, wenn sich unabhängige und abhängige Variable gegenseitig beeinflussen (Rutz & Watson, 2019). Ein typisches Beispiel ist der Zusammenhang zwischen Investitionen in Werbung und Absatzzahlen. Man geht davon aus, dass mehr Werbeinvestitionen die Absatzzahlen steigern, gleichzeitig erlauben aber auch gestiegene Absatzzahlen und damit höhere Verkaufserlöse wiederum mehr Investitionen in die Werbung. Hier ergibt sich eine simultane Beziehung, die ein Endogenitätsproblem verursachen kann und damit Kausalschlüsse infrage stellt. Nachfolgend wird darauf eingegangen, wie das Endogenitätsproblem analytisch erfasst und behandelt wird. Zunächst aber zur Interpretation der wichtigsten Elemente und Parameter in der Regressionsanalyse und zu den Annahmen, die der Schätzung dieser Parameter zugrunde liegen.

Wenn man die Ergebnisse einer Regressionsanalyse betrachtet, findet man sowohl Angaben, die für Signifikanz stehen, als auch Maßzahlen für Effektstärken (siehe Abschn. 7.1 und 7.2):

- **Stärke der Beziehung/erklärte Varianz:** Die entsprechende Maßzahl R^2 (Bestimmtheitsmaß) zeigt, welcher Anteil der Varianz der abhängigen Variable durch das Regressionsmodell mit den verwendeten unabhängigen Variablen erklärt wird.
- **Größe des Effekts:** Die unstandardisierten Regressionskoeffizienten $\beta_1, \dots, \beta_k$ geben an, wie stark sich eine Veränderung der betreffenden unabhängigen Variablen auf die abhängige Variable auswirkt, d. h. um welches Ausmaß sich die abhängige Variable ändert, wenn sich die unabhängige Variable um ein bestimmtes Ausmaß ändert.

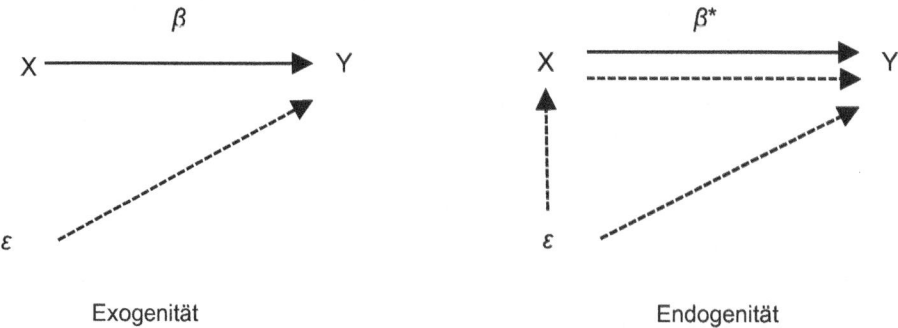

Abb. 7.7 Unterschied zwischen Exogenität und Endogenität

Dieser Wert ist von der Skalierung der Variable abhängig. So ändert sich z. B. die Größe des Effekts, der den Zusammenhang zwischen Werbeausgaben und Absatz (verkauften Einheiten) je nachdem, ob man die Werbeausgaben in US\$, EUR oder Schweizer Franken misst.

- **Signifikanz des Regressionsmodells:** Mit Hilfe von Tests wird geprüft, ob der Anteil erklärter Varianz (R^2) signifikant von 0 verschieden ist, ob also das Modell (wenigstens einen kleinen) Beitrag zur Erklärung der abhängigen Variable leistet (siehe auch Abschn. 2.3.2).
- **Signifikanz der Regressionskoeffizienten:** Mit t-Tests prüft man für die verschiedenen Regressionskoeffizienten β, ob diese signifikant von 0 verschieden sind. Anderenfalls – bei β = 0 – hätte ja eine Veränderung der betreffenden Variablen gar keinen Einfluss auf die abhängige Variable.

Das Standardverfahren zur Schätzung der Parameter in linearen Regressionsmodellen ist die **OLS-Schätzung** (*O*rdinary *L*east *S*quares). Um sie problemlos anwenden zu können, sind eine Reihe von Annahmen zu erfüllen, die auch wichtige inhaltliche Implikationen im Hinblick auf die Überprüfung von Theorien haben:

- Das Regressionsmodell muss parameterlineare Gestalt besitzen und nicht alle vorliegenden Beobachtungen einer X-Variable dürfen gleich sein (d. h. sie müssen variieren), da andernfalls keine Schätzung möglich ist.
- Der bedingte Erwartungswert des Störterms muss gleich null sein, was eine Kovarianz zwischen den X-Variablen und dem Störterm von null impliziert. Diese Annahme der Exogenität von X_1, …, X_k ist wichtig, da nur in diesem Fall *ceteris-paribus*-Aussagen wie „Eine Veränderung von X_1 um eine Einheit führt zu einer Veränderung von Y um β_1 Einheiten" überhaupt möglich sind. Endogenitätsprobleme wurden oben schon angesprochen, wie z. B. die Simultanität von Werbeausgaben und Absatzzahlen. Da Entscheidungen über Werbeausgaben oftmals von den Absatzzahlen in den Vorperioden abhängig sind und damit nicht exogen im Modell sind, wäre eine Aussage wie „eine Veränderung der Werbeausgaben um 10 % führt zu einer Veränderung der Absatzzahlen um 3 %" falsch, da die Veränderung der Absatzzahlen ebenso wie die Veränderung der Werbeausgaben auch von den Absatzzahlen der Vorperiode abhängen.
- Die bedingte Varianz des Störterms muss konstant sein (sog. Störtermhomoskedastizität). Ein bekanntes Beispiel für die Verletzung dieser Bedingung ist die Beziehung zwischen Einkommen und Konsumausgaben, z. B. für Nahrungsmittel. Bei niedrigem Einkommen geben Konsument:innen einen bestimmten konstanten Betrag für Nahrungsmittel aus, weil sie sich nicht mehr leisten können. Mit steigenden Einkommen ergibt sich eine größere Varianz der Ausgaben für Nahrungsmittel, da die Konsument:innen manchmal auch teure Nahrungsmittel kaufen oder Essen gehen. Das heißt, der Störterm wird mit steigenden Werten der unabhängigen Variable größer.

- Die bedingten Störtermkovarianzen müssen gleich null sein (sog. Störtermunkorreliertheit). Das heißt, die Abweichung der Datenpunkte von der Regressionslinie zeigt kein systematisches Muster. Diese Bedingung wird oftmals bei Zeitreihendaten verletzt. Die meisten Zeitreihendatenpunkte zeigen ein bestimmtes Muster über die Zeit hinweg und ein Datenpunkt ist nicht unabhängig vom vorausgehenden Datenpunkt und beeinflusst den zeitlich folgenden Datenpunkt. Das ist z. B. der Fall bei Konjunkturdaten: wenn die Wirtschaft in einem Jahr stark wächst, ist es sehr wahrscheinlich, dass sie auch im darauffolgenden Jahr noch positives Wachstum aufweist. In diesen Fällen sind die Störterme miteinander korreliert.
- Es darf keine perfekte Korrelation zwischen den erklärenden Variablen vorherrschen, da bei dieser sogenannten vollkommenen Multikollinearität eine OLS-Schätzung unmöglich ist. Auch eine unvollkommene Multikollinearität, die durch hohe (von eins verschiedenen) Korrelationen gekennzeichnet ist, ist problematisch, da OLS in diesem Fall nicht präzise zwischen den Einflüssen der einzelnen Variablen unterscheiden kann und deswegen ungenaue Parameterschätzungen liefern kann.
- Die Störterme sollten möglichst normal verteilt sein.

Um Indizien für die Verletzung dieser Annahmen zu erlangen, kann eine Reihe statistischer Tests verwendet werden. Werden Probleme festgestellt, kann je nach Art des Problems die Modellspezifikation überarbeitet, auf robuste unterstützende Verfahren zurückgegriffen oder auf alternative Schätzverfahren (z. B. Instrumentenvariablenschätzung) ausgewichen werden. Deutet bereits die Theorie darauf hin, dass sich Annahmen des klassischen Regressionsmodells nicht als realistisch erweisen (z. B. die Korrelation der Störterme bei Zeitreihendaten), wird meist von Anfang an mit alternativen Schätzverfahren gearbeitet. Nachfolgend wird kurz illustriert, wie bei der Verletzung der jeweiligen Annahme vorzugehen ist (siehe ausführlich und weiterführend dazu auch Allison, 1999 oder Gujarati et al., 2019).

- Ist die Annahme der **Parameterlinearität** nicht erfüllt, kann durch Variablen- bzw. Modelltransformation (z. B. durch Logarithmieren) eine parameterlineare Form hergestellt werden. Es gibt mittlerweile auch Schätzverfahren für nonlineare Beziehungen (Nonlinear Least Squares).
- Mangelnde **Exogenität bzw. vorliegende Endogenität der erklärenden Variablen** kann z. B. mit dem Hausman-Test aufgedeckt werden. Zur Lösung des Endogenitätsproblems kann man eine Instrumentenvariablenschätzung (IV-Schätzung) durchführen. Dabei werden sog. Instrumentenvariablen benötigt, die hochgradig mit den endogenen erklärenden Variablen korreliert sind (Instrument-Relevanz) und gleichzeitig nicht mit dem Störterm korreliert sind (Instrument-Exogenität). Bei geeigneter Güte des IV-Schätzers werden konsistente Parameterschätzungen erreicht. Die Güte der Instrumente kann dabei durch Regressionen der endogenen erklärenden Variablen auf alle Instrumente einschließlich der exogenen Variablen geprüft werden.

- Ob das Problem der **Heteroskedastizität** auftritt, d. h. nicht konstanter bedingter Varianz des stochastischen Störterms, kann ebenfalls geprüft werden (z. B. Breusch-Pagan- oder White-Test). Bei vorliegender Heteroskedastizität besteht die Möglichkeit, anstelle der dann von OLS falsch geschätzten Standardfehler heteroskedastizitätsrobuste Standardfehler heranzuziehen. Alternativ ist in großen Stichproben auch die Anwendung von WLS (Weighted Least Squares) denkbar. Hier werden die Daten auf Basis der durch spezielle Testverfahren aufgedeckten Heteroskedastizitätsstruktur so transformiert, dass ein mit OLS schätzbares Modell entsteht, das keine Heteroskedastizität mehr aufweist.

- In Zeitreihenmodellen und –Analysen (d. h. Daten werden zu verschiedenen Zeitpunkten und wiederholt erhoben) ist man häufig mit dem Problem von **Störtermautokorrelation** konfrontiert, die mit verschiedenen Tests aufgedeckt werden kann (z. B. Durbin-Watson-Test, Breusch-Godfrey-Test). Auch hier hat man die Möglichkeit, autokorrelationsrobuste Standardfehler zu verwenden oder aber ein GLS(Generalised Least Squares)-Modell zu schätzen. Dieses Verfahren liefert korrekte Standardfehler und effizientere Schätzungen der Modellparameter, sofern die Autokorrelationsstruktur, die zur Modelltransformation verwendet wird, korrekt erkannt und im neuen Modell korrekt implementiert wurde.

- Vollkommene **Multikollinearität** dürfte in der sozialwissenschaftlichen Forschung kaum vorkommen, es kann aber zu hoher Multikollinearität kommen. Hohe Multikollinearität erkennt man oftmals an hohen paarweisen Korrelationen zwischen den unabhängigen Variablen und an hohen Bestimmtheitsmaßen in Regressionen, in denen jeweils eine exogene Variable durch alle anderen exogenen Variablen erklärt wird. Die Multikollinearität wird über den Variance Inflation Factor (VIF) bzw. die Tolerance gemessen. Hohe Multikollinearität vermeidet man durch Ausschluss von Variablen aus dem Regressionsmodel oder durch Zusammenfassung von Variablen zu Faktoren oder Indizes.

- Die **Annahme der Normalverteilung des Störterms** wird in der Praxis meist nicht intensiven Tests unterzogen, da man aufgrund des Zentralen Grenzwertsatzes bei hinreichend großen Stichproben zumindest approximativ eine Normalverteilung der geschätzten Parameter unterstellen kann.

7.6 Strukturgleichungsmodelle

Zur Überprüfung von Netzwerken von Hypothesen bzw. größerer Teile von Theorien bedient man sich sogenannter *Strukturgleichungsmodelle*. Die alternative Bezeichnung als „causal model" bzw. *„Kausalmodelle"* ist insofern etwas problematisch als – ähnlich wie bei der Regressionsanalyse – die Anwendungen häufig auf Querschnittsdaten beruhen, die keine Überprüfung von Kausalitäten im strengen Sinne der im Kap. 8 erläuterten Anforderungen erlauben: „Die Möglichkeit, Schlüsse über eine Kausalbeziehung zwischen zwei Variablen zu ziehen, hängt vom verwendeten

Untersuchungsdesign ab, nicht von den statistischen Methoden, die zur Analyse der erhobenen Daten verwendet wurden" (Jaccard & Becker, 2002, S. 248). Nicht zuletzt ist
es schwierig, alternative Erklärungsmöglichkeiten für eine gemeinsame Variation von
„Gründen" und „Effekten" (siehe Abschn. 8.1) auszuschließen.

Die Grundidee von **Strukturgleichungsmodellen** besteht darin, dass auf der Grundlage der in einem Datensatz ermittelten Varianzen und Kovarianzen von Indikatoren (beobachtbaren Variablen) Schlüsse im Hinblick auf Abhängigkeitsbeziehungen zwischen
komplexen Konstrukten (latenten Variablen) gezogen werden. Die charakteristischen
Merkmale von Strukturgleichungsmodellen sind darin zu sehen, dass eine größere Zahl
miteinander verbundener Abhängigkeitsbeziehungen analysiert wird und gleichzeitig
nicht direkt beobachtete Konzepte in diese Beziehungen einbezogen werden können,
wobei Messfehler explizit berücksichtigt werden. Im Prinzip können auch einfache Abhängigkeitsbeziehungen zwischen einer oder mehreren unabhängigen Variable(n) und
einer abhängigen Variable untersucht werden, wodurch letztendlich ein Regressionsmodell abgebildet wird. Gängiger aber ist die Untersuchung von komplexeren Beziehungen (z. B. Mediationen, siehe Abschn. 8.2) und Netzwerken von Variablen.

Es folgt zunächst eine Illustration des Aspekts der gleichzeitigen Analyse mehrerer
Abhängigkeitsbeziehungen, wobei mögliche Messfehler hier aus Gründen der Vereinfachung nicht berücksichtigt sind. Das zugrunde liegende Modell ist das in der Wirt-
schaftsinformatik weit verbreitete Technology Acceptance Model (TAM) von Davis
et al. (1989), mit dem die Akzeptanz und die Nutzung von vor allem computergestützten
Technologien erklärt wird. Ein vereinfachtes Modell ist in Abb. 7.8 dargestellt. Dabei
wird unterstellt, dass die Intention zur Nutzung einer Technologie von der Wahrnehmung
der Nützlichkeit dieser Technology (H1) und von der Einfachheit der Nutzung (H2) abhängt. Die Einfachheit der Nutzung beeinflusst auch die wahrgenommene Nützlichkeit
(H3). Schließlicht erhöht die Intention der Nutzung auch die tatsächliche Nutzung (H4).
Es ist erkennbar, dass in diesem Modell mehrere Hypothesen bzw. ein Teil einer Theorie
gleichzeitig betrachtet und (später) überprüft werden bzw. wird.

Ein solches Modell wird als **Strukturmodell** bezeichnet. Es beschreibt Beziehungen
zwischen den **latenten Variablen** (Konzepten). Diese Variablen können in der Regel
nicht direkt beobachtet werden, aber mithilfe geeigneter **Messmodelle** geschätzt werden. Es geht also im nächsten Schritt um die Entwicklung und Anwendung dieser Messmodelle (ähnlich wie bei der Skalenentwicklung, siehe Abschn. 6.2), damit die Parameter des Modells geschätzt werden können. Dazu können im vorliegenden Beispiel für
die unterschiedlichen latenten Variablen verschiedene **Indikatoren** verwendet werden.
Beispielsweise lässt sich die wahrgenommene Nützlichkeit einer Technologie mit folgenden Indikatoren messen, wobei die Untersuchungsteilnehmenden zu den folgenden
Aussagen angeben sollen, inwieweit sie diesen Aussagen zustimmen, und zwar auf einer
Ratingskala mit den Werten von 1 („stimme überhaupt nicht zu") bis 7 („stimme voll und
ganz zu"):

Abb. 7.8 Beispiel eines Strukturmodells. (Vereinfachtes Technology Acceptance Model von Davis et al., 1989)

- *Produktivität:* „Die Nutzung dieser Technologie fördert meine Produktivität."
- *Effektivität:* „Die Nutzung dieser Technologie fördert meine Effektivität."
- *Leistung:* „Die Nutzung dieser Technologie verbessert meine Leistung."

Entsprechend wird bei der Generierung und Auswahl von Indikatoren (alle sind **manifeste Variablen**) für die anderen latenten Variablen verfahren. Eine (deutlich vereinfachte) Darstellung des Strukturmodells mit den entsprechenden Messmodellen findet sich in der Abb. 7.9.

Messfehler werden in solchen Modellen auf zweierlei Weise berücksichtigt: Jedem Indikator (z. B. „Produktivität" oder „Effektivität") ist ein Messfehler zugeordnet, der als nicht beobachtbar aufgefasst wird. Die Idee dahinter ist analog wie bei einem Regressionsmodell so zu verstehen, dass die latente Variable den Indikator erklärt, wobei der Messfehler wie ein Störterm in der Regressionsgleichung hinzuzufügen ist, denn die Erklärung des Indikators durch die latenten Variable ist nicht vollständig. Entsprechend wird auch den endogenen latenten Konstrukten (also Variablen, die im Modell durch andere Variablen erklärt werden, z. B. „Intention der Nutzung") jeweils eine Residualgröße

Abb. 7.9 Beispiel eines Struktur- und Messmodells. (Vereinfachtes Technology Acceptance Model von Davis et al., 1989 – hier ohne Berücksichtigung von Messfehlern)

(ein Messfehler) zugeordnet, mit der die durch die beeinflussenden Konstrukte (also „Wahrgenommene Einfachheit der Nutzung" und „Wahrgenommene Nützlichkeit") nicht erklärte Varianz abgebildet wird.

Die Messfehlerkonstruktion beruht auf der Idee, dass es sich bei den Indikatoren, die zur Schätzung der latenten Variablen verwendet werden, um sogenannte **reflektive Indikatoren** handelt. Entsprechend sind die Pfeile im Modell so gerichtet, dass die latente Variable und der Messfehler einen Indikator erklären. Es wird also angenommen, dass die latente Variable (z. B. „Wahrgenommene Nützlichkeit") die unterschiedlichen Ausprägungen der Indikatoren („Produktivität", „Effektivität", „Leistung") verursacht, dass also die Indikatoren gewissermaßen Unterschiede bei den zugehörigen latenten Variablen „reflektieren". Das ist eine durchaus plausible Annahme bei vielen sozialpsychologischen Phänomenen, wo man davon ausgeht, dass eine Beobachtung (z. B. eine verbale Äußerung) durch ein dahinterliegendes Konzept erklärbar ist: z. B. wird eine Äußerung wie „Ich mag die Marke Apple" durch die Einstellung zur Marke Apple „verursacht" und dadurch auch erklärt. Es gibt aber auch Konstrukte, bei denen die latente Variable durch die Indikatoren erklärt wird. Diese Indikatoren werden als **formative Indikatoren** bezeichnet.

Beispiel

Der Unterschied zwischen formativen und reflektiven Indikatoren lässt sich sehr anschaulich anhand des Beispiels der Trunkenheit und der Fahrtüchtigkeit erklären (siehe dazu Ringle et al., 2006, S. 83). Das Modell in der nachfolgenden Abbildung ist stark vereinfacht und weist keine Messfehler aus.

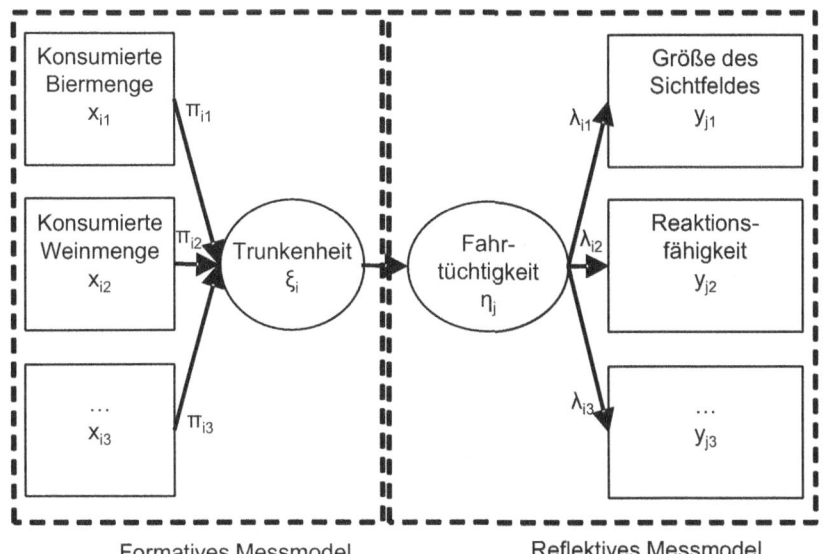

Formatives Messmodel   Reflektives Messmodel

Die latente Variable „Trunkenheit" wird mittels der formativen Indikatoren der konsumierten Alkoholika, die die Verursacher der Trunkenheit sind, gemessen. Je mehr konsumiert wird, desto stärker die Trunkenheit. Hier zeigt sich auch, wie wichtig die Vollständigkeit des Messmodells ist. Wird z. B. nur die konsumierte Weinmenge gemessen, nicht aber die konsumierte Biermenge, kommt es zu einer Fehlspezifikation und falschen Messung der Trunkenheit. Anders als bei formativen gilt für reflektive Messmodelle, dass die latente Variable der Ursprung von Veränderungen der Indikatorenwerte ist. Dadurch sind alle einer latenten Variablen zugeordneten Indikatoren hoch korreliert, wodurch auch die Elimination eines einzelnen reflektiven Indikators in der Regel kein Problem darstellt. Im Beispiel hat die Verschlechterung der Fahrtüchtigkeit einen Einfluss sowohl auf die Größe des Sichtfeldes als auch auf die Reaktionsfähigkeit. ◀

Strukturgleichungsmodelle, insbesondere die darin enthaltenen Messmodelle, werden heute auch oft genutzt, um die **Konvergenz- und Diskriminanzvalidität von Messungen** von Konstrukten zu prüfen (siehe dazu Abschn. 6.3.3). Dabei werden einerseits die Übereinstimmung mehrerer Indikatoren für dasselbe Konstrukt, d. h. die Korrelation der Indikatoren mit dem Konstrukt ($\rightarrow$ Konvergenzvalidität) und andererseits die Unterscheidungsfähigkeit von mehreren Konstrukten ($\rightarrow$ Diskriminanzvalidität) geprüft.

Die Schätzung der Parameter solcher Modelle erfordert komplexe und anspruchsvolle Methoden, für die entsprechende Software verfügbar ist, was natürlich ein tief gehendes Verständnis der Methoden für eine sinnvolle Anwendung keineswegs überflüssig macht.

Das Ergebnis einer solchen Schätzung zeigt dann, ob sich die theoretisch vermuteten Beziehungen zwischen den verschiedenen Variablen bestätigen lassen und wie stark diese Beziehungen sind. Für solche Aussagen muss mithilfe sogenannter Gütemaße beurteilt werden, inwieweit das Modell mit den erhobenen Daten übereinstimmt. Diese methodisch anspruchsvollen Fragen werden in der Literatur umfassend diskutiert. Für (relativ) leicht verständliche Darstellungen sei auf Hair et al. (2018) verwiesen.

Trotz aller theoretisch bestechenden Vorzüge der sogenannten Kausalanalyse gegenüber anderen Analysemethoden gibt es auch *Kritik* an deren Anwendungen in der Forschungspraxis. Hermann Diller (2004) fasst unter dem schönen Titel „Das süße Gift der Kausalanalyse" einige wichtige Aspekte zusammen, die aber nicht alle nur auf Strukturgleichungsmodelle zutreffen. Er kritisiert zunächst eine „Konstruktüberflutung" durch Anwender:innen solcher Modelle, wodurch die weitere Entwicklung und Überprüfung existierender Theorien eher behindert wird. Weiterhin wird eine verbreitete Nachlässigkeit bei der Operationalisierung von Konstrukten beklagt. Als drittes Problem spricht Diller (2004) die verbreitete Messung von abhängigen und unabhängigen Variablen bei derselben Datenquelle (z. B. derselben Auskunftsperson) an. Dadurch erhält man manchmal Ergebnisse, die weniger auf den Zusammenhang der Variablen als auf die Bemühung der Auskunftspersonen um konsistentes Antwortverhalten zurückzuführen sind.

Eine wesentlich umfangreichere und detailliertere Diskussion von Problemen bei der Anwendung von Strukturgleichungsmodellen stammt von Albers und Hildebrandt (2006). Diese Autoren kritisieren u. a., dass häufig die zur Messung verwendeten Indikatoren eher nach formalen Kriterien (z. B. Konsistenz der Messwerte) als im Hinblick auf eine angemessene Wiedergabe des theoretisch interessierenden Konzepts ausgewählt werden. Daneben wird auch die mangelnde Sorgfalt hinsichtlich der Unterscheidung zwischen reflektiven und formativen Indikatoren kritisiert (Diamantopoulos & Winklhofer, 2001), die wiederum gravierende Konsequenzen für die Aussagekraft von Ergebnissen haben kann. Letztlich sei hier an die bereits genannte Einschränkung im Hinblick auf Kausal-Aussagen erinnert, die u. a. dadurch begründet ist, dass die zugrunde liegenden Daten meist zu einem Messzeitpunkt erhoben wurden (sogenannte Querschnittsdaten) und dadurch die zeitliche Abfolge von Ursachen und Wirkungen nicht berücksichtigt wird.

Literatur

Aguinis, H., Cascio, W. F., & Ramani, R. S. (2017). Science's reproducibility and replicability crisis: International business is not immune. *Journal of International Business Studies, 48*, 653–663.

Aguinis, H., Dalton, D. R., Bosco, F. A., Pierce, C. A., & Dalton, C. M. (2011). Meta-analytic choices and judgment calls: Implications for theory building and testing, obtained effect sizes, and scholarly impact. *Journal of Management, 37*, 5–38.

Albers, S., & Hildebrandt, L. (2006). Methodische Probleme bei der Erfolgsfaktorenforschung – Messfehler, formative versus reflektive Indikatoren und die Wahl des Strukturgleichungs-Modells. *Zeitschrift für betriebswirtschaftliche Forschung, 58*, 2–33.

Allison, P. D. (1999). *Multiple regression: A primer*. Pine Forge Press.

Amrhein, V., & Greenland, S. (2017). Remove, rather than redefine, statistical significance. *Nature Human Behavior, 2*, 4.

Banks, G., O'Boyle, E., Pollack, J., White, C., Batchelor, J., Whelpley, C., Abston, K., Bennett, A., & Adkins, C. (2016). Questions about questionable research practices in the field of management: A guest commentary. *Journal of Management, 42*, 5–20.

Benjamin, D., et al. (2018). Redefine statistical significance. *Nature Human Behavior, 2*, 6–10.

Bettis, R. A., Ehtiraj, S., Gambardella, A., Helfat, C., & Mitchell, W. (2016). Creating repeatable cumulative knowledge in strategic management. *Strategic Management Journal, 37*, 257–261.

Bortz, J., & Döring, N. (2006). *Forschungsmethoden und Evaluation* (4. Aufl.). Springer.

Bosco, F., Aguinis, H., Field, J., Pierce, C., & Dalton, D. (2016). HARKing's threat to organizational research: Evidence from primary and meta-analytic sources. *Personnel Psychology, 69*, 709–750.

Cohen, J. (1988). *Statistical power analysis for the behavioral sciences* (2. Aufl.). Routledge.

Cohen, J. (1994). The earth is round (p <.05). *American Psychologist, 49*, 997–1003.

Cumming, G. (2012). *Understanding the new statistics. Effect sizes, confidence intervals, and meta-analysis*. Routledge.

Davis, F., Bagozzi, R., & Warshaw, P. (1989). User acceptance of computer technology. A comparison of two theoretical models. *Management Science, 35*, 982–1003.

Diamantopoulos, A., & Winklhofer, H. (2001). Index construction with formative indicators: An alternative to scale development. *Journal of Marketing Research, 38*, 269–277.

Diller, H. (2004). Das süße Gift der Kausalanalyse. *Marketing ZFP, 26*, 177.

Eisend, M. (2015). Have we progressed marketing knowledge? A meta-meta-analysis of effect sizes in marketing research. *Journal of Marketing, 79*, 23–40.

Ellis, P. D. (2010). *The essential guide to effect sizes: An introduction to statistical power, meta-analysis and the interpretation of research results*. Cambridge University Press.

Fisher, R. A. (1925). *Statistical methods for research workers*. Oliver and Boyd.

Franke, N. (2002). *Realtheorie des Marketing. Gestalt und Erkenntnis*. Mohr.

Gujarati, D. N., Porter, D. C., & Manoranjan, P. (2019). *Basic econometrics* (6. Aufl.). McGraw Hil.

Haig, B. (2013). The philosophy of quantitative methods. In T. Little (Hrsg.), *The Oxford handbook of quantitative methods* (S. 7–31). Oxford University Press.

Hair, J., Black, W., Babin, B., & Anderson, R. (2018). *Multivariate data analysis* (8. Aufl.). Prentice Hall.

Hollenbeck, J., & Wright, P. (2017). Harking, sharking, and tharking: Making the case for post hoc analysis of scientific data. *Journal of Management, 43*, 5–18.

Homburg, C. (2007). Betriebswirtschaftslehre als empirische Wissenschaft. Bestandsaufnahme und Empfehlungen. *Zukunft der Betriebswirtschaftslehre, ZfbF-Sonderheft, 56*, 27–60.

Hunt, S. (2010). *Marketing theory – Foundations, controversy, strategy, resource-advantage theory*. Routledge.

Jaccard, J., & Becker, M. (2002). *Statistics for the behavioral sciences* (4. Aufl.). Wadsworth.

Johnson, V. E. (2013). Revised standards for statistical evidence. *PNAS, 110*(48), 19313–19317.

Kelley, K., & Preacher, K. J. (2012). On effect size. *Psychological Methods, 17*, 137–152.

Kerr, N. (1998). HARKing: Hypothesizing after the results are known. *Personality and Social Psychology Review, 2*, 196–217.

Kruskal, W. (1968). Tests of statistical significance. In D. Sills (Hrsg.), *International encyclopedia of the social sciences* (S. 238–250). Macmillan.

Leung, K. (2011). Presenting post hoc hypotheses as a priori: Ethical and theoretical issues. *Management and Organization Review, 7*, 471–479.

Lipsey, M. W., & Wilson, D. T. (2001). *Practical meta-analysis*. Sage.

Logg, J. M., & Dorison, C. A. (2021). Pre-registration: Weighing costs and benefits for researchers. *Organizational Behavior and Human Decision Processes, 167*, 18–27.

McShane, B. B., Gal, D., Gelman, A., Robert, C., & Tackett, J. L. (2019). Abandon statistical significance. *The American Statistician, 73*, 235–245.

Meehl, P. (1967). Theory-testing in psychology and physics: A methodological paradox. *Philosophy of Science, 34*, 103–115.

Nickerson, R. (2000). Null hypothesis significance testing: A review of an old and continuing controversy. *Psychological Methods, 5*, 241–301.

Neuman, W. (2011). *Social research methods – Qualitative and quantitative approaches* (7. Aufl.). Pearson.

Nunnally, J. (1960). The place of statistics in psychology. *Educational and Psychological Measurement, 20*, 641–650.

Peter, J. (1991). Philosophical tensions in consumer inquiry. In T. Robertson & H. Kassarjian (Hrsg.), *Handbook of consumer behavior* (S. 533–547). Prentice-Hall.

Ringle, C., Boysen, N., Wende, S., & Will, A. (2006). Messung von Kausalmodellen mit dem Partial-Least-Squares-Verfahren. *Wirtschaftswissenschaftliches Studium, 35*, 81–87.

Romeijn, J. (2017). Philosophy of statistics. In E. N. Zalta (Hrsg.), *The Stanford encyclopedia of philosophy* (Spring 2017 Aufl.).

Rutz, O. J., & Watson, G. F., IV. (2019). Endogeneity and marketing strategy research: An overview. *Journal of the Academy of Marketing Science, 47*, 479–498.

Sawyer, A., & Peter, J. (1983). The significance of statistical significance tests in marketing research. *Journal of Marketing Research, 20*, 122–133.

Selvin, H., & Stuart, A. (1966). Data-dredging procedures in survey analysis. *The American Statistician, 20*, 20–23.

Shugan, S. (2002). Marketing science, models, monopoly models, and why we need them. *Marketing Science, 21*, 223–228.

Trafimow, D., & Marks, M. (2015). Editorial. *Basic And Applied Social Psychology, 37*, 1–2.

Wasserstein, R., & Lazar, N. (2016). The ASA's statement on p-values: Context, process, and purpose. *The American Statistician, 70*, 129–133.

Weiterführende Literatur

Ellis, P. D. (2010). *The essential guide to effect sizes: An introduction to statistical power, meta-analysis and the interpretation of research results*. Cambridge University Press.

Hair, J., Black, W., Babin, B., & Anderson, R. (2018). Multivariate data analysis (8. Aufl.). Prentice Hall.

Jaccard, J., & Becker, M. (2002). *Statistics for the behavioral sciences* (4 Aufl.). Wadsworth.

Test von Kausalbeziehungen

8

Zusammenfassung

Die Untersuchung von Kausalbeziehungen ist ein zentrales Anliegen der Wissenschaft. Für das Vorliegen von Kausalität ist eine Reihe von typischen Merkmalen und Bedingungen erforderlich (Abschn. 8.1). Man unterscheidet unterschiedliche Arten von Kausalbeziehungen, insbesondere direkte, indirekte und moderierte Kausalbeziehungen (Abschn. 8.2). Die Untersuchung von Kausalbeziehungen erfolgt typischerweise im Rahmen von Experimenten (Abschn. 8.3). Mit experimentellen Designs ist es möglich, die Bedingungen für das Vorliegen von Kausalität zu erfüllen. Als Gütekriterien für die Bewertung experimenteller Designs gelten die interne Validität und externe Validität. In bestimmten Situationen, in denen man wesentliche Prinzipien experimenteller Untersuchungen anwendet, ohne allen entsprechenden Anforderungen gerecht werden zu können, spricht man von Quasi-Experimenten. Ein weiteres Verfahren zu Untersuchung komplexer Kausalitäten ist die Qualitative Comparative Analysis (Abschn. 8.4).

8.1 Kennzeichnung und Relevanz von Kausalität

Es ist ein elementares Bedürfnis von Menschen, Dingen „auf den Grund" zu gehen, also die Ursachen z. B. für den Lauf der Gestirne oder die Gründe für ein glückliches Leben oder die Ursachen für wirtschaftliches Wachstum kennenzulernen. Menschen suchen nach Erklärungen. Godfrey-Smith (2003, S. 194) bringt das auf den Punkt: „Etwas zu erklären bedeutet, die Ursachen dafür zu beschreiben." Deswegen sei hier auch auf die Ausführungen zu wissenschaftlichen Erklärungen im Abschn. 2.3.2 verwiesen. Es verwundert also nicht, dass Fragen der Kausalität, die Suche nach Ursachen und Wirkungen, seit langem viele Menschen – nicht zuletzt in der Wissenschaft – bewegen.

© Springer Fachmedien Wiesbaden GmbH, ein Teil von Springer Nature 2023
M. Eisend und A. Kuß, *Grundlagen empirischer Forschung*,
https://doi.org/10.1007/978-3-658-42690-3_8

Gleichwohl gibt es im wissenschaftstheoretischen und philosophischen Schrifttum unterschiedliche Auffassungen und umfassende Diskussionen über Wesen und Kennzeichnung von Kausalität (siehe z. B. Godfrey-Smith, 2003, S. 194 ff.).

Im vorangehenden Kap. 7 stand ja der Test von Hypothesen im Mittelpunkt, wobei im wissenschaftlichen Kontext vor allem der Test im Hinblick auf *Beziehungen* zwischen Variablen interessiert. Im vorliegenden Kapitel geht es also um eine besondere Art von Beziehungen, sogenannte **Kausalbeziehungen,** die eine besondere Aussagekraft haben und bei denen (deswegen) auch besondere Anforderungen an die Art der Beziehungen zwischen Variablen gestellt werden. Im ersten Abschnitt geht es zunächst um wesentliche Merkmale von **Kausalität;** anschließend werden Arten von Kausalbeziehungen skizziert. In den weiteren Teilen des Kapitels geht es hauptsächlich um grundlegende Ideen bei der Durchführung von Experimenten, der für die Untersuchung von Kausalzusammenhängen typischen Methode.

Mit der Frage „Was ist Kausalität?" beschäftigt man sich in der philosophischen Literatur seit bald 400 Jahren. Diese Diskussion kann und soll in einem betriebswirtschaftlichen Lehrbuch natürlich nicht nachvollzogen werden. Zusammenfassende Darstellungen bieten u. a. Humphreys (2000), Mumford und Anjum (2013) und Psillos (2002). Auch wer die Einzelheiten dieser Diskussion nicht nachvollziehen kann oder will, wird die Relevanz von Kausalität leicht anhand einiger Beispiele einschätzen können. Durch die folgenden Beispiele aus verschiedenen Bereichen von Wirtschaft, Gesellschaft und Naturwissenschaften/Technik sollte deutlich werden, „dass Kausalität ein mentales Modell ist, das uns hilft, über unsere Umwelt nachzudenken, unsere Gedanken zu ordnen, zukünftige Ereignisse vorherzusagen und sogar künftige Ereignisse zu beeinflussen" (Jaccard & Jacoby, 2020, S. 154). Ausgehend von diesen Beispielen (vgl. Mumford & Anjum, 2013, S. 1) sollen dann allgemeinere Merkmale von Kausalität charakterisiert werden.

1. **Gesellschaft:** Individuelle Verhaltensweisen und deren Konsequenzen; z. B. gelten nachlässige Erziehungsbemühungen von Eltern als eine mögliche Ursache für schlechte schulische Leistungen von Kindern. Wenn es hier keinen Kausalzusammenhang gäbe, könnte man nicht von (Mit-) Verantwortung der Eltern sprechen.
2. **Recht:** Menschliches Verhalten (z. B. im Straßenverkehr) kann zu physischen oder materiellen Schädigungen bei anderen Personen führen. Ohne eine Kausalbeziehung „Verhalten → Schädigung" könnte es keine Feststellung von Schuld oder Ansprüchen geben.
3. **Technik:** Bei Unfällen, technischen Defekten etc. sucht man typischerweise nach den Ursachen (Unfallursachen, Einsturzursachen etc.) dafür, einerseits um die Verantwortlichkeit zu klären und eine Schadensregulierung daraus abzuleiten. Andererseits will man daraus lernen und entsprechende Risiken in Zukunft vermindern oder beseitigen. Dazu bedarf es oftmals der Analyse einer **„Kausalkette",** also der einzelnen Schritte zwischen einer *Ursache* und der letztlich daraus entstandenen *Folge bzw. Wirkung* (siehe Abschn. 8.2). So könnte der Einsturz einer Brücke (in laienhafter Vorstellung)

durch folgende Kausalkette zustande gekommen sein: Stahlarmierung der Beton-
brücke schlecht gegen Nässe geschützt → Schnelle Verrostung tragender Teile → In-
stabilität der Brücke → Einsturz.

4. **Medizin:** In der medizinischen Forschung und Praxis gehört es zu den Selbstver-
   ständlichkeiten einer Diagnose, beim Auftreten von Krankheitssymptomen nach den
   entsprechenden *Ursachen* zu suchen, um eine Therapie zu entwickeln (z. B. erhöhter
   Blutdruck erhöht das Infarktrisiko).

5. **Gesamtwirtschaft:** Hier findet man in den Medien fast täglich Berichte und Analysen, in denen mehr oder weniger fundiert oder spekulativ nach Ursachen für aktuelle gesamtwirtschaftliche Entwicklungen gesucht wird, z. B. „Wachsende Binnen-
   Nachfrage *verursacht* konjunkturellen Aufschwung".

6. **Börsen:** Auch hier findet man laufende Berichterstattung in den Medien, deren
   wesentlicher Bestandteil Vermutungen (bzw. Hypothesen) über *Gründe* für aktuelle
   Kurs-Entwicklungen sind, z. B. „steigende Zinsen führen zu fallenden Aktienkursen".

7. **Management:** Bei der Leistungsbeurteilung von Manager:innen muss man eine
   Ursache-Wirkungs-Beziehung zwischen deren Maßnahmen und Entscheidungen
   auf der einen Seite und den resultierenden Wirkungen hinsichtlich der Ziel-/Erfolgs-
   größen unterstellen.

8. **Marketing:** Als Beispiel für (unterstellte) Kausalzusammenhängen sei hier die
   Realisierung einer Verkaufsförderungsaktion (befristete Preissenkung und Sonder-
   platzierung im Handel) genannt. Wie könnte jemand den Einsatz von Ressourcen
   dafür verantworten, wenn sie:er nicht einen Kausalzusammenhang zu einer kurz-
   fristigen Absatzsteigerung (Kausalkette: Verkaufsförderungsaktion → Anregung von
   Kund:innen zu Versuchskäufen, Markenwechsel, Bevorratung → erhöhter Absatz)
   unterstellen würde?

Derartige Überlegungen zu Kausalitäten sind uns ganz selbstverständlich geworden.
Welches sind nun typische Gemeinsamkeiten solcher (und natürlich auch anderer)
Kausalzusammenhänge? Welche Merkmale sind charakteristisch für Kausalbeziehungen
und dienen dann (folgerichtig) dazu, bei einer empirischen Untersuchung zu entscheiden,
ob ein Kausalzusammenhang vorliegt oder nicht? Der erste Aspekt bezieht sich auf
die **gemeinsame Variation von Grund und Effekt.** Man sieht in obigem Beispiel (4),
dass vielleicht erhöhter Blutdruck mit einem erhöhten Infarktrisiko verbunden ist, und
in Beispiel (8), dass verstärkte Verkaufsförderung mit höheren Verkaufszahlen einher-
geht. In gedanklicher Verbindung zum ersten Merkmal steht die Möglichkeit zur **Intervention** bzw. **Manipulation** der (vermuteten) Ursache, mit dem Ziel, die gewünschte
(und ebenfalls vermutete) Wirkung zu erzielen. So könnte man in Beispiel (1) daran
denken, das Verhalten von Eltern durch Schulung oder Kommunikation zu verändern,
um dann besseren Schulerfolg der Kinder zu erreichen. Im Beispiel (4) beinhaltet der
Begriff der Therapie ja schon den Versuch, Ursachen einer Erkrankung zu beseitigen.
Auch für Beispiel (5) findet man in der Steuer- und Subventionspolitik von Regierun-
gen und der Zinspolitik von Notenbanken immer wieder Beispiele. Allerdings gibt es

auch Kausalbeziehungen, bei denen solche Interventionen nicht möglich sind (s. u.). Drittes typisches Merkmal ist die **zeitliche Abfolge** in dem Sinne, dass die Veränderung des (vermuteten) Grundes dem (vermuteten) Effekt vorausgeht. Dabei kann es sich um einen zeitlichen Abstand im Sekundenbereich (z. B. bei einem Verkehrsunfall, der durch menschliches Fehlverhalten *verursacht* wurde; siehe Beispiel (2)) oder in der Größenordnung von Jahren handeln (z. B. bei der langfristigen Schädigung einer Brücke im Beispiel (3)). Viertens geht man von einem **Ausschluss alternativer Erklärungsmöglichkeiten** aus, dessen Sicherstellung ein wesentliches und oftmals komplexes Problem in der empirischen Forschung darstellt. So könnten im Beispiel (1) schlechte schulische Leistungen auch durch Lehrer:innen verursacht sein, im Beispiel (3) könnte die Brücke auch wegen schlechter Qualität des Betons eingestürzt sein und im Beispiel (8) könnten die Verkaufszahlen auch gestiegen sein, weil *allgemein* die Nachfrage im jeweiligen Markt gewachsen ist. Erst wenn man derartige (andere) mögliche Gründe für den beobachteten Effekt ausschließen kann, dann kann dieser Effekt ja nur durch den jeweils einzig verbliebenen Grund verursacht worden sein. Letztlich muss es einen **sinnvollen theoretischen Zusammenhang** zwischen Grund und Effekt geben. Auch wenn man im Beispiel (6) eine Gemeinsamkeit von Schwankungen der Außentemperatur und der DAX-Entwicklung feststellen könnte und eine Temperatursteigerung regelmäßig einer positiven Entwicklung der Kurse vorausginge und auch sonst (zunächst) keine möglichen Ursachen für die Kursschwankungen erkennbar wären, käme wohl kaum jemand auf die Idee, hier einen Kausalzusammenhang zu vermuten. Im vorliegenden Abschnitt sollen diese fünf Aspekte noch etwas genauer beleuchtet werden.

Hintergrundinformation

Karl Popper (2005, S. 84) kennzeichnet seine Sicht der Bedeutung theoretischer Grundlagen für experimentelle Untersuchungen:

> „Der Experimentator wird durch den Theoretiker vor ganz bestimmte Fragen gestellt und sucht durch seine Experimente für diese Fragen und nur für sie eine Entscheidung zu erzwingen; alle anderen Fragen bemüht er sich dabei auszuschalten."

Hinsichtlich eines Aspekts kann man bei den acht skizzierten Beispielen allerdings auch einen wesentlichen Unterschied entdecken. Bei einigen Beispielen bezieht sich der jeweilige Kausalzusammenhang auf bestimmte Einzelfälle, in anderen Beispielen hat man es mit eher allgemein gültigen Zusammenhängen zu tun. So findet man in den obigen Beispielen zur Rechtsprechung (2) typischerweise einzelfallbezogene Feststellungen zu Schuld und Verantwortung, in der Medizin (4) für einzelne Patient:innen erstellte Diagnosen und bei der Einschätzung der Leistungen von Manager:innen (7) individuelle Beurteilungen. Dagegen werden in den Beispielen (3), (6) und (8) Kausalbeziehungen verwendet, die über Einzelfälle hinaus allgemeinere Gültigkeit haben. Nancy Cartwright (2014) unterscheidet in diesem Sinne **singuläre** und **generelle Kausalbeziehungen.** Sicher ist in den auf die Entwicklung und Prüfung von Theorien (siehe Abschn. 2.1) ausgerichteten Wissenschaften das Interesse an generellen Kausalbeziehungen größer. Es sei aber vermerkt, dass in manchen Wissenschaften (z. B. in der Geschichtswissenschaft) die Fokussierung auf wichtige Einzelfälle eine große Rolle spielt (z. B. „Was waren die Ursachen des 1. Weltkrieges?"). Daneben kann die Analyse von Einzelfällen auch in anderen Disziplinen in frühen Stadien der Forschung hilfreich sein (siehe Abschn. 4.3.2). Im vorliegenden Kapitel stehen aber generelle Beziehungen im Mittelpunkt des Interesses, weil ja der Test von Kausalhypothesen (typischerweise durch Experimente, siehe Abschn. 8.3) auf generelle Kausalbeziehungen ausgerichtet ist.

Nun zum *ersten* Merkmal von Kausalbeziehungen, der **gemeinsamen Variation von Grund und Effekt.** Kausalbeziehungen kann man am ehesten beobachten, wenn Grund und Effekt gemeinsam variieren. Wenn man beispielsweise mehrfach beobachtet, dass Zinsen sinken und anschließend jeweils Wirtschaftswachstum eintritt, dann spricht das für einen entsprechenden (Kausal-)Zusammenhang. Wenn Zinsen und Wirtschaftswachstum konstant bleiben, dann wird kein Anhaltspunkt für einen Zusammenhang sichtbar. Wenn sich das Wachstum bei konstant bleibenden Zinsen verändert, dann spricht das eher gegen einen Zusammenhang. Eine Veränderung des Grundes führt also bei Kausalzusammenhängen zu einer Veränderung bzw. zu einem Unterschied beim Effekt (Psillos, 2002, S. 6).

Wie kann man sich nun den Zusammenhang zwischen Grund und Effekt vorstellen? In Naturwissenschaften und Technik hat man es häufig mit deterministischen Beziehungen zu tun, d. h. der Effekt tritt immer (unter allen Bedingungen wie Ort, Situation, Zeitpunkt etc.) nach Auftreten des Grundes – häufig in exakt bestimmbarer Weise – ein; z. B. sinkt bei verringerter Temperatur der Widerstand eines Elektrokabels. Solche Art von Zusammenhängen findet man in den Sozialwissenschaften (einschl. der Betriebswirtschaftslehre) kaum. Hier sind eher Aussagen über Wahrscheinlichkeiten bzw. (bei hinreichend großer Fallzahl) Aussagen über (relative) Häufigkeiten oder Korrelationen typisch. Nancy Cartwright (2014, S. 312) fasst die grundlegende Idee einfach und klar zusammen: „Wenn ein ‚Grund' gegeben ist, dann sollte der ‚Effekt' stärker ausgeprägt sein als wenn er nicht gegeben ist. Das ist die Grundidee der Wahrscheinlichkeitstheorie der Kausalität".

Diese Art der Feststellung von Zusammenhängen zwischen Grund und Effekt unterscheidet sich kaum von der Analyse von Beziehungen zwischen Variablen, die im Zusammenhang mit Hypothesentests im Kap. 7 erörtert wurden. Dementsprechend ist den vorstehenden Ausführungen schon zu entnehmen, dass bei einem Kausalzusammenhang weitere Anforderungen (s. u.) erfüllt sein müssen. Gemeinsame Variation von Grund und Effekt ist also nur eine notwendige, keineswegs hinreichende Bedingung für einen Kausalzusammenhang. Dementsprechend gilt der allgemein bekannte Grundsatz: **„Korrelation ≠ Kausalität".** Im Hinblick auf Kausalität kann man aber bei nicht vorhandener Korrelation immerhin feststellen, dass dann auch kein Kausalzusammenhang vorliegen kann.

Der *zweite* Gesichtspunkt, die Möglichkeit zur **Intervention/Manipulation,** hat wichtige praktische und methodische Konsequenzen. Einerseits geht es um die Nutzung des Wissens um Kausalzusammenhänge für Gestaltungsaufgaben, z. B. in den eingangs dieses Abschnitts genannten Beispielen (3) Maßnahmen beim Bau einer Brücke, (4) Festlegung einer Therapie, (5) wirtschaftspolitische Intervention oder (8) Realisierung einer Verkaufsförderungsmaßnahme. Kausalbeziehungen sind also gewissermaßen „Rezepte": Wenn man eine Kausalbeziehung kennt, dann kann man Ursachen so gestalten, dass man bestimmte Wirkungen erzielt bzw. verhindert (Psillos, 2002, S. 6). Bei empirischen Untersuchungen zur Kausalität – in der Regel mit Experimenten – gehört die Manipulation von unabhängigen Variablen und die Beobachtung, ob sich die abhängigen Variablen in der erwarteten Weise verändern, zur „klassischen" Vorgehensweise (siehe Abschn. 8.3). Es gibt aber durchaus Kausalzusammenhänge, bei denen diese Art der Untersuchung nicht möglich ist. Beispielsweise können Historiker:innen zwar nach den Ursachen für ein bestimmtes Ereignis fragen, haben aber keine Möglichkeit zum Test ihrer Vermutungen mithilfe von Manipulationen; ähnliches gilt wohl auch für Astronom:innen. In den Sozialwissenschaften hat man es auch teilweise mit Situationen zu tun, in denen die Manipulation einer unabhängigen Variablen nicht möglich (zu großer Aufwand, hohes Risiko) oder ethisch nicht akzeptabel (z. B. wegen psychischer oder physischer Schädigung von Versuchspersonen) ist. In solchen Fällen versucht man oftmals, mit sogenannten Quasi-Experimenten (siehe Abschn. 8.3.3) zu vergleichbaren Ergebnissen zu kommen.

Hintergrundinformation
An dieser Stelle soll noch auf eine interessante Beziehung zu einem im Abschn. 3.2 angesprochenen grundlegenden Aspekt verschiedener wissenschaftstheoretischer Grundpositionen hingewiesen werden. Dort ging es um die Position des Realismus auf der einen und des Konstruktivismus auf der anderen Seite. Wenn man (in konstruktivistischer Sicht) nicht davon ausgeht, dass eine Realität existiert, die von Wahrnehmungen und Interpretationen des:der Betrachter:in unabhängig ist, dann hat die Durchführung von Experimenten kaum Sinn. Unter dieser Voraussetzung könnte die Manipulation realer Phänomene kaum Einfluss auf Konzepte und Theorien haben, die nur in den Köpfen von Wissenschaftler:innen existieren und mit der Realität wenig zu tun haben. Ian Hacking (1996, S. 432 ff.) hat darauf aufmerksam gemacht, dass die Manipulation von möglichen Ursachen und die Beobachtung der Wirkungen eben voraussetzt, dass die entsprechenden Gegenstände in der Realität existieren. „Wenn man eine Entität tätig beeinflusst, um an etwas anderem zu experimentieren, muss man an die Existenz jener Entität glauben" (Hacking, 1996, S. 432).

Theodore Arabatzis (2008, S. 164) erläutert den Konflikt zwischen einer wissenschaftstheoretischen Position des Konstruktivismus und einer experimentellen Vorgehensweise:

> „Der frühen und radikalsten Position des sozialen Konstruktivismus entsprechend sind die Einflüsse der Realität auf die Ergebnisse wissenschaftlicher Tätigkeit minimal. Daten werden ausgewählt oder sogar produziert in einem Prozess, der die sozialen Interaktionen in der relevanten wissenschaftlichen Gemeinschaft widerspiegelt. Deswegen sollte man nicht auf die reale Welt verweisen, um die Entstehung und Akzeptanz wissenschaftlicher Erkenntnis zu erklären."

Als *drittes* Merkmal für Kausalität war die zeitliche Abfolge **„Grund vor Effekt"** genannt worden. Die Einschätzung, welche Variable bei einer Kausalbeziehung der Grund ist und welche der Effekt, ist natürlich in der Regel durch substanzwissenschaftliche Überlegungen zu beantworten. Gleichwohl ist die Antwort nicht immer eindeutig. So könnte man sich vorstellen, dass bei einer positiven Korrelation zwischen Werbe-Aufwand und Profitabilität von Geschäftsfeldern sowohl der Werbe-Aufwand die Profitabilität beeinflusst als auch die Profitabilität (über die verfügbaren finanziellen Mittel) den Werbe-Aufwand (siehe dazu auch die Simultanität als Endogenitätsproblem in Abschn. 7.5). Hier kann die Analyse der zeitlichen Abfolge Aufschluss bringen. Grundsätzlich geht man davon aus, dass die vermutete Ursache vor der Wirkung auftritt. Wenn man also im Beispiel beobachtet hat, dass regelmäßig erst der Werbe-Aufwand stieg und später die Profitabilität, dann spricht das eben für eine Kausalbeziehung „Werbe-Aufwand → Profitabilität". Das gilt auch für Fälle, in denen bestimmte erwartete Ereignisse (z. B. Änderungen von Steuern, Preisentwicklungen) antizipiert werden und darauf reagiert wird, weil in solchen Fällen die Reaktionen nicht durch diese (oftmals recht unbestimmten) zukünftigen Ereignisse, sondern durch die vorher existierenden Vermutungen darüber und entsprechende Erwartungen verursacht sind.

Die zentrale Idee beim *vierten* Merkmal **„Ausschluss alternativer Erklärungsmöglichkeiten"** ist recht plausibel: Wenn man eine bestimmte Ursache für einen Effekt vermutet und in der Lage ist, alle anderen möglichen Ursachen als Erklärung auszuschließen, dann bleibt ja nur noch die zuvor vermutete Ursache zur Erklärung üblich. Alternative Erklärungsmöglichkeiten können sowohl substanzwissenschaftlicher als auch methodischer Art sein. So könnten Gründe für eine gemessene Einstellungsänderung bei Konsument:innen vielleicht beim Einfluss von Kommunikation, bei einem Wertewandel oder bei neuen Erfahrungen liegen. Die gemessene Einstellungsänderung könnte aber auch auf einen (systematischen oder zufälligen) Messfehler zurückzuführen sein. Man wird in der betriebswirtschaftlichen Forschungspraxis meist nicht alle denkbaren alternativen Erklärungsmöglichkeiten für ein Ergebnis ausschließen können. Aber das Untersuchungsdesign sollte so angelegt sein, dass zumindest die wichtigsten (einschließlich der methodisch begründeten) keine Rolle spielen können. In diesem Zusammenhang spielt in experimentellen Untersuchungsdesigns die Konstanthaltung von Einflussvariablen und vor allem die Verwendung von Versuchs- und Kontrollgruppen eine wesentliche Rolle (siehe Abschn. 8.3). Durch die Verwendung von Versuchs- (mit Wirkung des vermuteten Grundes) und Kontrollgruppen (ohne Wirkung des vermuteten Grundes) und die Interpretation der Ergebnisse im Vergleich beider Gruppen erreicht man, dass andere Einflussvariablen in beiden Gruppen in gleicher Weise wirken und die Differenz zwischen den Gruppen-Ergebnissen auf die Wirkung des Grundes zurückgeführt werden kann. Voraussetzung dafür ist allerdings, dass zwischen den beiden Gruppen keine systematischen Unterschiede existieren, was man meist durch *Randomisierung* der Gruppenzuordnung erreicht.

Die Randomisierung der Zuordnung von Versuchspersonen zu Experimental- und Kontrollgruppen gilt als entscheidender Baustein vieler experimenteller Designs (Shadish et al., 2002; Crasnow, 2019). Ausgangspunkt für die entsprechenden Überlegungen ist die von John Stuart Mill (1806–1873) formulierte „Differenzmethode". Diese bezieht sich darauf, dass Fälle, in denen ein interessierender Effekt auftritt, und Fälle, in denen dieser Effekt nicht auftritt, sich nur im Hinblick auf ein bestimmtes Merkmal unterscheiden (→ Differenz), das nur bei den Fällen in der ersten Gruppe (mit Effekt) auftritt. Unter dieser Bedingung wird dieses Merkmal als *Ursache* des Effekts angesehen (nach Mill, 1843).

Wenn man diese Idee auf sozialwissenschaftliche Untersuchungen überträgt, bei denen man typischerweise in Experimenten Gruppen von Versuchspersonen miteinander vergleicht, dann müsste man davon ausgehen, dass zwischen Versuchs- und Kontrollgruppen *kein systematischer Unterschied* besteht außer der Wirkungsmöglichkeit der unabhängigen Variablen in der Versuchsgruppe. Man würde im Hinblick auf den erwarteten Effekt keine Einzelfälle betrachten, sondern eher Messwerte, die für die jeweilige Gruppe stehen, in den meisten Fällen wohl Mittelwerte oder relative Häufigkeiten einer abhängigen Variablen. Wenn diese Werte in Versuchs- und Kontrollgruppe sich deutlich (zünftig ausgedrückt: signifikant) unterscheiden, dann spricht das für das Vorliegen eines Kausalzusammenhangs.

Wie kann man erreichen, dass zwischen Versuchs- und Kontrollgruppe kein systematischer Unterschied außer der Wirkung der untersuchten unabhängigen Variablen existiert? In den Naturwissenschaften werden Experimente oft so gestaltet, dass man *im Labor* mögliche Einflüsse anderer Variabler konstant hält. In den Sozialwissenschaften ist das so kaum möglich, weil unübersehbar viele psychische, situative, physische oder soziale Einflussfaktoren die Ergebnisse beeinflussen können, da sich die beiden Untersuchungsgruppen im Hinblick auf all diese Merkmale unterscheiden *können*. Der wichtigste Lösungsansatz besteht in der *Randomisierung der Zuordnung* der Versuchspersonen zu den Untersuchungsgruppen durch einen Zufallsmechanismus. Man gelangt auf diesem Wege zu dem typischen (und erwünschten) Ergebnis: Die verschiedenen Vergleichsgruppen unterscheiden sich in den weitaus meisten Fällen – abgesehen von den betrachteten unabhängigen Variablen – nur geringfügig (*nicht* signifikant) und nur in wenigen Fällen deutlich, wofür die entsprechenden Wahrscheinlichkeiten berechenbar sind. John Worrall (2002) weist besonders darauf hin, dass man dieses Problem trotz der geringen Wahrscheinlichkeiten nicht einfach vernachlässigen sollte, sondern dass man bei experimentellen Untersuchungen eben damit rechnen muss, dass solche Konstellationen *vereinzelt* auftreten.

Origineller und nicht minder gewichtig, aber ein wenig komplizierter ist ein zweiter Einwand von Worrall (2002). Er setzt an bei der großen Vielzahl von Einflussfaktoren (s. o.) im sozialwissenschaftlichen (übrigens auch im medizinischen) Bereich hinsichtlich derer sich Unterschiede zwischen verschiedenen Untersuchungsgruppen ergeben können. Wenn diese Zahl sehr groß ist, dann kann es trotz geringer Wahrscheinlichkeiten für große Unterschiede eben öfter sein, dass sich in einer experimentellen Untersuchung bei einzelnen dieser Einflussfaktoren deutliche Unterschiede zeigen, die wiederum *alternative Erklärungsmöglichkeiten* für einen Einfluss auf die abhängige Variable sein könnten, was man ja mit einem experimentellen Design ausschließen wollte. „Sogar wenn die Wahrscheinlichkeit für eine unausgewogene Verteilung einzelner Einflussfaktoren gering ist und wenn es unendlich viele mögliche Störfaktoren gibt, dann folgt daraus wohl, dass die Wahrscheinlichkeit für irgendeinen Störfaktor, hinsichtlich dessen die beiden experimentellen Gruppen deutlich verschieden sind, groß sein kann." (Worrall, 2002, S. 324). Dieser Einwand von Worrall vergrößert die Unsicherheit bei der Interpretation experimenteller Ergebnisse im sozialwissenschaftlichen Bereich, es ist aber weder ein Ansatz zu deren Quantifizierung noch eine Möglichkeit für entsprechende Änderungen experimenteller Designs erkennbar.

Eine Art von Kausalbeziehungen in Form der sogenannten **„INUS-Bedingung"** berücksichtigt explizit die Möglichkeit, dass mehrere Ursachen und bestimmte Bedingungen für eine Wirkung gegeben sein können. Das dürfte vielen sozialwissenschaftlichen und damit auch betriebswirtschaftlichen Fragestellungen eher entsprechen als eine simple Beziehung von nur je einer möglichen Ursache und Wirkung. „INUS" ist eine Abkürzung für *I*nsufficient (nicht hinreichend) – *N*ecessary (notwendig) – *U*nnecessary (nicht notwendig) – *S*ufficient (hinreichend) (siehe z. B. Bagozzi, 1980, S. 16 ff.; Psillos, 2002, S. 87 ff.). Was ist mit dieser (zunächst etwas kryptisch wirkenden) Bezeichnung gemeint? „Eine Ursache kann angesehen werden als ein nicht hinreichender, aber notwendiger Teil von Bedingungen, die selbst nicht notwendig, aber hinreichend für das Ergebnis sind" (Bagozzi, 1980, S. 17). Da die zentrale Idee damit vielleicht immer noch nicht ganz leicht verständlich ist, hier ein Beispiel zu einer Kausalbeziehung „Werbebotschaften verändern Einstellungen":

- *„nicht notwendig für das Ergebnis":* Einstellungsänderungen können auch anders zustande kommen (z. B. durch direkte Erfahrungen), Werbung ist also *nicht notwendig* für Einstellungsänderungen.
- *„nicht hinreichender Teil der Bedingungen":* Werbebotschaften allein verändern noch keine Einstellungen (sind also *nicht hinreichend*), sondern nur unter den Bedingungen, dass sie den:die Empfänger:in auch erreichen, dass hinreichend hohes Involvement gegeben ist usw.
- *„hinreichend für das Ergebnis":* Wenn die Bedingungen (s. o.) eingehalten sind, dann entsteht die Einstellungsänderung als Wirkung der Werbung; die Werbung wäre also unter diesen Bedingungen *hinreichend*.
- *„notwendiger Teil von Bedingungen":* Wenn die Werbebotschaft gar nicht vorhanden wäre, dann würden sich unter den gegebenen Bedingungen die Einstellungen nicht ändern, die Werbung wäre also in diesem Kontext *notwendig* für die Einstellungsänderung.

In Abb. 8.1 wird das vorstehend skizzierte Beispiel einer INUS Bedingung grafisch verdeutlicht.

Abb. 8.1 Beispiel zu INUS-Bedingungen

Beispiel

Ein weiteres Beispiel von Psillos (2004, S. 277) möge die etwas komplizierte INUS-Bedingung zusätzlich illustrieren:

„Wenn man sagt, dass Kurzschlüsse Hausbrände verursachen, dann meint man, dass der Kurzschluss eine INUS-Bedingung für Hausbrände ist. Er ist nicht hinreichend, weil er das Feuer nicht allein verursachen kann (andere Bedingungen wie Sauerstoff, entflammbares Material etc. müssen gegeben sein). Der Kurzschluss ist nichtsdestoweniger ein notwendiger Teil, weil ohne ihn der Rest der Bedingungen nicht hinreichend für das Feuer wäre. Er ist nur ein Teil, nicht das Ganze einer hinreichenden Bedingung (zu der auch Sauerstoff, Vorhandensein entflammbaren Materials etc. gehören), aber die ganze hinreichende Bedingung ist nicht notwendig, weil auch andere Kombinationen von Bedingungen, z. B. ein:e Brandstifter:in mit Benzin, ein Feuer verursachen können." ◄

Nach diesem kleinen gedanklichen „Ausflug" nun zurück zu den Merkmalen von Kausalzusammenhängen, hier dem *fünften* Merkmal, dass der Zusammenhang **sinnvoll theoretisch fundiert** sein muss. Schon das Wort „kausal" legt ja nahe, dass es hier nicht um irgendwelche mehr oder weniger zufälligen Zusammenhänge gehen kann, sondern um systematische und wohlbegründete Beziehungen zwischen Variablen. In den Sozialwissenschaften ist es deshalb verbreitet, dazu eine „Kausalkette" zu entwickeln, mit der schrittweise die Beziehung zwischen Grund und Effekt dargelegt und begründet wird (Cartwright, 2014). So könnte eine solche Kausalkette beim schon angesprochenen Zusammenhang zwischen Werbung und Einstellungsänderung (vereinfacht) etwa folgendermaßen aussehen: Werbung erscheint im Fernsehen → Konsument:in schaut zu und nimmt die Botschaft auf → Botschaft zeigt kognitive und/oder emotionale Wirkungen → Veränderung bisheriger Einschätzungen und Bewertungen → Einstellungsänderung. Ein gedankliches und empirisches Mittel, um solche Kausalketten zu analysieren, sind sogenannte „Mediatoren", auf die im Abschn. 8.2 eingegangen wird.

Im Hinblick auf die Forderung nach theoretischer Begründung eines Kausalzusammenhanges ist allerdings zu bedenken, dass dadurch das Problem der *Theoriebeladenheit* (siehe Abschn. 3.3.) verschärft werden könnte (Arabatzis, 2008). Entsprechende empirische Untersuchungen (Experimente) sind ja typischerweise auf *vorher* theoretisch begründete Hypothesen ausgerichtet und entsprechend gestaltet. Damit verbunden kann natürlich auch die Wahrnehmung und Interpretation von Ergebnissen durch die Forschenden sein, die ja in den meisten Fällen auch „Anhänger:innen" der jeweiligen Theorie sind und oft versuchen, diese zu bestätigen. Peter (1991) verweist auch darauf, dass in der Forschungspraxis (gelegentlich? häufig?) ein Untersuchungsdesign so lange Pretests und Veränderungen unterzogen wird, bis sich das angestrebte Ergebnis einstellt (siehe Abschn. 10.2.2).

Hintergrundinformation
David de Vaus (2001, S. 36) erläutert, warum eine theoretische Begründung für die Annahme einer Kausalbeziehung wesentlich ist:

> „Die Behauptung von Kausalität muss sinnvoll sein. Wir sollten in der Lage sein, zu erläutern, wie X Einfluss auf Y ausübt, wenn wir auf eine Kausalbeziehung zwischen X und Y schließen wollen. Selbst wenn wir empirisch nicht zeigen können, wie X Einfluss auf Y hat, müssen wir eine plausible Erläuterung für den Zusammenhang geben können (plausibel im Sinne von anderer Forschung, aktueller Theorie etc.)."

Von den fünf in diesem Abschnitt diskutierten Merkmalen einer Kausalbeziehung, die für die Gestaltung experimenteller Untersuchungen maßgeblich sind (siehe Abschn. 8.3.1), betrifft nur eines, die gemeinsame Variation von Grund und Effekt, direkt die Methoden statistischer Analyse, weil es hier um die Feststellung von (signifikanten) Unterschieden, Zusammenhängen bzw. Veränderungen geht. Die zuletzt angesprochene Forderung nach einer theoretischen Grundlage liegt natürlich außerhalb des methodischen Bereichs. Die drei anderen Merkmale (Manipulation, zeitliche Abfolge Grund vor Effekt, Ausschluss alternativer Erklärungsmöglichkeiten) betreffen in erster Linie das Untersuchungsdesign. „Die Möglichkeit, einen Kausalzusammenhang zwischen zwei Variablen festzustellen, hängt vom jeweiligen Untersuchungsdesign ab, nicht von den statistischen Methoden, die zur Analyse der erhobenen Daten verwendet werden" (Jaccard & Becker, 2002, S. 248). Empirische Methoden zur Überprüfung von Kausalbeziehungen sind typischerweise Experimente, denn bei Experimenten findet sich eine enge Korrespondenz zwischen den vorstehend umrissenen fünf Kriterien für eine Kausalbeziehung und den zentralen Elementen experimenteller Designs (siehe Abschn. 8.3).

Exkurs: Experimente mit anderer Zielsetzung
Im vorliegenden Kapitel wird dargestellt, dass eine große Übereinstimmung von Kriterien für die Feststellung von Kausalzusammenhängen und wesentlichen Merkmalen von Experimenten

besteht. Experimente haben insofern eine zentrale Funktion für wichtige theoretische Fragestellungen, sind aber in ihrer Bedeutung nicht auf Untersuchungen zur Kausalität begrenzt. Friedrich Steinle (1997) unterscheidet grob zwischen *theoriebezogenen* Experimenten und *explorativen*
Experimenten, wobei die auf den Test von Kausalität ausgerichteten Experimente sicher zur erstgenannten Gruppe gehören.

Daneben kennt man – ebenfalls auf Theorien ausgerichtet – in der Betriebswirtschaftslehre
(noch stärker in den Naturwissenschaften) Experimente, die dazu dienen, die Art der Zusammenhänge (z. B. linear oder nicht-linear) in Theorien oder die numerischen Werte von deren Para-
metern zu bestimmen. Ein Beispiel für eine in Theorie und Praxis bewährte Anwendung ist die
Bestimmung von Preis-Absatz-Funktionen mit Preisexperimenten. „Bei Preisexperimenten werden
in realen oder der Realität nachgestellten Kaufsituationen alternative Preise vorgegeben und die
Wirkung auf Absatz oder Marktanteil anhand des Verhaltens der Testkäufer erfasst." (Simon &
Fassnacht, 2016, S. 144). Derartige Untersuchungen würden – in der Systematik des vorliegenden
Lehrbuchs – den Informationsgehalt einer Theorie erweitern (siehe Abschn. 9.3.4).

Deutlich anders ausgerichtet sind die von Steinle (1997) dargestellten **„explorativen Experimente"**. Dieser Ansatz für Experimente „ist weniger auf die Validität der experimentellen Ergebnisse ausgerichtet, sondern eher auf die *Generierung* ungewöhnlicher Ergebnisse von Experimenten" (Feest & Steinle, 2016, S. 280). Das Ziel besteht vor allem darin, empirische Regelmäßigkeiten zu *entdecken* und auf der Basis von solchen Ergebnissen (neue) Konzepte und
Klassifikationen zu entwickeln (Steinle, 1997). Insofern ähnelt diese *Zielsetzung* der von Anwendungen der Grounded Theory (siehe Abschn. 4.3.3) und die *Vorgehensweise* ähnelt einem Prozess des Theorie-Entwurfs nach dem Muster „Empirisch-dann-theoretisch" (siehe Abschn. 4.3.1).

8.2   Arten von Kausalbeziehungen

Die Überprüfung von Kausalhypothesen stellt besonders hohe Anforderungen an die
methodische Vorgehensweise. Sie führen aber in Wissenschaft und Praxis zu besonders
gehaltvollen Aussagen. Wenn ein:e Wissenschaftler:in z. B. festgestellt hat, dass eine
bestimmte Kombination psychischer Merkmale die Ursache für ein bestimmtes Arbeits-
verhalten ist, dann ist sie:er dem Ziel (zumindest in der Sichtweise des wissenschaftlichen Realismus), Realität zu verstehen und erklären zu können, ein gutes Stück näher-
gekommen. Wenn ein:e Produktmanager:in feststellt, dass bestimmte Qualitätsmängel
die Ursache für sinkende Marktanteile eines Produkts sind, dann hat sie:er einen entscheidenden Ansatzpunkt gefunden, um das Problem sinkender Marktanteile zu lösen.

In Abb. 8.2 findet sich ein Überblick über unterschiedliche Arten von Beziehungen
zwischen Variablen, die Kausalbeziehungen abbilden bzw. als solche fälschlicherweise
interpretiert werden. Im Teil a sieht man eine einfache, direkte Kausalbeziehung, beispielsweise die Wirkung der Teilnahme an einer Weiterbildungsmaßnahme (Ursache)
auf die Arbeitsleistung. Teil b zeigt eine indirekte Kausalbeziehung mit einer Mediatorvariablen (zur Erklärung siehe unten). Im Teil c erkennt man eine „moderierte" Kausalbeziehung, bei der die Wirkung von X auf Y durch eine dritte Variable V beeinflusst wird
(zur Erklärung siehe unten). Letztlich zeigt Abbildungsteil d eine Beziehung, die eben
keine Kausalbeziehung zwischen X und Y darstellt, weil eine gemeinsame Variation von

Abb. 8.2 Arten von (Kausal-)Beziehungen zwischen Variablen

X und Y durch eine dritte Variable W verursacht wird. Beispielsweise könnte die gemeinsame Variation von „Einkommen" und „Nutzung von Printmedien" durch eine dritte Variable „Bildung" beeinflusst sein. Hier ergibt sich die Gefahr, dass die Beziehung zwischen X und Y fälschlicherweise als Kausalbeziehung interpretiert werden könnte.

Bei der moderierten Kausalbeziehung wird der Effekt einer unabhängigen Variable auf eine abhängige Variable durch eine zweite unabhängige Variable, dem **Moderator,** beeinflusst. Der Einfluss der unabhängigen auf die abhängige Variable fällt also stärker oder schwächer aus bzw. kann die Richtung des Einflusses auch umkehren, je nach Wirkungsweise des Moderators. „Ein Moderator ist eine qualitative oder quantitative Variable, die die Richtung und/oder Stärke einer Beziehung zwischen einer unabhängigen und einer abhängigen Variablen beeinflusst" (Baron & Kenny, 1986, S. 1174). Als Beispiel könnte man sich den oben genannten Zusammenhang zwischen Weiterbildungsmaßnahme (X) und Arbeitsleistung (Y) vorstellen, die durch die Motivation zur Weiterbildung moderiert wird: je mehr ein:e Arbeitnehmer:in motiviert ist, an einer Weiterbildungsmaßnahme teilzunehmen, desto stärker dürfte der Einfluss der Weiterbildungsmaßnahme auf den zukünftigen Arbeitserfolg sein.

Von Moderatoren abzugrenzen sind sogenannte **Mediatoren.** Diese bezeichnen indirekte Beziehungen zwischen Variablen. In der Abb. 8.3 ist ein entsprechendes Beispiel dargestellt, in dem man erkennt, dass die positive Wirkung einer Gehaltserhöhung auf die Zufriedenheit von Arbeitnehmenden auch so betrachtet werden kann, dass ein indirekter Zusammenhang existiert, weil die Wirkung „über" die Variable Selbstwertgefühl erfolgt: eine Gehaltserhöhung steigert das Selbstwertgefühl, was wiederum die Zufriedenheit erhöht. Eine direkte Beziehung in der einen Betrachtungsweise (bzw. Theorie) kann also durchaus eine indirekte Beziehung in einer anderen Betrachtungsweise (bzw. Theorie) sein. Verschwindet die direkte Beziehung nach Hinzufügen eines Mediators, spricht man von vollständiger Mediation. Bleiben beide Beziehungen bestehen (d. h. signifikant), spricht man von partieller Mediation, da neben dem indirekten Zusammenhang auch der direkte Zusammenhang weiterbesteht (Zhao et al., 2010). Im Beispiel in der Abb. 8.3 könnte eine partielle Mediation darauf verweisen, dass es noch weitere Mediatoren gibt, die den Zusammenhang zwischen Gehalterhöhung und Zufriedenheit erklären: so könnte eine Gehaltserhöhung auch dazu führen, finanzielle Sorgen zu reduzieren, was wiederum die Zufriedenheit steigert. Man erkennt an diesem Beispiel auch, dass Mediatoren manchmal auch als „Prozessvariablen" bezeichnet werden, weil sie den Wirkungsprozess zwischen zwei Variablen genauer erklären.

In der Forschungspraxis werden heutzutage auch Kombinationen aus direkten, indirekten und moderierenden Effekten oder auch parallele Mediationseffekte in einem Modell getestet. Die methodischen Einzelheiten finden sich in der entsprechenden Fachliteratur (Hayes, 2022). Die Anwendung dieser Modelle tragen zur Modifikation von Theorien bei (siehe Abschn. 9.3.3) und leisten dadurch einen wichtigen Beitrag zur Theorieentwicklung.

8.3   Experimentelle Untersuchungen

8.3.1   Wesen und Anlage von Experimenten

Wegen der im Abschn. 8.1. erläuterten fünf Anforderungen an die Feststellung von Kausalzusammenhängen ist dafür ein bestimmtes Untersuchungsdesign typisch, das

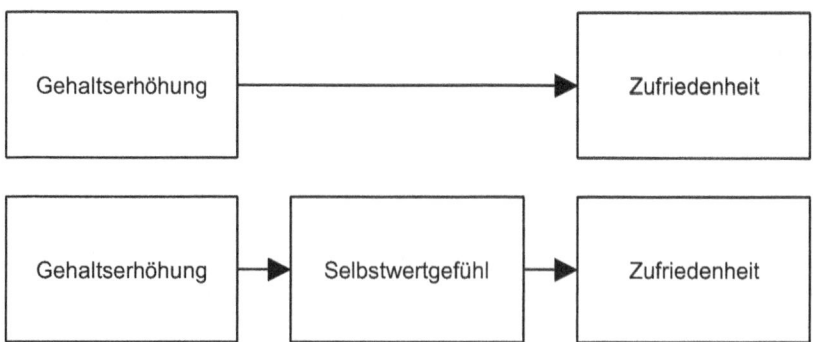

Abb. 8.3 Beispiel für einen Mediator bei einer indirekten Kausalbeziehung

Experiment. Im Wesentlichen versteht man unter einem **Experiment** eine Vorgehensweise, bei der eine oder mehrere unabhängige Variablen derart *manipuliert* werden, dass die entsprechenden Auswirkungen auf eine abhängige Variable beobachtet werden können. Es geht also darum festzustellen, ob eine bestimmte (unabhängige) Variable tatsächlich der Grund (die Ursache) für eine *Veränderung* einer anderen (abhängigen) Variablen (Wirkung) ist.

Typisch für Experimente ist die gewissermaßen *isolierte* Betrachtung der interessierenden Variablen. Man will hier nicht eine Vielzahl von z. B. auf eine Entscheidung einwirkenden Faktoren und deren Interaktionen betrachten, sondern fokussiert die Untersuchung beispielsweise nur auf den Einfluss eines bestimmten Anreizes auf die Motivation von Mitarbeiter:innen. Deswegen findet man bei experimentellen Untersuchungen häufig eine gewisse Künstlichkeit der Untersuchungssituation, die durch Konstanthaltung bzw. Ausschluss von anderen Einflussfaktoren (→ „Ausschluss alternativer Erklärungsmöglichkeiten") begründet ist. Vor diesem Hintergrund ist es auch leicht nachvollziehbar, dass man heute in wissenschaftlichen Publikationen, in denen Experimente zur Anwendung kommen, oftmals die Ergebnisse mehrerer einzelner Experimente findet. Es werden dabei jeweils einzelne Aspekte isoliert betrachtet und die Ergebnisse zu einer umfassenderen Untersuchung eines Themas zusammengefasst.

> **Beispiel**
>
> Alan Chalmers (2013, S. 26) illustriert das für Experimente typische Bestreben der isolierten Betrachtung der relevanten Variablen an einem einfachen Beispiel:
>
> „Viele Arten von Prozessen wirken in unserer Umwelt gleichzeitig und sie überlagern und beeinflussen sich wechselseitig in komplizierter Weise. Ein herabfallendes Blatt ist gleichzeitig der Schwerkraft, dem Luftwiderstand, der Kraft des Windes und ein wenig einem Verrottungsprozess ausgesetzt. Es ist nicht möglich, diese verschiedenen Prozesse zu verstehen, wenn man die typischen Abläufe in natürlicher Umgebung sorgfältig beobachtet. Die Beobachtung fallender Blätter führt nicht zu Galileos Fallgesetzen. Die Lehre, die daraus zu ziehen ist, ist ziemlich klar. Um Daten zu erhalten, die für die Identifizierung und Beschreibung der verschiedenen in der Natur ablaufenden Prozesse relevant sind, ist es im Allgemeinen notwendig zu intervenieren, um den untersuchten Prozess zu isolieren und die Wirkungen anderer Prozesse zu eliminieren. Kurz gesagt: Es ist notwendig, Experimente durchzuführen." ◄

Die zentralen Schlussweisen bei experimentellen Untersuchungen lassen sich am Musterbeispiel für ein „klassisches" experimentelles Design von de Vaus (2001, S. 48 f.) erläutern. Dieses Design ist durch folgende Merkmale gekennzeichnet:

- Eine Vormessung (→ Reihenfolge von Grund und Effekt)
- Zwei Gruppen: Versuchsgruppe und Kontrollgruppe (→ Ausschluss alternativer Erklärungsmöglichkeiten)

- Zufällige Zuordnung der Versuchspersonen zu den beiden Gruppen (→ Ausschluss alternativer Erklärungsmöglichkeiten)
- Eine „Intervention" („Manipulation")
- Eine Nachmessung (→ Reihenfolge von Grund und Effekt)

Ein solches Design wird durch die Tab. 8.1 illustriert, mit dem untersucht werden soll, ob ein Kontakt zur Werbung die Einstellung zur beworbenen Marke kausal beeinflusst. Man erkennt darin die Messzeitpunkte, die Aufteilung der Untersuchungspersonen auf zwei Gruppen und die Intervention. In beiden Gruppen erfolgt eine Vormessung bezüglich der Einstellung zu einer Marke, dann werden nur die Personen in der Versuchsgruppe mit Werbung für die Marke konfrontiert (Intervention oder Manipulation) und abschließend wird wieder die Einstellung zur Marke gemessen. Die Manipulation in diesem Beispiel lässt sich leicht durchführen, indem die Experimentalgruppe, aber nicht die Kontroll-gruppe, mit Werbung konfrontiert wird. Manipulationen können vielfältig sein und unter anderem mentale Zustände, Emotionen oder Motivationen betreffen. Beispielsweise kann man unterschiedliche Motivationen in Experimental- und Kontrollgruppe durch An-reize (z. B. in Aussicht gestellte Belohnung) schaffen. Mit **Manipulation Checks** über-prüft man, ob die Manipulation auch gelungen ist (z. B. ob sich die Motivation von Ex-perimental- und Kontrollgruppe tatsächlich unterscheidet). In dem Beispiel in Tab. 8.1 wird die Messung der Einstellung verbal durchgeführt. Alternativ kann eine Messung auch durch Beobachtung stattfinden. Wenn (nur) in der Versuchsgruppe eine deutliche Einstellungsänderung gemessen wird, dann würde man diese als durch den Kontakt zur Werbung verursacht ansehen. Sind bei einer solchen Schlussweise die oben skizzierten Bedingungen für einen Kausalzusammenhang gegeben?

Die Erfüllung der Bedingungen für eine Kausalbeziehung im genannten Beispiel ist erfüllt, sofern sich in einer empirischen Untersuchung entsprechende Messwerte er-geben, die einen Einfluss des Kontakts zur Werbung auf die Einstellung zur Marke be-stätigen. Das lässt sich folgendermaßen zeigen:

- *Gemeinsame Variation von Grund* (im Beispiel Kontakt zur Werbung) *und Effekt* (im Beispiel Einstellung zur Marke zum Zeitpunkt t3): Diese Voraussetzung ist eindeutig

Tab. 8.1 Beispiel zum „klassischen" experimentellen Design. (Nach de Vaus, 2001, S. 49)

Zuordnung zu Grup-pen: Per Zufall (Ran-domisierung)	Vor-Messung Zeitpunkt t1	Intervention (Manipulation der un-abhängigen Variablen) Zeitpunkt t2	Nach-Messung Zeitpunkt t3
Versuchsgruppe	Einstellung zur Marke t1	*Kontakt* zur Werbung	Einstellung zur Marke t3
Kontrollgruppe	Einstellung zur Marke t1	*Kein Kontakt* zur Werbung	Einstellung zur Marke t3

erfüllt, da ja die Intervention in Form des Kontakts zur Werbung nur in der Versuchsgruppe erfolgt. Der Kontakt zur Werbung variiert also zwischen den Gruppen und es
kann gemessen werden, ob die abhängige Variable Einstellung zwischen den Gruppen
entsprechend variiert.

- Eine *Intervention/Manipulation* zum Zeitpunkt t2 ist Bestandteil des experimentellen
  Designs.

- *Veränderung des Grundes* (im Beispiel: Kontakt zur Werbung) *vor Veränderung des
  Effekts* (im Beispiel: Einstellungsänderung): Auch die Einhaltung dieser Voraussetzung ist durch das experimentelle Design, mit dem ja die Zeitpunkte von Intervention und Nachmessung festgelegt sind, gewährleistet.

- *Ausschluss alternativer Erklärungsmöglichkeiten:* In realen Untersuchungen in den
  Verhaltens- und Sozialwissenschaften lassen sich wohl kaum sämtliche denkbaren
  alternativen Erklärungsmöglichkeiten ausschließen. Hier liegt sicher eine Schwach-
  stelle von Experimenten. Man konzentriert sich deshalb auf besonders wichtige
  oder besonders häufig auftretende Aspekte einer Untersuchung. Zentrale Bedeutung
  hat dabei die Verwendung von (vergleichbaren!) **Versuchs- und Kontrollgruppen.**
  Da sich diese Gruppen im Idealfall bis auf den Einsatz der Intervention nicht unterscheiden (z. B. im Hinblick auf soziodemografische oder psychische Merkmale, bisherige Erfahrungen und Einstellungen) können unterschiedliche Ergebnisse bei der
  Nachmessung nur auf den Grund in Form der Intervention zurückgeführt werden.
  In den meisten Fällen geschieht die Zuordnung von Versuchspersonen zu Versuchs-
  und Kontrollgruppen nach dem Zufallsprinzip **(Randomisierung),** wodurch größere
  Unterschiede zwischen beiden Gruppen wenig wahrscheinlich sind. Im verwendeten
  Beispiel ist durch die zufällige Zuordnung der Personen zu Versuchs- und Kontrollgruppe (weitgehend) ausgeschlossen worden, dass sich diese Gruppen systematisch
  voneinander unterscheiden, was ja eine alternative Erklärung für Unterschiede bei der
  Nachmessung sein könnte. Aus diesem Grund wird in der Wissenschaft auch gerne
  mit Studierenden als Proband:innen bei Experimenten gearbeitet, denn diese Gruppe
  gilt als weitgehend homogen im Hinblick auf viele demografische (z. B. Alter, Bildung, Einkommen) als auch psychografische (z. B. Offenheit für Innovationen) Merkmale, wodurch die Gefahr systematischer Unterschiede weiter reduziert wird. Wie in
  Abschn. 6.4 beschrieben, können Experimente mit Studierenden problematisch sein,
  wenn eine Generalisierung angestrebt wird, aber die Ergebnisse systematisch unterschiedlich von Ergebnissen in der Grundgesamtheit sind, beispielsweise, weil Studierende der Betriebswirtschaftslehre generell eine positivere Einstellung zu Werbung
  haben. Dann kann es in dem genannten Beispiel zu einem Effekt kommen, der in der
  Grundgesamtheit gar nicht auftritt oder schwächer ist. Aufgrund von Randomisierung ist auch keine Vormessung nötig, denn man kann ja davon ausgehen, dass die
  Einstellung zur Marke zum Zeitpunkt t_1 zufällig über beide Gruppen verteilt ist und
  daher in Experimental- und Kontrollgruppe in etwa gleich sein sollte. In der Regel
  konzentriert man sich bei der Interpretation der Untersuchungsergebnisse auf statistisch signifikante Unterschiede zwischen den Gruppen und schließt damit (wieder

nur weitgehend) aus, dass zufällige (kleine) Gruppenunterschiede im Hinblick auf die Untersuchungshypothese interpretiert werden. Randomisierung als zufällige *Zuordnung* von Personen zu Experimental- oder Kontrollgruppe ist von der zufälligen *Auswahl* von Versuchspersonen (Zufallsauswahl) zu unterscheiden. Diese dient bei Experimenten dazu, externe Validität zu erreichen (Abschn. 8.3.2).

- Die oben schon erwähnten „alternativen Erklärungsmöglichkeiten", die durch die methodische Vorgehensweise bei einem Experiment begründet sind, werden im folgenden Abschn. 8.3.2 unter dem Stichwort „interne Validität" diskutiert. Die häufig recht komplexe Gestaltung von experimentellen Designs ist typischerweise auf den Ausschluss von mehreren alternativen Erklärungsmöglichkeiten gerichtet. Dazu sei hier auf die umfangreiche Spezial-Literatur verwiesen (z. B. Shadish et al., 2002; Koschate-Fischer & Schandelmeier, 2014; Geuens & De Pelsmacker, 2017; Spilski et al., 2018).

- *Theoretische Begründung des Zusammenhangs:* Die Frage, ob eine angemessene theoretische Begründung für einen untersuchten Zusammenhang vorliegt, kann natürlich durch die empirische Methodik nicht beantwortet werden, sondern nur durch eine substanzwissenschaftliche Betrachtung. Allerdings zwingt die Entwicklung eines experimentellen Designs dazu, gezielte Überlegungen hinsichtlich der Wirkungsweise von unabhängigen und abhängigen Variablen (also entsprechende theoretische Überlegungen) anzustellen. Im hier verwendeten Beispiel (Werbung → Einstellungsänderung) ist die theoretische Begründung leicht nachvollziehbar.

Die Anwendungen experimenteller Designs sind in der Regel viel komplexer als in dem dargestellten Beispiel. Oftmals werden zwei oder drei unabhängige Variablen gleichzeitig untersucht einschließlich deren Interaktionen und es werden vielfältige Anstrengungen unternommen, um die Anforderungen der Kausalität zu erfüllen. Experimente sind in der Medizin oder Psychologie seit langem weit verbreitete und anerkannte Methoden. Entsprechend werden sie auch in Psychologie-nahen Bereichen der betriebswirtschaftlichen Forschung (z. B. Konsument:innenforschung) häufig eingesetzt. Seit einiger Zeit werden Experimente auch in der Ökonomie angewandt. Die sogenannte **experimentelle Ökonomik** ist eine Teildisziplin der Wirtschaftswissenschaften, die sich mit der experimentellen Bewertung ökonomischer Theorien beschäftigt (Durlauf & Blume, 2009). Dabei werden u. a. psychologische Grundlagen individuellen Handelns (z. B. Emotionen) in ökonomisch relevanten Entscheidungssituationen (z. B. Auktionen, Entscheidungen unter Unsicherheit) überprüft. Die zu prüfenden Situationen werden unter Rückgriff auf Modelle der Entscheidungstheorie und Spieltheorie gestaltet. Ökonomische Experimente werden meist in Computerlaboren durchgeführt, in denen die Teilnehmenden unter kontrollierten Bedingungen mithilfe eines Computers Entscheidungen zu treffen haben. In Abhängigkeit vom Resultat ihrer Entscheidungen werden die Teilnehmenden dann in der Regel auch entlohnt, was ihre Motivation steigert. Da die Experimente oftmals sehr abstrakt sind und gleichzeitig das überprüfte Verhalten stark von ökonomischen Modellvorstellungen geprägt ist, stellt sich hier – wie aber auch bei vielen anderen Experimenten in anderen Sozial- und Verhaltenswissenschaften – die Frage nach deren praktische Aussagekraft, d. h. ihre Anwendbarkeit und Generalisierbarkeit über verschiedene Personen, Kontexte, Situationen, etc. Das sind Fragen der externen Validität, die gemeinsam mit der internen Validität die zentralen Gütekriterien für Experimente darstellen.

8.3.2 Interne und externe Validität von Experimenten

Im Kap. 6 ist die Bedeutung von Reliabilität und Validität einer Untersuchung hinsichtlich der Aussagekraft ihrer Ergebnisse schon erläutert worden. Es stellt sich eben – wie schon erwähnt – das Problem, dass Ergebnisse, die eine Hypothese bestätigen oder nicht bestätigen, in der Aussagekraft hinsichtlich der überprüften Theorie eingeschränkt sind, wenn diese Ergebnisse durch Fehlerhaftigkeit der angewandten Methoden beeinflusst sind. In Bezug auf Experimente kommen zu den allgemeinen Überlegungen zur Validität von Untersuchungen zwei spezifische Aspekte hinzu: Die interne und die externe Validität. Der Gesichtspunkt der internen Validität ist implizit schon angesprochen worden. **Interne Validität** bezieht sich darauf, alternative – auf den Messvorgang zurückzuführende – Erklärungen für die beobachteten Zusammenhänge auszuschließen. Interne Validität ist also die „Validität von Schlüssen bezüglich der Kausalität einer Beziehung zwischen zwei Variablen" (Shadish et al., 2002, S. 508). Dabei steht die – für Kausalaussagen zentrale – Frage im Mittelpunkt, ob die Veränderung einer abhängigen Variable tatsächlich auf die vermutete Ursache, also die Veränderung einer unabhängigen Variable, zurückzuführen ist oder ob Unzulänglichkeiten der Untersuchungsanlage und der Durchführung der Messungen dafür ausschlaggebend sein können. In der Abb. 8.4 ist dieser Aspekt und die Beziehung der gemessenen Variablen zu den theoretisch interessierenden Konzepten/Konstrukten (Konstruktvalidität, siehe Abschn. 6.3.3) dargestellt. Dabei stehen die kleinen Buchstaben (x, y) für die in der Untersuchung verwendeten Variablen, die eine Operationalisierung der entsprechenden Konzepte/Konstrukte (große Buchstaben X, Y) sein sollen. Die Konstruktvalidität bezieht sich vor allem auf die Validität bei der Messung von Konzepten (wird gemessen, was gemessen werden soll?), bei der internen Validität geht es um die Frage, ob die Beziehung zwischen Konzepten valide abgebildet ist (ist die gemessene Beziehung tatsächlich gegeben?).

Die *interne* Validität eines Experiments wird hauptsächlich durch die im Folgenden genannten Probleme gefährdet (Shadish et al., 2002, S. 54 ff.). Im Grunde handelt es sich auch um alternative Erklärungsmöglichkeiten für die Ergebnisse von Experimenten, die aber methodisch begründet sind und durch die Gestaltung des experimentellen Designs vermieden werden sollen.

- *Auswahl/Zuordnung.* Die Zuordnung zu Versuchs- und Kontrollgruppen stellt nicht sicher, dass beide Gruppen keine systematischen Unterschiede aufweisen. Aus einem

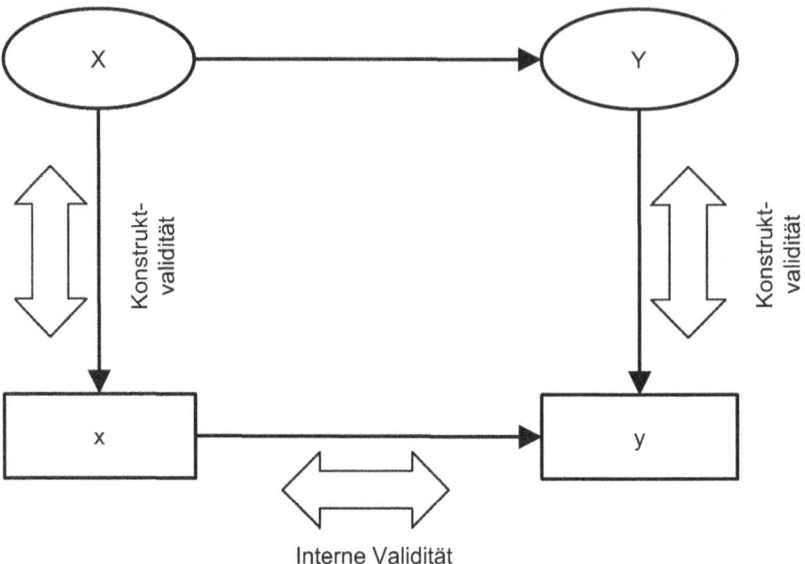

Abb. 8.4 Interne Validität und Konstruktvalidität bei Experimenten

Unterschied zwischen den Gruppen kann man also nicht unbedingt auf die Wirkung der unabhängigen Variablen schließen.

- *Historie.* Jedes Ereignis zwischen Vor- und Nachmessung kann einen ungewollten Einfluss auf die Proband:innen haben, etwa äußere Einflüsse, die nur auf einen Teil der Proband:innen wirken.
- *Reifung.* Proband:innen können sich durch Erfahrung, Ermüdung etc. zwischen zwei Messungen verändern. So könnte es sein, dass Versuchspersonen auf Stimuli im Lauf der Zeit schwächer reagieren und somit deren eigentlich vorhandener Effekt abgeschwächt wird oder sogar verschwindet.
- *Veränderung der Messinstrumente.* Während einer Studie können sich die Eigenschaften der Messinstrumente, einschließlich der messenden Personen, ändern. Die Messungen können zum Beispiel durch zunehmende Erfahrung der messenden Personen (etwa bei Beobachtungsexperimenten) genauer oder auch durch wachsende Langeweile während des Ablaufs des Experiments ungenauer werden.
- *„Regression zur Mitte".* Dieses statistische Artefakt kann Wirkungen überlagern, wenn man zum Beispiel Proband:innen mit besonders extremen Werten auswählt, die dann (als statistische Notwendigkeit) bei nachfolgender Messung im Vergleich dazu eher „gemäßigte" Werte zeigen.
- *Ausfall.* Wenn Proband:innen während der Studie ausfallen, kann dies an der Studie und deren Anforderungen selbst liegen. Die betroffenen Gruppen sind dann bei einer zweiten Messung kleiner, was bei einer ungewollten Selektion (d. h. die Proband:innen, die ausfallen, unterscheiden sich systematisch von den verbliebenen Proband:innen) das Ergebnis beeinflussen kann.

Daneben stellt sich die Frage, inwieweit man die Ergebnisse einer Untersuchung *generalisieren* kann. Welche Aussagekraft hat z. B. eine Untersuchung, die bei deutschen Manager:innen durchgeführt wurde, für Manager:innen schlechthin? Was sagen die Ergebnisse eines Konsumverhaltensexperiments mit 100 amerikanischen Studierenden für Konsument:innen generell aus? Derartige Fragestellungen gelten der externen Validität von Experimenten.

▶ **Externe Validität** bezieht sich auf die **Generalisierbarkeit** (siehe dazu auch Abschn. 6.4) von Ergebnissen über verschiedene Personen, Situationen, Kontexte etc. Externe Validität ist also die „Validität von Schlüssen hinsichtlich des Bestands der Kausalbeziehung bei verschiedenen Personen, Situationen, und verschiedenen Messungen der Variablen" (Shadish et al., 2002, S. 507).

Hintergrundinformation
Campbell und Stanley (1963, S. 5) formulieren die zentralen Gesichtspunkte zur internen und externen Validität:

„Grundlegend … ist die Unterscheidung zwischen interner Validität und externer Validität. Interne Validität ist die minimale Grundlage, ohne die jedes Experiment nicht interpretierbar ist: Haben tatsächlich die unabhängigen Faktoren bei diesem Experiment zu einem unterschiedlichen Ergebnis geführt? Externe Validität gilt der Frage nach der Generalisierbarkeit: Auf welche Personengruppen, Situationen, unabhängige Variablen und Messungen kann der Effekt generalisiert werden? Beide Arten von Kriterien sind offenkundig wichtig, obwohl sie häufig im Widerspruch stehen, weil Merkmale, die dem einen dienen, das andere gefährden können."

Hier sollen vier Aspekte bzw. Dimensionen externer Validität unterschieden werden:

- Lassen sich die Untersuchungsergebnisse von der typischerweise geringen Zahl untersuchter *Objekte* (z. B. Personen, Unternehmen) auf entsprechende *Grundgesamtheiten* übertragen? Derartige Fragen beantwortet man in der Regel mithilfe des Instrumentariums der Stichprobentheorie und Inferenzstatistik.
- Lassen sich die Untersuchungsergebnisse hinsichtlich entsprechender *Untersuchungsgegenstände* (z. B. Einstellung zu einem Produkt → Einstellung zu einem Handelsunternehmen) verallgemeinern?
- Lassen sich die Ergebnisse auf andere *Kontexte* (z. B. anderes kulturelles Umfeld, andere Zeitpunkte) übertragen?
- Erhält man bei der Anwendung anderer *Untersuchungsmethoden* (z. B. andere Messverfahren) die gleichen Ergebnisse oder sind die Ergebnisse von der jeweiligen Methode abhängig?

Als Gefahrenquellen für die externe Validität von Experimenten gelten (Shadish et al., 2002):

- *Verzerrte Auswahl.* Die Auswahl von Teilnehmenden in einer Weise, die nicht repräsentativ für die zu untersuchende Grundgesamtheit ist, schwächt die Generalisierbarkeit der Ergebnisse.
- *Reaktivität des Experiments.* Die Manipulationen in einer kontrollierten Laborumgebung sind vielleicht in einer weniger kontrollierbaren realen Umgebung nicht vorzufinden.

Im Hinblick auf *praktische* Fragestellungen wird oftmals betont, dass die externe Validität unverzichtbar ist, weil es eben darum geht, von den Ergebnissen einer Untersuchung auf die Verhältnisse in den Kontexten (z. B. Märkten), für die die Entscheidungen getroffen werden, zu schließen (vgl. Calder et al., 1982). Hier zeigt sich auch, dass die Nutzung von Experimenten keineswegs auf die Prüfung von Kausalzusammenhängen in Theorien beschränkt ist. Gerade in der Praxis geht es oftmals um Fragestellungen vom Typ „Was wäre, wenn …?“. Besondere Bedeutung für die externe Validität hinsichtlich praktischer Fragestellungen haben offenkundig die repräsentative Auswahl von Versuchspersonen (analog zur typischen Vorgehensweise bei repräsentativen Befragungen) und eine realitätsnahe („natürliche“) Untersuchungssituation. Diese beiden Punkte stellen aber, wie oben dargestellt, oftmals Herausforderungen für die interne Validität dar, wo Homogenität der Versuchspersonen und künstliche Untersuchungssituationen bevorzugt werden, um die Störfaktoren klein zu halten und alternative Erklärungsmöglichkeiten weitgehend auszuschließen. In der Literatur finden sich umfangreiche Ausführungen dazu, wie der Realitätsgehalt von Experimenten erhöht werden kann, ohne dabei die Glaubwürdigkeit der Ergebnisse infrage zu stellen, d. h. wie man interne und externe Validität gleichzeitig gewährleisten kann (Geuens & De Pelsmacker, 2017; Morales et al., 2017). Vorschläge dazu beziehen sich auf die Gestaltung realistischer Stimuli, die Verwendung von Verhaltensvariablen als abhängige Variable und die Zusammensetzung der Stichprobe. Da es einen „Trade-Off“ zwischen interner und externer Validität von Experimenten gibt, ist es wohl letztendlich kaum möglich, beide Ziele gleichzeitig und vollständig zu verwirklichen.

8.3.3 Quasi-Experimente

Typisch für die vorstehend gekennzeichneten experimentellen Designs sind der kontrollierte (bzw. manipulierte) Einsatz der unabhängigen Variable und die zufällige Zuordnung von Versuchspersonen zu Versuchs- und Kontrollgruppen, mit dem Ziel, systematische Unterschiede zwischen diesen Gruppen, die die Wirkung der unabhängigen Variablen überlagern könnten, auszuschließen. Nun gibt es Untersuchungssituationen, in denen diese Bedingungen nicht realisiert werden können. Zwei Beispiele mögen dieses Problem illustrieren:

- Es soll untersucht werden, ob bei Menschen, deren Eltern Raucher:innen sind (bzw. waren), die Neigung, selbst Raucher:in zu werden, stärker entwickelt ist als bei anderen Menschen. Hier ist offenkundig, dass eine zufällige Zuordnung zu den beiden zu vergleichenden Gruppen („rauchende Eltern" und „nichtrauchende Eltern") nicht nur praktisch unmöglich ist, sondern auch ethisch höchst bedenklich wäre.
- Es soll untersucht werden, ob der Erwerb eines Eigenheims die Budgetaufteilung und das Konsumverhalten langfristig (10 Jahre und mehr) beeinflusst. Hier wird man kaum 10 Jahre Zeit haben, um das Konsumwahlverhalten bei Eigenheimkäufer:innen im Gegensatz zu Mieter:innen langfristig zu beobachten. Man müsste wohl eher bei jetzigen Wohnungseigentümer:innen und Mieter:innen rückschauend feststellen, welche Verhaltensunterschiede sich ergeben. Das wäre sicher keine zufällige Zuordnung, würde aber das Problem der Untersuchungsdauer lösen.

Campbell und Stanley (1963, S. 34) sprechen in Situationen, in denen man wesentliche Prinzipien experimenteller Untersuchungen anwendet, ohne allen entsprechenden Anforderungen gerecht werden zu können, von **Quasi-Experimenten.** Es gibt eine Reihe von Gründen für die Notwendigkeit und Durchführung von Quasi-Experimenten:

- Oftmals ist eine **randomisierte Zuteilung** von Proband:innen zu den Untersuchungsgruppen **nicht möglich,** z. B. wenn man die Auswirkungen von verschiedenen Vireninfektionen prüfen möchte.
- Häufig sprechen auch **ethische Gründe** gegen die experimentelle Manipulation, selbst wenn sie möglich wäre, wie z. B. bei der Überprüfung der Wirkung von illegalen Drogen.
- Die **Dauer des Experiments** ist zu lang, um ein klassisches experimentelles Design anwenden zu können, z. B. bei der Untersuchung der langfristigen Wirkung der Medien auf Werte einer Gesellschaft.

Quasi-Experimente sind also dadurch gekennzeichnet, dass eine randomisierte Zuteilung von Proband:innen zu den Untersuchungsgruppen nicht möglich ist; dass eine unabhängige Variable nicht manipuliert werden kann und dass keine Interventionen erfolgen, die die abhängige Variable der Untersuchung beeinflussen.

Hintergrundinformation
Campbell und Stanley (1963, S. 34) zu Quasi-Experimenten:

„Es gibt viele reale Situationen, in denen Forschende so etwas wie ein experimentelles Design bei ihrer Untersuchung anwenden können (z. B. beim „wann" und „bei wem" der Messungen), obwohl sie nicht die volle Kontrolle über den Einsatz der experimentellen Stimuli haben (das „wann" und „bei wem" des Einsatzes der Stimuli und dessen Randomisierung), was ein wirkliches Experiment ermöglicht."

Kerlinger und Lee (2000, S. 536) kennzeichnen die Gründe für die Durchführung von Quasi-Experimenten:

> „Das wirkliche Experiment bedarf der Manipulation mindestens einer unabhängigen Variablen, der zufälligen Zuordnung der Ausprägungen der unabhängigen Variablen zu den Gruppen. Wenn eine oder mehrere dieser Voraussetzungen aus dem einen oder anderen Grund nicht gegeben ist, haben wir es mit einem „Kompromiss-Design" zu tun. Kompromiss-Designs sind bekannt als quasi-experimentelle Designs."

Quasi-Experimente haben Vorteile im Hinblick auf die externe Validität, weil die verwendeten Daten in „natürlichen" Situationen gemessen wurden. Dagegen ist es im Vergleich zu kontrollierten Experimenten mit Randomisierung schwieriger, interne Validität sicherzustellen. Da bei Quasi-Experimenten durch den notwendigen Verzicht auf die zufällige Zuordnung von Untersuchungsobjekten zu Versuchs- und Kontrollgruppen ein entsprechender konfundierender und verzerrender Effekt nicht ausgeschlossen werden kann, sind andere Wege zum Ausschluss alternativer Erklärungsmöglichkeiten notwendig. Shadish et al. (2002, S. 105) heben dazu u. a. die „Identifizierung und Analyse möglicher Bedrohungen der internen Validität" durch kritische Überprüfung infrage kommender alternativer Einflussfaktoren hervor, die typischerweise im Rahmen der Datenanalyse als zusätzliche **Kontrollvariablen** bzw. sogenannte Kovariate mit berücksichtigt werden. Will man beispielsweise die Konsequenzen des Rauchens durch einen Vergleich von Rauchenden und Nichtrauchenden untersuchen, so macht es Sinn, auch Variablen, die spezifische Eigenschaften der (Nicht-)Rauchenden erfassen und alternative Erklärungsmöglichkeiten bieten, als Kontrollvariablen bzw. Kovariate zu erheben und in die Analyse mit einzubeziehen.

In Zusammenhang mit Kontrollvariablen bzw. Kovariaten wird auch die Methode des „propensity score matching" propensity score matching, d. h. eine Zuordnung zu den entsprechenden Gruppen auf der Basis von Wahrscheinlichkeiten, eingesetzt (Rosenbaum & Rubin, 1983). Während in einem Experiment mit Randomisierung allen Untersuchungsteilnehmenden die gleichen Propensity Scores zugeordnet werden, sind diese bei einem Untersuchungsdesign ohne Randomisierung wie eben beim Quasi-Experiment nicht gleich. Wenn man sich beispielsweise die Auswirkungen des Rauchens ansieht, so sind die Wahrscheinlichkeiten der Zuordnung zu der Gruppe der Rauchenden und Nichtrauchenden eben nicht völlig gleich, sondern die Zuordnung einer Person zu einer der beiden Gruppen hängt auch von Variablen wie Alter, Geschlecht, Bildung etc. ab. Dazu wird aufgrund dieser angenommenen Einflussvariablen für jede Person ein Propensity Score ermittelt, d. h. ein Wert, der die Wahrscheinlichkeit der Gruppenzugehörigkeit ermittelt. Z.B. würde eine Person, die männlich ist, eine höhere Wahrscheinlichkeit besitzen, zur Gruppe der Rauchenden zu gehören, als eine weibliche Person. Diese Propensity Scores können dann als Kovariate bei der Datenanalyse einbezogen werden oder aber auch zum Matching, also zur Zuordnung von möglichst identischen Personen zu den „quasi-experimentellen" Gruppen, verwendet werden.

8.4 Komplexe Kausalität

Kausalhypothesen sowie die analytischen Verfahren zur Untersuchung von Kausalität gehen in der Regel von Kausalbeziehungen aus, die notwendige und hinreichende Bedingungen für eine Wirkung annehmen (z. B. „je mehr Investitionen, desto mehr Umsatz"). **Komplexe Kausalität** bedeutet, zwischen verschiedenen Formen der Kausalität zu unterscheiden, indem man zwischen Kombinationen von notwendigen und hinreichenden Bedingungen unterscheidet. Schneider und Eggert (2014) illustrieren **vier Formen der Kausalität** am Beispiel der Beziehung zwischen den beiden Konzepten Verpflichtung und Vertrauen in einer Geschäftsbeziehung, wobei die Forschung davon ausgeht, dass in einer Geschäftsbeziehung Vertrauen zu Verpflichtung führt, also Vertrauen eine Ursache, Verpflichtung die Wirkung ist:

- Eine Variable ist eine notwendige, aber keine hinreichende Bedingung für das Auftreten einer anderen Variablen. Das heißt Verpflichtung tritt auf, wenn Vertrauen auftritt, muss aber nicht, sodass Vertrauen auftreten kann, ohne dass es zu Verpflichtung führt.
- Eine Variable ist eine hinreichende, aber keine notwendige Bedingung für eine zweite Variable. Das heißt, Verpflichtung tritt auf, wenn Vertrauen auftritt, aber Verpflichtung kann auch auftreten, ohne dass Vertrauen vorliegt.
- Eine Variable kann ein Teil einer Kombination von hinreichenden Bedingungen sein, ohne selbst hinreichend oder notwendig zu sein. Vertrauen könnte Verpflichtung hinreichend erklären, aber nur in Verbindung mit anderen Faktoren, wie z. B. einem hohen Nutzen einer Beziehung. Vertrauen wäre dann eine sogenannte INUS-Bedingung (siehe dazu Abschn. 8.1).
- Eine Variable ist hinreichende und notwendige Bedingung für das Auftreten einer zweiten Variablen. Das heißt, Vertrauen führt immer zu Verpflichtung und Verpflichtung ohne Vertrauen tritt erst gar nicht auf.

Das typische Verfahren, das zur Analyse komplexer Kausalitäten verwendet wird, ist die **Qualitative Comparative Analysis (QCA),** was als „qualitativ vergleichende Analyse" ins Deutsche übersetzt wird. Die QCA ist eine Methode der Kausalanalyse konfigurationaler Daten in den Sozialwissenschaften. Sie wurde zunächst in der Soziologie und Politologie verwendet und hat mittlerweile auch in der Betriebswirtschaftslehre Einzug gehalten hat. Konfigurationale Daten heißt, dass alle Variablen gleich welchen Messniveaus in qualitative Daten umgewandelt werden, z. B. verschiedene Stufen des Vertrauens, was ja eigentlich als intervallskalierte Variable gemessen wird mit Endpunkten einer Skala von „sehr wenig Vertrauen" bis „sehr viel Vertrauen", werden umgewandelt in „Vertrauen vorhanden/nicht vorhanden". Unterschieden wird weiterhin zwischen einem „Outcome", das ist im Prinzip die Wirkung (hier: Verpflichtung), sowie den „Conditions", das sind die Ursachen und mögliche Moderatoren (hier: Vertrauen, Nutzen einer Beziehung, etc.). Für jede Beobachtung (z. B. für jede:n Geschäftspartner:in) wird nun für die Conditions und den Outcome ein Wert zwischen 0 und 1 in eine Wahrheitstabelle eingetragen, der angibt, inwieweit die Beobachtung zu einer oder anderen Ausprägung der konfigurationalen Variablen neigt (z. B. wie wahrscheinlich das Vorhandensein von Vertrauen oder von Verpflichtung gegeben ist). Anschließend werden Algorithmen angewandt, mit dem Ziel, minimal notwendige und hinreichende Bedingungen für das Vorliegen des Outcomes zu identifizieren: wenn beispielsweise bei allen Beobachtungen, bei denen Verpflichtung (das Outcome) vorzufinden ist, auch immer Vertrauen vorliegt, so ist Vertrauen eine notwendige Bedingung für Verpflichtung. Für die Details zu dieser Analyse sei auf die entsprechende Fachliteratur verwiesen (z. B. Ragin, 2008; Schulze-Bentrop, 2013). Das Ergebnis der Analyse gibt dann an, welche Bedingungen notwendig sind und welche hinreichend das Outcome erklären. Das kann eine einzige Bedingung sein, das können aber auch Kombinationen von Bedingungen sein.

Der Vorteil der QCA gegenüber anderen Verfahren der Kausalanalyse ist die Identifizierung von Ursachen für eine Wirkung. Wenn man allerdings untersuchen will, wie stark eine bestimmte Variable (Ursache) zur Erklärung einer anderen Variable (Wirkung) beiträgt, dann sind herkömmliche regressions-basierte Analysetechniken besser geeignet.

Literatur

Arabatzis, T. (2008). Experiment. In S. Psillos & M. Curd (Hrsg.), *The Routledge companion to philosophy of science* (S. 159–170). Routledge.

Baggozi, R. (1980). *Causal models in marketing*. Wiley.

Baron, R., & Kenny, D. (1986). The moderator-mediator variable distinction in social psychology research: Conceptual, strategic, and statistical considerations. *Journal of Personality and Social Psychology, 51,* 1173–1182.

Calder, B., Phillips, L., & Tybout, A. (1982). The concept of external validity. *Journal of Consumer Research, 9,* 240–244.

Campbell, D., & Stanley, J. (1963). *Experimental and quasi-experimental designs for research.* Rand-McNally.

Cartwright, N. (2014). Causal inference. In N. Cartwright & E. Montuschi (Hrsg.), *Philosophy of social science* (S. 308–326). Oxford University Press.

Chalmers, A. (2013). *What is this thing called science?* (4. Aufl.). Hackett.

Crasnow, S. (2019). Bias in social science experiments. In L. McIntyre & A. Rosenberg (Hrsg.), *The Routledge companion to philosophy of social science,* (S. 191–201). Routledge.

De Vaus, D. (2001). *Research design in social research.* Sage.

Durlauf, S. N., & Blume, L. E. (2009). *Behavioural and experimental economics.* Palgrave Macmillan.

Feest, U. & Steinle, F. (2016). Experiment. In P. Humphreys (Hrsg.), (S. 274–295). Oxford University Press.

Geuens, M., & Pelsmacker, P. D. (2017). Planning and conducting experimental advertising research and questionnaire design. *Journal of Advertising, 46*, 83–100.

Godfrey-Smith, P. (2003). *Theory and reality. An introduction to the philosophy of science.* University of Chicago Press.

Hacking, I. (1996). *Einführung in die Philosophie der Naturwissenschaften.* Reclam.

Hayes, A. (2022). *Introduction to mediation, moderation, and conditional process analysis* (3. Aufl). Guilford Press.

Humphreys, P. (2000). Causation. In W. Newton-Smith (Hrsg.), *A companion to the philosophy of science* (S. 31–40). Wiley.

Jaccard, J., & Becker, M. (2002). *Statistics for the behavioral sciences* (4. Aufl.). Wadsworth.

Jaccard, J., & Jacoby, J. (2020). *Theory construction and model-building skills. A practical guide for social scientists* (2. Aufl.). Guilford Press.

Kerlinger, F., & Lee, H. (2000). *Foundations of behavioral research* (4. Aufl.). Wadsworth.

Koschate-Fischer, N., & Schandelmeier, S. (2014). A guideline for designing experimental studies in marketing research and a critical discussion of selected problem areas. *Journal of Business Economics, 84*, 793–826.

Morales, A. C., Amir, O., & Lee, L. (2017). Keeping it real in experimental research. Understanding when, where, and how to enhance realism and measure consumer behavior. *Journal of Consumer Research, 44*, 465–476.

Mill, J. (1843). Of the four methods of experimental inquiry. In *A system of logic, ratiocinative and inductive: Being a connected view of the principles of evidence, and the methods of scientific investigation*, zitiert nach: Cambridge Library Collection – Philosophy, 2011 (S. 450–479). Cambridge University Press.

Mumford, S., & Anjum, R. (2013). *Causation. A very short introduction.* OUP Oxford.

Peter, J. (1991). Philosophical tensions in consumer inquiry. In T. Robertson & H. Kassarjian (Hrsg.), *Handbook of consumer behavior* (S. 533–547). Prentice-Hall.

Popper, K. (2005). *Logik der Forschung* (11. Aufl.). Mohr.

Psillos, S. (2002). *Causation & explanation.* Acumen.

Psillos, S. (2004). Causality. In M. Horowitz (Hrsg.), *New dictionary of the history of ideas* (S. 272–280). Scribner.

Ragin, C. (2008). *Redesigning social inquiry: Fuzzy sets and beyond.* University of Chicago Press.

Rosenbaum, P. R., & Rubin, D. B. (1983). The central role of the propensity score in observational studies for causal effects. *Biometrika, 70*, 41–55.

Schneider, M. R., & Eggert, A. (2014). Embracing complex causality with the QCA method: An invitation. *Journal of Business Market Management, 7*, 312–328.

Schulze-Bentrop, C. (2013). *Qualitative Comparative Analysis (QCA) and configurational thinking in management studies.* Lang.

Shadish, W., Cook, T., & Campbell, D. (2002). *Experimental and quasi-experimental designs for generalized causal inference.* Houghton Mifflin.

Simon, H., & Fassnacht, M. (2016). *Preismanagement* (4. Aufl.). Springer Gabler.

Spilski, A., Gröppel-Klein, A., & Gierl, H. (2018). Avoiding pitfalls in experimental research in marketing. *Marketing ZFP, 40*, 58–91.

Steinle, F. (1997). Entering new fields: Exploratory uses of experimentation. *Philosophy of Science, 64*, S65–S74.

Worrall, J. (2002). What evidence in evidence-based medicine? *Philosophy of Science, 69*, 316–330.

Zhao, X., Lynch, J. G., & Chen, Q. (2010). Reconsidering Baron and Kenny: Myths and truths about mediation analysis. *Journal of Consumer Research, 37*, 197–206.

Weiterführende Literatur

Geuens, M., & Pelsmacker, P. D. (2017). Planning and conducting experimental advertising research and questionnaire design. *Journal of Advertising, 46*, 83–100.

Koschate-Fischer, N., & Schandelmeier, S. (2014). A guideline for designing experimental studies in marketing research and a critical discussion of selected problem areas. *Journal of Business Economics, 84*, 793–826.

Psillos, S. (2002). *Causation & explanation*. Acumen.

Shadish, W. R., Cook, T. D., & Campbell, D. T. (2002). *Experimental and quasi-experimental designs for generalized causal inference*. Houghton Mifflin.

Empirische Forschung und Theorie-Entwicklung

9

Zusammenfassung

Theorie-Entwicklung, die sich nur an den Ergebnissen einzelner Studien, orientiert, ist problembehaftet. Die Entwicklung von Theorien als umfassenden Prozess zu verstehen, wird der Idee des wissenschaftlichen Realismus am ehesten gerecht und adressiert zentrale Kritikpunkte an einer an Einzelergebnissen ausgerichteten Forschungspraxis (Abschn. 9.1). Spezifische Methoden im Rahmen der als Prozess verstandenen Theorie-Entwicklung sind Replikationsstudien und Metaanalysen (Abschn. 9.2). Typische Schritte und Dimensionen des Prozesses der Theorie-Entwicklung sind die Bestätigung bzw. Bezweiflung einer Theorie, deren Generalisierbarkeit, deren Modifikation oder die Steigerung ihres Informationsgehalts (Abschn. 9.3), wozu Replikationsstudien und Metaanalysen eingesetzt sind und somit besonders geeignet sind als Methoden zur Theorie-Entwicklung (Abschn. 9.4).

9.1 Theorie-Entwicklung als Prozess

Am Ende des Kap. 1 war „Theorie-Entwicklung" als der gesamte Prozess vom Theorie-Entwurf über entsprechende Tests und daraus folgende Modifikationen und Anreicherungen des Informationsgehalts einer Theorie gekennzeichnet worden. Bei der Darstellung des wissenschaftlichen Realismus (WR) im Abschn. 3.2 waren Aspekte der Theorie-Entwicklung in zwei Charakteristika implizit enthalten:

- *„Kritischer Realismus"* bezieht sich auf die nicht endende kritische Infragestellung bisher vorhandener Theorien.

© Springer Fachmedien Wiesbaden GmbH, ein Teil von Springer Nature 2023
M. Eisend und A. Kuß, *Grundlagen empirischer Forschung,*
https://doi.org/10.1007/978-3-658-42690-3_9

- „*Induktiver Realismus*" als langfristiger/dauerhafter Erfolg (oder Misserfolg) einer Theorie oder einzelner Elemente einer Theorie führt zur Akzeptanz (oder Ablehnung) der Theorie bzw. zu entsprechenden Veränderungen der Theorie.

Damit deutet sich schon ein Prozess an, innerhalb dessen Theorien entworfen, kritisch geprüft und auf dieser Basis akzeptiert oder verworfen, im Hinblick auf ihren Geltungsbereich analysiert, gegebenenfalls modifiziert und/oder durch zusätzlich gewonnene Informationen angereichert werden. Stärker fokussiert auf *einzelne* empirische Untersuchungen ist das „Grundmodell empirischer Forschung", das im Abschn. 5.2 dargestellt wurde. Hier wurden Schritte des Forschungsprozesses in ihrem Zusammenhang dargestellt mit dem letzten Schritt der „Interpretation", die ebenfalls typischerweise zur Unterstützung oder Schwächung, zur genaueren Einschätzung von deren Geltungsbereich sowie zu Veränderungen der Theorie führt (siehe dazu auch Abb. 1.10).

Seit einigen Jahren entwickelte bzw. verstärkte sich die Kritik an der bisher üblichen Methodologie der empirischen Forschung in den Sozialwissenschaften (einschließlich der Betriebswirtschaftslehre) und Alternativen dazu fanden zunehmend Beachtung. Der wohl zentrale Ansatz einer grundlegend veränderten Rolle der empirischen Forschung bei der (Weiter-) Entwicklung von Theorien besteht darin, dass nicht mehr einzelne oder wenige Untersuchungen als ausreichend und ausschlaggebend angesehen werden, um eine Theorie zu akzeptieren oder abzulehnen bzw. um Veränderungen an einer Theorie vorzunehmen. Inzwischen wird stärker berücksichtigt, dass empirische Ergebnisse (nicht zuletzt im sozialwissenschaftlichen Bereich) in erheblichem Maße fehlerbehaftet sein können (siehe dazu auch die Diskussion der Duhem-These im Abschn. 3.3). Hier sollen zunächst die zentralen Kritikpunkte an der Abhängigkeit der Theorie-Entwicklung von den Ergebnissen nur *einzelner* empirischer Untersuchungen wiedergegeben werden. Anschließend wird die neuere Sichtweise dargestellt, dass solche Einzelergebnisse nur einen *Beitrag* (Cumming, 2014) zu einem umfassenderen *Prozess* der Theorie-Entwicklung liefern. Dabei wird dieser Prozess überblicksartig dargestellt und es werden wesentliche Elemente dieses Prozesses behandelt.

Welche *Kritikpunkte* an der bisher üblichen Forschungspraxis haben bei diesem methodologischen Wandel eine wesentliche Rolle gespielt?

- Ein erster Gesichtspunkt bezieht sich auf die (mangelnde) **Aussagekraft von Signifikanztests** zur Prüfung von Null-Hypothesen (NHST), die sich darauf beziehen, dass *kein* Zusammenhang zwischen interessierenden Variablen besteht. Die Ablehnung einer solchen Hypothese mit angemessener Sicherheitswahrscheinlichkeit führt zu dem (von Forschenden meist gewünschten) Schluss, dass eben doch ein Zusammenhang existiert, obwohl der Test die *Stärke* des Zusammenhangs kaum erkennen lässt. Man kann daraus eben nur entnehmen, dass anscheinend (irgend-)ein Zusammenhang existiert. Die Kritik daran reicht bis in die 1960er Jahre zurück (Meehl, 1967; Nunnally, 1960). Sie bezieht sich hauptsächlich darauf, dass solche Ergebnisse oftmals wenig informativ bis irreführend sein können (siehe Abschn. 7.2).

- In enger Verbindung mit der Ausrichtung auf NHST steht der Aspekt, dass in der Forschungspraxis gelegentlich besondere Bemühungen unternommen werden, um bei einer empirischen Untersuchung (teilweise nur scheinbar) statistisch signifikante Ergebnisse zu erzielen, weil diese eben oftmals die Voraussetzung für eine Publikation in hochrangigen Zeitschriften sind. Dazu werden dann in manchen Fällen entsprechende Veränderungen an den Daten vorgenommen, z. B. durch Erweiterung der ursprünglich geplanten Stichprobengröße bis sich die gewünschten Resultate ergeben (siehe dazu Abschn. 10.2). Man spricht bei derartigem Vorgehen vom „p-hunting", d. h. von Versuchen, p-Werte zu erzielen, die *scheinbar* eine statistische Signifikanz anzeigen und damit eine Publikation erleichtern (zu Einzelheiten siehe z. B. Simmons et al., 2011; Nelson et al., 2018). Wegen der angesprochenen Manipulationsmöglichkeiten können derartige Untersuchungsergebnisse systematisch verfälscht sein.
- Vorstehend ist schon angesprochen worden, dass Untersuchungen mit signifikanten und eindeutigen Bestätigungen der Hypothesen deutlich bessere Publikationschancen haben als andere. Das hat zur Folge, dass Studien, bei denen ein größerer Teil der Hypothesen nicht (signifikant) bestätigt wurde, nur an weniger prominenter Stelle (z. B. in Arbeitspapieren) oder gar nicht publiziert werden. Das Gesamtbild der publizierten Studien zu einem Forschungsthema ist demzufolge oftmals systematisch verzerrt: In der Literatur finden sich eher die „starken" Ergebnisse; während schwache oder nicht signifikante Ergebnisse deutlich weniger in Erscheinung treten. Man spricht dann von einem „**Publication Bias**" (siehe dazu auch die Ausführungen im Abschn. 9.2.2).
- In den letzten Jahren ist die Frage der **Replizierbarkeit** von Untersuchungsergebnissen stärker beachtet worden. Generell gilt die Möglichkeit zur Replikation bzw. der Reproduzierbarkeit von Ergebnissen von empirischen Untersuchungen als **wesentliches Kriterium für die Wissenschaftlichkeit** dieser Untersuchungen. So ist es in den Naturwissenschaften selbstverständlich, dass Ergebnisse replizierbar sein müssen, um Anerkennung zu finden. Dadurch erreicht man die Unabhängigkeit der Ergebnisse von einer bestimmten Untersuchungssituation und Untersuchungsmethode und auch einen gewissen Schutz gegen Ergebnisse, die durch den Forschungsprozess und die Forschenden verzerrt (oder gar verfälscht) wurden. Im Zusammenhang mit der Diskussion von Paradigmen und des Relativismus (siehe Kap. 3) war ja angesprochen worden, dass auch empirische Ergebnisse durch die Sichtweise der Forschenden (→ „theoriebeladen") und die angewandten Methoden systematisch verzerrt sein können. Durch Replikationen mit unterschiedlichen Methoden, die durch verschiedene Forschende (in verschiedenen Kontexten etc.) durchgeführt werden, wird die Unabhängigkeit von solchen Einflüssen eher gewährleistet. McCullough und Vinod (2003, S. 888) urteilen sehr hart hinsichtlich der Bedeutung der Replizierbarkeit von Studien: „Replikationen sind ein Eckpfeiler der Wissenschaft. Empirische Forschung, die nicht repliziert werden kann, ist keine Wissenschaft und man kann ihr nicht trauen, weder im Hinblick auf die Wissensakkumulation der Wissenschaft noch als Grundlage für Praxisentscheidungen." Obwohl Replizierbarkeit von Untersuchungen

offensichtlich eine wichtige Voraussetzung für wissenschaftliche Akzeptanz ist, scheitern Replikationsversuche relativ häufig. So wurden in einem groß angelegten Replikationsprojekt einhundert Studien repliziert (Open Science Collaboration, 2015), die in führenden Psychologie-Zeitschriften publiziert worden waren. Nur 36 % der Studien zeigten einen Effekt, der konsistent mit dem Effekt der Originalstudie war. Die Inkonsistenz lag vor allem daran, dass die Effekte in den Replikationsstudien tendenziell schwächer waren als in den Originalstudien. Dieses Ergebnis deutet auf das Vorliegen eines Publication Bias hin (siehe dazu Abschn. 9.2.2). In den Naturwissenschaften sind die Ergebnisse zur Reproduzierbarkeit von Untersuchungsergebnissen ebenfalls ernüchternd (Baker, 2016); auf entsprechende Ergebnisse für die Betriebswirtschaftslehre wird im Abschn. 9.2.1 kurz eingegangen. Vor diesem Hintergrund wird vielfach schon von einer „Replikationskrise" gesprochen (Fidler & Wilcox, 2018). In einer solchen Situation gibt es gute Gründe, darüber nachzudenken, ob die bisher dominierende Forschungsmethodologie, die neuartige Studien gegenüber Replikationsstudien deutlich präferiert, angemessen ist.

Die „Replikationskrise" hat deutlich gemacht, dass die bisher üblichen Forschungsprozesse in Verbindung mit dem Verhalten Forschender und dem wissenschaftlichen Publikationssystem zu Problemen im Hinblick auf die Verlässlichkeit wissenschaftlicher Erkenntnisse führen können. Einige Anhaltspunkte für ein „Umsteuern" sind bereits erkennbar:

- So nimmt die Dominanz von NHST langsam ab; mehrere Zeitschriften erwarten mittlerweile, dass neben Signifikanztests auch Effektstärken angegeben werden und die Zeitschrift *Basic and Applied Social Psychology* lehnt es inzwischen sogar ab, Studienergebnisse, die auf der Anwendung von Signifikanztests beruhen, zu veröffentlichen (Trafimov & Marks, 2015).
- In Verbindung damit hat die Erreichung bestimmter p-Werte einen geringeren Stellenwert und das „p-hunting" verliert an Relevanz (Nelson et al., 2018). Dafür erhalten Effektstärken (siehe Abschn. 7.2.) ein größeres Gewicht.
- Mit der für die Einreichung bei zunehmend mehr wissenschaftlichen Zeitschriften erforderlichen Registrierung von Studien, d. h. der öffentlich zugänglichen vollständigen Beschreibung der Studienanlage vor der Datenerhebung, kann dem Phänomen des p-hunting und auch einem Publication Bias sinnvoll begegnet werden (Logg & Dorison, 2021) (siehe Abschn. 7.4). Ein ähnliches Ziel verfolgt der „results masked review", den einige Zeitschriften (z. B. *Journal of Vocational Behavior*) anbieten. Dabei werden Artikel ohne Ergebnisse begutachtet und alleine auf der Basis der Forschungsfragen, Theorie und Methode evaluiert. Einem akzeptierten Artikel fügt man *nach* der Begutachtung erst alle Ergebnisse hinzu. Wenn der Artikel bereits akzeptiert wurde, werden die Ergebnisse unabhängig davon, ob sie signifikant sind oder nicht, berichtet.

- Einzelne Zeitschriften haben zusätzliche Publikationsmöglichkeiten (z. B. im Rahmen von speziellen Sektionen in der Zeitschrift oder einzelner Ausgaben der Zeitschrift) für Replikationsstudien angeboten und damit Anreize für die Durchführung solcher Studien geschaffen. Darüber hinaus wird in stärkerem Maße bei der Publikation von Studien auch das zugehörige Material (z. B. Datensätze, Fragebögen) verfügbar gemacht, sodass eine Replikation der jeweiligen Studie ermöglicht bzw. erleichtert wird. Das Thema Forschungsdatenmanagement, bei dem es auch um die öffentliche Verfügbarmachung von Forschungsdaten geht (→ Open Science), gewinnt nicht nur bei vielen wissenschaftlichen Zeitschriften an Bedeutung, sondern ist auch zentrales Thema bei den großen Drittmittelgebenden (z. B. DFG und EU) und in der Wissenschaftspolitik vieler Länder.

Einen entscheidenden Schritt in diesem Zusammenhang stellt der Übergang von der Ausrichtung der Theorie-Entwicklung an den Ergebnissen einzelner Studien zu umfassenderen *Prozessen* der Theorie-Prüfung und –Entwicklung dar. Dabei geht es um die Zusammenfassung einschlägiger Ergebnisse aus einer größeren Zahl unterschiedlicher Studien, um die gezielte Durchführung von Replikationsstudien und um die zusammenfassende Analyse und Interpretation möglichst aller vorliegenden Ergebnisse, nicht zuletzt mithilfe der Metaanalyse. Auf dieser Basis kann es dann eher zu einer Bestätigung oder eher zu einer Ablehnung der betreffenden Theorie kommen und Erkenntnisse zur Generalisierbarkeit der Theorie, zu deren Modifikation und zum Informationsgehalt können gewonnen werden. Es sei betont, dass es hier nicht um einen *einmaligen* Prozess geht, dessen Ergebnisse dann gewissermaßen „unantastbar" sind. Im Sinne von „Fallibilismus und kritischer Haltung" (siehe Abschn. 1.2) und der Grundsätze des wissenschaftlichen Realismus (Fehlbarkeit, Kritik; siehe Abschn. 3.2) wiederholt sich dieser Prozess bei neu vorliegenden Erkenntnissen.

In Abb. 9.1 ist der Prozess der Theorie-Entwicklung im Zusammenhang mit einschlägiger empirischer Forschung schematisch dargestellt. Am Anfang steht ein Theorie-Entwurf, der u. a. auf den im Kap. 4 skizzierten Wegen entstanden sein kann. Dieser Entwurf stellt am Beginn des Prozesses den aktuellen Stand der Theorie dar. Im nächsten Schritt geht es um den empirischen Test der Theorie, dessen Bedeutung am Beginn des Prozesses offenkundig ist und noch keiner (evidenzbasierten) Entscheidung bedarf. Das kann durch eine einzelne Untersuchung geschehen (wie in Kap. 5 dargestellt); nach den vorstehend umrissenen Problemen ist eher eine gewisse Anzahl unabhängig voneinander durchgeführter Untersuchungen angemessen, darunter auch gezielt zum Theorie-Test durchgeführte Replikationsstudien. Diese empirischen Untersuchungen laufen typischerweise in den in Abb. 9.1 dargestellten Schritten von Hypothesen bis zu Ergebnissen ab. Ergebnisse einer einzelnen Studie können direkt zu Interpretationen und entsprechenden Schritten bezüglich der Theorie-Entwicklung führen. Höheres Gewicht haben natürlich Zusammenfassungen einer größeren Zahl von Untersuchungsergebnissen, vor allem mithilfe von Metaanalysen. Die beiden hier genannten spezifischen Methoden bei der

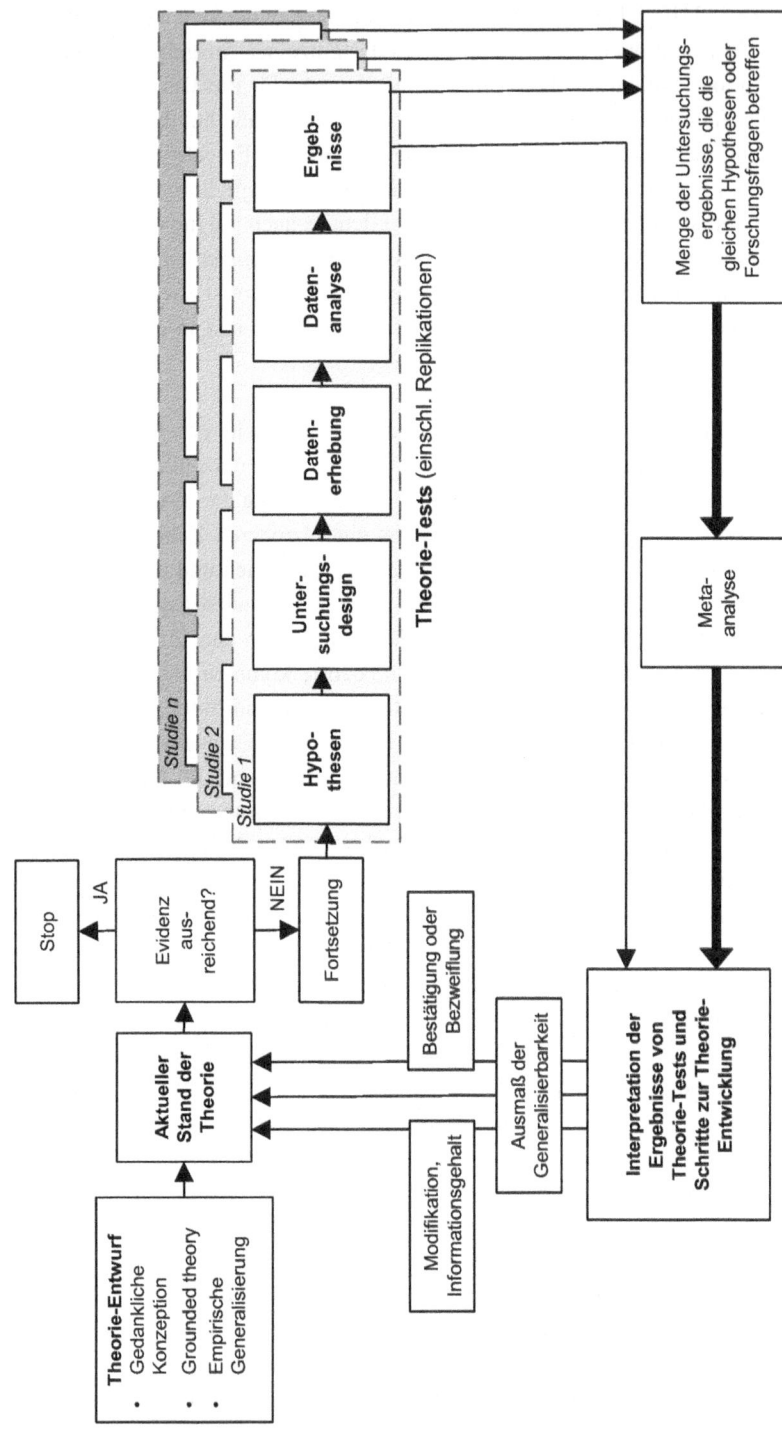

Abb. 9.1 Prozess der Theorieentwicklung und empirische Forschung

Theorie-Entwicklung – Replikationsstudien und Metaanalysen – werden im Abschn. 9.2 kurz dargestellt.

Die Interpretation von Untersuchungsergebnissen sollte dann zur Beantwortung einiger für die Theorie-Entwicklung bedeutsamer Fragen beitragen, die am Ende des Kap. 1 schon kurz angesprochen wurden und die für wesentliche Dimensionen (siehe dazu Abschn. 9.3) der Theorie-Entwicklung stehen:

- Kann eine Theorie als (approximativ und vorläufig) **wahr** angesehen werden? Sind die bisher erfolgten empirischen Tests hinreichend umfangreich und deren Ergebnisse konsistent oder müssen weitere Tests durchgeführt werden? Führen diese Ergebnisse insgesamt eher zu einer Bestätigung oder Bezweiflung der Theorie?
- Wie weit reicht der Geltungsbereich der Theorie, d. h. in welchem Maße ist die **Generalisierbarkeit** der Theorie empirisch belegt bzw. muss der Geltungsbereich eingeschränkt werden?
- Sollte die jeweilige Theorie durch Hinzufügung, Elimination oder Veränderung von Konzepten oder Beziehungen zwischen Konzepten (→ z. B. Moderatoren, Mediatoren) **modifiziert** werden?
- Lässt sich der **Informationsgehalt** der Theorie hinsichtlich der Art und Stärke der Beziehungen zwischen Konzepten (z. B. linear/nicht linear; Effektstärken) erhöhen?

Diese möglichen Ergebnisse von Theorie-Tests sind in Abb. 9.1 eingetragen. Wenn sich dabei Veränderungen einer Theorie ergeben haben, dann ist ein neuer „Aktueller Stand der Theorie" der Ausgangspunkt für weitere Schritte der Theorie-Entwicklung. Es muss dann entschieden werden, ob weitere *gezielte* Studien für erforderlich gehalten werden, um verbliebene Fragen zu klären und/oder die empirische Basis für die Akzeptanz der Theorie zu verbreitern. Da diese Entscheidungen auf Basis des jeweiligen Erkenntnisstandes erfolgen, wird in Abb. 9.1 von *evidenzbasierten Entscheidungen* gesprochen. Diese können natürlich auch dazu führen, dass man in bestimmten Phasen der Theorie-Entwicklung weitere Forschung (vorübergehend) für nicht vordringlich hält (→ „Stop"). Am Rande sei darauf hingewiesen, dass die genannten vier Dimensionen auch Ansatzpunkte für Forschungsthemen bei Masterarbeiten, Dissertationen und Publikationen bieten. Für eine ausführlichere Darstellung dazu sei auf Jaccard und Jacoby (2020, S. 37–45) verwiesen.

Der vorstehend verwendete Begriff **„evidenzbasiert"** kennzeichnet einen aktuellen Trend in einigen Forschungsbereichen, der in der Medizin geprägt wurde und auch dort am stärksten verankert ist. Die zentrale Idee evidenzbasierter Forschung (Lund et al., 2016) besteht darin, dass neue (empirische) Studien von einer umfassenden (möglichst vollständigen) und nachvollziehbaren Analyse der Ergebnisse vorliegender (publizierter und nicht publizierter) entsprechender Studien ausgehen sollen. Typisches Hilfsmittel ist dabei die Methode der Metaanalyse (siehe Abschn. 9.2.2). Auf dieser Basis sollen einerseits Forschungslücken identifiziert und andererseits „gesättigte" Bereiche mit ausreichenden vorliegenden Ergebnissen ermittelt werden. Im Sinne eines effizienten Einsatzes von Ressourcen können dann neue Studien *gezielt* auf offene Forschungsfragen mit hoher Priorität ausgerichtet werden.

Beispiel

Der Prozess der Theorie-Entwicklung kann am Beispiel des Phänomens der Verlustaversion dargestellt werden.

Theorie-Entwurf: Kahneman und Tversky (1979) haben das Konzept der Verlustaversion eingeführt, das davon ausgeht, dass Menschen Verlusten größeres Gewicht beimessen als Gewinnen, auch wenn Verluste und Gewinne größenmäßig gleich sind. Damit haben die Autoren die Annahmen des klassischen ökonomischen Nutzenmodells infrage gestellt. Die Autoren haben dazu sehr einfache Experimente durchgeführt die die erhöhte Sensibilität von Entscheider:innen gegenüber Verlusten nachwiesen.

Bestätigung bzw. Bezweiflung: Das Phänomen der Verlustaversion wurde in vielen Studien bestätigt. Neumann und Böckenholt (2014) haben eine Metaanalyse durchgeführt und dazu 33 frühere Untersuchungen, die 109 Beobachtungswerte zur Verlustaversion bei der Produktauswahl liefern, zusammengefasst. Der durchschnittliche ermittelte Wert war signifikant, was die „Wahrheit" der Theorie durch die Vielzahl der Untersuchungsergebnisse bestätigt.

Generalisierbarkeit: Im Laufe der Jahre wurden viele Studien durchgeführt, durch die der Geltungsbereich der Theorie erweitert wurde. Beispielsweise war das Konzept zunächst nur auf Entscheidungen mit Risiken bezogen und wurde später auf risikolose Entscheidungen ausgedehnt (Tversky & Kahneman, 1991). Weitere Studien haben die Idee auf verschiedene Bereiche wie Transport oder Gesundheitswesen angewendet und damit den Anwendungsbereich erweitert.

Modifikation: In vielen Studien wurde die Theorie modifiziert. Dabei wurden verschiedene Variablen als potenzielle Moderatoren der Verlustaversion untersucht. Um beispielsweise den Wert eines Produkts zu bewerten, können Entscheider:innen entweder interne Referenzpunkte (d. h. vergangene Informationen in ihrem Gedächtnis) oder externe Referenzpunkte (d. h. aktuelle Informationen, die zum Zeitpunkt des Kaufs bereitgestellt wurden) verwenden. Wenn Entscheider:innen externe Referenzpunkte verwenden, zeigen sie eine größere Verlustaversion als diejenigen, die interne Referenzpunkte verwenden (Mazumdar & Papatla, 2000). Auch Neumann und Böckenholt (2014) haben Modifikationen in ihrer Metaanalyse bestätigt und unter anderem gezeigt, dass der Grad der Verlustaversion unter anderem von Eigenschaften der entsprechenden Produkte und der Entscheider:innen abhängt.

Informationsgehalt: Neumann und Böckenholt (2014) haben in ihrer Metaanalyse einen durchschnittlichen Kennwert von 1,5 ermittelt, der das Verhältnis der Reaktionen von Entscheider:innen gegenüber Verlusten im Vergleich zu Gewinnen beschreibt. Dieser Wert ermöglicht ein generelles Verständnis vom Ausmaß der Verlustaversion, variiert aber sehr stark zwischen den einzelnen Studien.

In der Zwischenzeit ist die Verlustaversion eine akzeptierte und wichtige Theorie, die in den meisten neueren Lehrbücher zum Konsumverhalten enthalten ist (z. B. Hoyer et al., 2018). ◀

9.2 Spezifische Methoden bei der Theorie-Entwicklung

9.2.1 Replikationsstudien

Das Problem der häufig unbefriedigenden Replizierbarkeit sozialwissenschaftlicher (empirischer) Untersuchungen hat in den letzten ca. 10 Jahren deutlich gewachsene Aufmerksamkeit gefunden (siehe auch Abschn. 1.4). Das liegt einerseits daran, dass bisher (zu) wenige Replikationsstudien durchgeführt werden, andererseits an deren Relevanz für die Theorie-Entwicklung und auch für die Glaubwürdigkeit wissenschaftlicher Forschung. Wenn man von einer (approximativ) wahren Theorie ausgeht, dann müssten deren Aussagen, z. B. über Zusammenhänge von Variablen, sich mit einem gewissen Allgemeinheitsgrad empirisch bewähren. Wenn man also solche theoretischen Aussagen – im Rahmen des Geltungsbereichs der Theorie (siehe Abschn. 9.3.2) – mehrfach empirisch testet, dann müsste das zu weitgehend gleichartigen Ergebnissen führen, es sei denn die Theorie ist falsch oder es liegt ein Problem der Fehler-Unterbestimmtheit (siehe Abschn. 3.3) vor. Im positiven Fall – bei der Bestätigung von Ergebnissen – demonstriert man einen Grad der Objektivität der Forschungsergebnisse, die unabhängig von Zeitpunkten, Kontexten und durchführenden Personen sind (Schmidt, 2009). Es sei angemerkt, dass dieser Aspekt eher für Vertreter:innen des wissenschaftlichen Realismus und des kritischen Rationalismus relevant ist; Konstruktivist:innen und Relativist:innen streben Objektivität nicht an bzw. halten diese ohnehin für nicht einmal annähernd erreichbar (siehe Kap. 3).

▶ **Definition** Zunächst zur *Kennzeichnung* von **Replikationen** bzw. **Replizierbarkeit**. In der umfassenden Publikation der „National Academy of Science, Engineering and Medicine" zur Reproduzierbarkeit und Replizierbarkeit von wissenschaftlichen Ergebnissen (2019, S. 46) wird die Replizierbarkeit auf folgende Weise *definiert*:
„Bei Replizierbarkeit erhält man konsistente Ergebnisse bei Studien, die auf die gleiche Forschungsfrage ausgerichtet sind und für die jeweils separat Daten erhoben wurden."

Nun kann die Realisierung einer entsprechenden Replikationsstudie (natürlich) zu einigen methodischen Fragestellungen führen. a) Wie müssen die Studien angelegt sein, damit die Ergebnisse überhaupt vergleichbar sind? b) Wann sind Ergebnisse konsistent bzw. (annähernd) identisch?

Zur ersten Frage (a): Zunächst stellt sich das Problem, dass die Details der zu re-
plizierenden Studie häufig nicht so weit publiziert bzw. zugänglich sind, dass allen
Einzelheiten bei der Replikation entsprochen werden kann. Unabhängig davon kann
eine Replikationsstudie natürlich *nicht vollständig* mit der Originalstudie übereinstimmen. Zumindest der Untersuchungszeitpunkt muss ein anderer sein. In Verbindung
damit haben sich oft auch Rahmenbedingungen (z. B. ökonomische oder kulturelle Entwicklungen) verändert. In der Regel unterscheiden sich auch der Untersuchungsort und
das beteiligte Personal. Diese Liste ließe sich wohl fortsetzen. Lynch et al. (2015) sprechen in Fällen, in denen eine Replikation vor allem auf bestimmte theoretische Konzepte
(siehe Abschn. 2.1) ausgerichtet sind, aber die entsprechenden Operationalisierungen
unterschiedlich sind, *von konzeptuellen Replikationen*. Der Anspruch an Reliabilität und
Validität dieser Operationalisierungen ist aber nicht geringer als bei den zu replizieren-
den Studien. Vor diesem Hintergrund zeigen dann erfolgreiche (im Sinne der Bestätigung
vorheriger Ergebnisse) Replikationen auf, in welcher Weise und in welchem Maße die
untersuchten Zusammenhänge *generalisierbar* sind (Nosek et al., 2022).

b) Weiterhin stellt sich die zweite oben genannte Frage, wann und in welchem Maße
die Ergebnisse von Original- und Replikationsstudien als konsistent oder übereinstimmend angesehen werden. Hier einige Beispiele für solche Interpretationsprobleme:

Beispiel

- In zwei Studien (A) und (B) ist der Zusammenhang zwischen zwei Variablen X
  und Y durch eine Korrelation gemessen worden. Bei (A) ergab sich $r = 0{,}13$, bei
  (B) ergab sich $r = 0{,}62$. Ist damit das Ergebnis der einen Studie durch das Ergebnis
  der anderen bestätigt worden nur weil beide Korrelationskoeffizienten positiv sind?
- Wenn sich im vorigen Beispiel bei (A) eine signifikant positive und bei (B) eine
  nicht signifikant positive Korrelation ergeben hätte, wäre das eine erfolgreiche Replikation oder nicht?
- Viele sozialwissenschaftliche (einschließlich betriebswirtschaftlicher) Theorien
  machen keine quantifizierbaren Aussagen über Effektstärken (siehe Abschn. 7.2),
  sondern beschränken sich auf allgemeinere Hypothesen (z. B. „Wenn X steigt,
  steigt auch Y"). ◄

Nosek et al. (2022) geben einen kurzen Überblick über diverse Maßzahlen, die in der
Forschungspraxis bei dieser Art von Fragestellungen angewandt werden. Besonders
beachtlich ist im Zusammenhang dieses Kapitels (siehe Abschn. 9.2.2) die Möglichkeit, mit den Methoden der Metaanalyse die Ergebnisse von Original- und (mehreren)
Replikationsstudien zusammenzufassen und beispielsweise aggregierte Effektstärken zu
ermitteln (siehe Hedges & Schauer, 2019).

Es gibt zu denken, dass die „Erfolgsquoten" bei Replikationsstudien auch in der betriebswirtschaftlichen Forschung häufig enttäuschend sind (siehe z. B. Hubbard & Vetter,
1996; Hubbard et al., 1998). Nun müssen Abweichungen der Ergebnisse von Original-

und Replikationsstudien nicht unbedingt bedeuten, dass die zugrunde liegende Theorie damit schon falsifiziert ist. Es gibt mancherlei Gründe (siehe dazu auch Eisend et al., 2016; Lynch et al., 2015) für Abweichungen bei den Ergebnissen, die die jeweilige Theorie noch nicht infrage stellen:

- Zunächst sei an das Problem der **Fehler-Unterbestimmtheit** (siehe Abschn. 3.3) erinnert. Dieses bezieht sich ja darauf, dass Unterschiede zwischen theoretischen Vermutungen und entsprechenden empirischen Ergebnissen auch durch Einflüsse bzw. Fehler im Bereich der Untersuchungsmethoden (z. B. bei Stichproben und Inferenzstatistik, bei Messmethoden, bei der Untersuchungssituation) bestimmt sein können. Dabei spielt auch das oben schon erwähnte Problem eine Rolle, dass eine Durchführung einer Replikationsstudie im sozialwissenschaftlichen Bereich wohl nie zu 100 % mit der entsprechenden Originalstudie übereinstimmen kann. Auch kleine methodische Differenzen zwischen Original- und Replikationsstudie können natürlich zu Ergebnisunterschieden führen.
- Bei **konzeptuellen Replikationen** (s. o.) versucht man, den Geltungsbereich einer Theorie, d. h. deren Generalisierbarkeit (siehe Abschn. 9.3.2), durch Anwendungen, die über den Kontext einer Originalstudie hinausgehen, zu überprüfen bzw. zu erweitern. Dabei kann es natürlich vorkommen, dass man in einem Kontext testet, für den diese Theorie eben nicht geeignet ist. Man denke beispielsweise an eine in den USA und in Europa gut bewährte Theorie zur Entstehung von Markenbindungen bei Kosument:innen, die bei der Anwendung im nordkoreanischen Markt vielleicht scheitert.
- Ein nützlicher Effekt von Replikationsstudien besteht auch darin, dass damit **Manipulationen** und/oder **Fälschungen** in den Originalstudien (Longino, 2019, S. 6) identifiziert werden können. Das ist ein bedeutendes forschungsethisches Problem (siehe dazu Kap. 10.2), weil durch solche Praktiken der jeweilige wissenschaftliche Erkenntnisstand systematisch verzerrt wird.

Ergibt sich eine klare Konsistenz der Ergebnisse bei den Original- und Replikationsstudien, dann steigt das Vertrauen in die Ergebnisse deutlich (Schmidt, 2009). Je nach Datenlage und Ergebnissen können Replikationsstudien also zur *Stärkung des Vertrauens* in empirisch gut bewährte Effekte und Theorien beitragen bzw. bei klar überwiegenden empirischen Misserfolgen die entsprechende *Veränderung oder Aussonderung von Theorien* befördern. Damit ist die Rolle von Replikationen bei der Theorie-Entwicklung schon umrissen.

Hintergrundinformation
Nosek et al. (2022, S. 723) fassen die wichtige Funktion von Replikationsstudien bei der Theorie-Entwicklung in drei Sätzen zusammen:

„Im Grunde ist die Replikation ein zentraler Bestandteil des laufenden Dialoges zwischen Theorie und empirischen Belegen: Der gegenwärtige Erkenntnisstand basiert auf dem bisher gesammelten Wissen, Bereiche von Unsicherheit werden identifiziert, zur Analyse dieser Unsicherheit werden Tests durchgeführt und neue empirische Ergebnisse werden hinzugefügt, die den gegenwärtigen Erkenntnisstand bestärken oder verändern. Dann wiederholt sich dieser Zyklus."

Wenn Replikationsstudien eine so wesentliche Bedeutung für die Theorie-Entwicklung haben, dann fragt man sich natürlich, welche Rolle Replikationen in der empirischen betriebswirtschaftlichen Forschung spielen (siehe z. B. Evanschitzky et al., 2009). Dazu hat Hensel (2021) eine neuere breit angelegte empirische Studie publiziert. In der folgenden Tab. 9.1 sind die Teilgebiete der BWL betreffenden Ergebnisse zusammenfassend wiedergegeben. Man erkennt einerseits die Zahlen der in unterschiedlichen Zeiträumen in ausgewählten Zeitschriften publizierten empirischen Studien; daneben die jeweiligen Anteile von Replikationsstudien. Bei diesen Anteilen gibt es deutliche Unterschiede zwischen den Teilgebieten. Wenn man will, dass jede Originalstudie mindestens einmal (im Idealfall öfter) repliziert werden sollte, dann sind aber alle Zahlen wohl deutlich zu niedrig. Während diese Zahlen belegen, dass zu wenige Replikationsstudien publiziert werden, haben zumindest die sogenannten „Intra-Study"-Replikationen, d. h. Replikationen des gleichen Autor:innenteams, die innerhalb einer Publikation berichtet werden, über die Jahre zugenommen (Kwon et al., 2017).

Woran liegt es, dass zu wenige Replikationen publiziert werden, obwohl ihre Bedeutung für die Wissenschaft so offenkundig ist? Hunter (2001a, 2001b) hebt als mögliche Ursachen für das geringe Interesse an Replikationen bei den Forschenden und auch bei den Fachzeitschriften zwei Einwände hervor und nennt auch die entsprechenden Gegenargumente:

- Einwand: Zu *geringe Kreativität* bei Replikationsstudien; Gegenargumente: Für solide Forschung ist eine entsprechend solide Wissensbasis notwendig; Kreativität ist nicht das einzige Kriterium für die Qualität von Forschung.
- Einwand: Zu *geringer Erkenntniszuwachs;* Gegenargument: Eine einzelne Studie mit den systematischen Problemen und Zufälligkeiten ihrer Ergebnisse ist eine zu schwache Wissensbasis und Grundlage für Erkenntniszuwachs. Dazu sei hier auch auf den im Abschn. 9.1 erläuterten Prozess der Theorie-Entwicklung verwiesen.

Tab. 9.1 Anteile von Replikationen in der empirischen BWL-Forschung. (Quelle: Hensel, 2021, S. 81)

Teilgebiet der BWL	Anzahl publizierter empirischer Studien	Anteil von Replikationsstudien
Accounting	373	8.58 %
Finance	1979	10.01 %
Management	2784	4.53 %
Marketing	6340	1.89 %

Wenn aber die Publikationschancen für Replikationsstudien gering sind, dann entfällt für die meisten Forschenden der entscheidende Anreiz für entsprechende Bemühungen. Hinzu kommt, dass eine Replikationsstudie, die ein möglicherweise viel beachtetes Ergebnis in einer anderen Studie infrage stellt, manchmal auch als persönlicher Angriff auf die Autor:innen der Originalstudie verstanden wird.

9.2.2 Metaanalyse

Ein besonders umfassender und methodisch weit entwickelter Ansatz der Ergebnisintegration und Generalisierungen, die für die Theorie-Entwicklung gebraucht werden, sind **Metaanalysen**. Man versteht darunter „quantitative Methoden der Zusammenfassung und Integration einer Vielzahl empirischer Befunde zu einem bestimmten Problem oder Phänomen" (Franke, 2002, S. 233). Besonders prägnant und kennzeichnend ist die Kurz-Bezeichnung „Analyse von Analysen". Man geht dabei so vor, dass man möglichst viele (im Idealfall alle) einschlägigen empirischen Ergebnisse zu einer bestimmten Fragestellung oder Hypothese zusammenfasst und unter Berücksichtigung der unterschiedlichen Stichprobengrößen und ggf. von Messfehlerkorrekturen gewissermaßen ein „gemeinsames" Ergebnis berechnet. Dazu muss zunächst das Ergebnis aller Untersuchungen einheitlich dargestellt werden. Dies geschieht anhand von sogenannten **Effektstärken.** Wie in Abschn. 7.2 erklärt, sind Effektstärken eine quantitative Erfassung der Größe eines Phänomens, mit dem man eine bestimmte Forschungsfrage adressiert (Kelley & Preacher, 2012). Gängige Effektstärkenmaße in der sozial- und verhaltenswissenschaftlichen Forschung sind Korrelationskoeffizienten, standardisierte Mittelwertdifferenzen oder Odds Ratios.

Hintergrundinformation
Lehmann et al., (1998, S. 746) zur Relevanz von Metaanalysen für die empirische Forschung:

> „Einer der fruchtbarsten Untersuchungsansätze ist es herauszufinden, was aus früheren Studien zu lernen ist. Beispielsweise kann eine Werbeagentur, die in 237 Fällen die Wirkung einer Intensivierung der Werbung untersucht hat, mehr aus der Zusammenfassung der 237 Untersuchungen lernen als aus der Durchführung der 238. Untersuchung. Der Prozess der Zusammenfassung der Informationen aus früheren Studien wird bezeichnet als empirische Generalisierung und/oder Metaanalyse (d. h. Analyse früherer Analysen). Die zentrale Idee besteht darin, dass wir aus anderen (vergangenen) Situationen lernen können."

Mit der Metaanalyse werden Ergebnisse nicht nur integriert, sondern auch deren Unterschiedlichkeit und Variabilität (**„Heterogenität"**) untersucht. Sind die Ergebnisse von verschiedenen Studien recht einheitlich („homogen"), dann kann man das in der Metaanalyse integrierte Gesamtergebnis als einen generalisierenden Befund auffassen, der zur Generalisierung der zugrunde liegenden Theorie beiträgt und in Forschung und Praxis entsprechend weiterverwendet werden kann (siehe zur Generalisierbarkeit einer Theorie

Abschn. 9.3). Sind die einzelnen Ergebnisse sehr unterschiedlich („heterogen"), dann kann diese Unterschiedlichkeit im Rahmen der Metaanalyse untersucht und (teilweise) erklärt werden. Dies geschieht durch Moderatorvariablen, deren Zusammenhang mit der Effektstärke untersucht wird (siehe Abb. 9.2).

Eine gängige Moderatorvariable ist z. B. das Untersuchungsdesign, anhand dessen unterschieden wird, ob das Untersuchungsergebnis in einem kontrollierten Laborexperiment ermittelt wurde oder in einer Feldstudie. Wenn man nun die gesamten Ergebnisse auf zwei Gruppen aufteilt (Ergebnisse aus Laborexperimenten und Ergebnisse aus Feldstudien), dann kann man die Ergebnisse aus den beiden Gruppen vergleichen. Ergibt sich ein signifikanter Unterschied, dann kann man davon ausgehen, dass sich die Gesamtergebnisse nicht über verschiedene Untersuchungsdesigns hinweg verallgemeinern lassen, sondern unterschieden werden müssen. Ergibt sich kein signifikanter Unterschied, lassen sich die Untersuchungsergebnisse über verschiedene Untersuchungsdesigns hinweg verallgemeinern (zumindest im Hinblick auf alle Untersuchungsergebnisse der Vergangenheit, die in die Metaanalyse einbezogen wurden). Durch die Verwendung von Moderatorvariablen lässt sich also die Heterogenität von Untersuchungsergebnissen reduzieren und möglicherweise sogar (weitgehend) aufklären. Die Unterschiedlichkeit der verwendeten Untersuchungen in einer Metaanalyse ist aus diesem Grunde also auch kein Nachteil, sondern eher ein Vorteil, weil auf diese Weise geklärt werden kann, ob das Gesamtergebnis unabhängig von den Spezifika einzelner Untersuchungen ist oder aber der Einfluss der Unterschiedlichkeit der Untersuchungen geprüft werden sollte.

Moderatorvariablen beziehen sich auf verschiedene Dimensionen der Generalisierung. In Abhängigkeit davon, ob der Moderator zu Homogenität oder Heterogenität der Ergebnisse innerhalb einer bestimmten Dimension führt, können die Ergebnisse entweder generalisiert werden (z. B. wenn die Ergebnisse nicht von der Untersuchungsmethode abhängen, können sie über Untersuchungsmethoden hinweg generalisiert werden) oder aber sie müssen unterschieden werden (z. B. wenn die Ergebnisse von der Untersuchungsmethode abhängen, dann können sie nicht über Untersuchungsmethoden

Abb. 9.2 Grundidee der Moderatoranalyse der Metaanalyse

hinweg generalisiert werden). Abb. 9.3 stellt dar, wie die Untersuchung von Homogenität und Heterogenität im Rahmen der Metaanalyse zur Generalisierung von Ergebnissen über verschiedene Dimensionen hinweg beiträgt.

Mithilfe von Metaanalysen lässt sich auch der sogenannte **Publication Bias** untersuchen. Dabei geht es um das empirisch häufig bestätigte Phänomen, dass nicht signifikante Ergebnisse weniger häufig in Untersuchungen berichtet werden als signifikante Ergebnisse, denn nicht signifikante Resultate haben eine geringere Publikationswahrscheinlichkeit (Untersuchungen zum Publication Bias sind z. B. Ferguson & Brannick, 2012; Kepes et al., 2012; Renkewitz et al., 2011). Deshalb neigen Forschende dazu, nicht signifikante Ergebnisse erst gar nicht zu berichten (siehe zur ethischen Problematik Abschn. 10.2). Falls sie es doch tun, so haben diese nicht signifikanten Ergebnisse eine geringere Wahrscheinlichkeit, erfolgreich den Begutachtungsprozess von Fachzeitschriften zu überstehen. Als Konsequenz aus dem Publication Bias ergibt sich, dass die Ergebnisse in veröffentlichten Studien verzerrt sind, d. h. dass sie in der Regel „zu stark" erscheinen, weil die „schwachen" Ergebnisse erst gar nicht veröffentlicht werden. Damit aber werden empirische Generalisierungen, bei denen es ja auch um die Größe eines Effekts geht, hinterfragbar.

Die Daten in einer Metaanalyse können im Hinblick auf den Publication Bias untersucht werden, das Vorliegen eines Publication Bias kann getestet werden und dieser kann dann sogar korrigiert werden. Die generelle Vorgehensweise dabei veranschaulicht die Abb. 9.4. In der sogenannten **„Trichtergrafik"** werden die Größe des Effekts und die Stichprobengröße der Untersuchung, aus der der Effekt stammt, gegeneinander

Abb. 9.3 Metaanalyse und die Generalisierung über verschiedene Dimensionen hinweg

abgetragen. Bei sehr kleinen Stichproben hat man sehr große Stichprobenfehler, daher ist die Varianz der Effektstärkenwerte (z. B. Korrelationen) um den Mittelwert herum recht stark. Die obere Trichtergrafik stellt ein Ergebnis einer Metaanalyse dar, bei der Effektstärkenwerte entsprechend ihrer Stichprobengröße erwartungsgemäß um den Mittelwert streuen. Die Verteilung sieht aus wie ein Dreieck oder ein Trichter (daher auch die Bezeichnung „Trichtergrafik"). In der unteren Trichtergrafik fehlen kleine Effektstärkenwerte, die auf kleinen Stichproben beruhen. Diese werden häufiger nicht signifikant als große Effektstärkenwerte oder Effektstärkenwerte, die auf großen Stichproben beruhen (siehe dazu Abschn. 7.2) und haben daher eine geringere Wahrscheinlichkeit, publiziert zu werden. In der unteren Trichtergrafik erkennt man also einen Publication Bias: Die empirische Verteilung der Effektstärkenwerte weicht von der erwarteten, theoretischen Verteilung in der oberen Trichtergrafik ab. Die Abweichung ist systematisch, da ja gerade nicht signifikante Ergebnisse fehlen. Der eingezeichnete Mittelwert verdeutlicht auch, dass bei Vorliegen eines Publication Bias der in einer Metaanalyse ermittelte integrierte (d. h. gemittelte) Effekt nach oben verzerrt ist.

Aufgrund dieser Trichtergrafik lässt sich nicht nur feststellen, ob ein Publication Bias vorliegt. Mittlerweile gibt es ein umfangreiches Methodenarsenal (sehr ausführlich dokumentiert bei Rothstein et al., 2009), mit dem man einen nach oben verzerrten Mittelwert (wie in der unteren Grafik in Abb. 9.4 dargestellt) korrigieren kann.

Bisher wurde die Metaanalyse hauptsächlich retrospektiv angewendet in dem Sinne, dass nur die bis zu einem Zeitpunkt vorliegenden Studienergebnisse zu einem Thema zusammengefasst wurden. Inzwischen wird in der Literatur vereinzelt schon vom **„meta-analytischen Denken"** gesprochen. Was ist damit gemeint? Es geht darum, dass die Forschenden nicht nur auf ihre eigene Untersuchung konzentriert sein sollen. Vielmehr wird die einzelne Untersuchung eher als *Beitrag* zu einem umfassenderen Forschungsprozess mit einer Vielzahl von (auch zukünftigen) Studien angesehen (Cumming, 2012, 2015). Voraussetzung dafür ist sicher, dass die einbezogenen Studien mit den Details publiziert worden sind, die für die (spätere) Durchführung einer Metaanalyse benötigt werden (Cumming, 2012, S. 194 f.). In dieser Perspektive sollen Autor:innen einer Studie bei einer Publikation also künftige Metaanalysen schon antizipieren und alle Angaben, die für eine Metaanalyse benötigt werden, zur Verfügung stellen.

Eine besonders informative Art der Darstellung von Ergebnissen einer Metaanalyse ist die sogenannte **„kumulative Metaanalyse.** Dabei handelt es sich um „eine Serie von Metaanalysen, bei der Studien zur Analyse in einer vorherbestimmten Reihenfolge hinzugefügt werden und Veränderungen der mittleren Effektstärken und ihrer Varianz verfolgt werden können" (Leimu & Koricheva, 2004, S. 1961). Eine gängige dabei verwendete Reihenfolge bezieht sich auf das Publikationsjahr der jeweiligen Studie. Wenn man bei einer solchen kumulativen Metaanalyse feststellt, dass sich von einem bestimmten Zeitpunkt an die jeweiligen Werte nicht mehr stark verändern, dann deutet das darauf hin, dass zusätzliche Studien hier wenig Informationsgewinn bringen würden. Im Sinne einer evidenzbasierten Forschung (siehe Abschn. 9.1) würde der Schwerpunkt künftiger Forschung dann wohl woanders liegen.

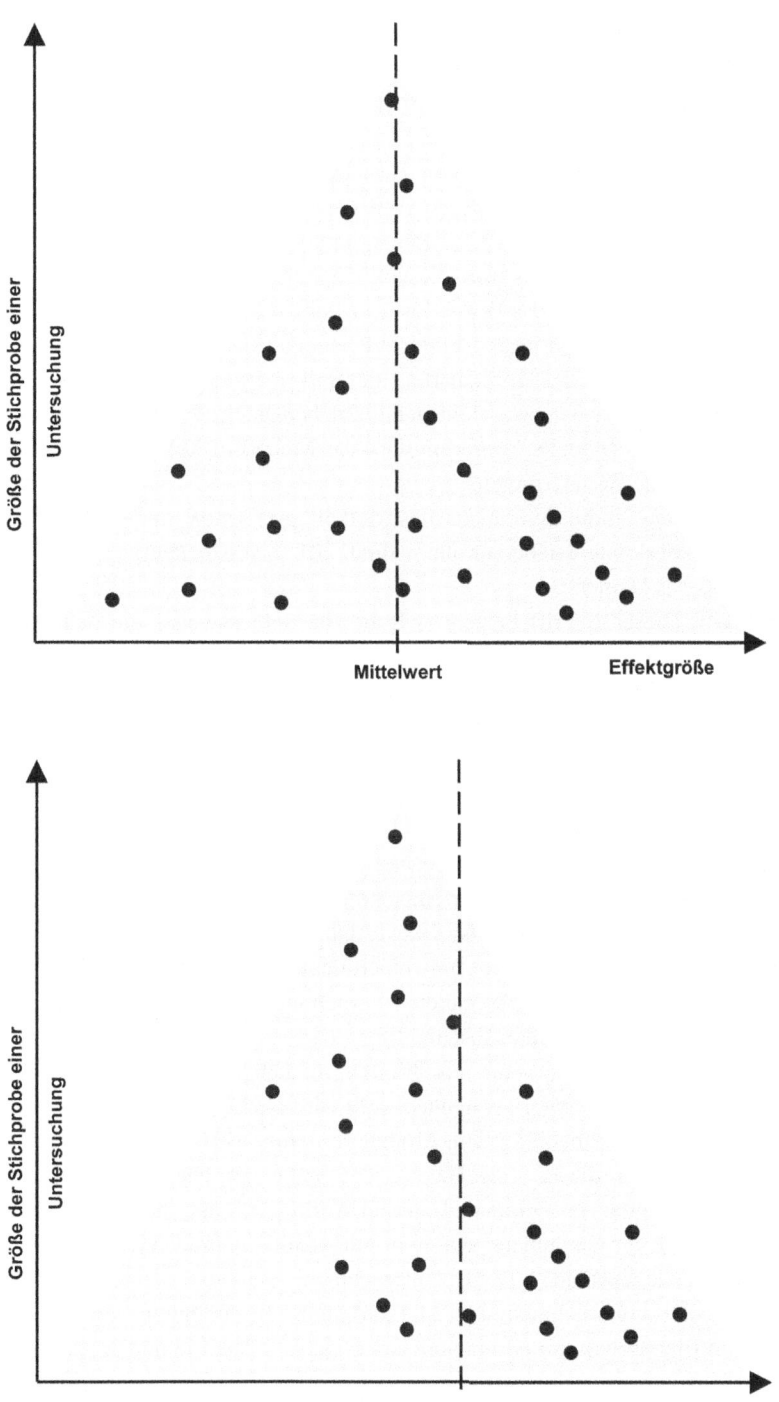

Abb. 9.4 Illustration des Publication Bias

9.3   Dimensionen der Theorie-Entwicklung

9.3.1 Bestätigung oder Bezweiflung einer Theorie

Für die zentrale Frage der empirischen Bestätigung oder Bezweiflung einer Theorie
($\rightarrow$ Wahrheit der Theorie ?) auf Basis des WR liegt ein ausgearbeitetes Modell vor, kon-
zipiert von Shelby Hunt (2011, 2012). Dieses „induktiv-realistische Modell" ist wesent-
lich detaillierter ausgeführt als das diesem Kapitel zugrunde liegende allgemeinere
Modell, das in Abb. 9.1 dargestellt ist. Insbesondere werden die einzelnen Schritte der
Gegenüberstellung von Theorie und Empirie beleuchtet. Dagegen werden die Gesichts-
punkte der Modifikation, der Anreicherung des Informationsgehalts und die Frage der
Generalisierbarkeit einer Theorie nicht detailliert behandelt. Zunächst folgt eine kurze
Charakterisierung des Modells, weiterhin wird das Modell in Abb. 9.5 dargestellt und es
folgen entsprechende Erläuterungen.

Die Bezeichnung „induktiv-realistisches Modell" gibt schon einigen Aufschluss über
dessen zentrale Merkmale (siehe vor allem Hunt, 2015). Was bedeuten nun die einzelnen
Bestandteile dieses Namens?

„Induktiv": Dieser Begriff bezieht sich auf die Schlussweise, die dem Modell zugrunde liegt und lässt sich anhand eines Zitats von Ernan McMullin (1984, S. 26) gut
nachvollziehen: „Der grundlegende Anspruch des wissenschaftlichen Realismus besteht darin, dass der langfristige Erfolg einer wissenschaftlichen Theorie Grund zu der
Annahme gibt, dass etwas wie die Gegenstände und Strukturen, die von der Theorie
unterstellt werden, tatsächlich existiert" (siehe Abschn. 3.2). Hier erkennt man deutlich
die Merkmale einer induktiven Schlussweise (siehe dazu Abschn. 2.5), weil eben der
„langfristige Erfolg einer Theorie" als Basis für die Annahme von deren (weitgehender)
Richtigkeit dient. Analog wird bei der Anwendung des Modells von empirischen Erfolgen und Misserfolgen auf die Akzeptanz bzw. Ablehnung einer Theorie geschlossen.

„Realistisch": Dieser Begriff ruft in Erinnerung, dass Aussagen über eine Realität gemacht werden, die unabhängig von deren Wahrnehmung und Interpretation durch Wis-
senschaftler:innen existiert (siehe Abschn. 3.2).

„Modell": Es handelt sich um ein Modell in dem Sinne, dass der Prozess der
Theorieprüfung in *vereinfachter* Form dargestellt wird (siehe Abschn. 2.1).

Hier nun die Erläuterungen zu dem Modell von Hunt (2012). Man erkennt zunächst
die vier Boxen 1 bis 4, die für eine Theorie, den Status der Theorie, Anwendungen der
Theorie und die Realität (im Original „External World", was aber nach persönlicher Auskunft von Shelby Hunt weitgehend synonym mit Realität gebraucht wird) stehen. Box 4
enthält (reale) „Gegenstände" (z. B. Unternehmen, Marken), „Eigenschaften" (z. B.
Eigenschaften der Unternehmen und Marken) und „Beziehungen" zwischen Gegenständen, ihren Eigenschaften und untereinander. Da sich Theorie und Realität möglichst
weitgehend entsprechen sollen, überrascht es nicht, dass der Inhalt von Box 1 mit dem
von Box 4 korrespondiert. Box 1 enthält die den Gegenständen mit ihren Eigenschaften

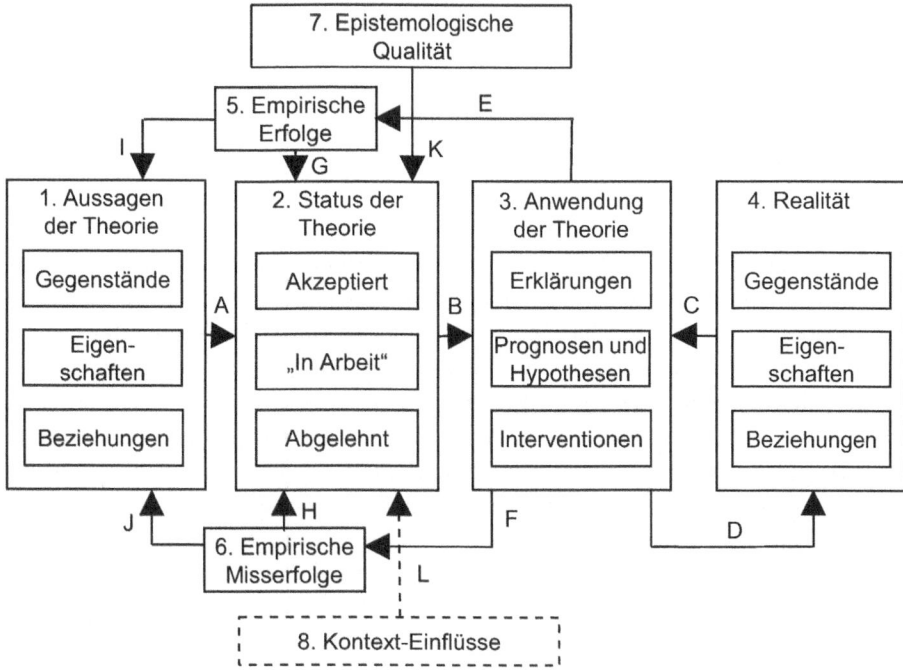

Abb. 9.5 Induktiv-realistisches Modell der Theorieprüfung. (Quelle: Hunt, 2012, S. 9; mit kleinen Veränderungen)

aus Box 4 entsprechenden gedanklichen Konzepte und als „Beziehungen" die theoretischen Vermutungen über Zusammenhänge. Wenn hinreichende Übereinstimmung von Theorie und Realität vorliegt, spricht man von (approximativer) Wahrheit (Hunt, 2010, S. 287) der Theorie (siehe Abschn. 3.2).

Box 3 („Anwendung der Theorie") enthält ganz andere Elemente. Es sind dies die drei hauptsächlichen Anwendungsmöglichkeiten von Theorien auf reale Phänomene:

- **Erklärungen** (siehe Abschn. 2.3.2). Dabei geht es um Fragen nach dem „Warum" für das Auftreten bestimmter realer Phänomene (Beispiel: „Warum führt ein hoher relativer Marktanteil zu Kostenvorteilen?").
- **Prognosen und Hypothesen.** Hier geht es einerseits um die Nutzung von (theoretischem) Wissen über Wenn-Dann-Beziehungen für Aussagen über zukünftige Phänomene bei Vorliegen bestimmter Bedingungen (Beispiel: „Wenn die Arbeitszufriedenheit steigt, dann müsste die Fluktuation von Mitarbeiter:innen sinken."). Andererseits sind Hypothesen ja (theoretisch basierte) Vermutungen über Ausprägungen und Zusammenhänge von Phänomenen unter bestimmten Bedingungen und sind in diesem Sinne *Prognosen* für den Fall, dass diese Bedingungen gegeben sind.

- **Interventionen** beziehen sich auf Maßnahmen – häufig getroffen auf Basis theoretischer Erkenntnisse oder Erfahrungen –, die die Realität beeinflussen bzw. verändern. Beispielsweise kann das Wissen um die Bedeutung von Mitarbeiterweiterbildungsmaßnahmen dazu führen, dass ein:e Manager:in entscheidet, die Arbeitsleistung der Mitarbeiter:innen (in der Realität) durch mehr Angebot an Weiterbildungsmaßnahmen positiv zu beeinflussen.

Box 2 („Status der Theorie") kennzeichnet unterschiedliche Einschätzungen einer Theorie in der jeweiligen „scientific community". Die Kategorie „akzeptiert" bedeutet, dass eine Theorie angemessen bewährt ist und als die beste verfügbare Theorie für das entsprechende Gebiet angesehen wird, was natürlich weitere Tests nicht ausschließt (Fallibilismus, siehe Abschn. 1.2). Eine solche Theorie ist am ehesten die Grundlage für die in Box 3 angesprochenen Erklärungen, Prognosen und (praktischen) Interventionen. Die Kategorie „In Arbeit" bezieht sich auf Theorien, die noch nicht voll etabliert sind und noch weiterentwickelt und getestet werden. Es dürfte nicht weiter überraschen, dass „abgelehnte" Theorien allenfalls in Ausnahmefällen noch verwendet werden.

Die Boxen 5 und 6 zeigen die Häufigkeiten bzw. Anteile von erfolgreichen und nicht erfolgreichen Anwendungen einer Theorie. Je nach Ergebnis führt das (viele „Erfolge") bei wissenschaftlichen Realist:innen zu der Stärkung der Annahme *(Pfeil G)*, dass entsprechende Gegenstände, Eigenschaften und Strukturen in der Realität tatsächlich existieren oder (bei zu vielen „Misserfolgen") zur Verstärkung von Zweifeln hinsichtlich der Wahrheit der Theorie *(Pfeil H)*.

Nun zu den anderen im Modell enthaltenen Beziehungen, die durch Pfeile dargestellt sind:

- *Pfeil A* stellt dar, dass im Lauf der Zeit Theorien überprüft werden, sich mehr oder weniger bewähren und dem entsprechend (vorläufig) Akzeptanz finden oder eher abgelehnt werden.
- *Pfeil B* steht für die Nutzungen von Theorien zur Erklärung, Prognose und Intervention bzw. für Hypothesentests bei Theorien „in Arbeit".
- *Pfeil C* symbolisiert die „Rückmeldungen" aus der Realität auf Versuche zur Erklärung, Prognose oder Intervention und stellt sich direkt als Erfolg oder Misserfolg dar.
- *Pfeil D* zeigt, dass sich insbesondere Interventionen (z. B. eine Preissenkung auf Basis einer Prognose mithilfe einer Preis-Absatz-Funktion) direkt auf die Realität (also Märkte, Wettbewerber etc.) auswirken.
- *Pfeile E und F* zeigen, dass die Anwendungen einer Theorie als Erfolg (z. B. eine zutreffende Prognose) oder Misserfolg (z. B. eine Intervention, die nicht das erwartete Ergebnis hat) in die weitere Beurteilung dieser Theorie einfließen.

- *Pfeile G und H* stellen die Auswirkungen von Erfolgen oder Misserfolgen auf die zu- oder abnehmende Akzeptanz einer Theorie dar.
- *Pfeile I und J* stehen für die Auswirkungen von Erfolgen und Misserfolgen auf die weitere Gestaltung einer Theorie durch Modifikationen, Verfeinerungen, Ergänzungen etc.

In dessen aktuellster Fassung hat Shelby Hunt (2012) seinem induktiv-realistischen Modell noch zwei Boxen und entsprechende Pfeile hinzugefügt, die mit der empirischen Bewährung einer Theorie nichts zu tun haben, durch die aber wesentliche Ergebnisse der wissenschaftstheoretischen Diskussion der vergangenen Jahrzehnte in das Modell integriert wurden. Box 7 mit der vielleicht etwas fremd klingenden Bezeichnung „epistemologische Qualität" und *Pfeil K* beziehen sich darauf, dass das Ausmaß der Akzeptanz einer Theorie nicht nur von deren empirischer Bewährung abhängt, sondern auch von anderen Qualitätsmerkmalen (z. B. logische Korrektheit, Präzision, Informationsgehalt). Ähnlich irritierend wirkt auf den ersten Blick die Bezeichnung „Kontext-Einflüsse" für Box 8 mit *Pfeil L*. Damit knüpft Hunt an schon angesprochene Argumente zur Relevanz des sozialen/historischen Kontexts oder von Theoriebeladenheit (siehe Abschn. 3.3) an. Durch die gestrichelten Linien deutet er an, dass er darin nicht einen Beitrag zur wissenschaftlichen Erkenntnisgewinnung sieht, sondern eher das Gegenteil. Weitere Einflussfaktoren in diesem Sinne sind unethisches Verhalten von Wissenschaftler:innen (z. B. Datenmanipulation, Nachlässigkeit, siehe Kap. 10) sowie politische oder gesellschaftliche Normen und Einflüsse von Geldgebenden der Forschung.

Beispiel

Auf der Basis des induktiv-realistischen Modells von Hunt (2012) sei die Vorgehens- und Schlussweise am Beispiel des wohlbekannten Zusammenhanges von Einstellungen und Verhalten illustriert. Es wird zunächst davon ausgegangen, dass (die „Gegenstände") Einstellungen und Verhaltensabsichten mit den „Eigenschaften" negativ/positiv bzw. schwache oder starke Verhaltensabsicht sowie der entsprechende Zusammenhang (→ „Beziehungen") in der Realität (→ Box 4) existieren könnte, von Forschenden wahrgenommen wird und zur Theoriebildung führt. Wenn nun eine solche Theorie existiert (→ Box 1), dann kann diese genutzt werden (→ Box 3), um Erklärungen zu finden, Prognosen zu entwickeln und Interventionen vorzubereiten. Hier einige Beispiele dazu:

- Unterschiedliches Anlageverhalten verschiedener Personen wird durch unterschiedlich ausgeprägte Einstellungen z. B. gegenüber Finanzprodukten *erklärt*.
- Auf der Basis einer positiven Veränderung von Einstellungen wird eine korrespondierende Entwicklung des Anlageverhaltens *prognostiziert* bzw. in einer empirischen Untersuchung wird eine entsprechende *Hypothese* getestet.

- Anlageberater:innen benutzen den theoretisch unterstellten Zusammenhang von Einstellungen und Anlageverhalten als gedankliche Grundlage für eine *Intervention* (z. B. verstärkte Kommunikation) zur Veränderung von Einstellungen mit der entsprechenden Wirkung auf Anlageverhalten. Es zeigt sich im Anschluss (*Pfeil C*), ob die Anwendungen der Theorie erfolgreich waren:
- *Erklärung:* Hatten die Personen, die sich für eine bestimmte Anlagemöglichkeit entschieden haben, tatsächlich positivere Einstellungen?
- *Prognose bzw. Hypothese:* Ist der Anteil der Anleger:innen nach der positiven Entwicklung der Einstellungen tatsächlich gestiegen? Hat sich in der Untersuchung die Hypothese bestätigt?
- *Intervention:* Führte die Verstärkung der Kommunikation über positive Einstellungsänderungen tatsächlich zu erhöhtem Anlageverhalten?

In Abhängigkeit von den Anteilen der „Erfolge" und „Misserfolge" der Theorie steigt oder fällt die Akzeptanz dieser Theorie oder die Neigung, sie zu modifizieren oder ganz abzulehnen (Box 2).

Welche Rolle können dabei die Boxen 7 und 8 spielen? Box 7 bezieht sich auf Kriterien wie logische Konsistenz, Einfachheit oder Informationsgehalt der Einstellungstheorie. Ein Beispiel für die Wirkung von Box 8 könnte sein, dass die Einstellungstheorie nicht mehr infrage gestellt wird, weil deren Akzeptanz bisher schon sehr gefestigt ist. ◄

Wesentlich für den bisherigen Status einer Theorie ist also die *Relation* von „Erfolgen" und „Misserfolgen" bei der Theorieprüfung. In den Fällen mit deutlichem Übergewicht der einen oder anderen Art von Ergebnissen (bei insgesamt hinreichend großer Zahl von empirischen Tests) resultiert daraus in der Regel „Theorie akzeptiert" bzw. „Theorie abgelehnt". In Situationen, in denen erst (zu) wenige Tests erfolgt sind oder kein deutliches Übergewicht von „Erfolgen" oder „Misserfolgen" erkennbar ist, wäre weitere empirische Forschung die angemessene Reaktion („Theorie in Arbeit"). Durch das induktiv-realistische Modell wird somit deutlich, dass der *Prozess* zunehmender (oder abnehmender) empirischer Bestätigung in der Perspektive des wissenschaftlichen Realismus für den Grad der Akzeptanz einer Theorie zentrale Bedeutung hat. Deswegen spielt der im Abschn. 9.2.2 erörterte Ansatz zur Kumulation empirischer Ergebnisse (Metaanalyse) eine wichtige Rolle.

9.3.2 Generalisierbarkeit einer Theorie

In Verbindung mit den anderen hier skizzierten Dimensionen der Theorie-Entwicklung stellt sich die Frage nach dem Geltungsbereich bzw. nach den Anwendungsbedingungen von Theorien. Gilt eine Theorie z. B. unabhängig von ökonomischen oder kulturellen

Rahmenbedingungen oder gilt die Theorie nur, wenn bestimmte Bedingungen gegeben sind?

Eine Theorie sollte normalerweise möglichst weitgehend verallgemeinerbar bzw. generalisierbar sein. Eine generalisierbare Theorie ist im Idealfall anwendbar auf verschiedene Untersuchungseinheiten (z. B. auf verschiedene Personen oder Organisationen), auf verschiedene Untersuchungsgegenstände (z. B. unterschiedliche Marken, unterschiedliche Investitionsentscheidungen), in verschiedenen Kontexten (z. B. in verschiedenen Ländern) und auch bestätigt bei der Verwendung verschiedener Untersuchungsmethoden (z. B. Experimente, Befragungen). Eine Theorie, die nur bei bestimmten Untersuchungseinheiten und -gegenständen, in bestimmten Kontexten und bei der Anwendung bestimmter Untersuchungsmethoden zutrifft, ist offensichtlich weniger wertvoll als eine stark generalisierbare Theorie. Das soll aber nicht heißen, dass eine Theorie, die für unterschiedliche Untersuchungseinheiten etc. unterschiedliche Erklärungen und Voraussagen liefert, nicht nützlich sein kann. Vielmehr liefert eine eingeschränkte Generalisierbarkeit einen Hinweis darauf, dass die Theorie „in Arbeit" ist und evtl. modifiziert werden könnte. Im Bereich von Anwendungen in der Praxis ist oftmals das Interesse an einer Generalisierbarkeit relativ gering, weil es hier ausreichend sein kann, Aussagen nur über die jeweils relevanten Märkte, Produktionsprozesse, Managementprobleme etc. der eigenen Branche zu machen.

Der Aspekt der Generalisierbarkeit von Theorien und empirischen Ergebnissen ist in diesem Buch schon an einigen Stellen angesprochen worden. Dabei ging es im Abschn. 8.3.2 um externe Validität, also um die Übertragbarkeit von Untersuchungsergebnissen aus Experimenten auf andere Personen, Situationen etc.; im Abschn. 9.2.2 stand im Zusammenhang der Metaanalyse die Voraussetzung der Homogenität von Ergebnissen in verschiedenen Dimensionen (Versuchspersonen, angewandte Untersuchungsmethoden, Kontexte, Untersuchungsgegenstände) als Voraussetzung für Generalisierungen hinsichtlich der jeweiligen Dimension im Mittelpunkt.

In einer bestimmten Perspektive ist die Generalisierbarkeit gewissermaßen das Gegenstück zur in diesem Buch schon mehrfach erwähnten Operationalisierung, die für den empirischen Test theoretischer Aussagen eine zentrale Rolle spielt. Das liegt daran, dass es für die Überprüfung von Theorien in der Realität notwendig ist, den abstrakten theoretischen Konzepten durch den Einsatz entsprechender Methoden konkrete Messungen zuzuordnen und die Ergebnisse dieser Messungen im Hinblick auf die verwendeten Hypothesen zu analysieren. Der Prozess der Operationalisierung ist also gleichzeitig ein Prozess der Konkretisierung und damit der Einengung des (theoretischen) Untersuchungsgegenstandes. Beispielsweise wird auf diesem Weg aus einer theoretischen und damit eher allgemeinen Frage nach dem Zusammenhang von Produktqualität und wirtschaftlichem Erfolg z. B. eine konkrete Untersuchungsfrage zur Korrelation zwischen der Qualitätswahrnehmung und der Zahlungsbereitschaft von Konsument:innen bei bestimmten Produkten. Darüber hinaus wird die entsprechende Untersuchung zu einem bestimmten Zeitpunkt, in einem bestimmten Umfeld, mit bestimmten Methoden etc. durchgeführt. Es stellt sich die Frage, welche Aussagekraft eine solche spezifische

Untersuchung für die allgemeinere Fragestellung hat, die am Anfang stand. Es schließt sich also die Frage der Generalisierbarkeit der Ergebnisse an. Dabei ist der Gedanke naheliegend, dass man im Hinblick auf diese Frage eben mehrere möglichst unterschiedlich spezifische Untersuchungen durchführt, um einschätzen zu können, wo die Grenzen der Anwendbarkeit einer Theorie liegen.

Im vorliegenden Abschnitt geht es also um den Geltungsbereich von Theorien, hier um die Bestimmung der Rahmenbedingungen, unter denen die jeweilige Theorie Geltung beansprucht. In der internationalen Literatur spricht man dabei von „boundary conditions"; im Folgenden soll dafür der deutschsprachige Begriff „Rahmenbedingungen" verwendet werden.

David Whetten (1989, S. 492) kennzeichnet ein breites Spektrum von Rahmenbedingungen mit den Stichworten „wer, wo, wann", deren Gehalt hier kurz charakterisiert sei:

Wer? Für welche Personen, Gruppen, Organisationen etc. gelten die Aussagen einer Theorie?

Wo? Unter welchen Gegebenheiten (kulturelles Umfeld, Marktsituation, Unternehmensgröße etc.) gelten die Aussagen einer Theorie?

Wann? Zu welcher Zeit (Phase eines Entwicklungsprozesses, Beginn des Einflusses neuer Technologien etc.) gelten die Aussagen einer Theorie?

▶ **Definition** Whetten (1989, S. 492) definiert die Rahmenbedingungen (boundary conditions) einer Theorie folgendermaßen:

„Wer, wo, wann. Diese Bedingungen bezeichnen Begrenzungen für die Aussagen einer Theorie. Solche zeit- und kontextbezogenen Faktoren legen die Grenzen der Generalisierbarkeit fest und bestimmen damit den Anwendungsbereich einer Theorie."

Busse et al. (2017, S. 380) legen den Fokus stärker auf die Wirkung (Funktion) der Einhaltung von Rahmenbedingungen auf die Genauigkeit der Vorhersagen, die eine Theorie macht:

„Der Einfluss der Rahmenbedingungen einer bestimmten Theorie kennzeichnet die Genauigkeit der theoretischen Vorhersagen für jeden Kontext. Insofern beschreiben sie die Generalisierbarkeit einer Theorie bei verschiedenen Kontexten."

Die Rahmenbedingungen einer Theorie können von Beginn an als Bestandteil der Theorie formuliert werden (Beispiel: „…in einem freien Markt ohne staatlichen Einfluss…") oder können erst im Lauf der Anwendung der Theorie (z. B. bei empirischen Studien) in Erscheinung treten und explizit gemacht werden, um den Bereich, für den die Theorie gelten soll, genauer festzulegen (Jaccard & Jacoby, 2020, S. 438). Das kann sich sowohl auf Einschränkungen als auch auf Erweiterungen der Generalisierbarkeit der Theorie beziehen (Busse et al., 2017). Generell wird wohl eher ein Zuwachs an Generalisierbarkeit angestrebt, weil damit – durch einen größeren Anwendungsbereich einer Theorie – ein Erkenntniszuwachs und gleichzeitig dessen Vereinfachung (eine einzelne Theorie für zahlreiche zu erklärende Phänomene) erreicht wird. Ein Beispiel ist das in Abschn. 9.1 beschriebene Phänomen der Verlustaversion, das über viele Anwendungsbereiche generalisiert worden ist. Auch die Bemühungen von verschiedenen Autor:innen (z. B. Armstrong, 2010; Hanssens, 2015), wesentliche Erkenntnisse einer Disziplin durch Generalisierungen zusammenfassend darzustellen, zeigt, wie wichtig und erstrebenswert für die Wissenschaft eine Generalisierung von Wissen und Theorien ist.

Hintergrundinformation
Whetten (1989, S. 492) illustriert die Relevanz der Feststellung von Rahmenbedingungen einer Theorie:

„Forschende, die die Wirkungen von Zeit und Kontext auf Menschen oder Ereignisse untersuchen, stellen bohrende Fragen wie die folgenden: Gelten die Ergebnisse auch für Japan? Für die Gruppe der Industrie-Arbeiter:innen? Oder auch im Zeitablauf? Unglücklicherweise kümmern sich nur wenige Theoretiker:innen um die Begrenzungen durch die Rahmenbedingungen ihrer Ergebnisse. Bei den Bemühungen um Verständnis sozialer Phänomene neigen sie dazu, nur vertraute Umfelder zu einem bestimmten Zeitpunkt zu betrachten."

Die Generalisierbarkeit einer Theorie ist nicht zuletzt dann fragwürdig, wenn die Theorie weitgehend unter gleichen oder sehr ähnlichen Bedingungen getestet wurde. Um eine Theorie tatsächlich generalisieren zu können, muss diese auch in unterschiedlichen Kontexten, bei verschiedenen Auskunfts- oder Versuchspersonen etc. geprüft werden. Die im obigen Zitat von David Whetten angesprochene (zu) enge Fokussierung theoretischer und empirischer Forschung ist nicht zuletzt daran erkennbar, dass die weitaus meisten betriebswirtschaftlichen Studien in westlichen industrialisierten Ländern (mit entsprechenden ökonomischen und sozialen Bedingungen) durchgeführt werden. Es bleibt damit weitgehend unklar, ob die jeweilige Theorie auch für Länder mit hohem Anteil von Analphabeten, für landwirtschaftliche Kleinstbetriebe oder für Volkswirtschaften mit überwiegend staatlicher Lenkung (usw.) Aussagekraft hat. Die Studien von Arnett (2008) und Henrich et al. (2010) stellen eindrucksvolle Beispiele für dieses Problem dar. Möglicherweise ist die bisher geringe Beachtung von Rahmenbedingungen auch dadurch zu erklären, dass man sich früher in den Wirtschaftswissenschaften stärker am Leitbild des „Homo oeconomicus" orientierte, der:die sich – unabhängig von irgendwelchen Rahmenbedingungen – vollständig informiert und rational ausschließlich auf die Maximierung seines Nutzens bzw. Erfolges konzentrierte.

Jeffrey Arnett (2008) hat für die Jahre 2003 bis 2007 in sechs international führenden psychologischen Zeitschriften u. a. untersucht, aus welchen Ländern die jeweiligen Auskunfts-/ Versuchspersonen stammten. Es zeigte sich, dass in 68 % der Studien Stichproben aus den USA verwendet wurden, obwohl die US-Bevölkerung nur etwa 5 % der Weltbevölkerung ausmacht. Eine speziellere Analyse für das *Journal of Personality and Social Psychology* ergab, dass sich in 67 % bis 80 % der publizierten Studien die Stichproben nur aus Studierenden der Psychologie zusammensetzten. Wenn man beide

Aspekte zusammenführt, dann kann man – deutlich zugespitzt – sagen, dass sich ein großer Teil des entsprechenden Wissens hauptsächlich auf empirischen Untersuchungen bei amerikanischen Psychologie-Studierenden stützt. Zu entsprechenden Ergebnissen kam die deutlich breiter angelegte und stark beachtete Untersuchung von Henrich et al. (2010). Im Mittelpunkt stehen dabei zahlreiche Studien aus Psychologie und ökonomischer Verhaltensforschung, die hauptsächlich in „WEIRD-Gesellschaften" (Western, Educated, Industrialized, Rich, Democratic) stattfinden. Da der englischsprachige Begriff „weird" eigentlich „fremd, seltsam, merkwürdig" bedeutet, wird dadurch angedeutet, dass diese Gesellschaften in globaler Sichtweise eher exotisch als typisch sind. Henrich et al. (2010) schätzen auf Basis einschlägiger Daten, dass etwa 96 % aller für psychologische Untersuchungen verwendeten Stichproben aus einer Grundgesamtheit von nur 12 % der weltweiten Gesamtpopulation gezogen sind.

Beispiel

Hier folgen einige wenige Beispiele für das Problem, dass erhebliche Teile der entsprechenden Populationen auch bei betriebswirtschaftlichen Untersuchungen allenfalls teilweise erfasst werden. Dabei wird von der Definition eines Betriebes von Wöhe et al., (2016, S. 30) ausgegangen: „Als Betrieb bezeichnet man eine planvoll organisierte Wirtschaftseinheit, in der Produktionsfaktoren kombiniert werden, um Güter und Dienstleistungen herzustellen und abzusetzen." Vor diesem Hintergrund entstehen erhebliche Zweifel, ob Betriebe oder betriebliche Probleme in der Literatur umfassend genug behandelt und empirisch untersucht werden.

Beispiele für entsprechende Fragen:

- Wie werden in kleinen Familienbetrieben Probleme der Personalplanung, Mitarbeiter:innenmotivation, des Arbeitsentgelts behandelt?
- Welche Wachstumsstrategien gibt es für zentralafrikanische Kleinbauer:innen?
- Welche Erkenntnisse bringt die Konsumforschung hinsichtlich des Konsumverhaltens nordkoreanischer Fabrikarbeiter:innen? ◄

9.3.3 Modifikation einer Theorie

Als „Modifikation" wird hier die Veränderung einer Theorie, die „in Arbeit" ist, durch Hinzufügung oder Elimination von Konzepten und Beziehungen verstanden; dazu gehört auch das Hinzufügen oder die Elimination von Moderatoren und Mediatoren (siehe Abschn. 8.2). Wenn sich zum Beispiel bei einer Vielzahl von Untersuchungen zeigt, dass ein theoretisch vermuteter Zusammenhang kaum auftritt bzw. nicht über verschiedene Dimensionen hinweg generalisieren lässt, dann wird man das zum Anlass nehmen, die entsprechenden Variablen bzw. die vermuteten Beziehungen zu überdenken. Abb. 9.6 zeigt die verschiedenen Möglichkeiten, wie eine Theorie modifiziert werden kann. Auf der linken Seite sieht man die ursprüngliche Theorie als ein Modell von Variablen und deren Beziehung dargestellt, die rechte Seite zeigt die verschiedenen Veränderungen auf.

- Zum einen können bestimmte Variablenbeziehungen gestrichen werden oder neue Beziehungen hinzugefügt werden. Neue Variablenbeziehungen können neue unabhängige Variablen oder abhängige Variablen in einem Theoriemodell sein, es können aber auch Variablen sein, die einen indirekten Zusammenhang zwischen zwei Variablen spezifizieren, also Mediatorvariablen (siehe Abschn. 8.2). Beispielsweise kann der bereits angesprochene Zusammenhang zwischen Einstellungen und Verhalten genauer beschrieben werden, wenn die Variable Verhaltensabsicht als Mediator eingefügt wird.
- Bestehende Beziehungen können verbessert werden (d. h. deren Erklärungskraft und damit deren Informationsgehalt kann erhöht werden), indem die entsprechenden Variablen präziser definiert bzw. umdefiniert werden. Z.B. ist das Konzept des „Haushalts" zeitlichen und sozialem Wandel unterlegen und seine Definition und Operationalisierung ist entsprechend anzupassen im Rahmen von Theorien zu Entscheidungsprozessen von Familien und Haushalten (Casimir & Tobi, 2011).
- Durch das Hinzufügen (oder die Streichung) von Moderatoren kann die Stärke des Zusammenhangs zwischen zwei Variablen spezifiziert werden (siehe Abschn. 8.2). Gerade wenn eine Beziehung nicht generalisierbar ist, können Moderatoren helfen, Bedingungen zu schaffen, unter denen die Beziehung dann doch generalisierbar ist. Beispielsweise könnte eine Beziehung zwischen Einstellung und Verhalten in bestimmten Kulturen auftreten, in anderen Kulturen aber nicht. Die Theorie lässt sich dann also sinnvoll modifizieren, indem man einen Moderator „Kultur" einfügt. Das Beispiel der Verlustaversion in Abschn. 9.1 hat gezeigt, dass die Sensibilität gegenüber Verlusten auch von den internen oder externen Referenzpunkten der Entscheider:innen abhängt. Referenzpunkte sind also eine Moderatorvariable, die die Theorie der Verlustaversion modifizieren.

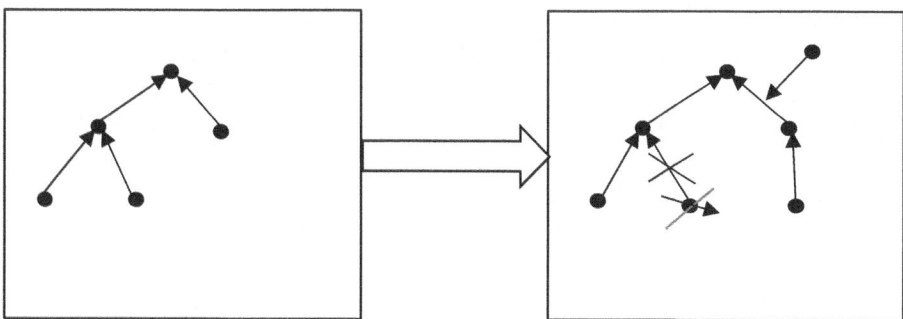

Abb. 9.6 Modifikation einer Theorie

9.3.4　Informationsgehalt einer Theorie

Theorien sind im Abschn. 2.1 dadurch charakterisiert worden, dass sie Aussagen über Beziehungen von Konzepten im Hinblick auf einen bestimmten Untersuchungsgegenstand (z. B. Entstehung von Kund:innenbindungen) machen. Viele Details dieser Beziehungen sind bei der Theoriebildung aber noch nicht hinreichend genau bekannt. Beispielsweise ist unklar, wie stark eine Beziehung ist, ob sie linearer Art ist, etc. Kenntnisse über diese Details steigern den Informationsgehalt einer Theorie: je genauer die Beziehung zwischen Variablen beschrieben werden kann, desto besser ist die Erklärungs- und Prognosekraft einer Theorie (Aguinis et al., 2011) und umso konkreter kann sie bestätigt werden. Um Aussagen zum Informationsgehalt einer Theorie machen zu können, bedarf es zahlreicher detaillierter Untersuchungen. Im Hinblick auf den gegebenen theoretischen Rahmen und im Hinblick auf die Vorgehensweise ähnelt derartige Forschung der von Thomas Kuhn (1970) gekennzeichneten und umfassend diskutierten „normal science". Die Ergebnisse von zahlreichen Untersuchungen können durch empirische Generalisierungen zusammengefasst werden (Leone & Schultz, 1980, siehe auch Abschn. 4.3.4). Diese Generalisierungen erlauben dann Aussagen über typische Wertebereiche von Korrelationen, Regressionskoeffizienten etc. Sie gelten oft als Gradmesser für den Erkenntnisstand bezüglich bestimmter Beziehungen zwischen Konzepten und der entsprechenden Theorien (Hanssens, 2015). So wurden auf der Basis von umfangreichen Metaanalysen eine durchschnittliche Preis-Absatz-Elastizität von −2,62 ermittelt (Bijmolt et al., 2005), für die Werbeelastizität (d. h. für die prozentuale Veränderung des Absatzes bei einer prozentualen Veränderung der Werbeausgaben) ein durchschnittlicher Wert von 0,12 (Sethuraman et al., 2011). Wie in Abschn. 9.1 beim Beispiel der Verlustaversion dargestellt wurde, entspricht das Verhältnis der Reaktion von Entscheider:innen gegenüber Verlusten im Vergleich zu Gewinnen dem Wert von 1,5. Offensichtlich stehen derartige empirische Generalisierungen nicht nur für den Informationsgehalt einer Theorie oder Konzeptbeziehung, sie haben gerade in der betriebswirtschaftlichen Forschung auch hohe praktische Relevanz.

Abb. 9.7 zeigt drei wesentliche Aspekte, durch die der Informationsgehalt einer Theorie beeinflusst wird. Im ersten Fall wird die Variablenbeziehung durch die Größe des Effekts (siehe Abschn. 7.2) spezifiziert. Dadurch lässt sich genau angeben, welche Änderung der Werte von X zu welcher Änderung der Werte von Y führt. Beispielsweise lässt sich anhand der durchschnittlichen Werbeelastizität von 0,12 erkennen, dass im Schnitt eine Erhöhung der Werbeausgaben um 10 % zu einer Steigerung der Verkaufszahlen um 1,2 % führt. Im zweiten Fall wird die Beziehung von zwei Variablen durch die spezifische Form der Beziehung spezifiziert, also ob sie z. B. linear oder nicht linear ist und, falls sie nicht linear ist, welcher Funktion die Beziehung zwischen den beiden Variablen folgt. Es gibt eine Reihe von Beispielen in der Forschung, die zeigen, dass bestimmte non-lineare Funktionsverläufe zwischen zwei Konzepten deren Beziehung besser abbilden als eine lineare Funktion, wie z. B. die Beziehung zwischen Einstellungen

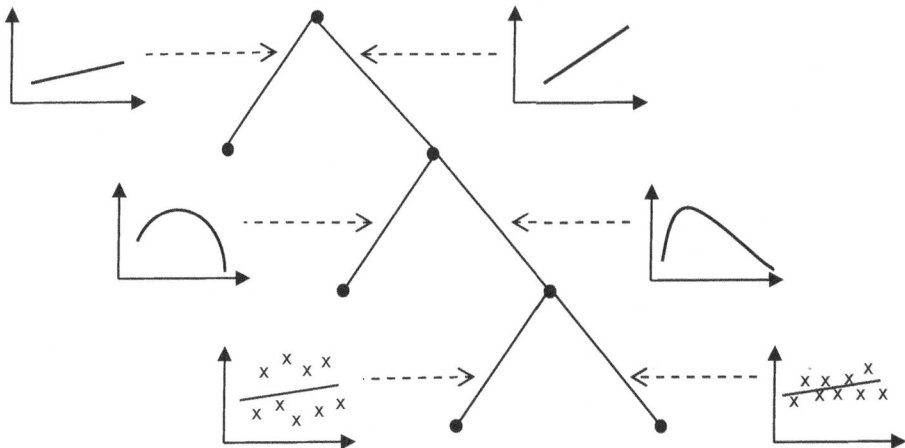

Abb. 9.7 Informationsgehalt einer Theorie

und Verhalten: in einigen Fällen haben nur starke Einstellungen einen Verhaltenseffekt, weshalb eine non-lineare Funktion die Beziehung besser abbilden kann als eine lineare Funktion (van Doorn et al., 2007). Im dritten Fall wird angegeben, wie groß die erklärte Varianz der Beziehung zwischen zwei Variablen ist (siehe Abschn. 7.2). Zum Beispiel findet eine umfangreiche Metaanalyse von Glasman und Albarracin (2006) zur Beziehung zwischen Einstellungsbildung und zukünftigem Verhalten eine durchschnittliche Korrelation von 0,52, was einer erklärten Varianz von 27 % entspricht, d. h. zukünftiges Verhalten wird zur 27 % durch Einstellungen erklärt. Diese Erkenntnis trägt zur Steigerung des Informationsgehalts der Einstellungs-Verhaltens-Theorie bei.

9.4 Fazit

Im Abschn. 2.1 sind Theorien als „die Hauptinformationsträger der wissenschaftlichen Erkenntnis" (Schanz, 1988, S. VII) gekennzeichnet worden. Dementsprechend spiegeln sich der Forschungsstand und die Entwicklung eines Fachgebiets in Inhalt und Veränderung der entsprechenden Theorien wider. Im 4. Kapitel wurden zunächst Wege zum Entwurf von umfassenden oder eher fokussierten, allgemeiner oder spezieller ausgerichteter Theorien skizziert. „Die meisten (…) Forschenden entwickeln Theorien nicht von Grund auf neu. Stattdessen arbeiten sie im Allgemeinen daran, das zu verbessern, was bereits vorliegt." (Whetten, 1989, S. 492). Im vorliegenden Kapitel stand die Weiterarbeit an Theorien im Mittelpunkt, mit den Prüfungen ihres Bewährungsgrades und ihres Geltungsbereichs, ihren Modifikationen und Verfeinerungen. Das ist ein weites Feld wissenschaftlicher Arbeit, das von Thomas Kuhn (1970) als „Normalwissenschaft" bezeichnet wird. Hier bietet sich für etablierte Wissenschaftler:innen und für

Nachwuchswissenschaftler:innen reichlich Gelegenheit, ihre theoretische und methodische Kompetenz einzusetzen, um durch entsprechende „Contributions" die jeweilige Theorie und damit das entsprechende Fachgebiet weiterzuentwickeln. Die Einschätzung der Relevanz einer solchen „Contribution" durch Gutachtende und die Fach-Öffentlichkeit ist der Maßstab für hochrangige Publikationen und damit einerseits für Anreize zur Durchführung entsprechender Studien und andererseits für deren angemessenen Einfluss auf den Prozess der Theorie-Entwicklung. David Whetten (1989) hebt hervor, dass entsprechende Studien diesem Anspruch nur genügen, wenn ihre empirischen Ergebnisse auch zu wesentlichen theoretischen Veränderungen führen, die auch überzeugend begründet werden.

Im vorliegenden Kapitel sind zwei für die Theorie-Entwicklung typische Methoden vorgestellt worden (Abschn. 9.2) und vier inhaltliche Facetten der Theorie-Entwicklung wurden erläutert (Abschn. 9.3). Bei *Replikationsstudien* geht es um die *Neu-Erhebung* von Daten für weitere Schritte der Theorie-Entwicklung. Diese kann auf bestimmte Facetten gezielt sein, beispielsweise auf Aspekte der Generalisierbarkeit einer Theorie, oder allgemeiner ausgerichtet sein und je nach Ergebnissen zu entsprechenden Konsequenzen bei der Theorie-Entwicklung führen. Wichtigstes Hilfsmittel für die *zusammenfassende Analyse* vorliegender und im Zeitablauf hinzukommender Untersuchungen ist die *Metaanalys*e. Abb. 9.8 gibt einen Überblick.

Die gängigste und wohl wichtigste Ausrichtung von Replikationsstudien bezieht sich (natürlich) auf die Bestätigung oder Bezweiflung der jeweiligen Theorie. In Verbindung damit fallen fast immer Daten an, die beispielsweise auch Informationen über Effektstärken oder Generalisierbarkeit liefern. Das gilt insbesondere für die im Abschn. 9.2.1 angesprochenen *konzeptuellen Replikationen* (Lynch et al., 2015). Metaanalysen liefern Daten über Effektstärken auf einer breiteren Datenbasis und damit eine umfassendere Grundlage zur Bestätigung oder Bezweiflung von Theorien. Durch die Untersuchung und ggf. Aufklärung der Heterogenität von Ergebnissen in bisherigen Studien erlauben Metaanalysen Rückschlüsse über die Generalisierung von Effekten und damit Theorien

Abb. 9.8 Methoden und Dimensionen der Theorie-Entwicklung im Überblick

sowie die Notwendigkeit der Modifikation von Theorien. Kumulative Metaanalysen liefern zudem einen Hinweis darauf, wann der Stand der Evidenz ausreichend ist, um den aktuellen Stand einer Theorie zu akzeptieren (siehe Abb. 9.1).

Literatur

Aguinis, H., Dalton, D. R., Bosco, F. A., Pierce, C. A., & Dalton, C. M. (2011). Meta-analytic choices and judgment calls: Implications for theory building and testing, obtained effect sizes, and scholarly impact. *Journal of Management, 37,* 5–38.

Armstrong, J. S. (2010). *Persuasive advertising: Evidence-based principles.* Palgrave Macmillan.

Arnett, J. (2008). The neglected 95%: Why American psychology needs to become less American. *American Psychologist, 63,* 602–614.

Baker, M. (2016). Is there a reproducibility crisis? *Nature, 533,* 452–454.

Bijmolt, T. M., van Heerde, H. J., & Pieters, R. G. M. (2005). New empirical generalizations on the determinants of price elasticity. *Journal of Marketing Research, 42,* 141–156.

Busse, C., Kach, A. P., & Wagner, S. M. (2017a). Boundary conditions: What they are, how to explore them, why we need them, and when to consider them. *Organizational Research Methods, 20,* 574–609.

Casimir, G. J., & Tobi, H. (2011). Defining and using the concept of household: A systematic review. *International Journal of Consumer Studies, 35,* 498–506.

Cumming, G. (2012). *Understanding the new statistics. Effect sizes, confidence intervals, and meta-analysis.* Routledge.

Cumming, G. (2014). The new statistics: Why and how. *Psychological Science, 25,* 7–29.

Eisend, M., Franke, G. R., & Leigh, J. H. (2016). Reinquiries in advertising research. *Journal of Advertising, 45,* 1–3.

Evanschitzky, H., Baumgarth, C., Hubbard, R., & Armstrong, J. S. (2009). Replication research's disturbing trend. *Journal of Business Research, 60,* 411–415.

Ferguson, C. J., & Brannick, M. T. (2012). Publication bias in psychological science: Prevalence, methods for identifying and controlling, and implications for the use of meta-analysis. *Psychological Methods, 17,* 120–128.

Fidler, F., & Wilcox, J. (2018). Reproducibility of scientific results. In E. N. Zalta (Hrsg.), *The Stanford encyclopedia of philosophy.*

Franke, N. (2002). *Realtheorie des Marketing. Gestalt und Erkenntnis.* Mohr.

Glasman, L. R., & Albarracin, D. (2006). Forming attitudes that product future behavior: A meta-analysis of the attitude-behavior relation. *Psychological Bulletin, 132,* 778–822.

Hanssens, D. M. (Hrsg.). (2015). *Empirical generalizations about marketing impact* (2. Aufl.). Marketing Science Institute.

Hedges, L., & Schauer, J. (2019). Statistical analyses for studying replication: Meta-analytic perspectives. *Psychological Methods, 24*(5), 557–570.

Henrich, J., Heine, S. J., & Norenzayan, A. (2010). The weirdest people in the world? *Behavioral and Brain Sciences, 33,* 61–83.

Hensel, P. (2021). Reproducibility and replicability crisis: How management compares to psychology and economics. A systematic review of literature. *European Management Journal, 39,* 577–594.

Hoyer, W. D., MacInnis, D. J., & Pieters, R. (2018). *Consumer behavior* (7. Aufl.). Cengage.

Hubbard, R., & Vetter, D. E. (1996). An empirical comparison of published replication research in accounting, finance, management and marketing. *Journal of Business Research, 35,* 153–164.

Hubbard, R., Vetter, D. E., & Little, E. L. (1998). Replication in strategic management: Scientific testing for validity, generalizability, and usefulness. *Strategic Management Journal, 19*, 243–254.

Hunt, S. (2010). *Marketing theory. Foundations, controversy, strategy, resource-advantage Theory.* Sharpe.

Hunt, S. (2011). Theory status, inductive realism, and approximate truth: No miracles, no charades. *International Studies in the Philosophy of Science, 25*, 159–178.

Hunt, S. D. (2012). Explaining empirically successful marketing theories: The inductive realist model, approximate truth, and market orientation. *AMS Review, 2*, 5–18.

Hunt, S. (2015). Explicating the inductive realist model of theory generation. *AMS Review, 5*, 20–27.

Hunter, J. E. (2001). The desperate need for replications. *Journal of Consumer Research, 28*, 149–158.

Jaccard, J., & Jacoby, J. (2020). *Theory construction and model-building skills* (2. Aufl.). Guilford.

Kahneman, D., & Tversky, A. (1979). Prospect theory: An analysis of decision under risk. *Econometrica, 47*, 263–291.

Kelley, K., & Preacher, K. J. (2012). On effect size. *Psychological Methods, 17*, 137–152.

Kepes, S., Banks, G. C., McDaniel, M., & Whetzel, D. L. (2012). Publication bias in the organizational sciences. *Organizational Research Methods, 15*, 624–662.

Kuhn, T. (1970). *The structure of scientific revolutions* (2. Aufl.). University of Chicago Press.

Kwon, E. S., Shan, Y., Lee, J. S., & Reid, L. N. (2017). Inter-study and intra-study replications in leading marketing journals: A longitudinal analysis. *European Journal of Marketing, 51*, 257–278.

Lehmann, D. R., Gupta, S., & Steckel, J. (1998). *Marketing research.* Addison-Wesley.

Leimu, R., & Koricheva, J. (2004). Cumulative meta-analysis: A new tool for detection of temporal trends and publication in ecology. *Proceedings of the Royal Society B, 271*, 1961–1966.

Leone, R. P., & Schultz, R. L. (1980). A study of marketing generalizations. *Journal of Marketing, 44*, 10–18.

Logg, J. M., & Dorison, C. A. (2021). Pre-registration: Weighing costs and benefits for researchers. *Organizational Behavior and Human Decision Processes, 167*, 18–27.

Longino, H. (2019). The social dimensions of scientific knowledge. In E. N. Zalta (Hrsg.), *The Stanford encyclopedia of philosophy.*

Lund, H., et al. (2016). Towards evidence based research. *British Medical Journal, 355*, 1–5.

Lynch, J. G., Jr., Bradlow, E. T., Huber, J. C., & Lehmann, D. R. (2015). Reflections on the replication corner: In praise of conceptual replications. *International Journal of Research in Marketing, 32*, 333–342.

Mazumdar, T., & Papatla, P. (2000). An investigation of reference price segments. *Journal of Marketing Research, 37*, 246–258.

McCullough, B. D., & Vinod, H. (2003). Verifying the solution from a nonlinear solver. *American Economic Review, 93*, 873–892.

McMullin, E. (1984). A case for scientific realism. In J. Leplin (Hrsg.), (S. 41–82). University of California Press.

Meehl, P. (1967). Theory-testing in psychology and physics: A methodological paradox. *Philosophy of Science, 34*, 103–115.

National Academies of Sciences, Engineering, and Medicine. (2019). *Reproducibility and replicability in science.* The National Academies Press.

Nelson, L., Simmons, J., & Simonsohn, U. (2018). Psychology's renaissance. *Annual Review of Psychology, 69*, 511–534.

Neumann, N., & Böckenholt, U. (2014). A meta-analysis of loss aversion in product choice. *Journal of Retailing, 90*, 182–197.

Nosek, B., Hardwicke, T., Moshontz, H., Schönbrodt, F., & Vazire, S. (2022). Replicability, Robustness, and Reproducibility in Psychological Science, *Annual Review of Psychology, 73*, 719-748.

Nunnally, J. (1960). The place of statistics in psychology. *Educational and Psychological Measurement, 20*, 641–650.

Open Science Collaboration. (2015). Estimating the reproducibility of psychological science. *Science, 349*, 943.

Renkewitz, F., Fuchs, H. M., & Fiedler, S. (2011). Is there evidence of publication bias in JDM research? *Judgment and Decision Making, 6*, 870–881.

Rothstein, H. R., Sutton, A. J., & Borenstein, M. (Hrsg.). (2009). *Publication bias in meta-analysis. Prevention, assessment and adjustments*. Wiley.

Schanz, G. (1988). *Methodologie für Betriebswirte* (2. Aufl.). Poeschel.

Schmidt, S. (2009). Shall we really do it again? The powerful concept of replication is neglected in the social sciences. *Review of General Psychology, 13*, 90–100.

Sethuraman, R., Tellis, G. J., & Briesch, R. A. (2011). How well does advertising work? Generalizations from meta-analysis of brand advertising elasticities. *Journal of Marketing Research, 48*, 457–471.

Simmons, J., Nelson, L., & Simonsohn, U. (2011). False-positive psychology: Undisclosed flexibility in data collection and analysis allows presenting anything as significant. *Psychological Science, 22*, 1359–1366.

Trafimow, D., & Marks, M. (2015). Editorial. *Basic and Applied Social Psychology, 37*, 1–2.

Tversky, A., & Kahneman, D. (1991). Loss aversion in riskless choice: A reference-dependent model. *Quarterly Journal of Economics, 106*, 1039–1061.

Van Doorn, J., Verhoef, P. C., & Bijmolt, T. H. A. (2007). The importance of non-linear relationships between attitude and behaviour in policy research. *Journal of Consumer Policy, 30*, 75–90.

Whetten, D. (1989). What constitutes a theoretical contribution? *Academy of Management Review, 14*, 490–495.

Wöhe, G., Döring, U., & Brösel, G. (2016). *Einführung in die Allgemeine Betriebswirtschaftslehre* (26. Aufl.). Vahlen.

Weiterführende Literatur

Busse, C., Kach, A. P., & Wagner, S. M. (2017). Boundary conditions: What they are, how to explore them, why we need them, and when to consider them. *Organizational Research Methods, 20*, 574–609.

Cumming, G. (2012). *Understanding the new statistics. Effect sizes, confidence intervals, and meta-analysis*. Routledge.

Eisend, M. (2020). *Metaanalyse* (2. Aufl.). Rainer Hampp.

Fidler, F., & Wilcox, J. (2018). Reproducibility of scientific results. In E. N. Zalta (Hrsg.), *The Stanford encyclopedia of philosophy*.

Nosek, B., Hardwicke, T., Moshontz, H., & Vazire, S. (2022). Replicability, robustness, and reproducibility in psychological science. *Annual Review of Psychology, 73*, 719–748.

Open Science Collaboration. (2015). Estimating the reproducibility of psychological science. *Science, 349*, 943.

10

Zusammenfassung

Von Zeit zu Zeit erregen Wissenschafts-Skandale, die durch unethisches Verhalten von Wissenschaftler:innen– z. B. Plagiate bei Promotionen oder Fälschung von Daten – verursacht sind, erhebliches Aufsehen auch in der breiteren Öffentlichkeit. Damit verbunden ist oft eine Beeinträchtigung des Vertrauens gegenüber der Wissenschaft. Für die verantwortlichen Wissenschaftler:innen ergeben sich typischerweise harte Konsequenzen, z. B. die Aberkennung akademischer Titel oder die Beendigung der beruflichen Karriere. Im vorliegenden Kapitel werden zunächst Grundsätze und Relevanz der Forschungsethik dargestellt. Auch Nachlässigkeiten und kleinere Unkorrektheiten im Forschungsprozess können ethisch problematisch sein, weil dadurch die Korrektheit von Forschungsergebnissen beeinträchtigt wird, mit möglicherweise beachtlichen Konsequenzen für weitere Forschung und Anwendungen. Deswegen werden im zweiten Teil dieses Kapitels entsprechende Einzelprobleme, die in der empirischen Forschung häufig auftreten, dargestellt und diskutiert.

10.1 Grundprobleme der Forschungsethik

Etwa seit Mitte des 20. Jahrhunderts hat das Interesse der Fach-Öffentlichkeit und auch der breiteren Öffentlichkeit an Fragen der Ethik im Bereich der Wissenschaft beträchtlich zugenommen. Auslöser dafür waren Experimente, die mit schrecklichen Folgen für die Teilnehmer:innen verbunden waren. Gleich nach Ende des 2. Weltkrieges wurde bekannt, welche grauenhaften „Experimente" an Insassen deutscher Konzentrationslager vorgenommen worden waren. Klar menschenverachtend war auch die sogenannte „Tuskegee-Studie" in den USA, bei der hunderte von Versuchspersonen (eher Opfer) ohne deren Wissen oder gar Einverständnis mit Syphilis infiziert wurden, um die Langzeit-

© Springer Fachmedien Wiesbaden GmbH, ein Teil von Springer Nature 2023
M. Eisend und A. Kuß, *Grundlagen empirischer Forschung*,
https://doi.org/10.1007/978-3-658-42690-3_10

Entwicklung dieser schlimmen Krankheit beobachten zu können. In den 1960er Jahren gab es in den Sozialwissenschaften den aufsehenerregenden Fall des bis heute berühmten Milgram-Experiments (Milgram, 1963), bei dem Versuchspersonen extremem psychischen Stress ausgesetzt wurden, von dem sich einige Teilnehmer*innen auch über Jahre nicht erholten. Mit Forschung zur Entwicklung von Atomwaffen oder zur Gen-Manipulation verbinden sich grundlegende ethische Fragestellungen nach der Zulässigkeit solcher Forschung. Für einen kurzen Überblick sei auf Resnik (2016) und für eine umfangreiche philosophische Diskussion dazu sei auf Lenk (1991) verwiesen.

Es ist kaum vorstellbar, dass die betriebswirtschaftliche Forschung derartig schlimme Irrwege gehen könnte. Insofern sind die ethischen Probleme hier von anderer Dimension als in den oben genannten (extremen) Beispielen. Immerhin liest man in seriösen Zeitungen gelegentlich Berichte über „Wissenschaftsskandale", bei denen es oftmals um komplett gefälschte Forschungsergebnisse oder Plagiate geht. Das sind natürlich ganz gravierende Fälle, in denen es völlig klar ist, dass so etwas ethisch (und meist auch rechtlich) absolut unakzeptabel ist. In der Praxis der empirischen betriebswirtschaftlichen Forschung stellen sich in verschiedenen Phasen des Forschungsprozesses häufig ethische Fragen, die weniger gravierend und auch weniger eindeutig sind; manchmal sind es nur Nachlässigkeiten, die für den Erkenntnisprozess aber beachtliche Folgen haben können. Gerade in den letzten etwa zehn bis zwanzig Jahren ist – nicht zuletzt durch einige Problemfälle – die Sensibilität für derartige ethische Aspekte deutlich gewachsen. Deswegen sollen im vorliegenden Abschnitt zunächst zentrale Gesichtspunkte der Forschungsethik kurz umrissen werden. Im folgenden Abschn. 10.2 werden dann bei typischen Phasen des empirischen Forschungsprozesses häufig auftretende Fragen der Forschungsethik charakterisiert und diskutiert.

Zunächst zum *Spannungsfeld*, in dem sich ethische Fragen für Forscher:innen stellen. Einerseits zweifelt kaum jemand an der Notwendigkeit ethischer Grundsätze für wissenschaftliche Forschung. Auf der anderen Seite ist der Druck auf Wissenschaftler:innen in den letzten Jahren so stark gewachsen (siehe z. B. Honig et al. 2013), dass vereinzelt die Gefahr der Verletzung ethischer Prinzipien gewachsen ist:

- Für eine wissenschaftliche Karriere, auch wenn es nur darum geht, überhaupt im Wissenschaftsbereich verbleiben zu können, sind heute herausragende Publikationserfolge in den international führenden Zeitschriften des jeweiligen Fachgebiets erforderlich.
- Bei diesen wenigen Zeitschriften, in denen früher hauptsächlich Wissenschaftler:innen aus den USA und wenigen europäischen Ländern publizierten, hat sich der Wettbewerb um Publikationsmöglichkeiten stark verschärft, weil immer mehr Autor:innen aus der ganzen Welt versuchen, ihre Beiträge dort unterzubringen, während der Raum für Beiträge in diesen Zeitschriften nicht entsprechend gewachsen ist.
- Zwischen den Zeitschriften besteht ein harter Wettbewerb im Hinblick auf Reputation und Aufmerksamkeit (gemessen vor allem durch die Zahl von Zitationen publizierter

Artikel), der dazu führt, dass Herausgeber:innen und Gutachter:innen bevorzugt besonders eindeutige und aufsehenerregende Forschungsergebnisse zur Publikation annehmen.

- In der jüngeren Vergangenheit ist noch der hochschulpolitische Druckfaktor „Drittmitteleinwerbung" hinzugekommen (siehe z. B. www.hochschulwatch.de). In vielen Fällen legen Drittmittelgeber aus Interessenverbänden, Unternehmen, manchen politischen Institutionen etc. eben darauf Wert, dass die jeweiligen Projekte in begrenzter Zeit zu klaren (bzw. als klar erscheinenden, s. u.) Ergebnissen – nach Möglichkeit mit der gewünschten Tendenz – führen. Anderenfalls könnten die Erfolgschancen der entsprechenden Antragsteller bei künftigen Drittmittelanträgen sinken. Nun ist in der BWL der ökonomische Druck auf die Forschung wohl geringer als in anderen Disziplinen (z. B. Pharmaforschung) und neutrale Drittmittelgeber (z. B. DFG, BMBF, EU) spielen im Hinblick auf finanzielle Mittel und Reputation eine größere Rolle. Die Untersuchung von Gopalakrishna et al., (2022; s. u.) zeigt auch, dass im Vergleich zu anderen Bereichen die BWL wohl weniger durch problematische Forschungspraktiken gefährdet ist.

Nur vereinzelt gibt es kritische Stimmen, die auch auf die Schattenseiten eines Wissenschaftssystems aufmerksam machen, das zu einseitig auf dem Wettbewerb von Individuen um Publikationsmöglichkeiten, Forschungsmittel, Aufmerksamkeit und beruflichen Erfolg beruht (siehe z. B. Anderson et al., 2007). Dagegen versteht man die Aufgabe der Wissenschaft auch bzw. eher in der *langfristig* (über Generationen) *angelegten kollektiven* Suche nach Wahrheit. Zur Wissenschaft gehören der *Zweifel* an bisherigen Erkenntnissen und Fortschritt beim Ersatz bisherigen Wissens durch neues, besseres Wissen (siehe Abschn. 1.2 und 3.2). Hat der Zweifel in einem Wissenschaftssystem, das auf individuellen Erfolg angelegt ist, noch einen angemessenen Platz? „Ist es eine gute Sache, dass sich die Wissenschaft auf einem Marktplatz befindet, dass sie bestrebt ist zu wachsen, um Geld für sich einzuwerben, weil Geld das Signal des Marktes für Relevanz ist (…)?" (Hampe, 2013, S. 6551).

Hintergrundinformation
Daniele Fanelli hat in mehreren Studien Veränderungen des Publikationsverhaltens und mögliche Ursachen untersucht. In einer dieser Untersuchungen (Fanelli, 2012, S. 891) stellte er fest, dass der Anteil publizierter *nicht signifikanter* Ergebnisse, die also im Hinblick auf die Bestätigung einer Hypothese „negativ" sind, im Zeitablauf deutlich rückläufig war:

„Über die Besorgnis, dass wachsender Wettbewerb um Forschungsmittel und Zitationen die Wissenschaft verzerrt, wird viel diskutiert, aber es gibt dafür noch keine direkte Bestätigung. Von den vermuteten Problemen ist vermutlich das einer Verschlimmerung des ,Positivitäts-Bias' das am meisten beunruhigende. Ein System, das negative Ergebnisse benachteiligt, erzeugt nicht nur ein falsches Bild in der Literatur, sondern behindert riskante Forschungsprojekte und schafft Anreize für Forscher:innen, ihre Daten zu manipulieren und zu verfälschen. In dieser Untersuchung werden 4600 Artikel analysiert, die in allen Disziplinen zwischen 1990 und 2007 veröffentlicht wurden. Es wurde die Häufigkeit von Artikeln ermittelt, die über die Bestätigung einer Hypothese berichteten. Insgesamt hat sich der Anteil positiver Ergebnisse von 1990 bis 2007 um 22 % gesteigert, mit signifikanten Unterschieden zwischen verschiedenen Disziplinen und Ländern."

Einer der Gründe für die Bevorzugung „positiver" Ergebnisse mag darin liegen, dass diese häufiger zitiert werden. Eine entsprechende Untersuchung von Fanelli (2013, S. 701) bestätigte diese Vermutung:

„Meist wird angenommen, dass negative Ergebnisse für Leser:innen sowie für Zitationen weniger attraktiv sind. Das würde erklären, warum Zeitschriften in den meisten Disziplinen dazu neigen, zu viele positive und statistisch signifikante Ergebnisse zu publizieren. Diese Untersuchung bestätigte diese Annahme indem die Zitationshäufigkeiten von Artikeln, die eine Hypothese testeten, für ‚positive' (…) und ‚negative' (…) Ergebnisse gezählt wurden. Unter Berücksichtigung verschiedener Einflussfaktoren wurden positive Ergebnisse um 32 % häufiger zitiert als negative".

In einer weiteren Untersuchung bestätigte Fanelli (2010) die Vermutung, dass starker Publikationsdruck auch die Forschungsergebnisse beeinflusst. Eine Analyse von 1316 wissenschaftlichen Publikationen, deren Autor:innen aus unterschiedlichen US-Bundesstaaten kamen, zeigte, dass bei Papers von Autor:innen aus Staaten mit relativ hohem Publikationsdruck der Anteil positiver Ergebnisse (bestätigte Hypothesen) höher war als bei anderen Autor:innen.

Nun ist es so, dass sich empirische Untersuchungsergebnisse nicht immer völlig klar und eindeutig einstellen:

- Zahlreiche Messprobleme können die Ergebnisse beeinträchtigen.
- Im sozialwissenschaftlichen Bereich sind das Zusammenwirken einer Vielzahl von Variablen besonders komplex und starke Wirkungen einzelner Variabler weniger häufig.
- Innovative Projekte haben eben ein höheres „Ergebnisrisiko" als das Fortschreiten auf bekannten Pfaden.

In dieser Spannungssituation mit dem Anspruch, einerseits schnell zu klaren und originellen Forschungsergebnissen zu gelangen, und den Schwierigkeiten des Forschungsprozesses auf der anderen Seite, kann es in manchen Fällen – mehr oder weniger bewusst – dazu kommen, dass der Forschungsprozess selbst im Hinblick auf „erwünschte" Ergebnisse beeinflusst wird („**verification bias**"). Das wird dadurch erleichtert, dass Einzelheiten des Forschungsprozesses (z. B. die Auswahl von Versuchspersonen, die Durchführung von Messungen, die Aufbereitung von Daten) für Außenstehende (z. B. Gutachter:innen, Leser:innen der Publikation) nur begrenzt überprüfbar sind.

Hintergrundinformation
In einem der größten Fälschungsskandale der Sozialwissenschaften, in dessen Mittelpunkt der niederländische Sozialpsychologe Diederik Stapel stand, haben mehrere Ausschüsse der Universität Tilburg die zahlreichen Fälschungen und die dabei angewandten Methoden untersucht und

die Ergebnisse in einem umfassenden Bericht zusammengefasst (Levelt et al. 2012). Darin (S. 48) findet sich auch die folgende Charakterisierung des sogenannten „verification bias":

> „Eine der elementarsten Regeln wissenschaftlicher Forschung besteht darin, dass eine Untersuchung so angelegt sein muss, dass Fakten, die den Forschungshypothesen widersprechen, zumindest die gleiche Chance aufzutreten haben wie Fakten, die die Hypothesen bestätigen. Verletzungen dieses grundlegenden Prinzips, wie z. B. die Wiederholung eines Experiments bis es zu den gewünschten Ergebnissen führt oder der Ausschluss unerwünschter Versuchspersonen oder Ergebnisse, führen unvermeidlich zur Bestätigung der Hypothesen der:des Forscher:in und immunisieren die Hypothesen gegen die Fakten".

Es sei hervorgehoben, dass Forschungsethik sich keineswegs nur auf die Fälle einer gezielten Fälschung von Ergebnissen oder Plagiate bezieht (siehe z. B. Martinson et al., 2005). Im Forschungsprozess gibt es vielmehr zahlreiche Situationen – von der Untersuchungsfragestellung bis zur Publikation -, die kleinere oder größere ethische Probleme mit sich bringen, z. B. bei der Elimination bestimmter Daten („Ausreißer"), bei unvollständiger bzw. selektiver Darstellung von Ergebnissen oder bei unkorrekten Angaben zu den Anteilen mehrerer Autor:innen an einer Publikation (siehe Abschn. 10.2). Dabei ist auch zu bedenken, dass die großen Wissenschaftsskandale mit komplett gefälschten Untersuchungen oder umfassenden Plagiaten (erfreulicherweise) wohl eher selten auftreten. Immerhin haben aber nach einer entsprechenden Metaanalyse (Zusammenfassung von 18 Umfragen unter Forschenden) von Daniele Fanelli (2009) ca. 2 % der befragten Forscher:innen angegeben, dass sie schon mindestens einmal Daten erfunden, gefälscht oder manipuliert haben. Gleichzeitig gibt es Anhaltspunkte für eine deutlich weitere Verbreitung „kleinerer" Unkorrektheiten im Forschungsprozess.

Beispiel

Natürlich bereitet es besondere Probleme, aussagekräftige Daten über das tatsächliche Verhalten von Wissenschaftler:innen hinsichtlich nachlässiger Forschungspraktiken, verfälschender Datenerhebung und –analyse bis zu komplett gefälschten Ergebnissen zu erheben. Kaum jemand gibt so etwas freiwillig zu, zumal damit gravierende berufliche Nachteile bis zur Entfernung aus einem universitären Arbeitsverhältnis verbunden sein können. Umso bemerkenswerter ist eine aktuelle Untersuchung aus den Niederlanden (Gopalakrishna et al., 2022), bei der durch gezielte Maßnahmen, die Bereitschaft zur Auskunft über eigenes Fehlverhalten der befragten Wissenschaftler:innen gesteigert wurde:

1. Besondere Sicherung der *Anonymität der Auskunftspersonen* durch strenge Trennung von Institutionen, die die Datenerhebung bzw. die Datenanalyse vornahmen. Dadurch erhielten die Befragten hinreichende (?) Sicherheit, dass ihre Angaben nicht ihrer Person zugeordnet werden konnten.
2. Anwendung der „*Randomized Response Methode*" (siehe z. B. Lensvelt-Mulders et al., 2005), bei der durch einen Zufallsmechanismus *nicht feststellbar* ist, welche

der interessierenden Fragen einer bestimmten Person gestellt worden sind. Eine aggregierte Analyse *ohne* Zuordnung der Angaben zu den einzelnen Auskunftspersonen ist aber sehr wohl möglich.

Auch im Hinblick auf andere Aspekte hat diese Untersuchung besonderes Gewicht:

a) Sehr große – nicht unbedingt repräsentative – Stichprobe von 6813 niederländischen Wissenschaftler:innen
b) Datenerhebung in vier Fächergruppen: Lebenswissenschaften/Medizin (LM), Sozial- und Verhaltenswissenschaften (SV), Natur- und Ingenieurwissenschaften (NI), Geisteswissenschaften (G)
c) Untersuchung nicht nur zu problematischen Verhaltensweisen in den letzten drei Jahren, sondern auch zu Gründen für ein solches Verhalten (z. B. Publikationsdruck, Druck von Geldgeber:innen)

Als „*problematisches Verhalten*" wurden nicht nur die (Ver-) Fälschung von Daten, sondern auch andere fragwürdige Praktiken von Forscher:innen untersucht, u. a. unzureichende Dokumentation des Forschungsprozesses, Verschweigen („Nicht-Publikation") negativer Untersuchungsergebnisse, unzureichende Darstellung von Begrenzungen und Schwächen der jeweiligen Untersuchung. Aus der Fülle der Untersuchungsergebnisse zu problematischem Verhalten (siehe Gopalakrishna et al., 2022) seien hier nur wenige vorgestellt (Angaben jeweils in % der Befragten jeder Fächergruppe):

Fälschung/Erfindung von Daten oder Ergebnissen: 5,5 % (LM), 4,8 % (SV), 2,5 % (NI), 0,4 % (G)
Manipulation/Verfälschung von Daten oder Ergebnissen (u. a.): 4,9 % (LM), 2,0 % (SV), 5,3 % (NI), 6,4 % (G)
Verschweigen („Nicht-Publikation") negativer Untersuchungsergebnisse: 14,5 % (LM), 17,2 % (SV), 25,3 % (NI), 19,9 % (G)
Hinsichtlich möglicher *Gründe/Motive* für die Anwendung bzw. Nicht-Anwendung bestimmter Forschungspraktiken spielten u. a. die Folgenden eine besonders große Rolle (Mittelwerte einer Skala von 1 (nie, sehr unwahrscheinlich) bis 7 (immer, sehr wahrscheinlich)):
Orientierung an wissenschaftlichen Standards: 6,1
Druck durch Drittmitteleinwerbung: 4,7
Arbeitsbelastung: 4,5
Wahrscheinlichkeit der Entdeckung durch Gutachter:innen: 4,3
Publikationsdruck: 3,9 ◀

Warum ist **Forschungsethik** im Wissenschaftssystem so bedeutsam geworden? Dabei denkt man vielleicht zuerst an allgemeine ethische Grundsätze in einer Gesellschaft, die natürlich auch für Wissenschaftler:innen und für das Wissenschaftssystem gelten, nämlich die Ablehnung von Lügen, Betrug, Schädigung anderer etc. In diesem Zusammenhang könnte sich der im Abschn. 3.3.5 diskutierte soziale Kontext der Forschung auch positiv auswirken. Im Bereich der Wissenschaft kommen einige spezifische Gesichtspunkte hinzu:

- Zunächst ist Wissenschaft zu Recht frei und *keiner externen Kontrolle* unterworfen, d. h. die Korrektheit von Abläufen und Ergebnissen muss *intern* gesichert werden, vor allem durch ethischen Grundsätzen entsprechendes Verhalten von Wissenschaftler:innen. In vielen Bereichen wäre eine externe Kontrolle auch schwierig, weil es an Einblick in die Forschungsprozesse und spezieller Expertise mangelt. Immerhin gibt es gewissermaßen eine „interne Kontrolle", weil sich Forschung in den allermeisten Fällen in Kooperation mit Kolleg:innen und Gutachter:innen und im Austausch mit der Fachöffentlichkeit auf Tagungen etc. vollzieht (Longino, 1990).
- Zentrale Aufgabe der Wissenschaft ist die *Suche nach Wahrheit* und die Vermeidung von Fehlern dabei (Resnik, 2008). Wie könnte man dem gerecht werden, wenn der Forschungsprozess durch Nachlässigkeiten und gezielte Manipulationen wesentlich beeinflusst wird?
- Weiterhin ist daran zu denken, dass zahlreiche Forschungsgebiete – z. B. in den Lebenswissenschaften – weitreichende *Konsequenzen* für viele Menschen und die Gesellschaft insgesamt haben. Nachlässig zustande gekommene oder gar gefälschte Ergebnisse wären in dieser Hinsicht natürlich völlig inakzeptabel.
- Wissenschaft beruht auf dem Austausch von Ergebnissen und wäre unmöglich, wenn sich aktuelle Forschung nicht auf frühere Ergebnisse stützen könnte. Insofern sind *Vertrauen und Verlässlichkeit* im Wissenschaftssystem unabdingbar.
- Letztlich geht es auch um die *Existenz des Wissenschaftssystems* selbst, das weitgehend von der Gesellschaft finanziert wird (öffentliche Haushalte, Stiftungen etc.). Schlampige Forschung, gefälschte Ergebnisse und unethische Praktiken würden natürlich zu Recht dazu führen, dass diese Finanzierung zumindest infrage gestellt wird. Immerhin zeigt das „Wissenschaftsbarometer 2022", eine repräsentative Befragung der deutschen Bevölkerung im Jahre 2022 (www.wissenschaft-im-dialog.de), dass mehr als ein Drittel der Befragten der Wissenschaft entweder „(eher) nicht vertrauen" (8 %) oder „unentschieden" sind (29 %).

Hintergrundinformation
Der deutsche „Wissenschaftsrat" kennzeichnet in seinen „Empfehlungen zu wissenschaftlicher Integrität" (2015, S. 7) die Bedeutung der Einhaltung ethischer Grundsätze für die Wissenschaft:

„In allen Gesellschafts- und Arbeitsbereichen werden Redlichkeit, Verantwortungsbewusstsein und Wahrhaftigkeit als Grundwerte vorausgesetzt. Weshalb muss sich die Wissenschaft
in besonderer Weise dieses ethischen Grundgerüstes versichern und dessen Stabilität fort-
während überprüfen? Tatsächlich sind Fehlverhalten, Betrugsfälle und Nachlässigkeiten, die
in anderen Lebensbereichen geschehen können, auch in der Wissenschaft möglich. Dennoch
hat die Wissenschaft eine besondere ethische Verantwortung, die sie zu beständiger Selbst-
beobachtung zwingt. Ihr Anspruch auf Autonomie, im Sinne der Freiheit von Personen und
Institutionen in der Wissenschaft, verstärkt diese Verantwortung.“

In Abb. 10.1 werden wesentliche Aspekte, die das Spannungsfeld ausmachen, in dem
sich Wissenschaftler:innen hinsichtlich ethischen Verhaltens befinden, zusammengefasst.

Welches sind nun wesentliche ethische Prinzipien für wissenschaftliche Forschung? Resnik (2008, S. 153 ff., 1998, S. 53 ff.) entwickelt dazu einige Grundsätze, die relativ konkret
auf die jeweilige Forschungspraxis anwendbar sind. Die wichtigsten dieser wissenschafts-
spezifischen Grundsätze werden hier wiedergegeben und jeweils kurz erläutert:

- **Ehrlichkeit:** Wissenschaftler:innen müssen sich bei der Forschung und bei Publikationen ehrlich verhalten, ebenso bei ihrer Zusammenarbeit mit Kolleg:innen, Drittmittelgebenden, Aufsichtsbehörden und der Öffentlichkeit.
  Dieser ziemlich allgemeine Punkt betrifft natürlich fast alle ethischen Anforderungen
  an Forschung und ist auf den gesamten Forschungsprozess und die Publikation seiner
  Ergebnisse anwendbar.

Abb. 10.1 Anforderungen an ethisch korrektes Verhalten und Anreize für ethisch problematisches
Verhalten

- **Sorgfalt:** Wissenschaftler:innen sollen Irrtümer und Fehler bei ihrer Forschung minimieren.

  Sorgfalt ist eine wesentliche Voraussetzung, um dem Zweck der Forschung, der Suche nach gehaltvollen und wahren Aussagen, zu dienen. Daneben wird natürlich bei der Verwendung von Ergebnissen für weitere Forschung oder für praktische Anwendungen unterstellt, dass diese mit größtmöglicher Sorgfalt zustande gekommen sind.

- **Objektivität:** Wissenschaftler:innen sollen sich in der Forschung und bei der Publikation um Objektivität bemühen, ebenso bei ihrer Zusammenarbeit mit Kolleg:innen, Drittmittelgebenden, Aufsichtsbehörden und der Öffentlichkeit.

  Forscher:innen sind manchmal bestimmten Interessen (z. B. Erwartungen von Drittmittelgebenden) ausgesetzt, was zu Druck im Hinblick auf bestimmte – erwünschte – Ergebnisse führen kann. Objektivität betrifft aber nicht nur den Forschungsprozess im engeren Sinne. Hier ist auch an Gutachter:innentätigkeiten (z. B. im Review-Prozess für Zeitschriften oder bei Rechtsstreitigkeiten) zu denken (siehe z. B. Wandschneider, 1991).

- **Offenheit:** Wissenschaftler:innen sollen Daten, Ergebnisse, Ideen, Methoden, Hilfsmittel, Techniken und Ressourcen teilen und austauschen.

  Hier geht es um den bedeutsamen Aspekt, dass sich Wissenschaft nur entwickeln kann, wenn der Zugang zu bisherigen Erkenntnissen möglichst umfassend gesichert ist. Daneben erwartet auch die breitere Öffentlichkeit angemessene Informationen über wissenschaftliche Projekte und Ergebnisse, zumal diese ja weitgehend mit öffentlichen Mitteln finanziert werden. Der Offenheit sind in der Praxis bei z. B. militärischer oder kommerzieller Forschung (Marktforschung, Pharma-Forschung) allerdings oftmals Grenzen gesetzt.

- **Wissenschaftsfreiheit:** Wissenschaftler:innen sollen ihre Forschung frei von politischer oder religiöser Beeinflussung oder Zensur durchführen.

  Freiheit ist seit Jahrhunderten ein zentraler „Erfolgsfaktor" wissenschaftlicher Forschung. Religiös oder ideologisch geprägte Forschung hätte niemals zu den gewaltigen Fortschritten der Vergangenheit führen können. In den westlichen Ländern ist die Freiheit der Wissenschaft heute sehr weitgehend gewährleistet, weil es an den meisten Hochschulen eine Grundfinanzierung für Forschung ohne Drittmittel gibt und weil staatliche Geldgeber oder Stiftungen sich meist um Neutralität bemühen. Gleichwohl mag es gewisse Einschränkungen geben, weil die Vergabe von Forschungsgeldern durch Interessenverbände oder Unternehmen zum erheblichen Teil auf „erwünschte" Forschung*themen* bezogen ist.

- **Faire Angaben zu Leistungen anderer:** Wissenschaftler:innen müssen Leistungen und Beiträge von anderen ausweisen, aber nur, wenn diese Beiträge tatsächlich erbracht wurden.

Solche Fairness ist die Voraussetzung für wissenschaftliche Kooperation, nicht zuletzt, weil die Anerkennung erbrachter Leistungen für die berufliche Existenz von Wissenschaftler:innen zentrale Bedeutung hat. Plagiate als nicht gekennzeichnete Übernahmen von Leistungen anderer Wissenschaftler:innen sind ein extremes Beispiel für einen Verstoß gegen diesen Grundsatz. Auch die Nennung von Autor:innen, die keinen nennenswerten Anteil an der betreffenden Forschung hatten, bei einer Publikation widerspricht dem Grundsatz. Hier können auch Machtverhältnisse im Wissenschaftssystem eine Rolle spielen. „Vor einigen Jahrzehnten war es in Deutschland nicht ungewöhnlich, dass ein Professor einen Artikel publizierte, der von einem Assistenten geschrieben worden war" (Albers, 2014, S. 1153).

- **Respekt gegenüber Versuchspersonen:** Wissenschaftler:innen sollen die Rechte von Versuchspersonen respektieren und diese vor Schädigung und Ausnutzung schützen. Adäquates Verhalten Versuchspersonen gegenüber ist seit langem auch in den Sozialwissenschaften ein relevantes Problem, das inzwischen zu einigen entsprechenden Grundsätzen geführt hat. Zum Standard gehört das „informierte Einverständnis", das den Versuchspersonen eine freiwillige Entscheidung über die Untersuchungsteilnahme auf Basis angemessener Information ermöglicht. In den Sozialwissenschaften sind auch Schutz der Versuchspersonen vor gesundheitlichen oder psychischen Schädigungen sowie die Vertraulichkeit der erhobenen Daten eine selbstverständliche Anforderung geworden (siehe auch Abschn. 10.2.3).

Außerdem bezieht Resnik (2008, p. 154, 156) noch die folgenden ethischen Grundsätze, die weniger spezifisch für die Forschungspraxis (aber natürlich nicht unwichtig) sind, in seine Zusammenstellung ein:

- Respekt gegenüber Kolleg:innen, Studierenden etc.
- Respekt gegenüber fremdem (geistigen) Eigentum
- Respekt gegenüber Gesetzen und entsprechenden Regelungen
- Sparsame Nutzung von Ressourcen
- Soziale Verantwortlichkeit

In der Tab. 10.1 werden Stellungnahmen und Grundsätze zur Forschungsethik einiger für Forschende relevanter Wissenschaftsorganisationen zur weitergehenden Information aufgeführt.

Im folgenden Abschnitt sollen ethische Probleme im Forschungsprozess etwas konkreter dargestellt, illustriert und diskutiert werden. Dabei wird (grob) den typischen Schritten des Forschungsprozesses gefolgt.

Tab. 10.1 Stellungnahmen und Grundsätze relevanter Organisationen zur Forschungsethik

Organisation	Titel	Internet-Adresse
Academy of Management	„Academy of Management Code of Ethics"	www.aom.org/ethics/
Akademien der Wissenschaft Schweiz	"Kodex zur wissenschaftlichen Integrität"	www.akademien-schweiz.ch
ALL European Academies ALLEA	"Truth, Trust and Expertise"	www.allea.org
American Accounting Association	„Policies on Publication Ethics"	www.aaahq.org
American Association for Public Opinion Research AAPOR	„AAPOR Code of Professional Ethics and Practices"	www.aapor.org
American Marketing Association	„AMA Statement of Ethics"	www.ama.org
American Psychological Association	„Responsible Conduct of Research"	www.apa.org
Deutsche Forschungsgemeinschaft DFG	„Leitlinien zur Sicherung guter wissenschaftlicher Praxis"	www.wissenschaftliche-inegritaet.de
Österreichische Agentur für wissenschaftliche Integrität ÖAWI	„Richtlinien der Österreichischen Agentur für wissenschaftliche Integrität zur guten wissenschaftlichen Praxis"	www.oeawi.at
Rat für Sozial- und Wirtschaftswissenschaften	„Forschungsethische Grundsätze und Prüfverfahren in den Sozial- und Wirtschaftswissenschaften"	www.ratswd.de
Stanford Encyclopedia of Philosophy	„Internet Research Ethics"	https://plato.stanford.edu/entries/ethics-internet-research/
Verband der Hochschullehrer für Betriebswirtschaft VHB	„Gute fachliche Praktiken"	www.vhbonline.org
Wissenschaftsrat	„Empfehlungen zu wissenschaftlicher Integrität"	www.wissenschaftsrat.de

10.2 Ethische Fragen im Forschungsprozess

10.2.1 Untersuchungsthemen und Forschungsfragen

Am Beginn jeder empirischen Untersuchung steht die Festlegung des zu untersuchenden Themenbereichs und der entsprechenden Forschungsfragen. Dabei entstehen natürlich noch keine ethischen Probleme hinsichtlich der Forschungsmethoden, wohl aber können sich Fragen hinsichtlich der ethischen Verantwortbarkeit bestimmter Untersuchungsziele stellen. Das sei zunächst durch ein Beispiel illustriert. Man denke nur an eine Untersuchung der kommerziellen Marktforschung, die dazu dient, für Kinder im Alter von 5 bis 8 Jahren Beeinflussungstechniken zu entwickeln, um deren Konsum von (kariesfördernden) Süßigkeiten zu erhöhen. Dürfen verantwortungsbewusste Wissenschaftler:innen daran mitwirken, dass relativ schutzlose Kinder zu gesundheitsschädlichem Verhalten „verführt" werden? Diese Frage wird wohl meist mit „nein" beantwortet. Wie sieht es aber bei weniger eindeutigen Fällen aus? Wo liegen die Grenzen?

Beispiel

In den Jahren 2014/2015 erlebte die American Psychological Association (www.apa. org) heftige Auseinandersetzungen über Forschungsethik, weil diese Organisation in die Entwicklung „innovativer" Verhör- und Foltermethoden (z. B. Waterboarding, vorgetäuschte Exekutionen) durch Psycholog:innen im Auftrag amerikanischer Geheimdienste bzw. des US-Militärs verwickelt war. Psychologische Forschung zur Entwicklung solcher Methoden wird wohl kaum jemand ethisch rechtfertigen wollen. Beachtlich ist es, dass die Motive für die Zusammenarbeit mit dem Verteidigungsministerium ausgesprochen opportunistischen Charakter hatten, weil der militärische Bereich ein großer und wichtiger Arbeitgeber für Psycholog:innen ist (siehe „Hoffman-Report"; www.apa.org/independent-review). ◀

Nun ist es so, dass sich in der betriebswirtschaftlichen Forschung ethische Fragen in der Regel nicht mit der Schärfe stellen wie in manchen anderen Disziplinen (siehe Abschn. 10.1). Man denke nur an die sehr ernsthaften Diskussionen zur menschlichen Genforschung, zur Genveränderung von Pflanzen in der Landwirtschaft und zu Folgen der Atomforschung. Gleichwohl kann es auch in der Betriebswirtschaftslehre Themen geben, bei denen man sich zumindest Fragen zur ethischen Rechtfertigung entsprechender Forschung stellen sollte. Hier einige (hypothetische) Beispiele:

- Gestaltung von Arbeitsverhältnissen (Befristung, Entlohnungs- und Anreizsysteme), die einseitig auf Benachteiligung von Arbeitnehmer:innen ausgerichtet sind
- Markteintrittsstrategien im internationalen Marketing, die ärmere Länder beim technischen oder medizinischen Fortschritt benachteiligen
- Entwicklung von Strategien zur Irreführung bei der Preiswahrnehmung
- Beratung und Beeinflussung staatlicher Regulierung einseitig im Interesse sehr vermögender Steuerzahler:innen

Häufig wird nicht nur die Vermeidung unethischen Verhaltens, sondern explizit soziales Verantwortungsbewusstsein gefordert. Resnik (2008, S. 156) formuliert diesen Grundsatz in folgender Weise: „Wissenschaftler:innen engagieren sich für Aktivitäten, durch die die soziale Situation verbessert wird, z. B. bei der Gesundheit, öffentlicher Sicherheit, im Bildungswesen, in der Landwirtschaft, beim Verkehrssystem. Wissenschaftler:innen sollen sich deshalb bemühen, Schäden für Individuen und die Gesellschaft zu vermeiden." Dieser Grundsatz kann wirksam werden, wenn es z. b. um wissenschaftliche Stellungnahmen zu öffentlichen Angelegenheiten geht oder um Warnungen vor Gefährdungen durch ökonomische Entwicklungen (z. b. Einfluss von Werbung auf Ernährungsverhalten). Resnik (2008) nennt drei Argumente, die die Forderung nach *sozial verantwortlichem Verhalten* von Wissenschaftler:innen begründen:

1. Moralische Verpflichtungen, die allgemein – also auch für Wissenschaftler:innen – gelten
2. Wissenschaftler:innen erhalten von der Öffentlichkeit so viel Unterstützung, dass sie auch etwas an die Gesellschaft zurückgeben sollten
3. Sozial verantwortliche Wissenschaft erleichtert es, von der Gesellschaft weitere Unterstützung zu erhalten

Forschung und Lehre an Universitäten wird weitgehend durch öffentliche Mittel finanziert. Insofern ist es naheliegend, dass dabei nicht nur die Perspektive von Unternehmen eine Rolle spielen sollte, sondern auch Interessen von Arbeitnehmer:innen und Konsument:innen. Inzwischen haben einige Organisationen der Wissenschaft Grundsätze sozialer Verantwortlichkeit für sich formuliert. Als Beispiel seien hier die Leitziele der Universität Bremen genannt (s. u.). Als weiteres Beispiel sei die Association for Consumer Research genannt, die eine besondere Sektion „Transformative Consumer Research" (TCR) mit dem Fokus auf "Anregung, Unterstützung und Publikation von Forschung zum Nutzen von Konsument:innenwohlfahrt und Lebensqualität" (www.acrwebsite.org) hat.

Beispiel

Ein Beispiel für positive Bestimmung von Forschungszielen und für den Ausschluss bestimmter Forschungsgebiete (z. B. Rüstungsforschung) bietet die Universität Bremen mit ihren „Leitzielen", aus denen die folgenden Festlegungen entnommen sind:

„Lehrende und Lernende der Universität Bremen orientieren sich an den Grundwerten der Demokratie, Menschenrechte und sozialen Gerechtigkeit, die in vielen Bereichen auch Gegenstand von Forschung und Lehre sind. Sie werden sich auch künftig mit den Folgen der Wissenschaft in Wirtschaft, Politik und Kultur und mit den Möglichkeiten einer sozial- und umweltverträglichen Nutzung von Forschungsergebnissen (z. B. vorausschauende Technologie- und Wirtschaftspolitik, keine Rüstungsforschung) befassen. Die Universität Bremen fühlt sich dem Frieden verpflichtet und verfolgt nur zivile Zwecke." (Quelle: www.uni-bremen.de/universitaet/profil/leitbild. html) ◄

Für die betriebswirtschaftliche Forschung sind Verbindungen zu Unternehmen und deren Verbänden natürlich naheliegend und sinnvoll. In Einzelfällen kann es aber über die Vergabe von Drittmitteln, Beratungs- und Gutachter:innentätigkeiten, von Unternehmen bezahlte Doktorand:innen etc. Versuche geben, die besondere Autorität der Wissenschaft (siehe dazu Abschn. 1.1) für Interessen einzelner Unternehmen oder Lobby-Gruppen zu nutzen und die Ergebnisse wissenschaftlicher Forschung entsprechend zu beeinflussen. Auch das Problem möglicher Einseitigkeit honorierter Gutachten gehört inzwischen zum wissenschaftlichen, juristischen und politischen Alltag. Das für wissenschaftliche Arbeit charakteristische Bemühen um Objektivität kann eben beeinträchtigt werden, wenn die Erstellung eines Gutachtens für bestimmte Auftraggeber:innen mit beachtlichen Honoraren verbunden ist. Sollten **Interessenkonflikte** durch Einflüsse von Geldgebenden etc. möglich sein, so ist zumindest deren Offenlegung bei einer Publikation notwendig, was inzwischen auch von allen wissenschaftlichen Zeitschriften verlangt wird.

Hintergrundinformation
Der „Verein für Socialpolitik" gibt in seinem Ethikkodex (www.socialpolitik.de) u. a. folgende Empfehlungen:

- „In wissenschaftlichen Arbeiten (einschließlich Diskussionspapieren) sind alle in Anspruch genommenen Finanzierungsquellen, Infrastruktureinrichtungen und sonstigen externen Unterstützungen in Form einer Fußnote oder einer ausführlichen Dokumentation auf der Webseite der:des Autor:in anzugeben.
- In wissenschaftlichen Arbeiten sind Sachverhalte zu benennen, die auch nur potentiell zu Interessenskonflikten oder Befangenheit der:des Autor:in führen könnten. Diese Regel soll nach Möglichkeit auch bei Veröffentlichungen in den Nicht-Fach-Medien angewandt werden."

Als wichtiges Entscheidungskriterium in solchen Fällen kann der von Schurz (2014, S. 42) formulierte Grundsatz gelten, dass bei wissenschaftlicher Erkenntnisgewinnung der *Begründungszusammenhang* frei von (wissenschafts-) externen Einflüssen sein soll (siehe Abschn. 1.1). Dagegen wird man beim *Entdeckungs- und Verwertungszusammenhang* Einflüsse verschiedener Interessentengruppen (einschl. der Privatwirtschaft) nicht vermeiden können bzw. wollen.

10.2.2 Untersuchungsanlage

Im Mittelpunkt dieser Phase stehen die Festlegung eines Untersuchungsdesigns und die Entwicklung der Messinstrumente. Dabei gibt es regelmäßig eine Vielzahl von Optionen, die die Ergebnisse wesentlich beeinflussen können. Daraus kann natürlich eine Versuchung im Hinblick auf die Erzielung möglichst spektakulärer und klarer Ergebnisse mit guten Publikationschancen entstehen (siehe Abschn. 10.1). Als Beispiel für den starken Einfluss der Untersuchungsmethodik auf Ergebnisse sei hier auf die besonders häufig verwendete Befragungsmethode bei der Datensammlung verwiesen. Eine Vielzahl von entsprechenden Studien hat gezeigt, dass selbst scheinbar geringfügige Änderungen von Frageformulierungen oder Fragebogenaufbau zu gravierenden Ergebnisunterschieden führen können (siehe z. B. Schwarz, 1999). Entsprechendes gilt in leicht nachvollziehbarer Weise auch für den Bereich der Stichprobenziehung. Im vorliegenden Abschnitt sollen aus der unübersehbaren Fülle derartiger Probleme einige umrissen werden, die in der Forschungspraxis verbreitet Bedeutung haben.

Sicherung der Validität von Messungen

Das Problem der Validität empirischer Untersuchungen ist im Rahmen dieses Buches schon recht ausführlich diskutiert (siehe Abschn. 6.3) und an verschiedenen Stellen immer wieder angesprochen worden. Das illustriert die zentrale Bedeutung dieses Gesichtspunkts. Welche Aussagekraft sollte eine Untersuchung haben, bei der Daten verwendet werden, die die theoretisch interessierenden Konzepte (siehe Abschn. 2.1) allenfalls unzureichend widerspiegeln? Hinsichtlich der mangelnden Aussagekraft fehlerbehafteter Daten bei der Prüfung von Theorien sei auch auf die Diskussion von „Fehler-Unterbestimmtheit" im Abschn. 3.3 verwiesen.

Vor diesem Hintergrund ist heute ein gewisses Maß an Belegen für die Validität einer Untersuchung Voraussetzung für deren Publikation in einer angesehenen Zeitschrift. Wenn man **Validierung** als (schrittweisen) Ausschluss alternativer Erklärungsmöglichkeiten für die gefundenen Ergebnisse versteht (Jacoby, 2013, S. 218), dann deutet das schon darauf hin, dass es hier um einen Prozess geht, in dem nach und nach durch verschiedene Tests immer mehr Sicherheit im Hinblick auf Validität erreicht wird. Nicht alle diese Tests spiegeln sich in entsprechenden Maßzahlen wider; manche beziehen sich eher auf logische Überlegungen (z. B. in Bezug auf Inhaltsvalidität, siehe Abschn. 6.3.3). Außerdem gibt es keinen festgelegten „Kanon" von Validitätstests, der bei jeder Untersuchung „abgearbeitet" werden muss.

> **Beispiel**
>
> Ein Beispiel für missbräuchliche Verwendung von Validitätstests bezieht sich auf die Maßzahl „Cronbach's α", die für die interne Konsistenz einer Multi-Item-Skala steht, und damit Aussagen über die Reliabilität (als notwendige Voraussetzung der Validität) einer solchen Skala erlaubt. Hier gibt es vereinzelt Fälle, in denen bei der Skalenentwicklung so verfahren wird, dass die verwendeten Items sehr, sehr ähnlich (bzw. fast identisch) sind. Das widerspricht zwar etablierten Grundsätzen der Skalenentwicklung, nach denen die Items *unterschiedliche* Facetten des gemessenen Konzepts widerspiegeln sollen (siehe z. B. Churchill, 1979), begünstigt aber hohe α-Werte und fördert damit die Publikationsmöglichkeit einer Studie. Albers und Hildebrandt (2006, S. 6) bezeichnen das treffend als *„Multi-Item-Abuse"*. Eine solche Vorgehensweise wäre ethisch zumindest problematisch, weil eben das oberste Erkenntnisziel

der Wissenschaft, die Suche nach *wahren* und gehaltvollen Aussagen (Schurz, 2014, S. 19; siehe auch Abschn. 1.2), bewusst missachtet wird, nur um die Publikations-chancen zu verbessern. ◄

Im Hinblick auf die Validierung von Messinstrumenten gelten für eine verantwortungs-volle Forschungspraxis zumindest folgende Grundsätze:

* Wegen der zentralen Bedeutung der Validität von Untersuchungsmethoden sollte *vor* der Anwendung dieser Methoden in einer Untersuchung eine möglichst um-fassende und kritische Überprüfung (gegebenenfalls auch Anpassung) dieser Metho-den erfolgen (siehe auch Kap. 6). Eine in der Forschungspraxis inzwischen verbreitete Möglichkeit besteht in der Verwendung standardisierter Messinstrumente, deren Eig-nung schon in anderen Untersuchungen belegt wurde.
* Die Ergebnisse der Validitätsprüfung der dann tatsächlich verwendeten Methoden sollten in einer Publikation *umfassend* dokumentiert werden und nicht auf eine Aus-wahl günstiger Ergebnisse beschränkt bleiben. Nach aktuellem Stand kann eine sol-che Dokumentation aus Platzgründen auch (teilweise) im Anhang (z. B. Web-Appen-dix) erfolgen.

Missbräuchliche Nutzung von Pretests
Die Durchführung von (meist mehreren) Pretests vor allem zur Überprüfung und Ver-besserung der verwendeten Messmethoden (z. B. Fragebögen) gilt heute als Standard in der empirischen Forschung. Allerdings gibt es dabei auch Missbrauchsmöglichkeiten insofern, als Pretests und entsprechende Veränderungen bei der Datenerhebung solange vorgenommen werden können, bis die gewünschten Ergebnisse herauskommen (wieder eine Variante des „verification bias"). Peter (1991, S. 544) kommt diesbezüglich zu einer recht skeptischen Einschätzung: „In einigen Bereichen sozialwissenschaftlicher For-schung ist es gängige Praxis, dass nicht darüber berichtet wird, wie viele Pretests durch-geführt wurden, bis das gewünschte Ergebnis erzielt wurde." In enger Verbindung damit steht die unkorrekte Praxis, die Ergebnisse von Pretests in die Publikation einzubeziehen, je nachdem, ob diese Ergebnisse „passen" oder nicht (Laurent, 2013).

Mangelnde Ergebnisoffenheit bei qualitativen Untersuchungen
In der Perspektive des vorliegenden Buches sind qualitative Untersuchungen vor allen Dingen für den *Theorie-Entwurf* relevant (siehe Abschn. 4.3.3) und die entwickelten Theorien sind später Gegenstand von Theorie-Tests (siehe Kap. 5 und 9). In einigen Zweigen der betriebswirtschaftlichen Forschung werden Ergebnisse qualitativer Unter-suchungen als eigenständige Forschungsbeiträge angesehen und publiziert. Nun sind qualitative Methoden durch große Offenheit und weitgehende Freiheiten im Forschungs-prozess gekennzeichnet, damit sie den kreativen Prozess der Theoriebildung unterstützen können (siehe z. B. Creswell, 2009; Yin, 2011). Wenn aber vor Beginn des qualitativen Forschungsprozesses bei den Forschenden schon mehr oder weniger festgelegte Vor-

stellungen zu den (angestrebten) Ergebnissen existieren, dann muss man damit rechnen, dass die Freiheiten des Forschungsprozesses es relativ leicht machen, zu den *gewünschten* Ergebnissen zu kommen. Wenn Forscher:innen durch frühere theoretische Festlegungen, durch Weltanschauungen oder durch Ausrichtung auf die Interessenlage von Drittmittelgebenden nicht mehr ergebnisoffen an ein qualitatives Forschungsprojekt herangehen, dann muss man systematisch verzerrte Ergebnisse befürchten, deren Prägung durch die Voreingenommenheit der Forschenden für die Nutzer:innen der Ergebnisse kaum erkennbar ist.

10.2.3 Untersuchungsdurchführung

Der „Untersuchungsdurchführung" wird hier vor allem der Prozess der Datenerhebung (z. B. Durchführung von Interviews) bis zum Vorliegen eines (noch unbearbeiteten) Datensatzes zugerechnet. Zentrale Bedeutung hat dabei die faire und sorgsame Behandlung von Auskunfts- und Versuchspersonen. Dieser Aspekt hat natürlich in der medizinischen oder pharmakologischen Forschung besondere Bedeutung, stellt aber auch für betriebswirtschaftliche Studien keineswegs ein Randproblem dar. Daneben ist in dieser Phase die korrekte Realisierung der Stichprobenziehung für die Untersuchungsergebnisse bedeutsam.

Schutz der Auskunfts- bzw. Versuchspersonen
Für die Teilnehmer:innen an empirischen Untersuchungen, die z. B. Fragebögen ausfüllen oder an Labor-Experimenten teilnehmen, können unterschiedliche Arten von Belastungen entstehen, insbesondere Zeitaufwand und Stress, sowie mögliche Nachteile durch Preisgabe persönlicher Daten. In der Methoden-Literatur (siehe z. B. Shadish et al., 2002, S. 279 ff.; Groves et al., 2009, S. 375 ff.; Döring & Bortz, 2016, S. 123 ff.) besteht Einigkeit, dass Belastungen und Risiken für die Untersuchungsteilnehmer:innen minimiert werden sollen.

Ein Meilenstein bei der Entwicklung und Realisierung ethisch akzeptabler Standards für die Durchführung empirischer Untersuchungen mit Menschen war der „**Belmont Report**" (www.hhs.gov/ohrp/regulations-and-policy/belmont-report/index.html), benannt nach dem Tagungsort (Belmont Conference Center in der Nähe von Baltimore), wo im Jahre 1978 von der „National Commission for the Protection of Human Subjects of Biomedical and Behavioral Research" entsprechende Grundsätze und Richtlinien festgelegt wurden. Hintergrund dafür waren Erfahrungen aus der Nazi-Zeit und aus der Nachkriegszeit mit skrupellos durchgeführten Experimenten an Menschen, die zu schweren Schädigungen bei den Versuchspersonen führten. Nun sind empirische Untersuchungen in der BWL-Forschung nicht mit derartigen Risiken verbunden, gleichwohl beziehen sich die entwickelten Prinzipien auch auf Studien, bei denen allenfalls relativ geringe Nachteile für die Teilnehmer:innen entstehen können. Als „grundlegende ethische Prinzipen" werden im Belmont Report genannt:

- Respekt gegenüber Versuchspersonen
- Wohlwollen gegenüber allen betroffenen Personen
- Gerechtigkeit

Den drei ethischen Prinzipien sind im Belmont Report drei konkretere Aspekte zugeordnet worden:

1. **Informiertes Einverständnis**: Einverständnis der Teilnehmer:innen mit der Studie auf Basis angemessener Informationen über Untersuchungsziele, mögliche Belastungen sowie Datenschutz. Den Untersuchungsteilnehmer:innen die Entscheidung über ihre Teilnahme zu überlassen, entspricht also dem geforderten Respekt für Personen.
2. **Abschätzung von Risiken und Nutzen**: Dieser Aspekt korrespondiert mit dem Prinzip des Wohlwollens, weil eben der (möglichst große) Nutzen einer Studie den damit verbundenen (möglichst geringen) Belastungen der Teilnehmer:innen gegenübergestellt werden muss. Diese Relation und deren Verbesserungsmöglichkeiten sollen Gegenstand entsprechender Überlegungen im Vorfeld der Untersuchung sein.
3. **Auswahl der Teilnehmer:innen**: Hier geht es um die gerechte Auswahl der Untersuchungspersonen. Diese Frage dürfte in der Betriebswirtschaftslehre eher selten eine Rolle spielen, könnte aber vielleicht relevant sein, wenn mit einer Untersuchung finanzielle Vorteile verbunden sind oder wenn es um neue vorteilhafte Arbeitsbedingungen geht. Am ehesten dürfte dieser Aspekt eine Bedeutung haben, wenn es in den Lebenswissenschaften um die Frage geht, wer eine neuartige und vielversprechende Therapie erhält (Versuchsgruppe) und wer nicht (Kontrollgruppe).

Bei betriebswirtschaftlichen Untersuchungen spielen in ethischer Hinsicht nicht alle drei Aspekte eine gleichgewichtige Rolle, dafür gibt es andere Gesichtspunkte, die heute zum Standard gehören:

- Begrenzung von Untersuchungsdauer und Anzahl erhobener Daten auf das notwendige Minimum
- Sicherung der Anonymität der Auskunfts- bzw. Versuchspersonen und Vertraulichkeit der von diesen gegebenen Informationen
- Freiwilligkeit der Untersuchungsteilnahme ohne Druck
- „Informiertes Einverständnis" (s. o.) – Einverständnis der Teilnehmer:innen mit der Studie auf Basis angemessener Informationen über Untersuchungsziele, mögliche Belastungen und Risiken sowie Datenschutz
- Minimierung der Irreführung von Teilnehmer:innen, mindestens Aufklärung („Debriefing") über erfolgte Täuschungen im Verlauf der Untersuchung

Beispiel

Über ein Beispiel für eine ethisch höchst problematische Belastung von Versuchspersonen berichtet Heinz Schuler (1991, S. 332 f.) im Zusammenhang mit einer Replikation des sehr bekannten (und schon erwähnten) „Milgram-Experiments" zur Beobachtung der Unterordnung von Menschen gegenüber Autoritäten. Eine Versuchsperson berichtete in einem anschließenden Interview über ihre Eindrücke und Erfahrungen während des Experiments:

„Ich finde es grausam, so Menschen zu quälen, so ein Experiment zu machen. … Ich finde das schändlich, ich konnte nicht mehr, ich bin in ärztlicher Behandlung, meine Nerven sind nicht die besten … ich bekomme Valium … ich hatte richtige Depressionen. (…) Es ist furchtbar gewesen … Das Geschrei ging mir durch Mark und Bein. Ich könnte keinen Menschen so quälen … Ich habe mir nicht vorgestellt, dass ich so etwas machen muss. Ich glaube, das verfolgt mich noch tagelang." ◄

Zur Realisierung und Sicherung der Einhaltung ethischer Prinzipien bei Untersuchungen mit Menschen sind seit 1974 an US-amerikanischen Universitäten und anderen wissenschaftlichen Institutionen „**Institutional Review Boards** (IRBs)" eingerichtet worden, die der Durchführung entsprechender Studien zustimmen müssen. In zahlreichen anderen Ländern gibt es inzwischen vergleichbare Institutionen. Teilweise werden bei Drittmittelanträgen und bei Einreichungen zur Publikation auch schon Stellungnahmen zu ethischen Aspekten des Projekts verlangt.

Manipulation von Stichprobengröße und Stichprobenausschöpfung

Wegen der Freiwilligkeit der Mitarbeit von Auskunfts- bzw. Versuchspersonen ist in sozialwissenschaftlichen Untersuchungen eine vollständige Stichprobenausschöpfung praktisch nicht erreichbar. Gerade im akademischen Bereich (z. B. bei Doktorand:innen) hat man typischerweise nur sehr begrenzte Ressourcen und es sind weder materielle Anreize für die Untersuchungsteilnahme oder häufig wiederholte Kontaktversuche möglich. So zeigte eine Untersuchung von Collier und Bienstock (2007), dass auch bei Studien, die in international führenden Marketing-Zeitschriften publiziert wurden, die Stichproben meist nur zu weniger als 50 % ausgeschöpft worden waren. Nun kann eine geringe Stichprobenausschöpfung aufgrund systematischer Unterschiede zwischen Teilnehmenden und Nichtteilnehmenden natürlich zu verzerrten Untersuchungsergebnissen führen. Hier – im Zusammenhang mit Forschungsethik – soll es um die kritische Betrachtung von Praktiken gehen, bei denen die Stichprobengröße bzw. die Stichprobenausschöpfung manipuliert werden, um die *gewünschten* Ergebnisse zu erzielen.

- Bekanntlich können auch ein schwacher Zusammenhang zwischen zwei Variablen oder ein geringer Unterschied zwischen verschiedenen Gruppen *statistisch* signifikant sein, wenn die Stichprobe hinreichend groß ist (siehe Kap. 7). Eine Taktik, um bestimmte Ergebnisse zu erreichen, besteht dann darin, die Stichprobe entsprechend zu vergrößern oder den Datensatz mit anderen Datensätzen zusammenzufassen (Levelt et al. 2012; Laurent, 2013) bis sich das für eine Publikation nötige Signifikanzniveau ergibt.

- Auch durch den bewussten Verzicht auf weitere Stichprobenausschöpfung kann man Ergebnisse manipulieren. Laurent (2013, S. 327) formuliert – natürlich mit angemessener Distanzierung – eine entsprechende „Regel": „Prüfe nach jeder weiteren Beobachtung, ob das Ergebnis signifikant ist (bei 5 %) und beende gegebenenfalls sofort die Datensammlung, weil zu befürchten ist, dass das Ergebnis nach weiteren Beobachtungen nicht mehr signifikant ist."

Angesichts solcher Probleme verlangen immer mehr Zeitschriften die Registrierung einer geplanten Studie mit Angaben zur Untersuchungsanlage, zu geplanten Messungen, Analysen und zu Größe und Auswahl von Stichproben als Voraussetzung für eine folgende Veröffentlichung. Danach sind die Autoren an diese Angaben bei der **Preregistration** gebunden und können keine (opportunistischen) Veränderungen mehr vornehmen, um die angestrebten Ergebnisse zu erzielen (zum Überblick: Simmons et al., 2011; Simmons et al., 2021).

Hintergrundinformation

Der Verband der Hochschullehrer für Betriebswirtschaft (VHB) gibt in seinen Empfehlungen für „Gute fachliche Praktiken GfP" aus dem Jahr 2014 (S. 32) folgende Hinweise zur Dokumentation von Befragungsdaten:

„Handelt es sich um selbst gesammelte Umfragedaten, gibt man an, was die Grundgesamtheit ist, wie das Sampling erfolgte, zu welchen Zeitpunkten welche Teile der Daten erhoben worden sind, wie die Antwortrate war sowie (wenn bekannt) die Verteilung von Befragten-Charakteristika in der Grundgesamtheit und im Sample zum Vergleich."

VHB (2014, S. 33): "Gerade mit Experimenten kann man vieles zeigen, was man möchte. Insofern sind Experimente genauso detailliert und gewissenhaft zu dokumentieren, wie es in den Naturwissenschaften mit den Laborbüchern üblich ist, wo nur handschriftliche Aufzeichnungen erlaubt sind, weil man diese später nicht verändern kann. Dies betrifft vor allem den exakten Zeitraum, in welchem ein Experiment mit wie vielen Probanden durchgeführt worden ist, um besser abschätzen zu können, ob Ergebnisse durch späteres Hinzufügen von Probanden signifikant geworden sind. Wichtig ist auch, dass man über alle Experimente berichtet, auch wenn einige nicht zu den erwarteten Ergebnissen geführt haben."

10.2.4 Datenaufbereitung und Datenanalyse

In der Regel ist nach der Datenerhebung eine Phase der Datenaufbereitung erforderlich, um z. B. fehlerhafte Datensätze oder Ausreißer zu identifizieren. Solche Eingriffe in den Datensatz können problematisch sein und Manipulationen im Hinblick auf erwünschte Ergebnisse ermöglichen. Auch die statistische Datenanalyse ist nicht so „objektiv" und unabhängig, wie es manchmal erscheinen mag. Inzwischen belegen auch empirische Studien (Wicherts et al., 2016; Botvinik-Nezer et al., 2020) die „Freiheitsgrade", die

Forscher:innen (nicht nur) bei der Durchführung der Datenanalyse haben. Ein ganz einfaches Beispiel bezieht sich auf die Festlegung von Signifikanzniveaus (p = 0,01 oder p = 0,05 oder p = 0,1), die die Art und Anzahl „signifikanter" Ergebnisse wesentlich bestimmt. Eine Analyse von p-Werten in führenden Management-Zeitschriften zeigte eine besondere Häufung von Werten knapp unter den üblichen Schwellen von 0,05 bzw. 0,1, was darauf hindeuten könnte, dass Daten so weit „bearbeitet" wurden, bis gerade diese Signifikanzniveaus erreicht wurden (siehe Albers, 2014). Eine empirische Analyse in der Soziologie zeigte, dass deutlich *mehr* p-Werte knapp *unter* als knapp über der 5 %-Schwelle lagen (Gerber & Malhotra, 2008), obwohl man eigentlich eine etwa gleichmäßige Aufteilung erwarten müsste. In der Studie von Banks et al. (2016) gaben immerhin 11 % der Befragten an, dass sie schon p-Werte manipuliert haben. Dabei wird auch eine Beziehung zu dem im Abschn. 9.2.2 angesprochenen „Publication Bias" erkennbar: Hier wird gezielt versucht, nach Möglichkeit signifikante Ergebnisse zu erhalten, um die Publikationschancen einer Studie zu verbessern; damit wird auf diese Weise der entsprechende wissenschaftliche Erkenntnisstand systematisch verfälscht. In diesem Zusammenhang sei auch an die bereits im Abschn. 10.1 zitierte Studie von Fanelli (2012) erinnert.

Datenmanipulation

Natürlich bestehen keine Zweifel, dass die **Erfindung oder Fälschung von Daten** völlig indiskutabel sind und in der Regel (bei Entdeckung) zu harten Sanktionen führen, oft zum Verlust der beruflichen Position im Wissenschaftssystem. Albers (2014) schildert entsprechende Fälle. Auch hier gibt es wieder eine „Grauzone" von Verhaltensweisen, bei denen Daten nicht gefälscht werden, bei denen aber Manipulationen am Datensatz vorgenommen werden, die teilweise berechtigt und sinnvoll, teilweise aber auch problematisch sein können.

Einerseits ist natürlich die unverfälschte Wiedergabe der in einer Untersuchung erfassten Beobachtungen die Grundlage für aussagekräftige empirische Ergebnisse. Andererseits kann es auch zweckmäßig bis notwendig sein, einzelne Datensätze zu eliminieren oder zu bearbeiten, weil ansonsten die *Ergebnisse* verfälscht würden. So werden z. B. Korrelationskoeffizienten oder Kleinste-Quadrate-Schätzungen durch einzelne Fälle mit weit außerhalb des üblichen Bereichs liegenden Werten, eben sogenannten **„Ausreißern"**, in häufig irreführender Weise beeinflusst (siehe z. B. Fox, 1984, p. 166 f.). Allerdings eröffnet die Elimination von Daten auch Spielräume, Beobachtungen aus der Analyse auszuklammern, die hinsichtlich der erhofften Ergebnisse „stören" (zu einer ausführlichen Diskussion des Problems: siehe Laurent, 2013). Immerhin gaben bei einer Befragung von 344 Management-Forscher:innen durch Banks et al. (2016) 29 % der Befragten an, dass sie schon Fälle aus Untersuchungen eliminiert hatten, um „bessere" Signifikanzwerte zu erreichen.

Hintergrundinformation

Gilles Laurent (2013, S. 326) formuliert einen allgemeinen Grundsatz für die Elimination von Ausreißern:

„In der Praxis sollten Forscher:innen, wann immer sie Beobachtungen eliminieren, einen Anhang bereitstellen, in dem sie die Gründe für diese Elimination genau darstellen und ebenso die Verteilung der Beobachtungen vor und nach der Elimination."

Der Verband der Hochschullehrer für Betriebswirtschaft (VHB) gibt in seinen Empfehlungen für „Gute fachliche Praktiken GfP" aus dem Jahr 2014 (S. 32) folgende Hinweise zur Dokumentation der Bearbeitung von Daten:

„Die gesammelten Rohdaten werden in der Regel aufbereitet, um zur Analyse verwendet werden zu können. Dieser Prozess ist genau zu dokumentieren, damit man die Ergebnisse reproduzieren kann. Z.B. sollte berichtet werden, wie man mit Missing Values und Ausreißern umgegangen ist. Sind Datensätze gelöscht worden, weil sie z.B. Fehler enthalten, so ist dies genauestens zu berichten."

„HARKing"

Der in der Zwischen-Überschrift genannte Begriff „HARKing" („**H**ypothezing **A**fter the **R**esults are **K**nown"; Kerr, 1998) bezeichnet ebenso wie die Bezeichnung „fishing through a correlation matrix" (Peter, 1991, S. 544) ein Verhalten, bei dem die Forschenden eine Vielzahl von Korrelationskoeffizienten, Signifikanztests etc. berechnen (natürlich, *nachdem* die Untersuchungsdaten bereits vorliegen) und sich dann bei solchen *scheinbar* signifikanten Ergebnissen nachträglich „passende" Hypothesen einfallen lassen, die eine Publikation „anreichern" sollen. Damit wird natürlich eine tatsächlich nicht existierende theoretische Grundlage für diese Ergebnisse nur *vorgetäuscht*. In der schon erwähnten Studie von Banks et al. (2016) haben etwa 50 %(!) der befragten Forschenden ein solches Verhalten eingeräumt. Hinsichtlich der sehr begrenzten Aussagekraft auf diese Weise zustande gekommener Ergebnisse sei auf die entsprechenden Ausführungen im Abschn. 7.4 verwiesen.

Andererseits ist auch zu bedenken, dass unvorhergesehene Ergebnisse nicht einfach unter den Tisch fallen sollten. Es spricht nichts gegen eine Interpretation oder Diskussion, aber der Anschein einer theoretisch entwickelten und *danach* statistisch „erfolgreich" getesteten Hypothese wäre eben irreführend.

Anpassung von Signifikanzniveaus und angewandter statistischer Methoden

Eine weitere problematische Methode, um empirische Ergebnisse zu erzielen, die die theoretisch entwickelten Hypothesen (scheinbar) bestätigen, ist die entsprechende Veränderung des Signifikanzniveaus (s. o.). So mag ein Korrelationskoeffizient oder ein statistischer Test bei einem Signifikanzniveau von $p = 0,05$ nicht zu einem signifikanten Ergebnis führen, wohl aber bei $p = 0,1$. Teilweise findet man auch die Praxis, Tests mit mehreren Signifikanzniveaus (z. B. $p = 0,01$ bzw. $0,05$ bzw. $0,1$) durchzuführen. Damit erhöht man natürlich den Anteil von Ergebnissen, die „irgendwie" statistisch signifikant sind.

Eine ähnliche Vorgehensweise ist die Verwendung unterschiedlicher statistischer Tests für einen bestimmten Zusammenhang zwischen Variablen (Laurent, 2013). Da unterschiedliche Tests auch unterschiedliche Eigenschaften haben, sind die Ergebnisse meist nicht identisch und bei Missachtung ethischer Prinzipien kann häufig – ganz dem „verification bias" entsprechend – wenigstens über *ein* „passendes" Ergebnis berichtet werden.

Aufbewahrung von Daten

Im Hinblick auf die Nachprüfbarkeit von Untersuchungsergebnissen wird heute zunehmend gefordert, dass die zugrunde liegenden Daten und Unterlagen über einen längeren Zeitraum aufbewahrt und bei Bedarf zugänglich gemacht werden. Dieser Gesichtspunkt ist nicht nur im Hinblick auf die Möglichkeit, unlauteres Verhalten von Forschenden aufdecken zu können, von Bedeutung, sondern auch hinsichtlich der Durchführung von Replikationsstudien und Metaanalysen. Deren wesentliche Bedeutung für den Prozess wissenschaftlicher Erkenntnisgewinnung ist im Kap. 9 dargestellt worden.

Die Aufbewahrung von Daten (z. B. in öffentlich zugänglichen Repositorien wie z. B. OSF oder ResearchBox) zur Sicherung des Zugangs dazu über eine gewisse Zeit ist nicht nur die Aufgabe der Autor:innen, sondern wird inzwischen auch von Drittmittelgebern (z. B. DFG, EU) erwartet und von vielen wissenschaftlichen Zeitschriften (z. B. „Management Science") realisiert und damit verbunden, dass diese Daten anderen Forscher:innen zur Überprüfung und für Replikationen zur Verfügung stehen. Auch politisch wird ein Forschungsdatenmanagement, das den FAIR-Prinzipien (findable, accessible, interoperable, reusable) entspricht, gefordert und stark gefördert (z. B. die durch die DFG geförderte Nationale Forschungsdateninfrastruktur (NFDI)). Der VHB (2014/2018, S. 33 f.) reflektiert in „Gute fachliche Praktiken" recht ausführlich die Vor- und Nachteile der Archivierung und Veröffentlichung von Daten. Dabei kann die Frage, ob Wissenschaftler:innen damit auf einen „Wettbewerbsvorteil" verzichten, eine Rolle spielen. Im Sinne einer Wissenschaft, die einem kollektiven Erkenntnisgewinn dienen soll, ist die Offenlegung der verwendeten Daten bei den führenden Zeitschriften und auch bei Drittmittelgebern heute weit verbreitet.

Beispiel

Hier die Ankündigung der (hoch angesehenen; VHB Ranking A +) Zeitschrift „Marketing Science" (pubsonline.informs.org/journal/mksc), dass bei Publikationen die Daten eingereicht werden müssen:

„‚Marketing Science' kündigt ein neues Verfahren bei Replikationen und Veröffentlichungen an (....). Allgemein gesagt wird nach diesem Verfahren verlangt, dass bei der Annahme eines Artikels durch ‚Marketing Science' die Autor:innen des Artikels die Daten und
Schätzverfahren, die in dem Artikel verwendet wurden, einreichen müssen. Die Zeitschrift
bietet auf ihrer Website diese Dateien Forscher:innen an, die daran interessiert sind, die Ergebnisse des akzeptierten Artikels zu replizieren." ◄

10.2.5 Interpretation und Darstellung von Ergebnissen

Zwischen Datenanalyse und Publikation steht die Interpretation und Darstellung der
Untersuchungsergebnisse, obwohl diese Schritte sicher überlappend sind. Dabei steht in
forschungsethischer Sicht ein Problembereich im Mittelpunkt: Die Auslassung von Ergebnissen, die sich nicht in das theoretische Gesamtbild einfügen und/oder im Widerspruch zu anderen Ergebnissen stehen, bzw. die Auswahl von „passenden" Ergebnissen.
Damit werden die Untersuchungsergebnisse unvollständig dargestellt und in vielen Fällen verfälscht.

Laurent (2013, S. 326) spricht in diesem Zusammenhang von „hidden experiments"
bzw. „best of" Taktik und meint damit die Auslassung von Ergebnissen, die nicht die
zentralen Aussagen einer Publikation bestätigen. Danach gibt es Anhaltspunkte dafür,
dass in manchen Publikationen nur über etwa die Hälfte der ursprünglich durchgeführten
Teil-Studien berichtet wird. In der Untersuchung von Banks et al. (2016) gaben etwa
50 % der befragten Management-Forschenden an, dass sie in Abhängigkeit von Signi-
fikanzwerten über Hypothesenprüfungen berichten (oder eben nicht). Das mag vereinzelt den Wünschen von Gutachter:innen entsprechen, die ja beim Weg zur Publikation
gewissermaßen die „Gatekeeper" sind und entsprechende Macht ausüben können. Es
werden manchmal klare Ergebnisse und möglichst kurze Artikel gewünscht und Teil-
Ergebnisse, die nicht gut ins Gesamtbild passen, sollen lieber weggelassen werden.
Das ist aber mit Einschränkungen bei der Suche nach wissenschaftlicher Wahrheit verbunden, die Laurent (2013, p. 326 f.) folgendermaßen charakterisiert: „Wenn ein Effekt
so schwach ist, dass er nur in vier von acht Experimenten signifikant ist, dann ist das
informativ und es sollte darüber berichtet werden. Wenn der Effekt nur bei bestimmten
Manipulationen, Messinstrumenten, Grundgesamtheiten, experimentellen Bedingungen
etc. auftritt, dann ist das auch informativ und sollte dargestellt werden."

Vor diesem Hintergrund ist es wichtig, in einem Bericht bzw. einer Veröffentlichung
die wesentlichen Schritte bei einer Untersuchung – von der Entwicklung von Messinstrumenten und der Stichprobenziehung bis zur statistischen Analyse – umfassend zu
dokumentieren. Damit ermöglicht man es Leser:innen und Gutachter:innen, die Entstehung der Untersuchungsergebnisse nachzuvollziehen und kritisch zu reflektieren. In
diesem Zusammenhang sei auch auf den Informationsgehalt einer Preregistration (s. o.)
verwiesen. Dabei gibt es sicher gewisse Grenzen, die durch die Knappheit des Raums
für Publikationen und die Geduld von Leser:innen bestimmt sind, die aber durch das

Angebot von entsprechenden Informationen in Anhängen größerer Veröffentlichungen überwunden werden können.

„P-Hacking"

Seit Mitte der 2010er Jahre spielt der Begriff „p-hacking" in der Diskussion um Forschungsethik und Aussagekraft empirischer Untersuchungen eine wesentliche Rolle. Dieser Begriff fasst einige – schon angesprochene – Missbräuche der Spielräume, die Forscher:innen bei der Analyse und Interpretation von Untersuchungsergebnissen haben, zusammen. Die entsprechende Kritik bezieht sich darauf, dass diese Spielräume („researcher degrees of freedom", Wicherts et al., 2016) zu oft genutzt werden, um Ergebnisse (p-Werte; siehe Abschn. 7.1) als signifikant erscheinen zu lassen und damit die Chancen für eine Publikationsmöglichkeit zu erhöhen. Als Ansatzpunkte dafür werden vor allem genannt (Simonsohn et al., 2014, S. 534):

- Entscheidungen über die Vergrößerung einer Stichprobe, um eine deutlichere Signifikanz zu erreichen.
- Eliminierung von (angeblichen) „Ausreißern" aus dem Datensatz.
- Entscheidung über die Teil-Ergebnisse, die in die Studie einbezogen werden sollen, bzw. über die – z. B. wegen mangelnder Signifikanz – überhaupt nicht berichtet wird.

Beispiel

Khan und Tronnes (2019, S. 119) fassen Anlage und Ergebnisse ihrer Studie zum P-Hacking bei empirischer Forschung im Bereich *Wirtschaftsprüfung* zusammen:

„Die Ausrichtung auf neue, bestätigende und statistisch signifikante Ergebnisse bei Zeitschriften, die Ergebnisse experimenteller Forschung zur Wirtschaftsprüfung publizieren, kann zu einer wesentlichen Irreführung in der Literatur führen. Wir erkennen eine Art von Fehlern beim sogenannten P-Hacking: Das ist eine Vorgehensweise, bei der Forscher:innen – wissentlich oder unwissentlich – ihre Sammlung, Analyse und Darstellung von Daten und Ergebnissen verändern bis nicht signifikante Ergebnisse signifikant werden. Bei der Überprüfung der Literatur zu Experimenten zur Wirtschaftsprüfung, die in acht Zeitschriften zum Rechnungswesen und zur Wirtschaftsprüfung in den letzten drei Jahrzehnten publiziert waren, finden wir eine Überfülle von P-Werten, die genau oder knapp unter den üblichen Schwellenwerten für statistische Signifikanz lagen. Die Feststellung von zu vielen „gerade noch signifikanten" Ergebnissen deutet darauf hin, dass einige der in der Literatur zu Experimenten in der Prüfungsforschung publizierten Ergebnisse möglicherweise die Konsequenz von P-Hacking sind." ◄

Die genannten Autor:innen äußern in verschiedenen Publikationen die Sorge, dass in großer Zahl „fälschlich positive" Ergebnisse, also Ergebnisse, die erst nach derartigen Manipulationen den Anschein der signifikanten Bestätigung einer Hypothese erwecken, das Bild des Forschungsstandes zu einer Fragestellung deutlich verzerren können. „In vielen Fällen wird ein:e Forscher:in eher Belege dafür finden, dass ein Effekt existiert, als richtigerweise dafür, dass dieser nicht existiert." (Simmons et al., 2011, S. 1359). Nelson et al. (2018) schlagen insbesondere zwei *Gegenmaßnahmen* vor:

- Weitgehende *Offenlegung* zahlreicher Details zur Durchführung einer Studie durch die Autor:innen (siehe folgende Hintergrundinformation).
- Anmeldung und *Preregistrierung* einer Untersuchung (s. o.) mit allen relevanten Informationen zur Stichprobe, zu Hypothesen, zu den zu messenden Variablen etc. *vor Beginn* der Untersuchung. Dadurch soll verhindert werden, dass – gewissermaßen „im Lichte der erhobenen Daten" – nachträglich Hypothesen verändert, Daten manipuliert oder Ergebnisse nur selektiv publiziert werden.

Hintergrundinformation
Simmons et al., (2011 S. 1362 f.) empfehlen vor dem Hintergrund von verschiedenen Möglichkeiten zur Manipulation von Daten und Ergebnissen („p-hacking") folgende Angaben bei der Publikation einer Studie:

1. „Die Autor:innen müssen bereits vor dem Beginn der Datenerhebung festlegen, wann diese enden soll, und dieses Vorgehen im Artikel berichten.
2. Die Autor:innen müssen zumindest 20 Beobachtungen für jede Teilgruppe erheben oder – wenn nicht – überzeugend begründen, dass die Datenerhebung zu hohe Kosten verursacht hätte.
3. Die Autor:innen müssen alle Variablen auflisten, die in der Studie erhoben worden sind.
4. Die Autor:innen müssen über alle experimentellen Bedingungen berichten, einschließlich der Manipulationen, die nicht erfolgreich waren.
5. Wenn Messwerte eliminiert worden sind, dann muss berichtet werden, wie die statistischen Ergebnisse wären, wenn diese Messwerte einbezogen worden wären.
6. Wenn die Analyse eine Kovariate enthält, müssen die Autor:innen die statistischen Ergebnisse der Analyse ohne diese Kovariate angeben."

10.2.6 Publikationen

Im Abschn. 10.1 ist schon auf die große und wohl weiter wachsende Bedeutung von Publikationen im Wissenschaftssystem hingewiesen worden. Diese sind ausschlaggebend für die Möglichkeit zum Einstieg in eine wissenschaftliche Laufbahn und für die weitere Entwicklung der Karriere; sie beeinflussen wesentlich die Erfolgschancen bei der Beantragung von Drittmitteln und sind in einigen Fällen auch die Grundlage für akademische Ehrungen. Die zentralen Maßstäbe in dieser Hinsicht sind die *Zahl* von Publikationen eines:r Wissenschaftler:in und die *Qualität* (Innovationsgrad, Substanz, Relevanz etc.) der Publikationen, die häufig (vereinfachend) anhand des Ansehens (Ranking, Reputation, „impact factor" als Indikator für die Zitationshäufigkeit) der entsprechenden Zeitschriften eingeschätzt wird, in denen die jeweilige Publikation veröffentlicht ist. Vor diesem Hintergrund wird es leicht nachvollziehbar, dass Wissenschaftler:innen große Anstrengungen unternehmen und im harten Wettbewerb stehen, um entsprechende Publikationserfolge zu erreichen. Dabei kann es – gewissermaßen „im Eifer des Gefechts" – zu Verhaltensweisen und Praktiken kommen, die in ethischer Sicht problematisch sind. Im Folgenden werden in der Perspektive der Zielgruppe dieses Buches (Doktorand:innen, fortgeschrittene Studierende), also potenzieller Autor:innen, einige Gesichtspunkte angesprochen. Im Hinblick auf Probleme des Wissenschaftssystems bei der Gestaltung und Überwachung des Publikationsprozesses sei auf Albers (2014) und Honig et al. (2013) verwiesen.

Opportunistisches Zitier-Verhalten
Jede wissenschaftliche Publikation in der betriebswirtschaftlichen Forschung basiert auf einer angemessenen Auswertung der für den jeweiligen Untersuchungsgegenstand relevanten Literatur, bei empirischen Arbeiten insbesondere zur Entwicklung der theoretischen Basis und zur Darstellung und Begründung der methodischen Vorgehensweise. Diese Literaturauswertung und das entsprechende Verzeichnis dienen dazu, das aktuelle Projekt und seine Ergebnisse in die Entwicklung des Forschungsgebiets einzuordnen, die Leistungen anderer Wissenschaftler:innen angemessen zu würdigen (siehe Abschn. 10.1), die eigenen Überlegungen und die gewählte Vorgehensweise zu begründen und den Leser:innen der Publikation den Zugang zu weiterer einschlägiger Literatur zu erleichtern. Vor diesem Hintergrund soll sich das Literaturverzeichnis natürlich auf Quellen konzentrieren, die für den Inhalt der Publikation wesentlich und gewissermaßen repräsentativ sind. Anscheinend gibt es gelegentlich Abweichungen davon, mit dem Ziel, die Publikationschancen zu erhöhen, indem zusätzlich Quellen zitiert werden, die bei Herausgeber:innen sowie bei Gutachter:innen der Zeitschrift, bei der der Artikel eingereicht wird, auf ein „spezielles Wohlwollen" stoßen. Hier seien zwei entsprechende Praktiken angesprochen:

- Bezugnahme auf Veröffentlichungen, die von Mitgliedern des „editorial boards" der zur Einreichung vorgesehenen Zeitschrift stammen, deren fachliche Ausrichtung begründen könnte, dass sie als Gutachter:innen für den eingereichten Artikel infrage kommen.
- Bezugnahme auf Artikel in der Zeitschrift, bei der ein Paper zur Publikation eingereicht wird, die aber für die Argumentation in dem Paper nicht wesentlich sind. Damit signalisiert die:der Autor:in seine/ihre Wertschätzung dieser Zeitschrift und könnte das Wohlwollen von Herausgeber:innen sowie Gutachter:innen gegenüber seinem Paper steigern. Unabhängig davon dürfte es nicht selten vorkommen, dass bei der Einreichung eines Artikels bei einer thematisch stark spezialisierten Zeitschrift (z. B. *Journal of Product Innovation Management*) wegen der thematischen Bezüge diese Zeitschrift relativ häufig (sachlich begründet!) zitiert wird.

In beiden skizzierten Fällen würden die jeweiligen Autor:innen die Leser:innen täuschen, um in opportunistischer Weise die Publikationschancen ihres Artikels zu erhöhen.

Ebenfalls opportunistischen Zielen dienen sogenannte „Zitierkartelle", bei denen man sich in einer Gruppe von Wissenschaftler:innen (z. B. Vertreter:innen einer bestimmten

Forschungsrichtung) überproportional stark wechselseitig zitiert und damit gegenseitig den Bekanntheitsgrad in der Fachwelt steigert und entsprechende Zitations-Indices in die Höhe treibt. Hier sind auch übermäßig viele Selbst-Zitate zu nennen. Andere wichtige Quellen werden dann vielleicht nicht angemessen berücksichtigt und die entsprechenden Informationen den Leser:innen vorenthalten.

Hintergrundinformation
Der VHB (2014/2018, S. 9) zu „**Zitierkartellen**":

> „Gutem wissenschaftlichem Brauch entspricht es, Zitate und zitierte Autoren so auszu-
> wählen, dass zutreffend deutlich wird, wie sich ein Wissensbestand entwickelt hat und auf
> wen bestimmte Erkenntnisse zurückzuführen sind. Dieser Grundsatz wird nicht immer be-
> folgt. Wo sich „Schulen" einer fachlichen Ausrichtung gebildet haben, also bestimmte Grup-
> pierungen von Fachvertretern, besteht nicht selten die Neigung, bevorzugt Angehörige des
> betreffenden Netzwerkes zu zitieren (und zwar wechselseitig). Dies ist gemeint, wenn von
> *Zitierkartellen* die Rede ist." (….)

> *„Gute fachliche Praxis verlangt eine uneingeschränkte und offene Auseinandersetzung mit
> den wesentlichen Forschungsleistungen zu einer Thematik. "*

Plagiate

In jüngerer Zeit haben Plagiate in Dissertationen prominenter deutscher Politiker:innen auch in der breiteren Öffentlichkeit Aufsehen erregt. Das lag einerseits an der Promi-nenz der Missetäter:innen und andererseits daran, dass das mehr oder minder heimliche Abschreiben ohne adäquate Quellenangabe nach sehr breit geteilter Auffassung ein völ-lig unakzeptables Verhalten (nicht nur in der Wissenschaft) ist. Im Wesentlichen geht es dabei darum, dass in solchen Fällen die Verwendung von Ideen, Ergebnissen und Aus-sagen anderer in einer Veröffentlichung nicht angemessen kenntlich gemacht wird. Der Gebrauch von Plagiaten zur Gewinnung persönlicher Vorteile (z. B. „Erwerb" akademi-scher Grade) gilt als besonders verwerflich.

Die scharfe Ablehnung von Plagiaten in der „scientific community" ist vor allem durch die gravierende Verletzung der Grundsätze von Vertrauen, Verlässlichkeit, Ehrlich-keit und Fairness (siehe Abschn. 10.1) begründet. Seit Beginn der 2020er Jahre hat sich das Problem des Plagiarismus insofern verschärft, als jetzt KI-Software angeboten wird, die die Umformulierung von Textteilen übernimmt, die jemand für seine düsteren Zwe-cke plagiieren möchte (Wessels, 2021).

Hintergrundinformation
Der VHB (2014/2018, S. 6) zu Plagiaten:

> „Ein Plagiat bedeutet den Diebstahl geistigen Eigentums. Es liegt vor, wenn die Übernahme
> von Daten, Ideen, besonderen Gedanken, Untersuchungen und Methoden anderer Urheber
> nicht in geeigneter Weise ausgewiesen wird." (…..)

„..... ist das Plagiieren unter keinen Umständen mit den Grundsätzen guter wissenschaftlicher Praxis vereinbar und ist daher nicht zu tolerieren. Es ist ein Vergehen, das auch rechtliche Konsequenzen haben kann."

„Slicing" bzw. „Salami-Taktik"

Der schon erwähnte Publikationsdruck bei Wissenschaftler:innen kann auch dazu führen, dass man versucht, aus einer größeren Untersuchung mehrere bzw. möglichst viele Publikationen zu generieren. In der Literatur wird hinsichtlich der Aufteilung der Ergebnisse eines Projekts auf eine größere Zahl enger fokussierter Publikationen etwas ironisch von „der größtmöglichen Zahl publizierbarer Einheiten" (Albers, 2014, p. 1155) gesprochen. Allerdings kann auch der knappe Raum in den führenden Zeitschriften ursächlich für möglichst kurze Publikationen sein, in denen umfangreiche Studien nicht mehr umfassend dargestellt werden können. In solchen Fällen müssen aber alle Ergebnisse originär sein und man darf keine Ergebnisse „doppelt verkaufen".

Worin bestehen nun ethische Probleme in diesem Zusammenhang? Zunächst stellt sich die Frage, ob Herausgeber:innen sowie Gutachter:innen und dann auch die Leser:innen einer Zeitschrift wissen, dass zu verschiedenen Teilaspekten des Projekts mehrere Publikationen erscheinen bzw. erschienen sind. Wenn nicht, dann entsteht ein verzerrter Eindruck von den Beiträgen der:des Autor:in im Hinblick auf Umfang und Substanz. Man muss deswegen heutzutage bei jeder Einreichung eines Artikels angeben, ob Ergebnisse aus dem jeweiligen Datensatz schon an anderer Stelle veröffentlicht wurden. Weiterhin führt eine missbräuchliche Anwendung der Salami-Taktik zu einer Verschwendung des knappen Platzes in wissenschaftlichen Zeitschriften und damit zur Einschränkung von Publikationsmöglichkeiten anderer Studien.

Angemessene Nennung der Autor:innen

Im Hinblick auf die schon erläuterte Relevanz von Publikationen für eine wissenschaftliche Karriere sind natürlich auch die Angaben zur Autorenschaft höchst bedeutsam. Damit wird veröffentlicht, wer für die publizierte Studie verantwortlich ist und auch die entsprechenden wissenschaftlichen Leistungen erbracht hat. Die üblichen Regeln für die Nennung von Autor:innen sind allgemein anerkannt und klar:

- Die Wissenschaftler:innen (und nur diese), die einen wesentlichen Beitrag geleistet haben, sind als Autor:innen zu nennen. Personen ohne einen Beitrag sollen nicht als Autor:in genannt werden. Wenn sich der Beitrag von Personen auf kleinere administrative oder technische Hilfsarbeiten beschränkt, so kann das in einer Fußnote anerkannt werden. Manchmal werden bei Veröffentlichungen Ko-Autor:innen genannt, die keinen *direkten* und wesentlichen Beitrag geleistet bzw. nicht unmittelbar am jeweiligen Projekt gearbeitet haben. Das kann gerechtfertigt sein, wenn diese Personen *wesentliche* Beiträge geleistet haben, um das betreffende Projekt überhaupt zu ermöglichen. Beispielsweise könnte man an Wissenschaftler:innen denken, die für ein größeres Projekt die intellektuellen und administrativen Leistungen für einen

erfolgreichen Drittmittel-Antrag erbracht haben (und damit Teil-Projekte mit kon-
zipiert haben), aber nicht an jedem Teil-Projekt voll mitgearbeitet haben. *Allein* die
Vorgesetzten-Position an einer wissenschaftlichen Institution oder der Betreuenden-
Status bei einer Promotion rechtfertigt dagegen nicht die Beanspruchung einer Mit-
Autor:innenschaft bei einer Publikation.

- Normalerweise spiegelt die Reihenfolge der Autor:innen-Nennung die Anteile der
  Autor:innen an der Publikation wider. Wenn alle Autor:innen in etwa gleichem Ausmaß beigetragen haben, so sind eine alphabetische Reihenfolge der Namen und eine
  entsprechende Anmerkung üblich. Die hierarchische Stellung spielt für die Reihenfolge der Autor:innen-Nennung keine Rolle.
- Für das sogenannte „Ghostwritertum" gibt es keine Rechtfertigung. Hier geht es
  darum, dass Wissenschaftler:innen Abhängigkeiten anderer ausnutzen, um deren
  Arbeiten unter ihrem Namen zu publizieren. Dabei handelt es sich um Plagiate
  (s. o.), da die:der „Autor:in", die:der bei der Veröffentlichung genannt wird, eine
  fremde geistige Leistung als die eigene ausgibt. Entsprechend äußert sich der VHB
  (2014/2018, S. 22): „… stellt eine sog. „Ehrenautorenschaft", d. h. als Ko-Autor:in zu
  fungieren, ohne an der Veröffentlichung in irgendeiner Weise mitzuwirken, wissen-
  schaftliches Fehlverhalten dar."

Literatur

Albers, S. (2014). Preventing unethical publication behavior of quantitative empirical research by
  changing editorial policies. *Journal of Business Economics, 84*, 1151–1165.
Albers, S., & Hildebrandt, L. (2006). Methodische Probleme bei der Erfolgsfaktorenforschung
  – Messfehler, formative versus reflektive Indikatoren und die Wahl des Strukturgleichungs-
  modells. *Zeitschrift für betriebswirtschaftliche Forschung, 58*, 2–33.
Anderson, M., Ronning, E., De Vries, R., & Martinson, B. (2007). The perverse effect of competi-
  tion on scientists' work and relationship. *Science and Engineering Ethics, 13*, 437–461.
Banks, G., O'Boyle, E., Pollack, J., White, C., Batchelor, J., Whelpley, C., Abston, K., Bennett, A.,
  & Adkins, C. (2016). Questions about questionable research practices in the field of manage-
  ment: A guest commentary. *Journal of Management, 42*, 5–20.
Botvinik-Nezer, R. et al. (2020). Variability in the analysis of a single neuroimaging dataset by
  many teams. *Nature, 582*, 84–88.
Churchill, G. (1979). A paradigm for developing better measures of marketing constructs. *Journal
  of Marketing Research, 16*, 64–73.
Collier, J., & Bienstock, C. (2007). An analysis of how nonresponse error is assessed in academic
  marketing research. *Marketing Theory, 7*, 163–183.
Creswell, J. (2009). *Research design – Qualitative, quantitative, and mixed methods approaches*
  (3. Aufl.). Sage.
Döring, N., & Bortz, J. (2016). *Forschungsmethoden und Evaluation in den Sozial- und Human-
  wissenschaften* (5. Aufl.). Springer.
Fanelli, D. (2009). How many scientists fabricate and falsify research? A systematic review
  and meta-analysis of survey data. *PLoS ONE, 4*(5), e5738. https://doi.org/10.1371/journal.
  pone.0005738

Fanelli, D. (2010). Do pressures to publish increase scientists' bias? An empirical support from US states data. *PLoS ONE, 5*(4), e10271.

Fanelli, D. (2012). Negative results are disappearing from most disciplines and countries. *Scientometrics, 90*, 891–904.

Fanelli, D. (2013). Positive results receive more citations, but only in some disciplines. *Scientometrics, 94*, 701–709.

Fox, J. (1984). *Linear statistical models & related methods*. Wiley.

Gerber, A., & Malhotra, N. (2008). Publication bias in empirical sociological research – Do arbitrary significance levels distort published results? *Sociological Methods & Research, 37*, 3–30.

Gopalakrishna, G., ter Riet, G., Vink, G., Stoop, I., Wicherts, J., & Bouter, L. (2022). Prevalence of questionable research practices, research misconduct and their potential explanatory factors: A survey among academic researchers in The Netherlands. *PLoS ONE, 17*(2), 1–16.

Groves, R., Fowler, F., Couper, M., Lepkowski, J., Singer, E., & Tourangeau, R. (2009). *Survey methodology* (2. Aufl.). Wiley.

Hampe, M. (2013). Science on the market: What does competition do to research? *Angewandte Chemie – International Edition, 52*, 6550–6551.

Honig, B., Lampel, J., Siegel, D., & Drnevich, P. (2013). Ethics in the production and dissemination of management research: Institutional failure or individual fallibility? *Journal of Management Studies, 51*, 118–142.

Jacoby, J. (2013). *Trademark surveys – Designing, implementing, and evaluating surveys*. American Bar Association.

Kerr, N. (1998). HARKing: Hypothesizing after the results are known. *Personality and Social Psychology Review, 2*, 196–217.

Khan, M., & Tronnes, P. (2019). P-hacking in experimental audit research. *Behavioral Research in Accounting, 31*, 119–131.

Laurent, G. (2013). Respect the Data! *International Journal of Research in Marketing. 30*, 323–334.

Lenk, H. (Hrsg.). (1991). *Wissenschaft und Ethik*. Reclam.

Lensvelt-Mulders, G., Hox, J., Heijden, P., & Maas, C. (2005). Meta-analysis of randomized response research: Thirty five years of validation. *Sociological Methods & Research, 33*, 319–348.

Levelt Committee/Noort Committee/Drenh Committee (2012). *Flawed Science: The fraudulent research practices of social psychologist Diederik Stapel*. Tilburg University. www.tilburguniversity.edu/upload/3ff904d7-547b-40ae-85fe-bea38e05a34a_Final%20report%20Flawed%20Science.pdf

Longino, H. (1990). *Science as social knowledge – Values and objectivity in scientific inquiry*. Princeton University Press.

Martinson, B., Anderson, M., & de Vries, R. (2005). Scientists Behaving badly. *Nature, 435*, 737–738.

Milgram, S. (1963). Behavioral study of obedience. *Journal of Abnormal and Social Psychology, 67*, 371–378.

Nelson, L., Simmons, J., & Simonsohn, U. (2018). Psychology's renaissance. *Annual Review of Psychology, 69*, 511–534.

Peter, J. (1991). Philosophical tensions in consumer inquiry. In T. Robertson & H. Kassarjian (Hrsg.), *Handbook of consumer behavior* (S. 533–547). Prentice-Hall.

Resnik, D. (1998). *The ethics of science*. Routledge.

Resnik, D. (2008). Ethics of science. In S. Psillos & M. Curd (Hrsg.), *The Routledge companion to philosophy of science* (S. 149–158). Routledge.

Resnik, D. (2016). Ethics in science. In P. Humphreys (Hrsg.), *The Oxford handbook of philosophy of science* (S. 252–273). Oxford University Press.

Schuler, H. (1991). Ethische Probleme der (sozial)psychologischen Forschung. In H. Lenk (Hrsg.), *Wissenschaft und Ethik* (S. 331–355). Reclam.

Schurz, G. (2014). *Philosophy of science – A unified approach*. Routledge.

Schwarz, N. (1999). Self-reports – How questions shape the answers. *American Psychologist, 54*, 93–105.

Shadish, W., Cook, T., & Campbell, D. (2002). *Experimental and quasi-experimental designs*. Houghton Mifflin.

Simmons, J., Nelson, J., & Simonsohn, U. (2011). False-positive psychology: Undisclosed flexibility in data collection and analysis allows presenting anything as significant. *Psychological Science, 22*, 1359–1366.

Simmons, J., Nelson, L., & Simonsohn, U. (2021). Pre-registration is a game-changer. But, like random assignment, it is neither necessary nor sufficient for credible science. *Journal of Consumer Psychology, 31*, 177–180.

Simonsohn, U., Nelson, L., & Simmons, J. (2014). P-curve: A key to the file-drawer. *Journal of Experimental Psychology: General, 143*, 534–547.

Verband der Hochschullehrer für Betriebswirtschaft VHB. (2014/18). Gute fachliche Praktiken (GfPs). www.vhbonline.org

Wandschneider, D. (1991). Das Gutachtendilemma – Über das Unethische partikularer Wahrheit. In H. Lenk (Hrsg.), *Wissenschaft und Ethik* (S. 248–267). Reclam.

Wessels, D. (2021). Verführerische Werkzeuge – Plagiate und KI-gestützte Textproduktion an Hochschulen. *Forschung & Lehre, 12/21*, 1018–1019.

Wicherts, J. et al. (2016). Degrees of freedom in planning, running, analyzing, and reporting psychological studies: A checklist to avoid p-Hacking. *Frontiers in Psychology*, 25 November 2016. https://doi.org/10.3389/fpsyg.2016.01832

Wissenschaftsrat. (2015). *Empfehlungen zu wissenschaftlicher Integrität*. www.wissenschaftsrat.de

Yin, R. (2011). *Qualitative research from start to finish*. Guilford.

Weiterführende Literatur

Buchanan, E., & Zimmer, M. (2021). Internet research ethics. In E. Zalta (Hrsg.), *The Stanford encyclopedia of philosophy*. https:// plato.stanford.edu

Laurent, G. (2013): Respect the data! *International Journal of Research in Marketing*, 30, 323–334.

Resnik, D. (1998). *The ethics of science*. Routledge.

Shadish, W., Cook, T., Campbell, D. (2002). *Experimental and quasi-experimental designs*. Houghton Mifflin

Stichwortverzeichnis

GPSR Compliance

The European Union's (EU) General Product Safety Regulation (GPSR) is a set of rules that requires consumer products to be safe and our obligations to ensure this.

If you have any concerns about our products, you can contact us on ProductSafety@springernature.com

In case Publisher is established outside the EU, the EU authorized representative is:

Springer Nature Customer Service Center GmbH
Europaplatz 3
69115 Heidelberg, Germany

The manufacturer's authorised representative in the EU is Springer
Nature Customer Service Centre GmbH, Europaplatz 3, 69115 Heidelberg,
Germany. If you have any concerns regarding our products, please
contact ProductSafety@springernature.com

Printed and bound by CPI Group (UK) Ltd, Croydon, CR0 4YY
28/04/2026
02098505-0004